新版

ケースブック

海外重要

租税判例

川田 剛 著

財経詳報社

新版　はしがき

　平成27年10月に公表されたOECDの「税源浸食と利益移転（BEPS）」問題に代表されるように，グローバル企業による国際的租税回避は，各国間における税制の差や取扱いの差に着目して行われるのが通例である。
　そのため，それらに対応していくためには，自国のみでなく，他国の税制や税務行政に対する知識が不可欠となってくる。
　これは，租税裁判についても同様である。
　然るに，外国の租税裁判事例については，一部の学者，研究者の間では研究や検討がなされてきたものの，多くの実務家にとっては，あまり注目されてこなかった。
　しかし，納税者側がボーダーレス化してきている状況下においては，各国の裁判例等についても，知らないではすまされない状況となってきている。
　旧版のはしがきでも述べたように，本書は，このような問題意識の下，欧米諸国の代表的租税判例についてまとめたものである。
　旧版では，どちらかといえば基本的な事例を中心に取り上げてきた。
　それに対し，新版はどちらかといえば，国際取引等を中心に，実務家やこれから租税法を勉強したい人達を念頭におきつつ，これまで「月刊税務事例」において紹介してきた事例を中心にまとめたものである。
　なお，本書の発刊に当たっても，財経詳報社の宮本社長及び編集部の里見さんに大変お世話になった。この場を借りて御礼申し上げたい。

　　平成28年9月

　　　　　　　　　　　　　　　　　　　　　　　　　　　　川田　剛

はしがき

　近年，税務訴訟に対する関心の高まりを反映し，大型の税務訴訟案件がマスコミ等で大きく取り上げられるようになってきている。それらの中には外国の判例等に言及がなされているものも少なくない。

　わが国と諸外国とでは法制度の差異等もあるので外国の判例がそのままの形でわが国の裁判例に取り入れられることはないが，OECDなどでの議論にもみられるように，大きな流れとしては世界の租税制度も共通化に進む傾向にある。

　その結果，わが国の税務訴訟においても，諸外国の裁判例等における判断等が，若干の修正等を受けながらも，基本的に受け入れられるケースが増加してくると見込まれる。

　本書は，このような問題意識を踏まえ，欧米諸国の判例，特に米国の判例を中心に収集したものの中から，わが国の研究者，実務家，さらにはこれから租税法を勉強したいと考えている学生諸君にも役に立つ基本判例を中心に紹介している。

　本書は，これまで数年にわたり，筆者が「月刊税務事例」においてホワイト＆ケース外国法事務弁護士事務所の協力（特に米国租税裁判所の元職員で現在同事務所の外国法事務弁護士として活躍中のPamela S. Ammermannさんの協力）を得て紹介してきたものをベースにまとめたものである。

　ただし，本書の出版に当たっては，統一性を保つ観点から適宜修正を加えている。

　なお，本書は財経詳報社の佐藤総一郎さんの強いすすめがあって初めて実現したものである。この場を借りて，ホワイト＆ケース外国法事務弁護士事務所，Pamela S. Ammermannさんともども深甚の感謝の意を表したい。

　　平成22年4月

　　　　　　　　　　　　　　　　　　　　　　　　　　　　川　田　　剛

CONTENTS

第Ⅰ部　租税法の基本概念をめぐって争われた事例

第1章　租税法の基本概念

● イントロダクション …………………………………………………… 2

① 違法所得も課税所得を構成するとされた事例
　　―James v. United States―　　5

② 個人の受領した株式配当が総所得を構成しないとされた事例
　　―Eisner v. Macomber―　　12

③ 従業員に対する経済的利益―リゾートホテル支配人へのホテル駐在と食費の無償支給は支配人の課税所得にならないとされた事例
　　―Benaglia v. Commissioner―　　17

④ 和解に伴う債務免除益が課税所得にならないとされた事例
　　―Zarin v. Commissioner―　　23

⑤ 離婚に伴う株式等の財産分与が譲渡所得として課税の対象になるとされた事例
　　―United States v. Davis―　　30

⑥ 必要経費算入のための納税者の立証責任
　　―Cohan v. Commissioner―　　35

⑦ 個人による破産法人債務の弁済が個人所得税の計算上「通常かつ必要な経費」にならないとされた事例
　　―Welch v. Helvering―　　44

⑧ ギャンブルで生じた損失はギャンブルの利益と通算できるとされた事例

　　　　―Commissioner v. Groetzinger―　　50
⑨　法人の所在地（Company Residence）を決定した英国の裁判例
　　　　―Calcutta Jute Mills Co. Ltd. v. Nicholson―
　　　　―De beers Consolidated Mines Ltd. v. Howe―
　　　　―Egyptian Delta Land and Investment Co. Ltd. v. Todd―　56
⑩　法人が手にした懲罰的損害賠償金が当該法人の所得になるとされた事例
　　　　―Commissioner v. Glenshaw Glass Co.―　66
⑪　法人による自社発行債券の低価での買戻しによる差益相当分が課税所得を構成するとされた事例
　　　　―United States v. Kirby Lumber Co.―　72
⑫　事業遂行に伴って支払われた民事上のペナルティが法人の損金（必要経費）にならないとされた事例
　　　　―Tank Truck Rentals Inc. v. Commissioner―
　　　　―Commissioner v. Sullivan―
　　　　―Commissioner v. Tellier―　78
⑬　資本資産の定義が限定された事例
　　　　―Corn Products Refining Co. v. Commissioner―　90
⑭　資本資産の定義が拡大された事例
　　　　―Arkansas Best Corp. v. Commissioner―　96
⑮　贈与により取得した株式の簿価上げ（step-up）が認められなかった事例
　　　　―Taft v. Bowers―　102
⑯　売上税（使用税）に係る消費地課税が認められなかった事例
　　　　―National Bellas Hess, Inc. v. Illinois―　107

第2章　所得の認識時期

●イントロダクション ……………………………………………………114
　⑰　所得を認識する時期（特に費用・収益対応の原則について）
　　　　―Schlude v. Commissioner―　115

⑱ 支出金の損金計上時期
　　—INDOPCO, Inc. v. Commissioner—　　121
⑲ ペーパー上の損失につき善意の損失の計上が認められなかった事例
　　—Scully v. United States—　　128
⑳ クロス取引を利用した損出しが認められなかった事例
　　—Shoenberg v. Commissioner—　　134

第3章　所得の付替え（所得の帰属をめぐって争われた事例）

● イントロダクション ……………………………………………………… 138

㉑ 夫婦間における所得の付替え（1/2は妻のものか？）が認められなかった事例
　　—Lucus v. Earl—　　140
㉒ 親との所得の付替えが認められた事例（Randy Hundley事案）と認められなかった事例（Richie Allen事案）
　　—Randy Hundley v. Commissioner—
　　—Richie Allen v. Commissioner—　　147
㉓ 人的役務提供会社を通じた法人への所得の付替えが認められなかった事例（プロスポーツ選手）
　　—Johnson v. Commissioner—　　155
㉔ 人的役務提供会社を通じた法人への所得の付替え（移転）が認められた事例
　　—Foglesong v. Commissioner—　　160
㉕ 役員給与等に係る所得税を法人が負担したことが当該役員の所得になるとされた事例
　　—Old Colony Trust v. Commissioner—　　164
㉖ 役員の年金契約に基づく掛金の法人負担が個人の所得を構成するとされた事例
　　—United States v. Drescher—　　169
㉗ 保険会社による販売代理人のコンベンションへの出席費用負担

が当該販売代理人の所得になるとされた事例
　　―Rudolph v. United States―　173

第4章　その他

● イントロダクション ………………………………………………………… 180
　㉘　納税者の不利に働く通達の遡及適用が認められた事例
　　　―William Becker v. Commissioner―　181
　㉙　課税処分取消しを求める不服申立て段階における立証責任は納税者側にあるとされた事例
　　　―Compaq Computer Corporation and Subsidiaries v. Commissioner―　187
　㉚　納付困難時における税務上の和解とその履行の責任は納税者にあるとされた事例
　　　―Robinette v. Commissioner―　193
　㉛　更正期間経過後の再調査を求める行政サモンズの強制執行が認められた事例
　　　―United States v. Powell―　198
　㉜　IRSによる行政サモンズの強制執行が認められなかった事例
　　　―United States v. Cox―　208
　㉝　有料申告書作成代理人に資格試験受験を義務付けたIRSの新規則が，法令解釈権の範囲を逸脱し効力を有しないとされた事例
　　　―S. Loving v. IRS―　214
　㉞　米国の国外預金報告制度（FBAR）義務違反者に対するペナルティ賦課が認められた事例
　　　―United States v. Williams―　220

第Ⅱ部　租税回避行為とその否認

第5章　租税回避否認の法理（米国の事例から）

- ●イントロダクション ·· 232
  - ㉟　見せかけの取引法理による租税回避行為の否認が認められた事例
      ―Gregory v. Helvering―　237
  - ㊱　法人加入団体生命保険（COLI）契約購入に見せかけの取引法理が適用された事例
      ―CM Holdings, Inc. v. Commissioner―　245
  - ㊲　借入側の返済リスクが限定されているノンリコース借入の課税上の取扱いが問題とされた事例
      ―Crane v. Commissioner―　252
  - ㊳　租税負担が軽減される結果となる取引には租税負担軽減以外の取引目的がなければならないとされた事例
      ―Knetsch v. United States―　258
  - ㊴　ある取引に経済的実質（economic substance）がなかったとして租税回避行為に当たるとされた事例
      ―Rose v. Commissioner―　264
  - ㊵　課税庁による「経済的実質法理（economic substance doctrine）」の主張が認められた事例
      ―Rice's Toyota World, Inc. v. Commissioner―　271
  - ㊶　個人間取引であるとして課税なしでなされた契約が，ステップ取引理論により否認され，法人と個人の取引であるとして法人に課税された事例
      ―Commissioner v. Court Holding Co.―　278
  - ㊷　信託を利用したロス計上が否認された事例
      ―W. Scully v. United States―　284
  - ㊸　債券のオプション取引を利用した多額の損出し取引が経済実質

を欠き租税回避に当たるとされた事例（いわゆるSon of BOSS取引）
—Jade Trading v. United States— 291
㊹ いわゆるクロス取引について税務上ロスの計上ができるのは，実際に発生し，かつ現実のものに限るとされた事例
—Schoenberg v. Commissioner— 297
㊺ 租税回避の意図があったとしても，税法で規定された要件を充足していれば特典享受が認められるとされた事例
—Fabreeka Products Co. v. Commissioner— 304
㊻ 経済的実質と税務関連以外の事業目的の双方が充足されていることから租税回避行為に当たらないとされた事例
—Frank Lyon Co. v. United States— 311

第６章 パートナーシップ等を利用した租税回避とタックスシェルター

●イントロダクション ………………………………………………… 316
㊼ 多額の借入れを行ったうえでパートナーシップを利用したEOR投資による投資税額控除の利用が濫用タックスシェルターに当たるとされた事例
—Krause v. Commissioner— 320
㊽ パートナーシップを通じたプラスチック・リサイクラーへの投資がタックスシェルターの濫用に当たるとされた事例
—Provizer v. Commissioner— 327
㊾ パートナーシップを利用したタックスシェルターの濫用
—ASA Investerings Partnership v. Commissioner— 331
㊿ タックスシェルターを利用するパートナーシップには節税以外の事業目的が不可欠とされた事例
—Boca Investerings Partnership v. United States— 336
(51) 法人とパートナーシップ等との区分基準（内国歳入法第7701条

導入の契機）(1)

　　—Morrissey v. Commissioner—　　341

52　法人とパートナーシップ等との区分基準（内国歳入法第7701条導入の契機）(2)

　　—United States v. Kintner—　　345

53　相続時における家族信託への出資金に係る財産の評価—原資産評価額でなく出資持分の評価によるべしとされた事例

　　—Estate of Strangi v. Commissioner—　　349

54　パートナーシップ契約と禁反言（いったん成立したパートナーシップ契約について，後日これをなかったものとすることは許されない）

　　—M. C. Hollen v. Commissioner—　　354

55　パートナーシップの一方のパートナーによるパートナーシップ債務の代位弁済が他方のパートナーへの利益供与に当たるとされた事例

　　—MAS One Ltd. Partnership v. United States—　　359

56　パートナーシップへの資産売却とリースバック取引における経費控除が認められなかった事例

　　—Estate of Franklin v. Commissioner—　　363

57　パートナーシップを利用した損失の取込みが認められた事例(1)

　　—Larson v. Commissioner—　　368

58　パートナーシップを利用した損失の取込みが認められた事例(2)

　　—Zuckman v. United States—　　374

59　パートナーシップで生じた損失の取込みには，税務目的以外に経済的実質の存在が必要とされた事例

　　—Hilton v. Commissioner—　　377

60　パートナーシップを利用した損失の取込みに見せかけの取引法理が適用された事例

　　—ACM Partnership v. Commissioner—　　383

61　ノンリコース・ローンに危険負担ルールが適用された事例

　　—Hubert Enterprises, Inc. v. Commissioner—　　390

第７章　米国以外における租税回避行為とその否認

●イントロダクション …… 397

(62) ある取引を税務上否認するためには明確な規定の存在が必要とされた事例（英国）
—Inland Revenue Commissioner v. Duke of Westminster— 399

(63) 文理解釈以外の解釈による課税が認められた事例（英国）
—Ramsay Ltd. v. Inland Revenue Commissioner— 408

(64) Ramsay事案の限界（事前に仕組まれたものは認められない）が問題となった事例（英国）
—Dawson v. Commissioner of Income Taxes— 418

(65) 租税回避行為規制策としてのRamsay法理の限界が明らかになった事例
—HMRC v. Mayes— 425

(66) 課税庁による法の濫用法理の主張が認められなかった事例（VAT）（英国）
—Halifax and others v. Customs & Excise— 434

(67) カナダで租税回避行為に対する一般否認規定導入の契機となった事例
—Stubart Investment Ltd. v. R— 442

(68) 一般否認規定創設後も租税回避か否かが問題となった事例
—Canada Trustco Mortgage Company v. Canada— 448

第Ⅲ部　国際課税

第8章　非居住者課税制度

●イントロダクション …………………………………………………………… 458

(69)　米国の課税管轄権が国外居住者である米国市民にも及ぶとされた事例（特に内国歳入法第911条との関係で）
—Cook v. Tait—　462

(70)　国外居住米国市民が国外における「真正な居住者」に該当するとされた事例(1)
—Sochurek v. Commissioner—　468

(71)　国外居住米国市民が国外における「真正な居住者」に該当するとされた事例(2)
—Jones v. Commissioner—　473

(72)　人的役務提供の対価及びロイヤリティの源泉地
—Commissioner v. Piedras Negras Broadcasting Co.—　477

(73)　米国内，米国外の双方で人的役務の提供があったとされた事例
—Stemkowski v. Commissioner—　482

(74)　人的役務提供の対価かロイヤリティかが争われた事例(1)
—Boulez v. Commissioner—　486

(75)　人的役務提供の対価かロイヤリティかが争われた事例(2)
—Karrer v. United States—　491

(76)　人的役務提供の対価かロイヤリティかが争われた事例(3)
—Goosen v. Commissioner—　494

(77)　米国法人からオランダ法人に支払われたロイヤリティが米国源泉ではないので米国で源泉徴収の対象にならないとされた事例
—SDI Netherlands B.V. v. Commissioner—　501

(78)　非居住者が米国で代理人を通じて事業を行っているとみなされた事例
—Lewenhaupt v. Commissioner—　508

(79) 在米子会社のサービスを利用する外国法人と代理人PE
—Inverworld, Inc. v. Commissioner— 513
(80) 米国で事業活動を営むパートナーシップが非居住パートナーの代理人PEに当たるとされた事例
—Donroy Ltd. v. United States— 520
(81) 米国で事業活動を営むパートナーシップの非居住パートナーに対する課税が認められた事例
—Johnston v. Commissioner— 524
(82) インドで海外持株会社の株式譲渡が国内での株式譲渡とみなされた事例
—Vodafone International Holdings B.V. v. Union of India & Anr.— 527

第9章 外国税額控除

●イントロダクション …… 533
(83) 外国税額控除における所得の源泉地が問題となった事例
—Liggett Group, Inc. v. Commissioner— 536
(84) 州税たる営業税の国外利益相当分については国外源泉所得から控除すべきとされた事例
—Chevron Corp. v. Commissioner— 541
(85) 現地で連結納税制度を採用している場合における外国税額控除の対象範囲
—Guardian Industries Corp. & Subs. v. United States— 546
(86) 米国LLCに生じた所得が，出資者である英国居住者に直接帰属する所得であるとされた事例（外国税額控除申請事案）
—Anson v. HMRC— 551

第10章 移転価格税制

●イントロダクション …… 558

⑧⑦ 比較対象取引—取引数量の少ない第三者との取引が比較対象取引として適切なものであるとされた事例
　　—U.S. Steel Corp. v. Commissioner—　564
⑧⑧ シンガポール所在の製造子会社がリスク限定の下請業者に当たらないとされた事例
　　—Sundstrand Corp. and Sub. v. Commissioner—　569
⑧⑨ インドでの移転価格課税でインド子会社の機能は限定されているので，コスト・プラス方式による所得計算が妥当との納税者の主張が認められた事例
　　—GAP事案—　576
⑨⓪ ロイヤリティの適正料率が問題とされた事例
　　—Ciba-Geigy Corp. v. Commissioner—　583
⑨① 現地国の法律で送金等が禁止されている場合，内国歳入法第482条は適用されないとされた事例
　　—Procter & Gamble Co. v. Commissioner—　589
⑨② 取引自体の再構成による課税は認められなかったものの，貢献度からみて収入の75％相当額が米国法人に帰属するとされた事例
　　—Hospital Corp. of America v. Commissioner—　594
⑨③ 全世界的規模で成立している無形資産の成立場所が米国でなく香港とされた事例
　　—DHL Corp. and Subsidiaries v. Commissioner—　600
⑨④ 無形資産の譲渡をめぐって争われた事例
　　—Eli Lilly & Co. v. Commissioner—　608
⑨⑤ 移転価格課税で無形資産取引が問題とされた事例
　　—Bausch & Lomb v. Commissioner—　613
⑨⑥ 有形資産取引に加え，ロイヤリティ取引と，コスト・シェアリング契約も問題とされた事例
　　—Seagate Technology, Inc. v. Commissioner—　619
⑨⑦ コスト・シェアリング契約（バイ・イン）でCUT法が認められた事例
　　—Veritas Software Corp. v. Commissioner—　628

⑨⑧ 国外関連社とのコスト・シェアリング契約における従業員ストックオプションの扱いが争われた事例
　　―Xilinx Inc. and Subsidiaries v. Commissioner―　635
⑨⑨ 外国親会社に対して発出された行政召喚状の効力（人的管轄権はあるが，執行力は有しない）
　　―United States v. Toyota Motor Corp.―　640
⑩⓪ 移転価格課税と和解
　　―Glaxo Smith Kline Holdings（Americas）Inc. v. Commissioner―　645

第11章　CFC税制（タックスヘイブン対策税制）

● イントロダクション ……………………………………………… 650

⑩① CFC税制と税法解釈の基本ルール（平易な意味ルール）
　　―The Limited, Inc. v. Commissioner―　654
⑩② 特定外国子会社で生じた損失と親会社所得との通算（欧州裁判所の判断と国内法との関係）
　　―Marks & Spencer plc v. Halsey―　661
⑩③ 欧州連合域内におけるCFCルール適用の可否（英国親会社はアイルランド子会社の所得を合算しなくてもよい）
　　―Cadbury Schweppes plc and Cadbury Schweppes Overseas Ltd. v. Commissioner of Inland Revenue―　666
⑩④ パススルー課税の選択とCFC税制（英国子会社による孫会社資産の譲渡と米国親会社との関係）
　　―Dover Corporation v. Commissioner―　672
⑩⑤ 米国法人の日本子会社とCFC税制との関係
　　―Framatome Connectors USA Inc. v. Commissioner―　677

第12章　租税条約

● イントロダクション ……………………………………………… 682

⑯ 租税条約既定の解釈における平易な文言の使用
　　—Xerox Corp. v. United States—　684
⑰ 米英租税条約と国内法との関係—租税条約の規定が優先するとされた事例
　　—National Westminster Bank v. United States—　690
⑱ 日本企業の米国代理人と代理人PE
　　—Taisei Fire & Marine Ins. Co., Ltd. et al. v. Commissioner—　696
⑲ 米国とスイスの条約（非居住外国人の恒久的施設の存否）が問題とされた事例
　　—Amodio v. Commissioner—　701
⑩ 独伊租税条約における恒久的施設に対するイタリアの考え方
　　—Ministeria de Finanze (Tassa) v. Philip Morris (GmbH) —　707
⑪ 租税条約上の無差別取扱条項と国内法との関連（インドの場合）
　　—Decca Survey Overseas v. Indian Revenue Service—　712
⑫ 米加租税条約の規定が米国の内国法に優先するとされた事例
　　—North West Life Assurance Co. v. Commissioner—　715
⑬ 米国法人によるホンジュラス法人の利用が条約あさりに当たるとされた事例
　　—Aiken Industries, Inc. v. Commissioner—　721
⑭ 日米租税条約に基づき米国から日本に提供された情報が結果的に表に出てしまった場合，提供国の当局が損害賠償義務を負うとされた事例
　　—Aloe Vera of America Inc. v. United States—　730
⑮ スイス政府に対する租税条約に基づく情報交換要請が，いわゆる「情報あさり」に該当するとして拒否された事例
　　—スイス行政裁判所2014年10月7日判決—　737
⑯ 情報交換により入手した情報について本人への開示が不要とされた事例
　　—Jiri Sabou v. Financni—　742
⑰ 課税権の配分が問題とされた事例
　　—R. E. Harrison v. Commissioner—　747

参考資料 ……………………………………………………………… 754
事項索引 ……………………………………………………………… 777

第Ⅰ部

租税法の基本概念をめぐって争われた事例

第1章　租税法の基本概念

◉イントロダクション

　租税法律主義の下においては，納税義務者，課税要件，課税標準，税率など重要な事項については，すべて法令で規定するというのが原則である。そして，その解釈に当たっては，第一義的にはそこで表現された文言をそのまま解釈するというのが基本である。いわゆる，「文言解釈（literal interpretation）」又は「文理解釈」といわれているものがそれである。

　しかし，税法では，あらゆる経済事象を限られた条文の中で表現することが求められる。そのため，そこで用いられる文言や用語は，どうしても抽象的，かつ，多岐にわたる解釈が可能なものとならざるを得ない。しかも，そこで用いられている文言や用語の解釈如何によって，課税になることもあるしならないこともある。ちなみに，米国の法令解釈原則（statutory interpretation principle）によれば，税法の解釈は，一般的には，法律で規定された平易な文言上の表現そのもの，いわゆる「平易な意味（plain meaning）」により解釈すべきとされている。

　実際にも，このような解釈によったものが基本となっている。しかし，なかにはそのような解釈だけでは十分な対処ができないとして，課税庁が法令の趣旨や目的，さらには，事業目的，経済的実質等に着目して課税し，それが判例上においても認められたという事例等がいくつかみられる。

　特に，租税回避事案などにおいては，この種の解釈の可否が問題となることが多い。それは，租税条約の濫用の場合においても同様である。

　このような事態の発生を抑制するためには，租税法の規定をできる限り明確かつ簡素なものにする必要がある。しかし，あまり簡素な規定だとかえって多様な解釈が生じることにもなりかねない。

　例えば，所得，必要経費，損金，費用収益対応等のように一般的用法として広く用いられている用語についても，多様な解釈が可能である。そのため，これらの基本的用語についても係争となることがある。

　そこで，ここでは，税法解釈の基本ルールが問題となった事案について，個

人所得税と法人税に区分して紹介することとする。
 (1) 個人所得税
 ここでは，所得の意義及びその範囲（必要経費，損益通算を含む。）の問題となった事例について取り上げている。
 事案①〜⑤は所得の範囲が問題となった事例である。
 このうち①の**James事案**では，違法所得も所得を構成するとされている。
 それに対し，②の**Macomber事案**（株式配当），③の**Benaglia事案**（リゾートホテルの支配人に対する現物給与），④の**Zarin事案**（和解に伴う債務免除益），⑤の**Davis事案**では，離婚に伴って受領した資産がそれぞれ課税所得にはならないとの判示がなされている。
 また，⑥〜⑧は必要経費又は損失について争いとなった事例である。
 このうち，⑥の**Cohan事案**は，必要経費として認められるためには支出の事実と事業関連性があれば可とされた事案である。
 ⑦の**Welch事案**では，個人が従前勤務していた破産法人の債務を代位弁済したことが必要経費の要件を充足するか否かが争われ，必要経費にはならないとされている。
 それに対し，⑧の**Groetzinger事案**では，ギャンブルで生じた損失が他のギャンブルの利益と通算できるとされている。
 (2) 法人税
 わが国や米国では，法人の所在地は本店所在地（設立地）とされている。しかし，それ以外の考え方もある。英国及び英連邦系諸国の考え方がそれである。
 ⑨の３件の事案（**Calcutta Jute Mills事案／De Beers事案／Egyptian Delta事案**）はいずれも英国の事案であるが，そこではいずれも管理支配地が法人の所在地であるとされている。
 ⑩〜⑫は個人所得税の場合と同じく法人の所得に関して争われた事例である。
 ⑩の**Glenshaw Glass Co.事案**では，会社が競争相手から受領したトラスト法違反に係る損害賠償金が総所得を構成するとされた。
 同様に⑪の**Kirby Lumber Co.事案**では，自社で発行した債券を安値で買戻した場合の差額相当分が課税所得を構成するとされている。
 また，⑫の３件の事案（**Tank Truck事案／Sullivan事案／Tellier事案**）では，

事業遂行に伴って支払われた民事上のペナルティが損金になるか否かが争われたが違反内容によって判断が分かれている。

それらに対し，⑬のCorn Products Refining Co.事案では，先物取引契約に基づく差金決済取引が，ロスの通算に制限のある投資用の資本資産に当たるとされている。

また，⑭のArkansas Best Corp.事案では，同社の有する株式の譲渡によるロスが他の所得との損益通算が制限される資本資産の譲渡によるか否かが争われたが，最高裁は，本件ロスは資本資産の譲渡から生じたキャピタルロスであり，他の所得との間の損益通算は制限されるとしている。

(3) その他

⑮のTaft事案では，贈与税における簿価上げが認められるか否かが争いとなったが，最高裁は簿価上げは認められないとしている。

⑯のNational Bellas Hess, Inc.事案では，州税である売上税に係る消費地課税が認められるか否かが問題となったが，裁判所は納税者の主張を認め，消費地課税は認められないとしている。

第1章　租税法の基本概念——(1)個人所得税

① 違法所得も課税所得を構成するとされた事例
—James v. United States, 366 U.S. 213(1961)—

> 適法所得の計算上経費控除が認められるか否かが争いとなった事例
> —Garner v. United States—

■概　説

　米国の所得課税制度では，包括所得概念が採用されている。そのため，その源泉が適法な取引に基づくものであるか違法なものであるかを問わず，「金銭で評価したネット資産（money of property）」の増加になるもの（Commissioner v. Glenshaw Glass Co.事案（348 U.S. 426（1955）））については，それを受領した段階で全て所得を受領したもの（receive）として課税所得を構成することとされている（IRC第61条，ただしIRC第101条～123条に該当すれば非課税）。

　そのため，違法所得でも課税所得になるのか否かが問題となってくる。

　違法所得が課税所得を構成するか否かを巡って争いとなった事案は数多くあるが，以下では，それらの先例となった代表的な事例（James v. U.S., 366 U.S. 213（1961））について紹介する。

■事案の概要

　本件では，横領により金員を手に入れた者の利得が，1939年のIRC第22条(a)（1954年改正後の61条(a)）に規定する課税所得になるか否かが争いとなった。

　労働組合の従業員であったJames氏は，組合の資金73.8万ドルを横領し，着服していた。IRSは，同氏の着服した資金が同氏の課税所得を構成するとして，IRC第29条に基づき課税した。それに対し，同氏が先行判例等を引用して，自分には組合に対して横領した金員について返金の義務があり，返金の意思もあるとして，課税処分の取消しを求め出訴したものである。

■主な争点と当事者の主張

1　争　点

本件事案の主な争点は，違法な所得が課税所得に当たるとしたとしても，どのような状態になったら課税適状になるかという点である。

2　当事者の主張

(1)　納税者（James）の主張

本件係争に係る金員は，違法な手段で手に入れたものであり，本来組合に返却すべきものである。本件の場合，横領が発覚した時点で返金すべきものであることが明らかとなった。したがって，その金員がたとえ違法所得を構成するものであったとしても，1946年の連邦最高裁判決（Commissioner v. Wilcox, 327 U.S. 404（1946））[1]により，それらの金員を返還することが見込まれている以上，IRC第61条に規定する課税所得を構成しないと主張する。

(2)　課税庁の主張

本件金員は，James氏が横領し，現に着服していたのであるから，たとえ返金の意思があったとしても，現に返金をしていない以上，総所得（gross income）を構成すると主張する。

■裁判所（連邦最高裁判所）の判断……納税者敗訴

連邦最高裁判所での見解は分かれたものの，多数意見（5人中3人，Wallen裁判長，Brennan判事，Stewart判事同意）は，納税者がそれらの所得を実際に手にしている限り，その処分権は納税者にあるので，たとえそれを後日元に戻す意思があったとしても，税務上は課税所得を構成するというものであった。すなわち，納税者が違法に横領（embezzlement）し，着服していた金員については，たとえ本人がそれを適法か違法か，また，その金員について返還義務があると認識していたか否かにかかわらず，1939年のIRC第22条(a)及び

---

(1)　ちなみに，Wilcox事案では，違法に取得していた金員について，返金する意思があったとしてローンとみなされ課税されなかった。そこで，James氏は，本件金員も組合から自分が借りた（ローン）状態に等しいので，課税適状にはないと主張したのである。

《図表》James事案のイメージ図

James氏（返金の意思あり）
　　横領73.8万ドル⇒横領した者（James氏）の課税所得になるか……なる
組合

〔事案の概要〕
　組合の従業員だったJames氏は，組合費73.8万ドルを横領した。
　IRSはこれをJames氏の課税所得と認定して課税処分を行ったため，同氏が本件金員は違法に手に入れたものであり，組合に返済義務があるので，所得は構成しないとして課税処分の取消しを求めて出訴した。

〔争　点〕
　当該横領金員はJames氏の課税所得になるか。

〔裁判所（連邦最高裁判所）の判断〕
　当該横領金員はJames氏（横領者）の所得になる（返却するか否かは無関係）。
　James氏には当該金員の処分権あり。
　　　↓
　James氏には3年の懲役刑宣告済み。

1954年改正後のIRC第61条(a)の規定に基づき，何らの規制なく処分可能（without restriction their disposition）となった段階で所得を構成することになるというのである。

また，納税者が先行案件であると主張するWilcox事案に係る連邦最高裁判決の結論は，本件判決を拘束しないともされている。

■参考判例

Garner v. United States事案

　この事例では，違法なギャンブル行為によって得ていた違法所得の金額の計算上，必要経費の控除がどこまで認められるかが争いとなった。本件事案において，Garner氏は，税務申告上も自らをギャンブラーであると認めたものの，収入及び支出に関する記帳等がなされていなかったため，IRSはこれを司法省に告発した。

　ちなみに，本件では，当局の把握した収入資料のみをベースとした課税処分がそのまま是認されている。しかし，もしGarner氏が必要経費について証拠

資料を残していたらどうなったであろうか。

　実務上生じるこのようなやっかいな問題を回避するため，いくつかの州においては，マリファナ，不法なアルコール飲料等の取引から生じた「実体のない非公認税（un authorized Substance Tax）」という名で，経費控除を一切認めない特別な税を課している。

　しかし，実際には，これらの不法所得の稼得者は，所得税の申告納付をする代わりに，匿名で印紙を購入し，これを納税証明の手段として用い，刑事裁判所においては，不法行為に見合う相応の税負担はしているとして，それを免罪手段として利用しているというのが一般的なようである。

　課税庁としては，不法行為によって多額の所得を得ている場合，その前提となっている不法行為という犯罪を立証し，これを告発して有罪にもっていくのは困難であることなどから，課税処分だけで済ませてしまう方が簡単である。

　そのため，実務においては，どちらかといえば，課税処分があればそれをそのまま受け入れ，本来問題とされるべき不法行為については，問題として取り上げないという方法が選択されているようである。

■解　説

　米国と同様に，わが国の場合も，違法所得であっても，納税者がその利得を手にしている限り所得の実現があったとして課税するという考え方が採用されている[2]。

　他方，それらの違法所得をいったん手にした者がこれを返還した場合，課税所得がその分だけ減少になるのか，また，なるとしたらいつの時点の所得を減額すべきなのか（取得した時点なのか実際に返却した時点なのか）などについては明確になっていなかった。

　しかし，最近の判例（東京高裁平成23年10月6日判決・訟務月報59巻1号173頁）で，不当な利得が返還・没収等によって失われた場合には，その金額を資産損失に算入するか更正の請求を求めることができるとの判断が示されている。

　ちなみに，利息制限法による超過利息が問題となった事案において，最高裁

---

(2)　例えば，金子宏『租税法〔第20版〕』（弘文堂）184頁。

判所で当該利息相当分がまだ未収となっていたことから,「課税の対象となるべき所得を構成しない」との判示がなされている[3]。

■わが国の参考判例,裁決例等

(イ) 違法所得も所得になるとされた事例

① 長野地裁昭和27年10月21日判決・行裁例集3巻10号1967頁

「賭博,収賄並に物価統制令等経済統制法規違反の各犯罪行為による利得は,これらの利得が利得者の手裡に留保されていて国家にも帰属せず,又不法原因給付(民法708条)として移転者に戻らない点よりして課税所得となり得ると解せられる。」

② 最高裁(三小)昭和38年10月29日判決・税務訴訟資料37号919頁

「税法の見地においては,課税の原因となった行為が,厳密な法令の解釈適用の見地から,客観的評価において不適法,無効とされるかどうかは問題でなく,税法の見地からは,課税の原因となった行為が関係当事者の間で有効のものとして取り扱われ,これにより現実に課税の要件事実がみたされていると認められる場合であるかぎり,右行為が有効であることを前提として課税を賦課徴収することは何等妨げられないものと解すべきである。」

(ロ) 違法ないし不法な支出も別段の定めがない限り控除が認められるとされた事例[4]

① 高松地裁昭和48年6月28日判決・行裁例集24巻6＝7号511頁

「宅地建物取引業法および同法施行規則は,宅地等の取引の代理等について不動産仲介業者の受ける報酬の上限を定めて,不動産仲介業者が不動

---

[3] 最高裁(三小)昭和46年11月9日判決(昭和43年(行ツ)第25号)・民集25巻8号1120頁。

[4] なお,違法所得ではないが,馬券購入により勝ち馬となった所得が一時所得か雑所得かが争われた事案において,一時所得でありアタリ馬券の購入費のみが必要経費になるという当局の主張に対し,本件所得は雑所得であり,アタリ馬券のみでなくハズレ馬券の購入費が必要経費になるか否かが争いになった事案があった。

この問題なども,競馬はギャンブル行為であり本来禁止されているものを法令上の規定により合法になっているということからすれば,見方によっては違法所得があった場合における必要経費の控除をどこまで認めるべきかという際の参考事例になるのかも知れない。

産取引の代理ないしは仲介行為によって不当な利益を収めるのを禁止しているから，右法律に違反する報酬契約の私法上の効力いかんは問題であるとしても，現実に右法律所定の報酬額以上のものが支払われた場合には，所得税法上は，右現実に支払われた金額を経費（右報酬の支払を受けた不動産仲介業者については所得）として認定すべきものである。」

同旨判決：高松高裁昭和50年4月24日判決・行裁例集26巻4号594頁

② 水戸地裁昭和58年12月13日判決・税務訴訟資料134号387頁

「暴力団関係者に対し，刑務所への入所，あるいは刑務所からの出所もしくは七・五・三等の祝金を名目として支出された金員は，必要経費には該当しない。」

参考 内国歳入法第61条…グロス・インカム（gross income）

(a) 一般的定義…本編（Subtitle）で別段の定めがある場合を除き，グロス・インカム（筆者注：いわゆる「総所得」）とは，その源泉の如何を問わず，次に掲げる項目（ただし，それらに限らない）を含むものをいう。

(1) フィー，コミッション，フリンジ・ベネフィット及びそれらに類するものを含むサービスの対価
(2) 事業から生じるグロス・インカム
(3) 財産の取引等から生じる利得（gain）
(4) 利子
(5) 賃料（rents）
(6) ロイヤリティ
(7) 配当
(8) 離婚扶養料及び別居維持費（Alimony and separate maintenance payments）
(9) 定額年金（Annuities）
(10) 生命保険契約及び遺産契約等から生じる所得
(11) 公的又は企業年金（pensions）
(12) 債務免除益（discharge of indebtedness）
(13) パートナーシップのグロス・インカムに係る分配シェア（Distributive share）
(14) 死亡者に係る所得
(15) 遺言信託又は信託（Estate or Trust）の持分に係る所得

この規定は,連邦法第26条(Title26)内国歳入法第A章:所得に対する税(Subtitle A － Income Taxes)の第1編:通常の税及び付加税(chapter1 － Normal Taxes and Sub Taxes),第B章:課税所得の計算(Subchapter B, Computation of Taxable Income)第1節:グロス・インカム,調整グロス・インカム,課税所得等の定義(Definition of Gross Income, Adjuted Gross Income, Taxable Income etc.)の部で規定されている。

第1章　租税法の基本概念——(1)個人所得税

②　個人の受領した株式配当が総所得を構成しないとされた事例
——Eisner v. Macomber, 252 U.S. 189(1920)——

■概　説

　米国の内国歳入法（IRC）では，総所得とは，「役務提供に係る給与，賃金又は報酬，賃料，使用料，利息及び配当等，リストアップされた特定の科目から生じた収益, 利益及び所得をいう。」と定義している[1]。内国歳入法に明記された「総所得」の定義は極めて包括的であるが，議会は網羅的なリストにすることは意図していなかった。したがって，当該定義に明示的に掲げられていない他の科目を総所得に含められるようにするため，内国歳入法の総所得の定義には「源泉を問わずすべての所得」も含まれるという網羅的な文言が含まれている。

　かかる「網羅的な文言」の極めて広義な意味を考えると，今日，納税者が受領するもので，何らかの形で内国歳入法に定める総所得の定義に該当し，受領者の課税所得にならないものはほぼあり得ないといえる。しかしながら，アメリカ合衆国憲法修正第16条[2]により所得税の課税が認められることとなった所得税法（現内国歳入法の前身）の施行当初，税務弁護士と税務の実務家の間

---

(1)　1986年内国歳入法（逐次改正を含む。）第61条。
(2)　米国議会は，アメリカ合衆国憲法修正第16条（The Coustitution of the United States Amendment XVI）（1909年7月12日発議，1913年2月25日発効）により，各州に割り当てることなく独自に「所得税」を課税する権限を付与された（それまでは，アメリカ合衆国憲法により，議会の課税権は各州の人口に応じてそれぞれの州に割り当てられた直接税に限定されていた。）。
　　ちなみに，原文は次のようになっている。
　　「AMENDMENT XVI
　　The Congress shall have power to lay and collect taxes on incomes, from whatever source derived, without apportionment among the several States, and without regard to any census or enumeration.」

では，この「源泉を問わずすべての所得」という網羅的な文言が，実際に一体何を課税対象にすることを意図しているのかということが大きな問題であった。

当時，税務の実務家の間でしばしば論議された問題は，この網羅的な文言の中の「すべての所得」という文言が，実際にそのとおり広義かつ包括的な規定なのか，それとも税法でいう「総所得」の定義には明記されていない黙示的な基準があり，これによって実務上はいくつかの科目が除外されるのかどうかという点であった。

Macomber事案において，最高裁判所は，1916年に株主に支払われた株式配当が，新たに導入された所得税法上課税対象となる「総所得」とみなされるのかどうかという問題について判断を求められた。

ちなみに，本件判決で，最高裁判所は，本件株式配当は「総所得」には当たらないと判示している。

■事案の概要

米国の石油会社Standard Oil Company of California（以下「SOCAL社」という。）は，資本構成を改善する目的で，1916年1月時点の株主に対し50％の株式配当を行った。SOCAL社の個人株主であるMyrtle H. Macomber氏は，当該株式配当の前に2,200株を保有していたが，配当を受けた結果さらに1,100株を受領することとなった。追加株式の額面価額は1万9,877ドルであった。

ニューヨーク州第3地区を担当する内国歳入庁の調査担当官Mark Eisner氏は，1916年内国歳入法に基づき，この株式配当が追加的な「総所得」に当たるとして課税した。この課税処分を不服とするMacomber氏は，納税後異議申立てを行った。この異議申立ての際に，Macomber氏は，株式配当は総所得ではないため，1916年内国歳入法はアメリカ合衆国憲法修正（以下「修正憲法」という。）第16条に違反すると主張した。

■主な争点と当事者の主張

1 争点

本件事案の主な争点は，株式配当が1916年内国歳入法でいう「総所得」に該当するか否かという点である。

② Macomber事案

《図表》Macomber事案のイメージ図

〔事案の概要〕
① Macomber氏はSOCAL社の株主（2,200株）である。
② SOCAL社は50％の株式配当をした（額面価額1.98万ドル）。
③ IRSはこれをMacomber氏の総所得に当たるとして課税。

〔争　点〕
株式配当は株主の総所得を構成するか。

〔裁判所（最高裁判所）の判断〕…納税者勝訴
株式配当は株主の総所得を構成しない。

2　当事者の主張

(1)　納税者の主張

本件取引において，株主には法人の持分の増加も生じておらず法人資産の所有割合も増加していないので所得は生じていない。内国歳入法においてかかる取引（株式配当）を総所得として扱うこととしたことは修正憲法第16条に反すると主張する。

(2)　課税庁の主張

株式配当は，実質的には法人から現金配当を受け，その現金によって当該株式を購入したことと等しいので，総所得として取り扱われるべきであると主張する。

■裁判所（最高裁判所）の判断……納税者勝訴

本件事案において，最高裁判所は，当該株式配当は総所得に該当しないと判示して納税者に有利な判決を下した。同裁判所は，「（筆者注：連邦所得税法でいう）所得とは，資金，労働又はその双方から発生した収益と定義することができる。」とした上で，「納税者は，株式配当を受領することによって，（石油会社の資産から）独自に使用し，便益を得ることができるものを何も得ているわけではない。」との考えを示した。

その上で次のように判示している。

「上記いずれの点からみても，修正憲法第16条における議会の税法判定力からいっても，かかる適法，かつ，善意でなされた株式分割をIRSが株主の所得として課税する権限はない。したがって，株式配当についてこれを株主の所得として課税できるとした1916年所得税法（現内国歳入法）は，連邦憲法第16条の規定の如何にかかわらず，連邦憲法第1条，第2条，第3条及び第9条に違反し無効である。」

「所得は，資金，労働又はその双方から発生した収益と定義することができる。」

なお，本件判決に対しては，Holmes判事（Day判事同意）が反対し，Brandeis判事が反対意見を述べている[3]。

■解　説

最高裁判所のこの判断は，税務の専門家や税法学者に「納税者が何らかの物（又はサービス）を受領した場合，資金又は労働のいずれかの要素が絡んでいない限り，当該受領物（又はサービス）は所得には該当せず，新たな税法である所得税法は適用されない。」と解釈するべきかどうかという疑問を提示する結果となった。というのも，当時，税務の実務家や学者の間で，景品，社会的貢献に対する奨励，学生向けの奨学金，違約金，拾得金又は拾得物等のアイテムの所得税法上の位置づけについて論議があったからである。こうしたアイテムは，受領者によって遂行された人的役務（すなわち労働），あるいは受領者によって行われた投資（すなわち資金）のいずれにも（あるいはその双方の組み合わせにも）関連性がないと主張することが可能であった。

しかし，その後における判例の積重ね等によって，最近ではこれらによる受領物も，原則として所得税の課税対象とされるようになっている。

■わが国の参考判例，裁決例等

株式配当について，かつてはわが国でも（いったん現金で配当を受けたうえでそれを払い込んだとして）課税されていたが現在では株式分割を含め課税に

---

(3) Brandeis判事の反対意見は，おおむね課税庁の主張に沿ったものであった。

ならないこととされている。

なお,「所得」の意義については次のような判例がある。

① 最高裁（三小）昭和38年10月29日判決・税務訴訟資料37号919頁

「税法の見地においては，課税の原因となった行為が，厳密な法令の解釈適用の見地から，客観的評価において不適法，無効とされるかどうかは問題でなく，税法の見地からは，課税の原因となった行為が関係当事者の間で有効のものとして取り扱われ，これにより現実に課税の要件事実がみたされていると認められる場合であるかぎり，右行為が有効であることを前提として租税を賦課徴収することは何等妨げられないものと解すべきである。」

② 京都地裁昭和53年3月17日判決・訟務月報24巻8号1660頁

「所得税法は経済的にみて納税義務者各人につき，その利用処分が自由な価値増加が発生した場合，このような利益のすべてを「所得」とし，法令上明らかに非課税とする趣旨が規定されていない限りこれを課税対象とするものとしていると解される。」

第1章　租税法の基本概念——(1)個人所得税

③ 従業員に対する経済的利益——リゾートホテル支配人へのホテル駐在と食費の無償支給は支配人の課税所得にならないとされた事例

——Benaglia v. Commissioner, 36 B.T.A. 838（1937）——

■概　説

　従業員に支給される食事や宿泊所の提供といったいわゆる「経済的利益」について，どの程度までを従業員の所得に取り込んで課税するかは，実務上その限界点の見極めが難しい問題である。

　それは米国においても同様である。例えば，米国では，所得税法の導入当初，内国歳入庁（以下「IRS」という。）は，雇用者から従業員に提供された食事及び宿泊の価額を従業員の課税所得として扱っていた。しかしながら，納税者がこの問題について裁判所に提訴した事案では，従業員に対する食事と宿泊の提供が「雇用者の便宜を図るためのもの」である場合には，裁判所はIRSの見解に同意しないこともあった。こうした事案の中で，先例的意味を有するものとして最もよく知られているのが次に紹介するBenaglia事案である。

■事案の概要

　ハワイに所在する大規模な高級リゾートホテル数件のマネージャーであるBenaglia氏は，1926年から1930年代半ばにかけて，ホテルの所有者である雇用者から，常時ホテル内で勤務態勢をとりホテルの宿泊客の要望に対処できるよう求められていた。そのための条件として，雇用者は，同氏と妻にホテルのスイートを提供し，夫妻はこれを無料で占有していた。また，ホテルの食堂での食事が無料で提供されていた。同氏の雇用者は，（経済的利益である）食事と宿泊の提供を同人の報酬の一部とみなしておらず，同氏もホテルのスイートと食事の価額を個人所得税の計算上課税所得から除外して申告していた。

　IRSは，Benaglia氏が所得からこれらの科目を除外していたことを問題視し，同氏に提供された宿泊と食事の時価は（経済的利益であり）課税所得とみなさ

れるとして追徴課税を行った。同氏はかかる更正処分を不服とし、租税不服審判所（Board of Tax Appeals，現租税裁判所の前身）に不服申立てを行った。

■主な争点と当事者の主張

1 争 点

本件事案の主な争点は，従業員に対するいわゆる経済的利益のうち，どこまでが非課税になるかという点である。

2 当事者の主張

(1) 納税者の主張

一方の当事者であるリゾートホテルのマネージャーBenaglia氏は，ホテル側との契約によりホテルでの常時滞在を求められていたことから，食事もホテル内でとる必要があり，支給されるホテルの部屋も職務遂行上やむを得ないものなので，これを経済的利益として課税することは納得できないと主張する。

(2) 課税庁の主張

これに対して，IRSは，本件経済的利益は報酬の一部を構成しており，当然Benaglia氏の課税所得に含まれるべきだと主張する。

■裁判所（租税不服審判所：当時）の判断……納税者勝訴[1]

租税不服審判所（当時，現在の租税裁判所の前身）は，その審決に当たり，当該規模のリゾートホテルでは，宿泊客の要望は膨大かつ多岐にわたり，食事，部屋，娯楽等ホテルのあらゆる側面に影響が及んでいたと判示した。Benaglia氏は，昼夜を問わずこうした状況に常時目配りするためには，ホテルで生活し敷地内で食事をとる必要があった。このような事実認定の上に立って，審判所は，同氏は個人的な理由や欲求でホテルのスイートに居住し食事をとっていたのではなく，要求されている役務を遂行できる方法が他になかったため，（やむを得ず）そうしたのだと判断した。このような判断に基づき，審判所は，同氏に対する宿泊及び食事の提供は，雇用者の便宜を図るためのものであり，同

---

(1) 控訴審判決でも納税者勝訴。

氏のホテル・マネージャーとしての職務遂行に付随する必須事項であるため，同氏と妻の双方に提供されたかかる科目の価額（筆者注：日本流にいう経済的利益の額）は課税所得とみなされないと判示した。

IRSは，当該審決を不満とし，第9巡回控訴裁判所に提訴したが，同裁判所もこれを却下した。

■解　説

1　雇用者の便宜法理

Benaglia事案は，船舶所有者が商船船員に対して提供する宿泊の価額等の困難な状況を伴うケース（IRSはこれについては当該法理が適用されることを認めている。）の範囲をはるかに超えて，「雇用者の便宜法理（the convenience of the employer doctrine）」と称されている法理を適用するものであった(2)。

本件事案以降，「雇用者の便宜法理」は，残業する従業員に対する夕食代の支給等だけでなく，一定のケースでの現金の支給にも拡大適用された。しかしながら，その後の事案から，従業員に提供された宿泊と食事は，雇用者がこれを追加報酬として扱うことを意図している場合には，これらが雇用者の便宜を図る役割を果たしていたとしても，その価額を課税所得から除外することができるかどうかについて裁判所の見解は分かれている。こうした事案の多くは，医師や医療従事者，ビルの保守担当者，ビル清掃員等，勤務中に食事と宿泊を提供される者に関するものである。

2　雇用者の便宜法理の法令化

そこで，米国議会は1954年に内国歳入法第119条を制定し，従業員が雇用者から提供された食事と宿泊の価額を所得から除外できる範囲について，法令による指針を定めることとした(3)。

---

(2)　ただし，かかる（経済的利益の供与は）福利厚生が報酬ではなく，従業員の適切な職務遂行に関連するものである場合に限定されている。
(3)　当該規定は，食事又は宿泊が「雇用者の便宜を図るために」，「雇用者の事業敷地内で」提供されているとき，また，宿泊の場合には「雇用条件」として受け入れることを要求されているときに限り，当該経済的利益の価額は従業員の課税所得から除外されると定めている。また，雇用者が当該経済的利益の価額を追加報酬とみなしており，かかる福

しかし、その後においても、同条が食事及び宿泊について雇用者から従業員に行われた現金の支給を除外しているかどうかという問題を含め、相当数の税務事案においてその解釈をめぐって争われている。

> **参考** Kowalski v. Commissioner, 434 U.S. 77（1977）
> ―経済的利益の現金による支給は非課税所得を構成しないとされた事例：非課税要件として「事業上の必要性テスト」を追加―
>
> 1977年に、米国の最高裁判所は、Kowalski事案においてこの問題を直接取り上げ、同条にいう課税除外の対象となるためには、食事と宿泊は「現物」支給されるべきであり、当該規定は食事と宿泊の現金支給には適用されないと判示した(注)。
> また、最高裁判所は、その判決において、内国歳入法第119条の「雇用者の便宜」という文言は「事業上の必要性」を意味するものであるとも示唆している。
> その後の裁判所は、Kowalski事案における最高裁判決を、内国歳入法第119条に基づき「事業上の必要性テスト」を課すものであると解釈している。すなわち、これらの経済的利益が非課税とされるためには、雇用者から食事又は宿泊が提供されない限り、従業員の職務が遂行できないということが必要だということである。
>
> （注）　内国歳入法第119条は、当該IRC規定を解釈する財務省規則に基づき、宿泊と食事に関して従業員に行われた現金支給に拡大適用されることになった（財務省規則§1.119-1(f)、事例3）。

3　その後の見直し

現在、内国歳入法第119条で法令化されている「雇用者の便宜法理」は、「役務提供の対価として雇用者から従業員に提供された福利厚生の時価は課税所得とみなされる。」という基本原則の明確な例外規定である。この例外規定は、所得税法上明確に規定されているものの、税務の専門家の中には、そもそもこの例外規定を法律に含めるべきかどうかを問題にしている者もいる。こうした専門家は、従業員に食事や宿泊を提供するに当たっての雇用者の「自身の便宜に関する主観的な動機」が、従業員の個人所得税の計算上課税所得に当たるかどうかという問題にいったいどのような関連性があるのかという点を問題にしている。雇用者は結局のところ自分自身のために利益を上げるよう動機付け

利厚生が従業員の便宜を図るためである場合でも、内国歳入法第119条の要件が満たされていれば、当該除外規定が依然として適用される。

られているのであって、従業員の貢献を確保するために彼らに何らかの価値があるものを与えることが雇用者の利益になるような他のすべてのケース（従業員の役務提供の対価として行われる現金の支給等を含む。）において、たとえそれが雇用者の便宜を図るためのものであったとしても、それが従業員の課税所得に現金支給額を含める妨げにならないことは明らかであるとしている。

著名な税務専門家[4]は、税務の行政政策の問題として、雇用者の便宜法理が理論的に正しい理由を以下のように説明している。

「従業員は、宿泊や食事の無料提供を受けることにより、本来自身の課税現金所得から充当すべき生活費が軽減されるなど、宿泊や食事の無料提供から真に便益を受けていることは事実であるが、雇用者側に『やむを得ない個人的動機』の要素があるため、かかる福利厚生の便益提供を受ける従業員にとっての『真の価額』について疑問が生じる。」

そこで、Benaglia事案を例にとると、Benaglia氏は、大規模なリゾートホテルのマネージャーとして職務を全うするため、ホテルの敷地内で生活し、食事をする必要があった。しかしながら、同氏が実際にはホテルの敷地外の住居を選択し、毎日ホテルの同じレストランではなく別のレストランで食事をすることを望み、あるいはホテルでの宿泊と食事の価額分相当の現金を受領して一部を貯蓄に回す選択をしたとしても不思議ではない。すなわち、裁判所と内国歳入法第119条がかかる福利厚生の価額を課税所得から除外している同氏のようなケースでは、生活形態に関する従業員の「選択の自由」が雇用者の便宜によって制限されているという事実が重要になってくる。

言い換えれば、Benaglia氏は、他のすべての者に与えられている食事と宿泊に関する選択の自由もなく、ホテルでの食事と宿泊を余儀なくされ、かかる科目の価額相当分の現金を貯蓄に回すこともできず、ホテル提供の特定の宿泊と食事を受け入れざるを得ないのである。裁判所や議会は、こうした状況で提供された宿泊や食事の従業員にとっての価値は、時価よりもはるかに低いことがあることをこのように暗に認めている。価額判定の問題を解決するため、議会は内国歳入法第119条に基づきかかる福利厚生の価額を実質的にゼロとみなすことを決定したのである。

---

(4) Chirelstein, Federal Income Taxation, p.20-21 (Foundation Press, Rev. 8th edition).

■わが国の参考判例,裁決例等

　経済的利益の取扱いをめぐっては,わが国でも実務上かなり難しい問題が頻発している。そこで,国税庁では法令解釈通達によりその取扱いの統一化を図っているが（所基通36-15～36-50),それにもかかわらず,多数の係争案件が発生している。

① 最高裁（二小）昭和37年8月10日判決（昭和36年（オ）第298号）・民集16巻8号1749頁

　「通勤定期券またはその購入代金の支給は,（原則として）所得税法上の給与である。」

② 大阪地裁昭和43年4月26日判決（昭和39年（行ウ）第70号）・訟務月報14巻7号826頁

　「会社が代表取締役の通勤用にタクシー乗車券を交付し,その料金を負担することは現物給与を与えたことになり,右代表取締役の給与所得に該当する。」

③ 名古屋地裁平成4年4月6日判決（昭和61年（行ウ）第30号）・行裁例集43巻4号589頁

　「（役員に対し行われた）資産の低額譲渡は役員の所得となる。」

④ 東京高裁平成6年9月29日判決（平成5年（行コ）第54号）・行裁例集45巻8＝9号1819頁

　「法人が（税引手取額保証の意味で行っていた）従業員の給与等につき負担していた源泉所得税額は,従業員の給与所得となる。」

⑤ 札幌地裁平成12年10月26日判決（平成10年（ワ）第375号）・税務訴訟資料249号227頁

　「寺院が副住職の結婚に当たり婚約者に立替払いをした結納金は副住職の給与所得を構成する。」

第1章　租税法の基本概念──(1)個人所得税

④　和解に伴う債務免除益が課税所得にならないとされた事例
── Zarin v. Commissioner, 916 F.2d 110 (3rd Cir. 1990) ──

■概　説

　所得は，一般にフローの概念と考えられているが，包括所得概念の下においては，「一定期間の間にある人は新たに加わり，その原資を減少させることなく任意に使用できる財貨の総体」も所得を構成すると考えられている[1]。

　ちなみに，包括所得概念説が採用されている米国では，債務免除益のように純資産を増加させる取引又は事象も，原則として所得を構成すると考えられている（IRC第61条(a)(12)，108条(e)）。

　しかし，全ての債務免除益が所得になるわけではない。今回紹介するのは，それらのうち代表的な事例（Zarin v. Commissioner, 916 F.2d 110 (3rd Cir. 1990)）である。

■事案の概要

　ニュージャージー州アトランティック市に住む不動産業者D. Zarin氏は，ギャンブル好きで，近くのカジノで当初1万ドルのクレジットラインを設定してギャンブルを行っていたが，そこで重要顧客（valued gaming patron）扱いを受け，クレジットラインが20万ドルまで引き上げられた。さらに，リムジンでの送迎，フリーの食事，スイート・ルームの使用等も認められるようになった。

　Zarin氏は，1978年6月から1979年12月までの間に約250万ドルの債務を負っていた。しかし，その分は全額返済した。その後，新たに343.5万ドルのロスを被って，クレジットラインを使用できなくなったため，最終的に50万ドルの

---

[1]　R.B.W.Hermann 'Staatswirtsshaftliche Untersuchungen' 3 Auft. S.299 (1924)，金子宏『所得概念の研究──所得課税の基礎理論〈上巻〉』（有斐閣）15頁。

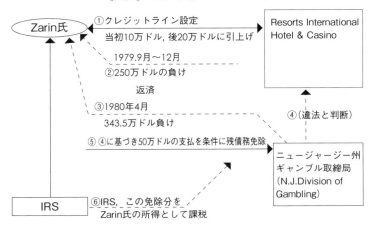

《図表》Zarin事案のイメージ図

〔事案の概要〕

　カジノでの負け340万ドルについて50万ドル支払うことを条件に残りの分について免除を受けた者（Zarin氏）に対し，IRSが当該免除部分は課税所得になるとして課税したため納税者がその取消しを求めて出訴。

〔争　点〕

　和解による債務の一部免除293.5万ドル（＝債務総額343.5万ドルー和解金支払50万ドル）が債務者の課税所得を構成するか。
- 納税者の主張…ならない。
- 課税庁の主張…なる。

〔裁判所の判断〕
- 租税裁判所…なる。
- 巡回裁判所…ならない。

和解金を支払うことでカジノ側と和解した（1980年4月）。

　その結果，債務免除を受けた293.5万ドル（＝343.5万ドル－50万ドル）相当分がZarin氏の所得を構成するか否かが争いとなった。IRSは，これが同氏の課税所得を構成するとして課税した。

■主な争点と当事者の主張

1 争点

本件事案の主な争点は、訴訟上の和解に伴って切り捨てられることとなった債務（の金額）が、債務者の課税所得を構成するか否かという点である。

2 当事者の主張

(1) 納税者の主張

原告である債務者（納税者）は、たとえ和解が成立して債務の一部が免除されたとしても、自分達の資産が増加するわけではないので、包括所得概念説の下においても所得は発生していないと主張する。

(2) 課税庁の主張

それに対し、課税庁（IRS）は、米国税制の下では、内国歳入法第61条で課税所得を構成しないとされたものを除く全てのものが所得を構成するので、和解によって債務額が減少している以上、それはマイナスの資産が減少したという点で純資産の増加と同じことになる。包括所得概念説では、純資産の増加も課税所得を構成するので、本件債務免除額（293.5万ドル）は、納税者（Zarin氏）の所得を構成すると主張する。

■裁判所の判断

1 租税裁判所の判断……課税庁勝訴

租税裁判所は、一部に異論はあったものの[2]、Burlington Northern Railroad v. Commissioner事案（82 T.C. 143, 151 (1984)）の判決を引用しつつ、次のように判示している。

---

[2] ちなみに、本件判決に関与した裁判官12人のうち本件判決に反対したTomen wald判事は、次のような見解を述べている（他にも1人反対）。
「Zarin氏が債務を負っていたとされるのはギャンブルのチップにすぎず、通貨ではないので、たとえその分について支払いを免除されたとしても、当該免除分は所得を構成しない。」

「本件和解によりZarin氏が受けた債務免除額293.5万ドルは，内国歳入法第61条(a)(12)の規定に基づき，同人の1980年分の課税所得を構成するのでIRSの処分は相当である。」

2 控訴審（第3巡回控訴裁判所）の判断……納税者勝訴

控訴審では，意見は分かれたものの，多数意見は，次の2つの理由から，Zarin氏に課税所得は生じないとして租税裁判所の判決を取り消している。

① 連邦所得税法の規定ぶりからみて，本件のような和解から所得が生じることにはならない

「IRC第61条(a)(12)及び第108条では，総所得には債務免除から生じる所得（income from the discharge of indebtedness）も含まれる。しかし，第108条(e)によれば，債務のキャンセルからは所得は生じない。カジノ側がZarin氏に求めたのは『賭金用のチップ』使用に伴って生じたものであるが，チップは同氏にとって財産（property）ではないので，そのやり取りから生じた債務及び和解に伴うキャンセルは所得を構成しない。」[3]

② Zarin氏のギャンブル債務に係る和解は，所得構成の要因となる「係争債務（contested liability）」に該当しない

「係争債務ドクトリンの下では，納税者が善意で債務の存在を争っている限り，後日その一部が和解によって存在しなかったことにされたとしても，その分はそもそもなかったことになるので，Zarin氏にとって実際に存在したとされる債務は，同氏が和解によって支払うこととなった50万ドルである。」

しかし，このような多数意見に対し，Stapleton判事は，次のような反対意見を述べている。

「カジノ側は，343.5万ドル相当のチップをZarin氏に販売し，同氏はそれによって343.5万ドル相当分の現金等価物を手に入れゲームを楽しむことができた。この取引は，通常の経済取引と同じであり，カジノ側はチップを販売することによりそれを受け取り他のサービスを提供する義務も負っている。

---

(3) この判決に対し，Stapleton判事は次のような反対意見を述べている。
「Zarin氏は自己の振り出した手形と引替えに343.5万ドル相当のチップを手に入れたものであり，同人はチップの代りに同額の現金を手に入れることも可能だったのであるから，和解によって返済義務を免れた部分について同人の所得を構成するのは当然である。」

換言すれば，Zarin氏はこの取引によって343.5万ドル相当の現金等価物を手にしたのであるが，特別顧客である同氏のように手形で支払えない他の者が同様のチップを手にするためには，カジノ側にそれに見合う現金を払わなければならなかったのである。」
　「債務免除益が債務者の所得を構成するというのは，過去の判例[4]からみても明らかである。Zarin氏は，50万ドルを支払うことで，同氏がカジノ側に有していた343.5万ドルの債務を帳消しにしてもらったのであるから，支払う必要のなくなった293.5万ドルはその時点で同氏の所得を構成すると考えるべきである。」

■ **解　説**

　本件判決については，IRS側が上告を断念したため，確定判決となってしまった[5]。
　その結果，裁判上の和解の結果生じた債務免除益であれば，当該免除益相当部分は債務者の所得にならないとする考え方が広まった。
　他方，債権者にとっては，たとえ債務免除をしたとしても，所得全額の計算上控除対象にならないのではないかという疑問が生じてきた[6]。
　このような事態を解決することとなった判決が，Preslar夫妻 v. Commissioner事案（167 F.3d（10th Cir. 1999））である（詳細については参考を参照）。
　ちなみに，同判決では，次のように述べて，Zarin事案における第3巡回控訴裁判所の解釈は誤りだったとしている。
　「（Zarin事案判決における）第3巡回控訴裁判所の判断は，清算時及びそれ

---

[4]　United States v. Kirby Lumber Co., 66 Calif.L. Reu. 159（1978）.
[5]　IRSが上告を断念したのは，当時議会内でいわゆる「IRSたたき」がピークを迎えており，IRS側が事務的に対応できなかったということと，上告することで「IRSたたき」がさらにエスカレートするのを避けたかったということがあったのではないかとする見方もある。
[6]　ちなみに，内国歳入法上，ローン自体は借手にとって所得を構成しないとされているが，それは，借手が返済義務を負っているため，借手の資産は何ら増加しないからである。
　同様に貸手にとっても資産の減少にはならないので所得控除の対象とならない。
　しかし，貸手が債権を放棄し，又は免除した場合には，所得控除の対象となる可能性があり，借手にとっては所得となる可能性がある。例えば，Donaldson, Samuel A. Federal Income Taxation of Individuals: Cases, Problems and Materials P111, 112（2d ed. 2007）。

以外の場合における債務を一律に取り扱っている。しかし，同事案の背景にはIRSが気付かなかった種々の要因があり，それが争いの原因となっていたのであるが，それらのうちZarin氏が争ったのは，破算（resolution）に伴って受けた善意の債務免除についてだけである。換言すれば，同事案では和解成立よりそれ以外の債務についても免除となっていたのであるから，債務の存在を否認するというのであれば，それらについても否認する必要があった。」

「Preslar夫妻がFDICから受けた債務免除（discharge of indebtedness）の金額は，1931年のKirby Lumber事案（United States v. Kirby Lumber Co., 284 U.S. 1, 76 L.Ed. 131, 52 S. Ct. 4（1931））及びその後判定された26 U.S.C.§61(a)(12)により，債務者の所得を構成する。」

> **参考1** **Preslar夫妻 v. Commissioner事案（167 F.3d（10th Cir. 1999））の概要**
>
> Preslar夫妻はニューメキシコで25年以上にわたり不動産業を営んでいたが，1983年にMoncor Bankから同行の融資を受け，支払手形100万ドルで牧場を購入した。代金の支払いは年1回6万6,667ドルの14回払い（1998年9月満期）で，年12％の金利付きとなっていた。
>
> 融資に際し，Moncor Bankは，76万ドル相当の抵当権を設定していた。
>
> その後，同夫妻は，リゾート開発会社等との間で牧場の一部を売却する話が進んでいたことから，同行に対し返済額の変更申出を行った。
>
> そのころMoncor Bankは破産によって解散し，連邦預金保険機構（FDIC）がそれらの債権を引き継いだ。
>
> しかし，FDICが夫妻への新規融資を拒否し，既存債権金額の一括返済を求めたため，同夫婦はやむなくFDICの示した和解条件である35万ドルを他行から借入れ，自己資金とあわせてそれらをFDICに返済した。その結果，支払手形100万ドルは全て履行済みとなった。
>
> その時点でのローン残高は79万9,463ドルだったが，夫妻がその際支払った総額は55万537ドル（和解金35万ドル＋スポーツ施設に係る未収金）だった。
>
> 和解の結果，債務総額は44万9,463ドルに減少した。
>
> しかし，同夫妻はその分を1989年の所得として申告しなかったため，IRSが更正処分を行った。
>
> 租税裁判所では，同夫妻の債務総額が不明であることなどを理由に，和解による債務減少額（44万9,463ドル）は所得を構成しないとされた。そこでIRS側が控訴したが，控訴審では前述したような理由でIRSの処分が認められている。

参考2 わが国の取扱い

　わが国では、貸倒引当金に関する規定は設けられている（法法52，所法51）ものの、債権者が自己の債権を放棄した場合、どのような状況又は条件の下であれば損金算入が認められるのかについては法令上明確な規定は設けられておらず、通達において、債権放棄のうち損金又は必要経費計上が認められる条件が示されているのみである（法基通9-6-1，9-6-2，9-4-1，9-4-2，所基通51-10～13）。

　そのため、どのような状況下においてであれば損金又は必要経費に算入できるのかについて争いとなってきた[7]。

　その後前記通達と同趣旨の通達（昭和29年7月24日付直法1-140，直所1-77，翌30年一部改正直法1-223，直所1-108）の合理性が争われたものとして、大阪地裁昭和44年5月24日判決（行裁例集20巻5＝6号675頁）があるが、そこでも同趣旨の判決がなされている。

　債権放棄に伴う損金（又は必要経費）算入に厳しい姿勢を示す裁判所の立場はその後も続いた（例えば，東京地裁平成元年7月24日判決・税務訴訟資料173号292頁）。

　そのような裁判所の姿勢が改められたのは、東京地裁平成13年3月2日判決（民集58巻9号2666頁）である。この事案は最高裁でも同様の判断が下された（最高裁（二小）平成16年12月24日判決・民集58巻9号2637頁）。

　その結果、それまでの債権放棄における債権者に対する厳しい損金算入規制が相当程度緩和された。

　なお、所得税法64条には、資産の譲渡代金が回収不能となった場合等の所得計算の特例として、回収不能等があった場合には、それに対応する部分の金額は所得の計算上なかったものとする旨の規定があるが、この規定についても、運用上はかなり厳しく制限されている（例えば、最高裁（三小）昭和59年10月23日判決・税務訴訟資料140号126頁）。

　他方、債務者が債権者から債務の免除を受けた場合、これが収益又は益金に該当することになる旨の明確な規定は存在しないが、例えば経済的な利益が収入すべき金額とされていること（所法36①②）、無償による資産の譲受けその他の取引が益金たる収益の額になるとされていることなどからして、債務免除益等は所得税、法人税の課税対象になると解すべきである[8]。

　特に、法人税の分野においては、法人が会社更生法等による更生手続開始の決定があった場合において、その法人が債権者が債務の免除を受けたときは、期限切れ欠損金を欠損金の額に算入するとされていることから、債務免除益については、当然益金計上になることを予定していると解することができる。

---

(7) 例えば、大阪地裁昭和33年7月31日判決（行裁例集9巻7号1403頁）では、債務者が単に債務超過の状態にあるというだけでは十分でなく、支払能力がないことが必要としている。

(8) 金子宏『租税法〔第21版〕』（弘文堂）313頁，398頁。

第1章　租税法の基本概念──(1)個人所得税

⑤ 離婚に伴う株式等の財産分与が譲渡所得として課税の対象になるとされた事例
──United States v. Davis, 370 U.S. 65 (1962)──

■概　説

　先般の年金制度改正により，わが国では離婚した妻も夫の年金の一部を受給することができるようになった。そのため，今後団塊の世代を中心に離婚が急増するのではないかと予想する向きもある。しかし，離婚等の際忘れてはならないのは，財産分与に伴い課税問題が生じるという点である。

　同種の問題は，米国においてもかつて存在していたが，ある事件を契機にその取扱いが変更になった。その契機となったのが，以下に紹介するDavis事案における最高裁判所の判決である。

■事案の概要

　1954年にE. I. DuPont社の役員であるThomas C. Davis氏は，当時の妻Alice氏と離婚することとなり，夫婦間で財産分与・離婚協議書を交わした。Davis氏は妻に対し，扶養費の支払と価値が上昇したDupont社の株式1,000株の譲渡（財産分与）を行うことに同意した。妻はこれと引き換えに，同氏に対して有する婚姻上の請求権をすべて放棄した[1]。

　内国歳入庁（以下「IRS」という。）は，Davis氏が前妻に対して行った価値が上昇した株式の譲渡は，内国歳入法で規定された財産の譲渡に該当し，課税対象取引であると判断して，同氏に対し譲渡益課税を行った。しかし，控訴裁判所（Claim Court）が当該株式譲渡は課税対象とならないと判示したため，IRSが当該事案を最高裁判所に上告した。

---

(1) この協議書に規定された要件は，後に離婚に関する内国歳入法にも組み込まれた。

■主な争点と当事者の主張

1 争　点

本件事案の主な争点は，離婚に伴う財産分与として夫から妻に交付された含み益のある株式について，分与者である夫に譲渡所得が発生するか否かという点である。

2 当事者の主張

(1) 納税者の主張

納税者は，そもそも本件係争に係る株式の分与は，内国歳入法第1001条でいう非課税の財産分与に該当しており，課税にはならないと主張する。

(2) 課税庁の主張

それに対し，課税庁は，納税者の居住地であるデラウェア州においては，夫婦共同財産制が採用されておらず，本件分与に伴い当然のことながら含み益部分について譲渡益課税が発生すると主張する。

■裁判所（最高裁判所）の判断……納税者敗訴

最高裁判所は，当該事案を２つに分けて分析した。第一の問題は，当該取引が所得税の課税対象となるか否かという点である。第二の問題は，それが所得税の課税対象となるのであれば，課税所得（taxable gain）の額はどうなるのかという点である。

1 課税対象取引に該当するか否かについて

内国歳入法第61条(a)は，課税対象となる所得には「財産に係る取引から生じた収益」が含まれると一般的に定めていた。当該収益は「売却その他の処分」の際に課税対象となっていた（IRC第1001条，1002条）[(2)]。

Davis氏は，同氏と前妻との間の株式譲渡は内国歳入法第1001条でいう２人の共同所有者間の非課税の財産分与に類似していると主張した。しかし，最高

---

(2) 内国歳入法第61条，1001条及び1002条の関連部分はDavis事案以来変わっていない。

裁判所はこの主張を斥けた。デラウェア州の法律上，前妻は共同所有権者とみなされるような持分を同氏の財産に対して有していなかったからである。最高裁判所は，同氏は，前妻が同氏に対する権利を放棄することを条件として財産を譲渡したのであり，当該譲渡は課税対象になるとするIRSの考え方を支持した。

2 課税所得の額がいくらになるかについて

内国歳入法第1001条(a)は，財産の売却又は交換から生じる収益の額（amount of gain）を「実現された収益額が修正ベースによる取得価額（adjusted base）を超過した分」と定義していた。また，内国歳入法第1001条(b)では，「実現された額（amount realized）」を「受領した金額に受領した（金銭を除く。）財産の公正市場価額を加算した額」と定義していた。

連邦請求裁判所（U.S. Court of Federal Claims）は，Davis氏の前妻が放棄した婚姻上の権利の価値を算定することができなかったため，当該取引は課税対象とならないと判示した。それに対し，最高裁判所は実利的なアプローチをとり，独立の当事者間の取引であれば，前妻によって付与された婚姻上の財産権は，交換条件となった株式の価額に匹敵するはずであると判断した。そこで，同裁判所は，課税所得を構成する株式の価額は譲渡時の公正市場価額であったと判示した。株式の価値は上昇していたため，同氏は譲渡に係る収益を認識することを求められた。前妻は譲渡時の株式の公正市場価額相当の額を株式のコストベースで受領したことになる。

■解　説

Davis事案は，離婚に伴う配偶者間の財産の譲渡が課税対象になる取引であることを明確にしたものの，その根拠となった州法における差異はそのままであった。そのため，同様のことが配偶者が所有持分を有することとされている州で行われた場合には，妻も共同所有者となるため，課税対象となる所有権の「譲渡」は存在しなかったかもしれない。これに対し，コモンローの州では，財産は一方の配偶者のみが所有しているため，一方の配偶者から他方の配偶者への財産の譲渡は原則として課税対象取引となる。本件事案では，財産分与がコモンローの州（デラウェア州）で行われたため，本件財産分与が課税対象取

引とされたのである（Pau Caron著『Tax Stories：An In-Depth Look at Ten Leading Federal Income Tax Cases』（以下『Tax Stories』という。）(2003年) 134頁参照）。

　本件事案以降においても，IRSは夫婦間の財産移転に伴う申告についての問題に直面することが多々あった。例えば，夫が財産を譲渡したものの当該譲渡を非課税扱いせず，妻がその後に財産を売却した際に，夫のコストベースではなく，財産の公正市場価額ベースで申告したとすると両者共に申告状況が問題視されなかった場合，当該譲渡に係る収益は課税されないことになってしまう（前掲『Tax Stories』134頁）。

　婚姻中に所有していた財産の取扱いについて，州によって財産法が異なることから生じるこのような課税上の違いを是正するため，1984年に内国歳入法第1041条が制定された。同条は，離婚に伴う譲渡を含め，配偶者間の財産の売却，贈与その他の譲渡に関する広範な非認識規則を定めている。同条に基づき，その結果譲受側の配偶者は，譲渡人の修正ベースを引き継ぐことになる。したがって，課税対象取引において認識される収益又は損失は，譲受人が当該財産を処分するまで繰り延べられる。

　内国歳入法第1041条は，配偶者間の財産の譲渡に関するDavis事案の判決を覆すものである。しかしながら，配偶者間以外の譲渡及び財産の公正市場価額が明確ではない譲渡については，Davis事案は依然として効力を有する判例である。

> **参考** 米国における現在の取扱い
>
> 　米国では，財産の「売却」その他の処分は，原則として，譲渡人に収益又は損失が生じる課税対象取引であるとされている（IRC第1001条(a)）。しかし，この基本原則にはいくつか例外がある。例えば，内国歳入法第1041条では，配偶者間の財産の譲渡又は離婚に伴う前配偶者への財産の譲渡は課税対象にならないと定めている。しかしながら，このような法律の例外規定ができる前（すなわち，本件係争案件が生じたころ）は，このような譲渡は課税対象であった。

■わが国の参考判例，裁決例等

　わが国でも，次にみるように，米国の最高裁判所と同じ考え方が採用されて

いる。

① 最高裁（三小）昭和50年5月27日判決（昭和47年（行ツ）第4号）・税務訴訟資料81号648頁

「財産分与として不動産等の資産を譲渡した場合，分与者はこれによって分与債務の消滅という経済的利益を享受したものというべく，譲渡資産について譲渡所得を生じ，課税の対象となる。」

② 最高裁（一小）昭和53年2月16日判決（昭和51年（行ツ）第27号）・税務訴訟資料97号229頁

「所得税法33条1項にいう『資産の譲渡』とは，有償無償を問わず資産を移転させるいっさいの行為をいうものであり，夫婦の一方の特有財産である資産を財産分与として他方に譲渡することは右『財産の譲渡』に当たり，譲渡所得を生じるものである。」

第1章　租税法の基本概念——(1)個人所得税

⑥　必要経費算入のための納税者の立証責任
（いわゆるコーハン・ルール）
——Cohan v. Commissioner, 39 F.2d 540（2nd Cir. 1930）——

■概　説

　国税通則法の改正にあわせ，平成26年1月1日から事業所得等を有する全ての者に記帳義務及びその帳簿等の保存義務が課されることとなった（所法231の2）。

　その結果，従前であればその義務が課されていなかった小規模事業者も，その取引内容等について帳簿書類への記帳と保存が必要となった。

　米国など欧米先進諸国では，それ以前から同様の義務が課されていた。そして，その義務を履行していなかった場合，ペナルティが課されるだけでなく，課税庁側は，手許の資料等に基づいて課税を行うことができることとされている。そして，それに不服がある場合には，納税者サイドで当該処分が誤りであることを立証することが必要とされている（例えば，米国の場合であれば内国歳入法第162条）。

　米国でこれが問題となった有名な事件が，今回紹介するCohan事案である。

■事案の概要

　George M. Cohan氏は，1900年代初期に活躍した有名なヴォードビリアン（歌とおどりを組み合わせた芸の演者）であるが，1918年及びそれ以降の数年間にわたり，多額の所得があるにもかかわらず，申告所得額が過少だったとしてIRSの調査を受けた。しかし，同氏は，それらの収入のうちの大部分は，同氏とパートナーシップ契約（組合契約）を組んでいる家族への支払いや借入金の利子として支払っているものであり，必要経費として控除が認められるべきものだとして，過少申告の事実を認めなかった。しかし，それらの経費の明細については，記憶をベースに口頭でIRSの担当官に説明はしたものの，記録等を

提示又は提出することはしなかった。そこで，IRSの担当官は，内国歳入法第162条の規定に従い，同氏が主張する必要経費の控除を否認したうえで，同氏の所得金額を計算し，課税した。ちなみに，IRC第162条では，必要経費として控除が認められるためには，次の3要件の充足が必要であるとしている（IRC第162条(a)(1)～(3)）。

① 当該支出（expenditure）が実際に支払われ又は発生していること（paid or incurred）
② 当該支出等が事業目的又は利益獲得目的（business or profit-oriented）でなされていること
③ その金額が実際に支出されているもの（実額）であること（amount spent）

（前提となる事実）
① 1899年以来，Cohan氏の両親は，2人の子供（Cohan氏と妹）と所得を分配し，4分の1ずつを子供に，残りの2分の1を両親の所得とするパートナーシップ契約を締結していた。

しかし，実際には，収入の全ては子供であるCohan氏の働きによるものであった。

同年，彼らはマネージャーを雇い，そのマネージャーが死亡すると別なマネージャーを雇った。そのマネージャーは，1905年にCohan氏の娘と結婚し，グループを離れた。

② 残された3人は，Harris氏をマネージャーとして雇い，彼をパートナーの一員にするとともに，所得の配分法等についても変更した。

それは，Cohan氏が演劇作品を書き始め，ロイヤリティ収入が入るようになったためである。この契約変更は，パートナーへの配分相当分をCohan氏の所得から控除するということが主たる目的だった。

契約に基づき，まず両親がCohan氏の収入から毎週500ドルを控除し，残りを4人で分割し，うち半分をHarris氏が，4分の1をCohan氏が受け取り，残りは両親が受け取っていた。

1914年以前にCohan氏と父親は舞台を離れ，1917年7月31日に父親が死亡するまで，父親は主としてディレクターとして活動していた。

③ 1914年1月の父親の誕生日に，Cohan氏は父親と収入を折半するパート

ナーである旨の手紙を出した。

当時母親はステージから離れ，父親の死亡時も息子の仕事は手伝っていなかった。

その後しばらくして，Cohan氏は母親に，「父親の残した遺産は全て母親のものであること，過去と同じように，母親は彼らがやっていたビジネスに興味を持ち続け，適切なアドバイスをして欲しい。」と話した。

④ 父親の死亡後，Cohan氏は，パートナーシップであるCohan & Harrisから分配された利益を，父親生存中と同様に，全て母親と折半していた。

1920年6月，Cohan氏はHarris氏と別れ，単独でビジネスを展開するようになったが，利益の半分を従前と同じく母親に渡していた。

■主な争点と当事者の主張

1 争　点

本件事案の主な争点は，Cohan氏が所得の控除項目としていた他のパートナーへの支払が，同氏の所得の計算上必要経費として控除が認められるか否かであった。具体的には，本件各支払が，内国歳入法第162条に規定する必要経費算入のための3要件（①支払の事実，②事業目的，③金額の正確性）のうち，第3の要件である金額の計算をどの程度までしなければならないかについてである。

2 当事者の主張

(1) 課税庁の主張

IRSは，事業所得の計算上必要経費として控除が認められるためには，①支払の事実，②事業目的，だけでなく，③の金額，についても納税者がその内容等について全ての証ひょうにより証明しなければならない（fully document the amount spent）と主張した。

(2) 納税者（Cohan）の主張

それに対し，納税者（Cohan氏）は，①自分は仕事で全米中をかけまわっており，経費の細かい部分についてまでいちいち記帳している時間はない。②必要経費について実額の明細を求めるIRSの要求は厳しすぎる，と主張した。ま

た，Cohan氏の弁護士は，③たとえ記録が残されていないとしても，Cohan氏は経費として信頼できる真実に近い資料を提出していることから，同氏が主張するこの種の費用が，同氏の所得金額の計算上，必要経費であることは間違いないので，それを無視して経費控除を認めなかったIRSの処分は違法であると主張した。

さらに，訴訟時において，Cohan氏は，④真の支出額に近い金額を他の信頼性の高い資料を提出することによって，その正当性の補強を行った。

なお，必要経費に関する資料の提出が遅れた理由として，Cohan氏は，実際に支払ってはいたものの，チップやタクシー代などのように領収書の取れないものや，領収書はもらったものの破棄してしまったりしていて，再発行に時間を要したためである等の説明を行った。

《図表》Cohan事案のイメージ図

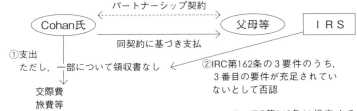

〔事案の概要〕
1. Cohan氏は父母等とパートナーシップ契約を締結し，収入の半分を父（父死亡後は母）に支払い，その分を同氏の所得から控除していた。
2. IRSの調査で経費控除の内訳について説明を求められたが，口頭回答のみで，帳簿書類等は提出していなかった。

〔争　点〕
口頭による説明のみで経費控除が認められるか。

〔裁判所の判断〕
パートナーへの支払及び交際費・旅費等の支出の事実は他の信頼し得る審判によって証明されているとして納税者の主張を容認。

※　IRC第162条に規定する3要件
① 経費として実際に支払われ又は発生していること
② 当該支出等が事業目的又は利益獲得目的でなされていること
③ その金額が実際に実額として支払われたものであること

■裁判所の判断

1 租税不服審判所（当時（Board of Tax Appeal），現在の租税裁判所の前身）の判断……納税者敗訴

Board of Tax Appealは，次のような理由でIRSの主張を認め納税者の訴えを斥けた。

① Cohan氏がパートナーシップの相手だと主張している同氏の母親は，同氏の収入の半分を受け取っているが，出資に係る財産面又はサービス面で何らの貢献もしていないので，同氏の所得金額の計算上必要経費にはならない。

② Cohan氏が，亡くなった父親と交わしていた利益折半契約は有効なものではあるが，父親の死後は，全て同氏が自由に処分できるようになっていた。したがって，ロイヤリティ名目で同氏から母親に支払われていた金額は，同氏の所得金額の計算上必要経費に算入することはできない。

③ 歌の売上げからロイヤリティとしてCohan氏の妻に支払われ，同氏の所得から控除されていた分は，贈与をする旨の明白な契約等はないものの，同氏の所得であり，同氏から妻へのプレゼントとみなすべきである。

④ 1920年になされたCohan氏からパートナーへの前払金名目での支払は，同氏からパートナーへのローンであり，同氏の所得計算上必要経費として控除することはできないし，減耗償却もできない。

⑤ 交際費及び旅費の一部については，記録類が保存されておらず十分な裏付けとなる資料等はないものの，それについてCohan氏のメモや証言等から経費性があると認められるので，控除を認める。

⑥ 申告書自体は期限内に提出されていた。

⑦ 1921年改正の内国歳入法第226条(1)では，たとえ収入が1回限りのものであったとしても，その期間内に生じた全ての所得について，年間ベースで計算し，年1回申告するよう求めている。

2 控訴審（第2巡回裁判所）の判断……納税者勝訴

控訴審を担当したのは，後に最高裁判事として租税に関する数々の判決文を

書いた著名なLearned Hand判事である。

同判事は，事実認定を行ったうえで，大略次のように判示して，IRSに対し課税処分の取消しを命じている。

① Cohan氏と母親は，本件が係争になる以前からパートナーであったので，同氏の収入のうち母親に支払った分は，同氏の所得から控除されるべきである。

② Cohan氏が亡き父親と交わしていた利益折半契約は，父親の死亡後彼の相続人にそのまま引き継がれる。各相続人間でそれがどのように分けられたのかについては遺言等がないので不明であるが，少なくとも同氏が母親に約束していたように，父親との契約分は，そのまま母親に引き継がれたと考えるべきである。

③ 交際費及び交通費の一部に領収書のないものもあるが，支出の事実はあり，かつ，事業関連性もあるので，納税者（Cohan氏）の主張するように，その全額について必要経費として認められるべきである。

④ したがって，IRSがCohan氏の主張を無視し，パートナーシップが受領していた金額の全てを同氏の所得として行ったIRSの課税処分は，取り消されるべきである。

Hand判事の事実認定

ちなみに，この判決の前提となったHand判事の事実認定は次のようなものであった。

① 母親との間のパートナーシップの有効性について

イ Cohan & HarrisからCohan氏が受け取ることのできる権利が，審判所のいうとおり全て同氏に所属するか否かについて

当審判所の得た事実関係によれば，Cohan氏の母親は常に同氏のパートナーだったのであるから，パートナーシップ契約に基づき，同氏が母親に支払った分については，同氏の所得から控除が認められるべきである。

ロ 父親が死亡時にパートナーだったのであれば，Cohan氏との間のパートナーシップ契約は終了するものの，特別の契約がない限り，パートナーの相続人等がその地位を引き継ぐことになる。

遺言書がないので死亡者の意思を確認することはできないが，少なくともその点について何らの意思表示もなされていない以上，それらの権利義

務については，残された親族がそれを引き継ぐ義務があるとみるべきである。
ハ　Cohan氏と母親との間で新たなパートナーシップ契約が締結されたという証拠はインタビューによっても得られなかったが，1909年のニューヨーク州パートナーシップ法及び1919年10月の修正法等からみて，同氏が母親に自己の収入の半分を支払っていたことについては合理性があると認められる。
ニ　もっとも，Cohan氏が希望すればいつでも母親の支払をやめることができるという点で，母親のシェアが同氏の意思次第という点で若干不自然さが残るが，だからといってパートナーシップ契約が存在しなかったとまではいえない。

② 利子控除の可否について

Cohan氏は，1920年分の所得金額の計算上，12-2の利子を控除し，審判所はこれを否認している。このローンは，もともとは（Cohan氏のパートナーである）Harris氏の所得から控除されるべき性質のものであった。

それがHarris氏とのパートナーシップ契約の解除に伴い，パートナーシップ持分及びデポジット（パートナーシップの預り金）等と相殺された結果生じたものである。

③ 十分な裏付け資料のない支出の経費性について

Cohan氏が交際費及び旅費として計上しているもののなかには，支出されたという記録はあるもののその実額が明らかでないものもあるが，同氏のメモ等により支出の事実があったことは間違いなく，かつ，それらの支出が事業遂行上通常かつ必要であったと認められる。

■解　説

この事件で示された第2巡回裁判所の判断は，コーハン・ルールとして，その後における必要経費をめぐる税務訴訟においてしばしば引用されている。

周知のように，米国では，納税者に対し厳しい記帳ルール（stringent recordkeeping requirement）が課されている。その点で，記帳がされていない部分についても必要経費にあたるとして経費控除を認めたこのルールは例外的なものである。しかし，だからといって記帳のない部分の経費控除が無条

件で認められることになったというわけではない。

　本件判決でも述べられているように，コーハン・ルールが認められるのは，あくまでそれらの支出の内容が他の信頼しうる証拠（other credible evidence）によって証明された場合に限られている。

　しかしながら，このルールは，米国内では納税者にとって極めて有利なルールであったことから，他の判決例等でもしばしば引用されている。

　つい最近の事案（Union Carbide Co. & Sub. v. Commissioner 第2巡回裁判所，No.12-684）でも，試験研究費税額控除という分野においてではあるが，控除の対象となる試験研究費の額について納税者が見積り等により計算した金額の控除の可否が問題となった。IRSが，納税者の主張は「その場しのぎ」のものであり，「かかる支出は財務省規則§1.41-4(d)で求められている要件を充たしていない。」として否認したのに対し，裁判所はコーハン・ルールを適用し，IRSの課税処分の取消しを命じている。

　なお，本件との関連でいえば，その後の法改正（IRC第274条）により，交際費及び旅費については，たとえ支出がなされていたとしても，一定限度までしか必要経費としての控除が認められないことになった。

■わが国の参考判例，裁決例等

　わが国において実務上問題となるのは，推計課税がなされた場合において納税者が実額立証を行う場合が殆んどである。

　その場合における立証責任は，次にみるようにコーハン・ルールの場合よりも厳しくなっている。

① 　金沢地裁平成5年2月19日判決・税務訴訟資料194号483頁

　「納税者は旅費交通費及び接待交際費等の簿外経費が存在する旨の上申書を提出しているが，右簿外経費はその支出先，支出目的等が著しく曖昧で，かつ支出回数が多く，また極めて多額であるから，これを認定させるに足る証拠資料を提出すべきところ，それがない限り，右上申書の証明力は著しく低く，結局，右簿外経費全体についてその存在が認められないものとして扱わざるを得ない。」

② 　最高裁（一小）平成5年3月11日判決・民集47巻4号2863頁

　「税務署長がその把握した収入金額に基づき更正をしようとする場合，

客観的資料等により申告書記載の必要経費の金額を上回る金額を具体的に把握し得るなどの特段の事情がなく，また，納税義務者において税務署長の行う調査に協力せず，資料等によって申告書記載の必要経費が過少であることを明らかにしない以上，申告書記載の金額を採用して必要経費を認定することは何ら違法ではないというべきである。」
③ 最高裁（一小）平成6年6月2日判決・税務訴訟資料201号421頁
「納税者が主張する簿外経費については的確な資料がなく，その金額，目的等につき具体的に明らかにすることができない以上，結局，右簿外経費全体についてその存在が認められないものとして扱わざるを得ない。」

> **参考** IRC第274条（Disallowance of certain entertainment, etc., expenses）で設けられた制限
>
> ① 飲食費及び交際費等（meals and entertainment expenses）を事業経費（business expenses）として控除するためには，次の2つのうちいずれかのテストをクリアしていなければならない（IRC第274条(a)(1)A)。
> (a) 事業と直接関連した（directly related business）支出であること
>
> なお，事業と直接関連した支出をされるためには，次の全ての要件充足が必要とされている（Reg. §1.274-2)。
> ⅰ 当該支出が将来的な収益の増加その他何らかの事業上の便益に資するものであること
> ⅱ 飲食又は接待提供の主目的が事業活動の一環として行われていること
> ⅲ 飲食又は接待提供時に事業活動が行われていること
> (b) 間接的にではあっても事業に関連していること（associated）
>
> ② ①の要件を満たしている場合であっても，損金に算入できるのはそれらの支出額の50％相当額である（IRC第274条(n))。
>
> ③ 例 外
> ただし，飲食代のうち，オフィス内で開催される大規模なミーティング時における分，セミナー開催時等における大多数とlarge groupの者を対象とした食事代等については100％控除が認められる。
> それ以外の従業員に対する食事代の負担等は，IRC第132条(e)に規定する少額非課税分を除き，原則として給与として扱われる（IRC第274条(n)(2))。

⑥ Cohan事案

第1章 租税法の基本概念――(1)個人所得税

⑦ 個人による破産法人債務の弁済が個人所得税の計算上「通常かつ必要な経費」にならないとされた事例
――Welch v. Helvering, 290 U.S. 111 (1933)――

■概 説

個人所得税も法人税も一定期間における所得の金額を課税標準として課税される。

しかし、営利を目的とした法人の場合と異なり、自然人である個人については、支出分のうちどこまでが所得を得るために必要であったとして控除が認められる経費（いわゆる「必要経費」）なのかについて疑問を生じることが少なくない。これは、米国においても同様である。ちなみに、米国ではわが国の「必要経費」に相当する概念として、「通常かつ必要な経費（ordinary and necessary expense）」という定義が用いられている。

この定義に関し、先例とされている重要な事案がここで紹介するWelch事案である。

> **参考** 内国歳入法上の「通常かつ必要な経費」の定義（IRC第162条(a)）
>
> 内国歳入法第162条(a)では、納税者が、営業又は事業の遂行に際し課税年度中に支払い又は発生した「通常かつ必要な経費」をすべて総所得（gross income）から控除することを認めている。同様に同法第212条では、所得の創出若しくは徴収、若しくは所得の創出のために所有している資産の管理、保全若しくは維持に関して支払い又は発生した「通常かつ必要な経費」の控除について定めている。

■事案の概要

Thomas Welch氏は、父親とともに経営していた穀物事業会社ミネソタ州法人E.L.Welch Company（以下「Welch社」という。）の総務担当の役員であった。Welch社は強制破産に追い込まれ、債権者から債務免除を受けた。当該法人の

《図表》Welch事案のイメージ図

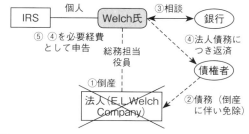

〔事案の概要〕
① Welch氏が総務担当役員を務めていた法人（Welch社）が倒産した。
② それに伴い、Welch社は債権者から債務免除を受けた。
③ 個人であるWelch氏は法人債務の代位弁済につき銀行と相談した。銀行からは個人業務の円滑な遂行のためにも返済が望ましいとのアドバイスを受けた。
④ 銀行のアドバイスに基づき同人は法人債務を代位弁済した。
⑤ ④の返済分を「通常かつ必要な経費」として所得税の申告をした。

〔争　点〕
個人による法人債務の代位弁済が個人の所得計算上「通常かつ必要な経費」として控除が認められるか。

〔裁判所（最高裁判所）の判断〕…納税者敗訴
認められない（設備投資に類する費用である。）。

　破産後、同氏は個人事業者として穀物事業に参入したが、Welch社の従前の顧客との関係を再構築し、自身の信用と評価を強化するため、既に廃業した同社の債務を5年間にわたって返済していた。同氏は、当該5年間の所得申告の際に、当該返済額を、個人所得税に係る所得金額の計算上、通常の必要経費に当たるとして控除したうえで所得税の申告をしていた。

　内国歳入庁は、当該返済は個人であるWelch氏自身の評判と信用を築くために用いられた投資（設備投資）であるとして、かかる経費の所得からの控除を否認した。本件事案は、最高裁判所に上告された。争点は、当該費用が「通常かつ必要な経費」であるか否かであった。この費用が所得を得る上で「通常かつ必要」なものであれば、個人所得税の所得金額の計算上控除可能だし、そうでなければ控除できない設備投資（資本的支出）になる。

■主な争点と当事者の主張

1 争 点

本件事案の主な争点は，強制破産に追い込まれた法人の役員が当該法人の行っていた業務に参入するに際し，自己の評判と信用を築くため必要だったとして法人の債務を肩代わり返済していた場合，当該肩代わり返済分がその役員の所得を得るため「通常かつ必要な経費」に当たるのか否かという点である。

2 当事者の主張

(1) 納税者の主張

納税者（Welch氏）は，破産法人が負っていた債務に係る本件肩代わり返済は，法人の元役員であり，かつ，自己が当該法人と同じ分野で事業活動を営んでいる納税者にとって事業活動遂行上必要不可欠なものであり，必要経費として全額について控除が認められるべきであると主張する。

(2) 課税庁の主張

それに対し，課税庁は，本件返済はWelch氏自身の評判と信用を築くために行われた投資（設備投資）であり，必要経費にはならないと主張する。

■裁判所（最高裁判所）の判断……納税者敗訴

本件事案を審理した最高裁判所（具体的には，この判決文を書いたB.N.Cardozo判事）は，判決文のなかで，問題の費用はWelch氏の所得を得るために「必要」であったことは事実であり，事業展開に「適切かつ有用」なものと判断している。

その上で，費用が控除可能であるためには，「通常」発生するものでなければならないが，「通常」性のテストは，支払が「納税者が頻繁に行わなければならないという意味において恒常的又は通常」であるかどうかではなく，「支払が状況に照らして通常で一般的なものであり，ビジネス社会で受け入れられるものかどうかである。」との判断をした。例えば，「企業が訴訟を提起することはごく稀であるかもしれないが，その訴訟費用が通常のものであるとみなされることは明白であり，たとえ，かかる費用が頻繁に発生するものでなくても，

そのような目的での支払は，金額の多寡にかかわらず一般的なものであり，身を守る防御方法として認められていることを経験から知っているため，当該費用は通常のものである。」として納税者の主張を認めている。

しかし，他方，最高裁判所は，Welch氏が会社の債務を返済したことについては，「一般的な事業慣行ではなく，通常のことではなかった（not ordinary）。」と判断した。すなわち，「取引関係や隣人としての儀礼上課される法的義務や，より軽度の義務もないのに他人の債務を返済するケースは時にはあるが，寛容で富裕であるという評価が高まる結果になるにせよ，通常はそのようなことは行われないものであることから，事業遂行上必要な経費ではない（not ordary expense of the operation of a business）。」と判断した。

これらの判断に基づき，最高裁判所は，「納税者が支払った費用及びこれに類する支出は資本的支出（capital outlay）により近い。」とした上で，「かかる費用は，最終的には納税者に有用ではあるが，あまりにも個人的要素の強いもの（too personal）であり，通常の事業とのつながりがはっきりしていないもの（too bizarre to be ordinary）であることから，事業運営のために通常必要な費用ではない。」と判示し，当該支払を「通常かつ必要な経費」として控除することを認めなかった。

さらに，判示の中では「本人（Welch氏）自身が本件支出について，事業遂行上通常かつ必要なものとは考えていなかったと認めていた。」という点も指摘している。

■解　説

本件判決では，破産した法人が負っていた債務をその事業を引き継いだ個人が肩代わり返済した費用は，納税者にとって事業遂行上「必要だったかもしれないが，通常生じる経費ではない。」という判示となっている。しかし，最高裁判所のこの判示に対し，専門家から多くの疑問が呈された。例えば，Welch氏の支出は「個人的なもので事業経費ではない。」と判示した点についてである。この点についての批判は，「（法人の役員であったWelch氏の道義的責任という側面はあるものの）同氏の目的は新規事業を成功させることであって，同氏の決定は銀行と協議した上でなされたものであり，個人の恣意性はなかった。」とするものである。ちなみに，どの銀行も，「法人（Welch社）の従前の

顧客の信用を取り戻して初めて（Welch氏の）個人としての成功が可能になる。」と同氏に助言していた。その結果，同氏は，法人の業務を引き継いだ同氏が信頼に足る人物であることを示すことによってのみ，すなわち法人であるWelch社の未返済債務という汚点を取り除くことによってのみ，これを成し遂げることが可能であった。同氏は，この助言を得た上でこれに従ったのである。したがって，同氏にとって，これは個人的な決定ではなく，「事業上の決定」であったということができるというものである（Paul Caron著『Tax Stories：An In-Depth Look at Ten Leading Federal Income Tax Stories』（以下『Tax Stories』という。）（2003年）165頁参照）。

　また，最高裁判所は，支出の頻度にも着目しながら，費用が「通常でない（not ordinary）」場合には控除できないと判示している。しかしながら，事業慣行は時がたてば変化する。現在通常であるものがかつては新しい画期的なものであったということもある。Welch事案における同裁判所の判示に照らすと，新たな又は従前と異なる費用は，必要経費としての控除が全て否認されてしまう。その結果，画期的な事業戦略が（とりわけ多額の費用を要する場合には）阻害されることになる。一方，アイディアが成功し，頻繁に使用されれば，この費用は控除可能となる。Welch事案を審理した同裁判所が，そのような結果を意図し又は予想していたとは考えにくいとの意見もある（例えば，前掲『Tax Stories』180～181頁参照）。

■わが国の参考判例，裁決例等

　本件で問題となった必要経費に関するわが国の類似参考判決として，次のようなものがある。

① 東京地裁昭和49年10月14日判決（昭和44年（行ウ）第136号）・税務訴訟資料77号64頁
「脱税工作のための費用は譲渡経費（必要経費）に当たらない。」

② 最高裁（一小）昭和50年7月17日判決（昭和48年（行ツ）第12号）・訟務月報21巻9号1966頁
「相続財産（山林）回復請求訴訟のために要した費用は，当該山林の譲渡による所得の計算上必要経費に当たらない。」

③ 大阪高裁昭和52年9月29日判決（昭和50年（う）第625号）・税務訴訟資

料100号1257頁

「いわゆる暴力団への『用心棒料』は事業遂行上通常一般に必要であると客観的に認められる経費支出であるとは認められない。」

④　東京高裁昭和53年4月11日判決（昭和52年（行コ）第49号）・訟務月報24巻8号1673頁

「或る支出が必要経費として控除されうるためには，客観的にみて，それが業務と直接関係をもち，かつ，業務の遂行上必要な支出でなければならない。」

第1章 租税法の基本概念――(1)個人所得税

⑧ ギャンブルで生じた損失はギャンブルの利益と通算できるとされた事例
――Commissioner v. Groetzinger, 480 U.S. 23, 35(1987)――

■概　説

　刑事事件として外れ馬券の購入費が必要経費に当たるか否かが争われた事案において，最高裁判所は，本件所得は一時所得ではなく雑所得に該当するので，外れ馬券の購入費も経費になるとの判示がなされている（最高裁（一小）平成27年3月10日判決（平成26年（あ）948号））。

　この事件については，話題性の高さ等から，マスコミでも大きく報道されたのでご存知の方も多いと思われる。

　米国でも，必要経費に関し，似たような事件がある。今回紹介する事案（Groetzinger事件）がそれである[1]。

　同事案では，プロのギャンブラーが利益獲得のために支出した金員が，彼の所得計算上必要経費になるか否かが争われた。

■事案の概要

　Groetzinger氏は，プロのギャンブラーであるが，1978年分のギャンブルについて損失が生じたとして，その損失をギャンブル利益と通算するとともに，他の所得及び前年分の所得との間でも損失の繰戻し還付の申告をした[2]。

　それに対し，IRSがギャンブルで生じた損失は，IRSが，内国歳入法第165条(d)項によりギャンブルで生じた利益としか通算できず，他の所得との通算及び前年分所得との間での繰戻し還付も認められないとして更正したことから争

---

(1) ちなみに，米国では，賭け事により生じた損失については，賭け事で生じた利益との間での通算のみが認められている（IRC第165条(d)）。
(2) ちなみに，米国では純損失（net operating loss）については前2年の繰戻し（carry back）と20年の繰越し（carry over）が認められている（IRC第172条(d)）。

いとなった。

■主な争点と当事者の主張

1　争　点

本件事案の主な争点は，ギャンブルによる経費がどこまで認められるかという点と，かかった経費について全額経費控除が認められたとしてその所得が結果的にマイナスになった場合，他の所得との通算（及び繰戻し還付）まで認められるのか否かという点である。

2　当事者の主張

(1) 納税者の主張

納税者（Groetzinger氏）は，自分はプロのギャンブラーなので，その所得を得るために必要な経費は，内国歳入法第162条(d)の規定に限定されず，もし経費が所得の額を上廻っていれば他の所得との通算及び過年度分への繰戻し還付も認められるはずであると主張する。

(2) 課税庁の主張

それに対し，課税庁（IRS）側は，たとえギャンブルを職業としていたとしても，ギャンブル・ロスの控除が認められるのは，内国歳入法第62条(a)(1)により調整総所得の上の段階までとされているので，たとえギャンブル・ロスの金額が多額になったとしても，調整総所得金額がゼロになるだけなので，他の所得との通算や過年度分所得に対する繰戻し還付等は認められないと主張する。

■裁判所（連邦最高裁判所）の判断……納税者勝訴

連邦最高裁判所は，次のような事実から，納税者はプロのギャンブラーに該当すると判示した。

① 1週当たり60時間～80時間をギャンブルの勉強に費やしていたこと
② 年のうち48週以上をギャンブルに充てていたこと

また，次の事実から，それが利益を得る目的で行われていたことも明らかであると結論付けている。

① 年間のうち11ヶ月以上にわたり，被雇用所得その他の所得源がなかった

《図表》Groetzinger事案のイメージ図

Groetzinger氏 プロのギャンブラー	ギャンブルA…損失 ギャンブルB…利益 AとBとの間で通算が認められるか…認められる。

〔事案の概要〕

  A ギャンブル：収入＜必要経費
  B 他の分野：収入＞必要経費
 ① 本人の申告
   ギャンブルで損失発生。
    ⇩
   他の所得と損益通算のうえ，控除できなかった分を前年分に繰戻したうえで還付請求。
 ② 課税庁の更正
   ギャンブル・ロスについては他の所得との通算及び繰戻しは認められない。

〔争　点〕

  ギャンブルAで生じた損失にギャンブルBで生じた利益と通算できるか。

〔裁判所（連邦最高裁判所）の判断〕…納税者勝訴

  納税者はプロのギャンブラーなので，損失は事業上のものであり，他の所得との通算はもちろん，前年分への繰戻し還付も認められる。

こと
② 口座の取引内容の全てがギャンブル関連だったこと
③ ギャンブル活動について信頼すべき記録が残されていたこと

そのうえで，本件の場合，ギャンブルがGroetzinger氏の本業であったと認め，IRC第165条(d)の制限規定（ADIの上でのみ調整）はあるものの，本件の場合には，その制限の如何にかかわらず，IRC第172条に基づき他の所得との通算及び過年度所得からの繰戻還付が認められるとして基本的に納税者の主張を認めた。

ただし，ギャンブル・ロスとしてギャンブルの利益から控除できるのは，「ギャンブルと直接関係のあるカネ（いわゆるかけ金分）に限られる」としている。

■解　説

米国で課税所得計算上必要経費として控除が認められるのは，「事業遂行上（in carrying any trade or business）」生じたものであって，事業のために「通常かつ必要な経費（ordinary and necessary expenses）」であり，かつ，その

年に支払われ又はその年の負担となるもの（paid or incurred）」に限られている（IRC第162条）。

しかし，ある所得が事業として認められない場合（not qualify as trade or business）であっても，そこで得られる利益の追求上欠くことのできないものであり，かつ，当該利益追求のために「通常かつ必要」と認められる経費については，一定の限度内ではあるが，所得計算上控除が認められている（IRC212条）⁽³⁾。

そこで，次に問題となってくるのが，いかなるものがここでいう「通常かつ必要な経費」に該当するのかという点である。この点については，個々の経費の支出状況等によっても異なる（based upon the facts surrounding the expenses）ので一律には言えないが，少なくとも「事業遂行上適切なものであり，かつ，その助けになるもの（appropriate and helpful to the tax payers business）」であることが必要である。ただし，特定の業界において共通に発生し，かつ，一般に受け入れられている支出等については，ここでいう必要経費として控除することが認められている（2012 Standard Federal Tax Report. 8520：026）。

なお，「通常（ordinary）」なる用語も，「必要（necessary）」なる用語もいずれもあいまいな用語であり，それだけから明確な回答を引き出すことは困難である。そのため，実際には，過去の裁判例においてどのような判断が下されているのかを参考にせざるを得ない。

ちなみに，過去の裁判例をみてみると，例えば，「通常」とは，「普通，通例又は慣例の同義語（connotation of normal, usual or customary）」であるとされている⁽⁴⁾。

---

(3) このような場面において控除が認められるのは，原則として調整総所得金額（Adjusted Gross Income：AGI）相当分までであり，それを超える分については原則として控除は認められていない。
　ちなみに，「調整総所得金額」とは，日本流にいう「総収入金額（米国ではこれを「Income」と称している。）」から，非課税所得及び免税所得等を除外した（exclusion from gross income）いわゆる「総除得（Gross Income）」を算出した後，そこからさらに事業経費や純損失等といっていわゆる「調整総所得前控除（deductions for A.G.I：いわゆる above the line deduction）…日本流にいういわゆる課税総所得金額に近いもの」を控除する形で計算される（IRC第62条）。
　なお，通常の法人（いわゆるC法人）の場合には，「調整総所得」という概念はない。
(4) Deputy v. du Pont, 308 U.S. 488, 494 (1940).

そして，例えば人生で1回しか起こらないようなものであっても，場合によっては「通常」に該当する場合もあるとしている。しかし，一般的には，「事業遂行上日常的に又はひんぱんに生じる（common or frequent occurrence）」経費がそれに該当する。

また，「必要」性に関してであるが，例えば弁護士がクライアントのために立替払いをし，それが回収不能となったときは原則としてその分は弁護士の所得計算上必要経費となる。しかし，それらの立替金について事案結着後もクライアントがそれを支払わず，弁護士はその立替金の強制執行ができるのに，モラル上の観点からその立替え等をしていたときは，その分について弁護士の所得の計算上必要経費として計上することは認められないとされた事例がある[5]。

■わが国の取扱い

わが国でも，ある支出が必要経費として控除されるためには，それが事業活動と直接の関連を有し，事業の遂行上必要な費用でなければならないとされている（所法37①）。

しかし，そこでは，内国歳入法第162条のように「通常」の要件は付されていないので，必要な経費であれば控除が認められると解さざるを得ないとされている（例えば，金子宏『租税法〔第21版〕』（弘文堂）288頁）。したがって，わが国では，違法ないし不当な支出も，別段の定めがない限り，控除が認められることにならざるを得ない（同前）[6]。

しかし，脱税工作金などのような支出については，収益を生み出すための支出ではないから，そもそも必要経費にはならないとされ，経費性が否認されている。例えば，最高裁（三小）平成6年9月16日判決・刑集48巻6号357頁。同旨，東京地裁昭和49年10月14日判決・税務訴訟資料77号64頁，静岡地裁平成6年8月4日判決・税務訴訟資料205号243頁。

しかし，例えば麻薬取引における仕入代金等については米国のような必要経費として認めるという明確な規定もないので，必要経費に算入せざるを得ない

---

[5] Friedman v. Delaney, 171 F.2d. 269 (1st Cir. 1948).
[6] ちなみに，違法ないし不当な支出であっても，別段の定めがない限り控除が認められるとしたものとして，高松高裁昭和50年4月24日判決（行裁例集26巻4号594頁）がある。

ことになると解される。

> **参考1** 外れ馬券問題に関する最高裁（三小）平成27年3月10日判決
>
> 　最高裁判所第三小法廷は，以下のように判示し，検察官の上告を棄却した。
> Ⅰ　「所得税法上，営利を目的とする継続的行為から生じた所得は，一時所得ではなく雑所得に区分されるところ，営利を目的とする継続的行為から生じた所得であるか否かは，文理に照らし，行為の期間，回数，頻度その他の態様，利益発生の規模，期間その他の状況等の事情を総合考慮して判断するのが相当である。」
> Ⅱ　「所得税法の沿革を見ても，およそ営利を目的とする継続的行為から生じた所得に関し，所得や行為の本来の性質を本質的な考慮要素として判断すべきであるという解釈がされていたとは認められない上，いずれの所得区分に該当するかを判断するに当たっては，所得の種類に応じた課税を定めている所得税法の趣旨，目的に照らし，所得及びそれを生じた行為の具体的な態様も考察すべきであるから，当たり馬券の払戻金の本来的な性質が一時的，偶発的な所得であるとの一事から営利を目的とする継続的行為から生じた所得には当たらないと解釈すべきではない。」
> Ⅲ　「本件においては，外れ馬券を含む一連の馬券の購入が一体の経済活動の実態を有するのであるから，当たり馬券の購入代金の費用だけでなく，外れ馬券を含む全ての馬券の購入代金の費用が当たり馬券の払戻金という収入に対応するということができ，本件外れ馬券の購入代金は同法37条1項の必要経費に当たると解するのが相当である。」

> **参考2** 暴力団への用心棒料
>
> 大阪高裁昭和52年9月29日判決・税務訴訟資料100号1257頁
> 「いわゆる暴力団への「用心棒料」は，事業遂行上通常一般に必要であると客観的に認められる経費支出であるとは認められない。」

第1章　租税法の基本概念──(2)法人税

⑨　法人の所在地（Company Residence）を決定した英国の裁判例
──英国で設立準拠地主義でなく管理支配地主義が採用されるようになった背景──
──Calcutta Jute Mills Co. Ltd. v. Nicholson, 1 T.C. 83（1876）
　（及びCesena Sulphur Co. Ltd. v. Nicholson, 1 T.C. 83（1876））──
──De Beers Consolidated Mines Ltd. v. Howe, 5 T.C. 213（1901）──
──Egyptian Delta Land and Investment Co. Ltd. v. Todd（1929）──

◼︎概　説

　わが国や米国などでは，内国法人と外国法人をその設立地がどこかによって区分する方式が採用されている。

　それに対し，旧英連邦系諸国では，設立地がどこであるかに関係なく，その管理支配がどこで行われているか（control management and control test）によって法人の所在地を区分する，いわゆる管理支配地主義の考え方が採用されている[1]。

　なぜ管理支配地主義概念が用いられるようになったのか。

　大英帝国として7つの海を支配していた英国では，会社の設立は許可制とされていた。そのため，許可をめぐってワイロが横行していた。

　そこで，法人の設立を，それまでの許可制から，一定の条件さえ充足していれば自動的に設立が許可される方式に移行した。そして，この考え方は，当時の植民地でも採用された。その結果，法人数が大幅に増加した。

　このようなことから，1842年の所得法改正により，個人のみならず法人の所得に対しても税（法人税）を課すこととなった。

　しかし，実際の管理運営を英国内で行っていながら，植民地で設立されたという理由で，この課税を免れる動きが横行した。

---

(1)　ちなみに英国では1988年にこの考え方を放棄し，管理支配又は設立地のいずれかが英国にあればそれらを内国法人として扱い，全世界所得に対し法人税を課すこととした。
　　しかし，このような取扱いが実務上明確にされたのは2008年にHMRCがマニュアルでその旨を明らかにするようになってからである。

そこで,これらの税目の執行を担当する税務当局(当時はInland Revenue)は,外国で設立された法人であっても,その管理支配が英国内で行われている場合には,少なくとも税務上は英国法人に該当するとして,植民地で得た所得に対し英国法人税の課税を行った[2]。

カルカッタ・ジュート・ミルズ社事案
(Calcutta Jute Mills Co. Ltd. v. Nicholson, 1 T.C. 83 (1876))

■事案の概要

他方,英国で設立された法人に対しては,たとえその管理支配が外国で行われていても英国法人であるとしてその所得に課税していたことから,管理支配地を重視すべきなのかそれとも設立地を重視すべきなのかについて課税の根拠を明らかにすべきであるとの批判があった。

その典型例が,英国で設立され,実際の事業活動はインドで行われていたカルカッタ・ジュート・ミルズ社事案(Calcutta Jute Mills Co. Ltd. v. Nicholson, 1 T.C. 83 (1876))[3]である。

カルカッタ・ジュート・ミルズ社は,インド麻(ジュート)の製造販売を業とする者であり,設立登記は英国でなされていたものの,その性質上,生産地,製造工場等はインドにあり,全ての事業活動もインドで行われていた。

それに対し,英国の税務当局が,同社の法人登記が英国でなされていることを根拠に,同社の所得は全て英国で課税対象になるとして課税したことから争いとなった。

■主な争点と当事者の主張

1 争 点

本件事案の主な争点は,法人の所在地(居住地)はその法人が設立,登記さ

---

[2] 当時の税務局は,直接税のみが所管であり,関税及び消費税については,別の役所(H.M.Customs and Excise)の所管となっていた。
[3] なお,同時に,セシーナ硫黄社事案(Cesena Sulphur Co. Ltd. v. Nicholson, 1 T.C. 83 (1876))でも,法人の所在地が問題とされている。

れた英国か，それとも主たる事業が行われ，その管理支配がなされているインドであるかという点である。

2 当事者の主張

(1) 納税者の主張

納税者は，法人の所在地（居住地）の決定に当たっては，設立，登記がどこでなされたかではなく，実際の活動がどこでなされているべきかを重視すべきであると主張する。

(2) 課税庁の主張

課税庁は，法人の所在地（居住地）は，法人の設立，登記がどこで行われているかを重視すべきであると主張する。

《図表》Calcutta Jute Mills事案のイメージ図

英　国	インド （英国植民地…当時）
設立，登記	ジュートの生産，製造地
	※こちらを重視すべし

〔事案の概要〕
　カルカッタ・ジュート・ミルズ社は，英国で設立，登記なされたものの，ジュートの生産，製造はインドで行われていた。

〔争　点〕
　法人の所在地は設立，登記地か主たる事業の行われている場所か。

〔裁判所の判断〕…納税者勝訴
　事業が実際に行われている場所で課税するという英国税法の基本原則に従えば，本件法人の所在地（居住地）は英本国ではなくインドであるとみるべき（英国での課税不可）。
　※セシーナ硫黄社では法人の所在地（居住地）はイタリア

■裁判所の判断……納税者勝訴

　英国貴族院（当時，現在の最高裁判所）は，次のように判示して納税者の主張を認め，課税処分の取消しを命じている。
　「課税に関する英国の法律の基本原則は，英国で実際に所在し，又は所在する人又は物に関してのみ税を課すというものである。」

「本件事案の場合,会社は英国で登記はなされているものの,工場等は全てインドにあることからこの法人は,(筆者注:英国法人ではなく)英国の税法上でいう英国の納税者には該当せず,同社が英国法人であるとの前提でなされた課税処分は取り消されるべきである。」[4]

デ・ビアス社事案
(De Beers Consolidated Mines Ltd. v. Howe, 5 T.C. 213 (1901))

■事案の概要

カルカッタ・ジュート・ミルズ社事案で示された「法人の所在地」を「登記の場所」でなく「管理支配がどこで行われているかに着目して決定すべし」とする考え方がより明確に示されたのが,宝石商として世界にその名が知られているデ・ビアス社事案においてである。

デ・ビアス社は,カルカッタ事案と異なり,法人の登記は南アフリカ(当時英国の植民地)でなされていた。また,ダイヤモンドの採掘,選別作業や取引等も南アフリカで行われていた。しかし,同社は,ロンドンに事務所を有し,有名なセシル・ローズが英国で取締役会を開催し,そこで全体の指揮等を行っていた。そのため,英国の税務当局は,同社の実質的な管理支配が英国で行われているとして,同社に対し法人税の課税処分をした。

■主な争点と当事者の主張

1 争 点

本件事案の主な争点は,法人の所在地(居住地)は法人の指揮,監督が行われている英国か,それとも当該法人の設立,登記場所である南アフリカであるかという点である。

---

[4] なお,同時に争われたセシーナ硫黄社事案(Cesena Sulphur Co. Ltd. v. Nicholson, 1 T.C. 88 (HL))でも,同社の登記は英国でなされているものの,事業の実態は殆んど全てがイタリアで行われているとして,英国法人であることを前提としてなされた課税処分の取消しを命じている。

2 当事者の主張

(1) 納税者の主張

納税者は，法人の設立，登記だけでなく，ダイヤの採掘，選別等も南アフリカで行っているので，法人の所在地（居住地）は英国外（南アフリカ）とみるべきであると主張する。

(2) 課税庁の主張

課税庁は，法人全体の指揮，命令，指示等は全て英国（ロンドン）でなされていることから英国居住法人とみるべきであると主張する。

本件でも問題となったのは，法人の所在地がどこであったかについてである。

《図表》De Beers事案のイメージ図

英　国	南アフリカ（英国植民地）
支店	法人の設立，登記
セシル・ローズ居住地 同人が法人全体を指揮，監督 ※こちらを重視すべし	ダイヤの採掘，選別等

〔事案の概要〕
　デ・ビアス社は，南アフリカで設立，登記がなされているが，オーナーは英国居住で法人会社を支配。

〔争　点〕
　法人の所在地は設立地か，それとも実質的な管理支配がなされている英国か。

〔裁判所の判断〕…納税者敗訴
　本件の場合，実際のビジネスは英国で行われていたとみられることから，カルカッタ・ジュート・ミルズ社事案で示された考え方に従い，法人の所在地（居住地）は登記地である南アフリカではなく，管理支配が行われている英国本国とみるべき。

■裁判所の判断……納税者敗訴

本事案を担当したLoreburn卿は次のように述べ，実質的な管理支配の場所に着目した課税庁の処分を是認している（HMRCホームページより抜すい）。

「私（Loreburn卿）は，（筆者注：カルカッタ事案で示された法人の居住地に対する）考え方は真実であり，企業は実際にその管理支配がなされている場所に存在すると考える。」

「本件事案の真の問題は，会社の設立地がどこであったかではなく，実際のビジネスがどこで行われているか否かである。」

これによって「管理支配地主義」の概念が確立した[5]。

エジプト・デルタ開発投資会社事案
(Egyptian Delta Land and Investment Co. Ltd. v. Todd(1929))

しかし，このような考え方が当局にとって逆方向（不利）に働くこともある。例えば，エジプト・デルタ開発投資会社事案がそれである。

■事案の概要

本件事案では，英本国で法人が設立されたにもかかわらず，取締役会の開催地をカイロにするという手法により，エジプトで得ていた多額の利益が全て英国外源泉となり，英国での課税を免れることになった。

これ以降，英国法人による植民地への法人移転（取締役会等のみ）が相い次いだ[6]。

■主な争点と当事者の主張

1 争　点

本件事案の主な争点は，法人の所在地（居住地）は当該法人の設立，登記がなされた英国か，それとも主たる事業の場所であるエジプトであるかという点である。

2 当事者の主張

(1) 納税者の主張

納税者は，設立，登記は英国でしていたが，投資対象は全てエジプトであり，

---

(5) この考え方は，これよりずっと後になるが，Bullock v. Unit Construction Co. Ltd., 38 T.C. 12（1959）でも再確認されている。
　この会社は南アフリカで設立された会社の子会社であったが，その管理支配が英国で行われているとして英国居住法人とされている。
(6) このようなことから，このケース（エジプト・デルタ開発投資会社事案）は，その後におけるタックス・ヘイブンの利用に道を開いたものとして多くの文献で紹介されている。

法人の意思決定もエジプトで行われているので，法人の所在地（居住地）はエジプトとみるべきであると主張する。

(2) 課税庁の主張

課税庁は，設立，登記は英国，意思決定も英国でできるものをエジプトに移したにすぎないと主張する。

《図表》Egyptian Delta事案のイメージ図

〔争　点〕
　英国で設立され，主たる投資先がエジプトであるエジプト・デルタ開発投資会社は英国内国法人か。

〔裁判所の判断〕…納税者勝訴
　法人の意思決定の場所，投資先等から同法人はエジプト法人とみるべき。

■裁判所の判断……納税者勝訴

法人の意思決定の場所，投資対象物件の所在等からみて，本件の場合，当該法人はエジプト法人とみるべきである。

■解　説

自然人の場合と異なり，法人の場合にあっては，設立地，登記地と実際の活動の場所が異なることが少なくない。

わが国のように，海外に植民地を殆んど有しておらず，かつ，法人という制度を各国の事例等を参考にしつつ後になって導入した国々においては，その設立地又は登記地に着目してその居住地の判断が行われてきた。

その結果，内国法人が居住地を外国に移すということになった場合には，内国法人をいったん清算のうえ新たに外国に法人を設立するという形が採用され，それに対応した形で課税（清算所得課税）がなされている。

それに対し，法人制度の発祥の地ともいえる英国では，法令上本店等の所在地（居住地）に関する明確な規定がなく，判例で示された考え方によって徐々に確立されてきた。それが今回紹介した管理支配地主義という考え方である。

　しかし，エジプト開発投資会社の判決により，外国から支配管理してさえすれば，たとえ法人の設立地が英国で行われていたとしても税務上は英国非居住法人になれるということが明らかとなった。

　その結果，例えば英国で法人を設立し，マン島やジャージー島，ガーンジー島といった土地で取締役会を開催することにより，英国での課税を大幅に軽減することが可能になった。それは，これらの英国属領又は王室領では，居住法人に対する税が殆んどないか，あったとしても国外源泉所得を免税にしている制度がフルに利用できるためである。

　そのため，元来は観光地又は保養地にすぎなかったこれらの島々が取締役会の開催地となった。

　さらに，その動きがケイマン諸島やバミューダ（BVI）といった遠隔地にも拡大していった。

　このような動きに対処するため，英国財務省は，1988年の財政法で，設立登記又は管理支配のいずれかが英国内であれば，それらの法人については，税務上英国居住法人とみなして課税できる旨の改正を行った。

　ただ，このような全く新しい考え方に対しては，納税者だけでなく税務当局サイドでもとまどいがあった。そのため，英国が締結している租税条約では依然として管理支配地主義の考え方が採用されていた。その結果，新しい考え方が実務上最終的に採用されるようになったのは，2008年にHMRC（英国歳入庁）のマニュアルでその旨が明らかにされてからである[7]。

---

(7) なお，訴訟においては，中間的措置として，双方居住というアイデアが出されたこともある。
　　例えば，Unit Construction事案（38 T.C. 739）に関し，Radcliffe判事はスピーチの中で，「この事例のように，（デ・ビアス社事案と異なり）どちらが決定的役割を果たしているのか判然としていない場合には，デ・ビアス社事案で示された考え方は適用できず，双方居住者となる可能性がある。」としている。
　　同様の考え方は，Swedish Railway Co. v. Thompson, 9 T.C. 342, Union Corp v. CIR, 34 T.C. 207（1953）でも示されている。

> **参考** 法人納税者の区分と課税所得の範囲に関する各国比較

日本

納税者の区分		課税所得の範囲
内国法人	国内に本店又は主たる事務所を有する法人（法法2三）	全ての所得（全世界所得）（法法5） ※ただし、外国子会社配当益金不算入制度の適用を受ける配当については、その95％相当額を益金不算入（法法23の2）。
外国法人	内国法人以外の法人（法法2四）	国内源泉所得のみ（法法9）

米国

納税者の区分		課税所得の範囲
内国法人	米国連邦法又は州法に基づいて設立された法人（IRC第7701条(a)(4), (3)）	源泉地の如何を問わず全ての所得（全世界所得）（IRC第61条(a), (1)）
外国法人	内国法人以外の法人（IRC第7701条(a)(5), (3)）	次に該当するもののみ課税 ①米国内源泉所得 ②米国内事業と実質関連を有する所得（IRC第882条）

※なお、LLC, LP等については、check the box Reg（§301.7701-1～4）により法人課税か構成員課税かを選択できる。
ただし、いったん選択すると5年間変更不可（§301.7701-3(e)(iv)）。

英国

納税者の区分		課税所得の範囲
内国法人	①英国の会社法に基づき設立された法人 ②支配管理の中心が英国内である法人	全世界所得 ※ただし、法人の選択により国外PEから生じた所得を免税とすることも可。 また、外国子会社から受領した配当については英国では原則として全額益金不算入。
外国法人	内国法人以外の法人	①英国内源泉所得 ②英国PEに帰属する所得

資料出所：財務省一部修正のうえ抜すい

■わが国の参考判例、裁決例等

　設立地主義という形式主義によっているわが国の法人税の分野においては、所在地について争いとなった事例は殆んどない。

　ただし、所得税の分野で住所地がどこにあるか争いになった事例として武富

士事件（最高裁（二小）平成23年2月18日判決・判例タイムズ1345号115頁）がある。
　ちなみに，そこでは，住所地は国外にあったとされている。

第1章　租税法の基本概念──(2)法人税

⑩　法人が手にした懲罰的損害賠償金が当該法人の所得になるとされた事例
──Commissioner v. Glenshaw Glass Co., 348 U.S. 426 (1955)──

■概　説

　米国の最高裁判所は，1955年に，Glenshaw Glass Co.事案において，1920年のMacomber事案における同最高裁判所の判決によって生じた所得の定義に関する不明確性に終止符を打った。

■事案の概要

　本件事案では，納税者であるGlenshaw Glass社が，自社の業務に使用する機器を製造する訴外会社（A社）に対し，A社が詐欺及び反トラスト法（anti-trust law）に違反しているとして訴訟を提起していた。Glenshaw Glass社はこの訴訟に勝訴したため，A社は裁判所から80万ドルの損害賠償金を支払うよう命じられた。当該額のうち，約32万5,000ドルはA社が犯した詐欺及び反トラスト法違反に対する懲罰的損害賠償金の支払であった。

■主な争点と当事者の主張

1　争　点

　本件事案の主な争点は，反トラスト法違反行為に関連してA社に課され，A社からGlenshaw Glass社に支払われた懲罰的損害賠償金が，Glenshaw Glass社の課税所得を構成するか否かという点である。

2　当事者の主張

(1)　納税者の主張

　納税者であるGlenshaw Glass社は，A社から受領した懲罰的損害賠償金

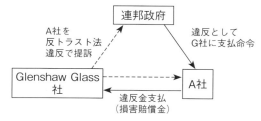

《図表》Glenshaw Glass Co.事案のイメージ図

〔事案の概要〕
① Glenshaw Glass社は，A社を反トラスト法違反で提訴。
② 連邦政府は，A社に対し反トラスト法違反でGlenshaw Glass社に対し損害賠償金支払を命令（A社がGlenshaw Glass社に支払）。

〔争　点〕
Glenshaw Glass社が受領した損害賠償金は同社の益金となるか。

〔最高裁判所の判断〕…納税者敗訴
Glenshaw Glass社の益金となる。

32万5,000ドルを課税所得として申告しなかった。その根拠は以下の理由にあった。懲罰的損害賠償金は，製造会社である訴外A社が反トラスト法に違反したことに対して課された制裁金であり，Glenshaw Glass社の「労働，資金又はその双方」から発生したものではない。したがって，Macomber事案における裁判所の所得の定義によれば，Glenshaw Glass社はこれを所得に含めるべきではない。

(2) 課税庁の主張

それに対し，米国内国歳入庁（IRS）は，Glenshaw Glass社が受領した懲罰的損害賠償金は同社の所得を構成するとして更正処分を行った。この処分を不服とするGlenshaw Glass社が租税裁判所に提訴したが，租税裁判所もGlenshaw Glass社に有利な判決を下した。そこで，IRSは日本の高等裁判所に相当する巡回控訴裁判所に控訴したが，そこでも主張が認められなかったため，IRSが同判決の取消しを求めて最高裁判所に上訴した[1]。

---

[1] 最高裁判所への上訴内容には，同様の事実関係を有する第2の納税者が含まれていた。当該納税者が受領した懲罰的損害賠償金は，損害賠償金全体の4分の3を占めていた。

■裁判所(最高裁判所)の判断……納税者敗訴

最高裁判所は,「懲罰的損害賠償金(筆者注:としてGlenshaw Glass社が受領した金員)は,税法上総所得に該当し課税対象となる。」と判示して,下級裁判所の判決を破棄した。同裁判所は,その判決を下すに当たり,網羅的な規定の文言に重きを置いて,内国歳入法に定める「総所得」の定義は極めて広義であるとの判断を示した。同裁判所は,議会が内国歳入法に定める「総所得」の定義に用いた文言は,この分野で「最大限の課税権」を行使するためのものであり,それはこれまでの判決でもたびたび取り上げられていると述べた。その上で同裁判所は,「かかる広い定義に課税対象となる受領金の源泉やかかる科目の性格を限定する文言は含まれていない。」との判断を示した。

また,最高裁判所は,内国歳入法に定める「総所得」の定義はMacomber事案における同裁判所の判示によって限定されていると解すべきであるとする納税者の主張を斥けた。すなわち,「ある科目が『所得』に含まれるためには,当該科目は『資金,労働,又はその双方を組み合わせたものから発生』したものでなければならないと読むことができた。」というものである。同裁判所は,

---

参考1 所得の範囲に関するイメージ図

① Macomber事案における最高裁判決
所得とは

| 資金,労働力又はその双方から発生した収益 | 「株式配当」は左に該当せず,所得に入らない |

② Glenshaw Glass Co.事案における最高裁判決
所得とは

| 同上 | 納税者が手にした懲罰的損害賠償金 |
| | この部分も所得に含まれる |

〔理 由〕
(1) 富の実現
(2) 納税者がそれに対し完全な支配権所有

「Macomber事案における当該判示は，Macomber事案特有の株式配当の問題の解決に関連するものであって，総所得に関する将来の問題すべての定義を定めるルール（規則）を設定することを意図したものではなかった。」と説明した。

さらに，最高裁判所は，「懲罰的損害賠償金は，『疑いの余地がない富の取得が明確に実現されており』，納税者はこれについて『完全な支配権』を有しているため，全額課税対象になる。」との判断を示した。その上で同裁判所は，「違法行為の懲罰として加害者から得たという単なる事実をもって，受領者にとっての課税所得としての性格が変わることはない。」との見解を示した。

■解　説

Glenshaw Glass Co.事案において，最高裁判所は，内国歳入法に定める「総所得」の定義の網羅的な文言は，当該規定の平易な文言が示すとおり，「広義かつ包括的である」ことを明確にした。ある科目が「総所得」を構成するものであるかどうかの判断に当たり，所得の源泉は重要ではなく，納税者が富を得たかどうかという点がすべてなのである。そこで，最高裁判所は，懲罰的損害賠償金，賞金，報奨，損害賠償金，拾得金及び拾得物その他受領者を実際に富裕にするものすべてを課税所得に含めることが適切であると判示したのである。

同判決により，米国では，所得はその源泉の如何を問わず，これを非課税にする旨の特段の規定がない限り，すべて所得税の課税対象に取り込まれることとなった。

■わが国の参考判例，裁決例等

本件事案とはやや異なるが，わが国でも次のような考え方が採用されていることから，同様の事例が発生した場合には法人の益金になると思われる。
① 　金沢地裁昭和32年2月27日判決・行裁例集8巻2号271頁
　　「法人税法上課税の対象となる所得とは各事業年度の総益金から総損金を控除した金額であり，総益金とは資本の払込以外において法人の純資産の増加となるべき一切の事実に基く収益その他の経済的利益を指すものと解すべきである。」
② 　大阪高裁昭和41年4月12日判決・税務訴訟資料44号280頁

「会社が事実上倒産しその営業活動を停止していたことは前記認定のとおりであり，右賃貸料も控訴会社の本来の営業活動から生じたものではないけれども，法人の各事業年度の所得とは，各事業年度の総益金から総損金を控除した金額をいうのであって，その会社の営業活動から生じた収益に限らない。」

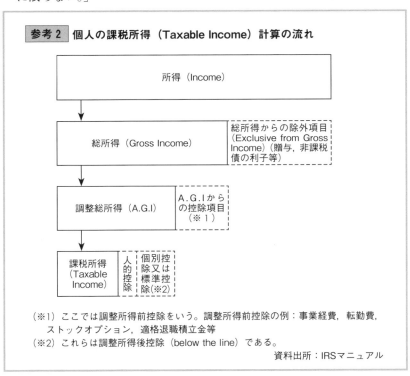

■所得税における所得に関する判例，裁決例

(イ)　わが国の場合，所得税法上「所得」とはいかなるものをいうのかに関する定義規定は設けられていないが，次のような判例がある。
① 名古屋高裁昭和41年1月27日判決（昭和39年（行コ）第8号）・行裁例集17巻1号23頁

「所得税法上，所得の概念は専ら経済的に把握すべきであり……所得の発生原因とは無関係に，いやしくも納税義務者が経済的にみて，その利得

を現実に支配管理し，自己のためにこれを享受しうる可能性の存する限り，課税の対象たる所得を構成するものと解するのが相当である。」
② 東京高裁（刑）昭和48年9月12日判決（昭和47年（う）第240号）・高刑集26巻3号339頁
「納税義務者各人について一暦年間に発生・帰属した経済的利益は，所得税法……においてこれを非課税とする趣旨が明定されていない以上，その生じた原因または法律関係のいかんを問わず，すべて課税所得となる。」
㈡ 米国内国歳入法にいう「総所得（gross income）」は，わが国でいう「収入すべき金額」に近い概念である。
ただし，個人の場合，米国では現金主義，発生主義のいずれによることも認められているが，わが国では発生主義（より具体的には「権利確定主義」）によることとされている（最高裁（二小）昭和40年9月8日判決・税務訴訟資料49号224頁）。
ちなみに，「収入すべき金額」には，次のようなものも含まれる。
① 交換……名古屋地裁昭和55年7月7日判決（昭和53年（行ウ）第4号）・行裁例集31巻8号1617頁，税務訴訟資料114号1頁
「所得税法33条1項に規定する『資産の譲渡』には……売買のほか，交換も含むことは多言を要しないから，……右交換は資産の譲渡にあたる。」
② 無償譲渡……最高裁（一小）昭和43年10月31日判決（昭和41年（行ツ）第8号）・民集92号797頁，訟務月報14巻12号1442頁
「対価を伴わない資産の移転においても，その資産につきすでに生じている増加益は，……具体的に把握できるものであるから，この移転の時期において右増加益を課税の対象とするのが相当（である）。」
③ 低額譲渡……最高裁（三小）昭和63年7月19日判決（昭和61年（行ツ）第38号）・税務訴訟資料165号340頁
「資産を低額譲渡した場合において，当該対価の額が……取得費及び譲渡費用の額の合計額を超えるときは，その差額は，……譲渡所得課税の対象になる。」
④ 資産の消滅……東京高裁昭和52年6月27日判決（昭和51年（行コ）第10号）・税務訴訟資料94号817頁
「所得税法33条1項の資産の譲渡には，権利放棄等により資産が消滅する場合をも含むと解すべきである。」

第1章 租税法の基本概念──(2)法人税

⑪ 法人による自社発行債券の低価での買戻しによる差益相当分が課税所得を構成するとされた事例
──United States v. Kirby Lumber Co., 283 U.S. 814(1931)──

■概　説

多額の負債を抱える企業にとって，再生のために最も必要とされるのは債務免除である[1]。しかし，その場合に問題となるのが債務免除益の取扱いである。そして，同様のことは債券を券面額よりも少ない金額で買い戻した場合にも生ずる。そこで，今回はこれらに関連したKirby Lumber Co.事案における米国の最高裁判所の判決について紹介する。

■事案の概要

Kirby Lumber Company（以下「Kirby Lumber社」という。）は，1923年7月に1,200万ドルを若干上回る金額で債券を発行した。同社は，その対価として債券の額面価額を受領した。1923年末にかけて，同社は，公開市場において債券の一部について，その額面価額を下回る約13万8,000ドルで買い戻した。

■主な争点と当事者の主張

1　争　点

本件事案の主な争点は，自己が1,200万ドルで発行した債券を数か月後に公開市場で13万8,000ドルで買い戻した場合，当該償還差益1,186万2,000ドル（＝1,200万ドル－13万8,000ドル）が発行者の収益（所得）になるか否かという点

---

(1) わが国と同じく，米国の税法上においても，納税者の負っている債務が免除（以下「債務免除」という。）されたことによって生じた所得は認識しなければならないこととされている。その場合における債務免除に係る所得の額は，所定の返済額と納税者が実際に返済した額の差額である。

《図表》Kirby Lumber Co.事案のイメージ図

```
    1923年7月（債券発行）        1923年末（同債券買戻し）
         ①債券発行              ③同左償還
      ←──────────        ←──────────
                  ┌─────────┐  （1,200万ドル−13.8万ドル）
                  │ Kirby   │
      ②1,200万ドル │Lumber社 │  ④同上全額支払
      ──────────→ │         │  ──────────→
           調達    └─────────┘
```

〔事案の概要〕
 イ　Kirby Lumber社は，1923年7月，1,200万ドル余で債券を発行した。
 ロ　同年末，額面額を下回る金額約13.8万ドルでこの債券を買い戻した。

〔争　点〕
　発行価額（又は額面額）と買戻価額との差額は発行法人の所得になるか。

〔裁判所（最高裁判所）の判断〕…納税者敗訴
　なる。

である。

2　当事者の主張

(1)　納税者の主張

　納税者は，買戻しは資本等取引であって，貸借対照表は改善したものの課税利得（taxable gain）は生じていないと主張する。

(2)　課税庁の主張

　それに対し，内国歳入庁は，Kirby Lumber社が自己の発行する債券を発行価額を下回る額で買い戻したことを根拠として，同社に所得の実現があったと主張する。

■裁判所（最高裁判所）の判断……納税者敗訴

　最高裁判所は，「法人がかかる債券の買戻しと解約を発行価格又は額面価格を下回る価格で行う場合，買戻価格と発行価格又は額面価格との差額相当分は当該課税年度の収益又は所得となる。」旨の判決を全員一致で下した。同裁判所は，債務の免除によって納税者に所得が生じたとの結論を下した。納税者が債券から得た買戻利益（discharge of indebtedness）は発行に要した当初の費

用を超えていたからである。したがって，同裁判所は，納税者は債務免除に係る所得を認識しなければならないと判示した。

Kirby Lumber Co.事案の判決理由は極めて簡略なものであった。判決理由は全部でわずか2パラグラフで，パラグラフ1は事案の事実関係の説明に割かれていた。判決では，Kirby Lumber社は債務免除に係る所得を認識しなければならないとしているものの，判決理由がこのように短いため，最高裁判所がどのような理論を用いてこのような判決を下すに至ったのかは明確ではない。一般的には，①「資産解放」アプローチ，②「全取引」アプローチあるいは③「ローン処分」理論のいずれもあり得ると推測されている。しかしながら，こうした理論によって導き出される結果は大きく異なる。

> **参考**
>
> 各理論はそれぞれ次のような内容のものである。
>
> **(1) 資産解放アプローチ（freeing-of-assets approach）**
>
> 本件において，最高裁判所は，「本事案の場合，資産の圧縮はなく，納税者が収益を得たことは明らかである。取引の結果，納税者は13万7,521.30ドルの資産を得たが，これによって現在は解約されている債券の支払義務が既に相殺されている。」と述べている。この判決の文言は，一般的には，資産が対応する債務から解放されていたことをもって，所得が生じたことを意味するものと解釈されている。これを会計の観点からみれば，債務者の資産には変化はないが，債務の免除によって返済額が減少したために所得が生じたということになる。
>
> しかし，このアプローチには数多くの問題点がある。
>
> 第一に，Kirby Lumber社は第三者から債券を買い戻していたため，同社が支払った買戻価額は債券の額面価額は下回っていたものの，公正市場価額であった。
>
> 第二に，最高裁判所は，類似の事案であるBowers v. Kerbaugh-Empire Co., 271 U.S. 170（1926）においては，納税者はローン免除後も損失が生じていたため，扱いが異なると判示している。しかしながら，納税者の純資産がマイナスであっても，債務の免除によって納税者のローン負担が軽減されることに変わりはない。言い換えれば，納税者が債務の免除によって便益を得ることに変わりはないのである。
>
> 第三に，内国歳入法は，納税者が債務超過となっているか否かにかかわらず，通常所得の発生があれば，それに課税することとしているという点である。Kirby Lumber事案において，納税者が債務超過となっているか否かによって異なる扱いを受けることは妥当ではない（なお，本件事案の詳細については，Pau Caron著『Tax Stories：An In-Depth Look at Ten Leading Federal Income Tax

Cases』(以下『Tax Stories』という。)(2003年)104～105頁参照)。

(2) 全取引アプローチ (whole transaction approach)

Kirby Lumber事案を審理した最高裁判所は,「取引全体としては損失が生じていた」とするKerbaugh-Empire事案を別扱いした。これは,同裁判所が,ローン自体と,ローン免除による所得がどのように充当されたかの双方を考慮に入れたことを意味するように思われる。このアプローチの適用事例を次に示す。例えば,法人が10万ドルのローンを確保し,この10万ドルを事業に投資したものの,当該事業は破綻したものとする。当該法人は当初のローンのうち5万ドルのみが回収可能であったとする。この場合,全取引アプローチに基づくと,取引(ローン自体とローン投資への充当の双方)は「全体では損失が生じた」ため,当該法人には債務免除による所得は発生しないことになる(『Tax Stories』105頁参照)。

理論的な問題はともかく,このアプローチでは実際上数多くの問題が生じる。上記の事例では,ローン収益が特定の投資に充当されたことは明らかである。現実には,どの収益によってどの結果が生じたかを追跡することは困難である。また,たとえ可能であったとしても,そのような会計システムは実施不可能である。

(3) ローン処分アプローチ (loan proceeds approach)

ローン処分理論は,現在の内国歳入法上,債務免除による所得がどのように取り扱われるかを示す基礎となる。ローン処分理論では,借手は借入金を受領した時点では当該借入金について租税を支払わない。借手は相応の返済義務を有するからである。例えば,債務の一部が免除されるなどして,全額を返済する必要がなくなった場合,借手は追加収益を得たことになり,借手はこの追加所得分について課税される。追加資金がどのように充当されたかは重要ではない。債務者が債務超過であるか否かも問題ではない。いずれにせよ,借手は債務が免除された結果,追加の便益を得たのである(『Tax Stories』107～108頁参照)。

■解 説

Kirby Lumber Co.事案で示された考え方は,1954年内国歳入法第61条(a)(12)により損益取引に当たるとして成文化された。しかし,内国歳入法第61条(a)(12)は,「総所得とは,いかなる源泉から生じたものであるかにかかわらず,……債務の免除によって生じる所得を含むすべての所得をいう。」と定義しているのみである。

なお,Kirby Lumber Co.事案によって提起された,借手の財務状態等のよ

り複雑な問題については，内国歳入法第108条で取り上げられている[(2)]。

■わが国の参考判例，裁決例等

① 山口地裁昭和45年1月19日判決・行裁例集21巻1号28頁
「資産の低廉譲受による収益については，これを益金に算入すべきものとする特別規定は存しないが，低廉譲受という一個の外観的法律行為の中に，その法律行為から生ずることのない別の法的経済的効果を意欲し，これが発生している場合には，私法上もいわゆる隠匿行為として効力を有しており，その収益に対し課税することは妨げられないものというべきであるから，私法上許された一個の外観的法律行為の形式の全部ないし一部が真の法的経済的意図と合致していない場合には，その部分につき本来の内部的意思に適合する法形式に引直してその結果に対して課税しうるといわなければならない。」

② 広島高裁昭和47年7月10日判決・税務訴訟資料66号8頁
「控訴人は，固定資産につきその取得価額をうわまわって評価することは商法285条の3の規定により禁じられているから，低廉譲受による収益に課税すべきでない旨主張するが，右商法の規定は本件申告後に施行されたものであるうえ，商法が固定資産の評価について右のごとき制限を受けているのは，商法独自の資本充実の要請から生ずるにすぎないのであって，税法上収益と認められるものについて租税目的の観点からこれに課税することは何ら妨げられないから，控訴人の主張は採用できない。」

③ 大阪地裁昭和53年5月11日判決・行裁例集29巻5号943頁
「法人税法においては，時価よりも低額による資産の譲受があった場合に，それが時価より「著しく低い」か否かを問題にすることなく，時価と譲受価額との差額は当然に所得の計算上益金に算入されると解すべきものであるが，これに対し，相続税法7条，9条は対価をもって財産の譲渡を受けた場合，「著しく低い」価額の対価で財産の譲渡があったときに限り，時価と対価との差額に相当する金額を贈与により取得したものとみな

---

(2) ちなみに，同条では，破産（chap.11）等に伴う債務免除など一定の要件を充足する債務免除については，総所得（gross income）に含めないことができるとしている（同条(a)(1)）。

される旨規定しており，従って取得財産の時価に比し対価が「著しく低い」といえない場合には贈与税はこれを課さないものと解されるのである。この点において法人税法と相続税法（贈与税を含む）の考え方に差異があるとしても元来それぞれの法の対象とする租税の性質，目的等が異なる以上やむをえないところであるといわなければならない。」

第1章　租税法の基本概念——(2)法人税

⑫　事業遂行に伴って支払われた民事上のペナルティが法人の損金（必要経費）にならないとされた事例

—Tank Truck Rentals Inc. v. Commissioner, 356 U.S. 30 (1956)—
—Commissioner v. Sullivan, 356 U.S. 27 (1958)—
—Commissioner v. Tellier, 383 U.S. 687 (1966)—

■概　説

　有名なシカゴのギャング，アル・カポネが，違法な活動から得ていた所得を申告していなかったとして脱税罪で摘発されたことでもわかるように，所得税や法人税において，違法所得も課税対象になるという点については，わが国のみならず世界共通の認識になっているようである。

　他方，贈賄や談合金等といった違法又は違法性の高い支出がなされた場合，その損金性をどこまで認めるべきかについては，必ずしもはっきりしていない[1]。

　以下に紹介する3例はいずれも，その点を巡って争いとなった事例である。
　しかし，結論はそれぞれ別となっている。
　すなわち，①のTank Truck事案では全て控除不可，②のSullivan事案では一部につき控除認容，③のTellier事案では全額について控除認容となっている。
　まず最初のTank Truck事案では，運送業を営む法人の従業員が積載量オーバーであるとして課されたペナルティの損金性が問題となった。

■事案の概要

　Tank Truck Rental社は，ペンシルヴェニア州に本拠を置く液体運送トラックの所有者で，運転手込みで他社にリースしていた。
　リースされた車は，ペンシルヴェニア州を拠点とし，州辺の諸州（ニュージ

---

[1]　このような見解の不一致を解消するため，米国では，1970年の法改正で，これらの支出については所得税又は法人税に係る所得の計算上一切控除を認めないという形で法改正がなされた。

ャージー，オハイオ，デラウェア，ウエスト・ヴァージニア，メリーランド）に配送を行っていた。

1951年，これらの諸州は，同社のタンクが法定積載量（4.5万ポンド…約20トン）を大幅に超過する6万ポンド（約27トン）を積載していたとして同社にペナルティを賦課した。

それに対し，同社はペンシルヴェニア州では最高6万ポンドまでの積載が認められているとして争うとともに，同州以外の各州に対し，4.1万ドルのペナルティを支払った。そのうち，718件は意図的な積載量オーバーで，28件は意図しない過載であった。

同社は，ペンシルヴェニア州では積載量の上限は6万ポンド（約27トン）であるとして争うとともに，州政府から課されたペナルティを損金計上した税務申告書を提出した。

IRSがその損金性を否認したことから納税者が課税処分の取消しを求めて出訴した。

■主な争点と当事者の主張

1　争　点

本件事案の主な争点は，運送業者が支払った積載量オーバーに係るペナルティは当該業者の必要経費になるかという点である。

2　当事者の主張

(1)　納税者の主張

納税者は，ペナルティ支払は業務遂行上不可欠なものであり，必要経費となると主張する。

(2)　課税庁の主張

課税庁は，行政ペナルティは経費にはならないと主張する。

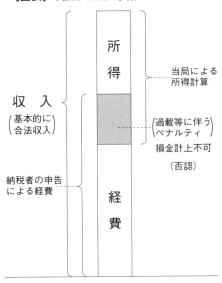

《図表》Tank Truck事案のイメージ図

〔事案の概要〕

運送業者であるT社の従業員が積載量オーバーでペナルティを支払った。

〔争　点〕

かかるペナルティはT社の損金になるか。

〔裁判所の判断〕…納税者敗訴

ならない。

■裁判所（連邦最高裁判所）の判断……納税者敗訴（課税庁勝訴）

　連邦最高裁判所は，行政庁が行政目的で課す制裁金等については，たとえそれが事業遂行上生じたものであったとしても，法人の所得計算上，それらの制裁金等の経費性は認められないとしてその控除を否認した課税庁の処分を認め，納税者の請求を斥けた。

　連邦最高裁判所がこのような判断を下すに至ったのは，次のような理由からである。

① 　かかるペナルティを必要経費として扱うこととした場合には，連邦政府又は地方政府によるペナルティ賦課の効果が減殺され，それらの当局のフラス

トの原因になること
② この種のペナルティは，いくつかの州でハイウェイをダメージから守り，安全性を確保するために設けられているものであること
③ このペナルティの賦課には，単なる高速道路の使用料ではなく，懲罰的意味（punitive action）が含まれていること
④ 所得税計算上，ビジネス事業体が州政府のポリシーに反する違法行為を推進するようなことを議会が予定していたとは考えられないこと（congress did not intent to encourage business enterprise to violate the declare policy of a state）
⑤ 連邦政府又は州政府のポリシーは明確に規定されているものではないので，そこで課されたものが所得計算上控除可能なものであるか否かは個別事案ごとに異なるので一律に控除不可というわけではない。
⑥ しかし，控除を認めることで明らかにそれらの政策の効果が減殺されることになると認められる場合には，控除可能とはならない。
⑦ 最大積載量規制においては善意による違反と故意による違反を区分していない（no distinction between innocent and willful violation）が州政府の方針からすれば，このペナルティはたとえ意図しない違反であったとしても意図的なものであったと考えるのが相当である。

違法行為であっても，その所得を得るために必要な経費については控除が認められるとされた事例
（Commissioner v. Sullivan, 356 U.S. 27(1958)）…納税者勝訴

■概　説

　法令等により禁止されているギャンブル等の事業を違法に行っていた者が取締当局によって摘発されたりした場合，それらの事業を営むうえで必要とされる経費（例えば家賃や従業員の給与など）について控除を認めるべきか否かが問題となってくる。

　包括所得概念の下においては，違法所得についても課税の対象とするということは明らかであるが，それらの所得を得るために必要な経費について控除を認めるか否かが問題となってくる。

そこで，ここでは，違法所得を得るために必要な経費について，どこまでの分が控除の対象になるのかが争いとなった事案について紹介する。

■事案の概要

この事案では，違法な「かけ事（illegal bookmaking operation）」をしていたSullivan氏が，その収入を得るために，事務所を借りて家賃を支払ったうえで，従業員を雇ってその者に支払った賃金が必要経費になるかどうかが争いとなった。

IRSは，違法活動によって得られた所得については，経費控除は認められないとして，支払家賃及び支払賃金の経費控除を否認した。

それに対し，納税者が，たとえ違法所得であったとしても，その所得を得るために必要だった費用については，控除が認められるべきであるとして本件訴訟を提起した。

■主な争点と当事者の主張

1 争　点

本件事案の主な争点は，違法活動によって所得を得ていた場合，その所得を得るための経費が，1939年の内国歳入法第23条(a)(1)(A)に規定する所得を得るために通常かつ必要なものであり，控除が認められるか否かという点である。

2 当事者の主張

(1) **納税者の主張**

納税者は，違法な所得に対し課税する以上，それを得るために要した通常かつ必要な費用については控除が認められるべきであると主張する。

(2) **課税庁の主張**

課税庁は，違法な所得に対し課税したとしても，それを得るために要した費用については1939年の内国歳入法第23条(a)(1)(A)の規定の適用対象外であり，控除を認めるべきでないと主張する。

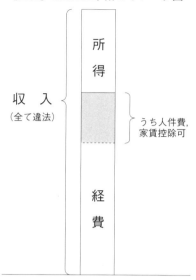

《図表》Sullivan事案のイメージ図

〔事案の概要〕
　Sullivan氏は「かけ事師」で違法収入を得ていたが、その収入を得るため事務所を借り、従業員も雇っていた。

〔争点〕
　かけ事師としての収入を得るために必要だった家賃、従業員給与は同人の所得計算上必要経費として控除が認められるか。

〔裁判所の判断〕…納税者勝訴
　認められる。

■裁判所の判断

1　租税裁判所の判断……課税庁勝訴

租税裁判所ではIRSの主張を認め、経費控除不可としたため、納税者が控訴。

2　控訴裁判所の判断……納税者勝訴

控訴審で逆転判決となったため、IRSが上告した。

3 連邦最高裁判所の判断……納税者勝訴

連邦最高裁判所（Douglas判事）は，「違法活動によって得られた所得についても課税所得を構成する。」という点については，IRSの主張を認めたものの，経費控除については，納税者の主張を認め，大略次のような理由で少なくとも家賃と人件費については，必要経費算入が認められるべきであるとして納税者の主張を認めている。

「（ある支出について）所得金額の計算上控除を認めるか否かは議会の裁量次第（grace）である。したがって，議会はそれらの支出について控除を認めないこともできる（Textile Mills Securities Corp. v. Commissioner, 314 U.S. 326）。」

「ギャンブル業であっても，税務上ははビジネスであるので，それらの支出が事業遂行上必要不可欠なものであれば控除が認められて然るべきである。もし，我々がそれらの支出について控除を認めないというのであれば，それらの選択は議会の決定すべき事項である。ギャンブルが違法行為であったとしてもそれが事業として成り立っている以上，家賃及び従業員給与については，当該事業遂行上通常かつ必要な費用である。」

違法な事業活動に従事していて告発された者が自分を守るために支払った弁護士費用が必要経費になるとされた事例
（Commissioner v. Tellier, 383 U.S. 687（1966））…納税者勝訴

■概　説

違法な事業活動に従事している者は，常に当局によって摘発されるリスクを抱えている。そして，摘発された場合には，有罪判決を受ける可能性がある。

そのため，このような者は，通常から弁護士のアドバイスを受けるとともに，摘発された場合には，別途の金銭を支払って自己の弁護を依頼することになる。

そこで問題となってくるのが，この種の費用は違法業者の所得金額の計算上控除を認められるのか否かという点である。

■事案の概要

　Tellier氏は，個人で証券の売買・仲介を業としていた者であるが，36件の証取法違反及び郵便法違反の罪で訴追されたことから，自分自身を守るため，弁護士に依頼して，それに要した費用2.29万ドルを1956年の事業所得計算上必要経費として計上していたことの可否が問題となったケースである[2]。

　この事案において，IRSは，違法行為は認められないとするいわゆるパブリック・ポリシー理論を適用し，違法所得は課税対象にはなるが，それらの所得を得るために必要だった経費についての控除は認められないとして更正処分を行ったことから，納税者が訴訟提起。

■主な争点と当事者の主張

1　争　点

　本件事案の主な争点は，個人で証券業を営む者が業法違反の罪で訴追され，己の身を守るため支払った弁護士料は必要経費になるかという点である。

2　当事者の主張

(1)　納税者の主張

　納税者は，事業遂行上必要不可欠な支出であり，当然必要経費になると主張する。

(2)　課税庁の主張

　課税庁は，違法行為はそもそも認められていないので，それに伴って支払われた弁護士費用も必要経費にはならない（必要経費がいかなるものであるかについては争わず）と主張する。

---

(2) 同氏は最終的に有罪判決を受け，1.8万ドルの罰金支払いと4年半の実刑判決を受けている。

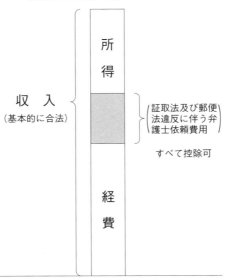

《図表》Tellier事案のイメージ図

〔事案の概要〕

　証券の売買・仲介業者であるTellier氏は，業法違反で訴追され，弁護士に代金を支払った。

〔争　点〕

　弁護士費用は必要経費になるか。

〔裁判所の判断〕…納税者勝訴

　なる。

■裁判所（最高裁判所）の判断……納税者勝訴

　租税裁判所がIRSの主張を認めたことから，納税者が控訴。控訴審で逆転判決となったことから，IRSが上告した事案である。最高裁判所（Stewart判事）は，次のような理由から，本件諸経費は全てTellier氏の事業遂行上必要な経費であるとして納税者の主張を全面的に認め，IRSに対し，課税処分の取消しを命じている。

　「我々が出発点とすべきことは，連邦所得税は純所得に対して課税することであり，悪行に対する罰則ではない（not a sanction against wrongdoing）と

いう点である。この点は，税務上確立された考え方となっている（that principle has been firmly in bedded）。」

「換言すれば，税法上の所得はそれが合法的なものであっても違法なものであっても同じ所得であれば同じように課税されるということである。これは，違法所得であっても課税対象になるとした先行判決（U.S. v. Sullivan, 274 U.S. 259及びJames v. U.S., 366 U.S. 213）でも明らかにされているところである。」

「また，この点は1913年の所得税法審議の過程でもWilliams上院議員がこの改正はモラル向上の性格を有するものではない（it is not to reform men's moral characters）と述べていることから明らかである。」

「議会が法令違反に対し厳しい処分をすることを執行当局に認めているが，だからといって議会がそうすべしといっていないのに，それ以外の分野について処分する権限まで執行当局に付与したと考えることはできない（but we can think no warrant for attaching to that punishment an additional financial burden）。」

「これらの点からして，刑事告発を免れるために納税者の支払ったコストについて経費性を認めないとする控訴審の判断は支持できない。」

その後における米国の動き

これらの判決をふまえ，連邦議会は，1969年の税制改正で，次の2点に関する改正を行った。

① **罰金（fines）及びペナルティの損金（必要経費）不算入規定の追加（IRC第162(f)）**

この改正は，法令違反により行政庁（government）に支払われる罰金（fine）及びペナルティについては，その種類の如何を問わず，経費控除を認めないとするものである。

なお，ここでいうペナルティには，民事上の制裁金のみでなく，刑事上のペナルティも含まれる（例えば，True v. U.S., 894 F.2d 1197（10th Cir. 1990）及びTreas. Reg. §1.162-21）。

② **贈賄（bribe）及びキックバックの経費性否認規定の追加（IRC第162(c)）**

この改正は，政府職員に対する贈賄，キックバック，又は支払（payment）等については一切経費性を認めない旨を明らかにした改正である。

なお，贈賄及びキックバックについては，対政府職員に対するもの以外であ

っても，それらの支払いが，許認可の取消しや特権の喪失を防止するためになされたものである場合には経費性が認められない。

■解　説

わが国の場合，所得税法では，①所得税以外の国税に係る延滞税，過少申告加算税，無申告加算税及び重加算税並びに印紙税法の規定による過怠税（所法45①三），②地方税法の規定による延滞金，過少申告加算金，不申告加算金及び重加算金など（同項五）の税法上のペナルティに加え，③罰金及び科料（外国政府及び地方公共団体によって課されるものを含む。）（同項六），及び，④外国公務員等に対する金銭いわゆるワイロについては必要経費算入を認めない旨が明らかにされている。

同様に，法人税法においても，前述した税法上のペナルティに加え，不正行為等に係る費用等については，損金算入を認めない旨が明らかにされている（法法55各項）。

しかし，例えば，法人の役員又は使用人が交通違反等をしてそのペナルティを法人が負担した場合，それが法人税法上どのように扱われるのかについては，法令上明らかにされていない。

そのため，法人税基本通達で，その罰金等が法人の業務の遂行に関連してなされたものである場合には，法人の損金の額に算入したいものとし，その他のものであるときは，その役員又は使用人に対する給与として扱うこととしている（法基通9-5-8）。

ただ，不正行為等の範囲が非常に広範にわたることなどもあって，実務においては，必ずしも確立された取扱いにはなっていない。

■わが国の参考判例，裁決例等

① 最高裁（三小）平成6年9月16日判決・刑集48巻6号357頁
「法人税法は，内国法人の各事業年度の所得の金額の計算上当該事業年度の損金の額に算入すべき金額は，別段の定めがあるものを除き，売上原価等の原価の額，販売費，一般管理費その他の費用の額，損失の額で資本等取引以外の取引に係るものとし（22条3項），これらの額は，一般に公正妥当と認められる会計処理の基準（以下「公正処理基準」という。）に

従って計算されるものとしている（同条4項）。架空の経費を計上して所得を秘匿することは，事実に反する会計処理であり，公正処理基準に照らして否定されるべきものであるところ，（脱税協力者に支払った）手数料は，架空の経費を計上するという会計処理に協力したことに対する対価として支出されたものであって，公正処理基準に反する処理により法人税を免れるための費用というべきであるから，このような支出を費用又は損失として損金の額に算入する会計処理もまた，公正処理基準に従ったものであるということはできないと解するのが相当である。」

　いわゆる「みかじめ料」など（東京地裁平成元年5月30日判決・税務訴訟資料170号490頁）については，前述（事案⑦参照）したように損金にならないとされている。

② 　東京地裁平成6年9月28日判決・税務訴訟資料205号653頁

　「内国法人の所得金額の計算上，損金の額に算入することができる支出は，当該法人の業務の遂行上必要と認められるものでなければならないというべきであり，支出のうち，使途の確認ができず，業務との関連性の有無が明らかではないものについては，損金の額に算入することができないというべきである。法人税法基本通達9-7-20が，法人が交通費，機密費，接待費等の名義をもって支出した金額でその費途が明らかでないものは，損金の額に算入しないとしているのも，このような趣旨によるものであると解するのが相当である。」

　一方で，覚せい剤取引に係る仕入や支払手数料，仕入のための渡航費用については必要経費算入を認めている事例（国税不服審判所平成2年4月19日裁決・裁決事例集39号41頁）もある[3]。

---

(3) ちなみに，米国では，前述（注(1)参照）したように，それらの経費については必要経費として認めない旨が法令上明らかにされている。

⑫　Tank Truck事案／Sullivan事案／Tellier事案

第1章　租税法の基本概念──(2)法人税

⑬　資本資産の定義が限定された事例
──先物取引契約（に基づく差金決済）が資本資産取引でなく棚卸資産取引に当たるとされた事例──
──Corn Products Refining Co. v. Commissioner, 350 U.S. 46 (1955)──

■概　説

　米国では，キャピタルゲインについて特別な租税軽減措置が認められている。すなわち，個人の納税者の場合，資本資産（capital asset）の譲渡，交換に係るキャピタルゲインは，通常の累進税率（15％〜38％）の適用に代えて20％の優遇税率で課税される。さらに，2003年連邦税法により，キャピタルゲインに対する税率が15％に引き下げられている。このように，キャピタルゲインの税率は，個人の通常所得に適用される最高税率より大分低くなっている[1]。

　そのため，租税回避の手段として，通常の資産（例えば棚卸資産等）を資本資産（capital asset）に変更するという方法が用いられることが多い。

　このように，資本資産と事業の用に供される通常の資産とは法律上は明確に区別されているが，実務においては，両者の区分基準は必ずしも明確ではない。

　資本資産に対する優遇措置から明確に除外される資産は，内国歳入法第1221条に規定する8つの資産のほかにはないように思われる。

　しかしながら，多くの裁判所や識者は，Corn Products Refining Co.事案に関する最高裁判所の1955年の判決によって，重要な例外が生まれたと考えている。

---

[1]　ちなみに，個人の最高税率は35％となっているが，課税所得1,500万ドル〜1,830万ドルのクラスには，38％の限界税率が適用される（IRC第11条及び1201条）。なお，現在は，法人が実現したキャピタルゲインについては，一般的には軽減税率の適用対象となっていない。

> **参考** 資本資産（capital asset）の法律上の定義
>
> 内国歳入法第1221条は、資本資産とは、「納税者が保有する資産（property）（納税者の営業又は事業との関連性の有無を問わない。）」と定義している。ただし、棚卸資産など特定の8種類の資産はこれから除外されている[注]。この除外資産の中には「納税者の棚卸資産に含めることが適切な種類の資産」も含まれる。この例外規定は、キャピタルゲインの優遇措置から、事業・商業における日常的な利益を除外するためのものである。当該例外規定により、（キャピタルゲインの優遇措置を受けられない）「事業」収益と、（キャピタルゲインの優遇措置を受けられる）「投資」収益とに区別される。
>
> 平均的な個人投資家による株式売却は、その目的上「投資」収益とみなされるが、会社による棚卸資産の売却は、棚卸資産は「資産」であるものの、前述した除外規定により「事業上の販売」とみなされている。
>
> （注） Corn Products Refining Co.事案及びArkansas Best Corp.事案発生当時、「資本資産」について定義した内国歳入法第1221条では、資本資産を「納税者が保有する資産（納税者の営業又は事業との関連性の有無を問わない）」と定義していた。ただし、次の5つの資産は除外されていた。
> ① 納税者の営業又は事業の通常の過程において主として顧客に対する販売向けに保有されている棚卸資産又は資産
> ② 営業又は事業に使用されている減価償却資産及び不動産
> ③ 一定の著作権及び音楽又は芸術資産
> ④ 営業又は事業の通常の過程において取得された売掛債権
> ⑤ 一定の政府刊行物
>
> 資本資産の法律上の定義は現在も同じであるが、コーンプロダクツ法理が適用される状況に対処するためヘッジ取引が除外資産に含められるなどしたため、現在では除外資産が8つになっている。

■事案の概要

Corn Products Refining Co.（以下「Corn Products社」という。）は、トウモロコシから各種製品を製造していたが、1930年代初期に生じた中西部の大干ばつによるトウモロコシ価格の上昇により大幅な赤字をかかえていた。干ばつが再度発生した場合、トウモロコシの価格は高騰し、同社のトウモロコシ製品は代替品との競争力を失うことになる。そこで同社は、価格高騰のリスクを軽減し、十分な供給量のトウモロコシを確保するため、トウモロコシ先物（すな

わち将来所定の価格でトウモロコシを供給することを定めた契約）に係るオプション権（コール・オプション）を購入した。Corn Products社はこれを資本資産とみなし，満期日が近づいたもののトウモロコシが必要ない場合には，当該先物購入契約自体を売却し，これによって損益が発生したとしてこれをキャピタルゲインとして申告していた。また，トウモロコシの現物が必要なときは，実際にトウモロコシの供給を受け，これを棚卸資産に含めていた。

それに対し，IRSが，この種の資産は軽減税率の適用対象となる資本資産（capital asset）ではなく通常の資産であり，そこで生じた損益も通常のロスになるとして更正したことから争いとなった。

第一審の租税裁判所もその控訴審である第2巡回控訴裁判所も，納税者が保有する先物取引契約は，内国歳入法第1221条に定める「資本資産（capital asset)」ではないと判示した。第2巡回控訴裁判所は，商品先物が専ら在庫費用の安定のために利用されている場合には，これを棚卸資産と合理的に区別することはできないと明確に判示した。同裁判所は，「ヘッジ取引に利用された資産は資本資産から除外される棚卸資産に該当すると判断するのが適切である。」と結論付けている。この判決を不服とする納税者（Corn Products社）が同判決の取消しを求めて上告した。

■主な争点と当事者の主張

1 争 点

本件事案の主な争点は，Corn Products社による先物取引契約が，キャピタルゲイン課税の対象となる「資本資産」の取引になるのか，それとも通常所得として課税される「棚卸資産」の取引になるのかという点である。

2 当事者の主張

(1) 納税者の主張

納税者は，本件先物取引契約は内国歳入法第1221条に規定する「事業用資産」ではなく「投資用資産」であると主張する。

(2) 課税庁の主張

それに対し，課税庁は，課税上有利な扱いを受けることのできる「投資用資

《図表》Corn Products Refining Co.事案のイメージ図

〔事案の概要〕

　Corn Products社は、トウモロコシを原料とした各種製品を製造する会社であるが、原料価格の変動に備えるため先物取引契約（コール・オプション）を締結し、現物決済しない場合の損益について軽減課税となるキャピタルゲインとして申告していた。

〔争　点〕

　差金決済が行われた先物取引契約は、通常の損益となる棚卸資産の譲渡かそれとも軽減税率の適用対象となる資本資産の譲渡か。

〔裁判所の判断〕…納税者敗訴

　棚卸資産の譲渡と考えるべきである。
　課税上有利な取扱いを受けることができる「資本資産」の範囲は限定的に解すべきである。

産」の範囲は限定的に解すべきであり、本件資産の譲渡は「事業用資産」たる棚卸資産の譲渡に該当すると解すべきであると主張する。

■裁判所（最高裁判所）の判断……納税者敗訴

　最高裁判所は、下級裁判所（租税裁判所）の判断を支持し、「本件トウモロコシ先物取引契約は、文字どおりの意味では法律に定める資本資産カテゴリーの資産に該当しない。」とした上で、「資本資産規定を拡大適用して議会の意図を損なうことがあってはならない。」と判示した。すなわち、「議会は、事業の通常の運営から生じた損益は、キャピタルゲインやキャピタルロスではなく、経常損益とみなすことを意図していた。」というのである。その上で、同裁判所は、「（課税上有利な取扱いを受けることができる）『資本資産（capital asset）』の定義は狭く適用し、その除外規定は広く解釈すべきである。」との

判断を示した。

そして、「本件事案の場合、先物取引契約は、投資（investment）というよりはヘッジング（hedging）に近い。納税者は本件先物契約は（価格下落に備えた条項が含まれている）真のヘッジングとは異なるとしているが、これら一連の取引をみると製造業を営む者がその業務の一環としてみるのが相当である。したがって、本件先物契約による損益はキャピタルゲインではなく通常の損益とみるべきである。」と結論付けている。

■解　説

本件で明らかになったのは、資本資産（capital asset）を広義に解したとしても、事業遂行上通常用いられる資産はそれに該当しないという点である。

ただし、本件判決が出されたことにより、資本資産の定義についてより明確化が必要であるということになり、IRC第1221条に新たにヘッジング取引については、資本資産取引から除かれる旨が規定された（同条(a)(7)）[2]。

その結果、それらについては、同条(a)(1)でいう在庫（inventory）として扱われることとなった（同条(a)(1)）。

■わが国の参考判例、裁決例等

わが国では、資産のうち不動産等の譲渡については長期譲渡所得として課税上優遇措置が講じられている。

それは次のような理由によるものである。

① 最高裁（三小）昭和47年12月26日判決・民集26巻10号2083頁

「一般に、譲渡所得に対する課税は、資産の値上りによりその資産の所有者に帰属する増加益を所得として、その資産が所有者の支配を離れて他に移転するのを機会に、これを清算して課税する趣旨のものと解すべきである。このように、年々に蓄積された当該資産の増加益が所有者の支配を

---

(2) ちなみに、IRC第1221条(a)(7)では、資本資産から除かれる取引について、次のように規定されている。

「any hedging transaction which is clearly identified as such before the close of the day on which is was acquired, originated, or entered into (or other such time as the Secretary may by regulations prescribe).」

離れる機会に一挙に実現したものとみる建前から，累進税率のもとにおける租税負担が大となるので，法は，その軽減を図る目的で，旧所得税法（昭和40年法律33号による改正前のもの）9条1項8号の規定により計算した金額の合計金額から15万円を控除した金額の10分の5に相当する金額をもって課税標準としたのである。」

② 最高裁（一小）昭和54年6月21日判決・訟務月報25巻11号2858頁
「譲渡所得に対する課税は，資産の値上りによりその資産の所得者に帰属する増加益を所得として，その資産が所有者の支配を離れて他に移転するのを機会にこれを清算して課税する趣旨のものと解すべきであり，売買交換等によりその資産の移転が対価の受入れを伴うときは，右増加益が対価のうちに具体化されるので，法はこれを課税の対象としてとらえたものと解すべきである。」

第1章　租税法の基本概念──(2)法人税

⑭　資本資産の定義が拡大された事例
──子会社株式の譲渡が（他の所得との損益通算が制限される）資本資産の譲渡に該当するとされた事例──
──Arkansas Best Corp. v. Commissioner, 61 AFTR 2d 88-655（108 S.Ct. 971）──

■事案の概要

　Arkansas Best Freight System, Inc.（以下「Arkansas Best社」という。）は，子会社を通じて多様な事業を展開している持株会社であった。Arkansas Best社が1968年にテキサスに本拠を置くダラス商業銀行の株式の65％の支配持分を取得したが，米国議会は，銀行持株会社に対し，銀行業に従事していない所有子会社をすべて分離することを要求する法律を制定した。そこで，Arkansas Best社は，銀行業に従事していない子会社を売却する代わりに，銀行子会社株式を7年間にわたり売却することを選択した。しかしながら，銀行子会社が多額の損失を抱えていたため，この子会社株式の売却によって利益を出すことができなかった。そのため，同社は，銀行子会社の株式の追加引受を行って銀行の支配持分を維持する目的でその子会社に資金を注入することにした。

　銀行の業績は一時は回復したかにみえたが，1973年に，経営が大幅に悪化していることが明らかになった。それにもかかわらず，Arkansas Best社は銀行への資金注入と株式引受を継続した。これは同社の事業上の体面を守るためと，銀行が破綻すると他の子会社向けの資金調達源が危うくなることをおそれてのことであった。

　Arkansas Best社は，その後1975年に銀行子会社の株式を1,000万ドルで売却し，当該株式売却について経常損失として計上した。税務当局は，当該損失は事実上（他の所得との損益通算が制限される）キャピタルロスに当たると主張して損益通算を否認したため，納税者がその取消しを求めて租税裁判所に提訴した[1]。

---

(1)　83 T.C. 640.

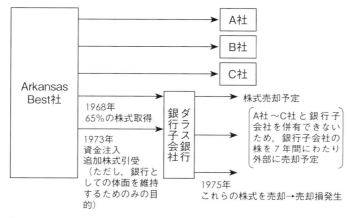

《図表》Arkansas Best Corp.事案のイメージ図

〔事案の概要〕

持株会社であるArkansas Best社は連邦議会の指示により，銀行子会社（銀行）株式を譲渡し，それを通常のロスとして申告していた。

それに対し，IRSが本件株式は資本資産に該当するので他の所得との損益通算は制限されるとして更正をした。

〔争　点〕

銀行株売却による損失は，（他の所得と損益通算が制限される）キャピタルロスか（損益通算できる）事業損失か。

〔裁判所（最高裁判所）の判断〕…納税者敗訴

株式を内国歳入法第1221条に規定する「資本資産」の例外とすべき理由はないので，本件株式の売却によるロスは常に，（他の所得と損益通算が制限される）キャピタルロスに該当すると考えるべきである。

■主な争点と当事者の主張

1　争　点

本件事案の主な争点は，持株会社であるArkansas Best社による子会社株式の譲渡が「資本資産」の譲渡になるのか，それとも「事業用資産（business asset）」の譲渡になるのかという点である。

2　当事者の主張

(1)　納税者の主張

納税者は，本件株式の譲渡は，通常の「事業用資産」の譲渡に該当するので，そこで生じた損失は他の所得と通算できると主張する。

(2)　課税庁の主張

それに対し，課税庁は，本件株式の譲渡は「資本資産」の譲渡によるものであり，たとえそこで損失が生じたとしてもその損失はキャピタルロスであり，他の所得との通算は制限されると主張する。

■裁判所の判断

1　租税裁判所の判断……納税者勝訴

租税裁判所は，株式引受を2つのカテゴリーに分割し，第一のカテゴリー（1972年以前）の株式引受は，銀行の「成長期」に行われたもので，「主たる目的は投資であって事業目的は付随的なものにすぎなかった。」とした。その上で，同裁判所は，当該期間に取得された株式によって，1975年に行われた売却に伴うキャピタルロスが生じたと判示した。

また，第二のカテゴリーである1972年以降の株式引受は，かかる資金注入がなければ銀行はおそらく破綻していたと思われることから，「（本件株式引受は）Arkansas Best社の事業上の体面を守るために行われた。」と判断した。この判断に基づき，租税裁判所は，「かかる株式が1975年に売却された際に生じた損失が経常損失につながったことは明らかである。」と判示して納税者の訴えを認めた。

2　第8巡回控訴裁判所の判断……納税者敗訴

第8巡回控訴裁判所[2]は，「資本資産の優遇措置の定義から株式を除外する法律上の根拠はない。」として租税裁判所の判決を破棄し，「すべてが資本資産に当たる。」とした。第8巡回控訴裁判所は，「Arkansas Best社が保有する銀

---

(2)　800 F.2d 215（8th Cir. 1986）.

行株式が『資本資産』の法律上の定義に該当することは明らかであるため，Arkansas Best社の所有目的とは無関係であり，1975年の銀行株式売却から生じた損失はすべてキャピタルロスであった。」との論理を展開したのである。同裁判所は，この判決を下すに当たり，Corn Products Refining Co.事案の判決について異なる解釈をした一連の多数の事案についても明確に斥けた。

3 最高裁判所の判断……納税者敗訴

最高裁判所は，納税者の請求を斥けた第8巡回控訴裁判所の判決を支持し，おおむねその論理を採用した。この中で，最高裁判所は，コーンプロダクツ法理を全面的に斥けてはいないものの，資本資産に該当しないとした当該法理の適用対象を，内国歳入法第1221条(1)の棚卸資産除外規定に該当する棚卸資産の取引に限定したのである。すなわち，「Corn Products Refining Co.事案において争われた種類の『ヘッジ取引』は，納税者の製造事業の一環であり（an integral part of its manufacturing business），原材料の価格変動から納税者を保護していたため，その損益は経常損益となったのである。しかし，そもそも『資本資産（capital asset）』なるものの定義は，納税者の事業目的とは無関係なもの（irrelevant）である。議会は裁判所に対し，IRC第1221条をCorn Products Refining Co.事案でいうようにその範囲を拡大して読めとまでは指示していない。」とした上で，「Corn Products Refining Co.事案において，ヘッジングがCorn Products社の日常業務の一環であるかどうかに主眼を置いたのは，同条に新たな例外事項を設けるためではなく，棚卸資産除外規定が資本資産取引の適用対象に該当するかどうかを判断するために必要であったからである。本件の場合，子会社株式は広義の『資本資産』の範囲内（falls within the broad definition of capital asset）であり，これを（資本資産から）除くべしとの規定は存在していない。」と説明したのである。

■解　説

Corn Products Refining Co.事案判決から25年間，裁判所はCorn Products Refining Co.事案における法理を広義に解釈し，事業目的で取得された資産は，原則としてすべて「資本資産（capital asset）」の定義から除外されるとしていた。この考え方はコーンプロダクツ法理として知られるようになった。

しかし，Arkansas Best Corp.事案において，最高裁判所は，「Corn Products Refining Co.事案判決は限定的に解釈すべきであり，内国歳入法第1221条の棚卸資産除外規定の変形とみなすにとどめるべきである。」と判示した。

最高裁判所は，Arkansas Best Corp.事案において，納税者が，後日同社の所有する銀行子会社の株式を内国歳入法第1221条に定義する「資産（property）」には当たらないので資本資産ではない，と主張することのないように歯止めをかけたのである。当該判決は，「株式は（同条に定める）資本資産の優遇措置の具体的な除外規定のいずれにも該当せず，株式売却の損益は常に資本資産売却の損益として取り扱われる。」という論理を支持するものと解釈されている。

米国議会は，その後内国歳入法第1221条を改正し，納税者が通常の事業の過程において納税者の通常の資産に関するリスク又は価格変動を管理することを主たる目的として行った一定のヘッジ取引を資本資産の定義の除外事項に加えた。新たな除外事項は，Corn Products社が使用した種類の先物取引契約に関するコーンプロダクツ法理による除外を実質的に成文化したものである。

■わが国の参考判例，裁決例等

わが国では，個人所得税において損益通算が認められる所得の種類が不動産所得，事業所得，山林所得，譲渡所得の4種類に限定されている（所法69①）。

したがって，雑所得に区分される所得に損失が生じたからといって，それを他の所得と通算することは認められない（福岡高裁昭和54年7月17日判決・税務訴訟資料106号14頁）。

しかも，譲渡所得のうち不動産の譲渡等から生じたロスについては他の所得との通算は認められていない（措法41の4）[3]。同様に，非課税とされている生活用動産の譲渡により生じた損失についても他の所得と通算することは認められない。

ちなみに，損益通算に関して次のような判例がある。

① 最高裁（一小）昭和59年6月28日判決・税務訴訟資料136号927頁
「商品元物取引によって生じた損失は，事業から生じたものではなく，

---

[3] この規定を遡及適用して損益通算が認められないとした事例として，最高裁（二小）平成23年9月30日判決（裁判所時報1540号5頁）がある。

雑所得の計算上生じたものであって，他の所得と損益通算することはできない。」

② 最高裁（二小）平成2年3月23日判決・判例時報1354号59頁
「給与所得者である納税者が保有する自動車を譲渡したことに伴い生じた損失は，右自動車が生活に通常必要でない資産に該当することから，所得税法69条（損益通算）1項に定める各種所得との損益通算の対象とはならない。」

第1章　租税法の基本概念——(3)その他

⑮　贈与により取得した株式の簿価上げ（step-up）が認められなかった事例
—Taft v. Bowers, 278 U.S. 470（1929）—

■概　説

　相続又は贈与によって取得した財産について，わが国では，時価により評価して相続税又は贈与税が課される（相続税法22）。

　その結果，それらの資産を相続人又は受贈者が売却した場合，その処分益の計算に当たり，取得価額は簿価（被相続人又は贈与者の取得原価）によるべきなのか，それとも，それらの財産を相続人又は受贈者が取得した際に相続税又は贈与税がその時の時価により課税されているのであるから，そこで課税ベースとされた価額（相続時又は贈与時の時価）を基準（いわゆる簿価上げ基準）とすべきなのかという点について疑問が生じてくる。

　本件は，その点が争いとなり，その後における先例となった事案である。

■事案の概要

　Taft女史の父親は，1916年にNash Motors社の株式を1株1,000ドルで購入した。1921年，同人は，これを娘のTaft女史に贈与した。その時の時価は1株当たり2,000ドルになっていた。その後（1923年），同女史は，この株式を1株当たり5,000ドルで売却したが，贈与時の時価が取得価格になるので，売却益は1株当たり3,000ドル（売却価額5,000ドル－贈与税課税時における時価（＝取得価額）2,000ドル）であるとして申告を行った。

　それに対し，IRSが，贈与では贈与者の取得価額が引き継がれるので，売却益は1株当たり4,000ドル（5,000ドル－1,000ドル）になるとして更正したことから，この処分を不服とするTaft女史が，係争に係る税額相当分を納付のうえ，還付請求という形で本件訴訟を提起した。

　予審（Trial Court）において，納税者の主張が認められたためIRSが控訴

控訴審（Appellate Court）では，逆転判決となったため，納税者が上告した。

■主な争点と当事者の主張

1 争点

本件事案の主な争点は，受贈財産の譲渡に係る取得原価を構成するのは，受贈時の時価（本件でいえば1株当たり2,000ドル）なのか，それとも贈与者がその財産を取得した時の価額（1株当たり1,000ドル）なのかという点である。

2 当事者の主張

(1) 課税庁の主張

1920年の内国歳入法改正（IRC第202条(2)）により，1921年1月1日以降に行われた贈与については，その財産が贈与者の手にそのまま残されたものとみなして（in the hand of donor or the last preceding owner），その価額が受贈者に引き継がれることとなっている。そして，受贈者が贈与者の取得価額について知らなかった場合には，「IRSの長官が，調査により知り得た価額」をそれらの財産の受得価額とみなすことができることとされている（IRC第202条，212条，213条）。

(2) 納税者（Taft女史）の主張

それに対し，納税者は，第16次改正の連邦修正憲法では，法令改正前から贈与者が所有していた財産に対し，そのような課税権を議会に与えていないと主張する。

したがって，本件の場合においては，贈与者がそれらの財産を贈与により取得した時の時価（2,000ドル）が受贈者の取得価額となるので，キャピタル・ゲインの額は，課税庁（IRS）の主張する1株当たり4,000ドル（＝5,000ドル－1,000ドル）ではなく，3,000ドル（＝5,000ドル－2,000ドル）になると主張する。

■裁判所（最高裁判所）の判断……課税庁勝訴

最高裁判所は，次のように判示して納税者の請求を斥け，IRSの主張を全面的に認めている。

「1920年改正の内国歳入法第202条(2)によれば，1920年12月31日より後（すな

《図表》Taft事案のイメージ図

問題点：受贈者がこれらの株式を譲渡した場合に生じるキャピタル・ゲインは 4,000ドル（＝5,000－1,000）か 3,000ドル（＝5,000－2,000）か。

〔事案の概要〕
① Taft女史の父親は@1,000ドルで株式を取得した。
② 父は娘であるTaft女史にその株式を贈与した。贈与時の時価は@2,000ドルだった。
③ その後，Taft女史はその株式を@5,000ドルで売却し，譲渡益3,000ドル（＝5,000－2,000）として申告した。
④ それに対し，IRSが売却益は4,000ドル（＝5,000－1,000）になるとして更正した。

〔争　点〕
受贈財産の譲渡に係るキャピタル・ゲインの計算の際，取得原価となるのは受贈時の時価か贈与者の取得した価額か。

〔裁判所（連邦最高裁判所）の判断〕
取得原価は，贈与者の取得時の価額とすべきである。

わち，1921年1月1日以降）に贈与により取得された財産（property acquired by gift）については，その財産があたかも贈与者又は直前の所有者によって引き続き所有されていたかのようにしてその価額を算定することとされている。

本件の場合，贈与者が取得したのは1920年の内国歳入法改正前だったかも知れないが，贈与がなされたのは同法改正後だったので，この規定が適用されることは明らかである。」

「納税者（Taft女史）は（筆者注：所得課税を合憲とした），第16次改正連邦修正憲法では，議会にこのような権限は与えられていないと主張するが，同修正憲法では，『連邦議会は，州に比例したり人口センサスの結果にかかわりなく，また，その源泉が何であったにしろ，全ての所得に対し課税し徴収する権限（lay and collect taxes on income）を有している。』としている。また，

1920年の連邦税法の改正は，所得の定義や税の賦課・徴収の具体的なやり方を変更するという内容のものではなかった。」

■解　説

わが国でも，相続又は贈与により財産の移転があった場合，たとえその時点で相続税又は贈与税が課されたとしても，財産自体の価額にそのまま引き継がれることとなっている（所法60①②）。

したがって，相続又は贈与によってそれらの財産を取得した場合には，被相続人又は贈与者の取得した価額が当該財産を取得した者にそのまま引き継がれる。

ただし，わが国の場合，それらの資産の譲渡に対する課税緩和措置として，相続後3年以内にそれらの財産を譲渡した場合には，それらの財産に課された相続税額相当分を取得費に加算するという制度（いわゆる取得費加算制度）が設けられている（措法39）[1]。

しかし，米国ではそのような概略措置が設けられていないことが問題となった。

なお，このように被相続人又は贈与者の取得価額を相続人又は受贈者にそのまま引き継ぐというやり方は，税務上は「簿価の引き継ぎ（Carry over basis rule）」としてよく知られている方法である。

ちなみに，租税特別措置法39条10項に規定する相続税額の取得費加算の特例は，相続人が相続税の納税のため相続財産を処分しなければならない場合，その財産の処分に際して，その財産を処分した者に対し，被相続人の所有期間に生じたキャピタル・ゲイン相当分も含めて所得税を課税する（被相続人の取得価額に基づいて譲渡所得を計算する。）ことから，当該納税者の負担感が強くなるという問題に対処するため，政策的な見地から，譲渡所得の計算上，相続財産に係る相続税額を取得経費に準じて加算することを認めたものと解されている。その結果，所定の期間（相続税の申告書の提出期限の翌日後3年以内）経過後になされた譲渡については，たとえその間に遺留分の減殺請求に係る争

---

[1] ただし，負担付贈与の場合には，負担の金額またはその時価相当額が資産の取得価額となる（最高裁（三小）昭和63年7月19日判決・集民154号443頁）。

い等があったとしても，この特例の適用は受けられない（東京地裁平成12年11月30日判決・訟務月報48巻1号147頁，同旨判決：東京地裁平成12年10月16日判決・税務訴訟資料249号28頁，名古屋地裁平成10年9月7日判決・税務訴訟資料238号42頁）。

　すなわち，わが国の場合も，米国と同様に原則的には，取得価額引継方式が採用されており，相続人が相続によって引き継いだ資産を譲渡したときは，収入金額から被相続人の取得費を控除するという形で，被相続人による取得から相続開始までの値上がり益に対し，譲渡時点で全て課税するという方式が採用されている（国税不服審判所平成23年12月2日裁決）。

　ただし，年金受給額のうち残存期間に対応する部分については，相続税の課税対象とはなるが，所得税法の課税対象にはならないとした最高裁判決（最高裁（三小）平成22年7月6日判決・民集64巻5号1277頁）もある。この判決と比較した場合，相続時に取得価額ではなく時価で相続税を課しておきながら，相続人がそれらの財産を譲渡したときには被相続人の取得価額をベースにして譲渡益課税をするという考え方に何となく違和感を持たれる方もおられるのではなかろうか。

第1章　租税法の基本概念——(3)その他

⑯　売上税（使用税）に係る消費地課税が認められなかった事例
—National Bellas Hess, Inc. v. Illinois, 386 U.S. 753, 87 S.Ct. 1359（1967）—

■概　説

　電子商取引に係るVATの課税をどうするかなどの議論にみられるように，近年国際取引の分野でもVATの扱いが注目を集めてきている。同様の問題は，国や州をまたがる取引に対し，消費税をどのような形で課税すべきかという分野でも生じる。

　今回紹介する事案（National Bellas Hess, Inc.事案）は，米国の州税に関するものであり，課税対象も，有形資産取引という伝統的なものではあるが，連邦最高裁まで争われたリーディング・ケースであり，国際間取引に係る消費税課税問題にも影響があると思われるのであえて紹介することとした。

■事案の概要

　本件事案は，ミズーリ州に本拠を置き，種々の消費財を通信販売により全米各地に販売していた納税者（National Bellas Hess, Inc.：以下「NBH社」という。）に対し，イリノイ州の税務当局が，同州に売上税（使用税，州税）の納税義務ありとして課税処分を行ったことから，納税者が当該課税処分の取消しを求めて出訴したものである。

　本件取引において納税者が事業免許を有していたのは，納税者（法人）の設立地たるデラウェア州のみであり，イリノイ州には，アウトレットも代理人も置かれていなかった。

　そのため，イリノイ州の歳入局（Dept. of Revenue）は，同州最高裁の判決（Illinois Rev. State. c. 120,439-3（1965））を得たうえで，納税者に対し，同州の売上げ相当分（約200万ドル）に係る使用税（use tax）を支払うよう求めた。それに対し，納税者が州最高裁判決の取消しを求めて連邦最高裁に上告した。

■主な争点と当事者の主張

1 争 点

　本件事案の主な争点は，使用税の納税義務を負うのは消費者の居住地か否かという点である。デラウェア法人であるNBH社は，最終消費者の住んでいるイリノイ州では，ラジオ・テレビ・新聞等で一切宣伝活動を行っておらず，アウトレットも代理人も置いておらず，通信カタログのみで販売をしていた。然るに，イリノイ州がNBH社に対し，州税たる使用税を課したことから争いとなった。

（州最高裁判所の判断）…納税者敗訴

　訴えを受けたイリノイ州の最高裁判所（State Supreme Court）は，次のような理由で納税者の主張を斥けた。NBH社がイリノイ州内に配送センター，販売所，倉庫，その他事業遂行上必要ないかなる施設をも有しておらず，かつ，州内に代理人，セールスマン，その他販売及び受注活動等を行ういかなる人員も置いてはいない。また，州内でマスコミ等を通じたいかなる宣伝活動もしていないことは事実である。

　NBH社が州内でしていることといえば郵便又は宅配業者を通じ年2回同州を含む全米の顧客にカタログを送付し，注文をミズーリの本拠地で受けているだけである。注文書は全て本部から顧客あてに送付されている。

　しかし，このようなビジネスのやり方は，イリノイ州内で一定の場所を有し，小売業を営んでいると判断するに十分な理由になり得る（Illinois Rev. State. c. 120,439-2（1965））。

　したがって，NBH社は州内居住の顧客から州税であるuse taxを徴収するとともに，その分を州の税務当局に納税する義務を負う。また，NBH社は，イリノイ州内の売上げを他の売上と別個に記帳するとともに，領収書等を保存する義務を負っている。

　然るに同社はその義務を履行していなかったので，その義務違反に対し州税務当局は5,000ドルの罰金又は6ヶ月以内の禁固刑を科すことができる。

2 当事者の主張

(1) 納税者の主張
納税者(NBH社)は,(自分は)デラウェア法人であり,最終消費者の居住しているイリノイ州内では広告宣伝活動もしておらず,代理人も置いていないので,州税たる売上税を納税する義務はないと主張する。

(2) 課税庁の主張
課税庁は,納税者(NBH社)の販売する商品を実際に購入し,使用しているのはイリノイ州の住民なので,州売上税(使用税)は最終消費地であるイリノイ州で納税義務を負うと主張する。

《図表》National Bellas Hess, Inc.事案のイメージ図

デラウェア州	ミズーリ州	イリノイ州	
事業免許	カタログ送付→	顧客	イリノイ州在住
	←注文		
実体なし	National Bellas Hess社		・店舗等なし
	商品送付→		・広告もなし
	←注文		
	通信販売		・セールスマン等もなし
	←注文		

〔事案の概要〕
① ミズーリ州を本拠とするNBH社はイリノイ州在住の顧客にカタログを送付。
② 同カタログに基づき,顧客はNBH社に注文。NBH社は商品を送付。
③ 代金は原則クレジット・カード払い。

〔争 点〕
NBH社はイリノイ州で売上税(の一部のuse tax)の納税義務を負うか。

〔裁判所の判断〕…納税者勝訴
・州最高裁判所…納税者敗訴
　NBH社はイリノイ州内に店舗等はないが,同州内の顧客の支払等はイリノイ州の金融機関の存在が前提となっているので,同社はイリノイ州に営業の根拠(nexus)を有しており,同州のuse taxにつき納税義務を負う。
・連邦最高裁判所…納税者勝訴
　NBH社はイリノイ州に何らのnexusも有していない。したがって,同社はイリノイ州use taxの納税義務を負わない。

■裁判所の判断

1 州最高裁判所の判断……納税者敗訴（課税庁勝訴）

イリノイ州最高裁判所は，商品の宣伝は州内でなされており，実際の販売も州内で行われているので，州売上税（使用税）については最終消費地であるイリノイ州で納税義務を負う。

2 連邦最高裁判所の判断……納税者勝訴

このような州最高裁判所の判決を不服としたNBH社が，かかる処分は第14次修正憲法で保証された正当な手続（due process）に反するとして連邦最高裁判所に上告した。

連邦最高裁判所の判断は，判事によって分かれたが，6：3で州最高裁判所の判断をくつがえし，納税者の主張を認めている。

多数意見…Stewart判事ほか

州当局が州外の業者から使用税（use tax）を賦課，徴収できるためには，過去の判例にもあるように，注文書が州内で保管されているなどいくつかの条件をクリアすることが必要である[1]。

これらの条件がクリアされれば，州内で使用税を課すことも可能である。

しかし，本件事案の場合，これらの条件充足からは最も遠いところにある。

すなわち，本件の場合，NBH社はイリノイ州内には小売業に必要な設備も人員も置いておらず，州内での宣伝活動等も行っていない。

したがって，NBH社はイリノイ州の売上税（使用税）の納税義務を負わない。

反対意見…Fortas判事，他の2名もこれに同意

私は，州最高裁判所の判断は現実に即したものでなければならないとの立場に立つものである。

NBH社は，ミズーリ州に本拠を置くアパレルの通信販売の大手で，年間売

---

(1) Felt & Tarrant Mfg. Co. v. Gallagher, 306 U.S. 62, 59 S.Ct. 376.
General Trading Co. v. State Tax Comm'n, 322 U.S. 335, 64 S.Ct. 1028.
Nelson v. Sears, Roebuck & Co., 312 U.S.359, 61 S.Ct. 58.
Nelson v. Montgomery Ward & Co., 312 U.S. 373, 61 S.Ct. 593-10.

上げは6,000万ドルに達している。

　そのうちイリノイ州では，217万ドルを売り上げている。同社が年2回発行しているメーリング・リストには，500万人が登録されており，商品カタログはそれよりも多くの者に発送されている。

　同社の売上げの大半はクレジット販売で，即金での払いは必要とされていないものの，その分はサービス・フィーや金利の形で本体価格に上乗せされている。

　しかも，クレジット・カードの申込書には，使用地，取引銀行名，自宅か否か，独身か否かなどの顧客の重要な個人情報がたくさん含まれている。

　さらに，代金の支払いもイリノイ州内の銀行を通じて行われている。したがって，それらの銀行の存在なしに同社がイリノイ州でこの種のビジネスを展開していくことは不可能である。

　すなわち，NBH社はイリノイ州内で大規模，かつ，システマティックに行っていることから，同州内に十分なつながり（nexus）を有しているとみることができる。

　したがって，私としては，NBH社がイリノイ州においてあたかも小売店を開設し，又はセールスマンをそこにおいておくのと同様の便益を享受し，それらの施設を通じて便益も得ているのであるから，同社はイリノイ州において使用税の納税義務を負うと解するのが相当であると考える。

　NBH社側では，イリノイ州内にnexusを有しない者が使用税の納税義務を負うとした場合，州内の業者に比し，州外所在の納税者の負担が過大になると主張しているが，帳簿類の保存は州内取引であると州外取引であるとを問わず，本拠地で義務付けられているものである。また，消費者から税負担分を徴収しなければならなくなるといっても，大部分は代金振込又はクレジット・カードによって支払われているので，会社にとってそれほど大きな事務負担にはならない。

■解　説

　この事案がリーディング・ケースとなり，州外からの通信販売については，たとえ購入者が州内の住民であったとしても，原則として全てが消費地である州売上税の対象外とされることとなった。その結果，米国で通信販売業界は活

況を呈するようになった。その点で，本件判決は業界に大きなインパクトを及ぼすものとなった著名な事案である。

その後，事務用品のカタログ販売を業とするデラウェア法人Quill社に対し，北ダコタ州が州売上税を課税し，争いとなった事案（Quill Corp. v. North of Dakota, 91-0194, 504 U.S. 298（1992））でも，連邦最高裁判所で同じ判断が示されている。

ちなみに，Quill Corp.事案では，納税者がリーディング・ケースとなった本件NBH事案を引用しつつ，州外からの販売に対し州の売上税は課税できないと主張したのに対し，北ダコタ州の最高裁判所は，NBH事案の判決が出された当時とは状況が大幅に変化していること，特にNBH事案と異なり，Quill Corp.事案では州内で若干ではあるが宣伝活動をしていたことなどから，NBH事案の判決は見直されるべきであるとして納税者の主張を斥けた。しかし，連邦最高裁判所は，たしかに連邦議会でもこの問題が取り上げられるなど，NBH事案判決当時に比し，周辺の状況は大きく変わってきてはいるとしながらも，連邦議会がNBH事案で示された連邦最高裁判所の判断をくつがえすような法律を作っていない以上，連邦最高裁判所としては，NBH判決の線に沿った判断を下さざるを得ないとして，州最高裁判所に対し，本件事案のやり直し裁判を命じている。

なお，国際間の電子商取引については，平成27年の改正で次のような改正がなされている。

参考 国境を越えた役務の提供に係る消費税の課税の見直し（課税方式）

○ サービス提供者が国外事業者である場合の課税方式について，
① 事業者向け取引[1]については，「リバースチャージ方式」[2]を導入し，
② 消費者向け取引[1]については，国外事業者が申告納税を行う方式とする。
　(1) 「事業者向け取引」はサービスの性質や取引条件等から，事業者向けであることが明らかな取引（広告配信等）。「消費者向け取引」は，それ以外の取引（電子書籍・音楽の配信等）。
　(2) 通常であればサービスの提供者が納税義務者となるところ，サービスの受け手に納税義務を課す方式。
　(3) 課税売上割合が95％以上の事業者においては，事業者の事務負担に配慮する観点から，リバースチャージ対象取引を申告対象から除外する。
　(4) 日本に事務所等を有しない国外の納税義務者は，国内に書類送達等の宛先となる居住者（納税管理人）を置くこととなる。
○ 「納税なき仕入税額控除」を防止する観点から，国外事業者の登録制度（国内に税務代理人を置くこと等が条件）を設け，国外事業者から提供を受けた消費者向けサービスについては，当該国外事業者が登録を行っている場合のみ，仕入税額控除を認める。

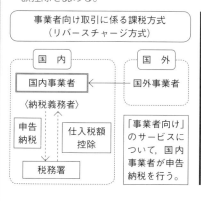
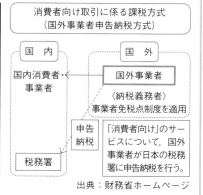

出典：財務省ホームページ

第2章　所得の認識時期

●イントロダクション

　個人，法人を問わず，所得を課税標準として課される税において，課税標準たる「所得」の金額は一定期間における収入（収益）から支出（費用，損失）を控除する形で計算される。

　そのため，正しい所得金額の計算を行うためには，第1章で問題となった収入（又は収益）とはいかなるものをいうのか，支出（又は費用，損失）とはいかなるものをいうのかと並んで，収入（収益）又は支出等（費用，損失）の認識（recognize），計上（booking）をどのようなタイミングで行うのかという点が重要になってくる。

　本章では，これらが問題となった事例について紹介する。

　⑰のSchlude事案は，費用・収益の対応関係をめぐって争われた事案であるが，最高裁判決では，収益の計上と費用の計上は同一基準によるべきとした課税庁の処分が是認されている。

　⑱のINDOPCO, Inc.事案では，支出金の計上時期が問題となった。裁判所は支出時に損金になるという納税者の主張を斥け，本件で支払われた支出金は，たとえ経費性があったとしても，長期前払費用として資本として計上すべきであると判示している。

　⑲のScully事案及び⑳のShoenberg事案は，租税回避の意図のないいわゆる善意の損失計上が許されるか否かが争いとなった。

　このうち，⑲のScully事案では，信託契約の受託者と受益者の経済状況が取引の前後で差がなかったことから，損失計上の要件は充足されていないとして納税者の主張を排斥し，課税庁の処分を認めている。

　同様に，⑳のShoenberg事案においても，納税者が売却の前後において同一企業の同数の株式を有していたことから，実際には損失が生じていないので，譲渡損失の計上は認められないとしている。

第2章　所得の認識時期

⑰　所得を認識する時期(特に費用・収益対応の原則について)
—Schlude v. Commissioner, 372 U.S. 128(1963)—

■概　説

「所得」をどのタイミングで認識すべきかは，納税者と課税当局にとって絶えず問題となる。米国の税制では，納税者が現金主義又は発生主義のいずれかの方法により継続して所得の計上を行うよう求めている（IRC第446条）。また，納税者がいずれの方法によるかを明らかにしなかったときは，財務長官がその方法を指定することとしている（同条(b)）。そして，発生主義を選択した納税者は，現金を実際に受領していなくても，発生した年度に所得を計上しなければならないこととされている。Schlude事案は，発生主義を採用する納税者の繰延支払契約に関する課税上の取扱いが争点となった事案である。

■事案の概要

個人事業者であるSchlude氏は，Arthur Murray, Inc.（以下「Arthur Murray社」という。）のフランチャイジーとして，社交ダンススタジオ（総称して以下「スタジオ」という。）を経営するパートナーシップの持分を所有していた。このスタジオでは，現金プラン契約（cash plan contracts）又は繰延支払契約（deferred payment contracts）のいずれかにより，生徒にダンスレッスンを提供していた。現金プラン契約の場合，生徒は契約時に現金で頭金を一括払いしていた。繰延支払契約の場合，頭金の一部が現金で支払われ，残りは分割払いとされていた。契約では，5時間から1,200時間の時間数コースと生涯コースのいずれかを選択することができるとされていた。

スタジオは，現金支払額を他の資金とともに銀行のスタジオ名義の総合口座に預金していた。スタジオは，毎週の現金受領額の10％及び契約頭金（エスクロー受領額）の5％相当額のロイヤリティをArthur Murray社に引き渡すこと

《図表》Schlude事案のイメージ図

〔事案の概要〕

1 契約

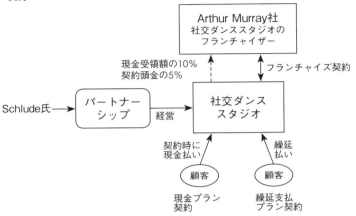

2 キャッシュフロー（現金プラン契約）と役務提供

※この時点で，フランチャイザーに現金を支払い，同時に従業員にもコミッション等を支払う。

3 経理処理
① 収益については役務提供完了時に計上（現金入金時よりも後）
② 費用については出金時に計上

〔争 点〕

収益と費用の計上基準が異なる税務処理が認められるか。

〔裁判所（連邦最高裁判所）の判断〕…納税者敗訴

認められない（同一基準によるべき）。

を要求されていた。スタジオでは，現金が入金され次第，従業員にセールスコミッションを支払っていた。

スタジオの会計システムでは，生徒ごとに記録カードを作成，維持し，このカードによって合計契約時間，並びにレッスンを受けた時間と残り時間を把握していた。スタジオは，契約時に，合計契約価格について「繰延所得（deferred income)」勘定を設定していた。スタジオは，各会計年度末に，学生が受けたレッスン時間に契約で指定された時間レートを乗じた額を当該年度のスタジオの所得として計上していた。また，レッスンを受けない期間が1年を超過した場合，残余の繰延額について一括して収益を認識していた。

IRSは，契約が締結された年度に全契約額を所得として認識するようスタジオに求めて更正処分をした。そこで，納税者がこの処分の取消しを求めて本件提訴に及んだものである。

■主な争点と当事者の主張

1　争　点

本件事案の主な争点は，スタジオにおいて採用されていたシステム，すなわち収益については役務提供をベースとした発生ベースにより計算する（収益計上を遅らせる）一方で，費用については現金ベースで計上する（費用の前倒し計上）ことが，課税所得の計算原則とされている費用・収益対応の原則に反しているか否かという点である。

内国歳入法第446条(b)では，納税者の会計処理が所得を明確に反映していない場合，これを否認する権限を課税庁に認めていた。そのため，争点となったのは，スタジオの会計システムによる会計処理が同条に規定する「明確に所得を反映して」いたかどうかという点であった。

2　当事者の主張

(1)　納税者の主張

納税者（Schlude氏）は，自己の経理処理は正当なものであり，課税庁の処分は取り消されるべきであると主張する。

(2)　課税庁の主張

課税庁は，本件スタジオにおいては，契約締結時に，現金プランにあってはすべての役務提供部分について現金が入金されており，かつ，それに見合う従業員へのセールスコミッションについても直ちにそこから支払われているので，費用・収益対応の原則からしても，入金された現金は入金時の収益として処理すべきであると主張する。

■裁判所（連邦最高裁判所）の判断……納税者敗訴

　連邦最高裁判所は，スタジオの会計システムは明確に所得を反映していなかったとした租税裁判所と巡回控訴裁判所の判断を支持し，課税庁の主張を認める判決を下している。

　連邦最高裁判所は，内国歳入法第452条[1]自体は，スタジオが使用したような繰延会計システムを明確に認めているとした。

　ちなみに，本件事案で使用されたものと類似した会計システムが問題となった先行事案（American Automobile Association v. United States, 367 U.S. 687 (1960)）を審理した連邦最高裁判所は，「当該事案における納税者のサービスは，決まった実施日がなく，顧客の要求に応じて提供されるものであった。」として，納税者による繰延会計システムの使用を否定していた。

　当該先行事案におけるこの判断を踏まえ，連邦最高裁判所は，「本件事案においてスタジオが使用していた会計システムも，基本的にこれと同様であった。」と判断した。すなわち，「①レッスンは後日提供されることになっていたが，レッスン日は生徒と教師がその裁量で設定していた，また，②スタジオはすべてのレッスンについて契約していたが，生徒がすべてのレッスンのスケジュールを組むかどうかは明確ではなかった。いずれにせよ，スタジオは，契約上全額の支払を受ける権利を有しており，生徒の要請があった場合にのみサービスが提供され，将来レッスンの要請があるかどうかは不確かであることは明らかであった。」ちなみに，これも同じく先行事案（American Automobile Association and Automobile Club of Michigan v. Commissioner, 353 U.S. 180 (1957)）において，こうした種類のサービスは，オン・デマンド・サービスであると判示された。

　また，スタジオは，所得を繰り延べていたものの，ロイヤリティとセールスコミッションについては，支払を行った年度に必要経費として全額控除していた。連邦最高裁判所は，このような事情に照らして，「内国歳入法第41条及び第446条(b)に基づき，繰延支払分を後の年度の所得に含めることは，所得の認

---

(1) この条項は，1年後に遡及的に廃止された。IRSは，この条項（IRC第452条）の廃止を受けて，既に支払を受けている所得を無期限に繰り延べる会計システムを否定するという長年の慣行を再開した。

識時期を明確に反映していたことにはならない。」と判断したのである。

その上で，連邦最高裁判所は，最終的に次のような判示をしている。

「発生主義を採用している納税者にとって，ある金額を総所得に含めるかどうかを決定するのは，実際に受領（actual receipt）することではなく，受領する権利（right to receive）である。」[2]

■解　説

米国の税法では，納税者に会計処理方法の選択は認めているものの，納税者が選択した会計処理方法については，その方法による計算が所得を明確に反映することを求めている。本件事案では，オン・デマンド・サービスの提供者である本件スタジオは，一方で経費を現金支出時に計上しながら，それに対応する収益である現金で受け取っていた前納契約に係る収入のみを繰り延べることはできないと判示されたのである。すなわち，一方で支払コミッション等といった必要経費について現金ベースですべての控除を行うとともに，他方で，それに対応する収益の一部を現金で入手しているにもかかわらず，繰り延べるという会計処理方法は，所得の認識時期を明確に反映していないとされたのである。

■わが国の参考判例，裁決例等

わが国における費用・収益対応原則も基本的に米国と同様である。ちなみに費用・収益対応原則に関する裁判例として，次のようなものがある。

① 東京高裁昭和48年8月31日判決（昭和48年（行コ）第5号）・税務訴訟資料70号967頁

「（ある原価，費用等の額をどの年度に計上すべきかについては）原則として，収益との個別対応の原則（いわゆる「費用・収益対応の原則」）が採られており，費用及び損失については，販売直接費のように収益と個別に対応するものを除いて，原則として総体対応（いわゆる「期間対応の原

---

(2) 同様の判示は，Spring City Co. v. Commissioner, 292 U.S. 182, 184, Commissioner v. Hansen, 360 U.S. 446でもなされている。ちなみにSpring City Co.事案の場合でも，かかる分割払いを受領する権利は，少なくとも支払義務が発生し支払期限が到来した時点で確定していた（become fixed）。

則）が採られている。」

② 横浜地裁昭和60年7月3日判決（昭和56年（行ウ）第23号）・行裁例集36巻7＝8号1081頁

「法人の所得の計算については，当期において生じた損失は，その発生事由を問わず，当期に生じた益金と対応させて当期において経理処理をすべきものであって，その発生事由が既往の事業年度の益金に対応するものであっても，その事業年度に遡って損金としての処理をしないというのが一般的な会計の処理であるということができる。」

③ 新潟地裁平成2年7月5日判決（昭和63年（行ウ）第2号）・税務訴訟資料180号1頁

「法人税法22条4項にいう公正処理基準は，収益・費用の期間帰属については，原則として発生主義を採用しており，この発生主義とは，いわゆる現金主義に対応するものであるが，税法においては，課税の公平，基準の明確等の要請を勘案し，原則として収入すべき債権の確定をもって基準とする，いわゆる権利確定主義として理解されるべきものである。」

第2章　所得の認識時期

⑱　支出金の損金計上時期
―INDOPCO, Inc. v. Commissioner, 503 U.S. 79, 117 L. Ed. 2d 226 (1992)―

■**概　説**

　費用性のある支出がなされた場合，その費用科目を当期に損金として計上できるか，あるいは将来の損金として資産（多くの場合，繰延資産）に計上すべきかという問題，すなわち，それらの支出をどの事業年度の損金として計上すべきかという問題は，期間所得を課税標準とする法人税（及び所得税）においては極めて重要である。

　というのも，それらの計上時期の如何によって課税標準の額（所得の金額）が大きく変わってくるためである。

　そのため，ある支出がなされた場合，その支出に係る損金計上のタイミングの操作は，節税又は租税回避の手段として幅広く用いられている。

　ちなみに，他の会社を友好的に買収する（friendly takeover）際に法人に支払った支出金について争われた重要な裁判（INDOPCO, Inc.事案）において，米国の最高裁判所がその判断基準を示している。本件事案において，同裁判所は，友好的な買収を円滑に進めるために会社に発生した費用は，かかる費用が当該会社に多額の長期的利益をもたらしている場合には，資産に計上すべきであると判示した。

■**事案の概要**

1　背　景

　米国の内国歳入法第162条(a)では，営業又は事業の遂行に関し，課税年度中に支払われ又は発生した通常の必要経費については原則としてすべてその期の収益からの控除を認めている。ただし，内国歳入法第263条により，資産価

値増強のために支払われ又は発生した額（設備投資）については控除は認められないとされている。このように，米国税法の2つの規定が明らかに相反していることが，納税者と税務当局の間でトラブルが生じる原因となっており，最高裁判所が判断を求められたケースもあった。

2　従前の裁判例

控除と資産計上の問題を扱った米国の最高裁判所の従前の事案としては，Lincoln Savings & Loan Ass'n. v. Commissioner, 403 U.S. 345, 29 L. Ed. 2d 519 (1971) がある。Lincoln Savings事案において，最高裁判所は，別個の資産を形成し又は強化する支出金は当期の損金として控除できるかという問題について判断を示した。納税者は，預金保険公社によって付保されている金融機関であり，通常の年間保険料と当該保険公社の「二次準備金」を積み増すための保険料の双方を支払っていた。同裁判所は，納税者は二次準備金に対し「明確かつ認識できる」資産持分を有していたと判断し，二次準備金保険料の損金控除を認めない判決を下した。同裁判所はまた，「ある程度将来的な側面を持つ継続的利益が存在することは決定的ではない。控除できることが明らかな費用の多くは課税年度以降も引き続き影響を及ぼしている。」と判示している。

その後の下級裁判所の事案の中には，Lincoln Savings事案最高裁判決を，支出金を資産に計上するべきか否かを判断する際の「別個の異なる」資産計上テストを設定したものと解釈した裁判例もある。こうしたその後の判決の多くは，銀行業務の拡大に伴って発生したものである。例えば，NCNB Corp. v. Commissioner, 684 F.2d 285（4th Cir. 1982）で，第4巡回控訴裁判所は銀行支店の開設に当たって生じた費用について，かかる支出金は別個の資産の形成に至るものではない，として控除を認めている。しかしながら，他の下級裁判所の事案では，Lincoln Savings事案について異なる解釈がなされている。例えば，Central Texas Savings & Loan Ass'n. v. Commissioner, 731 F.2d 1181（5th Cir. 1984）において，裁判所は銀行支店開設に向けて行われた評価に伴って生じた費用を資産計上すべきであると判示している。この事案の場合，第5巡回控訴裁判所は，当該銀行は支店開設に当たり資産持分を有していたと結論付けている。このように，資産計上テストに関する下級裁判所の判断には一貫性がないようにみえることから，最高裁判所がINDOPCO, Inc.事案を審理するに至

ったのである。

3　本件事案（INDOPCO, Inc.事案）の概要

　本件事案に係る納税者（原告）は，主として工業化学製品を製造するUnilever Corporation（以下「Unilever社」という。）のサプライヤーであった。Unilever社は，友好的な買収に関心がある旨を納税者の会長に持ちかけた。会長とその妻は，当時高齢であり，発行済株式の約14.5％を保有していた。残余の株式は公開されていた。会長は，買収は快諾したが，自身と妻の財産プランについて懸念を抱いていた。会長は，取引が自分達にとって非課税となり，納税者の他の株主も非課税扱いとなるのであれば取引に協力すると示唆した。

　そこで，会長と妻にとって非課税適格株式交換となるよう取引が構築された。当該プランでは，Unilever社は子会社であるNational Starch and Chemical Holding（以下「National Starch社」という。）とその子会社であるNSC Merger, Inc.（以下「NSCI社」という。）の2つの新会社を設立することになっていた。そして，一連の手続を踏まえた上で，NSCI社はNational Starch社に吸収合併されることになっていた。

　このスキームをもとに，Unilever社はNational Starch社の取締役会に正式な申出を行った。会合の席上，Unilever社の代表者は取締役会に対し，デラウェア州の法律上，取締役会は当該取引が株主に公正なものとなるよう担保する忠実義務を負っていると助言した。当該義務を履行するため，取締役会は，かかる申出の評価及び公正性に関する意見の提示を行い，敵対的買収の動きがあった場合にはすぐに取締役会に助言できるように準備するよう投資銀行会社Morgan Stanley社に依頼した。

　他方，National Starch社は，当該取引は，当該取引において現金を受領しなかった株主にとっては非課税となる旨を確認する米国税務当局の決定を受けることを，Unilever社の申出を受諾する条件とした。その後，税務当局は，個別通達（ruling）により当該取引は非認識適格（すなわち，この取引によって株主であるオーナーには課税問題は生じない。）であるとの判断を示した。税務当局によるこの判断を受けて，Morgan Stanley社は当該取引は妥当であるとの意見を提示し，それに基づいて当事者は当該取引を実行した。

　National Starch社は，税務申告の際2,200万ドルを超えるMorgan Stanley社

《図表》INDOPCO, Inc.事案のイメージ図

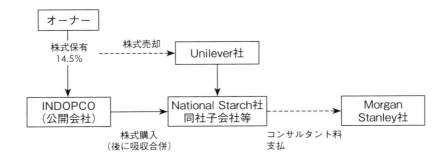

へのコンサルタント料支払額を損金に計上した。

■主な争点と当事者の主張

1 争　点

本件事案の主な争点は，納税者の株式を別の法人Unilever社が取得する際に納税者に生じた法律事務所への支払手数料及び投資銀行への支払手数料が費用（損金）として控除可能か否かという点であった。

2 当事者の主張

(1) 納税者の主張

納税者（原告）であるNational Starch社は，租税裁判所に申立てを行い，Morgan Stanley社に支払われた報酬のみならず，法律事務所の相談料その他の雑費も控除する権利があると主張した。

(2) 課税庁の主張

それに対し，課税庁（IRS）は，当該費用は事実上資本等取引に当たるとして，かかる控除を否認した。

■裁判所の判断……納税者敗訴

1 租税裁判所の判断……納税者敗訴

租税裁判所は，投資銀行に支払われた手数料及び法律事務所への相談費用は控除不能な繰延資産又は前払費用であると判示した。そして，その理由として，National Starch社はUnilever社による買収によって長期的利益を得るはずであるとの判断を示した。これに対し，納税者サイドでは，Lincoln Savings事案の先例を引用し，かかる費用は支出時の損金とされるべきであると反論した。

しかし，租税裁判所は，Lincoln Savings事案では別個の異なる資産が形成されなかったことをもってかかる支出金の控除が認容されたとするNational Starch社の主張を明確に斥けた。租税裁判所は，最高裁判所がLincoln Savings事案において別個の異なる資産の形成又は強化につながらない支出金が控除可能かどうかについては取り上げていないため，本件には適用できないと判示した。

2 第3巡回控訴裁判所の判断……納税者敗訴

控訴を受けた第3巡回控訴裁判所は，別個の資産が存在しないために控除可能となったとする納税者の主張を斥け，「このような複雑な事案の判決に当たっては，1つの要因のみが決定力を有することはあり得ない。」と判示した。その上で，同裁判所は，資産計上の基準は長期的利益の有無にあるとした。

3 連邦最高裁判所の判断……納税者敗訴

連邦最高裁判所は，本件事案が，それに先行するLincoln Savings事案判決の適用，とりわけ支出金の資産計上について「別個の異なる資産」要件が必要かどうかに関する下級裁判所間の「見解の相違を解消する」ため上告を受理した[1]。

---

[1] Lincoln Savings事案は「別個の異なる資産の形成又は強化に供される」納税者の支出金は，資産に計上するべきであるという単純な主張を代弁するにすぎないが，同事案での判断は，別個の異なる資産を形成し又は強化する支出金のみが資産計上されるべきであるとしているのではなく，「別個の異なる資産が存在しない場合には控除が認められる

その上で，連邦最高裁判所は，INDOPCO, Inc.事案において，先行判例で示されたこの文言は，通常の事業費と設備投資とを区別する手段として将来的な利益に依存することを「禁じる」ものではないとしているものの，将来的な利益が存在する場合には常に資産計上しなければならないとしているわけでもないとの判断を示している。この点について，同裁判所は「単に付随的な将来の利益（ある程度将来的な側面）が存在するのみでは資産計上を求める理由とはならないが，納税者がかかる支出が発生した年度以降も利益を実現する場合には，即時の控除と資産計上のいずれが課税上適切な取扱いか，を判断する上で重要であることは疑いの余地がない。」と判示した。

次に，連邦最高裁判所は，納税者に発生した具体的な費用の検討を行い，「かかる費用の控除は認められない。」と判示した。本件最高裁判決は，「当該費用は当該課税年度以降にも相当程度の利益を生み出していた。」との下級裁判所の結論を十分に裏付ける事実関係に基づくものであった。

■解　説

ある支出がなされた場合，その支出が，資産性のもので支出の日の属する事業年度において損金とならないものなのか，それとも損金性のあるものなのか，もし損金性があるとした場合いつの損金になるのかという問題は，わが国の税務調査においても常に問題となる。その典型例が，ある支出が修繕費なのかそれとも資本的支出なのかに関する問題である。

しかし，それ以外でも，例えば交際費，寄附金，各種の負担金など各分野において同種の問題が生じている。ちなみに，米国税務当局は，INDOPCO, Inc.事案で勝訴したことに力を得て，他の様々な事例でも，費用の資産計上を要求するようになったといわれている。

しかしながら，本件において米国の最高裁判所が長期的利益に関する事実関係に基づいて判決を下したことは，納税者にとってよい材料であった。それは，納税者が支出金によって大きな長期的利益が生じないことを立証できれば，本件判決を根拠として，当該支出金を当期に控除できる可能性が生じたためであ

という主張に反論するものであり」，「長期的利益が存在する場合には常に資産計上が要求されるのか。」というより重要な問題には答えていない。すなわち，「ある程度将来的な側面を持つ継続的な利益が存在することは決定的ではない……」という判決内容だった。

る。

■わが国の参考判例，裁決例等

① 京都地裁昭和36年6月3日判決・税務訴訟資料35号532頁
　同旨判決：大阪高裁昭和38年7月18日判決・税務訴訟資料37号795頁
　「事業の用に供している固定資産につき，その耐用年数ないし価値を増加させる支出があった場合には，当該資産が自己所有であると賃借物ないし無断転借物であるとを問わず当該支出は資本的支出となる。」

② 大阪地裁昭和37年3月30日判決・税務訴訟資料36号379頁
　「立退料のごときは，原告営業（建物賃貸）の根幹ともいうべき建物（市場）を建築する必要上支出された費用であって，単に当該支出事業年度の営業収益にのみ対応する一般営業経費とは異なる資本的支出というべきであるから，当該支出事業年度のみに全額一時に損金とすべきものではなく，当該建物（固定資産）が使用されるべき期間を通じて順次損金に算入するのが相当である。」

第2章　所得の認識時期

⑲　ペーパー上の損失につき善意の損失の計上が認められなかった事例
—Scully v. United States, 840 F.2d 478（7th Cir. 1988）—

■概　説

　高額所得者がペーパー上の損失を計上し，それを他の所得から控除することで所得圧縮をする行為は，典型的な租税回避行為である。米国では，他の所得と通算できる損失は，善意でかつ租税回避の意図のないもの（いわゆる善意の損失）に限られている（IRC第165条）。ここで紹介するScully事案及びShoenberg事案では，どのような状況であれば善意無過失といえるのかが問題となった[1]。

■事案の概要

　Thomas Scully氏は，イリノイ州に約4万6,000エーカーの土地を所有していた。同氏は孫のために2つの信託（以下「購入側信託」という。）を設定し，子のMichaelとPeterを共同受託者に任命した。Thomas氏の妻Violet氏は，死亡した際に，孫のためにさらに2つの信託（以下「売却側信託」という。）を設定し，MichaelとPeterを共同受託者に任命した。Violet氏は，その遺言において，同氏の遺産相続費用はすべて売却側信託が支払うよう指図した。売却側信託は，当該費用を支払う十分な資産を所有していなかったが，購入側信託には十分な資産があった。受託者は，売却側信託の資金を調達するため，売却側信託が所有する980エーカーの土地を1エーカー当たり1,550ドルで購入側信託に売却した。購入価格は，受託者が遺産税申告のためにViolet氏の資産の査定を依頼した際の評価額に基づいていた。受託者は，売却側信託以外のいかなる者に対しても土地を売却に出していなかった。

---

(1)　両事案とも善意の経済的損失が存在しなかったとされた。

Violet氏の遺産税申告に関する調査の際，IRSは，遺産が過少評価されていると主張した。遺産税の問題を解決するため，受託者は1エーカー当たり2,075ドルで土地を再評価することに同意した。その後受託者は，売却側信託に1エーカー当たり525ドル（決着価額2,075ドル－申告済価額1,550ドル＝損失525ドル）の損失が生じたとして，当該年度の売却側信託の所得税申告について還付の申立てを行った。

> **参考　資本資産の法律上の定義**
>
> 　内国歳入法第165条では，当該課税年度中に生じた損失は他の所得等から控除可能であるとされている（同条(a)）。これを受けて，財務省規則§1.1635-1(b)は，「損失は実行され，完了した取引により証され，特定可能な事項によって確定され，かつ……当該課税年度中に実際に生じていなければならない。善意の損失（bona-fide loss）のみが認容される。控除可能な損失の決定に際しては，実質優先の原則が適用される。」と規定している。
> 　（注）　この内国歳入法の規定及び規則は，Scully事案判決以降修正されていない。

■主な争点と当事者の主張

1　争　点

　本件事案の主な争点は，売却側信託による土地譲渡行為に伴う損失の計上が，善意であり，かつ租税回避の意図のないものであったか否かという点である。

2　当事者の主張

(1)　課税庁の主張

　課税庁（IRS）は，財務省規則の規定を根拠に，本件譲渡行為には経済的損失が生じていないと主張した。すなわち，信託は，譲渡後も引き続きすべての資産を総体として所有していたため損失が生じていないので，当該控除は認容されるべきではないというわけである。

(2)　納税者の主張

　それに対し，納税者（受託者）は，当該損失は善意の損失とみなされるべき

《図表》Scully事案のイメージ図

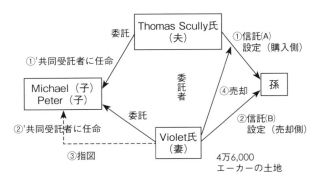

〔事案の概要〕
① 夫Thomas氏は孫のために信託を設定し，子供を共同受託者に任命した。
② 妻Violet氏も孫のために信託を設定し，子供を共同受託者に任命した。
③ 妻Violet氏は，遺言で同氏の遺産相続費用はすべて信託（売却側信託…B）から支払うよう指図した。
④ 同遺言に基づきB信託はB信託の所有する土地980エーカーを@1,550ドルでA信託に売却（ただし，受託者である子供たちは他のいかなる者に対しても土地を売却に出していなかった。）。
⑤ 妻の遺産税調査で，上記土地の評価は@2,075ドルが相当と評価されたため，受託者らは@525ドル（2075 − 1550）の損失が生じたとして信託の所得を申告。
⑥ IRSは，本件譲渡損計上は善意のものでないとして否認。

〔争　点〕
ファミリー信託間の土地譲渡は経済上も実質上も譲渡になるのか。

〔裁判所（第7巡回控訴裁判所）の判断〕…納税者敗訴
本件譲渡においては，実際の支配権や受託者と受益者の経済的状況に変化がないので，内国歳入法第165条及び同条規則に規定する損失計上の要件は充足されていない。

であると反論した。その理由として，①受託者は誠実に行動していること，②査定は第三者が行ったこと，また③受託者は，当該損失の原因となった評価は最初の査定から2年後に行われたものであり，租税回避は意図されていなかったという3点を挙げている。さらに，本件譲渡の主たる目的は，租税回避ではなく，遺産税を支払うための現金を調達することにあったとも主張した。

■裁判所（第 7 巡回控訴裁判所）の判断……納税者敗訴

　第 7 巡回控訴裁判所は，納税者の善意については認めたものの，真正な経済的損失は生じていなかったとの判断を示した。その理由として，同裁判所は次の 5 点を挙げている。①当該信託は，売却の前後いずれにおいても引き続き総体的に運営されていた，②受託者は兄弟であり，信託の受益者は譲渡人の子と孫であった，③売却自体は，家族が引き続き資産を所有することができるようにするために行われた，④同一の受託者が双方の信託を管理していた，⑤どの賃借人も，かかる土地が別個の信託によって所有されていることを認識すらしていなかった。

　その上で，さらに次のように判示して納税者の主張を斥けている。

　「さらに重要なのは，受託者が認めているとおり，当該売却の目的が，すべての不動産を家族内で保管し，受託者が双方の信託で単一の統合された経済的組織としてかかる土地を運用することができるようにすることにあったことである。受託者は，このような資産のやりとりにより，当該目的を達成することができた。」

　このように，第 7 巡回裁判所は，信託間での土地の譲渡があったという納税者の主張にもかかわらず，実際の支配権や受託者と信託受益者の経済的状況には変化がなかったとして，内国歳入法第165条の目的上，売却は存在しなかったと結論づけたのである。

■解　説

　次のShoenberg事案の解説を参照。

　わが国では，信託に関する税法上の扱いは，その信託の受益者が特定されている場合には，当該受益財産に帰せられる収入・支出は受益者がその所得を得ているものとして課税することとしている（所法13，法法12）。いわゆる本書き信託である。

　ただし，集団投資信託，法人課税信託及び特定公益信託の場合にあっては，その限りでないとされている。いわゆるただし書き信託である。

　なお，受益者が特定していない場合または存在していない場合には，委託者がその信託財産を有するものとみなして課税することとしている。

しかし，信託の分野の先進国である米国では，本件事例にみられるように，多種多様な信託形態が用いられ，課税上の取扱いも多岐にわたっている。

わが国でも，先般の信託法抜本改正により今後信託の利用形態も多様化するものと思われる。

その点で，本件判決は参考になる。

■わが国の参考判例，裁決例等

わが国の場合，信託自体が課税上問題となった事例はないが，実質課税をめぐっては次のような判例がある。

① 積極税：大阪地裁昭和33年7月12日判決・税務訴訟資料26号713頁

「一般に租税制度は経済的生活現象の上に樹立せられており，法人税の課税要件も又かかる事象に基礎をおいているから，右現象の観察には法律上の形式に捉れることなく，その実質を考慮すべきものである（旧法人税法31条の3参照）ことよりすれば，事象は実際に即して考察すべきであって，若し選ばれた法律上の形式と実際の内容が異る場合には後者が前者に優先して，判断せらるべきであるから，仮令，会社の取締役に対する報酬が，形式上定款または株主総会の決議により，一定の支給額決定基準をもって定められている場合であっても，実際に支給が明確な支給額決定の基準による等のことなく，いわば会社の一存で決した額を任意に支払ったものと認められるかぎりにおいては，取締役の職務執行の対価として会社がその支払を義務づけられているものということができないから，法人課税上取締役の報酬としてこれを損金に算入することを是認することはできない。」

② 消極説：千葉地裁昭和62年5月6日判決・税務訴訟資料158号503頁

「法人の所得の有無とその帰属を判定するについては，単に当事者によって選択された法律的形式だけでなく，その経済的実質をも検討・吟味すべきことは当然であるが，当事者によって選択された法律的形式が経済的実質から見て通常採られるべき法律的形式とは明らかに一致しないものであるなどの特段の事情がない限り，当事者によって選択された法律的形式は原則として経済的実質をも表現しているものという事実上の推定が働き，右の法律的形式と経済的実質との不一致が明らかに立証された場合

において初めて右の推定を履し，右立証された経済的実質に従って法人税法上の法律関係が確定されることになると解するのが相当である。」

第2章　所得の認識時期

⑳　クロス取引を利用した損出しが認められなかった事例
——Shoenberg v. Commissioner, 77 F.2d 446（8th Cir. 1935）——

■概　説

　株式市場や商品取引市場では，含み損の出ている株式や商品を市場で売却し，同時に同一の対象物を買い戻すいわゆるクロス取引が行われることが少なくない。

　これは，含み損を実現させつつ，実質的な所有を継続させることができるためである。

　しかし，税務的にみてみると，この種の取引の形式をそのまま受け入れるのか，それともその実質に着目して税務上それらの取引がなかったものとするのかという点が問題となってくる。

　本件は，それが問題となった最初の事例である。

■事案の概要

　1929年と1930年に，Sydney Shoenberg氏は，様々な企業の株式を約50万ドル購入した。同氏とその母親は，同氏が役員として支配するGlobe Investment Company（以下「Globe社」という。）の持分を，それぞれ70％と30％保有していた。同氏は，会計士と協議した上で，1930年12月5日に保有株式をすべて時価で売却するよう証券会社に指示し，同時に，同一の諸企業の同数の株式をGlobe社のために購入するよう当該証券会社に要請した（手数料を除き，Globe社の株式取得価格は，同氏の株式売却価格と同じであった。）。同契約の法定履行期限である30日経過後，同氏は，Globe社が取得した株式を約30万ドルで買い戻した。この取引を踏まえ，同氏は20万ドルの譲渡損があったと申告したが，IRSはこれを否認したため争いとなった。

《図表》Shoenberg事案のイメージ図

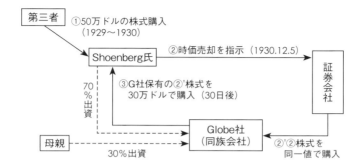

〔事案の概要〕
① Shoenberg氏，50万ドルの株式を第三者から購入（1929～1930年）。
② Shoenberg氏，証券会社に同上株を時価で売却するよう指示（同時に同一内容の株式をGlobe社で購入）。
③ Globe社保有の株式をGlobe社購入時から30日後に30万ドルで購入。
④ Shoenberg氏，譲渡損計上で申告（30万ドル － 50万ドル＝20万ドルの譲渡損）。
⑤ IRS，譲渡損を否認。

〔争　点〕
Shoenberg氏の譲渡損計上は認められるか。

〔裁判所（第8巡回控訴裁判所）の判断〕…納税者敗訴
本件取引によりShoenberg氏に損失は生じていない。

■主な争点と当事者の主張

1　争　点

　本件事案では，Shoenberg氏が株式売却に伴う損失の計上が認められる要件とされている「経済的実質（economic substance）」の有無を判断する際に，どの取引を検討すべきかが争点となった。裁判の対象を同氏の株式売却にとどめるべきか，あるいは裁判所が独自の判断で，Globe社による当該株式の購入及びその後に同氏に対して行われた当該株式の売却の影響も考慮に入れるべきかという点が問題となった。IRSは，当該売却が単独取引の一環であったのであれば，当該取引のみを検討するべきであるが，当該売却は一連の計画の一

環であり，かかる計画全体を検討すれば，当該損失の計上は認められないとして更正したことから争いとなった。

2　当事者の主張

(1)　納税者の主張

納税者（Shoenberg氏）は，株式の売却とその買戻しは別個の取引（2つの取引）であると主張する。

(2)　課税庁の主張

課税庁は，本件は計画に基づく一連の取引（1つの取引）であると主張した。

■裁判所（第8巡回控訴裁判所）の判断……納税者敗訴

本件事案の審理を担当した第8巡回控訴裁判所は，「本件取引に経済的実体があったか否かを判断するためには，Shoenberg氏とGlobe社の双方の行為を検討しなければならない。」とした上で，実際には本件取引によってShoenberg氏に損失は生じなかったとの結論を下した。すなわち，形式上は，同氏が資産を売却した形となっているものの，その後直ちに「実質的に同一」の資産を買い戻していた。よって，同氏の経済的状態は売却前と同じであった。その結果，「当該取引は所有資産に変更を加えることなく損失を生じさせるための計画の一環であった。」と判断したのである。

Shoenberg氏は，自身の売り注文と同時に同社のための買い注文を行っていた。同氏は，売却制限が付された法定期限の経過後直ちにGlobe社から株式を買い戻した。しかも，その相手先であるGlobe社は，形式的には別個の組織であったが，Shoenberg氏が同社を完全に支配していたことから，第8巡回控訴裁判所は同社が別個の組織であるとはみなかった。これらの事実認定の上に立って，同裁判所は，Shoenberg氏が一定の諸企業の特定数の株式を手放し，同一の諸企業の同数の株式が同氏に戻ってきたことに鑑み，同氏には経済的損失が生じなかったと判断したのである。

■解　説

Scully事案でもShoenberg事案でも，納税者が所有していた資産は，当該資産「売却」の前後いずれにおいても，実質的に同一であった。Scully事案にお

いては，土地は引き続き信託によって保有されており，信託間で移転されていたにすぎなかった。また，Shoenberg事案においては，売却の前後いずれにおいても，Shoenberg氏が同一の諸企業の同数の株式を保有していた。このように，2件の事例いずれにおいても，納税者の状況に変化がなかったことから，裁判所は，いずれの事案においても経済的損失は生じなかったと判断して，納税者によるかかる損失計上を否認したのである。

ちなみに，わが国の場合，クロス取引を行った者が個人の場合にはクロス取引による損出しが認められている[1]。それに対し，法人による有価証券のクロス取引については売却がなかったものとして取り扱われることとなっている（法基通2-1-23の4）。

---

(1) 所個103（平成12年3月17日付課資3-2ほか）個人が上場・店頭売買株式を売却するとともに直ちに再取得する場合の当該売却に係る源泉分離課税の適用について（法令解釈通達）。

第3章　所得の付替え
　　　　（所得の帰属をめぐって争われた事例）

●イントロダクション

　わが国だけでなく，他の諸国においても，個人所得税と法人税では税率を異にしていることが多い。しかも，ほとんどの場合，累進税率が採用されている個人所得税の最高税率の方が比例税率が採用されている法人税のそれよりも高くなっている。

　そのため，本来個人の所得とされるべきものを法人の所得としたり，本来法人の所得であるものを個人の所得とすることにより租税負担の軽減を図ることが可能となる。

　特に，高所得の個人が，中間に家族等が役員となっている法人を介在させることにより，所得の分散を図ったりする事例は頻繁にみられる。

　また，本来個人が負担すべき費用等を法人に負担させている事例もある。

　以下で紹介する事例でも，これらのことが問題となった。

　㉑のEarl事案では，弁護士であるEarl氏の連邦所得税は受益者課税であるとの主張を斥け，稼得者課税であるとしている。しかし，この事件が契機となって米国で共同申告（Joint Return）制度が設けられることとなった。その意味で，画期的ともいえる事案である。

　㉒のRandy Hundley事案とRichie Allen事案は，いずれもプロスポーツ選手による家族への所得付替えであるが，前者ではそれが是認され，後者では否認された。両者を分けたのは，協力者の貢献度である。

　㉓のJohnson事案は，プロスポーツ選手による人的役務提供サービス会社の所得の付替えの可否をめぐって争われた事例である。当該会社が外部と契約し，スポーツ選手は会社の従業員として給与を受け取っていたというケースである。わが国でも同様の事例がみられるが，本件では，人的役務提供サービス会社の存在が税務上無視され，会社が受領していた契約金等の収入は個人所得税の課税対象になるとしている。

　㉔のFoglesong事案も，人的役務提供サービス会社の設立に関する事案であ

るが，本件では，当該人的役務提供サービス会社の存在自体は否認できないとしている。

また，㉕のOld Colony Trust事案と㉖のDresher事案は，法人が負担していた役員等の所得税や年金掛金が，個人の総所得を構成するか否かが問題となった。

このうち㉕の**Old Colony Trust事案**では，法人が負担していた社長個人の所得税は社長の追加所得を構成するとした課税庁の処分がそのまま認められている。

同様に，法人が個人の年金契約掛金を負担していた㉖の**Dresher事案**においても，当該負担分は個人の所得になるとした課税庁の処分がそのまま認められている。

それに対し，㉗の**Rudolph事案**では，若干趣が異なるが，保険会社の販売代理人に対するコンベンション等への出席費用が当該代理人の所得になるとされている。

第3章　所得の付替え（所得の帰属をめぐって争われた事例）

㉑　夫婦間における所得の付替え（1/2は妻のものか？）が認められなかった事例
――共同申告（Joint Return）の契機となった事例――
――Lucus v. Earl, 281 U.S. 111（1930）――

■概　説

　中央集権型のわが国と異なり，連邦制によっている米国では，州の力が極めて強い。そのため，民法及び商法，会社法等といった基本法についても，連邦レベルでモデルのようなものが示されてはいるものの，各州が独自に制定している。その結果，それらの法律の内容は，州によって異なっている[1]。

　他方，税法の分野にあっては，所得税や法人税，遺産税・贈与税は基本的に連邦政府の管轄となっている。そのため，州法で異なった制度となっている会社制度や夫婦間の財産制度について，連邦法である内国歳入法上どのように扱うかという点が問題となってくる。

　本件では，共有財産制度を採用していない州であるカリフォルニア州の住民が，夫婦間で，「夫の所得の2分の1を妻のものとする。」という契約をしていた場合，これを連邦所得税法上どのように扱うかが問題となった（Lucus（IRS Commissioner）v. Earl, 281 U.S. 111（1930））。

■事案の概要

　Earl氏は弁護士で，共有財産制度を採用していない州（カリフォルニア州）の住民であった。同氏は，累進税率が適用される連邦所得税の負担を軽減するため，所得が全くない妻との間で，「全ての資産及び所得について夫と妻の間で折半する（split between two of them equaly）。」という契約書を作成（1901年）した。同氏は，その契約に基づき，1920年分及び1921年分の所得のうち，

---

[1]　そのうち最も大きな差異として認識されているのが，商法（会社法）にあっては会社制度，民法にあっては夫婦の財産を共有財産（community property）とするのか，それとも別財産（non-community property）とするのかである。

2分の1相当分についてのみ自己の所得として連邦所得税の申告，納付をしていた。

それに対し，内国歳入局（当時，現IRS）が，妻は本件所得の稼得に全く貢献しておらず，全ての所得は夫であるEarl氏に帰属するとして更正処分を行ったことから，同氏がその取消しを求めて出訴した。

国税不服審判所（当時（Board of Tax Appeals），現在の租税裁判所（Tax Court））でIRSの処分が相当であるとして納税者の請求が斥けられたため，それを不服として納税者が控訴した[2]。控訴審（9th Cir.）では，当事者間の契約を重視して納税者の主張を認め逆転判決となったため，内国歳入局が上告した。

■主な争点と当事者の主張

1 争　点

本件事案の主な争点は，夫婦間におけるこのような所得分割契約が，連邦税法上どのように扱われるべきかという点である。

なお，契約内容自体については，本件係争では問題とされていない。

2 当事者の主張

(1) 納税者の主張

本件契約は有効なものなので，連邦税法上も契約内容に基づき，全体の所得の2分の1相当額が夫（Earl氏）の所得として取り扱われるべきであると主張する。

現に，同契約書では，「我々の財産及び所得は，ジョイント・テナント（Joint Tenants）契約に基づき，折半される。」と明記してある。

(2) 課税庁の主張

1919年に制定された内国歳入法（第210条～212条）によれば，所得税は，「ネットの所得」に課税するとしているが，そこでいう「ネットの所得」には，「サ

---

[2] 租税裁判所の前身である国税不服審判所は，わが国のそれと同じく行政機関の一部とされていた。ただし，そこで下された裁決について，納税者は連邦地方裁判所ではなくわが国の高等裁判所に相当する巡回控訴裁判所に直接訴訟を提起できることとされていた。

《図表》Earl事案のイメージ図

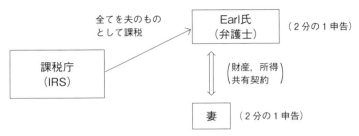

〔事案の概要〕
① Earl氏は妻との間で財産共有契約を締結。
② 同契約に基づいて所得の2分の1相当額を自己の所得として申告（妻も同様）。
③ IRS，全額につきEarl氏の所得として課税。

〔争　点〕
夫婦間の契約は連邦税法上も尊重されるべきか。
・納税者の主張…尊重されるべき。
・課税庁の主張…連邦所得税法上は稼得者に課税すべき。

〔裁判所の判断〕…納税者敗訴
・不服審判所（現租税裁判所）…稼得者に課税すべき。
・控訴審（9th Cir.）…夫婦間の契約を尊重すべき。
・連邦最高裁判所…所得税法上は誰が稼得者かが重要（夫婦間の契約はその後の話）。

ラリー，賃金又は人的役務提供の対価を含む。」としている。

本件事案の場合，所得のもととなる収入を得ているのは夫だけであり，妻はサラリーも賃金も得ておらず，人的役務の提供もしていないので，そもそも所得の生じる余地がないと主張する。

■裁判所（連邦最高裁判所）の判断……納税者敗訴

上告を受けた連邦最高裁判所は，全員一致で控訴審での判断を斥け，次のような理由で課税庁の主張を認めている（Holms判事が判決文を作成）。

1918年制定（1919年2月24日承認）の内国歳入法（第18条，210条，211条，212条(a)，213条(a)，40条及びStat1057, 1062, 1064, 1065）によれば，連邦所得税は，「サラリー，賃金又は人的役務提供の対価（その他その種類の如何及び実際に支払いがなされたか否かを問わない。）を含む純所得」に対し課され

ることとなっている。

そして、これは、1921年改正法233条、237条及び238条でも同様の規定ぶりとなっている。

本件についてこれをみるに、被上告人（納税者）は、連邦所得税は契約に基づき、実際に所得を受益している人に対してのみ課されるべきであるとしている。しかし、所得税において重要なのは、サラリー、賃金、人的役務等がまず最初に誰によって稼得されたかという点である。そして、それを夫婦間でどのように分配するかは、その後の契約である。

夫から妻への手数料支払いがあったという場合であれば格別、本件では、たまたま夫婦間の契約で、夫の所得の2分の1を妻のものとするという契約になっているにすぎないので、夫から妻に手数料が支払われたとする立場は、少なくとも税務上は取り得ない。というのも、本件の場合、サラリーや人的役務提供の対価を受領しているのは夫のみだからである。

この点について、Holmes判事は、それを「果実とそれが成る木（fruits and tree）」にたとえている。そのうえで、「果実を別の木にならすことはできない。」と結論付けている。すなわち、所得の原資（tree）は、夫の収入（所得）であり、妻の所得は、その果実として夫の所得を分配したにすぎないというのである[3]。

■解　説

本件は、著名な事件であり、米国ロースクールのテキストなどでもひんぱんに取り上げられているので、目にされた方も多いと思われる[4]。

ちなみに、本件判決の意義として、次の2点があげられている。

① 所得の付替えに対する先例としてしばしば引用されるものであること

② 本件が契機となって、夫婦の共同申告が法制化されたこと

この判決等[5]が契機となって、配偶者の一方に全く所得がない場合でも、もう一方の所得を二者間で均分し、それぞれの所得に税率を乗じて算出された税

---

[3] なお、同様のたとえは、本件より10年前に生じたEisner v. Macomber事案（252 U.S. 189（1920））でも、Pitney判事によって用いられている。

[4] 例えば、Caron, Paul L, (ed). Tax Stories : : An in-depth look at ten leading federal income tax cases. New York : Foundation Press pp.275-312。

[5] なお、これとほぼ同じ時期に夫婦共同財産制によっていたテキサス州とワシントン州の住民から同様の申告がなされたが、IRSは、それらについても所得分割を認めなかった。

額の2倍を要納付税額とするいわゆる「合同申告（Joint Return）」制度がスタートすることとなった。

その結果，現在では，個人単位か夫婦単位のいずれかを選択できるため，この種の問題が発生することはなくなっている。

それに対し，個人を課税単位と考えているわが国の所得税制の下においては，現在でも本件事案と同様の事例が発生する可能性が残されている。

■わが国の参考判例，裁決例等

ちなみに，夫婦財産契約と所得の帰属をめぐって争われた次の判例がある。

① 東京地裁昭和63年5月16日判決（昭和61年（行ウ）第80号）・判例時報1281号87頁

この事案では，結婚に際し，婚姻後の財産を各2分の1の共有財産とする旨の契約の効果が争われたが，東京地裁は，次のように判示して共有効果を否認している。

「ある収入が所得税法上誰の所得に帰属するかは，当該収入に係る権利が発生した段階において，…誰に帰属するか決定される…から，夫又は妻の一方が得る所得そのものを原始的に夫及び妻の共有とする夫婦間の合意は，その意図した効果を生ずることができないものというべきである。」

また，例えば，家族名義による株式売買について，その経済的効果が本人に帰属するとして，当該本人に所得税が課され，その処分をめぐって争われた事例では，本人に帰属するとの判示がなされている（東京地裁平成5年9月6日判決・行裁例集44巻8＝9号747頁…所得税更正処分取消請求事件，東京高裁平成6年6月23日判決・行裁例集45巻5＝6号1399頁…控訴棄却，最高裁（二小）平成8年11月8日判決・税務訴訟資料221号323頁…上告棄却）。

なお，家族に支払った給与や地代が必要経費になるか否かをめぐって争いとなった事例では，それらの分は本人の所得の計算上必要経費にはならないとされている（徳島地裁平成9年2月28日判決・税務訴訟資料222号701頁，控訴審：高松高裁平成10年2月26日判決，上告審：最高裁（二小）平成10年11月27日も同旨判決）。

| 参考 | 主要国における課税単位の概要 |

(2009年1月現在)

国名	日本	アメリカ	イギリス	ドイツ	フランス
課税単位	○個人単位課税	【選択制】 ○個人単位課税 ○夫婦単位課税（注） （注）申告の状況に応じた税率表を適用することで、実質的に「2分2乗制」（均等分割課税）となっている。	○個人単位課税	【選択制】 ○個人単位課税 ○夫婦単位課税（2分2乗制）（注） （注）夫婦の所得を合算して均等分割課税を行う。	○世帯単位課税（N分N乗制）（注） （注）夫婦及び子供（世帯）の所得を合算して，分割課税を行う。 （分割の際の除数） ・単身者…1 ・夫婦…2 ・夫婦子1人…2.5 ・夫婦子2人…3 以下子1人毎に1を加算
財産制度	夫婦別産制	夫婦別産制の州と夫婦共通財産の州あり	夫婦別産制	夫婦別産制（※） （※）原則別産制。財産管理は独立に行えるが，財産全体の処分には他方の同意が必要	夫婦共通財産制

資料出所：財務省

　さらに、弁護士業を営む夫が弁護士であった妻に支払った報酬[6]や、弁護士業を営む夫が税理士業を営む妻に支払った税理士報酬[7]について、必要経費に算入できるか否かが争われた事例のいずれについても、生計を一にする者の間の支払については必要経費にはならないとされている。

　そもそも、これらの問題は、米国の夫婦共同申告制度（Joint Return）やフランスで採用されている世帯単位課税制度などといった法的措置が講じられていれば、問題にならない性質のものである。

　わが国では、課税単位に関する議論は次に紹介する最高裁判決で基本的な考え方が示されて以来、あまりなされてこなかったが、例えば、フランスでは、

---

(6) 最高裁（三小）平成16年11月2日判決（平成16年（行ツ）第23号）・集民215号517頁。
(7) 最高裁（三小）平成18年6月27日判決（平成18年（行ツ）第110号）・税務訴訟資料256号順号10435。

少子化対策としてこの施策が採用されている。

　少子化に悩むわが国でも同様の施策について真険に検討してみる時期が到来してきていると思うが如何なものであろうか。

②　最高裁（大法廷）昭和36年9月6日判決・民集15巻8号2047頁

　(ⅰ)　憲法24条の趣旨について

　　（省略）

　(ⅱ)　民法762条1項，夫婦の所得計算，および憲法24条の関係

　「民法762条1項の規定をみると，夫婦の一方が婚姻中の自己の名で得た財産はその特有財産とすると定められ，この規定は夫と妻の双方に平等に適用されるものであるばかりでなく，所論のいうように夫婦は一心同体であり一の協力体であって，配偶者の一方の財産取得に対しては他方が常に協力寄与するものであるとしても，民法には，別に財産分与請求権，相続権ないし扶養請求権等の権利が規定されており，右夫婦相互の協力，寄与に対しては，これらの権利を行使することにより，結局において夫婦間に実質上の不平等が生じないよう立法上の配慮がなされているということができる。しからば，民法762条1項の規定は，前記のような憲法24条の法意に照らし，憲法の右条項に違反するものということができない。

　それ故，本件に適用された所得税法が，生計を一にする夫婦の所得の計算について，民法762条1項によるいわゆる別産主義に依拠しているものであるとしても，同条項が憲法24条に違反するものといえないことは，前記のとおりであるから，所得税法もまた違憲ということはできない。」

第3章　所得の付替え（所得の帰属をめぐって争われた事例）

㉒　親との所得の付替えが認められた事例（Randy Hundley事案）と認められなかった事例（Richie Allen事案）
—Randy Hundley v. Commissioner, 48 T.C. 339（1967）—
—Richie Allen v. Commissioner, 50 T.C. 466（1969）—

■概　説

　累進税制が採用されている個人所得税の分野においては，高額所得者は，自己の所得を分散することにより，税負担の大幅な軽減を図ることが可能である。
　そのため，アーティストやプロのスポーツ選手など高額所得者の多い分野では，自己の所得を家族等に付け替えることで，所得を分散し，結果的に自己の所得税負担を軽減しようとする試みがひんぱんに行われている。
　今回紹介する事例は，それらの代表例として，しばしば引用されるケースである。
　同じような所得の付替えでありながら，Randy Hundley事案では，それが認められ，Richie Allen事案ではそれが認められなかった。
　そこで，以下では，両者の成否を分けた要因等に注目しながら，これら2つの事案をみていくこととしたい。

Randy Hundley v. Commissioner事案…父親への所得の付替えが認められた事例

■事案の概要

　1960年代にサンフランシスコ・ジャイアンツ及びシカゴ・カブスのキャッチャーとして活躍したRandy Hundley氏は，新人王，ゴールデングラブ賞（1968年）など数々の賞を獲得するなど，米国野球界を代表するスター選手であった。
　R. Hundley氏は，サンフランシスコ・ジャイアンツ時代の1960年にMVPに選ばれたことなどから，同チームから11万ドルのボーナスが支給されることとなり，それを毎年2.2万ドルずつ5年間にわたって受領することとなった。

R. Hundley氏は，そのうちの半分1.1万ドルを父親に支払い，その分を同氏の必要経費として控除したうえで，1.1万ドル相当分を同氏の所得として申告していた。

その結果，R. Hundley氏の所得税はその間毎年約5,330ドル軽減されていた。

それに対し，IRSがそれをR. Hundley氏の所得計算上経費として認めず，所得に含めたところで課税したことから，同氏が処分の取消しを求めて出訴した。

■主な争点と当事者の主張

1 争点

本件事案の主な争点は，R. Hundley氏による父親への支払いが，同氏にとって所得を得るための必要経費になるか否かという点である。

2 当事者の主張

(1) 納税者の主張

納税者（R. Hundley氏）は，父親が第2次世界大戦前にセミプロ球団ボルティモア・ボンバーズ（エキシビションでN.Y.ジャイアンツを破ったこともあるチーム）の選手であった。同氏の父親は，息子がプロになる前の1958年当時から，同氏のコーチ，ビジネス・マネージャー，代理人及び広報担当として契約していたことから，同氏にとっては，プロ野球選手として活動していくうえで欠かすことのできないビジネス・パートナーだったと主張する。

特に，彼が片手でボールをキャッチするスタイルは，父親ゆずりのものであり，他人には容易にマネのできないスキルであるとも主張した。

また，この件に関する当時の新聞記事もあわせて提出した。

(2) 課税庁の主張

それに対し，課税庁（IRS）側は，R. Hundley氏によるかかる行為は，単なる所得の付替えであり，全ての所得は息子であるR. Hundley氏に帰属すると主張した。

《図表》Randy Hundley事案のイメージ図

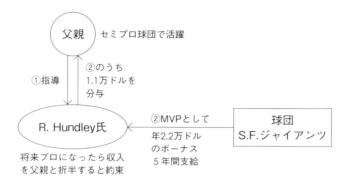

〔事案の概要〕
1. R. Hundley氏は幼少時代，元セミプロ選手だった父親から指導を受けプロ選手に（入団交渉等にも父親が参加，将来プロになったら収入を父親と折半すると約束）。
2. プロ野球（S.F.ジャイアンツ）でMVPに選ばれ，年2.2万ドルのボーナスを5年間にわたって受領，うち1.1万ドルを父親の分として分与，自己の所得から減算。
3. IRS，これを否認。

〔争　点〕
このような収入の分割が認められるか。

〔裁判所の判断〕…納税者勝訴
幼少期における父親の指導，入団時における父親の働き等から，本件ではこの種の所得分割は有効と判断。

■裁判所（租税裁判所）の判断……**納税者勝訴**

本件事案を審理した租税裁判所は，①本人（R. Hundley氏）が幼いころから父親に野球の手ほどきを受けていたこと，②その当時から，将来プロ選手になったら自分の収入を父親と折半するという契約があったこと，③ジャイアンツに入団できたのも父親の指導と助言があったからであること，などを根拠に納税者の主張を認め，IRSに対し更正処分の取消しを命じた。

Richie Allen v. Commissioner事案…母親への所得の付替えが認められなかった事例

■ 事案の概要

類似の事案ではあるが，この事案では，母親への所得の付替えが認められるべきであるとする納税者の主張は認められなかった。

R. Hundley氏とほぼ同世代の人で，これも著名なプロ野球選手（フィラデルフィア・フィリーズ所属）だったDick Richard Allen氏（通称Dick又はRichie Allen）選手がプロ入りしたのは，R. Hundley氏の入団よりも3年後の1963年で，R. Allen氏が21歳のときだった。入団に際し，同氏には球団から7万ドルのボーナスが支給された。

R. Allen氏は，そのうち4万ドルを事業上の経費控除（trade on business deduction）に当たるとして控除したうえで，母親に渡していた。

IRSがこの控除を否認し，全てのボーナスは本人であるR. Allen氏に帰属するとして課税したことから，同氏がこの処分の取消しを求めて出訴した。

■主な争点と当事者の主張

1 争 点

争点は，ただひとつ，R. Allen氏が母親に支払った4万ドルが，同氏の所得計算上必要経費として控除が認められるか否かという点である。

2 当事者の主張

(1) 納税者の主張

納税者（R. Allen氏）は，本件支払いは，母親との間の契約（contract）に基づいて支払われたものなので，自分の所得計算上必要経費（business expense）として控除が認められるべきであると主張する（なお，実際にはその支払いは5年にわたってなされていた。）。

(2) 課税庁の主張

それに対し，IRSは，球団からR. Allen氏あてに支給された7万ドルは，全

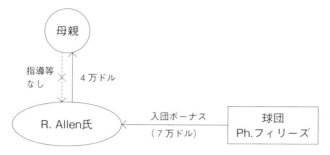

《図表》Richie Allen事案のイメージ図

〔事案の概要〕
1. R. Allen氏はプロ野球入団に際し，球団側から7万ドルのボーナスを入手。
2. うち4万ドルを母親に支払い，その分を経費として控除。
3. IRS，その経費控除を否認。

〔争　点〕
　R. Allen氏が母親に支払った4万ドルは，同氏の所得計算上経費控除できるか。

〔裁判所の判断〕…納税者敗訴
　できない（全てR. Allen氏の所得を構成）。

て球団からR. Allen氏本人あてに支払われたものであり，母親は野球に対する知識等もないので，同氏に対し事業遂行上必要な助言等を与えることはできなかった。したがって，同氏の所得計算上，母親に支払われた部分は必要経費にはならない。しかも，そのうち本件4万ドルの支払いは，同氏がいったん受領した金員の中から母親に与えたものなので，控除対象にはならないと主張する。

■裁判所（租税裁判所）の判断……納税者敗訴

租税裁判所は，本件課税処分に誤りはなかったとして，IRSの主張を全面的に認めている。

その理由も，IRSの主張と同じく，R. Allen氏の母親には，野球に関する知識等が殆んどないので，同氏に野球に関する助言等を与えることもできなかったというものであった。

なお，租税裁判所によるこの結論は，第4巡回控訴裁判所（Court of Appeals, 4th Cir. No.98-1401（1999））でも維持されている。

■解　説

　内国歳入法第163条(h)及び財務省規則§1.163-9T(b)(2)(i)Aでは，個人所得税の計算上「必要経費として控除できないもの」について規定している。

　この規定は，1986年に改正されたが，改正前の規定では，控除できるものとできないものとの区分が必ずしも明確になっていなかった。

　そのため，本件のような訴訟が多発したのではないかといわれている。

　ちなみに，内国歳入法第162条（及び同規則§1.162-1）(h)では，事業遂行上の経費（trade on business expense）で，その年に発生したものについては，事業遂行上「通常かつ必要な経費（ordinary and necessary expense）」である限り，控除が認められるとされている。

　しかし，そこでいう「事業（trade on business）」なるものがいかなるものをいうかについては，税法上必ずしも明らかにされていない。

　一般的には，「利益追求目的で何らかの形で経済活動（economic activity）を行っていること」が必要とされているようではあるが，その際には，それらに関連する全ての活動がこれに含まれると解されている（財務省規則§1.183-2(b)）。

　換言すれば，ひとつの行動のみでは，それが事業になるか否かについてのキメ手にはならないということである。

　また，「通常かつ必要」な経費については，それらの経費が支出された状態において，納税者のビジネス遂行に必要なものであったことについて，納税者が第一義的にその立証責任を負うこととされている（例えば，S.B. Heininger v. Commissioner, 133 F.2d 567（7th Cir. 1943））。

　ちなみに，本稿で最初に紹介した，Randy Hundley事案においては，父親がセミプロ選手であり，幼いころから本人に野球の手ほどきをするなど，本人の事業遂行上，父親の支援が不可欠だったことが立証されていた。

　それに対し，2番目に紹介したRichie Allen事案では，支出の相手方は母親で，野球に対する知識等もなかったことから，必要経費性が否認されたのではないかと思われる。

　わが国の場合でみてみると，例えば，イチロー選手などが，もし父親との間でこの種の契約を交わしていたとしたら，父親のコーチ内容が本人のスタイル

に大きな影響を与えていたとみられることから，経費控除が認められたHundley事案と同じ扱いになったかも知れない。

しかし，それ以外の場合であれば，このような所得の付替えは，所得の分散であるとして租税回避とみなされ，否認を受けることが多いであろう。

なお，米国には，わが国における「実質所得者課税原則」や「同族会社の行為計算否認規定」のような否認規定はないとされているが，次に掲げる規定等は，否認の根拠としてかなりひんぱんに用いられている。

① 内国歳入法　第269条

「内国歳入庁は，特定の欠損金に関して，課税所得の計算上これを否認することができる（繰越欠損金を有する会社との合併に伴い，その繰越欠損金が，新合併会社の将来の所得と相殺されるためには，当該合併が租税目的以外の合理的な事業目的で行われたことが要件とされている）。」

② 内国歳入法　第446条(b)

「納税者の採用した会計処理方法では，課税所得の適正な計算が行われないと認められる場合には，内国歳入庁は，納税者の採用する会計処理方法を調整した上で，課税所得を計算することができる。」

③ 内国歳入法　第7701(1)条

「行き過ぎた租税回避行為を防止するために必要と判断された場合には，内国歳入庁は，表面上多数の契約者の参加する複雑な金融取引を，実質的に直接関係する当事者間のみの取引として再構成した上で，課税関係を決定することができる。」

なお，かつては，移転価格に関する規定（第482条，いわゆる「独立企業原則」）が国内取引の分野でも比較的多く用いられていた（米国では国内取引も対象）。しかし，最近では，同法の適用対象は，その殆んどが国際取引となっており，国内取引に対しては用いられないようになってきている。

■わが国の参考判例，裁決例等

わが国において親子間における所得の帰属が争われた事例として，次の判例がある。

① 東京高裁平成3年6月6日判決（平成2年（行コ）第164号）・訟務月報38巻5号878頁

本件では，長年歯科医師として活動してきたX（原告）がその子（訴外A）の新規開業に伴い，所得を折半していたが，その収入がXに帰属するものであるか否かが争いとなった。東京高裁は，最高裁（二小）昭和37年3月16日判決（税務訴訟資料36号220頁）を参照しながら，次のように判示して，本件収入はXに帰属するとしている。

　「（医院の経営に支配的影響力を有していたのはXであると認定するのが相当であるとした上で）したがって，右認定のようにXとAの診療方法及び患者が別であり，いずれの診療による収入か区別することも可能であるとしても，Xが医院の経営主体である以上，その経営による本件収入は，Xに帰属するものというべきである。」

② 　最高裁（二小）昭和37年3月16日判決・税務訴訟資料36号220頁

　「収入が何人の所得に帰すかは，何人の勤労によるかではなく，何人の収入に帰したかで判断されるべき問題である。」

第3章　所得の付替え（所得の帰属をめぐって争われた事例）

㉓　人的役務提供会社を通じた法人への所得の付替えが認められなかった事例（プロスポーツ選手）
―Johnson v. Commissioner, 78 T.C. 882(1982)―

■概　説

　芸能人やプロスポーツ選手等が個人会社を設立し，それらの会社を外部との契約の当事者とした上で芸能人やプロスポーツ選手がその会社の従業員として役務提供をするという事例は，高額所得者の所得分散の手段としてわが国でも頻繁にみられる。

　「所得の課税は稼得した者に対して行わなければならない（income must be taxed on the person who earns it）」というのが原則であるが，納税者が人的役務提供会社（personal service company：通常の場合ワンマン・カンパニー）を立ち上げて，当該会社に代わり当該個人が役務を提供することは適法である。しかし，その場合，所得の稼得者が役務の提供者なのか又はその人的役務提供会社なのかが問題となる。

■事案の概要

　Charles Johnson氏は，プロのバスケットボール選手であり，1972年9月にサンフランシスコ・ウォリアーズ（以下「ウォリアーズ」という。）と選手契約を交わした。同氏は，自らが設立したパナマ法人であるプロスポーツサービス提供とその管理を行う会社Presentaciones Musicales, S.A.（以下「PMSA社」という。）から毎月固定給を受領する権利を有していた。PMSA社は，英領バージン諸島（BVI）のEST International Limited（LLC：以下「EST社」という。）に対し，当該契約に基づく権利に係るライセンスを供与した。

　Johnson氏は，PMSA社を代理人としてウォリアーズとの新規契約交渉に当たらせようとしたが，ウォリアーズがこれを拒否したため，1974年から1975年のシーズンの契約を個人名でウォリアーズと交わした。その際，ウォリアーズ

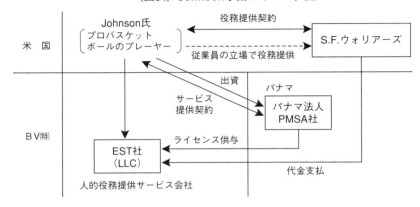

《図表》 Johnson事案のイメージ図

〔事案の概要〕

　プロバスケットボール選手であるJohnson氏は，パナマ法人（人的役務提供会社）を通じて契約し，同法人から給与を受ける形で所得の分散を図っていた。

〔争　点〕

　Johnson氏の人的サービス会社が受領したS.F.ウォリアーズからの代金は会社の所得かJohnson氏個人の所得か。

〔裁判所（租税裁判所）の判断〕

　会社ではなくJohnson氏個人の所得となる。

は，同氏が自己の役務提供に係る権利をEST社に委譲することを条件に，EST社あてに支払を行うことに同意し，すべての支払をEST社に対して行っていた。

　Johnson氏は，1975年から1977年のシーズンを対象とする追加契約をウォリアーズと交わした（同契約は1978年に，同氏がウォリアーズを退団した時点で終了した。）。

　Johnson氏は，問題となっている年度（1975年，1976年及び1977年）の税務申告の際に，EST社から受領した所得のみを事業所得として申告した。

　IRSは，ウォリアーズがJohnson氏について支払った額は，法人の収入ではなくすべて個人の収入であると判断し，当該年度に係る同氏の所得を更正（adjustment）した。

■主な争点と当事者の主張

1　争　点

本件事案の主な争点は，ウォリアーズが支払った額が，役務を提供していたJohnson氏個人の所得になるのか，それとも当該支払分を受領していたワンマン・カンパニーであるEST社の所得になるのかという点である。

2　当事者の主張

(1)　納税者の主張

納税者は，契約形式どおり，ウォリアーズから支払われた対価は個人の所得ではなく，法人の所得として扱われるべきであると主張する。

(2)　課税庁の主張

それに対し，課税庁は，法人は形式的に介在していたにすぎず，役務提供も個人によってなされているので個人の所得になると主張する。

■裁判所（租税裁判所）の判断……納税者敗訴

1　先行事案における取扱い

Lucas v. Earl, 281 U.S. 111（1930）に照らすと，所得の課税は稼得した者に対して行わなければならないということは，米国税法における基礎的法原則（black letter law）となっている。Lucas事案において，納税者とその妻は，所得税の負担を軽減するため，「いずれの所得又は資産も共同所有（jointly owned）されているものとして取り扱う。」旨を定めた契約を交わしていた。最高裁判所は，当該契約の効力は認めたが，給与を得ていたのは納税者である夫一人であったため，関連する租税の納税義務は夫が負うと判示した。

法人が適法に利用されているかどうかを検討するため，Lucas事案では，当初の審理の際に次のような二段階のテストが適用された。

①　第一に，役務提供者である従業員は，まさに，法人が実質的（meaningful sense）に指図又は管理する権利を有する法人の従業員でなければならない。

②　第二に，法人と役務を利用する者又は組織との間に，法人が支配する立

場にあることを確認する契約又はこれに類する証拠書類が存在しなければならない。

　Lucas事案以降，プロスポーツ選手である納税者等が，自己の設立した人的役務提供法人に役務を提供できるように事業体を組成することが適法と認められるようになった。しかし，その場合，その者が法人に役務を提供しても，必ずしもその所得が当該法人に帰属するということにはならない。

2　本件事案に対する判断……納税者敗訴

　Johnson事案を審理した租税裁判所は，単に役務の提供者が誰であるかが問題であるのであれば，多くの場合，法人は課税対象にはならないであろうとの判断を示した。法人の従業員が個人事業者一人である場合，あるいは主要な一人の従業員が法人の所得の大半を担っている場合には，とりわけこれが当てはまる。

　その上で租税裁判所は，本件事案は，第一の要件は満たしているものの，第二の要件は満たしていないと判断した。その判断に当たり同裁判所は，Fox v. Commissioner, 37 B.T.A. 271（1938）及びLaughton v. Commissioner, 40 B.T.A. 101（1939）を参照した。いずれの事案においても，納税者は法人を設立した上で，当該法人が納税者の役務を利用する権利に関する契約を第三者と締結していた。また，いずれの事案においても契約が法人と第三者の間で直接締結されていたため，納税者は所得の稼得者とみなされなかった。それに対し，本件事案においては，ウォリアーズとの役務提供契約は，EST社とウォリアーズの間ではなく，Johnson氏個人とウォリアーズの間で締結されていた。その結果，EST社はウォリアーズからの所得を管理していなかった。当該所得をEST社に移転する必要があったことによって示されるとおり，本件契約を管理していたのはEST社ではなくJohnson氏個人だったのである。

　そのため，租税裁判所は，所得の真の稼得者はJohnson氏であったと判断し，ウォリアーズからEST社に支払われた全額を個人の課税対象所得と認定したのである。

■解　説

　プロスポーツ選手などがワンマン・サービス提供会社を作り，そこを収入の

受け皿として所属チーム等と契約をし，当該サービス提供会社の役員に家族等をした上で所得を分散し，残りの分のみを当人がその会社から給与を受け取るという形で行う租税回避等の事例は，わが国でもかなり広く行われている。

　個人所得税の課税が，それを稼得した者本人に対して行われるということは，税法の基本原則である。しかしながら，本件事案では，タックスヘイブン所在の人的役務提供（パーソナルサービス）会社が利用されていたことによって，所得の稼得者が誰であるかという問題がより複雑になった。本件事案で明らかになったことは，所得の課税を，役務の提供者ではなく，サービス提供会社に対して行うためには，①役務の提供者は当該会社の従業員でなければならず，かつ②当該会社は役務の対価を支払う組織と契約を締結していなければならない，ということである。

▢わが国の参考判例，裁決例等

　わが国でも，芸能人や有名なプロスポーツ選手等による人的役務提供会社を利用した節税スキームが多数みられるが，それらの多くはたとえ税務調査で問題にされたとしても税務当局の指導に従って修正申告等がなされているため，訴訟にまで至った事例は殆んどない。

第3章　所得の付替え（所得の帰属をめぐって争われた事例）

㉔　人的役務提供会社を通じた法人への所得の付替え（移転）が認められた事例
—Foglesong v. Commissioner, 621 F.2d 865（7th Cir. 1980）—

■概　説

　米国では，1950年代と1960年代に，医師，弁護士等の専門家が専門職に係る賠償責任を限定する目的で人的役務提供会社を利用するケースが増加した。他方，こうした人的役務提供会社は，納税者が当該会社に所得を移転することによって実効税率を引き下げることを可能にするものでもあった。このような人的役務提供会社による租税回避（濫用）を阻止するため，IRSは，所得は会社ではなく納税者に帰属すると主張して，「所得移転法理（assignment of income doctrine）」に基づき，こうした会社の利用を取締りのターゲットにした。
　Foglesong事案では，「所得移転法理」の適用の可否が争いとなった。

■事案の概要

　Frederick H. Foglesong氏は，1960年代初めに，ペンシルバニア州ピッツバーグの鋼管会社2社の営業担当を務めていた。同氏は，1966年にFrederick H. Foglesong Company, Inc.（以下「フレデリック社」という。）という名称の人的役務提供会社を設立した。同社株式の98％はFoglesong氏，1％は同氏の妻，1％は会計士が保有していた。
　Foglesong氏は，フレデリック社設立後，同氏のコミッションをフレデリック社に直接支払わせる取決めを鋼管会社2社と交わしていた。フレデリック社は，仕事関連経費と給与を同氏に支払っていた。
　1967年以降，Foglesong氏は，所得税申告の際に，フレデリック社から受領した給与額のみを総所得として申告し，フレデリック社が鋼管会社から受領した合計コミッションについては，申告していなかった。

《図表》Foglesong事案のイメージ図

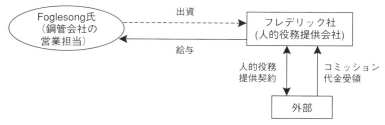

〔事案の概要〕
　Foglesong氏は営業マンであるが，自己が設立した人的役務提供会社を通じ外部と契約し，そこから給与を得ていた。

〔争　点〕
　フレデリック社（人的役務提供会社）が外部から受領したコミッションは個人の所得になるか。

〔裁判所（第7巡回控訴裁判所）の判断〕…納税者勝訴
　個人の所得にならない（異例の状況にない限り法人格が尊重される。）。

■主な争点と当事者の主張

1　争　点

　本件事案の主な争点は，個人が行う人的役務提供サービスを自己が支配力を有する人的役務提供会社を通じて行うという行為が税務上もそのまま認められるか否かという点である。

2　当事者の主張

(1)　納税者の主張

　納税者は，外部との契約当事者はあくまで人的役務提供会社であり，個人は当該人的役務提供会社から受領している給与を申告しているので，たとえ結果的に個人の租税負担額が減少する結果となっていたとしても，税務上問題になることではないと主張する。

(2)　課税庁の主張

　課税庁は，これらのスキームは租税回避目的で組成されたものであり，人的

役務提供会社が受領した対価は，すべて個人の所得として稼得（earned）していたものとすべきであると主張する。

■裁判所（租税裁判所）の判断

1　租税裁判所の判断……納税者敗訴

租税裁判所は，フレデリック社は適法な会社であるものの，Foglesong氏は租税回避（tax avoidance）を主な目的としてフレデリック社を設立し，同社を支配していたとの判断を示した。また租税裁判所は，Lucas v. Earl, 281 U.S. 111（1930）の所得移転法理を適用して，フレデリック社の所得は，会社の所得ではなくFoglesong氏個人が「稼得（earned）」したものであったと判断した。その結果，租税裁判所は，フレデリック社のコミッション所得を同氏に帰属（attribute）させ，実質的に同社を適法な実体のあるものとみなさなかった（disregard）。

2　第7巡回控訴裁判所の判断……納税者勝訴

第7巡回控訴裁判所（以下「第7巡回裁判所」という。）は，次の事実が説得力を持つ（persuasive）として租税裁判所の判決を取り消した（reverse）。

① 雇用契約は鋼管会社とフレデリック社の間で直接締結されていること
② フレデリック社は，適法な会社であったこと
③ 租税回避という目的があったにせよ，フレデリック社は適法な事業上の理由により設立されていたこと
④ フレデリック社は，損失隠しのために設立された会社ではなかったこと
⑤ Foglesong氏は一貫して同社を分離した実体として取り扱っていたこと
⑥ Foglesong氏は同社にのみ役務を提供していたこと
⑦ 州法上，個人のみならず法人も求められた役務を提供することができたこと
⑧ Foglesong氏は雇用者である鋼管会社を所有又は支配していなかったこと
⑨ この種の租税回避に対処するには，フレデリック社に実体があるものとみなさない方式よりも他により良い論理があること

上記事実に照らして，第7巡回裁判所は，所得移転法理を用いてフレデリック社に実体のあるものとみなさなかったことは適切ではなかったと判示した。さらに，租税裁判所のような判断を行ったとすると，フレデリック社は会社法上適法（legitimate）な会社として設立されているにもかかわらず，税法上は無効（invalid）であると判断される結果となってしまうと批判している。

　その上で，第7巡回裁判所は，「会社は，設立目的が事業活動に相当するものであり，又は設立後に事業を遂行している限りにおいて，実体ある課税対象として扱われるべきである。」と判示したMoline Properties v. Commissioner, 319 U.S. 436（1943）を引用し，「当該契約から生じた所得がフレデリック社に移転されていたのみならず，同社は契約上役務を遂行し，当該役務の対価を受領する義務を有する当事者でもあったことがとりわけ説得力を持つ。」と判断したのである。こうした事実ゆえに，本件事案は，導管会社に生じた所得はその主宰者に帰属するとしたLucas v. Earl, 281 U.S. 111（1930）とは異なっていた，というのが同裁判所の判断である。

　本件事案について先行審理した租税裁判所は，「当該取引は見せかけの取引（sham transaction）ではない。」と判断したものの，事業目的に主眼を置いたことによって，フレデリック社を実体のないものとみなさざるを得なくなったのである。それに対し，第7巡回裁判所は，租税裁判所の判断（適法な会社を実体のあるものとみなさないという判断）は，「異例の状況でない限り（absent extraordinary circumstances），法人形態は尊重されるべきである。」とする広範な法的政策に合致しないと判断したのである。

■解　説

　Foglesong事案において，租税裁判所は，所得移転法理を適用し，Foglesong氏が設立した人的役務提供会社を実体のあるものとみなさず，フレデリック社に支払われた所得をすべて同氏に帰属させた。

　それに対し，第7巡回裁判所は，人的役務提供会社を利用することによって，個人の所得税負担の回避を図るという行為の存在自体については否認しなかったものの，所得移転法理の適用は，この種の事案に適用するには広範すぎると判断したのである。このようなことから，同裁判所は，これに代わる理論の適用をさらに検討するため，本件事案を租税裁判所に差し戻した。

第3章　所得の付替え（所得の帰属をめぐって争われた事例）

㉕　役員給与等に係る所得税を法人が負担したことが当該役員の所得になるとされた事例
——Old Colony Trust v. Commissioner, 279 U.S. 716（1929）——

■概　説

　内国歳入法第61条は，「総所得（gross income）」について「いかなる源泉から生じたものであるかにかかわらず，すべての所得」をいうと定義している。ここで紹介するOld Colony Trust事案では，同条に規定する「いかなる源泉から生じたものであるかにかかわらず」の意味が争いの対象となっている。

　本件事案では，役員に代わって法人が支払った所得税の取扱いが問題となった。また，Drescher事案では，役員のために購入された年金掛金を法人が負担していた場合における課税上の取扱いが問題となった。

■事案の概要

　William Wood氏は，1918年，1919年及び1920年にAmerican Woolen Company（以下「AW社」という。後にOld Colony Trustに名称変更）の社長を務めていた。AW社は，同氏の給与支給分に対して課される所得税相当額について，AW社が同氏に代わって全てその支払に同意する旨の決議を採択した。同氏は，1918年と1919年に給与とコミッションとしてそれぞれ97万8,725ドルと54万8,132.87ドルを受領し，1919年と1920年の自身の連邦所得税申告において，それぞれ当該額を所得として申告していた。AW社は，同氏の所得について発生した連邦所得税相当額を税務当局に直接支払っていたが，その金額は，1919年に1918年分の租税として68万1,169.88ドル，1920年に1919年分の租税として35万1,179.27ドルであった。

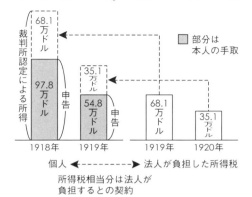

《図表》Old Colony Trust事案のイメージ図

〔事案の概要〕
　Wood氏は、自己が社長を務める法人との間で同氏の所得税相当分は法人が負担するとの契約を締結した。

〔争　点〕
　法人が負担した所得税相当分は社長個人の所得になるか。

〔裁判所（最高裁判所）の判断〕…納税者敗訴
　当該法人負担部分は社長個人の所得になる。

■主な争点と当事者の主張

1　争　点

　本件事案の主な争点は、AW社がWood氏に代わって支払った同氏の所得税相当分が、同氏の総所得（gross income）を構成するかどうかという点にあった。

2　当事者の主張

(1)　納税者の主張

　納税者（Wood氏）は、法人との契約により所得税相当分を法人が負担することとなっており、現に国庫にも法人からその分が納付されているので、その分を改めて個人の所得に上乗せして課税することは許されないと主張する。
　また、法人による個人所得税のかかる負担は、法人から個人に対する贈与と

みるべきであるから、たとえ税負担が生じるとしても、連邦贈与税の規定に基づき、受贈者たる個人ではなく、贈与者である法人が納税義務者になるべきだと主張する[1]。

その理由として、もしこの分を個人の所得だとして扱うことになれば、税の上に税（tax on tax）が生じることになるとしている。

(2) 課税庁の主張

課税庁は、内国歳入法第61条によれば、いかなる源泉から生じたものであるかにかかわらずすべての所得が総所得を構成するとしており、法人がWood氏の所得税を負担することとしているのは、同氏の役務提供の対価を支払う代わりにその負担をしているにすぎないと主張する。

■裁判所（最高裁判所）の判断……納税者敗訴

(イ)　最高裁判所は、「法人（AW社）によって支払われた社長個人の負担すべき租税相当額は、同社の社長であるWood氏の追加所得（extra income）を構成する。」と判示した。その結果、Wood氏には、1919年に68万1,169.88ドル、1920年に35万1,179.27ドルの追加所得が発生することとなった。

(ロ)　そして、法人によるWood氏に係る所得税の支払を「Wood氏によって提供された役務提供の対価とみなし、支払形態は無関係である。」と判示した。その理由は、「法人がWood氏に現金で賞与を支払っていれば、当該賞与は課税対象となっていたはずである。」というものである。追加所得が見かけ上納税義務額の支払であったとしても、当該額が課税対象となるという事実に変わりはないのである。したがって、「法人が政府に直接納税していたという事実は結果に影響を及ぼさず、租税が役務提供の対価の払戻し（reimburse）として法人から支払われていたため、法人によるかかる租税の代替支払はWood氏の所得を構成する。」とされた。

(ハ)　また、最高裁判所は、当該額を「法人から個人に対する贈与である。」とする納税者の主張も考慮に入れなかった。同裁判所の見解によれば、Noel v. Parrott, 15 F.2d 669（4th Cir.1926）において定義されているとおり、「贈与

---

[1] ちなみに、米国では、贈与税の納税義務者は受贈者ではなく贈与者とされている（IRC第6324条）。

とは，ある者から他の者に対してなされる対価又は報酬を伴わない資産の任意譲渡である。これに対し，本件で問題とされた法人に対するWood氏の役務提供は，同人のために支払われた税額を対価として行われたものであった。」というのである。

　(二)　さらに，Wood氏の「会社によって支払われた額に対する課税は，所得と租税の果てしない堂々巡り（tax on tax）を生じさせるものである。」との主張，すなわち，「法人によって支払われた額について課税された場合，Wood氏は追加所得について改めて所得税を支払わなければならなくなるが，契約によって法人がこの追加租税を支払うと，同氏には追加所得が生じることになる。そして，これを会社が支払うと，さらにWood氏に追加的な税負担が生じることになる。」という点についても，最高裁判所は，「雇用者が支払った所得税額は従業員に対する追加の課税所得を構成すると判断するのみで十分である。」と判示した。すなわち，「納税義務額の算定に当たり，代数式をベースにした納税者のこのような主張に反論する必要はない（not to worry about the issue）。」として同氏の主張を斥けている[2]。

■解　説

　この事案で述べられているのは，「納税者が自己の債務を何らかの形で減少（本件でいえば法人が個人との間の契約に基づき個人の所得税を当該法人代替納付したことによる個人の租税債務の減少）させた場合には，それによって自己の資産を増加させたことになるので，税務目的上は総所得を構成することになる（to be gross income for tax purposes）。」ということである。

　このような，いわゆる税引手取契約の下においては，Wood氏が主張するように，第三者による租税の支払によって所得と納税義務額の堂々巡りが生じることは事実である。例えば，1919年にAW社は，同氏の1918年分の租税68万ドルを支払った。その結果，同氏に68万ドルの課税所得が生じていた。仮に実効税率が同じであるとすると，AW社がそれに係る租税46万2,400ドルを1920年に

---

[2]　すなわち，Wood氏は毎年会社から自分の納税義務額を支払ってもらうという形で便益を得ており，同氏が支払わなくて済んだ租税は，結果的に同氏がそれによって富を得た額となるので，その課税所得を構成するとして課税はするものの，そこで打切りにするという考え方である。

支払うことによって，1920年に同氏に46万2,400ドルの課税所得が生じ，翌年に同氏に31万4,432ドルの納税義務が生じる結果となる。そして，当初の契約に基づき，その分についても同氏に代わって法人が支払うとすると，この堂々巡りは，最終的に同氏が自ら所得税を支払うまで続くことになる。

そこで，実務上においては，一定の割切りをおいて，一定の算式により所得額及び税額を計算することとしている。

馴染みのない者にとっては一見分かりにくいかもしれないが，これと同じような考え方は，わが国においても税引手取契約などにおいて採用されている。

■わが国の参考判例，裁決例等

わが国の場合，役員等に対するこの種の金員を法人が負担していた場合，みなし役員賞与等として法人の損金算入を否定するとともに，役員に対する給与課税が行われている。

そのような取扱いをしているものとして，次の2つの判例がある。

① 名古屋地裁平成4年4月6日判決・行裁例集43巻4号589頁

この事例では，役員への資産の低額譲渡が役員賞与になるとして次のような判示がなされている。

「法人の役員に対して当該法人から支給される金銭又は経済的利益は，その支給が右役員の立場と全く無関係に，法人からみて純然たる第三者との間の取引ともいうべき態様によりなされるものでない限り，原則としてその職務執行の対価の性質を有するものとみることができる。」

② 最高裁（一小）昭和58年5月26日判決・税務訴訟資料130号494頁

この事例では，保証債務の無償による肩代りが役員賞与になるとして次のような判示がなされている。

「同族会社の代表者が第三者のためにした保証債務を当該同族会社が無償で引受けたことにより，右会社が保証債務の履行を余儀なくされ，かつ，主債務者に対する求償権の行使が不能となったため，貸倒損失を計上せざるを得なくなった場合につき，右保証債務の引受けの当時，すでに主債務者に対する求償権の行使が不能もしくは困難となる危険が客観的に予測されるような状況にあったときには，右保証債務の引受けに伴う代払金の支払は，代表者に対する経済的利益の供与に当たる。」

第3章　所得の付替え（所得の帰属をめぐって争われた事例）

㉖　役員の年金契約に基づく掛金の法人負担が個人の所得を構成するとされた事例
—United States v. Drescher, 179 F.2d 863（2nd Cir. 1950）, cert. denied, 340 U.S. 821（1950）—

■事案の概要

1939年と1940年に，Teodore Drescher氏はBausch & Lomb Optical Company（以下「Bausch & Lomb社」という。）の役員兼取締役を務めていた。それぞれの年に，Bausch & Lomb社は同氏を年金受給者とする5,000ドルの年金契約に加入していた。契約証書は，同氏が65歳に達するまでBausch & Lomb社が保有し，第三者には譲渡不能であった。当該契約証書は，Bausch & Lomb社が保有することになっていたため，同氏は年金の給付期日を早めることはできなかった。両者は，年金契約自体を同氏の所得に含めることについて合意していた。問題は，同氏に対する課税の額と時期であった。

■主な争点と当事者の主張

1　争　点

本件事案の主な争点は，年金契約に基づき法人が負担していた年金掛金が，どの時点で個人の課税所得を構成するのか，また，その場合における個人（Drescher氏）の所得金額はいくらになるのかという点である。

2　当事者の主張

(1)　納税者の主張

納税者（Drescher氏）は，法人との間の契約において，本人が65歳になるまでは法人が証書を保有し，かつ，その契約は譲渡不能となっているので，たとえ年金契約掛金を法人が負担していたとしても当該年金契約に基づく受給が開始されるまで同氏に対する課税は発生しないと主張する。

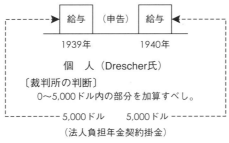

《図表》Drescher事案のイメージ図

〔事案の概要〕

　Bausch & Lomb社の役員であるDrescher氏は，法人負担による年金契約に加入していた。

〔争　点〕

　法人負担部分の年金掛金はDrescher氏に対する給与所得になるか。

〔裁判所（最高裁判所）の判断〕…納税者敗訴

　法人が負担した年金掛金相当額は当該役員の給与所得になる。

(2) 課税庁の主張

　課税庁は，Bausch & Lomb社がDrescher氏のために年金契約に加入し，契約に基づく掛金を法人が支払った年に個人に所得が発生したとして，年金契約に関する課税が同氏に対してなされるべきであると主張する。

■裁判所（最高裁判所）の判断……納税者敗訴

　最高裁判所は，「法人が年金契約に加入した年に，当該年金契約の毎年の掛金相当額がDrescher氏の所得となるので同氏に対する課税が発生する。」と判示した。その結果，Drescher氏は，それまで有していなかった年金契約に基づく将来の支払に関する権利を得たとみなされ，法人が負担していた年金掛金部分が同氏の所得に当たるとして課税されることとなった。すなわち，同氏が実際に年金契約に基づく給付を受けなかったとしても，受給見込額が同氏の個人所得税の課税対象になると判断したのである。

次に，最高裁判所は，Drescher氏が受領したものとされる年金契約の価値査定について判断した。同裁判所は，「本件年金契約が譲渡不能であり，Drescher氏としては，Bausch & Lomb社が保有している年金の給付時期を早めることはできなかった。」という点を考慮し，年金契約の実際の価値を決定することなく，「当該契約の価値は保険料（年金掛金）を下回るもののゼロではない。」と判示した。

■解　説

　Old Colony Trust事案，Drescher事案のいずれにおいても，法人の役員である個人納税者のために法人によって提供された便益は，形態の如何にかかわらず，個人所得税の課税対象所得に含まれるというのが最高裁判所の考え方である。

　このうち，Old Colony Trust事案においては，納税者によって提供された役務提供の対価として納税者のために法人から支払われた租税について，当該法人から支払が行われた年に納税者に所得が生じたとされた。

　また，Drescher事案においても，法人の役員が雇用者である当該法人から提供された年金契約に基づく掛金相当部分は，たとえ当該年金契約について法人所有になっていたとしても，当該掛金が支払われた年に役員に対する所得を構成するとされた。わが国でも，基本的にはこれと同様の考え方が採用されている。

■わが国の参考判例，裁決例等

　ちなみに，わが国で同種の事例につき係争となったものとして，次のような判例がある。

① 最高裁（一小）昭和54年12月20日判決（昭和53年（行ツ）第130号）・訟務月報26巻3号534頁
　「学校法人（大学）が職員に対し支給した入学増収研究費，見学研究費，テスト手当，中元，歳暮，車両名義の金員は，（受領者の）給与所得に該当する。」

② 広島地裁昭和54年12月20日判決（昭和47年（行ウ）第39号・昭和48年（行ウ）第23号）・税務訴訟資料109号742頁

「原告会社が当時無資力だった代表者の保証債務を引き受けたことは，経済的には主債務者の債務と同等の意義を有するものとみられるのであって，かかる状況下での保証債務の引受けは，対価の支払等格別の事情もない本件において，経済的には原告会社からその代表者に対する賞与として課税上取り扱われるものといわざるを得ない。」

③ 最高裁（三小）昭和43年6月25日判決（昭和43年（行ツ）第2号）・税務訴訟資料53号162頁

「同族会社が同族関係者個人のために支出した市に対する寄附金は，同個人に対する賞与になる。」

第3章　所得の付替え（所得の帰属をめぐって争われた事例）

㉗　保険会社による販売代理人のコンベンションへの出席費用負担が当該販売代理人の所得になるとされた事例
―Rudolph v. United States, 370 U.S. 269（1962）―

■概　説

会社が従業員の慰安旅行等の費用等を負担することはよくあることである。わが国の場合，これらについては，「現物給与」という形で，基本的にはそれらのメリットを享受した者の所得として扱われている。

ただし，使用者が役員，使用人に対して職務上必要な技術の習得等をさせるために負担する費用（所基通9－15）や社員旅行等に係る費用負担のうち社会通念上相当と認められる部分については課税しなくて差し支えないものとされている。

米国において，この種の問題が争いとなり，先例となったのが，今回紹介するRudolph v. United States事案（370 U.S. 269（1962））である。

■事案の概要

テキサス州ダラスに本拠地を置く保険会社（Southland Life Insurance Co.：以下「S社」という。）は，1956年保険販売で優秀な業績をあげた販売代理人及びその妻をニューヨークで開催された全国大会コンベンションに招待した。参加者は販売代理人自身が150人，その妻が140人であった（会社による費用負担は1人当たり560ドル）。

日程は，列車での往復を含め2日半であったが，そのうちの半日はビジネス・ミーティングに充てられ，残りはニューヨーク見物と娯楽又は自由時間だった。

参加者は，この旅行で保険会社が負担していた金額を個人所得税の申告上所得に含めていなかったことから，IRSから申告もれがあったとして更正処分を受けた。

連邦地方裁判所（district court）段階及び控訴審とも，この種の費用を保険

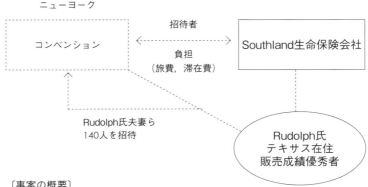

《図表》Rudolph事案のイメージ図

〔事案の概要〕
　保険会社の販売代理人が成績優秀者としてニューヨークで開催されたコンベンションに招待され，旅費，滞在費等の支給を受けた。

〔争　点〕
① 保険会社から支給されたこの種の資金は，受取側の所得を構成するか。
② 所得を構成することとなった場合，必要経費として控除できるのはどの部分か。

〔裁判所の判断〕
① 所得を構成する。
② 必要経費として控除できる部分はない。

会社が負担したのは，成績優秀者に対するボーナス又は報奨金の性質を有するものであるから，個人の収入となるべきものであり，かつ，そのほとんどは物見遊山（primarily a pleasure trip in the nature of vacation）的な性格のものであるから，課税所得の計算上必要経費として控除すべき部分はないとしたため，その取消しを求めて納税者側が上告した。

■主な争点と当事者の主張

1　争　点

　上告審では，納税者側は保険会社によるこの種の負担金が，販売代理人所得を構成するという点については争わず，その分は全てIRC第162条及び財務省規則§1.162-2(a)にいうフリンジ・ベネフィットの必要経費を構成する課税所

得はないとした。

S社は，Rudolph氏夫妻など140名をニューヨークで開催されたコンベンションに招待（費用1人当たり560ドル）した。全3日のうち，半日（昼食時セミナー付き）はビジネスであったが，他は主として観光に充てられていた。

本件事案の主な争点は，保険会社が負担した招待費用がRudolph氏夫妻の課税所得になるか。なるとした場合，必要経費として控除できる部分はあるか。あればそれはどの程度のものになるかである。

2　当事者の主張

(1)　納税者の主張

納税者は，たとえこの種の費用が保険会社によって負担されていたとしても，セミナーへの出席が義務付けられているので，個人の所得には該当しないと主張する。

もし個人の所得に該当するとしても，それらは全て旅費，滞在費等の形で支出されていることから，フリンジ・ベネフィットの計算上必要経費を構成し，控除可能なので課税所得は発生しないと主張する。

(2)　課税庁の主張

課税庁は，招待者はいずれも成績優秀者であり，本件負担金はそれらの者に対する報奨金の性質を有するものであることから個人の所得となると主張する。

また，旅行の内容が殆んど物見遊山的性質のものなので必要経費として控除する部分はなく負担金そのものがRudolph氏の所得となると主張する。

■裁判所の判断

1　連邦地方裁判所及び控訴審の判断……納税者敗訴（課税庁勝訴）

S社が負担したこの種の費用は，保険会社による成績優秀者へのボーナス又は報奨金の性質を有するものであり，受益者たる個人の課税所得を構成する。

また，招待費のほとんどは物見遊山的なものであり，所得を得るために「通常かつ必要な事業経費」ではないので控除できない。

2　連邦最高裁判所の判断……納税者敗訴（課税庁勝訴）

上告不受理（Writ of Certiorari dismissed）。

ただし，Harlan判事（ほか1名同意）による次の意見あり。

「下級審では，コンベンションに出席した費用のうち会社がスポンサーとなった部分は，1954年のIRC第62条により，すべて上告人の所得を構成し，旅行に実際に要した費用は，同法第162条で規定する「通常かつ必要な事業経費（ordinary and necessary business expense）」ではないから控除できないとしている。

しかし，私（Harlan判事）はその意見に同意できない。連邦地裁が認定した事実は，保険会社がテキサスに本部を置き，同地に居住する原告夫妻の雇用者であるというものであった。そして，Rudolph氏は会社の規定する所要の成果をあげたため，1956年にニューヨークで開催されたコンベンションへの参加資格を得るとされた，というのである。」

「また，保険会社は，全体で約8万ドル，参加者1人当たり560ドルを負担していたが，地裁段階ではPatterson v. Thomas事案（289. F.2d 108（5th Cir.））を引用して，保険会社のこの負担分は，ボーナス又はそれに類似した性格を有するものであると決めつけている。」

「しかし，1954年のIRC第61条では，本当にこれらの旅行費用の法人負担分をすべて個人の総所得（gross income）に取り込むといっているのであろうか。同条では，〔グロス・インカムとはその源泉の如何を問わず，サービスの対価等を含む〕としているが，同法第101～121条では，贈与，相続等による利得及び会社から会社の都合上従業員に支給される食事，宿泊者については除外する旨が財務省規則で明らかにされている（Treas. Reg §1.61-1(a)）。」

「また，原告（Rudolph氏）は，本件旅費について，これがグロス・インカムに含まれない旨の主張を行っておらず，フリンジ・ベネフィットに該当する旨の主張をしているが，国側は，Glenshaw事案（Commissioner v. Glenshaw Co., 348 U.S. 426（1955））において，所得に含まれないものの範囲をそれほど明確に定義していない。したがって，これらに関する控訴審の判断にも疑問を呈せざるを得ない。」

「本件の場合，〔旅費〕には食事代，宿泊費，その他それらに附随するものが

含まれており，しかも，それらは，原告らの事業遂行と直接又は間接に関連していたのであるから，個人所得税の課税所得の計算上必要経費として控除が認められるべきである。」

「本件旅行が第一義的に事業関連のものであるか否かについて，個別の事案ごとに判断する（depends on the facts and circumstances in each case）こととされている（同前規則§1.162-2(b)(2)）のであるから，コンベンション出席のための費用が必要経費になるか否かについても同様に考えるべきである（§1.162-2(d)）。」

「ただ，事実認定を行うのは下級審の仕事であり，本案では，明らかにそれらの事実認定が誤りである場合にのみ本案審理に入ることとしているところ，下級審の事実認定に重要な誤りはないので，上告不受理は相当である。」

さらに，Douglas判事（Black判事同意）の次の反対意見がある。

「私（Douglas判事）は本件上告不受理に不同意である。

下級審で示されたコンベンションへの参加費が個人所得税の計算上必要経費にならないという考え方は，議員を始め多くの専門職業家にとって驚くべきことである。」

「財務省規則§1.61-1でも述べられているように，経費の支払いかたには様々な方法があり，使用者がその費用を負担することもあり得る。特に，本件においては，少なくとも一日（実際は半日とランチ込みのセミナー）はビジネス・セッションへの出席が義務付けられていたのであるから，その他の部分が観光等であったとしても，全体を必要経費としても差し支えない。まして，原告は成績優秀者だという理由で参加が認められたのであるから，十分な職務関連性があったとみるべきである。」

「『すべての経費が会社持ち』という点からすれば，本件金員は，賞与（award）的な性格が高いことは事実かもしれない。しかし，従業員は雇用者から種々のフリンジ・ベネフィットを受給しており，財務省規則（§31.3401(a)-1(b)(10)）でも，それらは課税所得にはならないとしている。

本件のような会社費用負担によるコンベンションへの出席が，同規則でいうフリンジ・ベネフィットに該当するか否かは明らかではないが，他のフリンジ・ベネフィットと同様に，それらは従業員の勤労意欲向上のために雇用者によって負担されているのであるから，免税である旨が明記されている旅費，宿泊費

等と同様に扱われるべきである。」

「しかも，財務省規則§1.162-2(b)(1)では，『納税者がその主たる目的が職務関連で旅行した場合であれば，費用とみる』としているのであるから，本件においても全額について控除が認められて然るべきである。それは，妻の場合についても同様である（同規則§1.162-2(c)）。」

「シビル・ローの原則（philosophy）に従えば，夫婦共有財産（community property）の半分は妻のものであり，連邦税法上もそれが認められている。本件の場合，妻の貢献は明らかなので，経費についても同様に考えるべきである。

以上の点を踏まえ，私（Douglas判事）は，保険会社主催によるこの種のコンベンションは，法律家，医師，ビジネスマン，会計士，IRSの調査官などのコンベンションと同様に，議会が別の判断をしない限り，それへの参加は，事業遂行上必要なものであると判断すべきであると考える。」

■解　説

保険会社等が成績優秀者を招待してセミナーを開催するとともに，観光等をあわせて行うことは幅広く行われている。

しかし，わが国の場合，それらについて税務上問題となるものの多くは法人サイドにおいてであり，個人サイドで問題となった事例はあまりない。

その点で，本件判決は，わが国で同様の事例が生じた場合参考となる（ただし，わが国ではそれらに加えて所得の種類も問題となる）。

■わが国の参考判例，裁決例等

○　東京地裁昭和53年1月26日判決・税務訴訟資料97号62頁

「本件一泊旅行において，納税者の業務のために行われたとみうるものは，わずかに日程第一日目の工場見学（一時間程度）と第二日目午前中に行われた原告取扱商品の販売・集金方法・商品の説明（一時間半程度）とがあるにすぎないし，右見学についても，本件旅行参加者が全員参加したのではないこと，納税者が本件旅行参加者（すべて女性）の関心を忖度して日程に入れたものであること等の前記認定事実に照らすと，実質的な納税者の業務研修ということはできない。また，第二日目の原告会社役員の参加者に対する説明も，その所要時間，内容（スライド等を利用するだけ

の簡単なもの。）等からみて，別段250ないし450名を温泉地の旅館に集めて行わねばならぬほどのものではなく，また，参加者の中には数回参加し，右説明の必要もないこと等の事実に照らすと，右の程度では，本件一泊旅行が納税者主張のような業務研修のための旅行であったとは到底認められない。」

> **参考** 所得税法基本通達
>
> （使用人等に対し技術の習得等をさせるために支給する金品）
> 9－15　使用者が自己の業務遂行上の必要に基づき，役員又は使用人に当該役員又は使用人としての職務に直接必要な技術若しくは知識を習得させ，又は免許若しくは資格を取得させるための研修会，講習会等の出席費用又は大学等における聴講費用に充てるものとして支給する金品については，これらの費用として適正なものに限り，課税しなくて差し支えない。（平元直所3－14，直法6－9，直資3－8改正）

第 4 章　その他

◯イントロダクション

　ここでは，第 1 章から第 3 章までには含まれないものの，基本的な概念が争われた事案について紹介する。

　㉘のWilliam Becker事案では，納税者の不利に働く通達の遡及適用が許されるか否かが問題となった。ちなみに，本件では，それ（「通達の遡及適用」）が許されるとしている。

　㉙のCompaq事案は，税務調査段階で立証責任を果たさなかった者が不服申立段階で反証をすることが認められるか否かが争われた事案である。本件は，移転価格課税に係るものであるが，一般性がある事案なのでここで紹介する。

　㉚のRobinette事案は，税務上，当局との間で和解をした納税者が和解条件を履行したか否かが問題となった事案である。裁判所は，和解条件の 1 つである「申告書の提出」とは，「提出日」ではなく「到着日」で判断すべきとしている。

　㉛のPowel事案では，更正できる期間経過後における行政召喚状の強制執行が認められるか否かが争いとなったが，裁判所はIRSの主張を認め執行可能との判断を示している。

　㉜のCox（BMC）事案は，米国の内国歳入庁（IRS）の行政召喚状（サモンズ）（administrative summons）に応じなかった場合における強制執行の可否が争われた事案である。本件において，裁判所は，納税者が要求に応じなかった場合においても，強制執行は無限定に認められるものではないと判示している。

　㉝のS. Loving事案は，法令解釈により申告書作成代理人に資格試験を義務付けることの是非が問題とされた。裁判所は，法令解釈の限量を超えていると判示している。

　㉞のWilliams事案は，わが国の国外財産調書制度に類似した制度違反がペナルティ賦課の対象になるか否かが争いとなった。ちなみに，そこではペナルティ賦課は相当だったとの判示がなされている。

第4章　その他

㉘　納税者の不利に働く通達の遡及適用が認められた事例
―William Becker v. Commissioner, 751 F.2d 146(3rd Cir. 1984)―

■概　説

　法令や通達について，その制定後に過去に遡及して適用することが認められるか否かに関し，刑事関係については，憲法上明文の規定が設けられている（憲法39条）[1]。しかし，行政法の分野においては必ずしも明らかになっていない。

　そのため，例えばわが国でも，平成16年の税制改正において土地建物等の譲渡損失について他の所得との損益通算を認めないこととする改正が行われた際，同改正法の成立以前になされた譲渡について，改正後の法律が適用されるか否かが問題となった。

　この件については，所得税が期間税であることから最終的に「遡及適用あり」ということで納税者敗訴となった（最高裁（二小）平成23年9月30日判決・裁判所時報1540号5頁）が，当時大きな話題となった。

　しかし，このような法令の遡及適用については批判の声もあった。

　その結果，ゴルフ会員権の譲渡損失に係る損益通算を不可とする平成26年の税制改正では，その適用時期を法律成立後の平成26年4月1日以降とする旨が明らかにされている。

　通達改正等についても，法令解釈をより正しいものにするという観点からすれば，公表後から適用ということが原則的な取扱いになる。しかし，そうでないとする考え方もあり得る。

　そこで，今回は，法令解釈通達の遡及適用の可否が問題となった事案に関す

---

(1)　ちなみに，憲法39条では，次のように述べられている。
　　「何人も，実行の時に適法であった行為又は既に無罪とされた行為については，刑事上の責任を問われない。又，同一の犯罪について，重ねて刑事上の責任を問われない。」

る米国の裁判例について紹介する[2]。

■事案の概要

　原告である納税者（William Becker氏）は，退役軍人で，1976年及び1977年にイースタン航空のDC－9のパイロットとして採用された。同氏は，自己の技量を維持・発展させるため，後付けエンジン（rear engine）用の訓練会社で研修を受けることとし，12,250ドルを支払った（1976年に6,150ドル，1977年に6,100ドル）。

　元軍人としての経歴から，William Becker氏は，退役軍人協会から，研修受講に必要な資金の援助を受ける資格があった（38.u.s.c.§1677（1976）による。）。同氏から申請を受け，同協会は，同氏に対し，所要経費の90％相当額を支払った（1976年分として5,535ドル，1977年分として5,490ドル）。

　その結果，William Becker氏の自己負担分（out-of-pocket expense）は，1976年分が615ドル，1977年分が610ドルだった。

　William Becker氏は，内国歳入庁が通達（Revenue Ruling 62－213）及び公報（IRS Pub.No.17 "Your Federal Income Tax"）で，「退役軍人に支給される再就職支援のための現金等については支払分から控除する必要がない。」と書いてあったことから，協会から受けた補助金控除後の金額ではなく，支出した全額について所得控除の対象に含めたうえで申告した。

　なお，William Becker氏には不動産所得等もあったこと等から，申告書提出後，2回にわたって，述べ1ヶ月にわたりIRSの調査を受けたが，再就職支援金については，有効であるとして控除が認められたまま事案が終了した。

　その後，1980年になってIRSが前の通達を改め，新しい通達80－173を出した。そこでは，前述した退役軍人のための再就職支援金については，本人負担分がないので，「本人が実際に負担した分についてのみ控除を認める。」とされていた。

　また，その通達では，「内国歳入法第7805条(b)に基づき，過年度にさかのぼって適用する。」とされていた。その結果，W. Becker氏に対し，過年度に過

---

[2]　ちなみに，米国においては，規則（regulation）及び通達については，遡及適用が可能である旨が法律上明記されている（IRC第7805条(b)）。

少申告があったとして更正処分がなされたことから、同氏が「ゲームが終了してからルールを変更するのは禁反言原則 (es toppel) に反する。」として租税裁判所に訴えを提起した。

訴えを受けた租税裁判所は、納税者の不満については理解を示しつつも、先例がある (Manocchio v. Commissioner, 78 T.C. 989 (1982), aff'd 710 F.2d 1400 (9th Cir. 1983)) として、当局の処分を是認したことから、納税者が判決の取消しを求めて本件控訴に至った。

■主な争点と当事者の主張

1　争　点

本件事案の主たる争点は、改正後の通達の過年度分への遡及適用が許されるのか否かという点である。

2　当事者の主張

(1)　納税者の主張

納税者は、改正後の通達を過年度に遡及して納税者の不利な方向に適用することは、たとえ遡及適用が法令上許されていたとしても許されるべきでないと主張する。

特に、本件においては、過去２回の調査で再就職支援金も含めたところで行った所得計算につき、何らの問題点の指摘もなく、調査が終了した。それにも拘らず、通達改正を理由に、過年度に完了した調査を理由もなく再開し、新しい通達に基づいて更正することは禁反言の原則からいって許されないと主張する。

(2)　課税庁の主張

課税庁は、法令解釈通達が誤っていた (mistake of law) 場合、それを是正することは法令上認められており、何ら問題ないし、禁反言原則にも反しないと主張する。この点は過去の裁判例でも認められているところである (Automobile Club of Michigan v. Commissioner, 353 U.S. 180, 183 (1957))。

IRS長官に与えられているのは法令の解釈権のみであり、法律自体の変更は議会の仕事である。

ちなみに，IRC第7805条(b)では，特段の定めがない限り，IRSの法令解釈通達については遡及適用が認められている。

《図表》William Becker事案のイメージ図

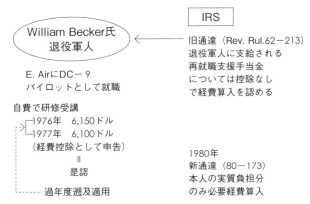

〔事案の概要〕
　旧通達で全額経費算入が認められていた退役軍人に支給される再就職手当金について，新通達で本人の実費負担分とされたが，納税者は研修受講が旧通達時代であったことから，全額について経費算入していたところそれが否認された。

〔争　点〕
　退役軍人が受領した再就職支援金を研修費（必要経費）から控除できないとした新通達を過年度分に遡及適用できるか。

〔裁判所の判断〕…納税者敗訴
　できる（更正処分も可）。

■裁判所（第3巡回控訴裁判所）の判断
　　……納税者敗訴（課税庁勝訴）

本件事案を担当した第3巡回控訴裁判所は，次のように判示してIRSの主張を認め，納税者の請求を斥けた租税裁判所の判決を是認している。

① 「IRSの通達（Revenue Ruling 80-173）では，遡及適用効がある旨を明示してはいないが，別段の定めがない限り，それらの通達が遡及適用されることは，IRC第7805条(b)が当然のこととして予定しているところである。」

② 「過去の最高裁判決（Automobile Club of Michigan v. Commissioner, 353 U.S. 180, 183 (1957)）でも，法令解釈通達において法令の解釈誤り（mistake of law）があった場合には，たとえ納税者がその時点で出されていた通達を信頼して申告していたとしても，後に正しい解釈がなされ，それを過年度分について遡及適用することは問題ないとしている。」
③ 「たとえ納税者がIRS長官の従前のポジションを信頼したことについて合理的な理由があったとしても，IRSが法令の適用誤りを自覚し，新しく出された正しい解釈に基づき過年度分にそれを遡及適用することは，禁反言原則に反することにはならない。」

■解　説

　租税法の分野において遡及立法が許されるか否かについては，現在でも議論のあるところである。特に，平成16年の改正のように納税者の不利になるような形での遡及立法は，納税者の予測可能性や法的安定性を害することになることから，原則として許されないと解すべきであるというのが一般的な考え方である（例えば，金子宏『租税法〔第20版〕』（弘文堂）111, 112頁）[3]。

　また，法令解釈通達についても，それが行政庁内部の指示命令にすぎず，納税者も裁判所もそれに拘束されないとはいうものの，実際には納税者がそれに従っている限り殆んどの場合において問題が生じないこととされていることから，実際には法源と同様の機能を果たしている。

　そのため，通達についても，原則として遡及適用はないと考えるべきであるとする有力な見解がある（同前）。

　このような考え方は米国にもあるようで，例えば，第11巡回控訴裁判所は，IRSによる改正後通達の過年度分への遡及適用は，IRS長官による裁量権の濫用に当たる（abused his discretion）として処分の取消しを命じている[4]。

---

[3]　ちなみに，そこでは「納税者の有利に変更する遡及立法は許されると解してよいが，不利益に変更する遡及立法は原則として許されないと解すべきであろう。」としたうえで，平成16年の改正を「一種の遡及立法」であるとしつつも，「それが許されるかどうかは，そのような改正がなされることが，年度の開始前に，一般に周知され，十分に予測できたかどうかにかかっていると解すべきであろう。」としておられる。

[4]　なお，IRS長官による裁量権の濫用がないとした判決においても，例えば，Becker v. Commissioner, 85 T.C. 291 (1984) におけるGoffe判事の反対意見がある。

「IRS長官によるかかるアクションは，所得をかくしていたとか払っていなかったというような者に対して取られるべきものである。」

「私は，本件はアンフェアな取扱いになっているという納税者の見解に同意するものである。IRS長官による本件処分が納税者の反発的コンプライアンスの向上に資するものとは思えない。」

■わが国の参考判例，裁決例等

本件判決と同じ考え方はわが国でも用いられている。例えば，長い間物品税が非課税とされてきたパチンコ球遊機について，それを課税対象とする旨の通達が制定されたことに伴い課税対象とされた事例がそれである。

○ 最高裁（二小）昭和33年3月28日判決，民集12巻4号624頁

ちなみに，この事例では，最高裁において通達の内容が法の正しい解釈に合致するものである以上，本件課税処分は法の根拠に基づく処分と解すべきであるとの判示がなされている。

そのような観点からすれば，本件事例は，やや違和感の残る判決である。

（憲法84条との関係）

憲法39条では，遡及処罰の禁止については言及されているものの，租税法律主義について規定した同84条では，遡及適用を禁止する旨の明文の規定は置かれていない。したがって，論理的には遡及適用は可能である。

しかし，明文の規定が置かれていないからといって遡及適用が自由に認められることになった場合，結果的に租税法律主義が実質的意味を有しない結果をもたらすことになってしまう。

したがって，同条の規定には，このような遡及立法を禁止する趣旨を含んでいると解すべきであろう[5]。

「もしIRS長官が納税者の自発的コンプライアンスを向上させたいと願うのであれば—そして，それは我々が課税当局に最も期待しているところであるが—，彼は取るに足らないような小さな歳入ロス（insignificant loss of revenue）よりも，（コンプライアンスの向上という）もっと大きな要因を重視すべきである。私（Goffe）の前に現れた納税者の受けとめ方は，自分がアンフェアな取扱いを受けているというものであったし，自分としては，納税者の主張するそのロジックと争うことは困難である。これらの納税者は，既公表の通達に従って正しい申告をしようとしたまでであり，IRS長官が数年後に自分の考え方を変えたことから問題にされただけである。」

[5] 例えば，前掲注(3)金子著112頁。

第4章　その他

㉙　課税処分取消しを求める不服申立て段階における立証責任は納税者側にあるとされた事例
—Compaq Computer Corporation and Subsidiaries v. Commissioner, 78 T.C.M. 20（1990）—

■概　説

　わが国の場合，更正処分における立証責任は課税庁が負うこととされている。それに対し，米国では，更正段階における立証責任は原則として納税者が負うとされている。しかし，移転価格課税の場合にあっては，この点がややあいまいとなっている。

　IRSは，米国の納税者の所得配分にゆがみがあると判断した場合には，更正処分を行うことができることとされているが，一般的には，更生処分に先立ち，意見書（proposal letter）の形で課税庁の意見を開示し，納税者と議論した上で最終的な更正通知が発出される。その段階で納税者が十分な反論ができない場合には，IRSが更正通知書を発出することになるが，問題は不服申立て段階で納税者が有効な反証を提出した場合，どのようになるのかという点である。

　本件ではそれが争いとなった。

■事案の概要

　Compaq Computer Corporation（以下「Compaq US」という。）は，1982年に設立された米国法人であるが，問題となっている年度の1991年と1992年に，中央演算処理装置（以下「CPU」という。）を製造していた。CPUの主要な構成部分（コンポーネント）は，プリント回路アセンブリ「Print Circuit Assemblies（以下「PCA」という。）」である。

　Compaq USは，3つの供給元からPCAを調達していた。Compaq USは，PCAを自社製造するほか，シンガポール子会社Compaq Asia（Pte）Ltd.（以下「Compaq Asia」という。）及び主に米国に所在する非関連の下請会社からPCAを購入していた。Compaq USは，1991年と1992年にPCAの約50％を

Compaq Asiaから購入していた。

　Compaq USは，品質管理を維持するため，PCA製造の厳格な基準を設定していた。Compaq Asiaは，Compaq USがアジアの第三者から十分な品質のコンポーネントを低コストで入手することができなかったため設立された。Compaq Asiaの工場は，親会社であるCompaq USをベースに設計されており，同社と同様のレイアウトと機器モデルを使用していた。非関連の下請会社も，原則としてCompaq USと同じ製造機器，テスト機器及びテストプログラムを使用することを要求されていた。Compaq USは，こうした機器とプログラムに精通していたため，下請会社の段階で生じた問題に，より迅速かつ効率的に対処することが可能であった。

　IRSは，Compaq AsiaとCompaq USの間のPCA取引について移転価格調査を行った。その結果，Compaq Asiaの利益が過大であるとして，Compaq USに対し，1991年に1億2,400万ドル，1992年に9,000万ドルの更正（adjustment）を行った。更正処分に当たって，IRSは原価基準法（以下「CP法」という。）を採用していた。

　この処分の取消しを求めて納税者（Compaq US及びCompaq Asia）が出訴した。

　Compaq USは，裁判に先立ち，その標準的な原材料費及び非関連のサプライヤーとの取引に基づく独立価格比準法（以下「CUP法」という。）分析を行った。この分析により，Compaq Asiaの請求価格は非関連の下請会社の請求価格を下回っており，独立企業間価格であることが示されたと主張した。

■主な争点と当事者の主張

1　争　点

　本件事案の主な争点は，IRSによる更正が恣意的なものであったか否かという点（争点1）と，不服申立て段階において納税者が主張したCUP法による立証がIRSの主張したCP法による更正をくつがえすこととなった場合，どちらの算定方法が独立企業間価格の算定方法としてより適切かという点（争点2）である。

2　当事者の主張

(1)　納税者の主張

（争点1について）

この点について，納税者は，IRSがCP法に基づき行った課税は「恣意的，独断的」なものであり，内国歳入法第482条規則の要件を充足していないので更正は許されないと主張する。

（争点2について）

この点について，納税者は不服申立て段階において十分な立証をしており，かつ，独立企業間価格の算定方法としてCUP法の適正性が証明されたので，IRSの更正処分は取り消されるべきであると主張する。

(2)　課税庁の主張

（争点1について）

この点について課税庁は，「租税回避を防止し又は所得を明確に反映させるために」必要な場合には，内国歳入法第482条に基づき，関連者間において「総所得，損金，控除又は費用の配分，割当て又は配賦」を行うことが認められており，IRSが内国歳入法第482条に基づく更正通知によってIRSのオプションを提示後，納税者は，当該更正が「恣意的，独断的又は不当」であるとして，不服申立てをする場合には，申立人である納税者が立証責任を負うというのが米国のシステムである。そこで，納税者が，この要件を満たすためには，IRSの処分が「裁量権の濫用」であることを立証しなければならないが，納税者はその義務を果たしていないと主張する。

■裁判所（租税裁判所）の判断……納税者勝訴

1　争点1について

租税裁判所は，IRSが採用したCP法分析において使用された原材料費及び人件費に関するマークアップ（マージン）は過大であったと判断した。その上で，租税裁判所は，業界の標準的なマークアップ（マージン）は大幅に低いのに，IRSはその差異について何ら説明を行っていないと断定した。

そして，IRSの更正通知に示された数値と，Compaq USがCUP法分析にお

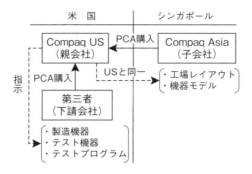

《図表》Compaq事案のイメージ図

〔事案の概要〕

① Compaq US（親会社）は，Compaq Asia（子会社）及び米国内の下請会社から同種のPCAを購入。
② Compaq USは，Compaq Asiaの工場レイアウト，機器モデルにつきCompaq USと同様のものを使用するよう指示（下請会社に対しても，原則として同じ製造機器，テスト機器，テストプログラムを採用するよう要求）。
③ IRSは，Compaq Asiaからの輸入価格が高すぎるとして，CP法に基づきCompaq USに対し移転価格課税を行う。
④ Compaq USは，本件取引にCUP法が適用されるべきであるとした上で，原処分の取消しを求め提訴。

〔争 点〕

① 課税庁の処分取消しを求める場合，立証責任はどちらが負うのか（争点1）。
② 本件取引における独立企業間価格の算定方法はCP法，CUP法のいずれによるべきか（争点2）。

〔裁判所（租税裁判所）の判断〕

① 争点1について…処分取消しを求める側（本件でいえば納税者サイド）が負う。
② 争点2について…本件取引については，CUP法適用が相当である。

いて独立企業原則に即していることを示した数値に大幅な開差があることに鑑み，租税裁判所は，「〔IRSの〕所得配分は不当な結果をもたらすものであり，恣意的，独断的かつ不当なもの」であり，Compaq USは十分な立証責任を果たしていると判示したのである。

2 争点2について

租税裁判所は，Compaq USがCUP法分析の際に選定した取引は，同社と非関連の下請会社との間の取引で実体のあるものであり，通常の業務において行われたものであったという判断を下した。その上で，同裁判所は，「Compaq USは非関連者取引をしていたとされる下請業者をサブカテゴリーに細分化し，物理的違い，製造時期の違いに関する調整を行うとともに，再加工率の差異に関する調整も行っていた。」と認定した。また，「支払条件，使用した無形資産，輸送・通関費用，設置・解約費用，在庫リスクの差異に関する調整も行っていた。」と認定した。

このような分析結果を踏まえ，租税裁判所は，「財務省規則§1.482-2A(e)(2)が要求するとおり，価格に及ぼす影響は『確実，かつ合理的に調整可能』であるから，Compaq USの行ったすべての調整は合理的である。」としてこれを支持し，「すべての調整を検討した結果，Compaq Asiaの請求価格は，非関連の下請会社の請求価格を下回っていたので，Compaq USは，Compaq Asiaの請求価格が独立企業間価格であることを立証していた。」と判示した。

■解　説

周知のように，米国では立証責任は原則として納税者の側にあるとされている。本件でも，課税処分の取消しを求める納税者の側に立証責任があるとされた。しかし，納税者が自己の正しいことを立証できた場合には，課税処分は取消しとなる。

わが国の場合，立証責任は原則として課税庁側が負うとされているが，課税庁が合理的根拠を示した後は，それに対する反証責任は納税者側に転換される。その意味で，立証責任の問題はキャッチボールにおけるボールの投げ合いに近い側面を有している。

■わが国の参考判例，裁決例等

移転価格課税をめぐる係争案件において，基本三法以外の算定方法を用いる場合の立証責任について次のような注目すべき判決（アドビ事件）が出ている。
○　東京高裁平成20年10月30日判決（平成20年（行コ）第20号）・税務訴訟資

料258号順号11061

「独立企業間価格の算定に当たり，基本三法以外の方法で課税するためには課税庁が基本三法を用いることができない旨の立証責任を負う。しかし，課税庁はその主張立証責任を果たしていないので，課税庁の算定方法を使用して得られた独立企業間価格の算定も違法となる。」

第4章　その他

㉚　納付困難時における税務上の和解とその履行の責任は納税者にあるとされた事例
――Robinette v. Commissioner, 123 T.C. No.5（2004）――

■概　説

　法律で決められた納税義務は履行しなければならない。したがって，納期限を過ぎても納税がない場合には督促状が発送され，それでも納付がない場合には，滞納処分として差押え等がなされる。また，正しく納税した者との間の負担の公平を保つ観点から，滞納に係る税（加算税，延滞税を含む。）については，災害等の場合を除き減免等の措置は講じられていない。

　米国でも，基本的にはわが国と同じシステムとなっている。しかし，IRSは状況に応じ，納税者との和解（compromise）により滞納金額の圧縮を図ることが認められている。しかし，そのためには和解条項の遵守が必要とされている。

　本件においても和解条項の遵守とその履行が問題となった。

■事案の概要

　原告であるRobinette氏は1983年分の所得税等として負っていた総額100万ドルにのぼる租税債務について，IRSに対し1995年に和解の申出（offer in compromise）をした。

　和解の内容は，Robinette氏が10万ドルを即時納付することと引き換えに，残りの租税債務を免除して欲しいということだった。IRSはこの申出に合意した。そこで納税者は即金で1,000ドルを納付するとともに，残りの9万9,000ドルについては近日中に納付する旨約束した。同時に，同氏は，1995年以降5年間にわたる税の申告納付を行うことについても同意した。

　しかるに，IRSは，Robinette氏の1998年分の所得について申告がなかったと断定し，それによって当初の和解は無効になったと主張した。その結果，IRSは，

2000年に同氏に対し賦課決定処分（levy）を行う旨通知するとともに，同氏に対し，不服があれば聴聞に応じる旨の通知（アドヴァイス）も行った。「聴聞会（CDC hearing）」は2001年に行われた。その席で同氏は，1998年分の申告は会計士に依頼し郵送したが，途中で行方不明となったものであるが，1999年10月15日に本人に戻ってきたと主張し，会計士の証言も証拠として提出した。そして，返戻されてきた申告書については，再度サインをした上でIRSに送り返したはずだと主張した。聴聞会の担当官は，書留便等でない限りその事実が証明できないとして，IRSに郵便収受記録の提出を求めた。

しかし，IRSには，それらの申告書を受理したとの記録は残されていなかった。なお，聴聞会では，Robinette氏が申告書の提出期限をいつも10月15日まで延長している習慣があるという点については考慮していなかった。

なお，聴聞会の担当官には，和解内容の回復（reinstate）に関する権限は与えられておらず，IRS本庁のみがその権限を有していた。そこで，Robinette氏が当該和解の実行を求めて租税裁判所に訴えを提起した。

■主な争点と当事者の主張

1　争　点

本件事案の主な争点は，納税者（Robinette氏）が1998年分の申告書を実際に提出していたかどうかという点である。

2　当事者の主張

(1)　納税者の主張

納税者が申告期限の延長を申請し，IRSがその申請を受け入れたことは，会計士の記録等からも明らかとなっている。会計士の当日の行動記録によれば，1999年10月15日午後4時頃に会計士は自分の事務所を出て8時45分～9時頃に納税者宅（Robinette氏宅）を訪問し，申告書に本人のサインをもらった上で，午後11時頃に事務所に戻り，11時59分にそれらの書類を投函した。

投函記録は，会計士の私書箱でその記録が残されており，宛て先はIRSとなっていた。ちなみに，その消印は1999年10月15日と読めた。

《図表》Robinette事案のイメージ図

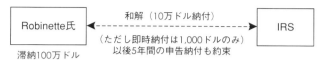

〔事案の概要〕

① Robinette氏は、滞納100万ドルにつき10万ドル納付及び以後5年の申告納付を約束することでIRSと和解（ただし即時納付は1,000ドルのみ）。
② Robinette氏がこの条件を実行しなかったため、IRSは和解を解消。

〔争　点〕

納税者（Robinette氏）による和解条件不遵守は和解解消の原因となるか。

〔裁判所（租税裁判所）の判断〕…形式的には納税者敗訴

和解解消の原因となる。
ただし、本件では、再度聴聞会開催が命じられたことから、納税者の主張が実質上認められた形となっている。

(2) 課税庁の主張

IRSは、納税者の主張する記録なるものは会計上の私的なものにすぎず、行政庁の公式記録ではないので、信頼性に欠けると主張する。

そして、納税者であるRobinette氏がIRSとの和解契約を履行しなかった（breach）以上、IRSとしては和解内容に拘束される理由はなくなったと主張した。あわせて、納税者が提出できる記録は行政当局の記録に制限されるべきであるとの主張も行った。

(3) 課税庁の主張に対する納税者の反論

それに対し、納税者は、IRSとの約束は履行しており、1998年分の申告もしているし、自分はいつも申告期限の延長を求めているので、それに関し当局に何らかの記録が残されているはずであるので、それを開示すべきだと反論した。

■裁判所（租税裁判所）の判断……納税者（実質）勝訴

訴えを受けた租税裁判所は、IRSが納税者との間で交わした約束について、「納税者がその内容を履行できなかったときは、当初の約束はなかったことになることにしなければ、和解自体の意味が薄れてしまう。」とのIRSの主張に

は理解を示しつつも，本件については，会計士の証言等からRobinette氏が毎年のように10月15日まで申告期限を延長していたことは明らかであると判断されるので，改めて（a de novo）聴聞会を開催すべきである旨判示した。

本件において，租税裁判所は，申告書は原則として発送時ではなくIRSの到着時に初めて申告があったとみるべきであるとのIRSの主張を受け入れつつも，一般的には投函時をもって申告があったと扱うべきであるとしている。その上で，たとえ，行政記録上申告書の提出の事実が確認できなくても，他の記録等によってその事実が客観的に確認できる場合には，申告があったとみるべきであるとしている。

■解　説

IRSと納税者との和解について，米国では，納税者が申請すれば，IRSはいつでも和解に応じてくれると考えられている。しかし，実際にはかなり厳しい条件が付されている。したがって，滞納事案についても，数百万件ある事案のうち，本件のように和解により滞納金額の切捨てが認められるのは，ほんの数パーセントにすぎないというのが実情である。また，いったん和解が成立したとしても，納税者が後日和解条件に反した場合には，強制執行等の対象とされることになるので注意が必要である[1]。

また，本件では，納税者が裁判所の採用できる証拠は行政上の記録のみに限定されないと主張しているのに対し，IRSはその対象を行政上の記録のみに限定すべきとして真っ向から主張が対立している。

一般に，租税債務の存否が争われている場合，納税者がこれを争う最も適切なやり方は，当局による「裁量権の濫用（abuse of discretion）」であるとするものである。このような訴訟の申出であれば，裁判所としては，過去の判例等に準じ，それが裁量権の濫用に当たるか否かを個別に判断すれば済む。

しかし，本件では，租税裁判所も強調しているように，和解契約の効力自体が争いとなっている。すなわち，契約の一方の当事者である納税者が和解契約の内容を履行しなかったときに，他方の当事者であるIRSが和解契約自体が無効になったとして，残りの税額自体の徴収を行うことが認められるか否かとい

---

(1)　和解の詳細については，内国歳入法第7122条及び財務省規則§301.7122-1参照。

うことである。その前提となっているのが，1998年分の申告書が約束どおり期限内に提出されていたか否かという点である。

本件において，租税裁判所は，聴聞会自体が非公式なものであり，納税者（及びその代理人）とIRSの担当官が対面方式で協議をしたり，場合によっては文書でのやり取りで済ませることもあるという手続の簡便性があることから，聴聞会のやり直しを命じている。

しかし，納税者の和解条項不履行を理由に，納税者敗訴の判決が下されている例も多い。例えば，遺産税の延納案件で延納条件どおり履行しなかった場合，それ以降の延納が取消しになるとか，週払いの約束をしていながら履行していないときに，残り分がすべて取消しとされた事例などである。

> **参考　米国における税務上の和解（compromise）**
>
> 「和解の申出（offer of（又はin）compromise）」は，当事者の一方から事態解決のための訴訟その他法的アクションの回避策又は防止策としてなされる友好的（amicable）な解決策の一方式である（Bryan A Garner "Blacks Law Dictionary" 7th Ed）。IRSは，査察案件又は通常の民事案件について，司法省に告発又は国側被告として相談する前に，租税債務について納税者と和解することが認められている（IRC第7122条）。
>
> 和解の申出は，様式4330A（個人）又はB（法人）によりなされる（Treas. Reg. §601.203(b)）。IRSがこの申出を受け入れたときは，納付税額（利子税，加算税等を含む。）及び納付時期については合意内容に応じて行われる。申請には150ドルの手数料（事前納付）を要する（Treas.Reg. §303.3）。具体的手続等については，Rev.Proc.2003-71で詳細に規定されている。

わが国の参考判例，裁決例等

わが国では，滞納事案について米国のような和解制度は存在していない。したがって，これに類する判例，裁判例等も存在していない。

第4章　その他

㉛　更正期間経過後の再調査を求める行政サモンズの強制執行が認められた事例
―United States v. Powell, 379 U.S. 48 (1964)―

■ **概　説**

　日本の場合，査察調査（いわゆる犯則調査）では，裁判所から強制捜査を認める「令状」を得て調査が行われるのが一般的である。

　しかし，通常の調査（いわゆる任意調査）では，調査に応じるか否かは納税者の任意としつつ，それに応じなかった場合には罰則の適用対象となる（通則法127，国犯法19の2）ということで，間接的な強制をしている。ちなみに，米国では，「行政サモンズ（Summons）」がこれと同様の役割を果たしている。しかし，その対象範囲はわが国のそれに比してかなり広い。その結果，査察調査だけでなく，例えば，ウェルズ・ファーゴ銀行に対し，名あて人なしのサモンズ（John doe Summons）が発出される（2013年7月）など一般の調査（いわゆる任意調査）にも用いられている[1]。

　しかもサモンズに従わなかった場合には，罰則が適用されるなど厳しいものとなっている（IRC第7609条）。

　そのため，サモンズが発出できるのはどのような場合なのかを巡って争いとなることが少なくない。

　特に，いったん通常の税務調査が行われて，更正期間（いわゆる更正時効）経過後に出されるサモンズについて問題となる。

　本件はその先例となったケースである。

---

(1)　ただし，取引先や銀行等の第三者に対しこれを発出する場合には，納税者に対し，原則として事前にその旨及び内容等について説明しなければならないこととされている（IRC第7602条）。

■事案の概要

納税者（法人）は，自己の提出した1958年～1959年分の税務申告書に対し，通常の更正期間内にIRSの税務調査を受けたが，その時点では不正等があったとの指摘はなく，更正期間が満了した。

その後1963年3月になって，IRSの査察官（Special Agent）から，1954年の内国歳入法第7602条⑵の規定に基づきPowell氏が会長を務めるWilliam Penn Loandry社（以下「W.P.L社」という。）の1958年分及び1959年分の申告に関連する資料を提出するとともに証言（testimony）するよう求める行政サモンズが発出された。

Powell氏は出頭はしたものの，申告関連資料については，既に過去に調査を受け，不正等がなかったこと，及び3年の更正時効が経過していることを理由

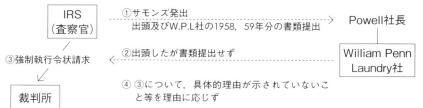

《図表》Powell事案のイメージ図

〔事案の概要〕
① IRSの査察官がPowell氏に対して本人の出頭及び同氏が代表を務めるW.P.L社の1958年分及び1959年分の申告内容等に関する資料提出を求めるサモンズ発出。
② Powell氏，IRSに出頭するも会社に関する資料提出なし。
③ IRS，資料提出を求めサモンズの強制執行を裁判所（地裁）に要請。
④ Powell氏，サモンズの強制執行請求内容の理由等が不明確として拒否。

〔争　点〕
このような場合，サモンズの強制執行ができるのか。
・納税者の主張…できない。
・課税庁の主張…できる。

〔裁判所の判断〕
・連邦地方裁判所…できる（○）。
・控訴裁判所………できない（×）。
・最高裁判所………できる（○）。

に提出を拒否した。そして，IRSがそれでも提出を求めるのであればIRSは当該法人に不正（fraud）があることを立証しなければならないと主張した。

しかし，査察官はその根拠を示すことを拒否したため会見は終了した。

その後，IRSはペンシルバニア東部連邦地方裁判所に前記行政サモンズの強制執行を求めて出訴した。その際，査察官は強制執行を求める宣誓供述書（affidavit）の中でW.P.L社の1958年分及び1959年分の申告書に脱税の疑いがある旨を記載した書類を提出した。

訴えを受けた裁判所は，査察官に対し，同社の記録を再調査するため1時間の制限付きでそれを許可した。

そこで，査察官はPowell氏に対し，W.P.L社の1958年分及び1959年分の申告書について再調査する旨のレターを送付した。しかし，そのレターでは，W.P.L社が経費を過大計上していると指摘するのみで，脱税の具体的内容は示されていなかった。

Powell氏はこれを不服として控訴した。控訴審（325 F.2d 914）では，納税者に不正があるとIRSが証明できない限りサモンズの強制執行は禁じられているとするIRC第7605条(b)(2) の規定を根拠にIRSが不正ありと信ずる合理的又は可能性のある証拠（reasonable grounds or probable cause to suspect fraud）を示さない限り「不必要な調査」を禁止しているが，本件事案において査察官が裁判所に提出した宣誓供述書（affidavit）からは納税者が不当に過大な経費控除をしていると信ずるに足る十分な証拠が示されていないとして納税者の請求を認め地裁の判決をくつがえしたため，IRSが上告した。

---

(2) IRC第7605条(b)では，いったん実施された案件について，納税者が令状なしで事後的な強制調査を受けることがない旨の保証をしている。
　しかし，そこでの禁止規定は包括否認（blanket prohibition）ではない。
　例えば，United States v. Crespo事案（281. F.Supp 928, U.S. District Court of Maryland…1968）では，IRSの担当官による1964年3月期及び1965年3月期の調査が完了していなかったとして，IRSによるこれら2年度分の再調査は強制調査を許可する令状がなくても再調査ができるとしている。

■主な争点と当事者の主張

1 争　点

本件事案の主な争点は，IRSによるサモンズの強制執行申立てが内国歳入法上許されるものであるか否かという点である。

2 当事者の主張

(1) 課税庁の主張

① Powell氏が社長をしているW.P.L社の1958年分及び1959年分の申告には脱税の疑いがある。脱税に時効はないので，たとえ，通常の更正時効である法定申告期限から3年経過後であっても，同社を調査するうえで，必要があれば，サモンズの発出も認められる。

② サモンズの強制執行[3]を求める訴えの提起に当たり裁判所に提出した宣誓書の中で，経費が過大であり脱税の疑いありとしているので，それ以上詳細に脱税容疑の具体的内容を記載する必要はない。

③ 納税者は，サモンズの提示を受け，査察官とのミーティングには応じたものの，関連資料の提示もしなかったのであるから，その強制執行を求める訴えは正当であり，それを認めなかった控訴審の判断は誤りである。

そもそも，査察官は裁判所に提出した宣誓供述書のなかで更正期間内に納税者に調査が行われた旨を明らかにしており，かつ，納税者あての文書の中で国税局長の判断により当該納税者の1958年分及び1959年分の申告書に過大経費を不正に（fraudulently falsified）計上している疑いがあるので再調査の必要がある旨も明記されている。

④ また，地方裁判所でのヒアリングにおいて納税者が資料提出を拒否し，IRSに対し脱税と疑う証拠を示すよう求めたことなどから地方裁判所がサモンズの強制執行の要ありと判断したことに誤りはない。

---

[3] サモンズを執行するためには，わが国の強制調査の場合と同じく，裁判所の許可が必要とされている。

(2) 納税者の主張

① Powell氏が社長をしているW.P.L社の1958年分及び1959年分の申告書については既にIRSが調査を完了している。それにもかかわらず再度これらの年度分を調査対象にするということは，IRC第7605条(b)により許されない。

② W.P.L社の1958年分及び1959年分については更正時効（3年）を経過している。

③ IRSがW.P.L社に脱税の疑いありと主張するのであれば，IRSはサモンズにその根拠を示すべきであるが，示されていない。したがって，サモンズの強制執行を求める訴えは認められない。

参考1　米国における税務調査のイメージ

第1プロセス
　1　一般の調査（任意調査）
　　署内調査（Office Audit及びCorresponding Audit）
　　実地調査（Field Examination）
　調査方法
　　帳簿書類等の検査及び納税義務者に対する質問
　　IRC第7601条，7602条(a)

第2プロセス
　2　行政サモンズ（Administrative Summons）発出（1に応じない場合）（IRC第7602条(a)(2)）
　次の事項を記載したサモンズ（文書）を納税者（又は第三者）あてに送付
　・出頭日及び出頭すべき場所
　・提示又は提出すべき帳簿書類等の内容
　・証言内容
　・第三者に対するものである場合には納税者本人にも通知
　　　　↓
　　違反者にはペナルティ（民事）賦課

第3プロセス（2に応じないとき）
　裁判所への執行申立て許可申請
　　　　↓
　　違反者には刑罰の適用あり

■裁判所の判断

1 連邦地方裁判所の判断……納税者敗訴（課税庁勝訴）

IRSは必要な根拠を示しているとしてIRSの主張を容認。

2 控訴審（第2巡回裁判所）の判断……納税者勝訴

本件で問題となっている申告書に係る更正可能期間はすでに経過しており，再調査が可能なのは納税者の帳簿等（records）に不正（fraud）がある場合に限られている（IRC第7605条(b)）。

ちなみに，同条は，「すでにクローズした年度について再調査をするためには合理的な者であれば申告内容に不正があると疑うに足る相応の理由がある。」と信ずる場合でなければ「不当な調査（unnecessary examination）」に当たるというように解すべきである。然るに，本件においては課税庁側がPowell社に不正ありとする理由を明確に示していないのであるから，サモンズの強制執行を認めた地方裁判所の判断は誤りであり，取り消されるべきである。

査察官が提出した宣誓供述書は，サモンズの強制執行を求める合理的な理由を充たすに十分な証拠とはなり得ない（not sufficient to satisfy its test of probable cause）。

3 連邦最高裁判所の判断……納税者敗訴（課税庁勝訴）

連邦最高裁判所は，次のような理由で原判決を取り消し，本件事案を原審に差戻している。

① 「IRSが再調査を求める際，脱税があったと疑うに足る十分な資料を裁判所に提示できない限りサモンズの強制執行を求めることができないとする控訴審の解釈は，IRSの調査権限を大幅に制限することになる。このような解釈は，IRC第7605条(b)の立法趣旨からみても取り得ない。」
② 「IRSは，必要と認める合理的な理由があれば，3年間の更正時効の前であるか経過後であるかにかかわらず，サモンズの執行（enforcement）を求めることができる。」
　「財務長官又は彼の委任を受けた者は，調査終了後再調査が必要と判断

したときは，納税者に文書でその旨を通知することにより再調査を実施することができる。」[4]

「このことは，納税者が裁判所の聴聞会（hearing）において，正当な理由をあげて，サモンズの執行要求に根拠がない旨の反証をする権利を阻害するものではない。」

この点についてはすでに先行事例（Reisman v. Caplin, 375 U.S. 440）でも明らかにされている。

③　もし納税者がそれに不同意なのであれば，ヒアリングにおいてサモンズの正当性について争うことができることとされているのであるから，裁判所が（筆者注：課税当局側からの）要請を受けて行政サモンズの強制執行を認めたプロセスが法の濫用に当たるとして争うべきである。

しかし，裁判所が行政庁からなされたこの種の要請が「法の濫用（abuse of law）」に当たると判断することが認められているのは，法の趣旨からして，行政庁からなされたサモンズの強制執行目的が納税者に対する脅迫（harass）若しくは他の係争案件について妥協を迫るなど，行政庁による不適切な目的でなされた要請等に限られると解すべきである。

この種の手続に係る行政庁による法の濫用に当たるか否かの立証責任は納税者側にあるとするのが当裁判所の判断である。

④　本件の場合通常の更正期限が経過しており，IRSがその間に調査を行っていることは明らかであるが，IRS側で再調査が必要であると判断してサモンズを発出し，納税者側から満足な口頭回答や帳簿，書類等の提示もなかったということなので，当該サモンズの強制執行を求めた行政庁（IRS）側の手続きに違法な点はない。

また，納税者側から当該サモンズの強制執行を求める訴えが法の濫用に

---

(4)　ちなみに，同事案ではIRC第7604条(b)が問題となったが，そこでは，サモンズの強制執行を認めるか否かの判断は，基本的には裁判所の一般的権限の範囲内であり，IRS長官のサモンズ発出が以下のような適切な手続に従って行われている（by appropriate process）限り，それに従わなかった者に強制執行を認めたことは正当である。
1　調査展開が合法目的（legitimate purpose）で行われていること
2　当該照会がその目的に沿って（relevant）いること
3　要請に係る情報がIRSの手許に存在していないこと
4　執行上の手続が法の定めるところに従っていること

当たる旨の立証もなされていない。

したがって，サモンズの強制執行を認めた連邦地方裁判所の判断を認めなかった控訴審の判決は取り消されるべきである。

> **参考2**
>
> **IRC第7602条**
>
> 申告書の適正性を担保するため……財務長官又はその委任を受けた者は，次の権限を与えられる。
> (1) 帳簿，書類・記録若しくはその他のデータを検査（examine）すること
> (2) 納税義務者に対し，それらの義務履行を求め，財務長官又はその委任を受けた者（以下単に「担当者」という。）の指定する時間，場所に出頭（appear）し，質問にこたえるとともに関連する帳簿，書類・記録若しくはその他のデータを担当者に提出すること
> (3) 証言をする場合，それらの者（the person concerned）は担当者の質問に宣誓のうえ（under oath）行うこと
>
> **IRC第7602条(b)**
>
> 内国歳入法の規定に基づき出頭，証言，帳簿書類等の提出を求められた者に対し，それらの者の住所地を管轄する連邦地方裁判所は，適切な手続を経ることを条件に，それらの者に対し，出頭し，証言し，又は帳簿書類等の提出を命じることができる。
>
> **IRC第7604条(b)**
>
> IRC第6420条(e)(2)，第6421条(f)(2)又は第7602条に基づいて発出されたサモンズを無視し若しくはそれに従うことを拒否した者，又は帳簿，書類，記録等の提出を拒否し，又は証言を拒否した者に対し，財務長官若しくはその委任を受けた者は，それらの者の住所地を所轄する連邦地方裁判所若しくは内国歳入庁長官に対し，それらの者の意図に反する付属資料等を付したうえでサモンズの強制執行を求めることができる。
>
> 当該要請を受けた地方裁判所の判事又は長官は，それらの申請者に十分な証明（satisfactory proof）がなされていると判断した場合には，適切と思われる職員に対し，サモンズの要請に応じなかった者を逮捕し，出頭を求め，それに反した場合には，それらの者に対し処罰しなければならない。

■解　説

IRSは，内国歳入法に従い，納税者の適正なコンプライアンスを確保するため，帳簿書類の検査，証言請求権（compel the testimony of witnesses）など

幅広い権限を付与されている（IRC第7602条）。

　IRSのこのような権限は，一般に「サモンズ・パワー」と称されている。それは，IRSには裁判所に対し，サモンズの強制執行を求める権限が与えられているためである（IRC第7604条）。

　しかし，これらの権利が，脱税事案（criminal cases）のみに限定されているのか，それとも通常の事案（mixed civil and criminal）にも及ぶのかについては，従来から論争の的となっていた。

　通常の場合，サモンズが発出されると，それに従わなかったときは，IRSが裁判所に強制執行を求めるため，納税者はほとんどの場合それに従っている。しかし，中には，IRSの強制執行要求が裁判所で認められなかったり，認められたとしても，本件のように，納税者が反証してその有効性を争うという事例も存在している(5)。

　本件判決は，サモンズの強制執行を求める際，IRSがどの程度のことを立証すれば，裁判所から強制執行の許可を得ることができるのかについて，明確な判断を示した先例的な事例であるとされている（例えば，Camilla E. Watson, Brookes D. Billman Jr. Federal Tax Practice and Procedure-cases, Materials and Problems. PP252-254. Thomson West）。

　米国では，納税義務のある者（liable for any tax）は，帳簿書類等の作成，保管義務を負うとされている（IRC第6001条）。

　しかし，この規定が，サモンズなしに政府（IRS）にそれらの資料等の提出を義務付けているのか，それともサモンズの発出がなければIRC第7602条の強制ができないものなのかという点については，争いのあるところである（同前書P253）。

　それは，IRC第6001条で義務付けられているのは，作成及び保存（make and keep）のみであり，提出義務に関する規定が存在していないためである。

---

(5) 課税庁側から要請があった場合，裁判所がそれをほぼ自動的に認めるべきか否かについては，裁判所に自由裁量権があると解すべきとの有力な反対意見もあった（Douglas判事，Stewart判事及びGoldberg判事）。
　　ちなみに租税事件ではないが，United States v. Morton Salt Co.,事案（338 U.S. 632）では，連邦貿易委員会（Federal Trade Commission：以下「FTC」という。）がMorton社の所持している資料の提出を求めサモンズの強制執行を裁判所に要請したのに対し，裁判所は行政権の濫用に当たるとしてFTCの要請を斥けている。

裁判においても，当初は，サモンズの発出がなくても，納税者には資料等の提出又は提示の義務あり（例えば，United States v. Ohio Bell Telephone Co., 475 F.Supp 697（N. D. Ohio 1978））とされていたが，その後反対の見解も出されている（例えば，U.S. v. Mobil Corp., 543 F.Supp 507（N.D. Texas, 1981）第5巡回裁判所判決）。

　この判決は，連邦議会が，IRC第7602条で，サモンズの強制執行に関する規定を整備したことに伴うものである。

　サモンズは，基本的には納税者本人又はその代理人を対象として発出されるものであり，第三者はその対象とはされていない。しかし，IRSが必要と認めた場合には，IRSは第三者にも直接コンタクトを取ることが認められている（IRC第7602条(c)）。

　第三者が協力を拒否した場合，IRSは，第三者が作成，保存している資料についても，サモンズ発出により，提示，提出を強制することが認められている。ただし，その場合は，納税者本人にもその旨通知しなければならないこととされている（同前）[6]。

---

(6)　ちなみに，この点については，次のような判例もある。
　　・第1巡回裁判所　（O'connor v. O'connell, 253 F.2d 365, 370判決）
　　　「サモンズの発出を求める場合，IRS長官は「脱税をしていると推察される合理的な根拠（reasonable basis）」を提示することが必要である。」
　　・第3巡回裁判所　（325 F.2d 914, 916判決）
　　　「査察官が不正の疑いありとしてサモンズの発出を要請するためには，地方裁判所の目からみてその存在が合理的と思われる場合に限られる。」

第4章　その他

㉜　IRSによる行政サモンズの強制執行が認められなかった事例
――United States v. Cox, 73 F.Supp.2d 751（D.C.S.D. Texas 1999）――

■概　説

　内国歳入庁（以下「IRS」という。）は，調査の際に，文書や記録を検討する広範な権限を有している。納税者がIRSの情報提出依頼に応じない場合，IRSは，行政召喚状（administrative summons）によって，納税者に情報の提供や帳簿書類の提出を求めることができる。この行政召喚状は，裁判所の令状を得ることにより，強制執行される。ここで紹介するCox事案では，この行政召喚状の強制執行要件が問題となった。

■事案の概要

　BMC Software, Inc.（以下「BMC」という。）は，メインフレームデータベースをサポートし強化するソフトウェアの開発・製造を行っている会社であるが，同社は，顧客に対し年次保守プランも提供している。当該プランにより，顧客は，製品のアップグレード，改善，技術支援を受けることができることとなっている。

　BMCは，ヨーロッパでの製品販売のため，1992年にオランダの子会社BMC Software Distribution B. V.（以下「BV1」という。）を設立した。BMCは，1992年4月1日時点における既存又は開発中のソフトウェア製品の製造・販売権をBV1にライセンス供与し，その対価として35％のロイヤリティを受け取るという契約（以下「ライセンス契約」という。）を締結していた。BMCとBV1は，1992年4月1日以降に開発された製品については費用分担契約を交わしていた。

　BMCは，1993年度の法人税申告の際に，1993年に受領したすべてのライセンス収益を，35％のロイヤリティ料率の適用対象としていた。また，BMCは，

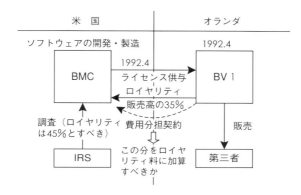

《図表》**Cox事案のイメージ図**

〔事案の概要〕
① ソフトウェアの開発，製造を行うBMCはオランダに販売子会社（BV1）を設立し，BMCで開発中の製品の製造・販売権を付与した。
その対価としてBV1から同社売上の35％相当額のロイヤリティを受け取る契約をした。
② これと並行して，BMCはBV1との間で費用分担契約を締結した。
③ それに対し，IRSはロイヤリティ料率を45％に引き上げるべきであると主張し，行政召喚状によってBV1との間の技術開発に関するデータ提出を求めたが，BMCは提出を拒否したため，IRSがその強制執行を裁判所に求めた。

〔争　点〕
行政召喚状の強制執行を求めることができる条件。

〔裁判所（テキサス連邦地方裁判所）の判断〕…納税者勝訴
次の4つの要件充足が必要…IRSの請求を斥ける。
① その調査に「正当な目的」があること
② その要請が税務調査と密接に関連していること
③ 必要とする情報をIRSが未だ保有していないこと
④ 適切な手続を踏んでいること

保守料は，費用分担契約でカバーされており，ロイヤリティの対象ではないという見解をとっていた。

IRSは，1994年10月にBMCの調査を開始した。調査は広範にわたり，BMCは，IRSからの100件を超える資料提出依頼（Information Document Request：以下「IDR」という。）に応じた。

IRSは，当初の見解の提示後その見解を変更した。当初の見解は，費用分担

契約は無視するべきであり、オランダ子会社BV1から受領したすべての収益に45％のロイヤリティ料率を適用すべきであるというものであった。変更後のIRSの見解は、費用分担契約は尊重されるべきであり、保守料はロイヤリティの基礎額に含め、ロイヤリティ料率を45％に引き上げるべきであるというものであった。

IRSは、BMCに対し、1996年9月に更正処分案（Notice of Proposed Assessment）を通知するとともに、1993年にヨーロッパで販売された製品のソースコード（source code）の提出を同社に求めるIDRを発出した。ソースコードは「BMCのプログラマーと開発者が書いた人間が読み取り可能なコンピュータ言語である。

ソースコードは、コンピュータプログラムの内部動作の詳細を示すロードマップである。」（Cox事案755頁）。

BMCは、ソースコードはIRSが実施している税務調査の助けにはならず、BMCの価値ある営業秘密が脅かされると主張して、IRSからのIDRによる提出依頼に異議を唱えた。

そこで、IRSは、1997年7月に、ソースコードの提出を求める行政召喚状（サモンズ）をBMCに送達し、次いで1998年1月、行政召喚状の強制執行を求める訴訟を裁判所に提起した。

■主な争点と当事者の主張

1　争　点

本件事案の主な争点は、IRSが行政召喚状を発出したにもかかわらず納税者等（取引先、取引銀行を含む。）がこれに応じなかった場合、どのような条件が充足されたときにその強制執行を求めることができるのかという点である。

> **参考　根拠となる法令等**
>
> 内国歳入法第7602条によれば、IRSは「申告の正確性の確認、……内国歳入税の納税額の決定、又は……かかる納税額の徴収」をサポートする「帳簿、書類、記録その他のデータ」を検討することができる権限を与えられている。そして、IRSは、このような資料を入手するために行政召喚状を発出することができることとされ

ている。しかしながら，裁判所は，先行事例において，①IRSの調査に「正当な目的」がある場合，②行政召喚状による要請が当該目的に密接な関連性がある場合，③IRSが要請した情報をいまだ有していない場合，及び④IRSが所要の手続を踏んでいる場合，にのみ行政召喚状の強制執行を認めることとしている（United States v. Powell, 379 U.S. 48（1964）（以下「Powell要素」という。））。

そこで，IRSは，当初の立証責任（initial burden）を果たすため，Powell事案で求められている要素がすべて満たされている旨を記載した担当調査官の「宣誓供述書（affidavit）」を提出した。これにより，立証責任はBMCに移転した。その結果，BMCとしては，Powell要素のいずれかが満たされていない旨を立証するか，あるいはその他行政召喚状が執行されるべきではない理由を示さなければならなくなった。

2 当事者の主張

(1) 納税者の主張

納税者（BMC）の主張は，行政召喚状が強制執行されるべきでない理由として，IRSが提出を求めているソースコードは1993年について提案されている更正処分案とは無関係なので，当該行政召喚状は無効とされるべきであるというものであった。

その上で行政召喚状は，「『納税者の申告の正確性を明らかにする』情報を求める」ものであれば，関連性があるとみなされる（United States v. Wyatt, 637 F.2d 293, 300（5th Cir. 1981））ものの，IRSとしては，「何かが判明するかもしれないという漠然とした望みではなく，現実的な期待（realistic expectation）」を有している旨を示さなければならない（Wyatt事案, at 300-01（United States v. Harrington, 388 F.2d 520, 524（2nd Cir. 1968））を引用）と主張する。

(2) 課税庁の主張

それに対し，行政召喚状の強制執行を求める課税庁（IRS）は，Powell事案及びHarrington事案でいう「提出を依頼した資料が（申告の正確性を明らかにすることと）関連性を有する。」とは，「実際に関連性を有する（actual relevance）ことではなく，関連性を有する可能性（potential）があることを示すのみでよいはずである。」とした上で，ソースコードはIRSの変更後の見解に関連性があると主張した。

具体的には，ソースコードの変更回数が分かれば，1993年の改善の対象となった製品に存在していた1992年以前の技術の価値をより正確に判断することができるはずであると主張したのである。このようにすれば，費用分担契約の対象となっている無形資産の正確な価値をよりよく推定することができるというのがIRSの主張のポイントである。

■裁判所（テキサス連邦地方裁判所）の判断……納税者勝訴

本件事件を取り扱ったテキサス連邦地方裁判所は，IRSの主張は説得力に欠けると判示した。同裁判所は，税務調査担当官の調査記録を検討した結果，IRSの調査官自身も製品改善の価値はソースコードの変更回数とは無関係であることを認めていたと判断したのである。同裁判所の見解によれば，ソースコードで示されるのは，量的価値ではなく，変更回数であり，ソースコードはIRSの変更後の見解とは無関係であると判示した。IRSは，変更後の見解として，すべての保守料にロイヤリティを適用すべきであると主張していたのに対し，BMCは，保守料は一切含めるべきではないと反論していた。同裁判所は，本件取引に係る両当事者は一か八かのアプローチ（all-or-nothing approach）をとっているため，IRSがソースコードを求める理由としたソースコードの変更回数の増加と製品価値の限界価値増加（incremental increase）とは無関係であると判断したのである。

■解　説

IRSは，内国歳入法第7602条に基づき，調査に関連するとみなした帳簿，記録その他のデータをチェックする広範な権限を有しており，この権限は，行政召喚状を発出することによって最終的には強制執行することもできることとされている。しかしながら，この権限は無制限ではない。本判決によりIRSは，①その調査に「正当な目的」があること，②その要請に税務調査と密接な関連性があること，③求める情報を自身がいまだ有していないこと，及び④適切な手続を踏んでいることを示さなければならないこととなった。

なお，この判決が出されたことにより，IRSの行政召喚状発出にかなりのブレーキがかかったともいわれている。

■わが国の参考判例，裁決例等

　わが国では，サモンズのような制度がないため，任意調査の限界がどこまでであり，それを超えた場合どうなるかという点については裁判例により判断するしかない。

　ちなみに，この点については，次のような判例がある。

○　最高裁（三小）昭和63年12月20日判決・訟務月報35巻6号979頁
　「（右事実及び原審が適法に確定したその余の事実関係のもとにおいて，）国税調査官が被上告人の意思に反して同店舗内の内扉の止め金を外して，…の辺りまで立ち入った行為は，所得税法234条1項（当時）に基づく質問検査権の正当な行使とはいえない。」

第4章　その他

㉝　有料申告書作成代理人に資格試験受験を義務付けたIRSの新規則が，法令解釈権の範囲を逸脱し効力を有しないとされた事例
——S. Loving v. IRS, No.13-5061（D.C. Cir. 2014）——

■ 概　説

　米国では，申告書の作成代理を有料で行うことについて，特段の法的規制等は設けられていない。

　そのため，確定申告期になると，町の中心部などに，「申告書作成代理人（return preparer）」の看板をかかげて，有料で申告書作成を請け負う者が多数出現する[1]。

　それらの者が扱う案件の多くは，少額の還付請求事案[2]であるが，なかには多額の納税額を有する者も含まれている。

　然るに，申告書作成代理人の総数がどの程度になるのか，また，そのレベルがどの程度のものなのか等については，これまであまり知られていなかった。

　しかし，これらの者による申告件数が全体の半分を超えるなど，税務行政にとって大きなウエイトを占めるようになってきている。そのため，米国議会所属の会計検査院（GAO）及びIRSでは，2006年から2009年にかけて大規模な実態調査を行った。

　その結果，彼らによって作成された申告書に多数の誤りがあったことが明らかになった。また，なかには，還付金の一部を横領している者がいることも明らかとなった。

　そのため，IRSでは，2011年に新しい規則を制定し，全ての申告書作成代理人に対しIRSへの登録（register）を求めるとともに，試験制度を導入し，それにパスした者のみに業務を認めることとした。

---

[1] IRSでは，その総数が60万人から70万人に達すると見込んでいる。
[2] 米国では，わが国のような給与所得者に係る年末調整制度が存在しない。そのため，給与所得者であっても確定申告が必要とされている。

このようなIRSの試みに対し，申告書作成代理人の1人が，IRSにはかかる規則制定権はないとして争ったのが本件である。

■事案の概要

S. Loving氏は，コロンビア特別区（DC）で有料の申告書作成代理業を営む者であるが，IRSが2011年に制定した新しい規則で，有料で他人のために申告書を作成する者が2013年以降引き続き業務を実施するためには，①IRSが実施する資格試験（certification exam）に合格しなければならないこと，②IRSに対し年間フィー（登録料）を支払うこと，③毎年15時間の研修受講，が義務付けられたことなどから，IRSにはかかる権限はないとしてその無効を主張して本件訴えを提起した[3]。

■主な争点と当事者の主張

1 争 点

本件事案の主な争点は，新たな法律を制定することなく，法令解釈のみで，申告書作成代理業者にこのようなこと（特に資格試験の受験を求める制度）を求める規則の制定権がIRSに与えられているか否かという点である。

2 当事者の主張

(1) 納税者（請求人）の主張

納税者は，これまで平穏かつ公然と認められてきた有料による申告書作成代理業務について，根拠となる法律の規定によることなく，IRSが自己の裁量で勝手に規則を制定し，申告書作成代理人（return preparer）に対し資格試験への受験を強制することは，IRSによる法解釈の濫用であり，許されないと主張する。

(2) 課税庁（IRS）の主張

IRSによる今回の規則制定は，1884年に制定された連邦法第330条（31

---

(3) この制度は，2011年からスタートし，2012年には約8.4万人が受験し，約6.3万人が合格（合格率74％）している。

U.S.C.§330）に基づくものであり有効であると主張する。

ちなみに，同条では，IRSに対し，「財務省の前で代理業務を営む者に関する規則を制定する（regulate the practice of representatives of persons before the Dept. of Treasury）権限を付与している」（31 U.S.C.§330(a)(1)）。

たしかに，この法律制定から125年間，行政当局が申告書作成代理業者に対し，このような形で規則を制定したことはない。しかし，規則を制定するか否かはIRSが自由に決定できる事項であり，先例もある（Chevron U.S.A, Inc. v. NRDC, 467 U.S. 837（1984））。

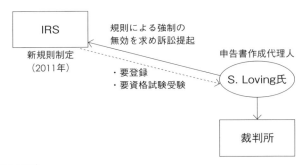

《図表》S. Loving事案のイメージ図

〔事案の概要〕
1．S. Loving氏は申告書作成業者。
2．IRS，2011年の規則制定でS. Loving氏らに対しIRSへの登録及び資格試験の受験を義務化。
3．S. Loving氏，IRSにはかかる規則制定権はないとしてその無効を求め訴訟提起。

〔争　点〕
　IRSは，申告書作成代理人に法令改正ではなく規則のみによってかかる義務を課すことが可能か。

〔裁判所の判断〕…請求人勝訴（IRS敗訴）
　かかる義務付けは法令改正によるべきであってIRSの規則制定で義務化はできない。

■裁判所（コロンビア高等裁判所）の判断……請求人勝訴（IRS敗訴）

① 1884年に制定された連邦法第330条（タイトル31）では，財務長官又は

その委任を受けた者に対し規則制定権を認めている。

② IRSは，IRSの前で納税者の代理人として行動する者に対し，事前に，それらの者が「善良（good character）」であり，「評判が良く（good reputation）」，「代理人として本人に対し価値あるサービスが提供できる資格を有し（necessary qualifications to enable to representative to provide to persons reliable services）」，かつ，「自分が担当した事案について本人に対し適切なアドバイス又は支援ができる者であること（competency to advise and assist persons in representing their cases）」を求めることができることとされている（連邦法第330条(a)(2)）。

③ しかも，法律（連邦法第330条）は，IRSに対し，これらの基準を満たさない者に対しては，代理人として行動することを禁止する権限を付与するとともに，それらの者に対し，ペナルティを課すことも認められている（同条(b)）。

④ そこで，IRSは，申告書作成代理人にいくつかの問題点が生じているとして，2011年になって連邦法第330条を根拠に規則（76 Fed.Reg. 32, 286 (June 3, 2011)）を制定した。

⑤ しかし，申告書作成代理人は，同規則（26 C.F.R. § 301-7701-15(a)）により，他人のために報酬を得て還付申告書等の作成をできる権限が与えられている。

⑥ それなのに，IRSは，2011年になってこれらの申告書作成業者に対し，資格試験の受験を義務付ける（31 C.F.R. § 10.3(f)(2), 10.4(c), 10.5(b)）とともに，登録及び毎年の研修受講を義務付けている（§ 10.6(d)(6), 10.6(e)）。

⑦ たしかに，IRSがいうように，規則制定権に関する先例はある。しかし，そこで財務省及びIRSに規則制定権が認められたのは，あくまで法律の規定が不明確だったので，それを埋めるためであった。

⑧ 然るに，本件の場合，法律上の用語等で不明確な部分は存在していなかった。それは，過去125年間にわたり，IRSがこの分野で規則制定を一度も行っていないことからみても明らかである。

⑨ 現に，IRS自身も，2009年に出したパブリケーション（Pub. 947 April 2009）の中で，税務書類の作成は誰でもできる（can be performed by anyone）としていた。

㉝ S. Loving事案

⑩　たしかに，IRSが執行上法令解釈を変更する自由を有していることは事実であり，そのことは判例上も認められている（FCC v. Fox TV Station, Inc., 556 U.S. 502, 515（2009））。

　　しかし，IRSは，自ら言及してはいないものの，これまで一度もその権限（規則制定権）を行使してこなかった（Cf. Financial Planning Association v. SEC, 482 F.3d 481, 490（D.C. Cir. 2007））。

⑪　以上の点からみて，IRSが従前のやり方を変更し，申告書作成代理人に資格制度を導入するというのであれば，それは法令解釈による規則制定ではなく，議会が決定すべき事項（いわゆるポリシー・マター）と考えるべき性質のものである（would be wise as a policy matter）。

⑫　したがって，もしIRSがそうしたいのであれば，その決定は，大統領及び議会に委ねるべきである（that is a decision for congress and the president to make if they wish by enacting new law）。

⑬　「（筆者注：IRSによるそのようなやり方が政策的にみてより良いものであったとしても（might accord with good policy），IRSが議会の承認なしにそのような判断を下すということを認めることは）最高裁判決でいうように（City of Arlington v. F.C.C., 133 S.Ct. 1863, 1874（2013）），事態を混乱させ，いわば「鳥小屋の中にキツネを飼うような事態になってしまう（fox in the henhouse syndrome is to be avoided）ので避けるべきである。」

■解　説

　米国の税務行政にとって，申告書作成代理人の存在は，実際上必要不可欠ではあるものの，実務面で多くの問題点をかかえていることも事実である。

　それは，多数の申告書作成代理人が脱税ほう助，自己脱税，さらには還付金の横領等で摘発されていることからみても明らかである。

　この問題を解決するため，IRSでは，当初は登録制度の導入で乗り切ろうとしていた。しかし，いくつかの州で試験制度が導入され相応の効果をあげていたこと，GAOのレポート等で申告書作成代理人の資質向上に向けたIRSの取組みが不十分との指摘がなされたこと（GAO2009年レポート，なお2014年にも再度GAOの調査が実施されている）等から，資格試験の導入に踏み切ったものである。

申告書の作成や税務代理が税理士の独占的権限とされている日本の常識で考えれば，利害関係者に重大なインパクトを及ぼすこのような大きな方針変更は，当然法令改正が必要な事項になると思われる。

　その点でいえば，法令改正をすることなく，規則改正のみにより乗り切ろうとしたIRSのやり方は，やや強引すぎたのかも知れない。

　ただし，テーマは異なるものの，集団的自衛権を憲法改正でなく解釈論で変更可能とする考え方もあるので，IRSのこのようなやり方も，考え方としてはあり得るのかも知れない。

> **参考　税理士制度**
>
> 　わが国では，納税者の求めに応じて租税に関する代理，その他の行為を行う税理士制度が設けられている（昭和26年法第237号）。
>
> 　そして，税理士になるためには，税理士試験に合格するなど一定の要件が必要とされている（税理士法3条）。
>
> 　ちなみに，税理士の基本的業務は，①税務代理，②税務書類の作成，③税務相続である。

第4章　その他

㉞　米国の国外預金報告制度（FBAR）義務違反者に対するペナルティ賦課が認められた事例
―United States v. Williams, Civil Action No.1:09-cv-437（4th Cir. 2012）―

■概　説

　米国では，マネーロンダリング対策の一環として，その年における国外預金等の残高が一回でも1万ドル超となった場合には，「国外預金等報告制度（Report of Foreign Bank and Financial Accounts…通常「FBAR」と略されている。）」に基づき，財務省を通じ（Form 114，本件当時はForm TDF90-22.1）IRSへの報告が義務付けられている（31 U.S.C.§5314）。

　この義務を怠った場合，1回当たり1万ドル，故意の場合，過去の最高で国外預金残額の50％相当額のペナルティが課されるほか，懲役刑の対象となることもある（31 U.S.C.§5321(b)(1)）[1]。

　今回は，この報告義務を怠った者に対するIRSのペナルティ賦課の是否が問題となった事案の紹介である。

■事案の概要

　米国市民で，ヴァージニア州に住んでいるBryan Williams氏は，1993年にALQI Holdings Ltd.の名義でスイスに2つの国外預金口座を開設した。

　Williams氏は，1993年から2000年までの間に，同氏名義の口座に700万ドル以上の預金残高を有し，そこから80万ドルの利子を得ていた。しかし，その元本及び利子のいずれについても，様式TDF90-22.1による報告義務があったにもかかわらず，申告していなかった。また，2000年の税務申告書（スケジュー

---

[1]　この義務を履行しなかった場合，最高1万ドルのペナルティが課される（IRC第5321条B(i)）。また，意図的な不開示の場合，そのペナルティは10万ドル又はその年における預金残高総額のうち最も多い部分の50％相当額のうちいずれか大きい方のペナルティが課される（同条C(i)）ほか，場合によっては刑事罰の対象となることもある。

ルB, Part Ⅲ）においても，「該当なし」と記載したのみで，国外預金口座の存在について報告していなかった。

　Williams氏の税務顧問である弁護士及び会計士は，同氏に対し，スイスと米国との間の条約（73：77－78）に基づき，米国当局に早期に開示するようアドバイスしていた。

　2002年1月，Williams氏は，IRSの調査担当官（ワシントンD.C.）に対し，米国とスイスの間の租税条約76条に基づき，ALQI名義の預金について，その存在を認めるとともに，2002年10月15日税務申告書上においてもその内容について開示をした。

　Williams氏は，2003年2月，1999年分及び2000年分の所得税について，利息収入の申告もれがあったとして修正申告するとともに，2003年2月14日，当時実施されていたいわゆる「自発的開示プログラム（OVCI）」に基づき全てを開示した。

　2003年5月になって，Williams氏は，スイスに所有していた口座について，意図的な開示もれがあった旨を認めた。

　2003年6月12日，Williams氏は共謀罪，詐欺罪（defraud）及び1993年から2000年までの分につき脱税罪で有罪判決を受けた。

　2000年1月18日，Williams氏は，1993年から2000年までのスイス口座の内容についてTDF90－22.1により全て申告した。

■主な争点と当事者の主張

1　争　点

　本件事案の主な争点は，Williams氏の外国口座に係る無申告等一連の行為が「意図的な法律無視（willful negligence of law）」に当たるか否かという点である。

2　当事者の主張

(1)　納税者の主張

　納税者は，スイスに所有している口座について過去（1993年〜2000年）に開示もれとなっていたことは事実であるが，2001年には税務申告書上において開

示をするとともにそれ以降の年分についてもTDF90－22.1を提出しているので，意図的な開示のがれには当たらないと主張する。

(2) 課税庁の主張

納税者は過去の申告書において申告内容が正しい旨の宣誓をしたうえで署名，提出していた。また，もしその内容が誤っていることに気づいたのであれば自発的に開示するチャンスがたびたびあったにもかかわらずそれをしなかった。開示があったのはIRSによる税務調査が開始し，スイス当局により同口座開示不同意として口座凍結がなされてからである。かかる行為は「意図的な法の無視（willful negligence of law）」に該当すると主張する。

《図表》Williams事案のイメージ図

```
     米 国            │      スイス
                      │
       ┌─────┐        │
       │ IRS │        │
       └─────┘        │
        ↗   ↘         │   ペナルティ
  処分  │    │(A)(B)につき│    賦課
  取消  │    │ 無申告   │
  申立て│    ↓         │
       ┌───────┐      │      ┌─────────┐
       │Williams氏│─ ─ ─ ─ ─ ─ ▶│預金口座(A)│
       └───────┘      │      └─────────┘
              利息収入(B)
```

〔事案の概要〕

・Williams氏…スイスに有していた預金口座及びそこから得ていた利息収入につき無申告。
・IRS…Williams氏に対する調査でスイス預金口座につき質問するも，「そのような口座はない。」と回答。

⇩

これら一連の行為を「意図的な法律無視」に当たるとしてIRSは，Williams氏に対しペナルティ賦課。
・Williams氏…同処分の取消しを求めて出訴。

〔争　点〕

Williams氏の行為は「意図的な法律無視（willful negligence of law）」に当たるか。

〔裁判所の判断〕…納税者敗訴

・連邦地方裁判所…本件預金は米国とスイスの合意に基づく要開示対象でないのでIRSによるペナルティ賦課は不当。
・連邦控訴裁判所…一連の行為からみてIRSによるペナルティ賦課は相当。

■裁判所の判断

1 連邦地方裁判所（Virginia District Court）の判断……納税者勝訴

以下の事実に基づき，連邦地方裁判所は意図的秘匿性なしと断定し，納税者の主張を認めている。

① 2000年夏，スイス当局は，Williams氏に対し，同氏がスイスに有するALQI名義の口座について聞きたいとして同氏に面会を申し入れた[(2)]。

② しかし，Williams氏はその後も引き続き，同口座を維持したままで，面会に応じず，IRSへの開示等もしていなかった。

③ 2000年11月13日，Williams氏はALQI名義の口座に関し，スイス当局と面会した。

④ 2000年11月，スイス当局は，米国政府からの要請に基づき，同口座を凍結した。

⑤ 2000年11月13日のWilliams氏によるスイス当局との面会及び11月14日の資産凍結により，米国当局は，同氏のALQI名義のスイス預金につき正式に知るところとなった。

⑥ 2001年6月，Williams氏はスイス口座持分につきアドバイスを受けるため，税務弁護士を依頼した。

⑦ 顧問の税務弁護士及び顧問会計士から，2001年6月前の段階においても米国財務省に報告することとされている様式TDF90－22.1に関するアドバイスはなく，前年以前に係る財務省への報告に関するアドバイスもなかった。

⑧ 2001年1月，IRSの調査により，Williams氏がスイスに700万ドル以上の口座を有していたことが明らかとなった。

⑨ 2002年10月，税務申告書でスイスの銀行にあるALQI名義口座の存在を自認。

⑩ 2003年2月，同預金口座に係る収入の申告もれについて修正申告。

---

(2) ちなみに，米国とスイスの間の合意では，米国人がスイスに所有する預金口座のうち，「当局から意図的に秘匿する動機に欠けているもの」については，開示義務の対象外になるとしていた。

⑪ 2003年5月，意図的な開示漏れだったと自認。

「本件の場合，当局はWilliamsの行為が『意図的（willful）』な開示のがれに当たるとしていながら，『意図』の立証がなされていないので，本件行為を『意図的な開示逃れ』だったとすることはできない。」

ちなみに，本件において意図的な開示義務のがれがあったか否かについて，同裁判所では，次のような検討を行っている。

「『意図的な（willfully）』なる用語は，多岐にわたる解釈が可能であり，あいまいである。

連邦最高裁の過去の判例によれば，1回限りの又は少数回のうっかりミス（inadvertent error）は『意図的』なものとはならない。しかし，法令の規定があることを知りながら，それらの行為をくり返していたり，1回限りであっても，それらの法令無視行為が熟考のうえでなされたものである（reckless or deliberate disregard）ときは，『意図的』なものとされる（Am.Arms v. Herbert, 563 F.3d 78, 85（4th Cir. 2009），RSM Inc. v. Herbert, 466 F.3d 316（4th Cir. 2006））。」

「（個人所得税に係る）税務申告書様式（1040）のスケジュールB, Part Ⅲには，国外預金口座の有無について『イエス（有り）』又は『ノー（無し）』のどちらかにチェックマークを入れるようにとの指示がなされており，Williams氏は『ノー』の欄にチェックマークを入れている。」

「（当局は）同氏が申告内容が正しいものである旨を宣誓したうえで申告書にサインをしているので，過去の判例等に照らしても，同氏のかかる行為は意図的な開示のがれに該当すると主張する。

しかし，一連の事実関係及び裁判時における同氏の供述内容等からして，同氏に意図的な開示のがれがあったとみることはできない。

さらに，2001年に同氏がALQI口座について税務申告書上で開示をしていること，2002年及び2003年にはTDF90－22.1も提出していることなどからみても同氏に開示のがれの意図がなかったことは明らかである。」

「2002年1月のIRSの税務調査により，IRSは同氏がこれらの口座の存在について知っていたことになるから，同氏としては，すでに開示がなされていたと思ったとしても無理はない。それは，同氏が裁判で『私は開示義務違反で告発されているが，私の知る限り，単に申告書のボックスのチェック内容を検討し

ていなかったことが告発の原因になるとは知らなかった。』と供述していることからも明らかである。」

2 控訴審（第4巡回裁判所）の判断……納税者敗訴（課税庁勝訴）

それに対し，控訴審（第4巡回裁判所）では，2対1と裁判官の判断は分かれたものの，Williams被告による国外預金口座報告制度（FBAR）の報告義務違反は，意図的なもの（willful）であったとして，地裁段階の判決を取り消している。

その理由のひとつとして，「税務調査の過程でIRSの調査担当官がそれらの預金の存在について知ることとなった可能性はあるが，それだけではIRSが正式に知ったということにはならない。」

「したがって，納税者側のいうように，たとえ非公式であったにしても，IRSがその時点でスイス所在の預金口座の存在を知ったはずだという納税者側の意見（非公開の意見）は，先例性もなく，本裁判所の判断を拘束するものではない。」[3] という点をあげている。

ただし，地裁段階で問題となった「意図的」とはいかなる行為をいうのか，また，その際，その立証責任はどちらが負うのか，という点については，多数意見でも少数意見の中でも特に言及されていない。

過去の裁判例（例えば，United States v. Pomponio, 429 U.S. 10, 13（1976））では，「意図的（willfully）」とは，「法的義務があることを知りながら，自発的，意図的にそれに反する行為をすること（voluntary, intentional violation of a known legal duty）」をいうとされている。

ちなみに，多数説の結論は次のようになっている。

「提出された証拠類を全体としてみれば，Williams氏が内国歳入法第5314条の規定に意図的に違反するつもりがなかったという地裁の判断は，明らかに誤り（cheerly erred in finding）だったと言わざるを得ない。」

---

(3) ちなみに原文では次のようになっている。
「Unpublished opinions are not binding precedent in this case.」

■解　説

　本件は，事実認定の仕方により，地方裁判所と控訴裁判所とで判断が分かれたケースである。

　IRSの査察官用マニュアル（IRM 4.26.16.4.5.3）でも，この考え方が採用されている。ちなみに，そこでは，脱税犯の構成要件である「意図的」か否かの判断基準として，次のように述べられている。

　「ある行為が意図的なものであるか否かを区分するテストは，法的な義務があることを知りながら，それを無視する自発的，意図的（intentional）な行為があったか否かである。」

　本件の場合，秩序犯であることから，脱税犯（いわゆるほ脱犯）に求められる上記のような厳しい要件をクリアしなくても，法の要請をあえて無視したというだけでペナルティ賦課の要件は充足されているという考え方（concept of deliberate ignorance）により，当局の主張が認められたものである。

　わが国でも，平成26年から国外財産調書制度がスタートしているが，そこでは，提出義務を履行しなかった者に対し，秩序罰として1年以下の懲役又は50万円以下の罰金が科されることとなっている（国外送金等調書法第10条1項，2項）。現在までのところ，これらの罰則が適用された事例はないようであるが，今後においては本件と同様の問題が生じる可能性がある。

　そのようなことから，結論に至る過程等に若干の問題はあるものの，米国におけるこの種の事件は参考になる点が多いと思われるため，あえて紹介することとした次第である。

　なお，米国には，マネーロンダリングを対象としたこの制度[4]に加え，通常の国外財産報告制度（SSFFA）も存在している。

---

(4)　FBAR制度は，マネーロンダリングを対象に1970年代に創設された比較的古い制度である。

　　当初は厳しい運用はなされていなかったが，2001年9月11日のテロ以降，その運用が強化され，テロリストの資金調達監視等に加え，脱税防止対策としても利用されるようになった。

　　それに伴い，報告書の提出先がIRSに変更されるとともに，報告期限も所得税の確定申告にあわせ，翌年の4月15日までとされた（ただし，延長申請可能。ちなみに，従前は翌年6月30日期限）。

ちなみに、両制度は類似しているが、次にみるように若干の相違点も存在している。

参考1 米国の国外預金等報告制度（FBAR/Form TDF90－22.1：現在はFin CEN Form 114）と国外財産報告制度（SSFFA/Form 8938）の要請事項案対比表…（IRSパンフより要旨のみ抜すい）

	Form TDF90－22.1 現在はFin CEN Form 114（FBAR）	Form 8938 (SSFFA)
要報告者	米国人（米国市民、居住外国人、トラスト、エステート及び国内の事業体で海外口座の道分が要報告基準を満たしている者	米国市民、居住外国人、非居住外国人で国外資産持分が要報告基準を満たしている者
米国には属領を含むか	YES 米国属領居住の外国人も含まれる	NO
要報告限度額（総資産価額）Value of Assets	暦年内におけるいかなる時点でも1万ドル超	課税年度、米国の資産価額5万ドル超又は課税年度の最高額7.5万ドル超（共同申告者及び国外居住者の上限はより高めに設定）
個人所得税申告書との関係	無関係	有（所得税申告書の提出義務者のみ）
報告対象	現に海外に所在している金融機関に預けられている口座の最大評価額	海外金融機関口座及び口座なしの海外金融資産を含む資産の最大評価額
報告時期	翌年の6月30日（延長なし）	確定申告書の提出時期（延長の場合はその時期）
報告先	原則：財務省 ：IRS E-fileも可	税務申告書の提出先
ペナルティ	・非意図的非開示1万ドルまで ・意図的非開示10万ドルまで残高の50％のうちいずれか多い方 ・他に刑事罰あり	・1万ドルまで。ただし、IRSから無申告の通知を受けたときは、30日ごとに1万ドル追加（上限6万ドル）それでも応じないときは40％の追加加算税を賦課 ・他に刑事罰あり

㉞ Williams氏事案

参考2 海外資産タイプ別にみた要報告，不要等の区分

外国金融機関の口座等	対象	同左
米国金融機関の海外預金口座	対象	不要
米国市民等によるサイン権のある海外口座	対象 （但し，例外あり）	原則対象外
米国金融機関の口座で保有している外国有価証券	要報告 （但し，個別内容の報告不要）	同左
外国口座以外で所有されている外国有価証券	不要	要報告
外国パートナーシップの持分	不要	要報告
事業体を通じた海外資産の間接保有	要報告 （例えば，その持分の50％超保有者の場合）	不要
外国ヘッジファンド及び外国プライベートエクイティファンド	不要	要報告
外国事業体を通じた不動産所得	不要	不要 （但し，外国事業体それ自体について不動産持分を時価評価し要報告か否かを判定）

※なお，外国通貨，貴金属の直接保有及び美術品，骨董品，宝石，その他の収集品の直接保有についてはいずれの制度においても報告不要とされている。

> **参考3** わが国における国外財産調書制度
>
> わが国でも米国のFBARに類似した制度が導入されている。
> ちなみに，国税庁のパンフレットでは，それについて次のような説明がなされている。
>
> **（趣　旨）**
> 　適正な課税・徴収の確保を図る観点から，平成24年度の税制改正において，国外財産を保有する方からその保有する国外財産について申告をしていただく仕組み（国外財産調書制度）が創設されました。
>
> **（国外財産調書を提出しなければならない方）**
> 　居住者（「被永住者」の方を除きます。）の方で，その年の12月31日において，その価額の合計額が5千万円を超える国外財産を有する方は，その財産の種類，数量及び価額その他の必要な事項を記載した国外財産調書を，その年の翌年の3月15日までに提出しなければならないこととされました。
>
> **（国外財産の価額）**
> 　国外財産の「価額」は，その年の12月31日における「時価」又は時価に準ずるものとして「見積価額」によることとされています。また，「邦貨換算」は，同日における「外国為替の売買相場」によることとされています。
> 　（注）国外財産の「価額」の意義や「見積価額」の算定方法の例示，外貨で表示されている財産の邦貨換算の方法については，国税庁ホームページ（www.nta.go.jp）に掲載している法令解釈通達でご確認ください。
>
> **（国外財産調書の記載事項）**
> 　国外財産調書には，提出者の氏名，住所（又は居所）に加え，国外財産の種類，数量，価額，所在等を記載することとされています（国外財産に関する事項については，「種類別」，「用途別」（一般用及び事業用），「所在別」に記載する必要があります。）。

参考4　脱税犯に対する罰則

偽りその他不正の行為により税を免れた場合には、ほ脱犯として処罰される。

例えば、所得税又は法人税の脱税では10年以下の懲役若しくは1,000万円以下の罰金又はこれらの併科（所得税法238条、法人税法159条）となっている。

これは、相続税、贈与税の場合であっても同様である（相続税法68条）。

ただし、いずれの税においても、脱税金額が1,000万円を超えるときは、罰金の額はその免れた税額まで引き上げられる（同前）。

秩序罰

秩序罰は、脱税犯などに科される行政刑罰と異なり、円滑な行政行為を実現するという観点から、履行を強制し、それに違反した者に対しペナルティを科すというものである。

これらのペナルティは、一般に過料という名で呼ばれており、情状によりその刑を免除することが認められている。

国外財産調書の不提出等に対するペナルティがその例のひとつである（送金等調書法第10条2項）。

検査拒否犯に対する罰則適用の例

税法上規定されている質問検査権の行使に応じなかった場合、検査拒否犯として罰則適用の対象となる。

この種の罰則が適用される事例は最近では殆どなくなっているが、かつて昭和40年代には数多くの事例が発生し、それらのなかには罰則（罰金1万円～5万円）が適用されたものもある。

ちなみに、検査拒否等で罰金刑が科された事例として次のようなものがある。

1　最高裁昭和47年11月22日大法廷判決、判時684号17頁、罰金10,000円。
2　最高裁昭和48年7月10日第三小法廷決定、判時708号18頁、罰金30,000円。
3　仙台高裁昭和49年10月22日異議決定、税資84号508頁、罰金20,000円。
4　最高裁昭和51年3月16日第三小法廷差戻後判決、税資84号553頁、罰金20,000円。
5　横浜地裁昭和51年3月29日判決、税資84号713頁、罰金50,000円。
6　最高裁昭和53年4月11日第一小法廷決定、税資98号105頁、罰金20,000円。

第Ⅱ部

租税回避行為とその否認

第5章　租税回避否認の法理（米国の事例から）

●イントロダクション

　近年，各国の税務当局は，租税回避問題に注目するようになってきている。このような関心の高まりを受け，OECD租税委員会は，1987年に「国際的脱税及び租税回避に関する4つの研究（International Tax Evasion and Tax Avoidance-Four Related Studies）」と称するレポートを公表した。その後，税務行政を担当する第8作業部会に「租税回避及び脱税に関する検討部会（Working Party on Tax Avoidance and Evasion）」が設けられ，各国の専門家がそれぞれの経験を持ち寄って，有効な対応策を講じてきている。

　また，2007年には，日，米，英，豪，加の5か国が協力して，国際的租税回避スキームに対する情報交換を行うための組織（Joint International Tax Shelter Information Center：略称「JITSIC」）がスタートしている[1]。

　このような国際間の協力と並行して，各国の税務当局は，租税回避行為の中心的部分を占めている国際取引についても，その抑止に力を入れている。特に，米国では，一定の政策目的実現のため特定の分野に設けられている租税優遇措置等を利用した租税回避事例が多発している。それらに対し，IRSでは，充実した調査を行ってその摘発に努めるとともに，必要に応じ税制改正等も行ってきている。

　しかし，そもそも，「租税回避」とはどのような行為をいうのか，また，それを禁止する旨の規定がない状況下で，どのような根拠に基づき否認ができるのかという点をめぐって数多くの係争事案が発生している。

　そこで，以下では，租税回避行為であるとして課税庁が問題とした事案について，主として米国の例を中心に紹介する。

　最初の事例は，有名な㉟の**Gregory事案**である。この判決について，本稿では，課税庁による「見せかけの取引法理（sham transaction doctrine）」によ

---

(1)　この組織自体は，日本を除く4か国で2004年に設立されていたが，日本の参加は2007年からである（国税庁ホームページ）。

る否認が認められたとの立場を採っている[(2)]。

㊱のCM Holdings, Inc.事案は，法人が従業員を被保険者として生命保険に加入し，法人が保険料を負担していた場合，税務上どのように扱われるかというものである。本件では損金算入が否認されている。わが国では，一定の条件の下に損金算入が認められているが，米国では租税回避の一種と考えられている。

また，㊲のCrane事案は，ノンリコースによる借入が認められ，その後における多額の借入を利用したいわゆるレバレッジド・リースに道を開いた判決として名高いものである。

㊳のKnetsch事案では，租税負担軽減目的以外に合理的な取引目的がない場合には否認が認められるという判決内容となっている。

㊴のRose事案は，納税者による多額の減価償却費の計上が，経済的実質を伴ったものであるか否かが争われたケースである。この事例も納税者敗訴となっている。

それに対し，㊵のRice's Toyota World, Inc.事案では，争点は㊴のRose事案と同じであるが，納税者の主張が一部認められている。

㊶のCourt Holding Co.事案は，個人が自己の所有する不動産を直接売却した場合には課税されてしまうため，中間に法人を介在させ，そこに現物出資（法人への現物出資は米国では一定の要件を充足すれば課税繰延べ）したうえで法人を清算し，簿価上げされた土地を妹夫婦に譲渡する形でキャピタルゲイン課税を回避していたのに対し，IRSがその実質に着目し，本件不動産の売却は法人から個人への売却であるとして課税したが，その処分が裁判でも認められている。

㊷のW. Scully事案では，信託と債券のオプション取引を利用した多額の損出し取引（いわゆるBOSS取引）が，真正な経済的ロスの発生がなかったとして否認された事案である。

㊸のJade Trading事案も，債権のオプション取引を利用した損出し取引で

---

(2) この点については，事業目的がなかったことを理由に否認されたとする別の見解も存在する。ちなみに，「見せかけの取引法理」とは，取引自体を全体としてみた場合，租税負担の回避のみが目的であり，他に合理的な理由がなく，当該取引が真の目的を隠ぺいするために行われたと認められる場合に用いられる法理であるとされている。

ある。この事案は，㊷のW. Scully事案が否認されたことから，そこで示されていた否認の理由を避ける形で考案された新しいスキームである（Son of Boss取引）。しかし，このスキームについても，経済実質がなかったとして否認されている。

また，㊹のSchoenberg事案では，クロス取引においてどのような状況の下で行われた場合にロスの計上が認められるのか否かが争いとなった判決では，クロス取引で税務上ロスの計上が認められるのは，実際に発生し，かつ，現実のものに限るとして，本件のように同族会社をからませたクロス取引についてはロスの計上は認められないとしている。

㊺のFabreeka Products Co.事案では，たとえ租税回避の意図があったとしても，所定の要件をクリアしていれば，税法上の特典享受が認められるということで，㊵のRice's Toyota World, Inc.事案よりもさらに一歩踏み込んだ判決内容となっている。

㊻のFrank Lyon Co.事案は，事業目的及び経済的実質があったとして納税者の主張が認められた。この事案は，節税と租税回避との境界にある事案であるが，当局は租税回避に当たるとして課税したものである。

参考1 米国における租税回避行為否認の理論

1．再構成による否認（disclaimer by re—characterize）
これによる否認には，コモンロー上の理論である次の2つも含まれる。
① 「みせかけ取引法理（sham transaction doctrine）」による否認事例
　・Gregory v. Helvering, 293 U.S. 465（1935）
　　但し，この判決ではshamという用語は使われていない。
　・Knetsch v. United States, 364 U.S. 361（1960）
　　この判決では，victim shamが否認の主たる理由となっている。
　・Frank Lyon Co. v. United States, 435 U.S. 561（1978）
② 「ステップ取引法理（step transaction doctrine）」による否認事例
　・Commissioner v. Court Holding Co., 324 U.S. 331（1945）
　　また，Gregory事案の控訴審判決（69 F.2d 809（2nd Cir. 1934））をこれに含めている次のような判決例もある。
　・Minnesota Tea Co. v. Helvering, 302 U.S. 609（1938）
　・Gregory v. Helvering, 69 F.2d 809（2nd Cir. 1934）
　　なお，「ステップ取引法理」を適用するに当たっては，一般的に次の3点が

考慮される。
　　a．最終結果テスト（end result test）
　　b．相互関連テスト（matter dependence-test）
　　c．コミットメント拘束テスト（binding commitment-test）
2．「経済実質法理（economic substance doctrine）」による否認
　このカテゴリーには，コモンロー上の概念である①「実質優先（substance over form）」，②「事業目的（business purpose）」，③「経済実質（economic substance）」の3つが含まれる。
　いずれにも共通しているのは，法律制定時における「法律の趣旨（purpose of the statute at the time of enactment）」を尊重した法律解釈をするという点である。
「経済実質優先法理」
　　「経済実質優先法理」は，取引の経済効果が法形式と異なった場合に適用され，事案の内容によって異なった形で取り上げられることもある。そのため，人によっては，次の「事業目的法理」や「経済実質法理」をこの法理のヴァリエーションとして捉えることもある。
「実質優先法理（substance over form doctrine）」による否認事例
　　・Commissioner v. Court Holding Co., 324 U.S. 331（1945）
　　・True v. United States, 190 F.3d 1165（10th Cir. 1998）
　　・Kormfeld v. Commissioner, 137 F.3d 1231（10th Cir. 1998）
　　・United States v. Scott, 37 F.3d 1564（10th Cir. 1994）
　　・Diedrich v. Commissioner, 457 U.S. 191, 195, 102. skt 2414, 72L, Ed. 2d. 777（1982）
　（「経済実質法理テスト（economic substance test）」）
　　これには，コモンローの法理で言う　①「実質優先（substance over form）」，②「事業目的（business purpose）」及び③「経済実質（economic substance）」による理由付け（reasoning）が含まれる。

資料出所：Rector J.『A Review of Economic substance Doctrine』Stanford Journal of Law Business and finance Autumn 2004, P145

> **参考 2**
>
> 　租税回避行為の態様は千差万別であるため，個別の否認規定では対応不可能である（例えば英国IFSの「Countering Tax Avoidance in the UK」）。
> 　そこで，わが国を除く先進国で一般否認規定（General Anti-Avoidance（又はAbuse）Rule：いわゆる「GAAR」）が導入されている。
> 　かつて，わが国でもその導入が議論されたが，法制化までは至っていない。
> 　ちなみに，昭和36年の税制調査会答申での次のような提案がなされている。
>
> **昭和36年7月　税制調査会答申**
> 　「税法においては，私法上許された形式を濫用することにより租税負担を不当に回避し又は軽減することは許されるべきではないと考えられている。このような租税回避行為を防止するためには，各税法においてできるだけ個別的に明確な規定を設けるよう努めるものとするが，諸般の事情の発達変遷を考慮するときは，このような措置だけでは不十分であると認められるので，（上記の）実質課税の原則の一環として，租税回避行為は課税上これを否認することができる旨の規定を国税通則法に掲げるものとする。
> 　なお，立法に際しては，税法上容認される行為まで否認する虞れのないよう配慮するものとし，例えば，その行為をするについて他の経済上の理由が主たる理由として合理的に認められる場合等には，あえて税法上否認しない旨を明らかにするものとする。」
> 　「納税者が私法上許された契約形式等を濫用することにより税負担を不当に回避し，又は軽減することを防止するため，租税回避行為が行われた場合には，課税標準の計算上はそのとられた契約形式等にかかわらず，その場合に通常とられるであろう契約形式等のもとにおけると同様な課税を行うという趣旨の規定を設けることとすべきである。」（昭和36年7月5日付「国税通則法の制定に関する答申（いわゆる税制調査会第二次答申）」。…点部分筆者強調）

第5章　租税回避否認の法理（米国の事例から）

㉟　見せかけの取引法理による租税回避行為の否認が認められた事例
——Gregory v. Helvering, 293 U.S. 465 (1935), aff'g 69 F.2d 809 (2nd Cir. 1934)——

■概　説

　租税回避行為は，課税庁にとって最も頭の痛い問題の1つである。その原因の1つは，租税回避行為と節税との間の境界があいまいであるという点である。もう1つは，租税回避行為が，単にそれらを行った者の租税負担が軽減されるというだけでなく，その分が他の納税者の負担となることから，結果的に他の納税者の税に対する信頼感に悪影響を与えるという点である。このようなことから，各国の税務当局は租税回避行為の防止に取り組んでいる。
　そのリーディング・ケースとなったのが，Gregory事案である。

■事案の概要

　Evelyn F. Gregory夫人（原告）は，夫の残した財産である非公開会社A社株式100％を有していた。A社は公開会社B社の株式を保有しており，この財産には多額の含み益が生じていた。同夫人は，この含み益を無税又は軽減税負担で実現させることを企図した。
　最も簡明なやり方は，A社が保有している公開会社B社の株式を売却し，A社から原告が配当を受領することである。しかし，それではA社段階で法人税が，個人レベルで通常の所得税（配当所得）がかかってしまう（二重課税）。
　そこで，Gregory夫人は，専門家とも相談の上，次のような一連の取引を実行することにより法人税課税を免れるとともに，個人所得税についても，通常の所得として課税を受ける配当所得から，より有利な課税が受けられるキャピタルゲインへの転換を図った。

① 第1ステップ……A社は，自己の所有する公開会社B社の株式を現物出資することによりC社を設立する（税制適格組織再編のため非課税）。
② 第2ステップ……A社は，新設されたばかりのC社の株式をGregory夫人に配分する（いわゆるspin-off型分割）（当時の内国歳入法第112条(g)により税制適格株式交換として非課税）。
③ 第3ステップ……C社は解散し，自己の有していた公開会社B社の株式を現物でGregory夫人に清算分配する（非課税）。
④ 第4ステップ……Gregory夫人は，C社解散に伴って受領した公開会社B社の株式を譲渡する（株式譲渡としてキャピタルゲイン課税）。

これら一連の取引により，Gregory夫人は，B社株式の売却益について，法人レベル及び個人レベルにおける二重課税を回避するとともに，個人レベルにおいても，通常所得として課税される配当所得を軽課税の適用が受けられるキャピタルゲイン（譲渡所得）に転換できた。

これに対し，IRSが，C社の設立は名目上のみのもので実体がなく，租税回避のみが目的であったとして否認したため争いとなった。

国税不服審判所（Board of Tax Appeals，現租税裁判所の前身）でIRSが敗訴（27 B.T.A. 223（1932））したため，IRSがわが国の高等裁判所に相当する第2巡回裁判所に控訴した。控訴審では逆転判決でIRS側勝訴，この判決を不服とする原告側が上告した。

■主な争点と当事者の主張

1　争　点

本件事案の主な争点は，Gregory夫人によるC社設立が名目的なものにすぎず，税務上否認されるべきものであるか否かという点である。

2　当事者の主張

(1)　納税者の主張

納税者（Gregory夫人）は，法令上法人（C社）の設立が自由に認められていることから，たとえそこに租税負担回避目的があったとしても税務上否認されるべきものではないと主張する。また，本件取引の第1ステップから第3ス

《図表》Gregory事案のイメージ図

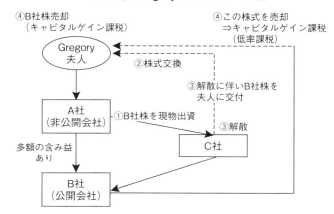

- 目　的
  多額の含み益があるA社の株式をできるだけ税負担が少ない形で処理したい。
- 方　法
  ①～④のプロセスを選択・実行。
- 結　果
  見せかけの取引法理により否認（通常の所得として課税された。）。

Gregory夫人 A社株所有 (A社は多額 の含み益を 有するB社 株を保有)	①A社	②Gregory夫人	③C社解散	④Gregory夫人
	B社株を現物出資でC社設立	株式交換によえてC社株を取得	自己の有するB社株をGregory夫人に現物分配	C社解散に伴い取得したB社株式を譲渡

※①～④のステップを極めて短期間に実施。

〔事案の概要〕

多額の含み益を有する株式の含み益を実現しつつ，課税を免れるため上記のような複雑な取引形態を採用。

〔争　点〕

Gregory夫人によるC社設立及びそこへの同夫人所有株式の現物出資とC社解散に伴うB社株の取得及びB社株式の譲渡は税務上是認される取引か。

〔裁判所（連邦最高裁判所）の判断〕…納税者敗訴

かかる取引は租税回避のみを目的として行われたもの（sham）であり税務上認められない。

テップの取引は，組織再編税制で非課税とされていることから，それらの取引はすべて非課税であり，結果的にGregory夫人のキャピタルゲインのみが課税

になるはずである。

(2) 課税庁の主張

それに対し、課税庁（IRS）は、C社の設立は租税回避目的でのみ設立され、しかも設立直後に清算されているので、たとえ各取引が真実に行われたものであったとしても、それぞれの取引期間が短かすぎるなど、全体としてみれば租税回避以外の目的は存在していなかったと主張する。

■裁判所（連邦最高裁判所）の判断……納税者敗訴

連邦最高裁判所（Southerland判事）は、「納税者が法の許容する範囲及び方法で自己の租税負担を軽減又は回避することができる。」という権利については認めつつも、「本件における法人（C社）の設立は、全体としてみれば事業目的も法人自体の目的もなく、租税回避という真の目的を隠ぺいするために行われたものにすぎないので、本件取引を税制適格組織再編として認めることはできない。」と判示した上で、「見せかけ（sham）」という用語や「見せかけの理論（sham doctrine）」という用語を直接には用いていないものの、「本件取引を見せかけの取引（sham transaction）にすぎないとした控訴審の判断は正当である。」として納税者の請求を排除している。

> **参考**
>
> ちなみに、控訴審判決では、次のような判示がなされている（Learned Hand判事）(注)。
> 「（筆者注：法が複数の取引形態を認めている場合，）納税者によって選択された取引は、たとえそれが租税回避又は脱税という願望（desire）の下に行われたとしても、租税法上認められた限界内にある限り、税法上の特典が失われることはない。（筆者注：納税者は）誰でも、自己の税負担を可能な限り少なくするようなアレンジをする権利を有しているのであり、国（財務省）に対し、最大の税金を払う必要もないし、愛国的義務心からそのようなことをする義務もない。
> ——（中略）——
> ①C社の設立、②同社に対するA社からのB社株式の現物出資、③C社清算に伴うB社株式のGregory夫人へのB社株式の現物分配等はいずれも真実ではあったが、内国歳入法が意味する税制適格「組織再編」ではなかった。本件取引をそのようにみると、本件取引は、すべての段階の取引が通常の効果を有していたとしても、かかる取引は見せかけの取引（sham transaction）である。」

⇩

①〜③の取引が全て真実であるものの,全体としてみれば見せかけの取引に該当するという本件判決の理由について,これをステップ取引理論とする見方もある(例えば,Minnesota Tea Co. v. Helvering, 302 U.S. 609 (1938))。
(注) ちなみに,原文は次のようになっている。

[A] transaction, otherwise within an exception of the tax law, does not lose its immunity, because it is actuated by a desire to avoid, or, if one choose, to evade, taxation. Any one may so arrange his affairs that his taxes shall be as low as possible; he is not bound to choose that pattern which will best pay the Treasury; here is not even a patriotic duty to increase one's taxes.

An operation having no business or corporate purpose — a mere device which put on the form of a corporate reorganization as a disguise for concealing its real character, and the sole object and accomplishment of which was the consummation of the preconceived plan, not to reorganize a business or any part of a business, but to transfer a parcel of corporate shares to the petitioner [taxpayer].

■解　説

本件判決は,その後米国内のみでなく,英国,カナダ等の判例においても引用される重要な先例となった事案である[1]。

本件判決にいう「見せかけの取引法理(sham transaction doctrine)」とは,実質的な取引内容と異なる法形式が作出された場合,その法形式を「見せかけ

---

(1) 例えば,米国内においては,①Knetsch v. United States, 364 U.S. 361 (1960), aff'g 272 F.2d 200 (9th Cir. 1959)(事案㊳),②Folsetti v. Comissioner, 85 T.C. 332 (1985),③Rice's Toyota World, Inc. v. Comissioner, 752 F.2d 89 (4th Cir. 1985)(事案㊵),④Jacobson v. Comissioner, 915 F.2d 832 (2nd Cir. 1990),⑤Frank Lyon Co. v. United States, 435 U.S. 561 (1978), rev'g 536 F.2d 746 (8th Cir. 1976)(事案㊻)等がある。
　このうち①については,納税者が行った自己発行に係るノンリコース債券を利用した金利前払いスキーム取引について,納税者が当該取引から支払利子控除以外に実体のあるものを何ら実現していなかったので,かかる取引は経済的実質(economic substance)もなく,税負担軽減以外の事業目的(business purpose)もなかったとして,課税庁による否認を認めている。
　それに対し,⑤においては,納税者が銀行業法による規制を免れるために銀行から建設中の建物を760万ドルで購入(借入金710万ドル,自己資金50万ドル)し,当該建物完成後に銀行にリースバックしていた取引について,本件取引は「経済的実質」のある取引であり,税務目的以外の「事業目的」もあったとして納税者の主張を容認している。
　なお,英国,カナダの判例への影響については後述(第7章参照)。

（又は仮装）の取引」であるとみなして実質に即した課税をすべしという考え方である。そして，そこでいう「見せかけの取引（sham transaction）」とは，それ自体に独立した経済的な便益（economic benefit）又は事業目的（business purpose）のない合意又は取引で，税務上有利な効果（例えば損失の控除など）を得ることのみを目的として行われるものをいうとされている（例えば，Blacks Law Dictionary, 9th Ed, west, p.1500）。ある取引が「見せかけ（sham）」にすぎない場合，IRSは，それらの取引にsham transactionを適用することにより，意図された税務上の効果について否認することが認められているほか，場合によっては，不正取引として重加算税を賦課することも認められている（IRC第6653条ではcivil fraudとして50％のペナルティ，6651条では上限75％のペナルティ）。

なお，ある取引が「見せかけの取引」であるとするためには，一般的には少なくとも次の2つの要件のいずれかを備えている必要があるとされている[2]。

① 事実関係であると称しているそのものが，見せかけにすぎないものであること（sham in fact）。
　　すなわち，法形式上採用されている取引は架空（fictional）のものであり，実際上生じ得ないもの（never actually occurred）であること。
② 実際に法形式どおりの事実関係が生じている場合であったとしても，その実質（substance）が欠如していること[3]。

■わが国の参考判例，裁決例等

① 広島高裁昭和43年3月27日判決（昭和42年（行コ）第15号）・税務訴訟資料52号592頁
　　「法人が経済合理性を無視した不自然な行為計算をとることにより，不当に法人税を回避軽減したこととなる場合には，そのような行為計算を否認することができる。」
② 東京地裁昭和46年3月30日判決（昭和41年（行ウ）第25号）・行裁例集22巻3号399頁，訟務月報17巻7号1166頁

---

(2) 例えば，Robert L. Sommers, Judicial Doctrines Relevant to Tax Fraud Schemes：http://www.tax-hound.com/juddect.htm。
(3) その典型例として，Kirchman v. Comissioner, 862 F.2d 486（11th Cir. 1989）がある。

「法人が租税の回避ないし軽減の目的で，ことさらに不自然，不合理な行為・計算をすることにより不当に法人税の負担を免れているときは，税務署長はその行為・計算を否認することができる。」

③　最高裁（三小）平成18年１月24日判決（平成12年（行ヒ）第133号）・税務訴訟資料256号順号10278…フィルム・リース事件

「（フィルム・リースを目的として組成された）本件組合は，売買契約により本件映画に関する所有権その他の権利を取得したとしても，本件映画に関する権利のほとんどは，同じ日付で他に移転しており，実質的には使用収益権限及び処分権限を失っている。……（しかも購入資金の４分の３はノーリスクであり，本件組合に出資した組合員も収益に対する関心等がなかったことからすれば，購入したと称しているフィルムを）本件組合の事業の用に供しているものとみることはできない。」

同事案の原審・大阪高裁平成12年１月18日判決（平成10年（行コ）第65号）・訟務月報47巻12号3767頁

「課税庁が租税回避の否認を行うためには，原則的には，法文中に租税回避の否認に関する明文の規定が存する必要があるが，仮に法文中に明文の規定が存しない場合であっても，租税回避を目的としてされた行為に対しては，当事者が真に意図した私法上の法律構成による合意内容に基づいて課税が行われるべきである。」

「（認定事実によれば）本件出資金は，その実質において…組合員が融資を行ったものであり，…本件フィルムに関する所有権その他の権利を真実取得したものではなく，本件各契約書上単に控訴人ら組合員の租税負担を回避する目的のもとに，本組合が本件フィルムの所有権を取得するという形式，文言が用いられたにすぎないと解するのが相当である。」

④　最高裁（一小）平成28年２月29日判決・民集70巻２号242頁

「法人税法（平成22年法律第６号による改正前のもの）132条の２にいう『法人税の負担を不当に減少させる結果となると認められるもの』とは，法人の行為又は計算が組織再編税制に係る各規定を租税回避の手段として濫用することにより法人税の負担を減少させるものであることをいい，その濫用の有無の判断に当たっては，①当該法人の行為又は計算が，通常は想定されない組織再編成の手順や方法に基づいたり，実態とは乖離した

形式を作出したりするなど，不自然なものであるかどうか，②税負担の減少以外にそのような行為又は計算を行うことの合理的な理由となる事業目的その他の事由が存在するかどうか等の事情を考慮した上で，当該行為又は計算が，組織再編成を利用して税負担を減少させることを意図したものであって，組織再編税制に係る各規定の本来の趣旨及び目的から逸脱する態様でその適用を受けるもの又は免れるものと認められるか否かという観点から判断するのが相当である。」

最高裁（二小）平成28年2月29日判決・民集70巻2号470頁

「新設分割により設立された分割承継法人が当該分割は適格分割に該当しないとして資産調整勘定の金額を計上した場合において，分割後に分割法人が当該分割承継法人の発行済株式全部を譲渡する計画を前提としてされた当該分割は，翌事業年度以降は損金に算入することができなくなる当該分割法人の未処理欠損金額約100億円を当該分割承継法人の資産調整勘定の金額に転化させ，これを以後60か月にわたり償却し得るものとするため，本来必要のない上記譲渡を介在させることにより，実質的には適格分割というべきものを形式的にこれに該当しないものとするべく企図されたものといわざるを得ないなど判示の事情の下では，法人税法（平成22年法律第6号による改正前のもの）132条の2にいう「法人税の負担を不当に減少させる結果となると認められるもの」に当たる。」

第5章　租税回避否認の法理（米国の事例から）

㊱　法人加入団体生命保険（COLI）契約購入に見せかけの取引法理が適用された事例
——CM Holdings, Inc. v. Commissioner, 301 F.3d 96（3rd Cir. 2002）——

■概　説

　米国では，1990年代に，大企業数社の間で，団体生命保険契約を購入することが流行した。そして，それらの多くが，当該保険契約加入のための所要資金の借入金に係る支払利息を損金に算入するため，その保険契約を担保にして借入を行っていた。こうした取引は，「見せかけの取引法理（sham transaction doctrine）」に基づき否認されるのが常であった。本件事案（CM Holdings, Inc.事案）の場合も，それが争いとなった。第3巡回控訴裁判所は，本件取引には「経済的実質（economic substance）」がなかったとした課税庁の処分を是認している。

■事案の概要

　CM Holdings, Inc.（以下「CM Holdings社」という。）は，Camelot Music, Inc.（以下「Camelot社」という。）の所有者である。Camelot社は，問題となっている団体生命保険プラン（COLI：Corporate-owned Life Insurance，以下「COLI Ⅷプラン」という。）に基づき，従業員の会社が保険契約の当事者となる生命保険契約を購入し，同契約上の受益者に指定されていた。同社は，当初，1億4,000万ドルに上るこの種の保険を購入していた。同社は，当該団体生命保険契約を担保にして，直ちに1,300万ドルの借入を行い，これを当初の支払保険料との相殺に充当した。同社は，この原資調達方式を，保険契約の当初の3年間用いていた。同社は，借入について最高利率を選択したため，利息の損金算入額も最大化された。

　Camelot社は，その後の4年間，保険料の支払に「先払配当」を充当した。同社は，年間保険料と発生した利息を支払っていたが，保険料の大半は同社に

配当として払い戻されていた。同社は，保険契約の現在貨幣価値も受け取っていた。同社は，先払配当分と契約の現在貨幣価値受取分を支払保険料と相殺することにより，ほとんど現金を充当せずに保険料の原資を調達することができた。

COLI Ⅷプランは，タックスシェルター商品としてCamelot社のみに提供されていたものであった。COLI Ⅷプランの主なメリットは，「利息の損金算入分を吸収」できることにあったが，相応のリスクも抱えていた。ちなみに，特定されていた主なリスクは，次の3点であった。

① 遡及的な税法改正がなされる可能性があること
② Camelot社に，数年間連続して課税所得がなくなる事態が発生すること
③ IRSに問題視されること

Camelot社は，1990年にCOLI Ⅷプランに加入したが，1996年の税法改正によって利息の損金算入ができなくなった時点で，残余の借入金を完済した。

IRSがこの取引を「見せかけ（sham）」であるとして否認したことから争いとなった。

第一審の連邦地方裁判所では，COLI Ⅷプランは見せかけの取引（sham transaction）であったと判示して納税者の主張を斥けたため，CM Holdings社がこの判決を不服として，第3巡回控訴裁判所に控訴した。

■主な争点と当事者の主張

1　争　点

本件事案の主な争点は，納税者（CM Holdings社）が従業員を対象とする団体生命保険を納税者名で購入（契約）し，それに伴って支払っていた保険料が当該納税者の所得の計算上損金算入することが認められるか否かという点である。

2　当事者の主張

(1) 納税者の主張

納税者は，内国歳入法第163条(a)に基づき「課税年度中に負債について支払又は発生したすべての利息」を損金に算入することができると主張した。

(2) 課税庁の主張

それに対し、IRSは、内国歳入法第264条は、以下について損金算入を否認することによって、同法第163条(a)を制限しており、本件はこの制限規定に該当すると主張した。

> **参考** **内国歳入法第264条(a)(3)**
>
> **(certain amounts paid in connection with insurance contracts)**
>
> 生命保険契約の貨幣価値増加分の全部又は一部の直接又は間接の計画的借入を意図した購入プランに基づいて行われた、かかる保険契約の購入又は維持に際して支払われ若しくは発生したすべての額、又は行われ若しくは継続した借入れ[1]。

《図表》 CM Holdings, Inc.事案のイメージ図

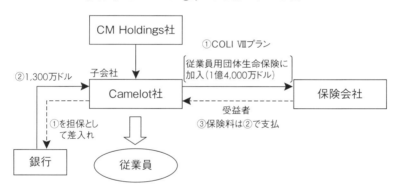

〔事案の概要〕

COLI Ⅷプラン（1億4,000万ドル、保険料1,300万ドル）…7年契約
① 当初の3年間はCOLI担保借入金で保険料支払。
② 残り4年間は、①契約に係る「支払配当」で保険料支払。
③ その結果、Camelot社は、自己負担なしで保険加入、しかも、借入金利に係る利子は損金算入。

〔争　点〕

かかる取引に経済的実質はあるか。

〔裁判所（第3巡回控訴裁判所）の判断〕…納税者敗訴

経済的実質なし。

---

(1) ただし、内国歳入法第264条(d)では、「…7年間に支払われる年間保険料のうち4回分の支払のいずれも当該プランに基づく借入によって行われていない場合」には制限の対象とはならないというセーフハーバーを設けている。

■裁判所（第3巡回控訴裁判所）の判断……納税者敗訴

　第3巡回控訴裁判所は，内国歳入法のすべての規定の基礎となっている経済的実質（economic substance）に係る要件に着目した。すなわち，「ある取引が，たとえ内国歳入法に規定する形式的な要件をすべて満たしている場合であっても，その取引は経済的実質も有していなければならず，取引に経済的実質があるかどうかを判断するためには，客観的かつ主観的に検討しなければならない。」というのである。そして，ACM Partnership事案（ACM Partnership v. Commissioner, 157 F.3d 231, 247（3rd Cir. 1998）（事案⑩））において判示されたとおり，「こうした経済的見せかけを検討する上で特徴的なのは，事業目的の欠如という主観的テストと経済的実質の欠如という客観的テストという『硬直的な2段階分析（rigid two step analysis)』の個々の要素ではなく，むしろ取引全体をみた場合，それらの取引が，課税上のメリットを享受する以外に，税務目的上尊重されるべき十分な実質（sufficient substance）を有しているかどうかの分析を示す関連要素についての分析が必要である。」という点である。その上で，同裁判所は，「Camelot社のCOLI Ⅷプランは，客観的テストも主観的テストも満たしていなかった。」と結論付けたのである[(2)]。

　納税者は，Camelot社による，COLI Ⅷプランは「一過性であり，かつ，取るに足らない些末（fleeting and inconsequential）」なものではなかったため，経済的実質を欠いていなかったと主張した。事実，Camelot社においては，COLI Ⅷプランは長年実施されていたプランであった。しかし，第3巡回控訴裁判所は，同社のこの主張を退け，取引が「一過性であり，かつ，取るに足らない些末」なものであるかどうかは，「継続期間（duration）」の長さによって判断するのではなく，納税者に正味でどの程度の「経済的影響（financial impact）」を及ぼすかによって判断されるべきであるとしたのである。その上で，同裁判所は，Camelot社は，保険料の支払を最小限にとどめ，保険契約からできる限り価値を取り去って（strip out），将来価値を失わせているため，COLI取引は「一過性であり，かつ，取るに足らない些末」なものであると判

---

(2)　「客観的テスト（objective test）」では，取引が税務上の優遇措置なしでも利益が得られる（profitable）ものであったかどうかに着目するが，COLI Ⅷプランは，利息の損金算入がなければ，差し引きで1,900万ドルを超える赤字となっていた。

断したのである。

　また，「主観的テスト（subjective test）」では，納税者が取引を行う動機に着目し，納税者が，租税回避のみを目的として取引を行っている場合には，見せかけの取引を行っていることになるとした上で，内国歳入法第264条では，保険契約を担保とした借入に係る利息の損金算入を認めているが，同条では，7年間のうちに支払われる各年の保険料のうち，少なくとも4年目から7年目までの4回分については損金算入を認めないこととしている。

　この規定を踏まえ，第3巡回控訴裁判所は次のように判示している。

　「議会が，この損金算入について納税者に与えた利用枠は狭く（narrow windows），Camelot社の先払配当（loading dividends）は，この利用枠を無理に広げようとするものであった。4年目から7年目までの先払配当は，法律の文言には従っている（following its letter）ものの，その精神に反しており（violating its spirits），法律の適用を逃れようとするものであることは明白である。」

　すなわち，本件において，第3巡回控訴裁判所は「主観的分析（subjective analysis）」を行った上で，「Camelot社は当該取引を行うに当たり，租税負担軽減（tax savings）以外に事業目的を有していなかった。」と判断したのである。Camelot社は，税務上の投資として売り込まれたCOLI Ⅷプランを選択するに当たり，数十回にわたって当該プランの結果を分析していた。その上で，Camelot社は，最も高い利率を選択して利息の損金算入の最大化を図っていた。その結果，最終的に，COLI Ⅷプランの仕組みは，生命保険の最も一般的なメリットである「主として死亡給付金に対する非課税と内部累積積立金（chiefly tax-free death benefit and tax-deferred inside build-up）相当分に対する課税の繰延べという制限規定を無視するものであった。」と結論付けられたのである。

■解　説

　本件では，問題となった団体生命保険契約（COLI取引）は，見せかけの取引法理でいう「経済的実質要件（economic substance requirement）」を満たしていなかったとされた。すなわち，当該取引は，税務上の優遇措置がなければ，何ら収益を生み出していなかったと考えられることから，「独立した実質

（independent substance）」を有していなかったとされたのである。

わが国でも，従業員を生命保険の被保険者とし，会社が保険金の受取人となる団体生命保険契約は広範に利用されている。そして，それらの多くは保険料支払時に法人段階で当該支払保険料について全額損金算入が認められる形のものとなっている。

しかも，これら支払保険料を借入金でまかなった場合，当該借入金に係る支払利子の損金算入について特段の制限はなされておらず，わずかに中途解約返戻金の割合が高い場合などに対してのみ支払保険料の損金算入に制限が付されている。

これらに対しても，米国の扱いはかなり厳しいものとなっている。

> **参考** Corporate-owned Life Insuranse（COLI）
>
> COLIとは，会社が自社の従業員を被保険者とし，会社又は会社の指定する者を受益者とする生命保険契約である。
>
> 元来は，重要な役職者の死亡等によるリスクの発生に備えるために交代要員の教育等に要するコストをヘッジするために1950年代に設けられた制度であった。
>
> しかし，その後，1980年代ごろから，法人が利益先送り等の手段として過大な借入れを利用してこの種の保険を利用する事例が増加し，タックスシェルターとして利用されるようになった。
>
> （※ちなみに，個人による利用は1950年代から行われており，Knetsch事案（事案㊳）にみられるように規制されることとなった。）
>
> その結果，法人が従業員の同意を得ることなく多額の借入れをしたうえで，法人が契約者となって所得の先送りを行う本件のような租税回避事例が多発した。
>
> そこで，2006年の年金保護法（Pension Protection Act of 2006）により従業員の同意を必要とするとともに，損金算入にも一定の限度が設けられることとなった。

■わが国の参考判例，裁決例等

なし。

ただし，実務においては，訴訟までには至っていないものの，これと同様の手法による節税が行き過ぎであるとして規制された事例が数多くみられる。

なお，本件事例と直接の関連性はないが，類似の例として，同族会社が自社の役員及び従業員を対象者として保険会社と契約を締結し，支払保険料を損金

に算入していた場合において，それらの保険料は「法人税の負担を不当に減少させている。」として同族会社の行為計算否認規定が適用され，否認された次の裁決例がある。

○　国税不服審判所平成14年6月10日裁決・TAINS F0-2-071

第5章　租税回避否認の法理（米国の事例から）

㊲　借入側の返済リスクが限定されているノンリコース借入の課税上の取扱いが問題とされた事例
――売却益には自己資金分のみでなくノンリコース・ローン部分も含めるべきであるとされた事例――
――Crane v. Commissioner, 331 U.S. 1 (1947)――

■概　説

　バブル崩壊後，わが国でも，借入の担保対象が限定されている（いわゆるノンリコース型）ローンが利用されるようになってきているが，税務上これらのローンについて通常のローンと異なった取扱いはなされていない。

　それに対し，米国では「ノンリコース（非遡及型）担保付借入」については，税法上ユニークな取扱いがなされている。なかでも，商業用不動産について認められている減価償却に及ぼす影響が興味深い。「ノンリコース担保付借入」とは，借主である投資家が個人的に返済責任を負わない借入である。

　アパート，オフィスビル，ショッピングセンター等，米国における商業用不動産投資の大部分の資金調達は，ほぼすべてノンリコース担保付借入によって行われている。このような投資の場合，投資家は，購入価格（又は建設費）のごく一部（例えば合計価格（又はコスト）の20％程度）を自己資金で賄い，貸主（通常，銀行又は保険会社）がノンリコース担保付貸付により残余の資金（80％）を提供するという形で行われる。そして，債務不履行の場合，貸主は不動産自体を換価処分することはできるが，投資家の他の資産から貸付金を回収することはできない。したがって，投資家の経済的リスクは，不動産に対する当人の株式投資に限定される。すなわち，前述したようなケースにおいては，投資家の損失は，当人の実費投資額に限定される。例えば，価値が未返済額以下に下落してから不動産が換価処分されても，未返済元本は専ら貸主の損失となるのである。

　このようなことから，投資家は，不動産の年間減価償却費の計算や支払利子の控除額算定に際し，ノンリコース担保付借入額を含めることができるかどう

か，あるいは投資家が担保付借入について個人的責任を負っていないことをもって，不動産の税務簿価（わが国における取得価額）が（償却税額控除の計算上）株式投資額にのみ限定されるのかどうかを明らかにして欲しいと要望していた。

■事案の概要

納税者（Crane氏）は，自己資金を一部（例えば10），大部分を借入（例えば90）により本件係争に係る不動産を取得した。借入金は当該不動産のみに責任が限定されているノンリコース・ローンだった。納税者はその資産を後日180で売却したが，売却益として申告したのは自己資金相当分（すなわち（180－100）×10／100＝8）のみであった。

それに対し，IRSが，売却益には，自己資金相当分（8）だけでなくノンリコース・ローンによる分（72）も含めるべきであるとして更正したことから争いとなった。

■主な争点と当事者の主張

1　争　点

本件事案の主な争点は，担保設定された不動産の売主は，当該不動産の買主から受領した対価のうち自己資金に見合う分だけでなく，当該不動産に設定された担保提供分を含む対価の全体額（face amount）を，売却価額として計上することを要求されるかどうかという点にあった。

2　当事者の主張

(1)　納税者の主張

納税者は，本件取引において自己がリスクを負っているのは自己資金相当分のみなので，売却益に対する課税もその部分のみに限定されるべきであると主張する。

(2)　課税庁の主張

それに対し，IRSは，ノンリコースの借入金を含めた全体が資産の購入価格及び売却価格になると主張する。

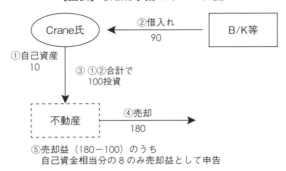

《図表》Crane事案のイメージ図

〔事案の概要〕
- Crane氏は自己資金（10）及びノンリコースのローン（90）で不動産（100）を取得。
- その後その土地を180で売却し、80のキャピタルゲインを得たが、自己資金投下分についてのみキャピタルゲインとして申告。

〔争　点〕
　Crane氏の得たキャピタルゲインは、借入金部分を含む全体かそれとも自己資金投下に係る分のみか。

〔裁判所（最高裁判所）の判断〕…納税者敗訴
　実現された利得（gain）には、ノンリコースによるローン部分も含まれる。

■裁判所（最高裁判所）の判断……納税者敗訴

　最高裁判所は、担保設定された不動産の取引に係る売主の損益の算定に際し、「売主の『実現された額（amount realized）』には、担保付借入額（いわゆるノンリコース・ローン）も含まれる。」と判示した。これは、「売主は担保付借入金の返済を免除されることにより経済的便益を受けた。」という論理に基づく判示であった。すなわち、取引に係る売主のキャピタルゲインは、売主が自己の取り分として受領した現金（例えば18）と担保付借入額の合計額（例えば162）から不動産の税務簿価（例えば100）を差し引いて計算されることになる。

　本件事案において、最高裁判所は、米国の税務目的上、売却不動産に係る売主の税務簿価に、かかる担保付借入によって調達された不動産コストの額が含まれるかどうかの判断は問題にしていなかった。しかしながら、同裁判所は、

「担保付借入額が不動産売却時の『実現額』に含まれるのであれば，不動産取得時の売主の『税務簿価』にもこれが反映されていなければならないことは明らかであり，担保付借入額が不動産に係る売主の税務簿価に反映されるのであれば，売主はかかる担保付借入額に対応する部分についても減価償却控除を受ける権利を有する。」と判示したのである。

■解　説

1　クレイン法理（crane doctrine）

本件判決で出された法理が「クレイン法理（crane doctrine）」である。

「クレイン法理」の税務上の効果については，次のように説明することができる。例えば，投資家が 4 億円で不動産を購入し，購入金を 1 億円の自己資金と 3 億円のノンリコースの担保付借入によって調達したとする。1 年後に，当該不動産は当初の購入価格 4 億円と同じ額で売却された（すなわち，投資家が取得して以来，当該不動産の価値に増減はなかった。）。投資家は，売却時に，担保付借入のうち既に2,000万円を返済済みであった。当該不動産は，担保付借入の残額 2 億8,000万円の引受と現金 1 億2,000万円で売却された。クレイン法理に基づくと，売却の損益算定に際し売主が実現した額は，受領した現金 1 億2,000万円と売却時に不動産に設定されていた担保付債務の残額 2 億8,000万円の合計額 4 億円である。

《イメージ図》

この法理は経費サイドにも適用される。その結果，投資家は，必然的に不動産コストのうち，納税者が経済的リスクを負わない部分の減価償却控除についてもこれを経費として控除を受ける権利を有するということになる。このような課税上の取扱いは，米国税法上，商業用不動産についてこれまで認められてきた魅力的な加速償却制度と相まって，米国のタックスシェルター産業の創

成・成長に大きく貢献してきた。こうしたタックスシェルター商品は，よりレバリッジ効果が高くなるように，借入比率の高いノンリコース担保付借入による不動産投資という形で高額所得者向けに販売されてきた。すなわち，ノンリコース担保付借入によって得られる（加速償却方式による）償却控除と多額のノンリコース担保付借入に係る利子控除との組み合わせにより，投資家は，投資段階において相当額の「税務損失」を得ることができたわけである。こうした投資を行う高額所得者は，当人の投資額をはるかに上回る多額の「税務損失」を発生させ，この税務損失を他の高額課税所得と損益通算することが可能であった。

2　規制策の導入

　本件判決を踏まえ，ノンリコース・ローンを利用して不動産投資を行い，そこで生じる多額の減価償却費を控除するという形でのタックスシェルター商品が急速に普及した。その結果，1980年代半ばにはこのような手法を用いた大口租税回避事案が続発し，全国的なスキャンダルになるまでに至った。そこで，米国議会は，かかる優遇税制措置を利用した投資の排除を目的とした広範な税法改正を数多く行った。こうした改正の多くは，今日でも引き続き重大な影響を及ぼしている。そのうちの一つは，償却可能不動産に係る所有者の損失控除額を，当該不動産に対する所有者の合計経済投資額（すなわち，所有者が実際に経済的リスクを負っている額）に制限するというものであった。いわゆる「アット・リスク・ルール（at-risk limitation on losses）」の導入である[1]。もう1つの重要な改正は，いわゆる「パッシブ・ロスの制限（passive activity loss）」に関する規制の導入である[2]。この規制は不動産に対する受動的（パッシブ）

---

(1)　内国歳入法第465条。ただし，そこで生じたロスについては翌年への繰越しが認められている（同条(a)(2)）。

(2)　内国歳入法第469条。ただし，そこで生じたロスについては翌年への繰越しが認められている（同条(b)）。
　　ちなみに，パッシブ・ロス制限条項を導入する理由について，米国上院財政委員会レポート（S.Rep.No99-313, 99th Cong.24 Sess.713-718（1986））では，この種の行き過ぎた租税回避の横行は，善良な納税者の税制に対する信頼を失わせることになっているとして次のように述べている。
　　　　　　　　　　　　「Reasons for Change
　　In recent years, it has become increasingly clear that taxpayers are losing faith in

投資に係る損失を，他の関連性のない所得との相殺に利用することを基本的に禁じるというものである。当該改正は，投資家による受動的損失の控除を同じ性格の受動的な所得に限定することにより，従来投資家がこれを利用して行ってきた他の所得（例えば個人所得，事業所得並びに配当，利子，キャピタル・ゲイン等のいわゆるポートフォリオ所得）との損益通算を実質的に否認するものである。

こうした新たな規制の導入により，個人がクレイン法理を利用して，不動産関連取引を行うことにより税務上の控除を発生させ，そこで生じた損失を関連性のない課税所得と損益通算するという租税回避手法は実質的に排除されることとなった。

■わが国の参考判例，裁決例等

○　国税不服審判所平成5年12月15日裁決・裁決事例集46号156頁

「請求人，リース会社，メーカー，最終使用者における一連の取引は，リース会社が本件物件を最終使用者に賃貸するに当たり，実質的には本件物件を取得することのない請求人を介在させ，請求人において少額減価償却資産の取得価額の一時損金算入の規定を適用し損失の先出しという経済的効果を生じさせることを目的として，請求人が本件物件を取得しこれを賃貸するという法形式を採用することを約して行ったものとみるのが自然で実態に則したものであり，請求人がリース物件を取得し，これを賃貸しているという実態は認められないので，減価償却を認めないとした原処分は適法である。」

しかし，この考え方は，訴訟段階で斥けられ，借入金部分を含めた全ての部分について減価償却費を計上することが認められた（名古屋高裁平成17年10月27日判決・税務訴訟資料255号順号10180）。

---

the Federal income tax system. This loss of confidence has resulted in large part from the interaction of two of the system's principal features: its high marginal rates (in 1986, 50 per cent for a single individual with taxable income in excess of $88,270), and the opportunities it provides for taxpayers to offset income from one source with tax shelter deductions and credits from another.」

第 5 章　租税回避否認の法理（米国の事例から）

㊳　租税負担が軽減される結果となる取引には租税負担軽減以外の取引目的がなければならないとされた事例
——Knetsch v. United States, 364 U.S. 361(1960), aff'g 272 F.2d 200 (9th Cir. 1959)——

■概　説

　米国政府は，1930年代と1940年代に，第二次世界大戦の資金を賄うために所得税率を大幅に引き上げた。その結果，当時の最高税率は90％を超えていた。そして，1940年代末には，この税率がすぐに引き下げられることはないことが明らかになった。そのため，一般納税者の多くが初めて所得の課税逃れの方法を模索するようになった。ここで，紹介するKnetsch事案もその一例である。本件において示されたスキームは，行き過ぎたタックスシェルターの原始的な形態である。Knetsch事案を審理した最高裁判所は，否認の理由として，「見せかけの取引法理（sham transaction doctrine）」という概念を導入した。この法理は，取引の唯一の目的が租税回避である場合には，たとえ法形式が完璧であったとしても，その取引は税務上尊重されず，なかったものとされるというものである。

■事案の概要

　Knetsch氏は，1953年に額面400万ドルの支払据置型年金貯蓄債券（deferred annuity savings bonds）をSam Houston Life Insurance Companyから購入した。その利回りは年2.5％であった。同氏は4,000ドルを現金で支払い，残余の資金をノンリコースの手形借入によって調達した。手形借入の金利は3.5％で，初年度の利息として14万ドルを前払いした。

　初年度末時点での債券の現金価額（cash value）は410万ドルであった。契約によりKnetsch氏は現金価額の額面超過分を借り入れる権利を有していたことから，超過分10万ドルのうち9万9,000ドルを借り入れた。同氏は，この現金と引き換えに，金利3.5％の手形を差し入れると同時に初年度の利息3,465ド

《図表》Knetsch事案のイメージ図

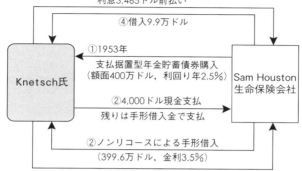

〔事案の概要〕

① Knetsch氏の税務申告

・第1年度
支払利息として14万3,465ドル（14万ドル＋3,465ドル）を必要経費に計上。初年度末の債券の現金価額＝410万ドルとなったため9万9,000ドル追加借入を行うとともに，14万3,465ドル前払いにより貯蓄債券の額は420万4,000ドルに増加。

・第2年度
さらにここから10万4,000ドル借り入れ，前払金利3,640ドルを支払い，支払利息として14万7,105ドル（14万3,465ドル＋3,640ドル）を必要経費に算入した上で確定申告。
以下，順次同じ手法で4年目まで継続。毎年支払利息につき必要経費算入。

・第4年度
Knetsch氏の債券価額＝430万8,000ドル，負債＝430万7,000ドルとなったところで解約し，Knetsch氏は1,000ドルの現金を入手。

② IRSは本件契約が費用水増しを目的に仕組まれたものであるとして必要経費算入を否認。

〔争　点〕

本件契約に基づき支払われた利息名目での金員はKnetsch氏の必要経費になるか。

〔裁判所（連邦最高裁判所）の判断〕…納税者敗訴

本件契約の主たる目的は経費の単なる水増しであり経費控除は認められない。

ルを即時前払いした。そして，税務申告の際，合計支払利息14万3,465ドル（399.6万ドル相当分の手形借入による利息14万ドル＋9.9万ドル相当分の手形借入による利息3,465ドル）を「…課税年度内に債務について支払った利息」として必要経費に算入した。

2年目の初めの時点で，Knetsch氏の合計債務は409万9,000ドル（400万ドル

＋9万9,000ドル）であったが，この債務について，同氏は14万3,465ドルの利息を前払いした。その後債券の現金価額は420万4,000ドルになった。数日後，同氏は，おおむね合計現金価額と債務の差額に相当する10万4,000ドルを再度保険会社より借り入れ（420万4,000ドル－409万9,000ドル＝10万5,000ドルに近似），この追加「借入」分について初年度の利息3,640ドルを前払いした上で，税務申告の際に合計支払利息14万7,105ドル（14万3,465ドル＋3,640ドル）を「…課税年度内に債務について支払った利息」として必要経費に算入した。

Knetsch氏は，翌年も同様の処理を行った。同氏は4年目にこの債券（支払据置型年金貯蓄債券）を売却したが，同債券の売却時の価額は430万8,000ドル，同氏の負債は430万7,000ドルであった。そこで，同氏は生命保険会社から現金1,000ドルの支払を受けた。

■主な争点と当事者の主張

1　争　点

本件事案の主な争点は，納税者（Knetsch氏）が支払ったと称している本件債務に係る支払利息について，所得金額の計算上控除が認められるかどうかという点である。

2　当事者の主張

(1)　納税者の主張

納税者は，本件支払利息は契約に基づいて発生した債務に係る利子として正当に支払われており，当然所得から控除されてしかるべきものであると主張する。

(2)　課税庁の主張

それに対して課税庁は，本件取引は支払利息について所得控除を受けることのみを目的として経済上必要でない借入をリスクのないノンリコースの形で借り入れたものである。したがって，本件契約に基づいて支払われた利息は，明らかに費用を水増しする目的で行われたものなので，その分を所得から控除することは認められないと主張する。

■裁判所（連邦最高裁判所）の判断……納税者敗訴

　連邦最高裁判所は，本件取引はKnetsch氏に対する貸付の形式をとっているが，実質的には貸付は行われていなかったと判断した。すなわち，本件取引は同氏が利息を損金に算入して所得税負担額を引き下げるために利用した「仕組み（structure）」にすぎないと判断されたのである。

　連邦最高裁判所は，Gregory事案（事案㉟）において示された基準[1]を適用して本件事案の分析を開始した。

　連邦最高裁判所の問題意識は，「納税者が法律上認められている手段によって本来の課税負担額を引き下げ，あるいはこれを全額回避する法的権利を有することは疑いの余地はない。」としながらも，法律が意図しているのは，「税務上の目的以外に，どのようなことが行われたかを問うことである。」という点であった。

　本件で問題となったのは，2課税年度中における保険会社への29万570ドルの支払であったが，そのうち20万3,000ドルはKnetsch氏に結果的に「貸付」として払い戻されていた。同氏は，本件債券の満期時に800万ドルを超える収益を得る権利を有していたにもかかわらず，ほぼ同額の借入を行っていた。その結果，債券の純現金価額はわずか1,000ドルにとどめられていた。そこで，連邦最高裁判所は，本件「貸付」契約は「フィクション」であり，「真実の主な目的は，同氏の所得計算上必要経費となる支払利息の額を多くすることにより，同氏の課税額を引き下げることにあった[2]ので，取引はフィクションで

---

(1) この事案は，「見せかけの取引法理」が正面から適用された最初の事案である。
　　当該事案では，納税者（A）は，自己の出資する持株会社（B社）の有する有価証券に多額の含み益が生じていることから，その含み益を通常の税率で課税される受取配当の形でなく，より低率課税で済むキャピタルゲインとして課税されるようにした点が問題とされた。
　① その手段として，納税者（A）は新たに新会社（C社）を設立し，そこにB社の有する有価証券を譲渡させたが，これを税制適格組織再編であるとして簿価で移転させた。
　② Aは旧会社（B社）の株式に代えて新会社（C社）の株式の配分を受けた後，直ちにC社を清算し，同社の有する有価証券を現物で受領した。
　③ Aはこの有価証券を売却し，売却益をキャピタルゲインとして申告した。
　　裁判所は，本件一連の取引行為が事業目的を欠き，租税回避のための「見せかけ」にすぎないとして通常の配当課税をした内国歳入庁の更正処分を是認している。
(2) It was a fiction that the taxpayer had purchased an annuity contract because the

ある。」と認定したのである。現に，同氏が保険会社に「返済」したと称する金額は，実際には同氏が支払ったばかりの「利息」の払戻しであった。そこで同裁判所は，「保険会社に支払われた「利息」29万570ドルとKnetsch氏に「貸し付け」られた20万3,000ドルの差額は，保険会社が当該取引を貸付として仕組むことで同氏の利子控除を可能にしたことに対する手数料であった（the fee paid to the lender for providing the facade of loan by which the taxpayer sought deductions）。」と結論付けたのである。その上で，同裁判所は，「（本件債務は）1939年内国歳入法第23条(b)及び1954年内国歳入法第163条(a)に基づく「債務」の要件を満たす取決めは他にあるかもしれないが，本件取引はフィクションであり，何ら実質のない（sham）ものなので，これには該当しない。」としたのである。

Knetsch氏は，単一のプレミアム終身年金契約の購入に伴って生じた債務について，支払われた利息額の損金算入を認めない内国歳入法第264条の規定は，問題となっている取引が行われてから1年後の1954年3月1日まで効力を生じなかったという点を指摘し，本件課税は新しい法律の遡及適用に当たると指摘した。その上で，同氏は，旧法時代に行われた本件取引は，法律の規定に基づき支払利息を必要経費に算入する権利を有すると主張した。

しかしながら，連邦最高裁判所は，そのような解釈は，「取引の形式を実質よりも重視するものであり」，「取引によって利息を支払う義務が真に生じていたかどうかを考慮していない。」と判示した。そのうえで，議会が新法の遡及適用を明示的に認めていないため，同裁判所は，（Knetsch氏の主張する）そのような解釈を採用することを拒否したのである。

■解　説

Knetsch事案において明確に示された「取引には税務上のベネフィットを享受するという目的以外に何らかの事業実質がなければならない。」という原則（すなわち，それらの取引はフィクションであってはならず，「事業目的（business purpose）」と「経済的実質（economic substance）」が伴っていな

---

substantial borrowing by the taxpayer meant that the transaction did not appreciably affect〔the taxpayer〕beneficial interest except to reduce his tax.

ければならないとする原則）は，課税当局がそれらの取引を否認する際の理由として，依然として広く使用されている。「実質重視の法理（substance over formality principle）」は，取引の形式が絶えず変化しても，内国歳入庁が租税回避と戦うことを可能にする重要な法理となっているのである。

しかし，この判決文のなかでは，ある取引が「見せかけ（sham）」であるか否かをどのように判断するかについては明らかにされていない。

そのため，この判決をもってしても，その後における租税回避行為を完全に封じることができなかった。

■わが国の参考判例，裁決例等

本件判決に類似したわが国の裁判例として，民法上の任意組合を利用したフィルム・リースについて争われた次の判例がある。

① 東京高裁平成17年2月8日判決（平成15年（行コ）第153号）・税務訴訟資料255号順号9927

「本件取引における契約締結者の真の意思は，……専ら租税負担の回避を図ることにあったものと認められる。したがって，組合員の出資金は，その実質において本件映画の興業に対する融資を行ったものであり，本件契約は，単に組合員の租税負担を回避する目的の下に，本件組合の本件映画の所有権を取得するという形式や文言が用いられたにすぎない。」

ただし，この点については，次のような見解もある。

② 名古屋高裁平成17年10月27日判決（平成16年（行コ）第48号）・税務訴訟資料255号順号10180…航空機リース事件

「選択された契約類型における当事者の真意の探求は，当事者が達成しようとした法的・経済的目的を達成するうえで，社会通念上著しく複雑・迂遠なものであって，到底その合理性を肯認できないものであるか否かを判断したうえで行われるべきである。」

↓

これらの行為に対し，課税庁は安易に否認を行うべきでない。

↓

本件組合契約を利益配当契約であるとして減価償却費等の計上による損益通算を否認した当局の課税処分を取消し（納税者勝訴，確定）。

第5章　租税回避否認の法理（米国の事例から）

㊴　ある取引に経済的実質（economic substance）がなかったとして租税回避行為に当たるとされた事例
──Rose v. Commissioner, 88 T.C. 386 (1987)──

■概　説

　ある取引が租税回避に当たるのか否かの判断基準として，米国では，取引自体に税務以外の「事業目的（business purpose）」と「経済的実質（economic substance）」が存在していたか否かという判断基準が用いられている。そして，そのような実質がない取引は，「見せかけの取引（sham transaction）」であるとして，税務上否認の対象となる[1]。他方，「経済的実質」と税務以外の「事業目的」が存在すれば，たとえその取引が結果的に租税負担軽減目的で行われていたとしても，税務上，その否認はできないとされている[2]。

　「事業目的」テストをクリアするためには，租税負担を軽減するという税務目的以外に「本来の事業目的を有する」ということを，納税者が「立証」しなければならない。また，「経済的実質」テストについても，節税を目的としない場合でも，当該取引により事業上の利益を見込んでいることについて納税者にその立証を求めている。

　しかし，節税目的以外の利益がどの程度まであれば税務上合理的理由があるとされるのかについては，基本的には裁判所の判断に委ねられている。その典型例が，減価償却費の計上を巡って争われた本件事案（Rose事案）である。

　本件事案において，租税裁判所は，減価償却費の所得控除（損金算入）が可能となるためには，納税者が行った取引が税務上の目的以外に相当程度の法律上・経済上の実質がなければならないと判示している。

---

(1)　例えば，Gregory事案（事案㉟）及びKnetsch事案（事案㊳）。
(2)　例えば，Frank Lyon Co. v. United States, 435 U.S. 561 (1978), rev'g 536 F.2d 746 (8th Cir. 1976)（事案㊻）。

> **参考1** 米国の減価償却制度
>
> 1986年米国内国歳入法（逐次改正を含む。）第167条(a)*は，減価償却費の控除（損金算入）について規定しているが，同条によれば，それらの費用が損金算入可能となるためには，「金額の如何にかかわらず，当該費用が生じた取引自体も一般的な租税原則に則していなければならない。」としている。したがって，ある取引が租税回避を目的とする取引ではないかと疑われる場合，裁判所は，当該取引の「形式（form）」のみならず「実質（substance）」についても検討することになる。
> ※ちなみに，同条(a)の原文は次のようになっている。
>> (a) GENERAL RULE.—There shall be allowed as a depreciation deduction a reasonable allowance for the exhaustion, wear and tear (including a reasonable allowance for obsolescence) —
>> (1) of property used in the trade or business, or
>> (2) of property held for the production of income.

■事案の概要

　個人の納税者であるRose氏とその妻は，ピカソの原画の複製マスター2点を美術画廊から購入していた。当該複製マスターは，画像イメージを作り出すために使用されるフォトスクリーンの陰画であるが，美術家が制作した原作品は含まれていない。製作費用のうち，著作権に割り当てられた分は1％未満であり，残余は複製マスター分であった。納税者は，限定版プリント及びポスターを販売するという名目で単独所有権を設定したが，当該複製マスターを取得するまで美術品の複製やプリント製作事業とは無縁であった。また，納税者は，複製マスターの美術鑑定を第三者に求めたり，あるいは販売契約を締結するということは一切行っていなかった。

　納税者が，美術品複製の経験がなかったことに加え，損金算入を強引に求める姿勢をみせた結果，内国歳入庁は，当該取引に真の経済的実質があったかどうかについて疑義を呈した。

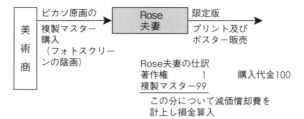

《図表》Rose事案のイメージ図

〔事案の概要〕

　納税者（Rose夫婦）はピカソ原画の複製を購入したが，購入価格のほとんど（99％）は複製マスター部分であった。
　Rose夫婦はその分について減価償却費を計上していたが，IRSはそもそもそれには経済的価値がなく，取引自体が見せかけであるとして減価償却費の計上を否認したことから争いとなった。

〔争　点〕

　Rose夫妻の上図複製マスター購入には，利益追求動機，経済的実質があるか。

〔裁判所（租税裁判所）の判断〕…納税者敗訴

　本件取引には経済的実質がない。→ したがって，減価償却費の計上は認められない。

■主な争点と当事者の主張

1　争　点

　本件事案の主な争点は，納税者が購入した価格の大部分（99％）を占めるピカソ原画の複製マスター部分について，減価償却費の計上が認められる前提となる経済的実質があったか否かという点である。

2　当事者の主張

(1)　納税者の主張

　この点について，納税者は，本件複製マスターの購入取引は租税回避目的で行われたものではないので，減価償却費についても当然所得からの控除が認められてしかるべきであると主張する。

(2)　課税庁の主張

　それに対し，課税庁は，購入費用のうち著作権部分が1％未満しかないこと，納税者が当該複製マスターを取得するまで美術品の複製やプリント製作事業

とは無縁であったこと等から，減価償却費計上の前提となる本件複製マスターにはそもそも資産的価値がなく取引自体が見せかけなので，減価償却費の計上が認められないと主張する。

■裁判所（租税裁判所）の判断……納税者敗訴

本件事案を審理した租税裁判所は，納税者の目的を決定する前に，まず当該取引が偽装ではなく真正なものであるか否かを見極める必要があるとして，Mahoney v. Commissioner, 808 F.2d at 1220を引用し，「取引が見せかけ（sham）であるかどうかの適切な判断基準は，当該取引が所得税上の所得控除を生じさせること以外に実質的な経済効果を有するかどうかという点にある。」と判示した。

その上で，租税裁判所は，本件事案においては，「納税者が利益をあげようという真正な動機を持っておらず，ピカソ事業には経済的実質が全くなかった。」との判断を裏付ける相当な証拠があると判示した。同裁判所は，納税者が行った購入に着目し，「納税者はピカソの複製マスターの真の価値については無関心であった。」と判断した。さらに同裁判所は，「納税者が複製マスターを購入した唯一の目的は，（減価償却費を所得計算上必要経費に算入する手段としての）税務上の損失の計上にあった。」との判断を示した。それらを踏まえ，同裁判所は，「納税者は購入した複製マスター 2 点に関する減価償却費を控除項目（損金）に算入することはできない。」と判示したのである。

■解　説

内国歳入法第167条(a)は，「営業若しくは事業に該当する活動，又は所得稼得のために実施され若しくは遂行される活動を行う納税者は，減価償却費について所得控除（損金算入）が認められる。」と定めているが，Rose事案における裁判所の判断は，取引の「形式（form）」のみならず，取引の「経済的実質（economic substance）」も，税務当局の精査の対象となることを明確に示すものであった。具体的には，「損金算入によって米国の連邦課税所得を減額しようとする納税者は，当該損金算入を生じさせる取引が税務目的以外に何らかの経済的便益を得る目的のために行われたことを示すことができなければならない。」というものであった。

■わが国の参考判例，裁決例等

わが国における映画フィルムリース事案や航空機リース事案における減価償却費の計上を目的とした不動産所得の赤字と他の所得との損益通算（いわゆる「損取り取引」）は，米国のこのルールに当てはめると認められないということになる。

その意味で，ここで紹介したRose事案判決は，わが国における節税目的商品に対しても大きなインパクトを及ぼす可能性がある注目すべき判決である[3]。

ちなみに，フィルムリース事案では，本件判決に類似する考え方により損取り目的の減価償却費の計上が否認されたものの航空機リース事案ではそれが認められている。

---

(3) なお，内国歳入法第167条(a)では，減価償却費の計上を営業又は事業に関連したものとして捉えている点でわが国と若干異なる点もある。

参考2　**任意組合を通じた映画フィルムリースへの投資が租税回避に当たるとされた事例（映画フィルムリース事件）…納税者敗訴**

（最高裁三小：平成18年1月24日判決，平12（行ヒ）133号上告棄却，大阪高裁：平成12年1月18日判決，平10（行コ）65号，控訴棄却（大阪地裁：平成10年10月16日判決，平8（行ウ）103号～107号，法人税更正処分取消請求事件…請求棄却））

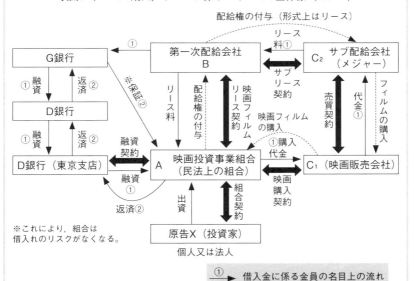

映画フィルムの購入，リースに係るスキームの全体像（モデル）

〔争　点〕

不動産等（建売，土地売買業）を営む青色申告法人（原告）が，外資系投資銀行の組成した節税型商品と称する映画フィルムのリース商品を購入し，そこで生じた損失を他の所得から控除することができるか。

〔裁判所の判断〕

最高裁…上告棄却（地裁，高裁とも納税者敗訴）

最高裁では，結論部分については控訴審の判断を維持したものの，論旨については，控訴審の判断を変更している。すなわち，控訴審においては，本件契約を「租税負担を回避する目的のもとに，本件組合が本件フィルムの所有権を取得するとい

う形式，文章が用いられたにすぎないものと解するのが相当である。」としていたのに対し，最高裁判決では，「組合が売買契約によって映画の所有権等の権利を取得したとしても，その権利のほとんどが配給契約によって配給会社に移転し，実質的な使用収益と処分の権限を失っているため，組合の事業に係る収益を含む源泉とは認められず，本業の用に供しているとも認められない。」としている。

出典：週刊T&A master 平成16年9月13日号より一部修正のうえ抜すい

参考3 任意組合を利用した航空機リース取引が租税回避に当たらないとされた事例（航空機リース事件）…納税者勝訴

（名古屋高裁：平成17年10月27日判決，平16（行コ）48号控訴棄却，確定，名古屋地裁：平成16年10月28日判決，平15（行ウ）6～8号，申告所得税更正処分取消請求事件…原処分取消し）

航空機リースに係る取引イメージ図

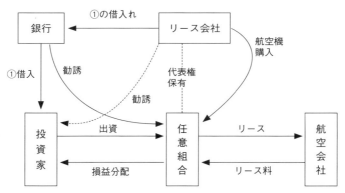

〔争　点〕
　本件リース取引契約は，利益配当契約に当たるか。
〔裁判所の判断〕
　名古屋地裁…納税者勝訴
〔判　旨〕
　「本件各組合契約は，民法上の組合契約の要件を充足しており，これとは契約形態の異なる利益配当契約と認めることはできない。」
（名古屋高裁）
　「組合員が前記船舶に係る減価償却の利益を得ることを主目的として前記組合に参加しているのは減価償却制度を濫用するものであるとは認められない。」

第5章　租税回避否認の法理（米国の事例から）

㊵　課税庁による「経済的実質法理（economic substance doctrine）」の主張が認められた事例
—Rice's Toyota World, Inc. v. Commissioner, 752 F.2d 89（4th Cir. 1985），aff'g 81 T.C. 184（1983）—

■概　説

　米国では，租税回避行為に対する否認の法理としてよく用いられるものに「見せかけの取引法理（sham transaction doctrine）」とともに，「事業目的（business purpose）法理」と「経済的実質（economic substance）法理」がある。

　「見せかけの取引法理」が，否認の根拠法理として単独でも用いられるのに対し，「事業目的法理」や「経済的実質法理」は，どちらかといえば合わせ技的に用いられることが多い。

　Rice's Toyota World, Inc.事案も，そのような形でこれらの法理が適用された事案である。

■事案の概要

　Rice's Toyota World, Inc.（旧名Rice's World, Inc.：以下「R社」という。）は，以前自動車販売業を営んでいたが，友人のすすめ等もあり，コンピュータのリース事業を展開することとした。その手始めとして，R社は，1976年にリース事業を営むFinalco社（以下「F社」という。）から中古のコンピュータを145万5,000ドルで購入し，それをF社にリースバックした。購入代金は，現金25万ドルとノンリコース型の借用証書（nonrecourse note）3枚で支払われていた。手形のうち1枚は3年後満期，他の2枚は8年後満期となっていた。

　この取引に際し，R社の会計士は，本件取引を行うことになれば「R社は初期段階で借入金利子と償却費を損金として計上することにより，多額のタックス・ロスが取れる。」という内容の説明文書の交付をF社から受けていた。リース期間は1976年から8年間とされていたが，R社はいったんリースした資産

をサブリースの形でF社に再度リースバックをしていた。リース料とリースバックに係る賃料はネットでR社が1万ドルの受取り超過になるように設定されていた。

この契約に基づき，R社は，1976年から1978年の間に支払利子3万ドルとコンピュータの減価償却費（加速償却）を経費とした申告書を提出したが，IRSがこれらの経費控除を否認したため争いとなった。

租税裁判所は，経済的実質（economic substance）と税務関係以外の事業目的（business purpose）があれば租税回避には当たらないとしたFrank Lyon Co.事案（事案㊻）における最高裁判決を引用しつつ，「裁判所がこれらの取引を見せかけ（sham）であるとするためには，納税者の動機に税務上のベネフィットを得る以外何らの事業目的もないということを証明する必要があるが，本件取引においては，納税者はリース期間終了後におけるコンピュータの価値等には何らの関心も有しておらず，専ら税務上のベネフィットにのみ関心があったこと，本件投資に経済的実質（economic substance）がなかったことは，IRS及び租税裁判所の分析結果等からも明らかである。」として納税者の主張を斥けた。

そこで，この判決を不服とした納税者が本件控訴に至ったものである。

■主な争点と当事者の主張

1　争　点

本件事案の主な争点は，本件取引の結果可能となった，①R社による中古コンピュータの加速償却による減価償却の可否，及び②R社がF社から購入したとする中古コンピュータの取得に際して行った借入金に係る支払利子の損金性についてである。

2　当事者の主張

(1)　納税者の主張

納税者は，本件取引はリース業という本来の事業目的に沿ったものであり，①事業目的（business purpose）があり，かつ，②経済的実質（economic substance）もある取引なので，減価償却費及び支払利子のいずれについても

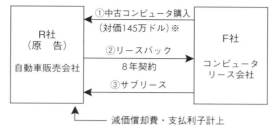

《図表》Rice's Toyota World, Inc.事案のイメージ図

※①のうち25万ドルのみ現金支払い，残りはノンリコース期間8年の約束手形。

〔事案の概要〕

R社は，自動車販売会社であるがコンピュータリース事業にも関心を示していた。
① R社は，F社から中古コンピュータを145万ドルで購入（代金は借入金原資の25万ドルと8年後期限の約束手形（note）で支払）。
② R社は，F社にこれを期間8年でリースバック。
③ R社は，これを8年間でリース（①～③の取引でR社に毎年1万ドルのキャッシュフローあり）。

なお，R社は，会計士を通じF社から本件のような取引を行えば，購入資産に加速償却を適用し，多額のペーパーロスを計上することが可能となり，納付税額を大幅に軽減できるとの文書を入手していた。

〔争 点〕

・R社は，購入した中古コンピュータについて割増償却（加速償却）を適用できるか。
・R社がノンリコース・ローンの形で借り入れた水増借入部分について，利子控除を適用できるか。

〔裁判所（第2巡回控訴裁判所）の判断〕…納税者一部勝訴

・R社による本件中古コンピュータの購入及びリース取引には，税務上のメリット享受以外に事業目的，経済的実質がないので，加速償却は認められない。
・借入金については，たとえそれがノンリコース契約になっていたとしても借入れの事実はあったので，当該借入金に係る利子については全額経費に算入できる。

損金算入が認められて然るべきであると主張する。

(2) 課税庁の主張

それに対し，IRSは，本件取引には事業目的がなく経済的実質もないので，納税者が損金として計上した減価償却費及び支払利子のいずれについても損金算入は認められないと主張する。

■裁判所（第2巡回控訴裁判所）の判断……納税者一部勝訴

本件事案を審理した第2巡回控訴裁判所は，ある取引が「見せかけの取引

(sham transaction)」とされるためには，①「それらの取引に税務上のベネフィットを享受する目的以外何らの事業目的（business purpose）も有していないこと。」，及び②「その取引に税務上のメリット以外の利益が存在すると見込まれる合理的可能性が存在していないことを証明しなければならない。」とした租税裁判所の判断はそのまま受け入れた。その上で，減価償却費の計上に関しては，「納税者の関心が専ら税務メリットの享受にあったことは，F社からの手紙の内容やR社の顧問会計士の助言等からみても明らかであり，この取引について経済的実質がないとした租税裁判所の判断に大きな誤りはなかった。」として，損金算入を否認した租税裁判所の判断を維持した。

しかし，支払利子の控除否認については，租税裁判所が否認の根拠としたGrodt事案（Grodt & McKay Realty, Inc. v. Commissioner, 77 T.C. 1221, 1243 (1981)）の取引自体が見せかけであると判断した上で，支払利子の損金性が否認されたものであるが，「本件取引においては，少なくとも実際に外部から借入れがなされ，それに見合う利子も現に支払われているので，見せかけの取引には当たらない。」とした。

そして，「たとえ取引の主たる動機が租税回避目的であったとしても，経済的実質のある取引について取引自体の存在を無視することはできないとしたFrank Lyon Co.事案における考え方からしても，R社の支払った利子については損金性ありと認めざるを得ない。」として租税裁判所とは逆の判断を示し，納税者勝訴の判決を下した。

■解　説

1　減価償却について

R社によるF社からの中古コンピュータの購入及びF社へのリースバック取引の動機は，リース期間初期における加速償却を利用した早期の損出しのみを目的としたものである。そのことは，租税裁判所が認定し，第2巡回控訴裁判所もそれを是認したように，R社が中古コンピュータを購入しそれをリースバックする際に，リース期間終了後の残価（residual value）について，R社がさしたる関心を有していなかった（not seriously evaluate）ことからみても明らかであった。

もし，R社が事業上の利益を得ようとする正当な事業目的（business purpose）を有していた者であれば，リース期間終了後の残価がいくらになるかは，中古コンピュータの購入価格やリース料に当然反映される最も重要なファクターの1つであったはずである。しかるに，本件において，R社は，残価について外部の評価人の鑑定等を取ることをしていなかった。しかも，同社の代表者は，コンピュータについて何の知識もなかった（knew virtually nothing）というのであるから，本件取引について課税庁が減価償却費の否認をしたのはある意味で当然であろう。

　また，R社は，市価129万7,000ドルと評価していた中古コンピュータを145万5,000ドルという高値で購入したが，F社が5年間のサブリース後に，これを購入価額の30％で再売却できる選択権を有していたことも考慮すれば，R社が購入した本件中古資産の実質価額が100万ドル未満にしかならないことは明らかであった。

　それにもかかわらず，R社がこれを145万5,000ドルという高値で購入したのは，代金支払が，主としてノンリコースの約束手形によってなされていた点にあったとみるのが相当である。そうすると，租税裁判所が指摘するように，かかる取引は，「R社が税務上のベネフィットを得る以外の利益追求動機等はなかった（did not have profit motivation apart from tax benefits）。」とみるのが相当である。

　すなわち，R社が購入し，リースバックした資産の取引に伴う真の目的が，当該資産の加速償却による損金計上にあったことは明らかである。したがって，その原因となった本件取引には，事業目的（business purpose）もなく経済的実質（economic substance）もないので，「見せかけ（sham）」だとされたわけである。

2　支払利子について

　次に，R社による借入金利子の損金算入の可否についてである。この点について租税裁判所は，「R社による購入に一部現金が用いられていたとしても，それらはF社によるリース料の支払という形でR社に戻されており，他の部分はR社が支払うこととされているサブリース料とF社が支払うこととされているリース料とで大部分が相殺されているので経済的実質はなかった。」として

いた。

しかし，控訴審では，「たとえ取引動機が租税回避目的であったとしても，経済的実質（economic substance）があればそれを無視できない。」としたFrank Lyon Co.事案判決を引用し，「ノンリコースにより水増し（インフレート）された債務は，減価償却のベースとして使うことはできないものの，それに見合った金利をR社が支払っていたことは事実である。」としてノンリコースにより水増しされた当該借入金の支払利子が全て損金算入になるという納税者の主張を認めている。

■わが国の参考判例，裁決例等

事業目的の欠如を中心にしたものではないが，租税回避目的以外に合理的な理由がないとして否認された次のような判例がある。

① 東京地裁昭和40年12月15日判決・税務訴訟資料41号1188頁

「元来，法人税法は，法人が純経済人として，経済的に合理的に行為計算を行なうべきことを前提として，かような合理的行為計算に基づき，生ずべき所得に対し課税し，租税収入を確保しようとするものであるから，法人が通常経済的に合理的に行動したとすればとるべきはずの行為計算をとらないで法人税回避もしくは軽減の目的で，ことさらに不自然，不合理な行為計算をとることにより，または直接法人税の回避，軽減を目的としないときでも，経済的合理性をまったく無視したような異常，不自然な行為計算をとることにより，不当に法人税を回避軽減したこととなる場合には，税務当局は，かような行為計算を否認して，経済的に，合理的に行動したとすれば通常とったであろうと認められる行為計算に従って課税を行ないうることは当然である。…（中略）…法人税の負担を不当に減少させる結果となると認められるかどうかは，もっぱら，経済的，実質的見地において，当該行為計算が経済人の行為として不合理，不自然のものと認められるかどうかを基準としてこれを判定すべきものであり，同族会社であるからといって，この基準を越えて広く否認が許されると解すべきでないと同時に，非同族会社についても，右規準に該当するかぎり否認が許されるものと解すべきである。」

② 国税不服審判所昭和47年２月21日裁決・裁決事例集４号５頁（いわゆる

逆合併を租税回避行為であるとした事例）

「本件合併については、合併の諸事情を総合勘案すると、実体を有する黒字会社を被合併会社とし睡眠赤字会社である請求人を合併会社とする合併契約による合併形式は、税負担の回避軽減のみを意図した不合理不自然なものと断定せざるを得ないので、その表見的形式にかかわらず、契約上の合併会社である請求人を被合併会社、実体を有する黒字会社を合併会社とする合併行為であると認めるのが相当である。」

> **参考** 「事業目的法理（business purpose doctrine）」による否認
>
> この法理は、Gregory事案の控訴審判決で用いられたものであるが、同事案の審理を担当したL. Hand判事（後の最高裁判事）は、判決の中で次のように述べている。
>
> 「納税者によってなされた組織再編行為は、法令上の要件を全てみたしてはいるが、『真正の事業上の目的に欠けている（lacked bone find business purpose）』。したがって、納税者の主張は認められない。（本件で）係争の対象となっているAvrill社は、いかなるビジネスも行っていないし、行おうという意思もない（Monitor証券会社の有価証券を清算前3ヶ月間所有していただけである。）からである。」
>
> 同様に、Goldstein v. Commissioner事案（364 F.2d 734（2nd Cir. 1966）, cert. denied, 385 U.S. 1005（1967））でも、最高裁判所は、納税者が財務省証券を購入するために多額の借入れを行い、その利息を前払いして所得を圧縮していた行為に対し、「かかる利子の控除がみとめられるのは、その支払に『正当な事業目的がある場合』に限られる。このようなやり方で多額の利子を前倒し計上することは『法の趣旨（purpose of the law）』からしても認められない。」と判示して納税者の主張を斥けている。

第5章　租税回避否認の法理（米国の事例から）

㊶　個人間取引であるとして課税なしでなされた契約が，ステップ取引理論により否認され，法人と個人の取引であるとして法人に課税された事例

——Commissioner v. Court Holding Co., 324 U.S. 331 (1945)——

■概　説

租税回避行為があった場合，いかなる理論でそれが否認するのかについて，最も知られているのが，Gregory事案[1]で示された「見せかけの法理（sham transaction doctrine）」による否認である。

しかし，Gregory事案の判決で，実際に見せかけ（sham）の法理という用語が直接用いられていたわけではなく，形式上組織再編の形はとられているものの，それは事業目的をもったものではなく専ら租税回避を目的としたものであり，組織再編には事業目的がないという形での否認となっている。

それ以後の事案で用いられた各種の租税回避行為否認理論のうち，今回紹介するのは，Court Holding Co.事案において連邦最高裁判所で用いられた「ステップ取引法理（step transaction doctrine）」による否認である。

■事案の概要

Court Holding社は，1934年にMinnie Millerと彼女の夫によって設立された会社である。その設立目的は，アパートの購入及び保有であった。

1939年10月1日から1940年2月までの時点において，アパート売買の話が持ちあがったときも，Court Holding社はそのアパートの名義上のオーナーだった。

アパートの売却話は，Court Holding社とそのアパートの借り手であるM. Millerの妹及びその夫との間での話であった。1940年2月22日，両当事者は口頭ベースで合意に達したが，売買価格の更なる引下げが必要という点で一致していた。

---

(1) Gregory v. Helvering, 293 U.S. 465 (1935).

しかし，法人の顧問弁護士のアドバイスで，そのままの形の売却（すなわち，法人から個人への不動産売却）では，法人に大きな税負担が生じることになるといわれた。そこで，翌日，法人は「清算配当」を行う先を宣言し，全ての資産について完全に処分した後，残った財産を現物で株主に配当する清算配当を行うこととした。

　その結果，Miller夫妻は，それまで保有していたCourt Holding社の株式に代えて同社が所有していたアパートを入手した。

　その後，Miller夫妻は，法人と妹夫妻との間で合意されていた内容と同一内容で，それぞれ売買契約を締結した。その結果，3日後にその所有は妹夫妻のものとなった。その際，妹夫妻から法人に支払われていた1,000ドルの前払家賃相当分については，購入代金の前払いという形で処理された。

　それに対し，IRSが，本件売買は個人間の売買ではなく，法人と妹夫妻との間の売買であるとして法人に課税したことから争いとなった。

■主な争点と当事者の主張

1　争　点

　本件事案の主な争点は，本件アパートの売買が，Miller夫妻と妹夫妻との間の個人間の売買だったのか，それとも売り手は同アパートの元所有者である法人（Court Holding社）だったのかという点である。

2　当事者の主張

(1)　納税者の主張

　Miller夫妻は，事件係争に係るアパートの所有者だった法人（Court Holding社）は清算配当の宣言をし，その宣言に基づきアパート株主である同夫妻に現物配当され，同夫妻はそれを妹夫妻に売却したので，本件売買は，契約書にあるとおり個人間の売買であると主張した。

(2)　課税庁の主張

　それに対し，課税庁であるIRSは，本件売買は形式的には個人間の売買ということになっているものの，本来は法人から個人への売却であり，租税負担を軽減又は免れる目的だけのために，わざわざアパートを所有していた法人を清

算し，清算配当の形で個人にアパートを現物配当したような形（いわゆるステップ取引の介在）をとっただけであるので，その実情に適合した課税，すなわち，法人から個人への売却であるとして課税がなされて然るべきであると主張した[(2)]。

■裁判所の判断

1　租税裁判所の判断……納税者敗訴（課税庁勝訴）

租税裁判所は，法人の「清算配当」宣言後に対象資産の所有権移転がなされていたとしても，法人はそのアパート売却交渉の権利を放棄していなかったことから，それらは「実際にあったことをあたかも別の形の取引であったかのようにみせるために，単にみかけ上考案されたものにすぎない（mere formalities designed to make the transaction appear to be other than what it was）」ものであるとしてIRSの課税処分を是認している。

2　巡回控訴裁判所の判断……納税者勝訴

それに対し，巡回控訴裁判所では，法形式を重視し，「記録等からみて法人と妹夫妻との間の売買契約はいったん解消（called off）されたと解するのが相当であり，その後に行われた株主と妹夫妻との間のアパートの売買契約は，それまで法人と妹夫妻との間で行われている売買交渉とは無関係のものとみるべきである。」として，租税裁判所の判決とは逆に，納税者の主張を認める判決を下している。

3　連邦最高裁判所の判断……納税者敗訴（課税庁勝訴）

連邦最高裁判所は，次のように判示して控訴審判決を取り消し，IRS勝訴の判断を下している。

「租税裁判所による事実認定は，過去の判例（Dobson v. Commissioner, 320 U.S. 489, Commissioner v. Scottish American Investment Co., 323 U.S. 119）等

---

(2) ちなみに，法人の場合キャピタル・ゲインに対しては特別優遇措置はないが個人の場合は軽減措置（負担半減）が設けられている。

《図表》Court Holding Co.事案のイメージ図

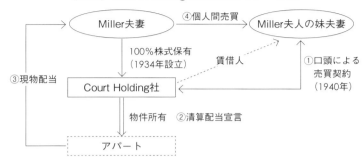

〔前提となる事実〕

　Court Holding社は，Miller夫妻により1934年に設立（アパートの購入，保有のみが目的）。
① 1940年，法人とMiller夫人の妹夫妻との間で，同上物件につき口頭で売買契約。
② 同上による法人への課税を避けるため法人を清算。
③ 清算に伴う現物配当をして株主であるMiller夫妻にアパート所有権を移転（法人に対する課税なし）。
④ そのうえでMiller夫妻，本件物件を売却（低率のキャピタル・ゲイン課税）。

〔争　点〕

　本件アパートの売却者は，契約に従い個人とすべきか，それとも実質に着目し法人とすべきか。

〔裁判所の判断〕

・租税裁判所…実質に着目し，法人とすべき（納税者敗訴）。
・巡回控訴裁判所…法形式を尊重し，個人とすべき（納税者勝訴）。
・連邦最高裁判所…本件一連の取引を総合に勘案し，本件取引の売却者は法人とすべき（納税者敗訴）。

からみても支持されるものである。租税裁判所のこの判断，すなわち，本件アパートの売却に伴う利得が法人に帰属するという見解も正当化されるものである。税がいかなる者に帰着（incidence）するかは，取引の実質（サブスタンス）によって決まってくる。」

　「資産の売却に伴う利得が誰に帰属するかは，最終的には法形式のみによって決まるものではない（not finally determined by the means employed to transfer legal title）。それよりは，むしろ，取引をその始めから最終に至るまでの各ステップ（each step）ごとに区分してそれぞれについてみるのではなく，全体としてみてどうだったかに着目して課税がなされるべきである。」

「ある者による売却行為について，税目的上のみで他の法形式を採用することにより，あたかも導管である他の者の売却であるかのように変形することは認められない（cannot be transformed for tax purposes as a sale by another as a conduit）。」

「真実の取引を単に法形式上別の取引であったかのようにして租税回避を図る行為を容認することは，議会による租税政策及び効率的な税務の執行を著しく阻害することになる。」

「本件の場合，法人は文書上の契約をしていないことから，フロリダ州法上（1927年州法Vol.3 §5779）買手は，当該法人に対し履行を要求することはできないかも知れないが，本件では，文書契約の存在自体は重要ではない。というのも，租税裁判所の事実認定によれば，一連の行為を全体としてみれば，本件売却の当事者は法人だったというものである。当裁判所もその判断を適切なものと考える。

したがって，巡回控訴裁判所の判断は受け入れず，租税裁判所の判断を支持する。」

「よって，内国歳入法第22条(a)及び財務省規則（§5519,22(a)，§19,19,22(a)，§21及び103）に基づき，法人による清算配当を否認し，本件アパートの売却に伴う利得に法人のものとする。」

■解　説

租税回避行為の中には，通常の取引の場合であればとうてい採用されないであろうような法形式を採用したりすることにより，租税負担の軽減又は租税負担自体を免れることがある。

本件では，法人（Court Holding社）の所有する不動産（アパート）について，法人が直接譲渡したのでは全額が法人税の課税対象になってしまうことから，法人を清算し，清算配当の形で株主に当該物件を無税で移転したうえ，個人間の取引をすることにより低率のキャピタルゲイン課税の適用を受けようとした行為が問題とされた。

裁判所の判断は租税裁判所でIRS勝訴，巡回控訴裁判所では逆転で納税者勝訴と分かれたが，連邦最高裁判所では，本件取引の特異性に着目し，租税裁判所の事実認定，すなわち，口頭による契約成立後に，あえてアパートの所有者

であった法人（Court Holding社）を清算し，清算配当の形でアパートの所有権をMiller夫妻に移したうえで，同夫妻から妹夫妻になされたとする譲渡は，口頭契約成立後も当該法人が当該アパートを実質的に所有していたことから，たとえ清算配当の形でその所有権をMiller夫妻に戻したとしても，実質の所有者は法人だったとするIRSの課税処分を認めたものである。

ちなみに，本件事案で採用された理論（いわゆるステップ取引理論）は，本来は法人と個人の間の取引であるものについて，法形式上いったん個人に所有権を戻したうえで行われた本件取引は，全体としてみれば，少なくとも税務上においては個人の介在が不要だったということである。すなわち，法形式上の取引（①個人→法人，②法人→個人）に着目するのではなく，全体としての取引目的を重視して課税関係を律するというやり方である。この種の法理は，一般に「ステップ取引法理」と称されている。

本来であればまっすぐいける道を税務目的のためにわざわざ廻り道をするというやり方は合理的でないという考え方である。

そして，この法理は，その後他の事例でも引用されるようになり，現在に至っている。

第5章　租税回避否認の法理（米国の事例から）

㊷　信託を利用したロス計上が否認された事例
―いわゆるBOSS取引に対し「真正経済ロス」の発生が必要とされた事例―
―W. Scully v. United States, 840 F.2d 478, 486 (7th Cir. 1988) ―

■概　説

わが国で節税対策として用いられるものの多くは，いわゆる「同族会社」を利用した取引である。

同族会社を利用したこのような租税回避行為を否認するため，「同族会社の行為計算否認規定」が設けられている。

それに対し，事業形態の多様化している欧米諸国では，同族会社だけでなく，法人以外の形態，なかでも，パートナーシップや信託（トラスト）が用いられることが多い[1]。

特に，信託については，英国や米国などでは，設定者又は資産拠出者（grantor）が，自己の支配力を維持しつつ，所得や財産の分割を図る手段として多用されている。

しかも，信託には，それを数層重ねたり，中間にパートナーシップを介在させたり，信託間の取引を利用したりすることで，その実質をみえにくくする契約形式等を採用するというのが一般的に行われる手法となっている。

本件も，そのような複雑な取引スキームが問題とされた事例である[2]。

---

[1] わが国でも，平成10年（1998年）に90年ぶりに信託法が改正され，一般の人達にとっても信託の利用が可能になった。しかし，土地信託など一部の信託を除き，その普及にはまだ若干の時間がかかりそうである。
[2] なお，米国では本件に代表されるように，リスクを負うことなく多額の損失を計上する取引，いわゆるオプション取引については，租税回避取引に該当するとして（いわゆるBOSS取引（Bond Option Swap Scheme）と称される取引），本件判決が出されて以降は規制の対象とされている。

■事案の概要

アイルランド生まれのW. Scully氏は，1850年，イリノイ州に4.6万エーカー（約1,100ヘクタール）の土地を購入し，同家の子孫Thomas氏（MichaelとPeterの父親）の代まで継続して保有しており，それをリースに出していた。

その間，土地改良等を行ったこともあって，その価額は1,000万ドル以上になると見込まれていた。

Thomas氏と2人の子供（MichaelとPeter）は，それらの資産をその後も同家の資産として維持していくため，1959年に信託（トラスト）を設立した。その内容は，子供達が21歳になったら，リース料の3分の2相当額を子供達に支払うようにするとともに，子供達が死亡したときは，その相続人が引き続きその権利を保持するというものであった。1961年に父親が，1971年に母親が死亡したことに伴い，信託財産のうち980エーカーが処分されることとなった。資産の外部流出を避けるため，MichaelとPeterはもうひとつの信託（資産購入のための信託）を設定し，そこでその資産を購入した。ちなみに，彼らは，母親の死亡時における信託財産の地価は，1エーカー当たり1,550ドルであるとの鑑定評価を得ていた。

MichaelとPeterは，1979年の申告において，当該信託（販売トラスト）のキャピタルゲインはないとしていたが，IRSの調査で，納税者による評価は低すぎ，1エーカー当たり2,075ドルが相当であるとして更正がなされた。

そこで，MichaelとPeterは，トラストの土地評価がIRSのいうように1エーカー当たり2,075ドルということなのであれば，トラストにとっては1エーカー当たり525ドルの損失が出ているとして還付請求を行った。しかし，IRSがこれを否認したため訴訟になった。

■主な争点と当事者の主張

1　争　点

本件事案の主な争点は，同一の財産拠出者によって設定された資産販売トラストと資産購入トラストという2つのトラスト間における取引が，実体のあるもので税務上も認められるものなのか否かという点（争点1）と，それら2つ

のトラストの間で行われた取引に経済的実質があったのか否かという点（争点2）である。

2　当事者の主張

争点1

(1)　納税者の主張

納税者は，本件2つの信託（トラスト）は，それぞれ別のもの（bona fide）であり，それぞれのトラストの間で行われた取引は実体がある取引であり，かつ，アームズ・レングス取引であると主張する。

(2)　課税庁の主張

それに対し，IRSでは，本件2つのトラストの設定者及び財産の拠出者は同一の者（MichaelとPeterの父親であるThomas氏）であり，2つのトラストは相互にお互いの存在を前提としているので，それら2つのトラストは善意の関係（bona fide）にはないと主張する。

争点2

(1)　納税者の主張

この点について，納税者は，本件取引において納税者の設定した価格をIRSが変更していることから，本件取引により納税者（販売トラスト）にロスが生じたものであり，「真の経済実体あるロス」であると主張する。

(2)　課税庁の主張

それに対し，IRSでは，IRC第267条及び165条を引用しつつ，本件取引には真の経済実体がないので，ロスの計上は認められないと主張する。

■裁判所の判断

1　連邦地方裁判所の判断……納税者敗訴（課税庁勝訴）

争点1について

連邦地方裁判所では，「販売トラストによるロスの計上は，IRC第267条(a)(1)及び同条(b)(5)により認められない。」として納税者の主張を斥けている。

ちなみに，IRC第267条(a)(1)では，「関連者間における資産の販売又は交換から生じるロスについての控除は認められない。」と規定している。

《図表》W. Scully事案のイメージ図

```
    ┌─────────────────┐                    ┌──────────┐
    │ Thomas Scully氏 │                    │  子供2人 │
    │      父親       │                    │ Michael  │
    │アイルランド移民の子孫で│                   │  Peter   │
    │  4.6万エーカーの │                    └──────────┘
    │    土地を所有して│
    │  リースに出していた│
    └─────────────────┘
```

(目　的)
　子供達にこの土地を残したい。

(条　件)
① 子供達が21歳になったら，トラストから子供達に同トラストが受領するリース料の3分の2を支払う。
② 子供達が死亡したときは，その相続人がその権利を取得する。

1959年　土地拠出により
　　　　第1トラスト設定

　　　第1トラスト
　　　（販売トラスト）

1961年　Thomas氏死亡

　　　第2トラスト
　　　（購入トラスト）

（第1トラスト名義の土地のうち980エーカーを1,550ドル/エーカー（時価2,055ドル）で購入）

上記取引により，第1トラストで505ドル/エーカーのロス計上

↓

IRS，このロスを否認

〔事案の概要〕

1959年　第1トラスト設定（土地）…4.6万エーカー
　　　　・子供達が21歳になったら，リース料の3分の2を子供達に支払う。
　　　　・子供達が死亡したときは，その相続人がその権利を取得する。
1961年　父親死亡
1971年　母親死亡
　　　　同上トラストのうち980エーカーを処分。
　　　　　　　　↓
　　　　第2トラスト設定し，これを鑑定評価額（1,550ドル/エーカー）で購入。
IRS……この評価は低すぎて2,075ドルが相当であるとして更正。
納税者…IRSの評価が正しいとすれば，第1トラストに525ドル/エーカーの損失が出ているはずとして還付請求。

〔争　点〕

　そもそも本件取引は，善意（bona-fide）の第三者間の取引か。

〔裁判所の判断〕…納税者敗訴

　本件取引には経済実体がないので，還付請求は認められない。

また，同条(b)(5)では，(a)(1)でいう2つの異なったトラストの資産拠出者（grantor）が同一の者（same person）であるときは，それらは関連者に該当するとしているが，本件ではトラスト財産の拠出者はいずれもMichaelとPeterの父親（Thomas氏）なので，州法上からみても，同一又は関連するトラストに該当するとしている。

争点2について

また，もうひとつの争点である販売トラストによる資産の売却が，ロス計上可能なIRC第165条でいうアームズ・レングスの基準を満たしているか否かという点について，連邦地方裁判所は，連邦法ではなくイリノイ州法を引用しつつ，販売トラストと購入トラストはいずれも設定者である請求人の父親（Thomas氏）の拠出によって設定されたものであり，本人死亡後の妻の権限についても，Thomas氏が指定していたことなどについてふれつつ，本件の2つのトラストの間の取引によるロスは，「真の経済的実体のあるロス（genuine economic loss）」ではないので，「善意（bona fide）」の取引とは認められないとするIRS側の主張を受け入れ，本件取引が善意の下に行われたアームズ・レングスの取引であるとする納税者の主張を斥けている。

2　控訴審（第7巡回裁判所）の判断……納税者敗訴（課税庁勝訴）

地裁段階では，納税者，IRSのいずれのサイドからも，受託者側から申立てがなかったことについて言及がなかった(3)。

そのため，控訴審でもその点について言及することなく，結論が出されている。すなわち，IRC第267条(b)(5)では，販売トラストには当該取引によって損失計上はできないとした地裁段階で出された結論がそのまま維持されている。

■解　説

同族会社の行為計算否認規定のない米国では，関連者間での不当な利益移転を防止する手段として，IRC第482条に規定する移転価格税制（米国では国内取引にも適用可）の適用のほか，本件のように，関連者間の取引に経済実体

---

(3) ちなみに，本件判決に先立って出されたScully v. United States, No.84-3053, order（C.D.Ⅲ.Dec.19 1986）では，連邦地方裁判所は，受託者の訴えを斥けてはいるものの，政府側の否認理由については何らふれていない。

（economic substance）があること及び取引が独立企業間のそれと同じやり方，価格で行われること等を要求することにより対処することがある。

本件では，トラストの設定者，財産拠出者（grantor）が同じであり，拠出後もそれぞれの信託を実質的に支配していたということで，善意の第三者（bona fide）内取引であるのでロスの計上が認められるべきであるとする納税者の主張が斥けられたものである。

日本流に即して本件をみてみると，いずれの信託も自己信託又はそれに近いものと解することができる。

今後わが国で信託が普及した場合，本件と同様の問題が生じてくる可能性がある。

その点で本件判決に参考になる点が多いと思われるので紹介することとした次第である。

※ちなみに，ロスの計上について規定したIRC第165条に関する財務省規則（§1.165-1(b)）では，控除できるロスは「善意のもの」に限るとしている。

　参考までに原文は次のようになっている[4]。

---

(4) 参考までに原文は次のようになっている。
「only a bona-fide loss is allowable and not more from shall govern in determinery deductible loss」

> **参考** 信託
>
> 「信託」とは，委託者が信託行為（例えば，信託契約，遺言）によってその信頼できる人（受託者）に対して，金銭や土地などの財産を移転し，受託者は委託者が設定した信託目的に従って受益者のためにその財産（信託財産）の管理・処分などをする制度である。
>
> **信託の仕組みに関するイメージ図**
>
> - 委託者 →（信託契約・遺言／信託目的の設定・財産の移転）→ 受託者
> - 受託者 →（信託利益の給付）→ 受益者
> - 受益者 →（監視・監督権）→ 受託者
> - 受託者 →（管理・処分／善管注意義務・忠実義務・分別管理業務など）→ 信託財産
>
> 資料出所：一般社団法人「信託協会」

第5章　租税回避否認の法理（米国の事例から）

㊸　債券のオプション取引を利用した多額の損出し取引が経済実質を欠き租税回避に当たるとされた事例（いわゆるSon of BOSS取引）
——Jade Trading v. United States(80 Fed. Cir. at 20 2007)——

■概　説

　個人が保有している複数の債券や株式等について，含み損の出ている部分を売却するとともに，同じものを同量だけ同日付けで買い戻すという取引（いわゆる「クロス取引」）は，わが国の所得税法上は正当な取引であるとして損出しが認められている。

　しかし，米国では，類似の取引について，経済的実質（economic substance）を欠いているとし，実体のない「見せかけの取引（sham transaction doctorine）」であるとして，その取引による損出しが否定されている。

　本件は，このようなやり方による租税回避（いわゆる「損出し取引」）に対し，IRSが正面からチャレンジした事案として知られている。

　争点となったのは，45万ドルの投資により，4,000万ドル超の税務損失を計上した取引が経済的実質を欠いた取引であったか否かという点である。

■事案の概要

　納税者（原告）であるErvin 3 兄弟は，ほぼ同時期にLLCを設立し，AIG社から，ユーロ通貨のオプション権を，それぞれ1,500万ドル余で購入（コール・オプション）するとともに，それを1,485万ドル余のプット・オプションで売却した。その取引の結果，原告が，実際にAIG社に支払った金額は１人当たり15万ドルにすぎなかった。

　この取引において，納税者は，購入権と販売権のそれぞれを自己が設立したLLCに出資し，それをさらにJade Trading LLCに現物出資した。ただし，各LLCでは，当該LLCの出資者である納税者の購入価格（1,500万ドル）をパートナーシップ持分として計上していた。

その３ヶ月後，各LLCは，Jade Trading LLCから脱退することとし，Jade Trading LLCでは，それらの資産を，その時点における「つつましい市場価格（modest fair market value）」で現物分配した。

　Ervin３兄弟は，後日それらのLLC持分を売却したが，その際，当該通貨オプション購入と同時に売却していた金額（1,485万ドル）を無視し，意図的にかさ上げされた（artificially high based）1,500万ドル近くをまるまる損失として計上した[1]。

　なお，この取引を行うに際し，Ervin３兄弟は，BDO Seidmanに相談し，相談料として18万ドルを支払っていた。

　それに対し，IRSが，かかる取引は，次のような理由から経済的実質を欠いており，税務上損取りは認められないとして損失計上を否認したことから争いとなった。

① 租税負担軽減目的以外の動機がないこと
② 実質価値が低いものを高い簿価で移転していることから，租税負担軽減が最初から意図されていたこと
③ コール・オプションとプット・オプションはひとつの取引とみるべきものであること
④ 本件取引は，偽装取引（sham transaction）ではないにしても，経済的実質（economic substance）を欠いた取引であること

　それに対し，Ervin３兄弟が，その処分を不服として，当該処分の取消しを求めて出訴した。請求裁判所（Court of claims）では，本件損出し取引は、経済的実質を欠いた取引であることから，税務上はそれを無視して課税できるとするColtec事案（454 F.3d at 1352）の判決を引用したIRSの主張が妥当と判断された。そこで，Ervin3兄弟がその取消しを求めて控訴した。

---

(1) それは，当時の法律（内国歳入法第752条）で，コール・オプションは債務ではなく，条件付債務であると認めるような表現になっていたためである。

■主な争点と当事者の主張

1 争 点

本件事案の主な争点は，Ervin 3 兄弟によるLLC及びパートナーシップを利用したかかる取引が経済的実質のあるものなのか否かという点である。

2 当事者の主張

(1) 納税者の主張

原告であるErvin 3 兄弟は，ユーロ通貨のコール・オプション権購入とその販売及びその後におけるパートナーシップ（より具体的にはJade Investment LLC）への現物出資は，いずれも大手会計事務所BDO seidmanのアドバイスに基づいて実施されたものである。しかも，コール・オプション契約とその売却取引の契約は，契約内容及び取引の相殺も全く別の第三者となっており，別個の取引であると主張する。

しかも，ユーロが対ドル相場で 1 ユーロ当たり1.084ドルに上昇しなかった場合，LLCは1,500万ドル全額をAIG社に支払わなければならなかった。

LLCがこのオプション権をAIG社に売却したのは，そのリスクを避けるためであった。

(2) 課税庁の主張

それに対し，IRSは，Ervin 3 兄弟がこの取引に参加した目的は，コール・オプション権の購入及び売却ならびに購入資産の簿価でのパートナーシップへの現物出資がセットになった一連の取引であり，これら一連の取引によるロスの計上は，経済的実質（economic substance）を欠いた架空のロス（fictional loss）であると主張する。また，これらの取引にパートナーシップを介在させる意味もない。したがって，本件一連の取引は損取りのみを目的とした実体のない取引なので，税務上否認されるべきである。

本件取引が利益追求目的で行われたことは事実であるとしても，相互に密接に関連して実質不可分な取引のうち損の出る取引部分のみを取り出して損出しをするというやり方は極めて異例なケースである。

《図表》Jade Trading事案のイメージ図

〔前提となる事実〕
(1) ① Ervin 3 兄弟はAIG社から各自債券1,500万ドル相当のコール・オプションと1,485万ドル相当のプット・オプションをあわせて購入し、差額15万ドルをAIG社に支払った。
② その直後、Ervin 3 兄弟がかねて設立してあったLLCにそれを現物出資するとともに、LLC持分をJade Trading LLCに同量現物出資。
③ その3ヶ月後、各LLCはJade Trading LLCから脱退し、Jade Tradingは各LLCに出資持分を分配。
④ Ervin 3 兄弟はコール・オプションの対象となった1,500万ドル相当分のみパートナーシップを通じて売却し、売却損を計上。
(2) それに対し、IRSは損失計上を否認。
(3) Ervin 3 兄弟はIRSの処分を不当として、係争分に係る税額納付のうえ処分取消請求。

〔争 点〕
 売りと買いが当初から予定されている一対の取引(コール・オプションとプット・オプション)のうち、損の出る部分(コール・オプション)のみ実現させ、税務上損失計上することが認められるか。

〔裁判所(請求裁判所)の判断〕…納税者敗訴(課税庁勝訴)
 この種の取引は完全なフィクションであり、Ervin 3 兄弟による損失の計上は認められない。

■裁判所(請求裁判所,控訴裁判所)の判断
……納税者敗訴(課税庁勝訴)

 請求裁判所(Court of claims)は、納税者によるこの取引は、「完全にフィクショナル(purely fictional)」なものであり、オプション権も実行されていないとしたうえで次のように判示して、納税者の主張を斥け、IRS勝訴の判決を下している。

「本件取引に介在したパートナーシップには，その存在及び取引介在に何らの『経済的目的』もなく，Ervin3兄弟の損失計上のベースをふくらますだけの目的しかなかった。」

また，本件一連のスキームが利益を得る目的で実施されたものでないという点についても，控訴裁判所は，各LLCがAIG社に8.41万ドルの運用フィーとコンサルティングフィーとして75万ドルもの多額の金額を支払っている点に着目し，「少なくとも83.4万ドルがこれらの巨額の損失計上のために必要な手数料だった。」としている。

そのうえで，請求裁判所は，「一連の取引は，投資目的で行われたものではなく，租税回避目的のために考案された取引であり，経済的実質を欠いている。」として，この損失計上を否認し，「実際に彼らが被った損失は，税務上適正と判断された持分価額22.5万ドルにすぎない。」と結論付けている。

なお，請求裁判所のこの判断は，控訴裁判所でもそのまま維持されている。

■解　説

本件に代表されるようなオプション取引を利用して多額のロスを計上する取引は，規制されることとなったBOSS取引の規制を逃れながら，同様の税務メリットを享受できる方法として富裕層に広く応用されてきた[2]。

そこで，IRSでは，1999年12月27日付の速報（1999-52. Bulletin）及びIRS通報（Notice99-59）で，この種の取引に参加した者（プロモーター，購入者等）に対し，IRSへの取引内容及び顧客リストの開示を義務付けるとともに，違反者に対してはペナルティ賦課の対象にすることとしている（購入者対象：IRC第6662条，申告書作成代理人対象：IRC第6694条，プロモーター対象：IRC第6700条，それらの報告漏れを助けた者対象：IRC第6701条）。

なお，本件では争点になっていなかったが，納税者は，本件スキームについて大手会計事務所（BDO Seidman）に多額の相談料（18万ドル：約2,000万円）を支払っていた。

一般に，租税回避スキームについて外部のアドバイスを受ける場合，それら

---

(2) ちなみに，この商品は規制されたBOSS取引の延長線上にあることから，一般にSon of BOSSと称されている。

の外部アドバイザーは納税者に多額の相談料（fee）を請求することが多い。

そこで，米国では，そのような多額のフィーを支払うスキームについて，IRSへの開示を義務付けている（IRC第6011条，Reg.§1.6011－4(b)，IRSマニュアル，Form8918等）。

> **参考** Son of BOSS
>
> タックス・シェルターの典型例とされるSon of BOSS取引は，1990年代から2000年にかけて個人富裕層を中心に大規模な形で販売されていた。
>
> それに対し，IRSは積極的な調査でその解明に努めた結果，2005年3月までに1,165人から32億ドル（約3,800億円）の税（加算税，延滞税込み）を徴収したとのことである（IR：2005－37．March 24．2005）。
>
> ちなみに同レポートによれば，最も大口では1億ドルの損出しがなされ，2,000万ドルの損出しをした者が18人だったとしている。
>
> また，これと並行して行われた司法省によるタックス・プロモーターに対する関与先調査によれば，Son of BOSSに投資していた者（いわゆる投資家＝Son of BOSSの購入者）は1,800人を超えていたとのことである。

第5章　租税回避否認の法理（米国の事例から）

㊹　いわゆるクロス取引について税務上ロスの計上ができるのは，実際に発生し，かつ現実のものに限るとされた事例
——同族会社をからませたクロス取引による損出しが認められなかった事例——
—Schoenberg v. Commissioner, 77 F.2d 446, 448（8th Cir. 1935）—

■概　説

　多額の借入金を利用して多額の支払利子を損金に計上することなどにより損失をふくらませる取引は，いわゆるレバリッジドリースに代表されるように，租税回避の典型的手口である。そして，それらの多くは，実際には生じていないロスを，あたかも実際に生じたかのようにしてロスを計上し，課税所得を少なくするというやり方が採用されている。

　ロス計上のやり方としては多種多様のものがあるが，それらのロスが，税務上もロスとして所得からの控除が認められるための要件は何かについて，わが国ではあまり議論されてこなかった。

　それに対し，米国では，今回紹介する事案で，「実際に発生し，かつ，現実に生じたものである（actual and real）」という状態になっていることが，控除可能な要件であるとされている。

　本件で争いとなったのは，納税者が1930年分の所得税申告において，所有株式の売却損として191,886.3ドルの控除申請を行ったのに対し，IRSがそれらの取引は，クロス取引に該当するものであり，実際には発生していなかったとしてその控除を認めなかったことの是非をめぐってである。

■事案の概要

　納税者（Schoenberg氏）は，1929年から1930年にかけて，証券会社を通じ，数社の株式（Lehman社の株式を300株，Texas社の株式を1,000株，Chase National銀行の株を565株，National Dairy Products社の株式を2,352株，Liquid Carbonic社の株式を466株，Electric Bond & Share社の株式を1,061株，Irving

Trust社の株式を1,000株）を総額502,283.17ドルで購入した。

　Schoenberg氏は，その株式を1930年12月5日まで所有していたが，会計士とも相談のうえ，課税所得を圧縮（taxable deduction）する目的で，それまでに有していた株式を，同日付けで全てニューヨーク株式取引所で売却するとともに，それらの株式を証券会社のブローカーに指示し，Globe Investment社（以下「Globe社」という。）名義で同日付け（ただし，Lehman社の株式のみ12月22日に購入）でそれらの株式をその時の時価（311,752.5ドル）で購入させた。

　その後，上記売買契約成立から30日を経過した後の翌年（1931年）の1月及び2月にかけ，Schoenberg氏は，それらの株式を同社から当日の時価，あわせて304,593.87ドルで買い戻した。

　Globe社は，それらの行為がなされる前年から納税者が社長を努め，同社の全ての行為について意思決定できる立場であった。そのため，本件一連の取引についても，母親等には一切相談しなかった。

■主な争点と当事者の主張

1　争　点

　本件事案の主な争点は，前述した一連の行為により，原告である納税者（Schoenberg氏）が所有していた数社の株式の売却による損失を，連邦所得税法上控除できるか否かという点である。

　ちなみに，これら一連の取引をオープン・マーケットで行わなかった点について問われた際，納税者は，同族会社であるGlobe社には十分な資金があったこと，当時株式マーケットが不安定で思わぬ追加ロスが生じる可能性があったこと等によるためであるとの説明を行っている。

2　当事者の主張

(1)　納税者の主張

　納税者は，本件一連の株取引（売却，購入）は，いずれも証券会社を通じて適正時価で行ったものであり，正当な取引である。したがって，本件取引に伴う売却損の計上は正当なものであると主張する。

(2) 課税庁の主張

それに対し，課税庁（IRS）は，本件一連の取引は，極めて短期間の間に行われ，かつ，購入と売却がセットになったものである。したがって，納税者によるロスの計上は認められないと主張する。

■裁判所（第8巡回裁判所）の判断……納税者敗訴（課税庁勝訴）

本件事案を担当した第8巡回裁判所（8th Cir.）は，次のように判示して納税者の請求を斥けている。

「所得税の計算上，ロスについて計上が認められるためには（to secure deduction），ロスは実際に発生（actual loss be sustained）しているものでなければならない。特定の資産の取引に係るロスは，売却価額が取得価額を下廻る場合に発生する。しかし，それらの販売が，再取得を目的としてなされるなど，その取引が全体のプランの一部としてなされたものである場合には，それらの取引に伴うロスは，実際に生じたロスではない（not real）。」

「これは，納税者が，実際にはそのポジションを変更していなかったり，以前に比してその立場が弱くなったりしていない場合も同様である。特定の取引による販売と再取得が実際に行われることはあるかも知れないが，全体的にみた場合，それらの中にロスの実現をはばむものが含まれているときには，損失は実現したとはいえない。課税は実態に即して行われる（taxation is concerned with realities）ものなので，実際に生じていないロスについて，所得から控除することは認められない。」

「本件取引を全体としてみた場合（examining this entire transaction），納税者には，税務上のロスを創出する目的以外いかなる実体的な変化も生じていなかった。というのも，納税者は，特定株式の売却に際し，証券会社のブローカーに売却を指示するのと同時に，同額，同数の株式の購入をGlobe社名義で購入するよう指示していたからである。しかも，30日経過後，彼は当初売却したのと同じ株式を同じ数量Globe社から買い戻している。これら全ての事実を総合的に勘案すれば，本件一連の取引における目的が，税務上のロスを取ることのみにあったことは明らかであり，Globe社は，単にそのための一部として介在させられていただけである。」

「納税者本人と投資会社（Globe社）は別の事業体であり，ここでもそのよう

《図表》Schoenberg事案のイメージ図

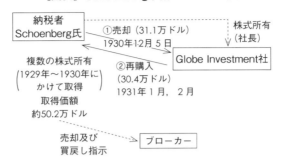

〔事案の概要〕
- Schoenberg氏，損出し目的で，所有株（取得価額50.2万ドル余）を再購入条件付きで自己が支配する会社（Globe社）に時価（31.1万ドル余）で売却するよう指示。
- その後，損出し規制期間（30日超）経過を待って，Globe社から時価（30.4万ドル余）で買い戻し。

〔争　点〕
　損出し目的以外の目的のない本件取引について，納税者の所得計算上，損失計上が認められるか。

〔裁判所（第8巡回裁判所）の判断〕…納税者敗訴
- 内国歳入法上，「損失」があったとするためには，それらの損失が実際に生じたものであることが必要。
- 本件では損取りのみが目的であり，売却行為はその一部としてなされた形式的なものにすぎない。
- 本件取引でない「売却」後においても，納税者の売却資産に係る支配権等は変化していない。
- したがって，本件売却に伴うロスの計上は認められない。

に取り扱われるべきであるという議論は成り立ち得るが，その点を認めたとしても，本件の場合にあっては，納税者による投資会社（Globe社）の支配は絶対的なものであり，同社は，納税者本人の都合のみによって取引に介在させられたにすぎない。いってみれば，会社は，本人のエゴ実現のために利用されたに過ぎない。」

「なお，本件取引が，法令で規制されている30日ルール（IRC第118条及び26.US.CA.第2118条）をクリアしているという点も問題となり得るが，それらの規定は，租税回避を防止するために設けられたものであり，本件のように，売却が一連のプランの一部としてなされたものである場合には，たとえ形式上

この規制をクリアしていたとしても，それによって税務上ロスが実現したとみることはできない。」

■解　説

わが国の場合，保有している株式等の価額が大幅に低下しているとき等においても，税務上評価減が計上できるのは，それらの株式等の所有者が法人の場合に限られ，しかも，一定の条件を充足する場合のみである[1]。

そのため，当該株式の所有者が個人である場合などこれらの要件を充足できない場合には，それらの株式等を売却するとともに，同種の株式を同数だけ取得することで，損失を実現させながら，経済的には所有を継続しているのと同様の効果を得ようとするインセンティブが働く。いわゆる「クロス売買」である。

ちなみに，個人によるこの種の取引による損出し行為が税務上妥当なものとして是認されるか否かが争いとなったことがあった。同事案において国税不服審判所は，当該取引が公開の株式市場において行われたものであり，その取引を仮装又は不自然なものと解すべき特段の事情もなかったとして，クロス売買による損出しを認めている（平成2年4月19日裁決・裁決事例集39号106頁）。

そのため，所得税の分野においては，この裁決で示された考え方がその後も引き継がれており，通達でもその旨が示されている（「個人が上場・店頭売買株式を売却するとともに直ちに再取得する場合の当該株式に係る源泉分離課税の適用について」平成12年3月27日，課資3-2，課法8-4，課所4-7）。

他方，法人の場合にあっては，「金融商品会計に関する実務指針」（平成12年1月31日制定）及び法人税基本通達2-1-23の4の制定により，クロス売買による損出しは認められないこととなっている。

それに比し，米国での取扱いはわが国の場合よりもはるかに厳しいものとなっている。

---

[1] 例えば，法人税の場合にあっては，原則として評価損の計上は認められておらず（法法33①），例外的に評価損の計上が認められるのは，価額の低下が著しいか（法法33②，法令68①二イ），発行法人の資産状態が著しく悪化したため，価額の著しい低下があった場合（同号ロ）又はこれらに準ずる特別の事実があった場合に限られている（同号ハ）。
　しかも，その場合であっても，法人がその資産の評価換えをして損金経理によりその帳簿価額を減額することが必要とされている（同条②）。
　また，所得税においては，この種の評価損の計上は認められていない。

参考1

所個103
　個人が上場・店頭売買株式を売却するとともに直ちに再取得する場合の当該売却に係る源泉分離課税の適用について（法令解釈通達）

$$\left[\begin{array}{l}\text{平成12年 3 月17日}\\ \text{課資 3 － 2}\\ \text{課法 8 － 4}\\ \text{課所 4 － 5}\end{array}\right]$$

　標題のことについて，別紙2のとおり照会があり，当庁課税部長名をもって別紙1のとおり回答したから了知されたい。

別紙1

　　　　　　　　　　　　　　　　　　　　　　　　　　　課資 3 － 1
　　　　　　　　　　　　　　　　　　　　　　　　　　　課法 8 － 3
　　　　　　　　　　　　　　　　　　　　　　　　　　　課所 4 － 4
　　　　　　　　　　　　　　　　　　　　　　　　　　平成12年 3 月17日

日本証券業協会専務理事　殿
　　　　　　　　　　　　　　　　　　　　　　　　　　　　　国税庁課税部長

　個人が上場・店頭売買株式を売却するとともに直ちに再取得する場合の当該売却に係る税務上の取扱いについて（平成12年 3 月14日付照会に対する回答）
　標題のことについては，貴見のとおりで差し支えありません。

別紙2

　　　　　　　　　　　　　　　　　　　　　　　　　　日証協（企）11第39号
　　　　　　　　　　　　　　　　　　　　　　　　　　　平成12年 3 月14日

国税庁課税部長　殿
　　　　　　　　　　　　　　　　　　　　　　　　　　日本証券業協会専務理事

　個人が上場・店頭売買株式を売却するとともに直ちに再取得する場合の当該売却に係る税務上の取扱いについての照会
　本協会において，個人がその保有する国内の証券取引所に上場されている株式（租税特別措置法第37条の10第 3 項第 1 号に規定する株式をいう。以下「上場株式」という。）又は本協会に登録されている店頭売買株式（旧租税特別措置施行令第25条の 9 第 1 項第 1 号に規定する株式をいう。以下「店頭売買株式」という。）を売却するとともに直ちに再取得する取引のうち下記に掲げる取引（証券取引法第159条に該当するものを除き，以下「本件取引」という。）について，金融監督庁に照会したところ，証券取引法上，直ちに問題になることはないとの確認を得ました。

つきましては，本件取引に係る当該個人の上場株式又は店頭売買株式の売却は，有価証券の譲渡として旧租税特別措置法第37条の11第1項第1号又は2号に規定する源泉分離課税の選択をすることができるものと考えますが，念のためご照会申し上げます。

記

1　上場株式の場合
　　上場株式については，当該上場株式が上場されている証券取引所の定める取引所市場取引（立会時間内の取引（オークション市場での取引）又は立会時間外の取引（東証にあってはTosTNet，大証にあってはJ-NET，名証にあってはN-NETでの取引））により行われるものであること。
　　（注）立会時間外の取引にあっては，個人が行う売却並びに再取得が同日中に行われないものであること。
2　店頭売買株式の場合
　　店頭売買株式については，本協会の定める店頭売買取引（JASDAQ売買システムを通じた取引又はマーケットメイクを行う証券会社を通じた当該マーケットメイク銘柄に係る取引）により行われるものであること。

参考2

（売却及び購入の同時の契約等のある有価証券の取引）
2－1－23の4　同一の有価証券（法第61条の3第1項第1号《売買目的有価証券の期末評価額》に規定する売買目的有価証券を除く。）が売却の直後に購入された場合において，その売却先から売却をした有価証券の買戻し又は再購入（証券業者等に売却の媒介，取次ぎ若しくは代理の委託をしている場合の当該証券業者等からの購入又は当該証券業者等に購入の媒介，取次ぎ若しくは代理の委託をしている場合の当該購入を含む。）をする同時の契約があるときは，当該売却をした有価証券のうち当該買戻し又は再購入をした部分は，その売却がなかったものとして取り扱う。
　（注）1　同時の契約がない場合であっても，これらの契約があらかじめ予定されたものであり，かつ，売却価額と購入価額が同一となるよう売買価額が設定されているとき又はこれらの価額が売却の決済日と購入の決済日との間に係る金利調整のみを行った価額となるよう設定されているときは，同時の契約があるものとして取り扱う。
　　　　2　本文の適用を受ける取引に伴い支出する委託手数料その他の費用は，当該有価証券の取得価額に含めない。
　　　　3　購入の直後に売却が行われた場合の当該購入についても同様に取り扱う。

第5章　租税回避否認の法理（米国の事例から）

㊺ 租税回避の意図があったとしても、税法で規定された要件を充足していれば特典享受が認められるとされた事例
―IRC第171条に規定する債券プレミアムのアモータイゼーション部分の損金算入の可否をめぐって―
―Fabreeka Products Co. v. Commissioner, 294 F.2d 876（1st Cir. 1961）―

■概　説

　租税回避行為の否認が認められるのは、取引が「見せかけ（sham）」である場合又はその取引に「事業目的（business purpose）」や「経済的実質（economic substance）」がなかった場合、「個々の契約を見ると、税法上の規定には合致しているが全体として見てみるとおかしい（step transaction）」場合などである。

　それでは、納税者が租税回避の意図をもって取引を行っていた場合はどうなるのであろうか。今回紹介するFabreeka Products Co.事案では、納税者が租税回避の意図を有して取引を行っていることが明白な状況（clear in a transaction to avoid tax）にある場合、課税庁は税務上その取引を否認して課税できるか否かが争いとなった。本件事案を審理した第1巡回控訴裁判所は、ある取引にたとえ租税回避の意図があったとしても、それぞれの取引が個別の税法の規定に合致していれば、税制上の優遇措置を受ける権利を有する権利がある（entitled to the tax benefit）と判示している。本件は、同判決以降租税回避が流行するようになったといわれている著名な事案である。

　本件事案では、事実関係が類似した複数の事案も同時に審理されている。1954年の時点で効力を有していた内国歳入法第171条（当時）は、納税者がコール価格を超える価額で債券を購入した場合、債券のコールオプション（購入選択権）が行使可能（callable）となった時点で、プレミアム相当分を損金に算入することを認めていた[1]。すなわち、損金算入は、債券のコールオプショ

---

(1) この規定は、その後（1976年）改正されている。したがって、現在ではこの種の手口は、実行不可能となっている。

ンが実際に行使されたかどうかにかかわらず認められていたのである。当時これらについて損金算入が認められていたのは、債券のコールオプションが行使されれば、納税者としては、プレミアム相当分の価額を失うリスクを負っていたのであった。

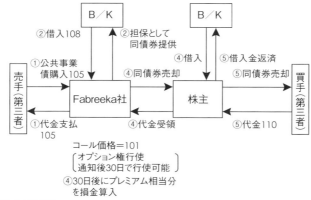

《図表１》 Fabreeka Products Co.事案のイメージ図

〔前提となる事実〕

① Fabreeka社は、コール価格101ドルの公共事業債をそれよりも高い105ドルで購入した。
② Fabreeka社は、この債券を担保に金融機関から108ドルの借入を行った。
③ Fabreeka社は30日後にプレミアム相当分を損金算入した。
④ Fabreeka社はこの債券を株主に譲渡した。
⑤ 株主はこれをプレミアム価格で売却した。
これら一連の行為により、Fabreeka社はプレミアム相当分を株主に移転した。

〔争点〕

かかる取引は租税回避として否認できるか。

〔裁判所（第1巡回控訴裁判所）の判断〕…納税者勝訴

たとえ納税者に租税回避の意図があったとしても、かかる行為は法令上認められている行為であり、当局は否認できない。

■事案の概要

製造会社であるFabreeka Products Co.（以下「Fabreeka社」という。）は、1954年に、銀行からの借入金で公共事業債（public utility bond）を購入した。Fabreeka社は、コール価格を超える価額で当該債券を購入した。当該債券は、オプション権を行使する旨を通知すれば、30日後にコールオプション権を行使

することが可能であった。Fabreeka社は，当該債券を借入金の担保としたが，借入金は，コールオプション行使の際のプレミアム相当分に充当するに十分な金額であった。

債券のコールオプションの権利は，結果的には行使されなかった。そこで，Fabreeka社は，30日後にプレミアム相当分を損金に算入した。同社は，次に当該債券を株主に譲渡した。株主は，当該債券の購入資金を借入金で調達していたが，その債券をほぼプレミアム価格で直ちに第三者に売却した。同株主は，借入金を返済した上，プレミアム相当分を留保することができた。

Fabreeka社は，取引をこのように組み立てることによって，プレミアム相当分を損金に算入した上で，当該プレミアム差益を株主に移転することができた。Fabreeka社は，内国歳入法第171条がなければ，本件取引において，プレミアム相当分につき損金算入を行うことができなかったはずである。本件事案の事実関係に鑑み，Fabreeka社が税制上の優遇措置を受けるためにのみ本件取引を行ったことは疑いの余地がなかった。

■主な争点と当事者の主張

1 争点

本件事案の主な争点は，Fabreeka社による（借入金を利用した）コールオプション権付公共事業債の購入及び同オプション権不行使による損失（プレミアム相当分）の計上とその後における同債券の株主へのプレミアムなしでの譲渡において，プレミアム相当分につき損金計上が認められるか否かという点である。

ちなみに，同債券を譲り受けた株主は，その後直ちにそれをプレミアム付きで第三者に譲渡したことから，本件一連の取引によりプレミアム相当分がFabreeka社から同社の株主に移転している。

2 当事者の主張

(1) 納税者の主張

納税者（Fabreeka社）は，本件取引による損金計上は内国歳入法第171条の規定に合致しており，たとえそこに租税回避目的が存在していたとしても，扱

いを変えるべきものではないと主張する。

(2) 課税庁の主張

それに対し，IRSは，本件取引が内国歳入法第171条の形式的な要件を満たしており，これらの取引が「見せかけの取引（sham transaction）」でなかったことは認めていた。それにもかかわらず，IRSは，「投資目的動機（investment motives）」を有していないため，内国歳入法第171条に基づく損金算入の便益を付与されるべきではないと主張した。

IRSは，これらの取引は，納税者が小さなリスクをとることによって多額の租税回避を実現できた，いわゆる「巧妙な租税回避スキーム（elaborate tax avoidance scheme）」であるとして否認したのである。

■裁判所（第1巡回控訴裁判所）の判断……納税者勝訴

第1巡回控訴裁判所は，これらの取引が見せかけであったとするIRSの主張を受け入れず，本件取引は内国歳入法第171条によって認められている取引以外の何ものでもないとした。

■解　説

当時の内国歳入法第171条では，納税者がプレミアム付きで購入した債券について，当該プレミアム相当分につき損金計上（amortize bond premium）するためには，当該債券を一定期間保有することが求められていた。そのため，納税者としては，当該期間中債券の価額が下落し，あるいはコールオプション（購入選択権）が行使されるリスクを負っていた。こうしたリスクは，最小限のものではあったとしても，法律が損金算入を認める根拠となっていた。そのため，第1巡回控訴裁判所は，本件取引においては，納税者の目的如何にかかわらず，Fabreeka社は，当該債券に実際に「投資」し，しかもそれを一定期間保有していたという要件を満たしていたと判断したのである。納税者は，その後債券の売却や譲渡を行って便益を得ているものの，こうした取引は，非関連の第三者に対する拘束力を有する譲渡であった。このようなことから，同裁判所は，「租税回避」という目的が示唆されなければ，同じ取引を別の納税者が行っても，問題視されなかったはずであるとしたのである。

また，第1巡回控訴裁判所は，当該取引に租税回避という目的があったとし

ても、プレミアム相当分について本来損金算入が認められるのであれば、IRSが主張する「投資目的」を有する必要はないとしたうえで、「議会が租税回避目的でそのような行為を行ってはならないという形で法律を制定していない以上、納税者の心理状態に関する要件を法律上読み取ることはできない。」としたのである。納税者が税制上の優遇措置を得るためにのみ法律を利用していることが明白である場合には、そのような要件が法律で明確に定められているはずであるとすることは、当局にとって魅力的ではあるものの、これによる是正効果よりも、生じる不明確性の方が大きい。

このようなことから、同裁判所はIRSの立場に理解を示しながらも、これらの納税者は法律の客観的要件を満たしており、意図に関する主観的要件が法律に定められていない以上——たとえそこに租税回避の意図があったとしても——、本件取引における損金算入は認められるべきであると判示したのである。

> **参考1** IRC第171条（Amortizable Bond Premium）の規定
>
> (a)(1) 課税債券（Taxable Bond）
> 「（筆者注：課税対象となる）債券（bond）にあっては、債券のプレミアム相当分については、各課税期間においてプレミアムのうちその期間に対応する分を控除することができる（the amount of the amortizable bond premium for the taxable year shall be allowed as a deduction）。」

> **参考2** 類似事案
>
> 本件と類似した事案として次の2件があるが、それらにおいては、いずれもIRSの更正処分がそのまま認められている。
>
> (1) Sherman事案（Sherman v. United States, 627 F.2d 189 (1980)）
> 本件は、納税者が、自己の発行した債券を購入し、30日後にプレミアム相当分を損金に算入するとともに、当該納税者が、6か月後に当該債券を売却し、その際に長期的なキャピタルゲインを計上していた事案である。本件事案において第2巡回控訴裁判所は、当該納税者が税制上の優遇措置を得るために取引を行っていたことは明らかであるとしてIRSの更正処分を是認している。
>
> **Sherman事案の取引イメージ**
>
>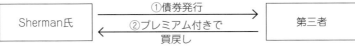

③30日後　プレミアム相当分を損金算入
④60日後　同債券売却

〔争　点〕
　本件一連の取引は租税回避行為に該当するか。

〔裁判所の判断〕…納税者敗訴
　該当する（本件一連の取引は，納税者が租税優遇措置の適用を受けることのみが目的であった。）。

(2) Friedman事案（Friedman v. United States, 391 F.3d 1313 (1990)）
　本件は，納税者が借入金で債券を購入し，借入の対象となった当該債券を慈善団体に寄附し，慈善団体が当該債券をプレミアム価額で売却し，納税者がプレミアム相当分に係る損金算入と慈善団体に対する寄附分の損金算入という損金を二重（double dip）に計上していた事案である。第3巡回控訴裁判所は，当該取引は，租税回避のみを目的として行われていたものであり，当該プレミアム相当分の損金算入を否認したIRSの処分は相当であったとしている。

Friedman事案の取引イメージ

〔争　点〕
　Friedman氏による債券プレミアム相当分の損金計上と慈善団体への同債券の寄附に伴う損金計上が認められるか。

〔裁判所の判断〕
　どちらの分についても損金算入不可。

■わが国の参考判例，裁決例等

　わが国において租税回避目的で行われた取引が否認されるか否かが争われた事例として，次のようなものがある。

○　東京高裁平成11年6月21日判決（平成10年（行コ）第108号）・高裁民集52巻1号26頁，訟務月報47巻1号184頁…納税者勝訴
　　この事案では，納税者であるA（その後死亡）が不動産業者Bとの間で

行われた土地取引において，Aが有する土地をX社に7.3億円余で譲渡するとともに，Bから代替資産を4.3億円余で取得したとし，差額2.9億円余を小切手で受領していた契約が，補足金付交換取引（いわゆる1本の取引）に当たるのか，それとも，譲渡契約と購入契約の2本の契約に当たるのかが争いとなった。すなわち，交換取引なのか，それとも「譲渡」と「購入」という2つの取引なのかという問題である。

　課税庁側は，本件取引によりAの取得した資産の時価が10.7億円余と見込まれることから，本件取引は，補足金付交換取引であり，これを譲渡契約と購入契約の2本建ての契約にしたことは，租税回避のためであり，認められないとして，これら2本の契約を税務上一本の交換契約だったとして更正処分を行ったことから争いとなった。

　東京高裁は，次のように判示して，本件取引が租税回避であるとの課税庁の主張を斥けている。

　「本件取引において，亡Aらが，税負担の軽減を図るため，本件譲渡資産及び本件取得資産の各別の売買契約とその各売買代金の相殺という法形式を採用していたとしても，そのことをもって，違法ないし不当とすることも困難なものというべきである。」

《図表2》 取引イメージ図

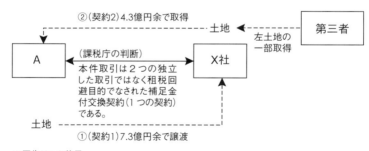

※原告はAの養子

　この判決では，たとえ租税回避目的で行われた取引であったとしても，法形式が尊重されるべきであるとして，交換契約ではなく，各別の売買契約（譲渡契約と購入契約）に当たるとした納税者の主張が認められている。

第5章　租税回避否認の法理（米国の事例から）

㊻ 経済的実質と税務関連以外の事業目的の双方が充足されていることから租税回避行為に当たらないとされた事例
——Frank Lyon Co. v. United States, 435 U.S. 561 (1978), rev'g 536 F.2d 746 (8th Cir. 1976)——

■概　説

Gregory事案（事案㉟）及びKnetsch事案（事案㊳）で明らかになったことは，税務上の特典等を享受するためには，①「税務目的以外の事業目的（business purpose）」と②「経済的実質（economic substance）」の双方の存在が必要とされるということである。

ここで紹介するFrank Lyon Co.事案は，それらが充足されていたとして，納税者の主張が認められた事案である。

■事案の概要

Frank Lyon Co.（以下「Frank Lyon社」という。）は，アーカンソー州リトルロックにあるスポーツ用品の販売店であるが，同市内にあるWorthern Bank（以下「Worthern銀行」という。）が自己の本店及び営業店舗用に建てたビルを競争入札により760万ドルで入手した。

Worthern銀行が，自分で建てたビルをわざわざ外部に売却することとしたのは，同行がFRB（金融当局）のメンバーであるため，銀行業務に関する政府規制を受け，銀行が本店建設のためにモーゲージ債務を負うことを禁じられていたためである。

Worthern銀行が，この銀行業務規制に違反せずに新たに本店を建設することを可能にするため，納税者であるFrank Lyon社は，当該銀行から建設中の建物を760万ドルで購入し，取得資金のうち，710万ドルをNew York Life Insurance Company（以下「N.Y.Life社」という。）からの借入れで調達し，残りの50万ドルを自己資金で支払った。建物の建設が完了した時点で，納税者は，Worthern銀行に建物をリースバックして賃貸料を得た。

その結果，納税者の借入金元本・利息の返済義務は相殺されることとなり，納税者は50万ドルの投資をするだけで大きな固定収益を得ることとなった。

リース期間の当初の25年間が経過した時点で，Worthern銀行は，さらに5年間リース期間を延長するか，あるいは建物を固定価格で買い取るかを選択することができる契約となっていた。

納税者は，Worthern銀行からの支払を賃貸収益として申告する一方で，同行の建物に係る減価償却及び同行からの借入金の支払利息について，経費として控除をした上で申告していた。

それに対し，課税当局は，納税者は建物の真の所有者ではなく，Worthern銀行に対する第三者融資の貸主及び仲介窓口として行動していたにすぎないとして，Frank Lyon社の減価償却費と借入金利子の控除を否認した。

■主な争点と当事者の主張

1 争 点

本件事案の主な争点は，Frank Lyon社による①「Worthern銀行が建てた建物の購入」とそれに伴う資金の②「借入れ及びリースバック」が，同社にとって税務目的以外の事業目的と経済実質があり，税務上減価償却及び借入金に係る支払利息を損金として計上することが認められるか否かという点である。

2 当事者の主張

(1) 納税者の主張

納税者は，本件建物への入札参加は，Worthern銀行が自ら建てた建物についてローンを受けることができないというFRBの規則に従うことに伴って偶然に生じたものであり，納税者としては，同行のローンを利用してこれを購入した上で，ローンの貸手でもある銀行にその建物を借りてもらうことは，家賃回収の面で不安がなく，ローンの返済もそれだけ容易になるものなので事業目的も経済的実質も備えたものであると主張する。

(2) 課税庁の主張

それに対し，課税庁は，納税者による本件建物の購入は，本件建物の借り手であるWorthern銀行が自ら建てた物件をローン付きかつ，リース期間終了後

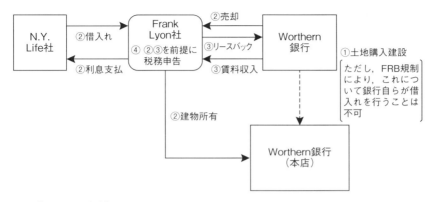

《図表》 Frank Lyon Co.事案のイメージ図

〔前提となる事実〕
① Worthern銀行は，本店を建てたが銀行法の規制によりそれらの物件所有ができなかった。
② 規制を回避するためこの物件を売却し，納税者（Frank Lyon社）がこれを購入し，納税者は，その際N.Y.Life社から710万ドルを借り入れ，毎年利子を支払っていた（年利6％）。
③ 納税者は，この物件を銀行にリースに出し，リース料を受け取っていた。
④ これらの事実をもとに税務申告を行っていたが，課税庁から本件取引は見せかけであるとして否認を受けた。

〔争　点〕
本件一連の取引は事業目的も経済的実質もない見せかけのものにすぎないのか。

〔裁判所（最高裁判所）の判断〕…納税者勝訴
本件取引は，経済的実質もあり，事業目的もあるので，見せかけではない。

には同行がその物件を買い戻すという条件付き（いわゆる「セール・アンド・リースバック」）でなされたものであり，租税回避以外何らの事業目的も経済的実質もない見せかけの取引であると主張する。

■裁判所（最高裁判所）の判断……納税者勝訴

第一審の連邦地方裁判所で納税者の請求が認められたため，IRSが控訴。控訴審（8th Cir. 1976）では，逆転判決でIRS側が勝訴したため，納税者が上告した。

最高裁判所は，本件取引を2段階に区分したうえで，次のように判示して控訴審の判決を破棄し，納税者の訴えを認めた。

第一段階…本件取引は見せかけか

「たとえ銀行が支払ったリース料が上告人の保険会社からの借入金利子と同額だったとしても，<u>銀行による建物の売却とリースバック取引は単なる見せかけではない。</u>（下線部分：筆者強調）上告人の借入とそれに伴って支払われる利子はリース料とは基本的に独立したものであり，両者の金額がたまたま一致したというにすぎない。」……いわゆる取引基準

第二段階…本件取引と経済実質及び事業目的との関係

「本件取引のように，①経済的実質（economic substance）を備えた複数の独立当事者が，②それぞれ独自の事業遂行目的（business purpose）の下に，③租税回避目的のみを目的とせず（not solely by tax avoidance）に行われた取引については，政府はそれを尊重すべきである。本件の場合，貸手は形式上も実質上も税務でいう真の貸手としての立場を備えていたとみるべきである。」(1)

「本件資産の売却とリースバックが一体であることは何人も否定し得ないが，上告人が建物に投資したことも明らかであり，本件建物への投資については，内国歳入法第167条により減価償却費の計上が認められる。」

■解　説

本件スキームは，Worthern銀行が建て，完成後には同行の本店が入居する予定の建物について，FRBの規制により自ら借入れを行うことができなかったため，これを公開入札の形で第三者に購入してもらい，それをリースバックの形で同行が本店として利用することを考えたことからスタートしている。Frank Lyon社は，その公開入札に実際に参加し，不足資金を外部から調達していた。したがって，たとえリース料と支払利息が同額で，結果的に同社が

---

(1) ちなみに，この部分の原文は次のようになっている。

「(c) Where, as here, there is a genuine multiple-party transaction with economic substance that is compelled or encouraged by business or regulatory realities, that is imbued with tax-independent considerations, and that is not shaped solely by tax-avoidance features to which meaningless labels are attached, the Government should honor the allocation of rights and duties effectuated by the parties ; so long as the lessor retains significant and genuine attributes of the traditional lessor status, the form of the transaction adopted by the parties governs for tax purposes. 435 U.S. pp. 581-584.」

Worthern銀行にとって導管的な存在になっていたとしても，利息が実際に外部に支払われていたことは事実であった。また，資産購入，リースバック取引と資金調達との間に，それぞれ複数の者が存在していたことなどから，経済的実質もあり，事業目的もあったとされたものである。

したがって，これと異なる前提条件の下においては結論が変わってくる可能性もある。

例えば，Court Holding Co.事案（事案㊶）では，多額の含み益を有する不動産を保有する法人が，自己の課税を免れるため，それらの不動産をいったん個人に移したうえで課税なしで外部に譲渡した行為について，経済的実質は法人による不動産の譲渡であるとしている。

また，Gregory事案（事案㉟）の控訴審判決では，事業目的がなかったとして，納税者による組織再編を利用した租税回避取引が否認されている。

第6章　パートナーシップ等を利用した租税回避とタックスシェルター

●イントロダクション

　ある種の投資スキームや節税商品と称するものの中には，投資家や購入者の租税負担を軽減させたり，所得実現の先送りを目的としたものがある。一般にタックスシェルターという名で呼ばれているものがそれである。それらのうちの殆んどでパートナーシップという事業形態が用いられている。

　わが国では，人格に着目して課税する方式が採用されているため，パートナーシップ自体は納税主体とならず，構成員である個人又は法人が納税主体となる。また，法人と個人の間では，二重課税を防止するため，配当税額控除などの措置が講じられてる。このようなこともあって，従前は，パートナーシップや組合のような事業体の利用はそれほど活発ではなかった。

　それに対し，米国では，個人に係る累進課税を避ける手段として，パートナーシップが利用されている。しかし，チェック・ザ・ボックス・ルールの導入（1997年1月1日以降より適用開始）により，①法人であってもパススルー・エンティティ扱いを受けることが可能になったこと，②（タックスシェルターの誕生等により）高額所得者が損失の取込み（損取り）を目的としてこの種の組織を活用できることが明らかになったこと，などからその利用が急増した。

　その際，頻繁に用いられたのが，返済義務が限定されたいわゆる「ノンリコース・ローン」を利用することにより，リスクの限定された借入金を利用し，租税負担軽減効果をより大きくするというやり方である[1]。

　それらのうち行き過ぎたものについては濫用（abusive）に当たるとして規制されている。

　例えば，投資家がその投資についてリスクを負っていないような投資に対す

---

(1) この手法を用いることにより，たとえ実際に損失が生じた場合であっても，借入リスクを対象資産に限定できるというメリットもある。
　わが国で，近年不動産投資を中心にノンリコース・ローンが利用されるようになってきたのも，ノンリコース・ローンのこのような利点を活用するためである。

る制限（いわゆるアット・リスク・ルールによる制限…内国歳入法第465条），投資家が事業活動等に参加していない投資から生じたロス（いわゆるパッシブ・ロスの制限…内国歳入法第469条）などがそれである。

これらの規定の制定に至るまでは，㊲のCrane事案判決にみられるように，過大な借入れを行ったうえで減価償却資産を購入し，多額な減価償却費を多額な借入金利子の支払いなどによって所得額を圧縮するような手口が横行していたことなどが重要な契機となっている。しかし，その後においても，行き過ぎたタックスシェルターをめぐる争いはなくなっていない。

そこで，最近では，行き過ぎたタックスシェルターに投資した投資家及びプロモーター等に対し，IRSに登録，開示させる方法（様式8264.8261.IRS Pub.550.927）等も講じられている[(2)]。

㊼のKrause事案，㊽のProvizer事案，㊾のASA Investerings Partnership事案は，いずれもタックスシェルターに関連する事案である。いずれの事案においても，パートナーシップを利用した損取りが問題とされた。課税庁は，かかる行為は行き過ぎであり，濫用（abusive）に当たるとして損取りを否認した。訴訟においても，課税庁の主張がそのまま認められている。

---

(2) IRSに対し登録又は開示が求められている取引は，次の5つである（Reg.§1.6011-4(b)及びIRSマニュアル様式8918）。
 ① 指定取引（listed transaction）
 ② 秘密保持条項が付された取引（confidential transaction）
 ③ いわゆる成功報酬型となっている取引（contractual protection transaction）
 ④ 多額のロスを生じる取引（loss transaction）
 ⑤ 会計と税務で大幅な開差がある利子取引
　また，タックスシェルターについて，IRSへの登録（registration）又は開示（disclosure）が義務付けられているのは，次のいずれかに該当する者である（IRC第6662条）。
 ① タックスシェルターの組成者（principal organizer）
 ② タックスシェルターに関し重要なアドバイスを行う者（material advisor）
 ③ 販売者（seller）
 ④ 投資家（investors）
　そして，これらの義務を履行しなかった者に対しては，それぞれの立場に応じ，所定のペナルティが課されることとなっている（IRC第6707条，Reg.§301.6707-IT）。
　なお，同様の制度は英国，カナダ，オーストラリア等でも導入済みである（例えば，R.A Tooma 'Legislating against tax avoidance' IBFD p41）。なお，2015年10月に公表されたBEPS行動計画12では，アイルランド，イスラエル，韓国，ポルトガル，南アフリカでもこれと同様の制度（そこでは，行き過ぎたタックスプランニングに対する強制開示制度と称されている。）が導入されているとしている。

しかし，その後もタックスシェルターの濫用事例が多発したため，これを規制する措置が講じられた。
　㊿のBoca Investerings Partnership事案も，パートナーシップを利用したタックスシェルターである。この事例では，パートナーシップに租税負担軽減以外の事業目的が必要であると判示されている。
　㋕のMorrissey事案と㋖のKintner事案は，組織体自体に課税される法人と，構成員課税がなされる組織体（いわゆるパススルー・エンティティ）をいかなる基準により区分するかが明らかにされた古典的事例である。ここで示された6つの判断基準が，後にチェック・ザ・ボックス・ルールとして導入されることになった。
　㋗のStrangi事案は，パートナーシップへの出資者が中途で死亡した場合，出資者であるパートナーは，出資持分を有するのかそれともパートナーシップの有する原資産を有するのかという点である。ちなみに，本件判決では持分を有しているとされた。
　㋘のM. C. Hollen事案では，いったん口頭で約束していたパートナーシップ契約について，後日これをなかったと主張することができるか否かが争われた。裁判所は，「一貫性の法理」により納税者のかかる主張は許されないとしている。
　㋙のMAS One Ltd. Partnership事案では，構成員の1人によるパートナーシップ債務の弁済が，他のメンバーへの利益供与になるか否かが争われた。裁判所は利益供与になるとしたIRSの処分を支持している。
　㋚のFranklin事案では，出資者であるパートナーによるパートナーシップへの資産売却とリースバック取引が真の資産売却（true sale）になるのか否かという点と，出資者がパートナーシップの買取資金としてノンリコース・ローンにより資金を借り入れ，その金利を必要経費として控除することができるか否かが争いとなった。裁判所は，売買自体については真正売買と認めたものの，支払ノンリコースの借入に伴う支払利息についてはパートナーシップが保護されるべき資産を有していなかったとして，支払利息の必要経費性を否認している。
　㋛のLarson事案と㋜のZuckman事案では，パートナーシップ組成が損取り目的で行われた場合，その損取りが税務上認められるか否かが争われた。裁判

所は，事実関係の分析の上，本件ではいずれも損取り可能としている。

(59)のHilton事案は，パートナーによるパートナーシップ損失の取込みの可否をめぐる争いである。本件事例において，裁判所は，客観的な経済分析を行った上で，本件取引には，「租税負担回避目的以外に当該取引を行う正当な理由はなかった。」として，損失の取込みを否認している。

(60)のACM Partnership事案もパートナーシップを利用した租税回避事例であるが，外国の銀行を利用しているという点が特徴的である。裁判所は，本件取引には「事業目的（business purpose）」も「経済的実質（economic substance）」もないが，それのみをもって取引を否認することはできず，納税者の経済状況に有意な変化をもたらす取引は，税務上も容認されるべきである，との判断を示している。なお，Compaq事案でも，同様の考え方が示されている。

(61)のHubert Enterprises, Inc.事案では，パススルー課税を選択したLLCが危険負担をしていない場合，損取りが認められるか否かが問題となった。本件では，LLCの出資者がパススルー課税を受けてはいるものの，リスクを負担しているのはLLCであるため，出資者のレベルで支払利息の損金算入は認められないと判示された。

第6章　パートナーシップ等を利用した租税回避とタックスシェルター

㊼　多額の借入れを行ったうえでパートナーシップを利用したEOR投資による投資税額控除の利用が濫用タックスシェルターに当たるとされた事例
── Krause v. Commissioner, 99 T.C. 132 (1992) ──

■概　説

　複雑な税法の規定をうまく利用して税負担の軽減を図る行為は，わが国ではタックス・プランニング又は節税，租税回避という名で呼ばれている。しかし，節税と租税回避の境界は明確ではない。そのため，その境界線を巡って，納税者と当局との間で争いとなることが少なくない。米国では，この種の手段による租税回避又は節税は一般にタックスシェルターという名で呼ばれている。そして，それらのうち行き過ぎたものについては，濫用（abusive）又は行き過ぎたタックスシェルター（abusive tax shelter）と称され，当局が規制の対象にしている[1]。

■事案の概要

　ここで紹介するKrause事案には，Technology Oil and Gas Associates 1980 Partnerships（以下「Technology-1980パートナーシップ」という。）とBarton Enhanced Oil Production Income Fund Partnerships（以下「Bartonパートナーシップ」という。）の2つのパートナーシップ・グループが関与していた。1980年の原油偶発利益税（ウインドフォール・プロフィット・タックス：windfall profit tax）は，石油回収増進法（Enhanced Oil Recovery Method[2]：

---

(1)　ちなみに，IRSが典型的なタックスシェルターに該当するとして規制の対象としている取引（listed transaction）は，BOSS取引，Son of BOSS取引など36種類の取引である。

(2)　EORとは，油田からの採掘が容易な油井が少なくなってきていた米国内の油井に蒸気の圧入，Co_2ガス圧入，ポリマー圧入等によって二次的又は三次的な採取をめざす手法である。
　　この技術による石油採掘を促進するため，投資税額控除をはじめいくつかの優遇措置が講じられていた。

《図表 1》Technology-1980パートナーシップの基本構造

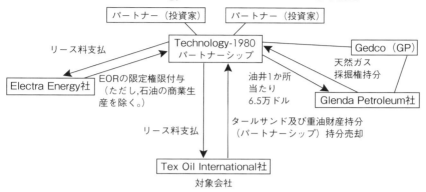

《図表 2》Bartonパートナーシップの基本構造

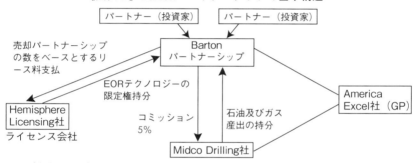

〔事案の概要〕

　上記 2 例のいずれにおいても，各パートナーはパートナーシップを通じEOR技術に投資し，投資税額控除を受けていた。

〔争　点〕

　各パートナーによる投資税額控除は認められるか。

〔裁判所（租税裁判所）の判断〕

　認められない（当該投資は投資税額控除の取得のみが目的だった。）。

以下「EOR」という。）テクノロジーによって採掘された石油に関する間接税の軽減及び税額控除について定めていた（パートナーシップ契約書136頁）。Krauseパートナーシップの設立目的は，EORテクノロジーを使用した石油・天然ガスの採掘となっていた（同138頁）。

　図表 1 と図表 2 に図示されているとおり，パートナーシップは天然ガス田，

タールサンドその他の石油資源に対する様々な持分権を所有し，それを外部にリースしていた。リース権の評価額は数百万ドルであったが，油田が探査段階にあるか，あるいは石油の新たな採掘法がないために，実際の採掘可能量は未確定であった。また，当該ライセンスは，パートナーシップ自体に石油の採掘権を付与するものではなかった。さらに，パートナーシップによるロイヤリティの支払は，石油井等からの実際の採掘量ではなく，パートナーシップ持分の販売数に応じて行われていた（同143～157頁）。

しかも，目論見書（scheme）では，将来の経済的利益ではなく，潜在的な税制上の優遇措置が強調されていた。

また，もう1つのパートナーシップであるBartonパートナーシップの目論見書では，出資者が最初の2年間に3対1，次の3年間に2対1の税額控除（対投資額比）が受けられることを強調していた（同152頁）。最終的に，いずれのパートナーシップも，EORテクノロジーのリース自体からは利益を得なかった。しかしながら，リミテッド・パートナーシップの出資者は，約束どおりパートナーシップ持分の高い評価額により，多額の税額控除を受けることが可能だった。

■主な争点と当事者の主張

1 争点

本件事案の主な争点は，パートナーシップの構成員が多段階のパートナーシップを介在させ，そこで多額の借入れを行ったうえで行ったEOR等への投資により多額の税額控除又は損失を取り込み，租税負担を軽減させていた行為が，事業目的のある取引だったのか，それともタックスシェルターの濫用に当たるのかという点である。

2 当事者の主張

(1) 納税者の主張

納税者は，本件スキームが税制上の特典享受を目的に組成されたものであったとしても，税法が特典享受を認めている以上，パートナーシップを通じた本件投資について投資家であるパートナーが税制上の特典享受が否認される理

由はないと主張する。

(2) 課税庁の主張

それに対し課税庁は，これら一連のスキームには租税負担軽減以外の事業目的が存在していないので，タックスシェルターの濫用であり，税法上の特典享受は否認されるべきであると主張する。

■裁判所（租税裁判所）の判断……納税者敗訴

本件事案の審理を担当した租税裁判所は，当該取引は「出資者に多額の税額控除を発生させるべく，ほとんど未開発，未探査の製品を使用して，リスクと投機性が極めて高く，かつ，独立企業原則に反する方法で，巨額の債務を生じさせるために，多数のパートナーシップを通じて段々に積み上げられ，増加した一連の重層的な債務である。」と認定した。その上で，「当該取引において実際にリスクを負い，利得を得ているのはパートナーではなくパートナーシップ（activities of partnerships were engaged in with actual and honest profit objectives is analyzed at the partnership level）なので，パートナーシップの単なる出資者にすぎない各パートナーの活動は適法な利益稼得のための事業ではなく，またそのようにみなすこともできないので，タックスシェルターの濫用に当たると解するのが相当である。」として，当該取引から損失が生じたとするパートナーの主張を斥けている。

■解　説

従来わが国の税制においては，所得税，法人税などに代表されるように，個人又は法人といった事業体ごとに課税が行われてきた。

そのため，税法を学ぶ際にも，所得税，法人税といった税目ごとに区分された科目を他の税目と独立した形で行うことが一般的であった。

しかし，米国の租税に関するテキスト，特に法人税などに関するテキスト類を見てみると，ある納税者が何らかの取引を行う場合，どのような事業体を選択するかについて必ず言及がなされている。それは，どのような事業体を選択するかによって最終的な租税負担が異なってくる可能性があるためである。

近年，わが国でも任意組合や匿名組合，投資事業有限責任組合，信託等といった組織体（いわゆる「ハイブリッド・エンティティ」）を利用した事業活動

が増加してきている。

そのため，今後は，ここで紹介した事例と同様の手法を利用した租税回避事例が生じる可能性が高くなってきている。

■わが国の参考判例，裁決例等

① 最高裁（三小）平成22年4月13日判決・民集64巻3号791頁

本件は多様な事業体を利用したものではなく，税法上の特典享受を目的とした租税回避事例であるが，長期譲渡所得について特別控除を認めている租税特別措置法33条の4を利用した事例において，最高裁判所は次のような理由により特典享受を否認している。

「被上告人（納税者）らは，いずれも，本件各土地につき具体的な利用計画を有しておらず，…建築物を建築する意思がなかったことは明らかである。…本特例の適用を受けられるようにするため，形式的に建築許可申請書の手続をとったものである。したがって，本件特例の適用はないというべきである。」

② 最高裁（二小）平成27年7月17日判決（平成25年（行ヒ）第166号）・裁判所ウェブサイト

本件は，デラウェア州法に基づいて設立された組織体（リミテッド・パートナーシップ）がわが国でどのように扱われるかが問題となったが，最高裁判所は「外国法に基づいて設立された組織体が所得税法2条1項7号及び法人税法2条4号に定める外国法人に該当するか否かは，まず，①当該組織体に係る設立根拠法令の規定の文言や法制の仕組みから，当該組織体が当該外国の法令において日本法上の法人に相当する法的地位を付与されていること又は付与されていないことが疑義のない程度に明白であるか否かを検討して判断し，これができない場合には，②当該組織体が権利義務の帰属主体であると認められるか否かについて，当該組織体の設立根拠法令の規定の内容や趣旨等から，当該組織体が自ら法律行為の当事者となることができ，かつ，その法律効果が当該組織体に帰属すると認められるか否かという点を検討して判断すべきである。」としたうえで，「米国デラウェア州改正統一リミテッド・パートナーシップ法に基づいて設立されたリミテッド・パートナーシップが所得税法2条1項7号及び法人税法

2条4号に定める外国法人に該当し，上記リミテッド・パートナーシップが行う不動産賃貸事業に係る所得が上記リミテッド・パートナーシップに帰属するものと認められるという判示の事情の下においては，当該賃貸事業に係る投資事業に出資した者は，同人の総所得金額を計算するに当たり，当該賃貸事業に係る所得の金額の計算上生じた損失の金額を同人の所得の金額から控除することはできない。」と判示している。

③　東京高裁平成26年2月5日判決（平成24年（行コ）第345号）・裁判所ウェブサイト

　　本件は，英国領バミューダ諸島（以下「バミューダ」という。）の法律に基づいて組成されたリミテッド・パートナーシップ（以下「LPS」という。）であり，かつ特例パートナーシップ（以下「EPS」という。）である被控訴人が，処分行政庁から，平成13年4月16日から同年12月31日までの事業年度に関し，国内源泉所得である匿名組合契約に基づく利益分配金について申告がなかったとして，法人税についての決定処分及び無申告加算税1億2,038万1,000円の賦課決定処分を受けたことに対し，被控訴人が，わが国の法人税法上の納税義務者に該当せず，国内源泉所得である匿名組合契約に基づく利益分配金を受領した事実はないと主張して，控訴人に対し，①主位的請求として，本件各決定に係る納税義務が存在しないことの確認を求め，②予備的請求として，本件各決定の取消しを求めた事案である。

　　原審は，争点1につき，被控訴人はわが国の租税法上の法人に該当するとは認められず，争点2につき，被控訴人が租税法上の人格のない社団等に該当するとは認められず，したがって，被控訴人は法人税法上の納税義務者に当たるということはできないとしたうえ，本件各決定はいずれも違法であるが，無効であるとまではいえないとして，①主位的請求を棄却し，②予備的請求を認容して，本件各決定を取り消した。

　　そこで，控訴人が，上記②を不服として，本件控訴をした。

　　東京高裁は，次のように判示して控訴人（国）の主張を斥けている。

　　「外国の法令に準拠して組成された事業体が我が国の租税法上の法人に該当するか否かについては，諸外国の法制，法体系の多様性（特にいわゆる大陸法系と英米法系との法制，法体系の本質的な相違），我が国の「法人」

概念に相当する概念が諸外国において形成されるに至った沿革，歴史的経緯，背景事情等の多様性に鑑みると，①当該外国の法令の規定内容をその文言に従って形式的に見た場合に，当該外国の法令において当該事業体を法人とする（当該事業体に法人格を付与する）旨を規定されているかどうかという点に加えて，②当該事業体を当該外国法の法令が規定するその設立，組織，運営及び管理等の内容に着目して経済的，実質的に見れば，明らかに我が国の法人と同様に損益の帰属すべき主体（その構成員に直接その損益が帰属することが予定されない主体）として設立が認められたものといえるかどうかを検討すべきであり，前記②が肯定される場合に限り，我が国の租税法上の法人に該当すると解すべきであるとした上，バミューダ法には前記LPSに法人格を付与する旨の規定はなく，また，バミューダ法の規定するその設立，組織，運営及び管理等の内容に着目して経済的，実質的に見ても，明らかに我が国の法人と同様に損益の帰属すべき主体（その構成員に直接その損益が帰属することが予定されない主体）としてLPSの設立が認められたものということはできないから，前記LPSは，我が国の租税法上の法人に該当しない。」

第6章　パートナーシップ等を利用した租税回避とタックスシェルター

㊽　パートナーシップを通じたプラスチック・リサイクラーへの投資がタックスシェルターの濫用に当たるとされた事例
——Provizer v. Commissioner, T.C.Memo. 1992-177——

■概　説

　ここで紹介するProvizer事案は，Krause事案（事案㊼）と同じく，1980年代に頻繁に利用された特定のリミテッド・パートナーシップ型タックスシェルターの典型的事例である。1970年代に，中東の政情不安により国際石油価格が大幅に上昇した。これを受けて，カーター政権（当時）は，10年以内にエネルギー自給体制を整える計画を打ち出した。そして，これらの分野への投資促進のため，大幅な優遇税制措置が導入された。それに伴い，これらの特典を利用した租税回避事例がいくつか生まれた。

　Provizer事案において使用されたタックスシェルターも，Krause事案と同様に，1970年代のエネルギー危機に対応して導入されたこれらの特典を利用した取引が課税上問題とされたものである。Krause事案が，石油・天然ガス採掘に従事していたとする2,000を超えるパートナーシップの合理性の有無を判断するテストケースとなったのと同様に，Provizer事案は，特定の種類のプラスチック・リサイクラーを取り扱うパートナーシップの経済合理性を判断するテストケースとなった事案である。

■事案の概要

　Provizer事案のリミテッド・パートナーシップは，投資税額控除適格のプラスチック・リサイクル出資プログラムの一環として組成されたパートナーシップである。Sentinel EPEリサイクラー（以下「リサイクラー」という。）は，ポリエチレン・フォームを樹脂ペレットに加工する機械であった。当該取引では，内国歳入法第168条(f)(8)のセーフハーバー・リース規則に基づくリサイクラーのリースが行われていた。

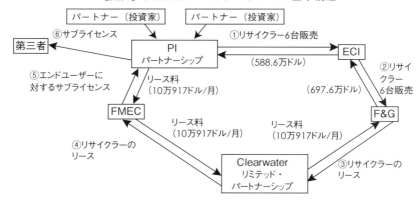

〔事案の概要〕

　投資家であるパートナーは、上図のような多段階の取引（主にリース取引）を通じて多額の損失を計上していた。

〔争　点〕

　この種の取引により、各パートナーが計上していた損失は税務上も是認されるべきものか。

〔裁判所（租税裁判所）の判断〕…納税者敗訴

　認められない（これら一連の取引の唯一の目的は、税務上のメリット享受であった。）。

　当該取引は6段階になっていた（図表を参照）。

　まず，法人PIがリサイクラー6台を588万6,000ドルで法人ECIに販売した。第2段階では，ECIが法人F&Gに対し，当該リサイクラーを697万6,000ドルで販売した。第3段階では，F&Gがリミテッド・パートナーシップであるClearwaterに対し，当該リサイクラーを頭金60万5,000ドル，月間リース料10万917ドルの12年リースを行った。第4段階では，Clearwaterが法人FMECに対し，当該リサイクラーのライセンスを期間12年，月額10万917ドルで供与した。第5段階では，FMECがPIに対し，当該リサイクラー6台の月次ベースのサブライセンスを月間ロイヤリティ10万917ドルで供与した。最後に，PIが当該機械を実際のエンドユーザーに（これらのリサイクラーを）サブライセンスした。

　Krause事案の場合と同様，目論見書では，予測される税制上の優遇措置が強調されていた。パートナーシップは，リサイクラーの「独自性」を根拠とし

て評価額を1台当たり100万ドルとしていた。

■主な争点と当事者の主張

本件事案の争点及び当事者の主張も，基本的にはKrause事案と同様である。

1 争点

税務メリットを享受する目的で組成された多段階の事業体を利用した取引（multi-layer transaction）が租税回避に当たるか否か。

2 当事者の主張

(1) 納税者の主張

納税者は，本件リース取引において，結果的には，パートナーシップ参加者の租税負担軽減になってはいるが，各段階における取引はいずれも税法上認められているものであり，否認される理由はないと主張する。

たとえ本件取引がタックスシェルターに該当するとしても，法令上これを否認できる旨の規定が存在しない以上税務上も正当なものであり，否認できない。

(2) 課税庁の主張

課税庁は，本件スキームは，租税回避のみを目的として組成されたものであり，タックスシェルターの濫用に当たるので否認されるべきであると主張する。

■裁判所（租税裁判所）の判断……納税者敗訴

本件事案における租税裁判所の判断も，基本的にはKrause事案と同様である。すなわち，本件取引に係るリサイクラーの評価額の引上げに係る一連のスキームは，専らパートナーシップにペーパー上の損失を計上させ，それを各パートナーが自己の損失として取り込むためにのみ行われたものであり，合理的な事業目的がなかったということであった。その理由として，租税裁判所は，他の取引事例等も参考にしつつ，同時期に販売された同様の機械は5万ドルで入手できたはずであると判示した。Krause事案のパートナーシップ同様，リミテッド・パートナーシップから得られる主要な便益は，税務関連のものであったとした上で，裁判所は，「これら一連の取引の唯一の目的は，税制上の優遇措置を受けることであった。」と判断し，損失を否認したのである。

■**解　説**

多様な事業体を利用した租税回避事例は，わが国でも徐々に増加してきている。それらの先例的な事例として，本件判決は，今後におけるわが国の租税回避事例を考える上でもKrause事案とともに参考となる事案である。

■**わが国の参考判例，裁決例等**

本件判決と直接関連したものではないが，多様な事業体を利用した租税回避事例として，次のようなものがある。

① 東京高裁平成19年10月10日判決（平成19年（行コ）第212号）・訟務月報54巻10号2516頁…米国LLCを利用した租税回避事例

　　この事例では，米国で課税上パススルー扱いが認められているLLCに投資した者が，そこで生じたロス（実際に生じたロスではなく税務計算上のみ生じたいわゆるペーパーロス）を自己の所得税計算上不動産所得として取り込み，それを他の所得と通算していたことが問題となった。

　　裁判所は，たとえ米国でパススルー課税が認められていたとしても，わが国の制度上LLCは法人に当たるので，そこで生じたロスを取り込むことは認められないと判示している。

② 福岡高裁平成2年7月18日判決（昭和59年（行コ）第4号）・訟務月報37巻6号1092頁

　　ここで争われたのは，いわゆる「ねずみ講」が人格なき社団に該当するか否かである。福岡高裁は次のように判示して，ねずみ講は人格のない社団には該当しないと結論付けている。

　　「本会は，Aにおいて，社会的非難を回避してその事業を将来も維持し，継続し，かつ，自己の課税対策等の意図のもとに，実態は個人事業であるのに，これを存続し，人格なき社団という形式に名を借りた同体異名のものであると断ずるのが相当である。」

第6章　パートナーシップ等を利用した租税回避とタックスシェルター

㊾　パートナーシップを利用したタックスシェルターの濫用
—ASA Investerings Partnership v. Commissioner, 201 F.3d 505（C.A.D.C. 2000）—

■概　説

タックスシェルターの濫用事例において用いられる事業形態の大部分は，パートナーシップである。それは，パートナーシップという事業体が，これを組成する上で法的規制等を受けず，しかも，その内容について，参加当事者が契約で自由に決定できるためである。

本件もパートナーシップが利用されている。

■事案の概要

ASA Investerings Partnership事案でも，パートナーシップ型タックスシェルターが使用されていた。この事案の場合，納税者であるAllied Signal社は法人であった。Allied Signal社は売却予定の子会社株式を所有していたが，当該株式の売却により約4億ドルのキャピタルゲインの発生が見込まれた。そこで同社は，キャピタルゲインの実現に伴う課税を回避するため，割賦販売取引契約を締結した。

当該割賦販売契約は，売却の年度以降支払の受領が少なくとも1回以上行われる売却である（IRC第453条(b)(1)）。納税者は，毎年，合計契約価格に対する売上総利益の比率で，受領した支払額に係る利益を認識する（IRC第453条(c)）。例えば，帳簿価額100の建物を所有しているAがこれを300で売却し，5年間にわたって割賦払いを受けるとする。合計利益に対する売上総利益の比率は300分の200，すなわち3分の2である。Aは毎年60の3分の2，すなわち40を認識しなければならない。

支払期間が未確定又は条件付きである場合，納税者は，受領額が帳簿価額を上回った年度に利益を認識しなければならない。しかしながら，損失は契約の

最終年度まで繰り延べなければならないこととされている（財務省規則§15A.453-1(c)(3)(I)(1981))。例えば，Aが帳簿価額と現在価値が100万ドルの建物を5年間にわたって当該資産の売上総利益の一定割合を支払う債券と引き換えに売却したとする。Aは20万ドルを超える額を受領した年度に，20万ドルの超過額に限り課税利益が発生する。他方，受領額が20万ドルを下回る場合には，Aは帳簿価額の一部を回収し，残余の額は繰り越される。そして，未充当の帳簿価額は支払の最終年度に回収される。

Allied Signal社は，米国で課税対象とならない特定の非関連の外国法人とASA Investerings Partnership（以下「ASAパートナーシップ」という。）という名称のパートナーシップを組成した。ASAパートナーシップに対する初期出資額は，当該外国法人が90％，Allied Signal社が10％であった。初年度に，ASAパートナーシップは，割賦方式で売却できる短期私募債（以下「PPNS」という。）を購入した。ASAパートナーシップは，数週間後に，現金80％，債券20％と引き換えに短期私募債を売却した。ASAパートナーシップは，初年度に多額の利益を計上したが，その大半は免税対象となる外国パートナーに配賦されていた。翌年，Allied Signal社は，ASAパートナーシップの過半数持分を取得し当該債券を売却したため，税務上の損失3億9,600万ドルが発生した。次に，当該税務上の損失を利用して子会社株式の売却益との損益通算が行われた（図表1，2を参照）。

《図表1》ASA Investerings Partnership事案のイメージ図

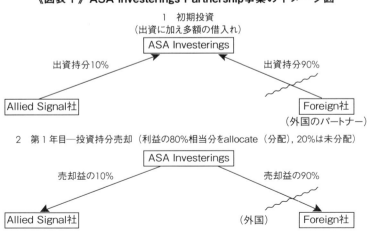

3 第2年目—Allied Signal社がパートナーシップ持分の大半を取得

4 負債持分を売却／パートナーシップを解散

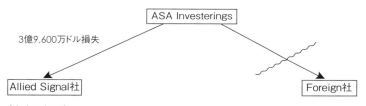

〔事案の概要〕

　非関連の外国法人（米国で非課税）との間でパートナーシップを組成し，利益の大部分を当該外国法人に分配したうえでパートナーシップ持分を当該外国法人から買い戻し，負債持分を売却することで多額の損失を計上していた。

〔争　点〕

　この種の取引がタックスシェルターの濫用に当たるか。

〔裁判所（租税裁判所）の判断〕…納税者敗訴

　本件パートナーシップはパートナーの損取りのみが目的。

■主な争点と当事者の主張

1　争　点

　本件事案の主な争点は，米国で課税対象とならない外国のパートナーとの間で組成したパートナーシップを利用して，まず最初に外国パートナーに名目上の利益（利益のallocate…実際に利益を分配（distribute）するのでなく，単に出資持分に応じた割合を割り付けるだけ）を生じさせ，しかる後に外国パートナーの出資持分を購入して自己の負債持分を水増しし，その資金を売却して生じさせた損失を自己の損失として取り込んだAllied Signal社の一連の行為が，タックスシェルターの濫用に当たるか否かという点である。

2 当事者の主張

(1) 納税者の主張

納税者は，本件一連の行為は，タックスシェルターとして認められた範囲内のものであり，たとえその結果租税負担が軽減されていたとしても，それは法の意図した結果にすぎないと主張する。

(2) 課税庁の主張

それに対し，課税庁は，本件一連の行為は，そもそもパートナーシップ（ASA Investerings）のパートナーであるAllied Signal社の租税負担軽減以外に合理的な事業目的がないのでタックスシェルターの濫用に当たり，否認されるべきであると主張する。

■裁判所（租税裁判所）の判断……納税者敗訴

租税裁判所は，ASAパートナーシップは，損失を発生させることのみを目的として設立されたと判断した。同裁判所は，「ASAパートナーシップは，実体のない損失計上（phantom loss）のみを目的に組成されたものであり，少なくとも内国歳入法上は適法なパートナーシップではない（the transaction, which to work for the taxpayer required an allocation of partnership gains and losses, did not involve a ture partnership）」と判示し，納税者から申し立てられていた損金計上を否認した。

■解　説

Krause事案（事案㊼）とProvizer事案（事案㊽）では，リースされた資産とテクノロジーは，多額の損失を発生させるために資産が過大に評価されており，納税者はこれを利用して他の所得との損益通算を行っていたと判断された。投資対象資産に係る高い評価額は，それによってパートナーシップで生じた多額の損失をパススルーし，投資家であるパートナーに税制上の優遇措置の適用を受けさせるためにのみ必要であった。

ASA Investerings Partnership事案では，その手法が若干異なり，パートナーシップで生じた利益を米国で非課税となる外国のパートナーに分配したうえでその者からパートナーシップ持分を買い戻し，そのパートナーシップを解

散させることにより損失を発生させていた。しかも，ASAパートナーシップには，パートナーシップと外国パートナーが関与する一連の取引により，4億ドル近い利益が課税されることなく留保されていたが，当該パートナーシップを解散させることによりそこに留保されていた資金の殆んど全てを手にしたのである。これらの手法は，濫用型タックスシェルターとみなされる典型的手法である。

そのため，IRSではこの種のスキーム及びそれに類似したスキームを販売するプロモーター等に対しいわゆる指定取引としてIRSへの登録・開示を義務付けるとともに，義務違反に対しペナルティを課すこととしている。

■わが国の参考判例，裁決例等

わが国でも，任意組合等を利用し，そこで多額の借入れを行ったうえで投資を行い，それによって生じる減価償却費等を他の所得と通算して所得額を圧縮する行為がみられた。

そこで，平成17年度の税制改正で，損失の取込みが出資金額（より正確には調整出資金額）以内に制限された（措法27の2，67の12，13）。

第6章 パートナーシップ等を利用した租税回避とタックスシェルター

㊿ タックスシェルターを利用するパートナーシップには節税以外の事業目的が不可欠とされた事例
——Boca Investerings Partnership v. United States, 167 F.Supp. 2d 298 (D.D.C. 2001)——

■概　説

　米国では，投資銀行によるパートナーシップ組成（ストラクチャー）の主たる目的が，顧客のために税務上の欠損金を発生させることにしかない場合，(IRSは)厳しい姿勢で臨んでいる。それらの多くは，投資銀行が設定したストラクチャーの利用及び投資銀行が行ったストラクチャーを実施するために必要な資金調達とこの種のパートナーシップ組成の見返りとして，顧客は投資銀行に対し，場合によってはこのストラクチャーへの投資で得た利益を上回る数百万ドルにのぼる手数料と取引コストを支払うこともある。

　このストラクチャーでは，基本的に，利益を実現する米国法人（すなわち銀行の顧客）と米国では課税されない外国法人（通常，顧客又は米国の投資銀行と資本関係のない外国の金融機関）との間でパートナーシップを設立する必要があった。このストラクチャーを利用して一連の取引が行われる。すなわち，パートナーシップは，まず債務証券を購入し，次に割賦販売方式でこれを直ちに売却する。この取引は，売主が分割払いが完了する最長期限さえ承知していれば，売却された債務証券の税務簿価の比例按分回収を認めるという財務省規則を米国のパートナーが利用できるようにしたものである。このストラクチャーでは，税務上の利益は，主として（米国で課税されない）外国のパートナーに配分される。

■事案の概要

　本件事案では，投資銀行によって米国で設立されたAmerican Home Products（以下「AHP社」という。）が，子会社の売却から得たキャピタルゲイン6億ドルを消去するため，同社に損失を発生させるタックスシェルター・

《図表》Boca Investerings Partnership事案のイメージ図

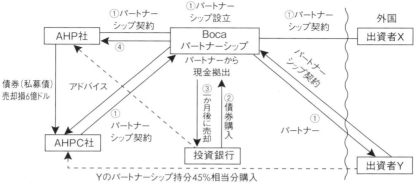

〔取引の概要〕

① パートナーシップ設立
② 購入
　変動利付私募債（PPN）　　11億ドル
　短期債　　　　　　　　　　 4億ドル
③ 1か月後
　PPNを現金8億8,000万ドルで売却。残りは3か月物LIBOR債で受領。
　（これによりLIBOR債の税務簿価はPPNの7分の6となる。）
④ 2か月後
　BIPはLIBOR債を各パートナーに分配。
　（これにより，AHP社はLIBOR債の税務簿価を大幅引上げ可能…内国歳入法第732条（a）による。）
⑤ AHP社，LIBOR債売却により6億ドル超のキャピタルロス発生。
⑥ AHP社，BIPの受取利息（⇒大部分，AHP社へ配分）。700万ドル弱からの配分損失と相殺。

〔争　点〕

本件取引に節税以外の事業目的があったのか

〔裁判所（第2巡回控訴裁判所）の判断〕…納税者敗訴

節税以外の事業目的なし（損取り否認）。

ストラクチャーが販売された。投資銀行の計画は，その手段としてパートナーシップBIPを設立するという手法であった。BIPのパートナーは，AHP社，AHP社の子会社（以下「AHPC社」という。）及び2社の外国法人であった。BIPは，パートナーから拠出された現金で変動利付私募債（PPN）11億ドルと短期債4億ドルを購入した。1か月後に，BIPは，変動利付私募債を現金8億8,000万ドルで（変動利付債を3か月物LIBORを想定元本額に乗じた額（LIBOR

債）をベースにした四半期払いで）金融機関に売却した。BIPは，この売却を米国の税務規則上の割賦販売として取り扱い，BIPの変動利付私募債の税務簿価は6年間（支払受領の最長期限）にわたって比例按分されることになっていた。すなわち，LIBOR債におけるBIPの税務簿価は変動利付私募債の税務簿価の7分の6であった。

2か月後，AHPC社は外国法人パートナーの1社からパートナーシップ持分の約45％を買い取った。その後，BIPはLIBOR債をAHP社（パートナー）に分配した。AHP社（パートナー）は，LIBOR債の税務簿価を，BIPに認められている高額の税務簿価相当に引き上げた（米国内国歳入法第732条(a)で規定。）。次に，AHP社は高額の税務簿価を有するLIBOR債を売却して，6億ドルを超えるキャピタルロスを発生させた。この取引により，1,300万ドル（このうち700万ドルは取引構築の手数料として投資銀行が受領した。）の取引コストが発生し，AHP社が最終的にこれを負担した。BIPが，変動利付私募債11億ドルの投資から受領した利息は700万ドルを下回っていた。

具体的には前頁の図のようなイメージである。

■主な争点と当事者の主張

1　争　点

本件事案の主な争点は，本件のようなパートナーシップ・ストラクチャーを利用する場合，節税以外の事業目的の存在が必要とされるか否かという点である。

2　当事者の主張

(1)　納税者の主張

納税者は，このスキームは客観的にみて利益を生み出すことが見込まれている（reasonably profitable）ことから，節税以外の事業目的があることは明らかであると主張する。

(2)　課税庁の主張

それに対し，課税庁は，納税者が投資銀行のアドバイスに基づいてパートナーシップBIPを設立したのは，専ら租税回避が目的であることが明らかであり，

かかるパートナーシップ・ストラクチャーの利用には節税以外何の事業目的もないと主張する。

■裁判所の判断

1 米国連邦地方裁判所の判断……納税者勝訴

米国連邦地方裁判所では、本件取引が客観的にみて利益を生み出すことが合理的に予測され、経済的実質があると判示された。そこで、IRSは第一審の判決の取消しを求め、コロンビア特別区第2巡回控訴裁判所に控訴した。

2 第2巡回控訴裁判所の判断……納税者敗訴

第2巡回控訴裁判所（2nd Cir.）は、第一審はASA Investerings Partnership事案（事案㊾）における巡回控訴裁判所の従前の判決を誤用しているとの判断を示し、同判決を取り消している。

ちなみに、ASA Investerings Partnership事案及び巡回控訴裁判所で後に審理されたSaba Partnership事案（88 AFTR 2d 2001-7318, 273 F.3d 1135, 2002-1 USTC ¶50145）は、同じ投資銀行が設計したストラクチャーに関するものであり、本件事案で問題になったものとほぼ同一のストラクチャーであった。巡回控訴裁判所は、ASA Investerings Partnership事案でも、Saba Partnership事案と同様に、納税者が仕組み取引のためパートナーシップを利用する場合には、節税以外の事業目的を有していなければならないと判示した。

第2巡回控訴裁判所は、本事案の場合、AHP社が本件投資に当たりBIPを設立する必要があったことを示すものは何もないと判断した。また、パートナーシップに節税以外の目的があったことを示すものもなかったとしている。その結果、同裁判所は、パートナーシップ設立の「唯一の合理的な理由」は、条件付割賦販売に係る比例按分税務簿価に関する米国の税務会計規則を利用することにあったと判断した。そして、BIPは節税以外の事業目的を果たしていないので、LIBOR債の売却によって生じた損失を計上することはできないと判示した。

また、第2巡回控訴裁判所は、ASA Investerings Partnership事案及びSaba Partnership事案判決で、パートナーシップのような組織形態が税務目的上認

容されるために事業目的を正当化する必要はないと判示しているのは，課税当局による広範な否認解釈がなされることがないよう配慮したものであるとした上で，本件では，納税者が税務上の優遇措置を得る目的のみで「周到なパートナーシップ」を利用しており，「節税以外の事業上の理由がない」ので，当該組織を利用した損益通算は税務目的上認容されるものではないとの見解を明らかにしている。

■解　説

近年，わが国でも，国際的投資等を中心に匿名組合や任意組合が節税や租税回避の手段として多用されるようになってきている。この分野で先端を行く米国は，1950年代ごろからパートナーシップが節税や租税回避の手段として多用されてきた。

このような事態に対処するため，米国では，パートナーシップを利用する場合には，「節税」以外に「合理的な事業目的の存在」が必要であるとの考え方が判例上徐々に確立されてきている。

本件判決も，判例におけるこのような流れに沿って出されたものである。

第6章 パートナーシップ等を利用した租税回避とタックスシェルター

�51 法人とパートナーシップ等との区分基準（内国歳入法第7701条導入の契機）(1)
—Morrissey v. Commissioner, 296 U.S. 344(1935)—

■概　説

　米国では，(1917年以降) 内国歳入法で，連邦税法上の「法人 (corporation)」には「社団法人 (association)」が含まれると定義している[1]。したがって，事業体又は組織は，「社団法人」としての資格を備えていれば税務上も法人として課税される。しかし，内国歳入法では，「社団法人」とはどういうものをいうかについて法的定義が示されていない。その結果，「社団法人」を定義する役割は，基本的に裁判所，財務省及び内国歳入庁（以下「IRS」という。）に委ねられている。

　「法人」に関するこの規定の施行当初，財務省とIRSは，法人税の課税基盤を拡大・保護するため，「社団法人」の定義を積極的に解し拡大解釈していた。しかしながら，所得税の課税目的上，ある組織が社団法人であるかどうかを判断する際に適用される厳密な基準については，ほとんど説明がなされていなかった。

　最高裁判所が，税務目的上の「社団法人」の定義を試みたのは，ここで紹介する1935年のMorrissey事案においてである。

■事案の概要

　1921年，Morrissey氏は，個人グループで，カリフォルニア州法に基づく信託の形態により新しい組織を設立した。グループでは，この組織を「Western Avenue Golf Club」と称していた。同組織の目的は，ゴルフコース・プロジェクトを開発し，隣接する土地を区画整理したうえで関係者に販売することにあ

---

(1) 内国歳入法第7701条(a)(3)。内国歳入法の規定は法人の定義に「社団法人」のほかに株式会社と生命保険会社も含めている。

った。信託財産は，広大な一区画の土地で構成されていた。信託契約に基づき，受託者は不動産を取得し，そこにゴルフコースを建設・運営し，賃料と利益を受領し，貸付と投資を行い，信託を管理する規則を策定し，その他信託財産を自身の財産同様に取り扱う権利を有していた。信託受益権は，優先株式と普通株式に分割された譲渡可能株券によって表象されていた。受託者は900を超える投資家から資金を集めた。そして，同信託の受託者は，この資金を，信託保管されている土地の一部の開発・売却及び残りの土地のゴルフコース開発資金に充てていた。

■主な争点と当事者の主張

1　争　点

本件事案の主な争点は，Morrissey氏の設定した信託の受託者が，委託者とは別個の組織体として扱われるべきか否かという点である。

2　当事者の主張

(1)　納税者の主張

納税者及びその信託の受託者は，当該信託は，税務目的上の「社団法人」ではないので，信託の利益や配当については，信託の個々の受益者が直接課税対象として取り扱われるべきであると主張した。

(2)　課税庁の主張

それに対し，課税庁であるIRSは，当該組織（信託）は，その構成員とは別個に課税される社団法人扱いとすべきであると主張した。

■裁判所（最高裁判所）の判断……納税者敗訴

最高裁判所は，当該信託は，法人に類する特徴を十分に備えており，法人課税の対象となる事業体に区分されることは明白であると判断した。その上で，同裁判所は（疑問を解消するため），事業体区分に不可欠な特徴及び法人課税の対象となる事業体を他の事業体と区別すると考えられる特徴について詳細に説明した。

最高裁判所の見解は，「社団法人」という文言は，「社員」が存在すること及

び「事業取引」のために「共同事業に従事する」ことを示唆しているというものであった。同裁判所は，通常の信託においては，様々な当事者の「社員としての加入」あるいは「事業や財務業務の積極的な遂行」が行われないため，これら2つの特徴が社団法人と通常の信託とを区別するものであると判示した。

しかしながら，最高裁判所は，社員や事業遂行目的を有しているものの，法人として取り扱われるものだけでなく，法人課税の対象となるに十分なほど法人との類似性を備えていない社団法人もあり得ることは認めていた。そこで，法人課税の対象となる社団法人に区分される要因となり得る他の特徴に着目した。その上で，同裁判所は，共同事業目的に加え，以下の5つの要素があれば法人との類似性が示唆されるとした。

① 事業体自体又は組織の代理人が財産に対する権限を有していること
……事業遂行権と利益分割権の保持
② 実質的所有者が死亡した場合も，制限なく継続できる可能性があること
……継続性
③ 運営が代表者に一元化される可能性があること……経営の一元化
④ 事業体の継続に影響を及ぼすことなく，事業体の受益権譲渡を行える能力があること……持分譲渡の自由
⑤ 事業体の債務返済責任を組織の財産に限定し，組織の実質的所有者の個々の財産に遡及権が及ばないようにする能力があること……有限責任性

上記のすべての特徴を考慮した上で，最高裁判所は，それらが法人に「類似」していれば，その事業体は法人課税の対象となるとの判断を下した。同裁判所は，これらの要素を適用するに当たり，事業体は単に法人に「類似」していればいいのであって，法人と「同一」である必要はないことを明確にした（いわゆる「類似性テスト」）。

Morrissey事案におけるIRSの勝訴を受けて，財務省は，事業体概念の広義の解釈が定められた事業体に係る税務上の区分規則を導入した。この新規則により，あらゆる種類の組織が法人課税の対象となる事業体の定義に該当するようになった。

■解　説

本件事案は，多様な事業体に対する税務上の取扱いが問題となった最初の事

案である。

　判決では，法人税課税の対象となる事業体は，必ずしも法人でなくても，法人との類似性があれば良いとしている。その上で，類似性の判断基準についても明示している。

　本件では信託が問題とされたが，より大きな問題は，パートナーシップの取扱いをめぐってである。それについては，次のKintner事案で紹介する。

第6章　パートナーシップ等を利用した租税回避とタックスシェルター

㊷　法人とパートナーシップ等との区分基準
（内国歳入法第7701条導入の契機）(2)
—United States v. Kintner, 216 F.2d 418 (9th Cir. 1954)—

■概　説

　米国財務省は，Morrissey事案で示された最高裁判決を指針として，「社団法人」の広義の解釈が含まれた新たな事業体区分規則を導入した。この規則を踏まえ，内国歳入庁（IRS）はパートナーシップを利用した納税者に対する攻撃に利用し，成功を収めた[1]。

　しかしながら，興味深いことに，専門サービスの提供を行う納税者（医師，弁護士，会計士等）は，1950年代に，当時法人の従業員のみが加入することができた税金の繰延べが適用される退職金制度の便益を受けるため，自らの事業体を意図的に法人税が適用される組織形態にするようになった。その結果，IRSはいくつかの専門サービス提供パートナーシップの法人課税扱いについて争うこととなった。そのうちの1つが，医師が自ら組成したパートナーシップについて，これを法人として課税される団体扱いとしていたKintner事案である。

■事案の概要

　本件の場合，法人税の納税者に該当するか否か問題とされたのは，医療に従事する他の医師とともに，モンタナ州の法律上，「ジェネラル・パートナーシップ」となる組織を設立して診療所で医療を行っていた医師（Kintner氏）であった。このパートナーシップの設立文書には，当該組織は税務目的上法人として取り扱われることが意図されている旨が掲げられていた。また，この文書には，当該組織の会員は，第三者に対する医療過誤の責任を負うこと，及び一

---

(1) 財務省規則§118, §39.3797-2（1953）。

部の会員のみ組織の運営権を有することも記載されていた。

当該組織の設立当時，税制適格年金・利益配当制度に加入することができたのは法人の従業員のみであり，パートナーシップのパートナーには加入が認められていなかった。このような税制適格制度の下で雇用者が企業年金制度に基づき従業員のために拠出した額は，従業員の課税所得とならなかった。

Kintner医師及び他の設立メンバーの医師は，当該団体の従業員として個人的便益を受けられる税制適格年金制度を設立するために，当該組織に法人課税の対象となる団体の資格を備えさせることを試みた。

■主な争点と当事者の主張

1　争　点

本件事案の主な争点は，この種のパートナーシップが米国連邦税法上法人として扱われるべきか，それともパススルー・エンティティとして扱われるべきかという点である。

2　当事者の主張

(1)　納税者の主張

納税者は，本件係争に係る事業体は，税務目的上法人として扱われることを前提として組織されたものであり，その旨は契約文書でも明らかにされている。

しかも，加入者は，法人の従業員のみに認められる税制適格年金の適用を受けられることが目的で当該組織体に加入していること等からしても，当該組織体は法人として扱われるべきであると主張する。

(2)　課税庁の主張

それに対し，IRSは，当該組織体は，税務目的上法人課税の対象となる社団法人ではなくパートナーシップであるため，当該組織がKintner医師のために行った年金制度への拠出は，組織にとっても構成員たる医師にとっても税金繰延べの対象にならないと主張した。

■裁判所（第9巡回控訴裁判所）の判断……納税者勝訴

第9巡回控訴裁判所は，次の6点に関する検討を行ったうえで，当該組織体

の州法上の法的形態は，ジェネラル・パートナーシップであるものの[2]，事業体区分規則を適用し，当該組織体は，税務上法人課税の対象となる社団法人の資格を有するに十分な特徴を備えており，その「従業員」のために税制適格年金制度を導入することができると判示した。同裁判所は，当該組織は「存在の継続性」，「運営の一元性」及び「有限責任性」を備えているため，パートナーシップというよりもむしろ法人に近いものとなっているとの見解を示した。

① 組織体の存在（the presence of associates）
② ビジネス遂行目的（an objective to carry on business）
③ 継続性（continuity of life）
④ マネジメントの集中性（centralization of management）
⑤ 債務負債の限定性（limited liability）
⑥ 持分譲渡の自由性（free transferability of interest）

■解　説

Morrissey事案（事案(51)）とここで紹介したKintner事案は，米国連邦税法上における事業体区分に関する代表的な事案である。この判決で示された区分基準は，1988年にKintner Regulationとして規則化され，組織体の区分法として重要な役割を果たしていた。

しかし，1996年に財務省が事業体区分に関する規則を大幅改正（1997年より施行）し，いわゆる「チェック・ザ・ボックス・ルール」を追加したため，Kintner判決及びそれを受けて規定された規則の価値は，現在ではほぼ失われている。

ちなみに，新しいルール（チェック・ザ・ボックス・ルール）では，基本的に，法人以外の内国事業体の大部分，並びに法人及び法人以外の外国事業体の多くの形態が法人税の課税対象となるか否かを単に選択することができるようになっている。

しかし，いずれにせよ，これらの事案は，米国の税法が，「パートナーシップ」と「法人」を定義するルールをどのように策定したかを示している点で興味深い。

---

(2)　モンタナ州の法人税法上，医療は法人の適法な設立目的に含まれていなかった。

なお、「チェック・ザ・ボックス・ルール」上、有限責任のjoint stock companyである「株式会社」は法人扱いとなる。しかしながら、わが国の合同会社及び旧有限会社については、米国の税務上は当然法人として取り扱われることはなく、パートナーシップ又は（それ自体は納税義務のない）パススルー・エンティティ（又はペイスルー・エンティティ）の取扱いを選択することができることとして取り扱われている。米国の金融機関、基金、投資銀行グループが、日本の資産を保有する組織として米国系企業が合同会社や旧有限会社を利用するケースが多い最大の要因は、合同会社や旧有限会社をパススルー・エンティティとして扱うことができるという米国税制の柔軟性にあるのである。

> **参考** チェック・ザ・ボックス・ルールにおける事業体の区分（IRSマニュアル）
>
> 前提：ある事業体が連邦税法上、持主と離れた存在であるか否かは、地方の法律（local law）でどのように区分されているかではなく、連邦税法の規定するところにより決定されている（同マニュアル4.61.5.3.1（05-01-2006））。
> そして、ここでいう事業体には、連邦税法上特別な規定がある場合を除き、トラストは含まれない。
>
> 1．法人として区分されるエンティティ（Reg.§301.7701-2(b)）には、外国の事業体も含まれる（Reg.§301.7701-2(b)(8)）。
> 2．1によって法人に区分されなかったもののうち適格エンティティ（eligible entity）は、連邦税法上、次の選択が認められる（Reg.§301.7701-3）。
> ・メンバーが2人以上…パートナーシップ又は法人
> ・メンバーが1人………社団（association）又はオーナーと不分離のエンティティ（disregarded entity）
> ⇩
> これについては、単独事業者（sole proprietorship）、支店又はオーナーの一部（division）として扱われる。
> 3．選択の届出をしなかった場合には、メンバーが2人以上であればパートナーシップで、単独であれば別のエンティティとして扱われる。

第6章　パートナーシップ等を利用した租税回避とタックスシェルター

�　相続時における家族信託への出資金に係る財産の評価—原資産評価額でなく出資持分の評価によるべしとされた事例

—Estate of Strangi v. Commissioner, 293 F.3d 279 (5th Cir. 2002)—

■概　説

　パートナーシップへの出資について，米国では，原則として簿価による出資とみなし，出資時には課税されず，課税の繰延べが認められている（IRC第722条）。それでは，その出資者が中途で死亡した場合，その出資持分の評価はどのようになるのであろうか。本件事案ではそれが問題となった。

■事案の概要

　Albert Strangi氏は，1994年8月に，家族信託（リミテッド・パートナーシップであるStrangi Family Limited Partnership：以下「SFLP」という。）と法人であるStranco. Inc.（以下「Stranco社」という。）を設立した。同氏は，Stranco社の持分の47％を取得し，同氏の子が残りの53％を取得した。次に，同氏は，ジェネラル・パートナーシップ持分1％と引き換えに，SFLPに10万333ドルを譲渡した。その上で，同氏は，リミテッド・パートナーシップ持分99％と引き換えに，SFLPに987万6,929ドル相当の現金，証券その他の資産を譲渡（拠出）した。

　Strangi氏は1994年10月に死亡した。同氏の遺産税申告では，SFLPにおける同氏の持分の価額を656万730ドルと申告していた。遺産管理人は，持分に市場性がないこと及び同氏がSFLPの支配権を有していないことを考慮して，33％の少数株主割引率を適用していた。同時期に，SFLPが所有する資産の価額が1,110万922ドルに上昇した。そこでIRSは，遺産管理人に更正通知を発出した。IRSは，当該パートナーシップを無視して，資産の価額を同氏の遺産に含めるか，あるいは，同氏が受領したパートナーシップ持分の価額を上回る分は，同氏からパートナーシップへの譲渡か他のStranco社株主に対する贈与であった

《図表》Strangi事案のイメージ図

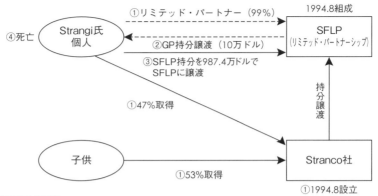

〔事案の概要〕
① Strangi氏…リミテッド・パートナーシップ（SFLP）と法人（Stranco社）を設立し，法人持分の47％を取得。
② Stranco社…ジェネラル・パートナーシップ持分（1％）をSFLPに譲渡（対価10万ドル）。
③ Strangi氏個人…リミテッド・パートナーシップ持分（99％）と交換に現金等をSFLPに譲渡（拠出）（対価987.6万ドル）。
④ Strangi氏死亡（1994.10）…遺産税申告でSFLPの持分を656万ドルと申告。
⑤ IRS…SFLPの資産がStrangi氏死亡時に1,110万ドルに上昇していたことから，次のいずれかと主張して更正。
　イ　パートナーシップを無視して財産評価。
　ロ　（1,110万ドル－987.6万ドル）相当分はStranco社に対する贈与。

〔争　点〕
遺産税申告におけるリミテッド・パートナーシップ（SFLP）への出資額の評価は出資持分（987.6万ドル×67/100＝636.7万ドル）か，それともSFLPが所有する原資産（1,110万ドル）か。

〔裁判所（第5巡回控訴裁判所）の判断〕…納税者勝訴
遺産税申告におけるリミテッド・パートナーシップの評価は，当該リミテッド・パートナーシップの有する原資産の価額（1,110万ドル）ではなく，出資持分相当額（656万ドル）とすることが妥当。

かのいずれかであると主張した。

租税裁判所で納税者の主張が認められなかったため，納税者が控訴した。

■主な争点と当事者の主張

1　争　点

本件事案の主な争点は，遺産税申告に当たり，パートナーシップを通じた投

資の評価において，パートナーシップの存在を無視することができるか否かという点である。

2 当事者の主張

(1) 納税者の主張

被相続人は，リミテッド・パートナーシップの少数株主持分を有しているにすぎず，かつ，当該リミテッド・パートナーシップ持分には市場性もないので，出資持分に少数株主割引率を適用して遺産額を656万ドルとした遺産税申告は相当であり，申告是認されるべきであると主張する。

(2) 課税庁の主張

課税庁は，被相続人がリミテッド・パートナーシップと取引をしたことから，死亡時にリミテッド・パートナーシップの資産価値が1,110万ドルに上昇しているので，遺産税の評価に当たっては，当該パートナーシップの存在を無視して1,110万ドルとするか，少なくとも時価（1,110万ドル）と当該パートナーシップ持分（987万ドル）との差額相当分は被相続人からStranco社への贈与とみるべきであると主張する。

■裁判所（第5巡回控訴裁判所）の判断……納税者勝訴（原処分取消し）

本件事案の審理を担当した第5巡回控訴裁判所は，SFLP（リミテッド・パートナーシップ）は，事業目的遂行のために設立されており，経済的実質があるので，無視するべきではないと判示して租税裁判所の判決を取り消している。ちなみに，控訴審判決では，「パートナーシップが組成されたことにより，Strangi氏とその相続人の法的関係を変化しており，当該パートナーシップの資産の購入を検討する者は，当該パートナーシップの存在を無視しなかったはずである。したがって，遺産管理人が，原資産の価額ではなくStrangi氏のリミテッド・パートナーシップ持分の価額をStrangi氏の遺産税申告に含めたことは正しかった。」と判断したのである。

また，第5巡回控訴裁判所は，「（Strangi氏が，パートナーシップ持分の保有を通じて資産の支配権を保持していたことから，）Strangi氏からパートナーシップへの持分の譲渡は，課税対象となる贈与ではなかった。」と判示している。「贈与は，贈与者がその資産の支配権を放棄する場合にのみ成立するが，

Strangi氏は放棄していなかった。」と認定したのである。

■解　説

　航空機リースやフィルム・リースなど，組合形式による投資は，わが国においても広く行われるようになってきている。

　これらの扱いにつき，所得税及び法人税の分野では，平成17年度の税制改正で，組合で生じた損失の取込みを認めないこととするなど，所要の手当がなされた。しかし，相続税，贈与税の分野における手当はまだなされていない。そのため，組合投資により形式上損失が生じた形となっている出資持分の評価をめぐって相続税又は贈与税の分野で争いとなる可能性が高い。

　本件判決では，たとえ出資直後に出資者が亡くなったりパートナーシップが解散したとしても，その出資持分等の評価は，あくまで「出資持分」ですべきであり，出資対象たる「原資産」ですべきではない，としている点で参考となる。

　その意味で，本件判決は，（含み益という反対方向のものではあるが）形式的には含み損となっているものの，将来的に回収が確実と見込まれるわが国の組合出資持分の評価のあり方につき参考にすべき点が多い。

■わが国の参考判例，裁決例等

　ちなみに，平成26年9月に大阪国税局から更正通知を受けた塩野義製薬のケースでは，英国との間で締結されたパートナーシップ契約に基づく出資持分相当分の現物出資が問題となったが，国税サイドは本件と同様の考え方に立ち，同社が有していたのは出資持分であり，その所在は日本なので，税制適格現物出資には該当しないとしている。

　それに対し，納税者は本件現物出資の対象となる財産は，原財産の所在地（英国）なので税制適格現物出資になるとして争っている。

　ちなみに，同事案の概要は次のようになっている。

　なお，匿名組合への出資そのものではないが，非公開会社が匿名組合出資を行っている場合における株式評価に関する次のような裁決例がある。

　　○　国税不服審判所平成20年6月26日裁決・裁決事例集75号594頁

　　　「匿名組合契約への出資を有する会社の株式に係る贈与税の評価は，贈

与時ではなく，契約終了時の清算金相当額による評価額である。」

　塩野義製薬はViiV Healthcare（GSKとPfizerのJV）との50/50JVのShionogi-ViiV HealthcareでHIVインテグレース阻害薬ドルテグラビルの開発を行ってきたが，2012年10月29日に，HIV治療薬JVの枠組み変更を発表した。
　Shionogi-ViiV Healthcareの50%持分をViiV Healthcareに譲渡し，見返りにViiV Healthcareの10%の権利を取得する。

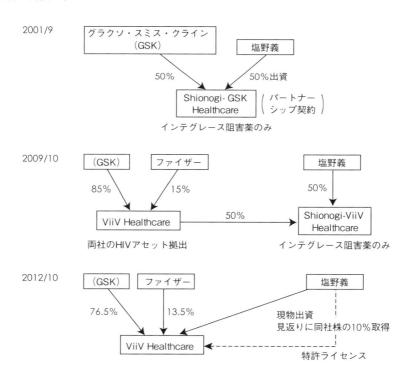

2012/11/2　塩野義製薬，HIV治療薬JVの枠組み変更

資料出所：KNAC一部修正のうえ抜すい

〔争　点〕

　現物出資財産の所在地はどこか。
　・国外…税制適格
　・国内…税制不適格

第6章　パートナーシップ等を利用した租税回避とタックスシェルター

�54　パートナーシップ契約と禁反言（いったん成立したパートナーシップ契約について，後日これをなかったものとすることは許されない）

―M. C. Hollen v. Commissioner, 2002 U.S.App.Lexis 686（8th Cir. 2002）, aff'd, T.C.Memo. 2000-99―

■概　説

納税者が，いったん選択した法形式を，後日誤っていたとしてその無効を主張したり，「実質はこうだった。」として，その法形式をなかったものとすることが許されるか否かは，税務上もしばしば問題となる。いわゆる「禁反言の法理（estoppel）」[1]の問題である。本件でも，納税者が禁反言の原則に反する主張が許されるかどうかが争われた。

■事案の概要

M. C. Hollen事案では，いったん成立していたパートナーシップ契約について，当事者が後日これを無効と主張することが許されるか否かが争われた。

アイオワ州ウォータールー（Waterloo）に住むMichael Hollen夫妻は，1982年，他の2組の夫婦とともに，Blue Bird Ranch（以下「牧場」という。）を購入した。これらの夫婦は，牧場の運営と管理を行うためのパートナーシップを設定し，牧場に対する持分を当該パートナーシップに移転（transfer）することに

---

(1)　この法理は，英米法系で用いられる概念であり，ドイツ系では「信義則（Treu und Glauben）」と称されているものである。
　　ちなみに，租税法における信義則について，金子宏『租税法〔第19版〕』では次のような説明がなされている（同書130頁）。
　　「信義則は，私法と公法を通ずる法の一般原理（条理）であって租税法律関係にも適用される，と解すべきである。たとえば，租税行政庁が，ある不動産が固定資産税の非課税財産に該当する旨を正式に納税者に表示し，納税者がそれを信じて一定の行為・不行為をなしたような場合は，利益状況のいかんによってはのちにその表示が誤であったことを理由として，さかのぼってそれに対して課税を行うことは許されないと解すべきである。」

《図表》M. C. Hollen事案のイメージ図

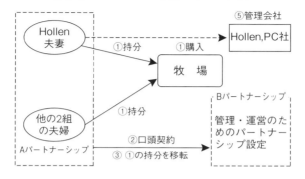

〔事案の概要〕

① 1982年にHollen夫妻，他の2組とともに牧場を購入，持分取得。
② 牧場の管理・運営のためパートナーシップ設立。
③ ①の持分を②の出資持分に振替。
④ パートナーシップの税務申告で牧場の減価償却費を計上。
⑤ 1988年に牧場を売却，パートナーシップ解散。翌年にHollen夫妻，牧場をパートナーシップに譲渡した事実はないと税務申告…パートナーシップ申告に関する更正時効完成（Hollen, PC社を通じて事業運営をしており，同社に譲渡と主張）。
⑥ IRS，パートナーシップが存在していたとしてHollen氏の申告を更正。

〔争　点〕

納税者が自己の有する牧場をパートナーシップに譲渡し，同パートナーシップの税務申告上それを減価償却資産として減価償却費を計上していたものについて，後日そのようなパートナーシップは存在しなかったと主張することが許されるか。

〔裁判所の判断〕…納税者敗訴

許されない（たとえ口頭でなされたパートナーシップ契約であったとしても，後日それがなかったとすることは許されない。）。
「一貫性法理」に基づき納税者の主張を排斥（課税庁勝訴），控訴審でも同判決維持。

ついて口頭で合意した。しかしながら，持分を譲渡する書面の契約は一切交わさなかった。カリフォルニア州の法律上，書面を伴わない契約は拘束力を持たなかった。それにもかかわらず，関与した当事者は，移転が行われた場合と同様に行動した。この行動に基づき，パートナーシップは，税務申告の際に，牧

場資産に係る費用と減価償却を正式に申し立てた。1988年に、牧場が売却され、パートナーシップは解散された。

翌年、Hollen夫妻は、牧場がパートナーシップに譲渡されたことは一度もなかったとして、個人分の税務申告を行った。Hollen氏は、専門会社であるMichael C. Hollen D.D.S., Professional Corporation（以下「Hollen, PC社」という。）を通じて事業運営を行っていた。1989年に、同氏はHollen, PC社について修正申告を行い、同氏が牧場に対して有する個人持分をHollen, PC社に譲渡する意図を有していた旨を申し立てた。Hollen, PC社に対する牧場の譲渡は、公正市場価額で行われたという論理に基づき、Hollen, PC社の税務申告には、牧場の売却に係る収益が計上されていなかった。Hollen夫妻は、個人の税務申告の際にも、牧場の売却に係る収益を計上していなかった。Hollen夫妻は、資産の売却価格は帳簿価額相当であると主張したが、帳簿価額については、パートナーシップが申し立てた減価償却の損金算入分の引下げが行われていなかった。

裁判の際、Hollen夫妻は、パートナーシップに対する牧場の譲渡はカリフォルニア州の法律上無効であるため、牧場を夫妻が個々に所有していた場合と同様の取扱いを受けるべきであると主張した。

■主な争点と当事者の主張

1　争　点

本件事案の主な争点は、納税者が有していた牧場の持分をパートナーシップに口頭で移転し、パートナーシップの税務申告書上も減価償却費の計上をしていたにもかかわらず、後日（パートナーシップに係る更正の期間制限経過後）、その牧場を売却した場合において、納税者がパートナーシップは存在していなかったと主張することが許されるか否かという点であった。

2　当事者の主張

(1)　納税者の主張

納税者（Hollen夫妻）は、1988年に牧場を売却後パートナーシップを解散し、パートナーシップの税務申告についても更正時効が完成していたことから、パ

ートナーシップで税務申告を行っていた当時，当該パートナーシップで牧場の減価償却費を計上していたものの，パートナーシップの存在を無視して，当該牧場は個人から管理会社への直接譲渡であったと主張する。

(2) 課税庁の主張

課税庁は，パートナーシップの税務申告上牧場を所有していたとしてそこで減価償却費を計上しておきながら，後日，パートナーシップ申告に対する更正時効完成後にパートナーシップへの売却及びパートナーシップ自体の存在をなかったとする納税者の主張は「首尾一貫性の法理」に反し，許されないと主張する。

■裁判所の判断……納税者敗訴

租税裁判所は，Hollen夫妻は「自らが選択した法形式の義務の首尾一貫性の法理（doctrine of the duty consistency）」によって拘束されると判示し，IRSに有利な判決を下した。納税者は，ある年度に一定の見解をとり，当該年度に係る時効が成立した際に後の年度にこれに反する見解をとることはできない。控訴裁判所は，租税裁判所の判決を支持し，Hollen夫妻は自らが選択した先のパートナーシップ区分に拘束されると判示した。

なお，衡平法に基づく禁反言の法理（Equitable Estoppel）について，これより後の2007年6月5日に出されたIRSメモ（No. 200738010）では，表示を依頼した他者の行動から利益を受けてはならないという原則であるとしている[(2)]。

■解　説

本件では，Hollen夫妻が，牧場の資産についてパートナーシップの税務申告

---

(2) ちなみに，そこでは次のように記されている。
「Equitable estoppel prevents any party from profiting from an action that induced reliance in another party. The elements of estoppel are as follows: (1) there must be false representation or wrongful misleading silence; (2) the error must originate in a statement of fact, not in an opinion or a statement of law; (3) the one claiming the benefits of estoppel must not know the true facts; and (4) that same person must be adversely affected by the acts or statements of the one against whom an estoppel is claimed.」

上減価償却費を計上しておきながら，その牧場を売却し，パートナーシップ契約を解消し，パートナーシップの税務申告に係る更正時効が完成した後になってパートナーシップの存在自体がなかったと主張した。それに対し，租税裁判所は，一方でパートナーシップの存在を前提とした申告をしながら，他方でその存在を否定し，自分が個人で牧場の資産を管理会社であるHollen, PC社に譲渡したとする主張は「首尾一貫性の法理」により許されないとされた。

この種の法理は，直接的ではないとしても，わが国においても納税者，税務当局の双方によって自己の主張の正しさを証明する手法としてしばしば主張される。例えば，信義則の原則，禁反言の法理による主張などもその延長線上にある考え方である。その意味で，本件判決は，わが国にとっても参考になる点が多い[3]。

---

(3) 本件は，「第1章 租税法の基本概念」にも密接に関連しているが，パートナーシップの利用が租税回避と直結しているためここで紹介することとしたものである。

第6章 パートナーシップ等を利用した租税回避とタックスシェルター

�55 パートナーシップの一方のパートナーによるパートナーシップ債務の代位弁済が他方のパートナーへの利益供与に当たるとされた事例
―MAS One Ltd. Partnership v. United States, 271 F.Supp.(2nd Cir. 1061 (S.D.Ohio 2003))―

■概　説

パートナーシップの構成員のうちの1人がパートナーシップ債務を代位弁済した場合，他のパートナーは，結果的に当該債務の弁済義務を免除されることとなる。したがって，このような場合には，債務を弁済したパートナーから他のパートナーに利益が供与されたか否かが問題となる。

■事案の概要

本件（MAS One Ltd. Partnership事案）では，リミテッド・パートナーシップ債務の代位弁済に伴う他の拠出者への利益供与の有無が争われた。

オハイオ州のリミテッド・パートナーシップであるMAS One Limited Partnership（以下「MAS One」という。）は，一のジェネラル・パートナーのMAS One Generals（以下「Generals」という。）と一のリミテッド・パートナーのMidland Mutual Life Insurance Company（以下「Midland」という。）で構成されていた。MAS Oneは，当初フロリダ州にオフィスビル1棟を所有し，運営していた。MAS Oneは，その後2番目のオフィスビルの建設を開始し，Huntington National Bank（以下「Huntington銀行」という。）からの借入で資金を確保した。Huntington銀行は，Midlandに対し当該借入に関する一定の保証契約を締結するよう要求した。

1994年に，MidlandはMAS Oneに対する持分を放棄することにした。しかしながら，Huntington銀行は保証契約を終了させることを拒否した。これに対し，Midlandは新たなビルの売却を手配した。

1994年12月28日，Midlandは，MAS Oneに対し，リミテッド・パートナー

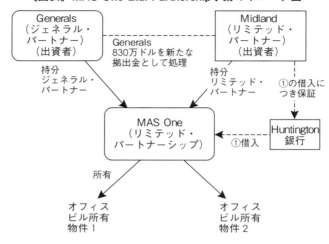

《図表》MAS One Ltd. Partnership事案のイメージ図

〔事案の概要〕
① リミテッド・パートナーの銀行借入に対しMAS One保険会社保証。
② MAS One保険会社，リミテッド・パートナーシップの持分を放棄して保証契約終了を希望。しかし，Huntington銀行は保証契約終了を認めず。
③ MAS One保険会社，持分放棄を正式通知。建物（物件）を410万ドルで売却。代金はそのままHuntington銀行へ，さらにMAS One保険会社はHuntington銀行に830万ドル返済。
④ リミテッド・パートナーシップ，MAS One保険会社のHuntington銀行への返済分を非課税の資金拠出として処理。
⑤ IRS，当該返済分をジェネラル・パートナーシップの所得として再区分。

〔争　点〕
パートナーによるリミテッド・パートナーシップ債務の弁済が他のパートナーへの利益供与になるのか。

〔裁判所（第2巡回控訴裁判所）の判断〕…納税者敗訴
IRSの処分を支持。

シップ持分の放棄に関する正式な通知を行った。翌日，当該建物は410万ドルで外部に売却され，当該金額は直接Huntington銀行に支払われた。Midlandは，Huntington銀行に対し借入金の残額830万ドルを返済した。

MAS Oneは，MidlandからHuntington銀行への830万ドルの返済を非課税の資金拠出として処理した。それに対し，内国歳入庁は，当該返済をジェネラル・パートナーの所得になるとして再区分したうえで，同パートナーに課税した。

■主な争点と当事者の主張

1 争 点

本件事案の主な争点は，パートナー（組合員）によるリミテッド・パートナーシップ債務の弁済が，他のパートナーに対して利益を供与したことになるのか否かという点である。

2 当事者の主張

(1) 納税者の主張

MAS Oneは，内国歳入法第7121条が「パートナーシップ持分と引き換えに当該パートナーシップに資産が拠出された場合，パートナーシップ又はパートナーのいずれについても損益の認識をしてはならない。」と定めており，Midlandはまだパートナーである間に返済を約束したのであるから，当該返済はパートナーシップへの資金拠出として取り扱われるべきであり，課税関係は発生しないと主張する。

(2) 課税庁の主張

それに対し，課税庁（IRS）は，Midlandは一定の保証の差入れは約束していたものの，借入についての個人的な返済責任は一切負っていなかったため，830万ドルの返済を行う約束はしていなかったことになると主張する。さらに重要なのは，資金拠出がパートナーシップ持分を取得するために行われていたという点であるが，Midlandは，パートナーシップ持分を放棄するためにHuntington銀行に返済を行っていたと主張する。

■裁判所（第2巡回控訴裁判所）の判断……納税者敗訴

第2巡回控訴裁判所は，Midlandの返済が資金拠出であったのならば，Midlandの債務返済によってGeneralsの返済義務が免除されたはずであるから，Generalsに対して「みなし分配（deemed distribution）」が行われたことになるとした。

内国歳入法第752条(b)は，「パートナーシップの債務のパートナー負担分が減額された場合，又はパートナーの個人的債務がパートナーシップによるかかる

個人的債務の引受けによって減額された場合には，パートナーシップがパートナーに金銭を分配したものとみなされる。」と定めている。そこで，Midlandによる債務の引受け，及びこれに応じたGeneralsの債務負担分の減額は，Generalsに対するみなし分配となったはずである。

第2巡回控訴裁判所は，波及効果に関する詳細なコメントは差し控え，Huntington銀行に対するMidlandの返済がMAS Oneに対する資金拠出であったならば，その波及効果はMAS Oneが主張しているものよりもさらに大きかったはずであるとするに留めている。

■解　説

わが国では，パートナーシップの構成員のうちの誰かによってパートナーシップ債務の弁済がなされた場合，他のパートナーに対する贈与があったものとされる。

わが国でこの種の事例が多発していたのは，従来は同族会社においてであった。しかし，任意組合をはじめ多様な事業体の利用が高まってきていることから，今後は，わが国においても，本件と同様の事例が多発してくるものと予想される。

その点で，リーディング・ケースともいうべき本件判決は，大いに参考になるのではなかろうか。

第6章　パートナーシップ等を利用した租税回避とタックスシェルター

㊻　パートナーシップへの資産売却とリースバック取引における経費控除が認められなかった事例
——Estate of Franklin v. Commissioner, 544 F.2d 1045, 1049 (9th Cir. 1976)——

■概　説

　米国においては，納税者が資産投資をした際，そこで発生した費用については，実際に投資が行われている限り，必要経費算入が否認されることはない。しかしながら，債務の額が当該資産の公正市場価額を大幅に上回る場合には，当該取引は見せかけ（sham）であるとみなされ，当該債務に係る必要経費算入が全額否認される。
　Franklin事案では，資産の取得に伴って生じた減価償却費と支払利息の必要経費算入の可否が問題となった。

■事案の概要

　本件事案の原告（Franklin氏）は，Romneys社からホテルを購入したパートナーシップのリミテッド・パートナーであった。ホテルの購入価格は122万4,000ドルであった。パートナーシップとRomneys社は次の事項について合意した。
　① パートナーシップは，ノンリコース債券の発行によって，10年間にわたり購入対価を支払うこと
　② パートナーシップは，当該10年間のはじめに利息7万5,000ドルを前払いすること
　③ パートナーシップは，当該10年間の終わりに利息97万5,000ドルを支払うこと
　パートナーシップは，ホテルに対する権利証書を登記代行者（エスクロー）に預託したが，当該権利証書は登録されなかった。次に，パートナーシップは，ホテルをRomneys社にリースバックした。リース料の支払総額は，購入価格

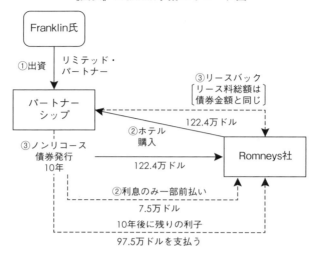

《図表》Franklin事案のイメージ図

〔事案の概要〕
① Franklin氏は，Romneys社からホテルを購入したパートナーシップの出資者であった。
② 同パートナーシップは購入対価122.4万ドルのうち利息相当分の7.5万ドルのみ支払い，残りは満期10年のノンリコース債権を発行した。
③ 同パートナーシップはこの資産を売手であるRomneys社にリースバックした。リース料総額は，ノンリコース債権の全額と同じであった。

〔争　点〕
① Romneys社によるホテル売却及びリースバック取引は真正売買（true sale）か。
② 真正売買とした場合，公正市価を大幅に上回る価格でなされた取引に係る支払利息は買手であるパートナーシップ及びそのリミテッド・パートナーであるFranklin氏にとって必要経費となるか。

〔裁判所の判断〕…納税者敗訴
① 租税裁判所では，真正売買ではないとしたが，第9巡回控訴裁判所は，取引自体（売買取引）については是認。
② ただし，取引時の公正市価が当事者の契約価格を大幅に下回っており，パートナーシップは保護されるべき資産持分を有していないとして，支払利息の必要経費算入を否認（結論部分は両裁判所とも同じ）。

の対価として付与された債券に係る支払額と同額であった。したがって，利息7万5,000ドルの前払い後は現金の受渡しは行われなかった。

■主な争点と当事者の主張

1　争　点

本件事案の主な争点は，①Romneys社によるパートナーシップへのホテル資産の売却及びリースバック取引が，真の資産売却に当たるか否かという点と，②買手であるパートナーシップのパートナーである納税者（Franklin氏）による購入資金のノンリコースによる借入に伴って支払われた利息が，Franklin氏の所得税計算上必要経費として控除が認められるか否かという点である。

2　当事者の主張

(1)　納税者の主張

納税者は，本件売買は真正売買であり，納税者がこの物件を購入する際に行った借入がたとえノンリコース契約になっていたとしても，支払利息については所得計算上控除が認められるべきであると主張する。

(2)　課税庁の主張

それに対し，課税庁は，本件売却はその直後にリースバックがなされていることから，真正売買ではないと主張した。すなわち，納税者がノンリコースによって借り入れた債務に係る利息についても，個人納税者の所得金額の計算上控除されるべきではないというのである。

■裁判所の判断

1　租税裁判所の判断……納税者敗訴

租税裁判所は，①セール・アンド・リースバック取引をオプション取引と性格付けた上で，②申立てに係る支払利息の損金算入を否認した。同裁判所は，パートナーシップによるホテル資産の購入と称する契約は，基本的に，①資産の市場価額が十分に上昇するという思いもよらない事態が発生した場合にパートナーシップが行使する資産購入オプション権，及び②潜在的な債務（すなわち，パートナーシップが当該オプション権を行使した場合に発生する債務）

を取得したと判断したのである。これらの判断をベースに，同裁判所は，本件取引において，パートナーシップに真正な債務は存在しておらず，パートナーシップは，支払利息の損金算入が認められるような資産投資は行っていないと判示した。

2 第9巡回控訴裁判所の判断……納税者敗訴

第9巡回控訴裁判所も，結論的には支払利息について必要経費算入を否認したが，その理由は異なっていた（Our emphasis is different from that of the Tax Court）。すなわち，同裁判所は，同様の事実関係があった類似事案において，セール・アンド・リースバック取引には，真正な債務が生じると判示された先例（Hudspeth v. Commissioner, 509 F.2d 1224（9th Cir. 1975））があるとしたのである。その上で，同裁判所は，Franklin事案の重要な点は，減価償却費として経費控除が認められるためにはその前提となる「資産の購入価格」が公正市場価額と同じであったことを納税者が立証することが求められているところ，本件では納税者がその立証ができていない点にあるとした。ちなみに，判決文の中では，客観的な証拠から，本件係争に係る資産（ホテル資産）の公正市場価額は，60万ドルから70万ドル程度であり，納税者が主張する120万ドルという購入価格を大幅に下回っていたとしている。

第9巡回控訴裁判所は，資産の公正市場価額が，ノンリコース債務が発生した時点での当該債務の額と同等以上である限りにおいて，パートナーシップは，たとえ自らリスクを負っていないとしても，資産を失うよりも，債務を返済する方を選択する経済的動機を有するはずであると判断したのである。すなわち，ノンリコース債務の額が，資産の公正市場価額を大幅に上回る場合，パートナーシップは保護すべき資産持分を有さないことになる。したがって，支払利息と減価償却費については，自己の税負担軽減目的以外に債務を返済する経済的動機を有さないことになると判断したのである。

本件取引において，債務の額（約122万ドル）は，資産の公正市場価額60万ドル～70万ドルをはるかに上回っていた。そのため，Franklin氏は，資産に対する持分投資を行っていなかったことになる。健全な投資家であれば，資産投資に際しては，相応の必要経費算入が認められる。しかし，当初の持分投資（及びそれに続くパートナーシップによるホテル資産取得のための投資）が実際に

行われていないのであれば，当該投資に見合うとされる相応の損金算入も認容され得ない。このような理由から，第9巡回控訴裁判所は同氏の損金算入を否認したのである。

■解　説

　Franklin事案においては，取引が見せかけ（sham）であるとされないためには，納税者は，取得する資産に対して適正時価に見合った持分投資を行わなければならないとされた。たまたま，ローンが真正な債務になるかもしれないということのみでは，当該ローンの利子として支払われた分について必要経費控除の妥当性を裏付けるには不十分である。本件判決で明らかになったのは，納税者が，おおむね資産の公正市場価額と同等の投資を行っていないのであれば，米国の連邦所得税法上，当該取引に関する必要経費算入は否認されるということである。

第6章　パートナーシップ等を利用した租税回避とタックスシェルター

�57　パートナーシップを利用した損失の取込みが認められた事例(1)
　—Larson v. Commissioner, 66 T.C. 159(1976)—

■概　説

　1997年1月1日から，組織選択に関する新たな規則，いわゆる「チェック・ザ・ボックス・ルール（check-the-box rule）」が施行された。一般論としていえば，当該規則は，納税者が，税務目的上自己の組織をどのように区分するかを選択できるようにしたものである[1]。

■事案の概要

　1968年から1973年にかけて，Philip Larson氏は，2つのカリフォルニア州リミテッド・パートナーシップであるMai-Kai Apartments（以下「Mai-Kai」という。）及びSomis Orchards（以下「Somis」という。）のリミテッド・パートナーであった。カリフォルニア州法人であるGrubin, Horth & Lawless, Inc.（以下「GHL社」という。）がMai-KaiとSomis双方の唯一のジェネラル・パートナーであった。

　対象期間中，2つのリミテッド・パートナーシップであるMai-KaiとSomisは毎年損失を計上した。これを受けて，Larson氏は，個人所得申告の際に，当該パートナーシップで生じた損失のうち，自己負担分を他の所得から控除した上で，個人所得税の申告を行った。

　IRSは，Mai-KaiとSomisは，内国歳入法第7701条(a)に基づき法人として課税される社団法人（アソシエーション）であるとして，当該損失を否認した。

---

[1]　チェック・ザ・ボックス・ルールが効力を生じるまでは，内国歳入法に基づく第7701条関連規則が（法人として課税対象となる）アソシエーション，パートナーシップ及び信託の主要な特徴を定義していた。

■主な争点と当事者の主張

1 争 点

本件事案の主な争点は，Larson氏がリミテッド・パートナーとなっている２つのリミテッド・パートナーシップが，連邦税法上パススルー扱いとなる組織体なのか否かという点である。

2 当事者の主張

(1) 納税者の主張

納税者は，Mai-KaiとSomisという２つのリミテッド・パートナーシップは，その性格上パートナーシップであることが明らかなので，そこで生じた損失を自己の損失として取り込んだ処理は正当なものであると主張する。

(2) 課税庁の主張

それに対し，課税庁は，本件２つの組織体は，いずれも内国歳入法第7701条に規定する法人に該当するので，たとえそこで損失が生じていたとしても，その損失は法人の損失であり，Larson氏が自己の損失として取り込むことはできないと主張する。

■裁判所（租税裁判所）の判断……納税者勝訴

(イ) 租税裁判所は，これらの組織体を，法人として課税されるアソシエーション（社団法人）扱いとするべきか又はパートナーシップ扱いとするべきかについて決定するため，Mai-KaiとSomisの特徴を，Morrissey事案において特定された６つの特徴と照らし合わせて分析した。その結果，最初の２つ，すなわち共同経営者，及び事業遂行と利益分割を目的とすることは法人とパートナーシップに共通であった。そこで，同裁判所は，他の特徴，すなわち，継続，経営の一元化，有限責任及び持分譲渡の自由についてそれぞれ分析した。

その結果，次のことが明らかとなった。

① 継続性（continuity of life）……なし（×）

組織が構成員の「死亡，精神異常，破産，退職，辞職又は解雇」により解散されない場合に，「継続」が存在するとされた（1997年改正前の財務省規則§

《図表》Larson事案のイメージ図

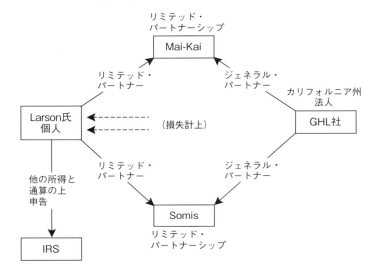

〔事案の概要〕
① カリフォルニア州在住のLarson氏は，Mai-Kai及びSomisという2つのパートナーシップに出資し，そこで生じた損失のうち自己の出資持分相当額を自己の損失として取り込んだうえで，他の所得と通算していた。
② IRSは，これらのリミテッド・パートナーシップは，内国歳入法第7701条に規定する法人に該当するので，そこで生じた損失を個人の他の所得と通算できないとして更正処分を行った。

〔争　点〕
　上記2つのリミテッド・パートナーシップは，連邦税法上パートナーシップなのか，それとも法人として扱われるべきものか。

〔裁判所（租税裁判所）の判断〕…納税者勝訴
① 上記2つのリミテッド・パートナーシップは，社団（アソシエーション）としての特徴である「経営の一元化」及び「持分譲渡の自由」に欠けている。
② 他方，パートナーシップの要件である「存続」と「有限責任」も欠如している。
③ 上記組織（LPS）が社団とされるためには，非法人としての特徴よりも法人としての特徴を多く備えていなければならない。
④ したがって，上記LPSはパートナーシップとして区分される。

301.7701-2(b)(1))。原則として，パートナーシップは，いずれかのパートナーが死亡し，又は就労不能となった場合には解散される。これに対し，法人は個々の構成員に影響を及ぼす事由の影響を受けない。

本件事案においては，GHL社がジェネラル・パートナーである間に破産した場合，Mai-KaiとSomisは法律の運用により解散される旨が契約に定められていた。そのため，Mai-KaiとSomisは「継続」という特徴を有していなかった。

② 経営の一元化（centralization of management）……あり（○）

者（又は，すべての構成員から成るものでない限りグループ）が，組織の事業遂行に必要な経営判断を行う「継続的かつ独占的な権限」を有する場合に，当該組織の経営は，「一元化（centralized management）」されているとみなされた（1997年改正前の財務省規則§301.7701-2(c)(1)）。リミテッド・パートナーシップについては，リミテッド・パートナーがパートナーシップ持分を実質的に全部保有している場合に一元化された経営が存在するとみなされた（1997年改正前の財務省規則§301.7702-2(c)(4)）。

本件事案においては，Mai-KaiとSomisのリミテッド・パートナーは，パートナーシップ持分の実質的に全部を保有していた。また，Mai-KaiとSomisの経営は一元化されていた。

③ 有限責任性……なし（×）

州法上，組織の債務に関する構成員個人の返済義務が組織資産を超えない場合には，当該組織は有限責任であるとみなされた。個人の返済義務は，返済義務を満たすために利用できる実質的資産の裏付けがある返済義務と定義されていた（1997年改正前の財務省規則§301.7701-2(d)）。

本件事案において，租税裁判所は，パートナーシップの負っている債務について個人が返済義務を負うか否かのテストを「ジェネラル・パートナーが実質的資産を有しているか，又はリミテッド・パートナーのロボット的存在でない場合には，個人の返済義務が存在する。」と定義した。その上で同裁判所は，GHL社は，リミテッド・パートナーの代理人として行為していなかったため，リミテッド・パートナーのロボット的存在ではなかったと判断した。その結果，Mai-KaiとSomisには，有限責任という特徴が欠けていたと判断された。

④ 持分譲渡の自由（free transferability of interest）……あり（○）

実質的に全部の持分を保有している構成員が，他の構成員の承諾なくその持分権の全部を非構成員に譲渡しても州法上解散に至らない場合には，持分譲渡が自由であるとみなされる（1997年改正前の財務省規則§301.7701-2(e)(1)）。本件事案においては，リミテッド・パートナーは，Mai-KaiとSomisの持分を

実質的に全部保有していた。双方のパートナーシップ契約上とも，リミテッド・パートナーは，ジェネラル・パートナーの承諾を得た上で所得持分を譲渡することが可能であった。そして，ジェネラル・パートナーの承諾は，正当な理由なく保留することはできないため，租税裁判所は，パートナー持分は自由に譲渡できると判断した。

(ロ) 結　論

これらの分析結果を踏まえ，租税裁判所は，最終的に，Mai-KaiとSomisは，アソシエーション（社団法人）の2つの特徴，すなわち，「経営の一元化」と「持分譲渡の自由」，並びにパートナーシップの2つの特徴，すなわち「継続性」と「有限責任性」が欠如していたと判断した。判決では，それぞれの特徴に同じ比重が置かれた。その結果，ある組織体が法人（アソシエーション）とみなされるためには，非法人としての特徴よりも法人としての特徴をより多く備えていなければならないこととなった。Mai-KaiとSomisは，法人と非法人の特徴を同じ数だけ備えていたため，同裁判所は，これら2つの組織体のいずれについても，「法人としての特徴が優っている」とまではいえなかったことから，パートナーシップとして課税されるのが相当であると判示したのである。

解　説

本件事案及び次に紹介するZuckman事案は，いずれもパートナーシップで損失を生じさせ，そこで生じた損失を出資者であるパートナーが自己の損失として取り込むことで個人所得税の負担軽減を図ろうとしたケースである。

IRSは，これらの組織体についてはその構成員たる個人ではなく，組織体である「パートナーシップ自体」が法人として課税されるべきである（したがって，たとえパートナーシップ段階で損失が生じていたとしても，それを個人の所得の損失とすることはできない。）として裁判所に申し立てた。

さらに，1990年代に入り，州法における法人とパートナーシップの区分は，有限責任会社（LLC）が急増したことに伴い，その区分がさらに曖昧になった。その結果，納税者は，これらの組織体を特定の目的を達成するための形態にすることが多くなったため，財務省は，1996年に最終的にチェック・ザ・ボックス・ルールを制定した。これにより，Morrissey事案（事案51）の類似性テストから単純な選択方式に変わった。

参考 **類似性テスト**

連邦最高裁判所は，Morrissey事案（Morrissey v. Commissioner, 296 U.S. 344 (1935)）（事案(51)）において，組織の事業区分について分析し，ある組織体（主としてassociation）を法人と定義するために必要な要件として，次の６つの特徴を明らかにした。

① 共同経営者
② 事業遂行権と利益分割権の保持
③ 継続性
④ 経営の一元化
⑤ 法人債務の返済義務が法人資産に限定されていること（いわゆる有限責任）
⑥ 持分譲渡の自由

このいわゆる「類似性テスト」は，1939年に内国歳入法第7701条及び同関連規則という形で成文化された。

しかし，当該法及び規則が制定された当時，事業体としては，社団法人（アソシエーション）よりも，どちらかといえばパートナーシップの方が選好されていた。そして，その多くは，当時個人所得税の上限税率よりも低かった法人税率を利用するためであった。しかし，1970年代に入り，納税者は，損失創出目的の投資手段としてパートナーシップを利用することが多くなった。すなわち，高額所得者がパートナーシップに出資するとともに，そのパートナーシップが借入れを行ったうえで資産を購入し，減価償却費と支払利子を損失として計上するという手法である。そのうえで，こうしたパートナーシップに生じた損失を利用して，個人の他の所得と通算するという租税回避手法がそれである。

第6章　パートナーシップ等を利用した租税回避とタックスシェルター

㊽　パートナーシップを利用した損失の取込みが認められた事例(2)
—Zuckman v. United States, 524 F.2d 729 (Ct.Cl. 1975)—

■概　説

　Larson事案（事案㊼）同様，Zuckman事案においても，投資組織を法人（アソシエーション）又はパートナーシップのいずれに区分するかが争われた。

　裁判所は，Larson事案同様，Zuckman事案についても，継続，経営の一元化，有限責任及び持分譲渡の自由という特徴をそれぞれ分析した。

　その結果，当該投資組織は，法人としての4つの主要な特徴をすべて欠いているため，税務上はパートナーシップとして区分するのが妥当であると判断した。

■事案の概要

　Zuckman氏も，Larson氏と同様に，投資組織としてパートナーシップを利用し，そこで生じた損失を自己の損失として取り込んでいた。

　それに対し，IRSが，パートナーシップは出資者であるZuckman氏とは別個の独立した組織体なので，そこで損失が生じたとしても，それは組織体自体の損失であり，自己の損失にはならないとして更正処分を行ったことから争いとなった。

■主な争点と当事者の主張

1　争　点

　本件事案の争点も，基本的にはLarson事案と同様である。すなわち，リミテッド・パートナーシップで生じた損失を有限責任組合員であるZuckman氏が自己の損失として取り込むことができるか否かという点である。

2　当事者の主張

(1)　納税者の主張

納税者は，Larson事案を引用しつつ，リミテッド・パートナーシップはパススルー・エンティティなので，そこで生じた損失を自己の損失として取り込むことができると主張する。

(2)　課税庁の主張

それに対し，課税庁（IRS）は，本件組織体に法人か否かの判断基準を適用してみると，法人に該当する。したがって，そこで生じた損失を自己の損失として取り込むことはできないと主張する。

《図表》Zuckman事案のイメージ図

〔事案の概要及び争点〕
　基本的にLarson事案と同じ。
〔裁判所（租税裁判所）の判断〕…納税者勝訴
　租税裁判所は，同様の理由から，リミテッド・パートナーシップをパートナーシップに当たると判示。

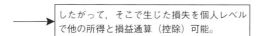

したがって，そこで生じた損失を個人レベルで他の所得と損益通算（控除）可能。

■裁判所（租税裁判所）の判断……納税者勝訴

租税裁判所は，本件組織体はKintner規則でいう法人要件（6つ）のうち4つの要件を充足していないので，パススルー事業体に該当する。したがって，そこで生じた損失を自己の損失として取り込んでいた納税者の処理は適切であったとして更正処分の取消しを命じた。

■解　説

これらの判決を踏まえ，IRSは，財務省とも相談の上，いわゆる「チェック・ザ・ボックス・ルール」の制定に踏み切った。チェック・ザ・ボックス・ルールでは，課税上パートナーシップ又はアソシエーション（社団法人）のいずれのものとして取り扱うかを選択する自由を納税者に認めている。

ただし，納税者が特定の区分を選択しなかった組織体に対しては，課税庁により，それらの組織体の内容に応じ，自動的に法人又は個人として課税がなされる（財務省規則§301.7701-31(b)(1)及び(3)(i)）。

　当該規則制定によって，Larson事案及びZuckman事案で適用された従前の類似性テストはおおむね無意味になった。

> **参考** **チェック・ザ・ボックス・ルール（check-the-box rule）**
>
> 　チェック・ザ・ボックス・ルールでは，「適格組織（eligible entity）」とは，アソシエーションとしての区分を義務づけられていない組織をいうとされている（財務省規則§301.7701-3(a)）。その結果，例えば，連邦法に基づき成立した組織体は，課税上法人としての区分を義務づけられることになる（財務省規則§301.7701-2(b)(1))を参照されたい。）。
>
> 　二以上の構成員を有する場合，適格組織は，アソシエーション（法人として課税される。）又はパートナーシップのいずれかの区分を選択することができる（財務省規則§301.7701-2(b)(2)）。それに対し，構成員が一のみの場合，適格法人は（法人として課税される）アソシエーションとしての区分，あるいは所有者とは別個の組織として個人所得税が非課税扱いとなるかのいずれかを選択することができる（財務省規則§301.7701-3(a)）。
>
> 　国内の「適格組織」が選択の届出を行わなかった場合，当該組織は自動的に以下の取扱いを受ける。
> ① 当該組織が複数の構成員を有する場合には，パートナーシップとして取り扱われ，
> ② 当該組織の構成員が一のみの場合には，所有者とは別個の組織として所有者自体は非課税扱いとなる（財務省規則§301.7701-3(b)(1)）。
>
> 　なお，1997年1月1日以前に存在していた組織は，従来の法律に基づき有していた区分を維持する（財務省規則§301.7701-3(b)(3)(i)）。
>
> 　外国の適格組織が選択の届出を行わなかった場合，当該組織は原則として以下の取扱いを受ける。
> ① 当該組織が複数の構成員を有しており，少なくとも一の構成員が有限責任を有さない場合，パートナーシップとして取り扱われ，
> ② 当該組織が複数の構成員を有しており，すべての構成員が有限責任を有している場合には，アソシエーションとして取り扱われ，
> ③ 当該組織の構成員が一のみであり，当該構成員が有限責任を有していない場合には，所有者とは別個の組織として個人所得税は非課税扱いとなる（財務省規則§301.7701-3(b)(2)(i)）。

第6章　パートナーシップ等を利用した租税回避とタックスシェルター

�59　パートナーシップで生じた損失の取込みには，税務目的以外に経済的実質の存在が必要とされた事例

——Hilton v. Commissioner, 47 T.C. 305(1980), aff'd per curiam, 671 F.2d 316(9th Cir. 1982)——

■概　説

　これまでみてきたように，米国では，パートナーシップの構成員であるパートナーは，連邦所得税の課税所得の算定に当たり，パートナーシップ損失の配賦相当分を自己の課税所得から控除することが認められている。ただし，損失の控除が認められるためには，損失が生じた取引が，一般的な租税原則に即していなければならないとされている。具体的には，ある取引が租税回避を目的とする取引ではないかと疑われる場合，当該取引の形式のみならず，実質についても検討しなければならないということである。

　各パートナーがパートナーシップで生じた損失を自己の損失として取り込んで他の所得から控除できるか否かを決定する際の決め手となる実質優先主義の分析でとりわけ参考になる事案が，ここで紹介するHilton事案である。第9巡回控訴裁判所は，租税裁判所の判決を容認し，パートナーシップが行う取引は，税務上の目的以外に法律上，経済上相当程度の実質がなければならないとしている。すなわち，パートナーシップの事業内容に実質がない場合には，パートナーは，取引から生じたパートナーシップ損失を控除することはできないということである。

■事案の概要

　米国の大手デパートチェーン「ブロードウェイ」は，デパート建設のための資金調達機関として融資会社を設立した。当該融資会社は，保険会社に当該建物に係るモーゲージ債券を販売した。その後，融資会社は債券販売から得た利益をセール・アンド・リースバック取引における建物の購入資金に充当した。融資会社が得る賃料収益は，モーゲージの利息と元本及びその他の関連費用の

支払に充当されることになっていた。また，融資金の全額返済後は，支払賃料が大幅に減額される仕組みになっていた。

融資会社は，同じ年に，その保有持分をジェネラル・パートナーシップに譲渡した。当該ジェネラル・パートナーシップは，複数のリミテッド・パートナーシップから成っていた。Hilton氏は，これらのうち，2つのリミテッド・パートナーシップのパートナーであった。その結果，同氏は，デパートの持分を間接的に保有することとなった。

これら一連の取引は，物件を所有することにより，パートナーが複数のパートナーシップを通じて減価償却と利息の控除の両方を行えるようにする仕組みになっていた。そのため，これらの取引が真に経済的実質があるかどうかについて疑義が生じた。そこで，IRSは，経済的実質がなければ，パートナーシップの損失は控除できないとして更正処分を行った。

■主な争点と当事者の主張

1　争　点

本件事案の主な争点は，パートナーシップの構成員たるパートナーが当該パートナーシップに生じた損失のうち自己の出資持分に相当する額を自己の損失として取り込むために必要とされている「節税目的以外の経済的実質」，「事業目的等」が存在していたか否かという点である。

2　当事者の主張

(1)　納税者の主張

本件パートナーシップの構成員であるHilton氏は，自分はパートナーシップを通じデパートの建物を所有しているので，節税目的以外の経済的実質があり，事業目的も有しているので，当該パートナーシップで生じた減価償却費は，当然自己の所得から控除できると主張する。

(2)　課税庁の主張

それに対し，課税庁は，本件取引におけるパートナーシップは，節税のみが目的で組成されたものであり，経済的実質等もないので，たとえ当該パートナーシップで形式上ロスが生じていたとしても，構成員（パートナー）である

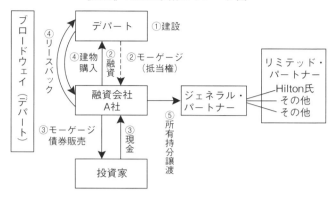

《図表》Hilton事案のイメージ図

〔事案の概要〕
① ブロードウェイ（大手デパートチェーン），デパートを建設。
② 融資会社（A社）より融資を受け，抵当権を設定する。同社はモーゲージ債券を投資家に販売。その代金で建物を購入の上，リースバックを行う。
※A社の賃料収入≒（モーゲージ利息＋元本返済＋関連費用）
融資金の返済後，デパートの賃料支払は大幅に減少。
③ これら一連の取引により，Hilton氏はデパートの建物を間接所有しているとして減価償却費計上。

〔争 点〕
本件一連の取引に節税目的以外に合理的な経済目的があったか。

〔裁判所の判断〕…納税者敗訴
客観的な経済分析を行った上で，本件取引には「税務目的以外に当該取引を行う正当な理由なし」と判断。

Hilton氏はこれを自己の所得として取り込むことはできないと主張する。

■裁判所の判断

1　租税裁判所……納税者敗訴

Hilton事案を審理した租税裁判所は，リミテッド・パートナーシップとジェネラル・パートナーシップが行った取引について客観的な経済分析を行った結果，これらの取引には，「税務目的以外に当該取引を行う正当な理由はない（have failed to show a (genuine multi party transaction) with economic substance solely by tax avoidance features）。」と判断した。同裁判所は，パ

ートナーシップのパートナーであるHilton氏は，節税以外の利益を得ることを合理的に期待していなかった（no reasonable expectation）と述べた。同裁判所は，パートナーであるHilton氏がデパート物件から得ていた価値が，わずかなキャッシュフローにすぎなかったことに鑑み，同氏が取得したデパートの所有持分は，支払われた対価を大幅に下回るものであったと判断した。したがって，同裁判所は，Hilton氏は「減価償却の前提になりうるデパートへの投資を行っていない。」と判断した。

また，租税裁判所は，「パートナーシップは，ブロードウェイの保険会社に対する負債返済を中継する導管にすぎない。」ため，リースバックによる融資の一環であった借入は，何らの経済的実質も有していなかったと認定した。したがって，同裁判所は，Hilton氏は減価償却費と支払利息によって生じたパートナーシップの損失を控除する権利を有しないとの判断を示したのである。

2　第9巡回控訴裁判所……納税者敗訴

この判決を不服とする納税者（Hilton氏）は，第9巡回控訴裁判所に提訴したが，そこでも租税裁判所の判断がそのまま維持されている。

■解　説

Hilton事案の判決からいえることは，パートナーシップ形態を利用した取引については，単なる取引の形式のみならず，取引の「経済的実質」も，税務当局の精査の対象となるということである。具体的には，パートナーシップ形態を利用し，そこで生じた損失を自己の所得の計算上所得控除（損金算入）することによって米国の連邦課税所得を減額しようとする納税者は，「損失を生じさせる取引が，かかる損失以外の何らかの経済的便益」のために行われたことを示すことができなければならないということである。

参考1 「経済実質法理（economic substance doctrine）」による否認

（Gregory事案判決は，この法理のベースにもなっている。）

「経済実質法理」も「事業目的法理」と同じく，「法形式上正しいものであったとしても，それが議会の目的としていたところ（intend）と異なる場合には，それらの行為は税務上妥当なものとは認めない。」とする考え方をベースにしている。

しかし，「事業目的法理」が，取引の裏に税務以外の目的が存在しているか否か，又は，税務以外に動機がなかったのか否か検討するよう求めているのに対し，「経済実質法理」では，取引の結果，税務以外の分野で意味のある変化が生じたか否かについて検討するよう求めているという点で大きく異なる。

換言すれば，「経済実質法理」では，税務上のベネフィットと税務を考慮する前の段階での利益とを比較衡量し，税務上のベネフィットの方が圧倒的に大きいのであれば税務上その取引を否認するとしたものである。

その点で，「経済取引法理」は，定義上明らかな「実質優先主義（法形式と実質のいずれが優先しているかによって判断するやり方）」と異なり，「自己矛盾的側面（self-defeating rational）」を有している。

この点について，例えばHand判事は，前述したGregory判決の中で次のように述べている。

「もし，納税者が，税負担を軽減することを除き，何らの利益を享受することなしに（not appreciably affect his beneficial interest）取引に加わっているのであれば，（課税当局は）税務上それを無視する（disregard）ことができる。裁判所は，法が本来税を課すべきであるとしているものについて，逃げ道を与えることが法の目的の一部として存在していたと考えることはできない（cannot suppose that it was a part the purpose of Act provide an escape from liabilities that it sought to impose）。」

「経済実質法理」による否認が，より明確な形で認められたのは，次に紹介するACM Partnership事案（ACM Partnership v. Commissioner, 157 F.3d 231 (3rd Cir. 1998)）においてである。

参考2 パートナーシップで生じた損失の控除の可否

　減価償却費の控除は，単なる所有ではなく，物件への投資を前提とするというのが過去の判例の立場である（Estate of Franklin v. Commissioner, 544 F.2d 1045, 1049 (9th Cir. 1076)）（事案㊺）。1986年に改正された内国歳入法では，パートナーシップのパートナーは，パートナーシップで生じた損失の配賦負担分（distributive share）を自己の所得から控除することができると定めている（IRC第704条(a)）。通常の場合，パートナーシップで生じた損失のパートナーへの配賦は，パートナーシップ契約に従って行われる（IRC第704条(a)）。

　しかしながら，Helvering v. Lazarus & Co., 308 U.S. 252, 255 (1939) を審理した最高裁判所は，「税務の分野（in the field of taxation）においては，法律の執行者（administration）であるIRSと裁判所は実質と現実を重視しており，契約書面に厳密に拘束されることはない。」と述べている。

　また，最高裁判所は，Frank Lyon Co. v. United States, 435 U.S. 561, 583-584 (1978)（事案㊻）において，「セール・アンド・リースバック取引を検討する際のポイントは，事業上又は規制上の現実によって余儀なくされ又は促された経済的実質を伴った真の複数当事者取引が，税務上の理由とは別の理由を持っているかどうか，また，無意味なレッテルが貼られた租税回避のみを目的とする内容で構成されていないかどうかを判断することである。」と述べている。

第6章　パートナーシップ等を利用した租税回避とタックスシェルター

⑥ パートナーシップを利用した損失の取込みに見せかけの取引法理が適用された事例
—ACM Partnership v. Commissioner, 157 F.3d 231 (3rd Cir. 1998), aff'd in part, rev'd in part 73 T.C.M. 2189 (1997)—

■概　説

　過去における,「見せかけの取引法理 (sham transaction doctrine)」に関する,最高裁判所の解釈では,取引が①事業目的,及び②経済的実質のいずれをも欠いている場合には,税務目的上,かかる取引は通常認容されないというものであった。

　その際,「事業目的 (business purpose)」テストでは,納税者が,税務以外に (本来の) 事業目的を有していることを要求する。また,「経済的実質 (economic substance)」テストでは,納税者が節税のみを目的としておらず,それ以外においても利益を見込んでいることを要求している。したがって,取引が「経済的実質」と「事業目的」の双方を備えていれば,税務目的上もそれが認容されることになる。

　ACM Partnership事案において,租税裁判所は,パートナーシップを介在させた本件取引が経済的実質を欠いており,「見せかけの取引法理」に照らして税務上無効であると結論付けている。

■事案の概要

　(イ)　この事案は,大手米国証券会社が米国の法人顧客の1社 (以下「納税者」という。) に対し,あるストラクチャーを勧めたケースが問題とされたものである。当該ストラクチャーは,パートナーシップに損失を発生させて,これと無関係の子会社売却によって認識された納税者のキャピタルゲイン (1億500万ドル) を相殺するというスキームであった (図表を参照)。当該ストラクチャーに基づき,納税者は,非関連の外国銀行 (以下「外国銀行」という。) 及び当該大手証券会社の関連会社とパートナーシップ (以下「ACM

《図表》ACM Partnership事案のイメージ図

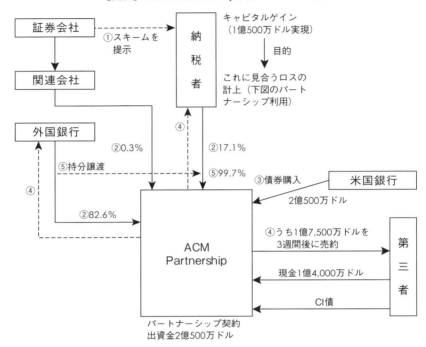

〔事案の概要〕

① 証券会社がスキームを提示。
② 納税者の有する多額の含み益（1億500万ドル）を実現させるとともに，それと相殺できる損失の計上を企図。
③ その手法としてACM Partnershipを外国銀行，証券会社とともに組成。
そこで2億500万ドルの債券を購入。うち1億7,500万ドルを3週間後に売却（対価として，1億4,000万ドルの現金とCI債を購入）。売却益の大部分は外国銀行に。
④ その後納税者が外国銀行からACM Partnershipの持分を購入。
その後生じた損失を自己の有する資産のキャピタルゲインと相殺。

〔争　点〕

これら一連の取引に事業目的と経済的実質があったか。

〔裁判所の判断〕…納税者敗訴

本件一連の取引には事業目的も経済的実質もない。
　　　⇓
損失計上不可

Partnership」という。）を締結した。ACM Partnershipへの出資金合計2億500万ドルの対価として，ACM Partnershipの持分を，それぞれ納税者が17.1％，外国銀行が82.6％，大手証券会社の関連会社がわずか0.3％取得した。

㈠　ACM Partnershipは，「条件付連続償還債売却」仕組取引の媒体としての役割を果たした。ACM Partnershipは，大手米国銀行から2億500万ドルの私募債（以下「債券」という。）を購入した。3週間後，ACM Partnershipは1億7,500万ドルの債券を現金1億4,000万ドル及び連続償還債（以下「CI債」という。）と引き換えに売却したが，合計現金売却価格は債券の購入価格の80％に相当した。CI債では想定元本に定期的に調整されるLIBORベースレートを乗じて算定される額に等しい額を5年間にわたって支払っていくことが要求されていた。条件付支払方式に基づいて将来行われることが見込まれていた一連の支払の正味現在価値は3,500万ドルであった。当該条件支払方式では，収益の約70％は当該取引の最初の年度に受領された。

㈢　ACM Partnershipは，当該売却に係る課税年度後に売却対価の一部を受領したため，米国の税務目的上，当該売却を割賦売却方式により計上した。条件付償還というCI債の性格上売却が行われた年度に最大売却価格を特定することは不可能であるため，当該取引は，年次割賦売却収益の算定に当たり，特殊な「比例按分回収ルール」の適用を認められた。かかる比例按分回収ルールに基づき，認識された収益の算定に際しては，売却債券の課税対象額合計1億7,500万ドルが償還取決めに基づく支払が行われる課税年度に毎年均等に配分された。したがって，ACM Partnershipは売却が行われた年度に合計売却収益の70％を受領したにもかかわらず，税務目的上はその合計課税対象額の6分の1が回収されたにすぎず，その結果1億1,080万ドルにのぼる多額のキャピタルゲインが発生したが，その大部分はACM Partnership持分の82.6％を保有する外国銀行に配分された。外国銀行は米国の納税者ではなかったため，配分を受けた利益について米国で納税を行わなかった。

㈣　外国銀行のACM Partnership保有持分は，その後（一部売却収益で）償還され，納税者はACM Partnership持分の99.7％を保有することになった。ACM Partnershipはその後の課税年度にわたり多額の損失を認識したが，これは受領収益の30％が残余の6分の5の課税対象額により相殺されたためである。かかる損失はほぼ全額が99.7％持分を保有する納税者に配分され，納税

者はこれを損失として繰り戻して，従前に行われた子会社売却のキャピタルゲイン１億500万ドルをほぼ全額相殺した。

　(ホ)　課税当局は，当該取引は見せかけであるとして，納税者が申し立てた損失を否認した。

■主な争点と当事者の主張

1　争　点

本件事案の主な争点は，このようなパートナーシップを介在させた取引は見せかけの法理により税務上なかったこととされるか否かという点である。

2　当事者の主張

(1)　納税者の主張

納税者は，本件取引は法形式上も実質上も内容の伴った取引であり，尊重されるべき（すなわち，納税者による損取り取引は認められるべき）であると主張する。

(2)　課税庁の主張

それに対し，課税庁は，当該取引は見せかけにすぎないので，損取りは認められないと主張する。

■裁判所の判断

1　租税裁判所……納税者敗訴

租税裁判所は，二要件テストを適用し，事業目的と経済的実質の両方を欠いている場合にのみ取引を否認することを明確にした。

すなわち，租税裁判所は，「本件取引に相当額の取引コストが発生していることを考慮すると，納税者は現実には収益実現を期待していなかった。」との判断を示した。その上で，同裁判所は，「本件における割賦売却方式は経済的実質を欠いていた。」と判示したのである。

租税裁判所は，納税者が申し立てた取引の「事業上の理由」（すなわち，「納税者の遊休資金を利用して，貸借対照表に影響を及ぼさずに債券を購入する事

業上の理由はない。」として納税者の主張を受け入れなかったのである。

2 第3巡回控訴裁判所……納税者敗訴

租税裁判所の判決を不服とする納税者は、第3巡回控訴裁判所に当該事案を控訴した。

ちなみに、第3巡回控訴裁判所は、次のように判示して納税者の要求を斥けている。

「本件取引において生じたとされる税務上のロスは、純粋な税務会計上の仕組みを巧みに利用したもの（an artifact of tax accounting method）であり、純経済的には何らの損失も生じていない（any actual economic loss）。したがって、本件取引によって生じたと納税者が主張する損失は、内国歳入法及び同規則上、控除可能な真正の損失には当たらない（do not constitute bona-find loss）。」

「ある者による資産の売却を、税目的のため名義を変更することで他の者の売却とすることはできない。取引の真実を、税務目的のためにのみ形式的に存在する者に、売却という行為によって損失の計上を認めることは、（筆者注：そのような行為が）租税債務の変更のためにのみ行われるものであり、議会によって制定された租税政策の効率的な課税を著しく阻害することになる（To permit the true nature of transaction to be disguised by mere formalisms cuboid exist solely after tax liabilities, would seriously impair the effective administration of the tax policies of congress）ので認められない。」

しかしながら、第3巡回控訴裁判所は、納税者が節税をもくろんだことのみをもって取引を否認することはできず、納税者の経済状況に有意な変化をもたらす取引については、税務上も容認されるべきであるとの判断を示した。

すなわち、第3巡回控訴裁判所の見解によれば、「経済的実質」の存在は「節税目的の取引を認容するに十分な根拠となり得る。」というのである。

■解　説

　この事案は、多額の含み益（1億500万ドル）を有する納税者の税負担を回避するため、自己が17.1％の出資持分を有するパートナーシップを通じて多額の債券（2億500万ドル）を購入し、そのうちの1億7,500万ドルを売却するこ

とにより1億4,000万ドルの現金と償還期限5年のCI債で受領していたものの，税務上は6分の1のみ回収であるとしてその年分に1億500万ドルの損失を計上し，含み益の実現部分と相殺し，その後納税者が他の者（銀行）の出資持分を買い戻すという形で取引を仕組んでいたというものである。

本件では，経済的実質がなかったとして納税者の主張が斥けられている。

本件判決と同様の考え方は，オランダ法人を利用して同種の取引を行っていた，コンピュータの大手コンパック社とIES社に関する事案の判決においてもみられる（Compaq事案[1]及びIES Industries事案[2]）。

両事案ともに，米国企業がオランダの上場企業の株式を表象する複数の米国預託証券（以下「ADR」という。）を購入していたという事例である[3]。

Compaq事案を審理した租税裁判所は，当該取引には，米国での節税を目的とする利益以外の利益は合理的に期待されていない上，連邦所得税法上の優遇を受ける目的以外に事業目的がないことから，これを「見せかけである。」と判示した。

また，IES事案を審理した連邦地方裁判所も，納税者に不利な略式判決を下した。しかし，納税者に不利な下級裁判所の判決は両事案とも控訴審で覆されている。

---

(1) Compaq Computer Corp. v. Commissioner, 113 T.C. 214 (1999), rev'd 277 F.3d 779 (5th Cir. 2001).
(2) IES Industries, Inc. v. United States, 2001-2 USTC ¶50470 (N.D. Iowa 1999), rev'd in relevant part, 253 F.3d 350 (8th Cir. 2001).
(3) いずれの事案でも，当該米国企業は，配当決議後から配当基準日までの間にADRを購入していた。各社は，ADR購入のほぼ直後（数分後のケースもあった）にADRを当初の売主に売り戻している。売却価格は，当初のADR購入価格から配当額と売買手数料を差し引いた額であった。売買の決済日が異なることから，基準日現在の登録保有者は米国企業であり，当該米国企業が15％のオランダ源泉所得税が適用される配当を受領する権利を有していた。

米国の税務上，両社は，当初の売主に対するADR売戻しに係る損失（Compaqが2,070万ドル，IESが8,270万ドル）を認識し，これを関連性のない取引で実現した課税所得と相殺していた。両社は，米国の税務上配当所得（Compaqが2,250万ドル，IESが9,080万ドル）も認識し，オランダで納税された源泉所得税15％相当の外国税額控除（Compaqが340万ドル，IESが1,350万ドル）の申請がこれに付随して行われた。両社は，ADR売却に係る損失と他の収益を相殺して生じた節税額が配当所得に係る米国での追加納税額を上回っていたため，配当所得に係る源泉所得税相当の外国税額控除による減額を考慮すると，取引全体ではそれぞれ米国の租税を節減することができた。

例えば，IES事案を審理した第8巡回控訴裁判所は，IESの取引は，事業目的，経済的実質ともに備えており，IES社が受領した「総」配当額はADR売却について認識された損失の額及び当初の売主に対するADR売戻しについて支払われた合計手数料を上回っていたため，納税者は全体として当該取引から経済的利益を実現したとの判断を示した[4]。

　また，Compaq事案を担当した第5巡回控訴裁判所は，IES事案を審理した第8巡回控訴裁判所の判断を重くみて，当該取引に係る収益の決定に当たり，総配当額及びCompaq社がオランダ源泉所得税について申請した外国税額控除による正味減税額を考慮に入れることが適切であるとの判断を示した。こうした要素を考慮に入れた上で，同裁判所は，当該取引は税引前ベースでも税引後ベースでも収益が発生しているため，経済的実質を備えていると判断したのである。

　これら2つの判決は，税務専門家の注目を集めた。というのも，納税者がごくわずかでも「経済的価格リスク」[5]さえ負っていれば，米国で税制上優遇を受けるために仕組まれたことが明らかな取引においても，税制上の優遇を得ることができるとしたためである。

---

[4] しかしながら，第8巡回控訴裁判所は，事案の検討に当たり，外国源泉所得税を経済的利益を減じるコストとして取り扱うべきではないとした理由についての判断は示していない。

[5] すなわち，外国源泉所得税の取引コスト超過額を上回る原株式の価額下落が極めて短いADR保有期間内に（場合によってはまさに数分）発生するリスク。

第6章　パートナーシップ等を利用した租税回避とタックスシェルター

⑥ ノンリコース・ローンに危険負担ルールが適用された事例
——Hubert Enterprises, Inc. v. Commissioner, T.C.Memo. 2008-46——

■ **概　説**

　米国では，リスクのない分野に投資することによるペーパー上の損金計上を防止するため，いわゆる「危険負担ルール」という規定が設けられている。

　内国歳入法第465条に定める「危険負担ルール（at-risk rule）」とは，納税者が，取引において「危険を負担」している場合にのみ，そこで生じた損失等について損金算入を認めるというものである。すなわち，納税者がある分野に投資をする目的で借入を行う場合，当該借入金に対して支払われる負債利子について損金算入が認められるのは，「納税者自身が当該負債の返済義務を有する場合（すなわち，債務返済のリスクを負担している場合）に限られる。」ということである。今回紹介するHubert Enterprises, Inc.(HBW社を吸収した会社) v. Commissioner事案[1]では，危険負担ルールの適用について詳細な検討がなされている。

■ **事案の概要**

　LCLは，ワイオミング州の法律に基づいて設立された機器リース事業を行うリミテッド・ライアビリティ・カンパニー（LLC）であった。LCLはパートナーシップとして課税されていた。LCLには，HBW Inc.（以下「HBW社」という。）とHHC Inc.（以下「HHC社」という。）の2つのメンバーがいた。HHC社は，HBW社の株式を100％所有していた[2]。

　LCLは，1998年と2000年に，Capital Resources Group, Inc.（以下「Capital Resources社」という。）から機械を購入した。LCLは，当該購入に関連して手

---

(1)　T.C.Memo. 2008-46.
(2)　Hubert Enterprises, Inc.はこれら2社の合併後の会社である。

形に署名したが，すべての手形はノンリコース又は一部リコースであった。HBW社，HHC社のいずれも手形の署名又は保証を行っていなかった。

LCLの当初の運営契約（cooperating agreement）の第4条第2項は，「メンバーは当パートナーシップの債務についてメンバーとしての責任を負わないものとする。」と定めていた。LCLの当初の運営契約は，2001年3月28日に改訂され（改訂運営契約），2000年1月1日に遡って適用されていた。改訂運営契約は，LCLのメンバーはLCLに追加資本拠出を行うことを要求されないと定めていた。

改訂運営契約第7条第7項は，メンバーの不足資本勘定補充義務（以下「DRO」という。）について，次のように定めていた。

> **参考　不足資本勘定の補充（Deficit Capital Account Restoration）**
> パートナーシップ持分の清算後パートナーの資本勘定に不足が生じた場合，当該パートナーは，当該課税年度末までに，又は年度末を経過している場合には，かかる清算の日付から90日以内に，かかる不足額を補充し，資本勘定の黒字分は債権者に対する支払又はパートナーに対する補充に充てるものとする。

HBW社は，2000年7月期及び2001年7月期の課税年度に係る危険負担額を算定する際に，LCLのリコース負債の一部を含めていた。内国歳入庁（以下「IRS」という。）は，HBW社は当該額について危険を負担していないとして損金算入を否認した。

《図表》Hubert Enterprises, Inc.事案のイメージ図

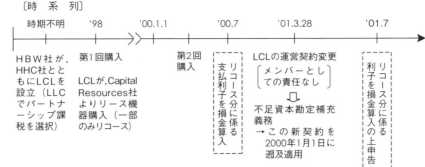

〔事案の概要〕

① LCLはLLCであり，パートナーシップ課税を選択（出資者はHHC社とHBW社の2社であるが，HBW社はHHC社の100％子会社）。
② LCLはCapital Resources社よりリース機器を2回（1998年，2000年）に分けて購入。支払はいずれもノンリコース（一部リコースあり）手形。
③ 当初契約では，LCLのメンバーはLCLに追加資本出資を要求されない旨の規定（4条2項）あり。
※その後（2001年3月28日），不足資本勘定補充義務（DRO）を追加（7条7項）し，2000年1月1日に遡及して適用。
④ HBW社は，税務申告に当たりLCLのリコース債務相当分を負債として計上。
⑤ IRSは，HBW社は本件債務についてリスクを負っていないとして，当該債務に係る利子の損金算入を否認。

〔争 点〕

HBW社が税務申告上リスク負債として計上したLCLのリコース債務相当分はリスク負担ありか。

〔裁判所（第6巡回控訴裁判所）の判断〕

本件債務につき，最終的な返済義務を負っているのはLCLであり，HBW社はリスクを負っていない。
したがって，HBW社は当該債務に係る支払利子につき損金算入できない。

■主な争点と当事者の主張

1 争 点

本件事案の主な争点は，HBW社自身がLCLのリコース負債について，内国歳入法第465条(b)に基づく責任を負っていたかどうかという点であった。HBW社がこの負債に係る利子等について損金算入を行うことができるか否かは，改訂運営契約の条項とりわけ第7条第7項のDRO規定，及び内国歳入法第465条の規定の適用の如何にかかっていた。

2 当事者の主張

(1) 納税者の主張

内国歳入法第465条は,納税者がレバレッジ投資活動によって創出された人為的な損金控除（artificial deduction）を申し立てることを防止するために施行されたものである。同条(a)(1)は,「本条が適用される活動に従事する」納税者については,「課税年度中のかかる活動から生じた損失の損金算入は,当該課税年度末時点において当該活動につき…当該納税者が危険を負担する（taxpayer is at risk）総額（aggregate amount）に限定される。」と定めている。

LCLが行っていた機器リース事業は,内国歳入法第465条が適用される活動に当たる。

(2) 課税庁の主張

内国歳入法第465条にいう危険負担額には,納税者が活動の用に供した金額及び資産の帳簿価額（basis）が含まれる。その際,納税者が当該活動で使用されない他の資産に担保権を設定している場合には,当該担保の対象となった借入額も危険負担とみなされる（IRC第465条(b)(2)）。しかしながら,ノンリコースの資金調達,保証等,納税者自身が返済義務を負わない場合,当該額は危険負担したものとみなされない（IRC第465条(b)(4)参照）。

本件運営契約は,2001年3月28日に改訂され,2000年1月1日に遡って適用されていた。しかしながら,連邦所得税の目的上,パートナーシップの税務申告は,当該年度の所得税申告の期限まで効力を有するパートナーシップ契約の条項に従って作成しなければならないこととされている（IRC第6072条,Treas. Reg.§1.6072-1(a)）。本件の場合,LCLの課税年度は2000年7月31日に終了したため,パートナーシップの税務申告は,運営契約の改訂が行われる前の2000年11月15日が期限であった。また,内国歳入法第465条(a)(1)に基づき,納税者の危険負担額は,課税年度末時点で決定されなければならない。したがって,改訂DRO規定は,パートナーシップの2000年7月に終了した課税年度については効力を有していなかった。

■裁判所（第6巡回控訴裁判所）の判断……納税者敗訴

第6巡回控訴裁判所は,「納税者が最悪の場合に自身の資金を充当して債務

を返済する確定的な義務を有さない限り，最終的な返済者（payer of last resort）とはいえない。」と判示した。言い換えれば，「納税者が，最終的な返済者である場合には，内国歳入法第465条(b)の目的上危険を負担している（is at risk）。」のである。そして，「納税者が，最終的な返済者」であるかどうかは，「納税者が実際に債務の返済を要求されるような状況が生じうる（could arise）。」かどうかによると判示したのである。

本件（Hubert Enterprises, Inc.事案）の前審段階において，租税裁判所（Tax Court）は，同社の合併に伴い消滅したHBW社は「最終的な返済者ではなかった。」と判断した。それは，LCLに債務不履行が生じリコース負債の返済に充当する資産を同社が有していなかった場合でも，LCLの出資者であるHBW社は，当該負債の返済を要求されなかったであろうと考えられたためである。本件の場合，たとえLCLが債務不履行に陥ったとしても，HBW社は持分の清算（dissolution）を要求されず，債権者はHBW社又はLCLに清算を要求できなかったであろうと判断されたのである。すなわち，改訂運営契約によれば，ワイオミング州の法律の適用を受けて清算が行われた場合でも，同州の法律上，債務不履行は清算事由とはされていなかったし，LCL社に「その…持分の清算後に資本勘定に不足が生じた。」場合においても，HBW社は，追加資本拠出を行うことを要求されていたものの，LCLに債務不履行があった場合，HBW社が自己の持分を清算することを求める発動要件は存在していなかった。

また，HBW社がLCLを清算し，追加資本拠出を行うことを要求されたとしても，資本勘定の黒字分はLCLの債権者ではなく，LCLの他のメンバーに分配することが可能であった。さらに，HBW社が資本勘定の不足分を補充するために拠出を行った場合でも，資本勘定の収支残はリコース負債のHBW社負担分に満たない可能性があった。租税裁判所は，こうした要素を考慮した上で，最終的な返済者はHBW社ではなく，LCLのリコースローンの貸主であったと判断したのである。

■ **解　説**

内国歳入法第465条には，わが国でもよく知られた「危険負担ルール（at-risk rule）」に関する規定が置かれている。当該ルールは，金銭の貸借取引に伴って借手に生じる支払利子について支払側においてそれを損金算入するために

は，返済額の支払義務を納税者が実際に負っている場合に限定することを求めている。

わが国においても，バブル崩壊からの回復過程で，借入側が債務返済の範囲を借入対象資産のみに限定するいわゆるノンリコース型のローンが登場し，不動産投資等の分野で利用されていた。

そして，この種の借入金に係る支払金利を他の所得から控除している例もかなり多かったが，本件でいう「危険負担ルール」という観点からすれば，行き過ぎ（過大な損金計上）であったとして損金計上が否認されることになったかもしれない。

■わが国の参考判例，裁決例等

「危険負担ルールを直接取り上げたものではないが，請求人が組合員となって民法上の任意組合からの船舶の賃貸事業に係る損益であるとする金額が，不動産所得の金額の計算上，総収入金額又は必要経費に当たらないとした次の裁決例がある。

○　国税不服審判所平成16年3月30日裁決・裁決事例集67号165頁

「請求人は，本件船舶の賃貸事業は，請求人が投資商品の販売者から船舶の共有持分権を購入し，これを民法上の任意組合L及びケイマン諸島のリミテッド・パートナーシップPを通じて行っているのであるから，L組合の船舶賃貸事業を通じて得られる所得は，不動産所得に当たる旨主張し，原処分庁は，本件船舶の賃貸事業は，［1］請求人が本件事業に係る業務執行権を有さず，経営に参画していないこと，［2］請求人が本件船舶を実質的に保有していないこと，［3］請求人の負う本件事業のリスクが出資した船舶の持分を限度とするものであること等の理由により，請求人ら組合員の共同事業であるとは認められないから，L組合の船舶賃貸事業を通じて得られる所得は，不動産所得に当たらない旨主張する。

しかしながら，［1］G社が企画した船舶に係る投資商品は，G社から一体の投資システムとして請求人らに示されていたものであり，［2］その内容を構成する各一連の行為において，本件船舶の売却を切り離した場合には，本件船舶の賃貸事業は収益面で全く成り立ち得ない一方で，［3］L組合の出資者には，実質的に組合への事業参加の機会は全く予定されて

おらず，［4］しかも，不動産投資に伴う通常のリスク負担も予定されていないことから，当該投資商品は，本件船舶の賃貸とその売却とが一体不可分にセットされ，それらに係る収入金額から投資資金が回収され，収益の分配を受けるという経済的成果をもたらすものであることが明らかである。

　したがって，L組合の船舶賃貸事業は，船舶の賃貸借という法形式に伴う実質的な経済的成果が発生していないと認められることから，本件船舶の賃貸事業に係る損益は，請求人の不動産所得とすることはできない。」

第7章　米国以外における租税回避行為とその否認

●イントロダクション

　「代表なければ課税なし。」という大憲章以来の伝統を持つ英国では，たとえ租税回避があったとしても，法令でそれを否認できる旨の明確な規定がない以上否認できないとする立場が支配的であった。その伝統を踏まえた判決が㉖の**Westminster事案**である。

　それに対し，たとえ法令の文言上否認できる旨の規定がなくても，文脈や法の趣旨，目的等を勘案すれば否認も認められるとしたのが㉖の**Ramsay事案**である。

　そして，㉖の**Dawson事案**では，Ramsay事案の限界（いわゆる射程範囲）が問題となった。この事例では，結果的にRamsay事案判決の法理が適用されたが，以後の判決では，租税回避行為を否認できる旨の明文の規定がない限り否認が認められないとした判例もいくつか出始めている。

　さらに，㉖の**Mayes事案**は，Ramsay法理の適用対象が人為的な複合取引に限定されるとし，その限界を明らかにしたことで，英国における一般否認規定（General Anti Abuse-Rule：いわゆる「GAAR」）創設の契機になったとされる事案である。

　なお，㉖の**Halifax事案**も英国の事案ではあるが，課税庁によるVAT分野への濫用法理適用が認められなった事例である。

　また，㉖の**Stubart Investment Ltd.事案**と㉖の**Canada Trustco事案**はカナダの事案である。

　カナダでは1988年に包括的租税回避否認規定（GAAR）が創設されたが，㉖の**Stubart Investment Ltd.事案**はその契機になった事案である。

　それに対し，㉖の**Canada Trustco事案**は，当該否認規定が導入された後の事案である。いずれのケースにおいても課税庁の主張が排斥されている。

　わが国でも，多種多様な租税回避事案に対応するため，一般否認規定を導入すべきという意見がある。しかし，この種の規定を導入したとしても，それだけでは争いはなくならないという根強い反対意見もある。それは，カナダの事

案等をみても明らかである。その点で，ここで紹介するいくつかの判決は大きな意味を有している。

第Ⅱ部　租税回避行為とその否認

第7章　米国以外における租税回避行為とその否認

㉖　ある取引を税務上否認するためには明確な規定の存在が必要とされた事例（英国）
—Inland Revenue Commissioner v. Duke of Westminster (1936) H.L. 19 T.C. 490—

■概　説

「大憲章（マグナカルタ（1215年））」、「権利請願（Petition of Rights（1628年））」、「権利章典（Bill of Rights（1689年））」に代表されるように、英国の歴史では税に絡んだものが多い。

このような歴史的経緯等もあって、英国では、「法律によらなければ課税されない」といういわゆる厳格な意味での「租税法律主義」の考え方が極めて強いといわれている。しかも、同国では、長い間賦課課税制度が採用されていた[1]。そのため、行政当局は、どちらかといえば、租税回避よりも脱税や滞納等にその関心を向け、法の規定の抜け穴を利用したり、自己に有利なように解釈するいわゆる「租税回避」に対しては、執行上比較的緩やかな態度をとってきた。

かかる英国の伝統的考え方が示されたのがWestminster事案である。この事例は、結果的に納税者勝訴となったものの、課税庁が初めて租税回避行為を問題視したリーディングケースとして、その後もしばしば引用されている。

本件は、個人所得税に関する事案であるが、内容的には分かりやすい簡単なケースである。日本流にいういわゆる家事関連費の付けまわしに関する事案である。

■事案の概要

本件事案の当事者たるWestminster公は、裕福な財産家で、家事使用人

---

(1) 英国が申告納税制度に移行したのは1990年代になってからである。しかも、完全移行までにかなり長期間を要している。

（household servant）としてガーデナーをはじめ多数の者を雇用していた。

当時の英国所得税法（正確にはその付加税）では，家事使用人に支払われた給与（wage）については，使用者の所得計算上控除が認められていなかったが，使用人の報酬以外の法的義務に伴う支払については控除が認められていた。

そこで，Westminster公は，各使用人との間で，その後7年間にわたる役務提供に係る対価の一部を年金の形で支払う旨の「条件付契約（deed of covenants）」を締結した。この契約に基づき，同公は，家事使用人に対し，従前の給与に相当する金銭の一部を年金の形で代金を支払っていた(2)。

それまでの支払は，毎週60シリング前後であったが，そのうち本件契約により年金の形で支払われる部分は38シリングとなっていた。そして，差額相当分（60シリングの場合であれば年金部分38シリングとの差額相当分の22シリング）については，使用人側に役務提供の義務及び役務提供がなされた場合における対価としての法的請求権はないものの，それに相当する分を支払う用意がある旨の契約文書（deed of covenants）を各使用人宛に出していた。

使用人としては，この文書に記載された条件に従っている限り，役務提供をすれば，従前と同様の実質収入が期待できた。

なお，使用人のうち何人かは退職したが，それらの者に対しても，年金相当部分のみは支払われていた。

このような手法をとることにより，Westminster公は，自己の所得税（付加税）の計算上，控除が認められない給与の支払に代えて，控除可能な年金の支払に変更した上で，それに見合う金額を控除した後の金額を課税所得とした申告を行った(3)。

それに対し，英国内国歳入庁（Inland Revenue，当時）が，年金なる名の下に支払われた対価は実質的に給与に当たるとしてその控除を否認したため争いとなった。不服申立て段階に相当する「所得税調査委員会（Commissioners

---

(2) ただし，証拠関係によれば両当事者の理解としては，家事使用人は役務提供義務は負うものの，対価の請求権はないということであった。
(3) 当時の所得税法では，所得税の追加税である付加税（sur-tax）の計算上，年金という形での支払であれば支払人の課税標準から控除することが認められていた。
なお，本件契約（役務提供契約と年金支給契約）は法的にみても実行可能性という点からみても全く問題のないものであった。

for the special purposes of the Income Tax Act)」[4]では，本件条件付契約書を正しく理解するためには，契約書上の表現のみでなく，その実質（substance）についての理解も必要としている。その上で，内国歳入庁の調査結果によれば，使用人に送付された契約内容に関する説明書，各使用人の承諾書の形式及び内容等を総合的に考慮すれば，「本件年金名目による対価の支払は，これを受領する使用人の側で従前どおりの役務の提供をすることを条件としていると考えるのが相当である。」として，本件年金名目の支払を，実質的に給与の支払であるとした内国歳入庁の主張を認めた。

そこで，納税者が本件処分の取消しを求めて，わが国の地方裁判所に相当する「高等法院（High Court）」[5]に提訴した。しかし，そこでも敗訴となったため，わが国の高等裁判所に相当する「控訴裁判所（Court of Appeals）」に控訴した。

「控訴裁判所」では，逆転判決で納税者の主張が認められたため，今度は内国歳入庁が，わが国の最高裁判所に相当する「貴族院（House of Lords，当時）」[6]に上告した。

■主な争点と当事者の主張

1　争　点

本件事案の主な争点は，法令上明確な否認規定がない場合であっても，課税庁は法令の趣旨，目的等を勘案してこれを否認することが許されるか否かという点である。

---

(4) 当時は直接税と関税消費税（Custom & Excise）は別組織となっていた。
(5) 委員会の決定に不服がある場合，納税者は当該決定書を受領後30日以内に高等法院に訴状を提起することが認められている。ただし，その場合には，係争の対象となっている税額の納付が必要である。
　　なお，本人訴訟も可能であるが，一般的には代理人によってなされている。
(6) 英国では最高裁は貴族院内に設置されている。ただし，担当者はすべて職業裁判官であり，これらの判事は，任期中は貴族院議員としての資格を有している。また，定年（70歳）後も希望すれば一代限りの貴族院議員として残ることが認められている。
　　なお，この制度は現在は基本的に廃止され，議会とは独立した「最高裁判所」となっている。

《図表》Westminster事案のイメージ図

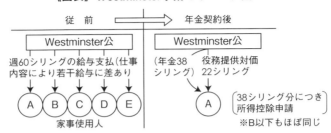

〔事案の概要〕

1　Westminster公は家事使用人に対し週60シリング（使用人により若干の差あり）の給与を支払っていた（Westminster公の所得税の計算上控除不可）。
2　Westminster公は経費控除を可能にするため，今後7年間に週38シリングの年金（annuity）を支払うこと，及び役務提供に対し週22シリングの報酬を支払う旨の条件付契約書（deed of covenants）を交わした。あわせて契約内容を説明した手紙を使用人に送付した。
3　この契約書に基づき Westminster公は，年金相当部分を経費として控除した所得税（付加税）申告書を提出した。
4　内国歳入庁（IRS）は，この控除を認めなかったため争いとなった。

〔争　点〕

年金名目で支払われた金員は，支払者の所得計算上控除が認められるか。

〔裁判所の判断〕…最終的に納税者勝訴

	納税者の主張 （控除が認められる）	課税庁の主張 （控除が認められない）
所得税調査委員会		○
高等法院（地裁レベル）		○
控訴裁判所（高裁レベル）	○	
貴族院（最高裁レベル）	○	

2　当事者の主張

(1)　納税者の主張

　納税者（Westminster公）は，本件各契約はいずれも有効に成立しており，単に「結果的に納税者の租税負担が軽減されている。」という理由のみで法令

の根拠なしにこれを否認することは許されないと主張する。

(2) 課税庁の主張

それに対し、課税庁（Inland Revenue）は、本件各契約に基づき元従業員に支払われていた年金名目の支払金は、実質的には給与支給に当たるので更正処分は維持されるべきであると主張する。

■裁判所（最高裁判所（貴族院））の判断……納税者勝訴

最高裁判所（貴族院）は、4対1で納税者の主張を認め、内国歳入庁に対し処分の取消しを命じた。

多数意見は、「裁判所は、当事者がどのような法的ポジションをとっていようとそれらの如何にとらわれず、重要な事実（substance of the matter）を考慮することができるはずである。」とする課税庁側の主張は認めたものの、本件の場合、「（契約書に記載された内容の本質的な部分は、従来）使用人であった本件契約に係る年金受給者が、従前の給与（wage）と等しい額を受領して納税者（Westminster公）に雇用されており、かつ、その間（7年間）従前と同様の役務提供も行っているので、（年金名目によるWestminster公の支出は）実質的には使用人による役務提供の対価であり、給与に相当するものである。」という点については、次のように判示してその主張を斥けている。

① 「いかなる国民も、法の許す範囲内で、その法律の下で課される租税負担額を軽減するため、自らに関する取引形態を調整する権利を有している。もし、ある者がこのようなやり方で成功した場合、課税当局（Inland Revenue）又は他の納税者がそれらの契約内容にさしたる価値がない（unappreciative）としたとしても、その者は（本来負担すべき税額よりも）より多くの税額負担を強制されることはない。」（19 T.C. 490 at 520）

② 「（英）国民は（課税庁による法の）趣旨による推論（inference）又は類推解釈（analogy）によって課税されることはない。課税がなされるのは、自らの取引事例の事実関係及び諸状況（facts and circumstances）に適用することのできる法の明確な文言がある場合に限られる。」

③ 「（課税庁側の主張する）いわゆる『実質主義』なる主張は、納税者が自分に要求されている租税の負担額について、法令上あらゆる加工を施して彼にその負担をさせようという試み以外の何物でもない。」

④「本件条件付契約証書は、適正な法的実効性（proper legal operation）を備えた真正なものであり、『実質主義』の名の下にこれを無視したりすることは許されない。」

なお、本件判決で唯一の反対意見を述べたAltkim判事（Lord）の反対意見は、大略次のようなものであった。

① 「英国民は、（たとえ貧しく卑しいものであろうと、裕福で高貴なものであろうと）自らの租税負担が最も少なくなるように自己の資本と所得を処理する権限を有しているということは認められなければならない。※」(7)

　※ ちなみに、この点に関し、Tomlin判事はLord Tomlinの本件判決に対するコメント（Westminster事案）を引用しつつ、次のようにコメントしている。

　「Every man is entitled, if he can, to order his affairs so that the tax attaching under the appropriate Acts is less than it otherwise would be.」

② 「本件契約書をストレートに解釈すれば、取引の実質（substance）は、（年金名目で）支払われた対価が（役務提供に対する）報酬（すなわち給与）だったということである。」として、「本件契約に基づき使用人に支払われていた年金名目での金員は給与だった。」（19 T.C. 490 at 511）

---

(7) この部分については多数意見と同様である。ただし、②の点で多数意見と結論を異にする。

　ちなみに、①の部分に関し先例となった事案について、Clyde判事は次のようにコメントしている。

　Ayrshire Pullman Motor Service & Ritchie v. CIR（(1929) 14 T.C. 754）Lord Clyde is remark

　「No man in this country is under the smallest obligation, moral or other, so to arrange his legal relations to his business or to his property as to enable the Inland Revenue to put the largest possible shovel into his stores.

　The Inland Revenue is not slow—and quite rightly—to take every advantage which is open to it under the taxing statutes for the purpose of depleting the taxpayer's pocket. And the taxpayer is, in like manner, entitled to be astute to prevent, so far as he honestly can, the depletion of his means by the Revenue.」

■解 説

1 本件判決の先例性

明確な否認規定がない限り，たとえ租税回避行為があったとしても否認されることはないとした本件判決は，その後，長い間英国の伝統とされてきた。また，英国の法制を基本的に受け入れていたカナダなどにおいても，参考判決として度々引用されるなど，先例として尊重されてきた。

その意味で，本件判決は実務上にもかなり大きな影響を及ぼした判決であったということができよう。ちなみに，本件判決で用いられた理論は次の3点である。

① 法律の文言は，厳格に解釈又は法律に書いてある文言どおりに受け取られるべきである。
② 取引は，その経済実質や商業上の本質が何であったかではなく，そこで採用されている法形式によって（税務上の効果が）判断されるべきである（いわゆる「法形式重視主義（formality over substance）」の強調）。
③ たとえビジネス目的が全くなく，租税回避目的のみ（solely to avoid tax）で行われた取引であっても，税務目的上は有効なものである。

しかし，このような考え方に立てば，租税回避は自由に行うことができるということになってしまう。現に，英国では，その後多種多様な租税回避が行われ，課税当局はその対応に追われるようになった。

そして，このような流れは，1981年にそれまでの考え方を逆転させたRamsay判決が出るまで続いた。

2 米国の考え方

それに対し，米国では，本件判決とほぼ同時期に出された有名なGregory判決（Gregory v. Helvering, 293 U.S. 465（1935））[8]で，本件判決と反対の立場がとられている。すなわち，米国の最高裁判所は，受取配当課税を回避するために行われた新会社への株式移転と新会社清算に至る一連の取引を，「『経済的

---

(8) 前掲事案㉟参照。

実質(economic substance)』も税務目的以外の『事業目的(business purpose)』もない『見せかけ(sham)』の取引にすぎない。」とした米国内国歳入庁（IRS）の処分を是認している。

同様に，Knetsch事案（Knetsch v. United States, 364 U.S. 361（1960））[9]においても，納税者による利子所得（額面400万ドル，金利2.5％の30年物債券）の先送りをねらった金利7.5％の債券担保型ノンリコース債券の発行による金利との相殺取引を，当該取引全体が「見せかけであり，当該取引から所得控除発生目的以外何ら実体のあるものがない。」としたIRSの処分を是認している。

3　本件判決と米国Gregory判決等との関係

このように，本件判決は，米国のGregory判決と正反対の結論となっている。もちろん，前提となる事実が異なるので単純な比較はできないが，租税回避に対する英国の考え方を知る上で参考になる重要な事案である。

この判決を受け，英国では，長い間租税回避は聖域扱いとされ，具体的な否認規定がない限り否認が認められてこなかった。

このような流れは，1980年代に入って，次に紹介するRamsay判決が出されるまで続いた。

■わが国の参考判例，裁決例等

わが国の場合，本件判決と同様に明確な否認規定がない限り否認はできないとした判例として，次のようなものがある。

① 東京地裁平成13年11月9日判決（平成12年（行ウ）第69号）・裁判所ウェブサイト

　本件はオーブンシャ事件の第一審判決であるが，そこでは同族会社が外国に設立した子会社の株主総会で，新たに発行する株式全部を当該同族会社の外国における関連会社に著しく有利な価額で割り当てる決議を行った場合において，税務署長が，当該決議により前記同族会社が保有していた前記子会社の株式の資産価値を何らの対価も得ずに前記関連会社に移転させたものであって，同社に対する寄附金に当たるとして，前記同族会

---

(9)　前掲事案㊳参照。

社に対してした法人税の更正が，違法とされ取り消されている。
※ただし，本件は高裁（東京高裁平成16年1月28日判決）及び最高裁（平成18年1月24日判決）で当局の処分が適法だったとされている。
② 東京高裁平成11年6月21日判決（平成10年（行コ）第108号）・裁判所ウェブサイト

　本件では，土地等の資産を譲渡した者が別の土地を購入し，売買契約代金の相殺後の残金として金員の交付を受け，売却及び購入として申告したのに対し，当局がこれを交換契約であるとして課税したのに対し，裁判所は明確な法令の根拠なしに取引を再構成して課税することは認められないとして課税処分の取消しを命じている。

第7章　米国以外における租税回避行為とその否認

⑥ 文理解釈以外の解釈による課税が認められた事例（英国）
——Ramsay Ltd. v. Inland Revenue Commissioner (1982) A.C. 300 at 326——

■概　説

　Westminster事案で示された，「課税できる旨の明確な規定がない限り，たとえ租税回避があったとしてもこれに課税できない。」とする英国貴族院（最高裁判所）の解釈は，英国の課税当局にとって大きな足かせとなっていた。

　このような流れを変えたといわれるのが，次に紹介するRamsay事案である。

■事案の概要

　本件事案における納税者であるRamsay Ltd.（以下「Ramsay社」という。）の目的は，多額の含み益を有する同社が，一方でキャピタルゲインを実現させつつ他方でそれに見合うペーパー上のキャピタルロスを発生させ，結果的にキャピタルゲインに対する課税を免れようとする点にあった。

1　前提となる契約等の内容

① 納税者は，1973年2月23日に，第三者の所有する会社（A社）の株式を，1973年2月23日に銀行借入により18万5,000ポンド（正確には18万5,034ポンド）で購入した。これが計画の第一段階である。

② 次いで，同日，A社に対し，額面額21万8,700ポンド（正確には21万8,750ポンド）の2本のローン供与を行った。この際も，原資は銀行借入によって賄われていた。これらのローン契約は，いずれも「公正証書（statutory declarations）」の形で行われた。

③ 2本のローンの金利（年利）はいずれも11％となっていたが，満期は，そのうちの1つについては30年（ローン①），もう1つは31年（ローン②）であった。

《図表1》Ramsay事案のイメージ図

《図表2》Ramsay事案に係るタイムテーブル

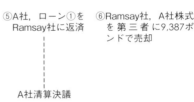

① Ramsay社、A社株式を18万5,034ポンドで購入

② 同日付でA社に対し
ローン①（期間30年）── ③ 金利ゼロに引下げ
金利11%
ローン②（期間31年）──── 金利22%に引上げ
金利11%
（一方の金利を引き上げたときは他方の金利は引き下げる旨の契約あり）

④ 同日ローン②を金融機関に39万1,481ポンドで売却
（キャピタルゲイン17万2,731ポンド）

⑤ A社、ローン①をRamsay社に返済

A社清算決議

A社清算中

⑥ Ramsay社、A社株式を第三者に9,387ポンドで売却

キャピタルロス
＝①－⑥
＝17万5,647ポンド

・いずれも21万8,750ポンド

・期日前弁済によりA社清算のときでも繰上げ返済
（ただし、額面又は市場価格のいずれか高い方）

〔事案の概要〕

〔ステップ1　株式取得〕（1973年2月23日）
A社の株式を第三者から取得（対価18.5万ポンド）。

〔ステップ2　ローン実施〕（1973年2月23日）
Ramsay社からA社に期間30年（ローン①）及び31年（ローン②）の2つのローンを年利11%

で供与。
　　→①，②のいずれについても満期前償還可
　　その場合の返済は額面又は市場価格のいずれか高い方を選択する（Ramsay社は一度だけ①又は②のいずれかの金利を引き上げることができる…その場合に他方の金利を引き下げることが条件）。

〔ステップ3　金利変更実施〕（1973年3月2日）

　契約に従い，Ramsay社はローン②の金利を22％に引き上げるとともにローン①の金利をゼロに引き下げる。

〔ステップ4　ローン②売却〕（1973年3月2日）

Ramsay社，同日ローン②を39.1万ポンドで外部（金融機関）に売却。
（キャピタルゲイン）
39.14万ポンド−21.87万ポンド＝17.27万ポンド
※ただし，このキャピタルゲインについて，Ramsay社は「証券化された債務」の譲渡ではないので，1965年財政法附則第11条第1項本書きの規定により債権者たるRamsay社には課税利得は発生していないと主張。

〔ステップ5　貸付金回収とA社株式売却〕（1973年3月9日）

当初の契約に基づきA社はローン①をRamsay社に返済。その後，A社株式を9,000ポンド強で売却。
（キャピタルロス）
18.5万ポンド−0.93万ポンド＝17.5万ポンド

〔争　点〕

① 本件取引において生じたキャピタルゲインとキャピタルロスの損益通算が認められるか。
② 本件貸付金債権の売却益は非課税か，それとも非課税とならない「証券化された債務」の売却か。

〔裁判所（最高裁判所）の判断〕…納税者敗訴

① 判断なし。
② 本件売却益は非課税とならない「証券化された債務」の売却益である。

④　A社が満期前に返済することも可能な契約となっていたが，その場合の返済金額は額面額若しくは市場価格のうちいずれか高い方とされていた。

⑤　また，A社が清算する場合には，弁済期限前であっても返済が義務付けられていた。

⑥　さらに，契約ではローンの貸手であるRamsay社は，1回に限り2本のローンのうちの1本の金利を引き上げることが認められていた（ただし，その場合には他方の金利はその分だけ引き下げられる。）。

2　契約内容の実行状況

①　これらの契約に基づき，Ramsay社は，1973年3月2日，2本のローン

のうち，ローン①の金利をゼロにするとともに，ローン②の金利を22％に引き上げた。

② その上で，Ramsay社は，ローン②を同日に金融機関に39万1,481ポンドで売却し，17万2,731ポンド（＝39万1,481ポンド－21万8,750ポンド）のキャピタルゲインを得た[1]。

③ 次いで，1973年3月9日，A社は清算を行う旨の決議を行い，当初の契約に基づき，Ramsay社に残りのローン（ローン①）を額面額（21万8,750ポンド）で返済した。

④ その上で，Ramsay社は，A社の株式を第三者に適正時価（9,387ポンド）で売却した。その結果，Ramsay社には17万5,647ポンド（＝取得価額18万5,034ポンド－売却価額9,387ポンド）のキャピタルロスが生じた。

これら一連の取引により，Ramsay社は，17万2,731ポンドのキャピタルゲインと17万5,647ポンドのキャピタルロスが同一事業年度に生じたため，両者を相殺していた。

■主な争点と当事者の主張

1 争　点

本件事案の主な争点は，本件取引において，キャピタルゲイン（債権の譲渡益）とキャピタルロス（A社株式の売買差損）を通算することは認められるかという点（争点1）と，本件貸付金債権（ローン②）の売却益は，非課税とならない「証券化された債務」の売却益に該当するかという点（争点2）である。

---

[1] ただし，Ramsay社は，本件キャピタルゲインは，1965年財政法附則第11条第1項に規定する「ある者（本件でいえばA社）が他の者に対して，英国通貨若しくは他の通貨による金銭債務を負う場合，当該債務が譲渡されたことに対して債権者（本件でいえばRamsay社）には課税利得が生じないものとする。」との規定により非課税となるとの主張もしている。

なお，同条はただし書で，「証券による債務（debt on a security）はこの限りでない。」としている。

したがって，本件ローンの売却が本書きに該当して非課税となるのか，それともただし書に規定にする「証券化された債務」に該当して本件キャピタルゲインが課税所得となるのかが，本件で重要な争点となっている。

2 当事者の主張

争点1

(1) 納税者の主張

Westminster事案の判示に従えば法形式が重視されるべきであり，当然損益通算は認められるべきであると主張する。

(2) 課税庁の主張

それに対し課税庁は，Westminster事案における法形式の尊重という理論は過度に強調されるべきでなく，本件取引を全体としてみれば，Ramsay社の資金状況等も取引前と取引後でほとんど変化していない。したがって，本件取引には，Westminster事案で述べられている法理は適用されないと主張した。

争点2

(1) 納税者の主張

本件貸付金債権（ローン②）は，契約内容等からして「証券化された債務」には該当しないので，本件債権の売却によって生じるキャピタルゲインには，1965年財政法附則第11条第1項本書きが適用され，非課税となるはずであると主張する。

(2) 課税庁の主張

この点について，課税庁は，本件貸付金債権は「証券による債務」であり，同附則第11条第1項のただし書が適用され，非課税にはならないと主張した。

> **参考1　証券の意義**
>
> いかなるものを「証券」というかについて，1965年財政法附則第7章第5条第3項第6号にその定義がなされている。
> そこでは次のような定義がなされている。
> 「（ここでいう）『証券』には（それが担保等に付されているか否かにかかわらず），英国政府若しくは他国の政府及びその他の政府機関若しくは地方機関又は会社に対する債権，株式その他これらに類する証券も含まれる。」

■裁判所の判断

1 最高裁判所に至るまでの経緯

　裁判では，2つの争点のうち，主として争点2の貸付金債権（ローン②）が「証券化された債務」に該当するか否かが争われた。

　不服申立て段階では，本件貸付金債権は附則第5条第3項Bに該当するので，「貸付金債権の譲渡による所得は同附則第11条第1項ただし書に規定する『証券化された債務』の譲渡になる。」とした課税庁の処分が是認された。

　しかし，わが国の地方裁判所に相当する「高等法院（High Court）」は，証書若しくは証明書によって「証券による債務」である旨が債務者によって明らかにされていない以上，その譲渡によるキャピタルゲインを「証券化された債務の譲渡」に該当するとして課税することは，Westminster事案における「明確な法律上の規定がない限り課税できないとする理論に反する。」として課税庁の主張を斥けた。しかし，課税庁側が控訴した控訴院（Appeals Court：わが国の高等裁判所に相当）で課税庁側の請求が認められたため，納税者側が上告した。

2 最高裁判所の判断……納税者敗訴

　貴族院（最高裁判所：House of Lords）の審査段階において，課税庁側は，事業目的のない法形式は見せかけ（sham）であるとする米国のGregory判決にも言及しつつ，たとえ本件貸付金が証券に該当するという明確な法令上の根拠がないとしても，スキーム全体に租税回避以外の事業目的等がないことなどからすれば，本件貸付金債権の譲渡は「証券による債務の譲渡」であり，1965年財政法附則第11条第1項ただし書に規定する「証券による債務の譲渡」に該当するので課税対象になると主張した。

　これを受けて，英国最高裁において本件判決に中心的な役割を果たしたWilberforce判事（Lord Wilberforce）は，「裁判所は，文理解釈（literal interpretation）に限定されることなく，文脈（context）や法の趣旨（scheme of the Act），目的（purpose）についてもあわせて考慮すべきである。」とした上で，Westminster事案で展開された法形式優先（form over substance）の

理論は,「強調されすぎてはならないし,拡張されすぎてもならない (must not be over stated or over-extended)。」として次のように述べている。

① 「裁判所としては,提出された資料や取引等について,それが真実であると判明した場合には,これを受け入れざるを得ない (obliging to accept) が,それは,裁判所がそれらの資料や取引が真に有する内容を無視 (blinkers) したり,それらの内容と無関係に (isolated) 受容を強制されるものでもない。」。「もし,それらの証拠又は取引が一連の取引に何らかの効果を与える目的で作られ,又は,より大きな取引の重要な一部を構成する目的でなされたものである場合には,それらの証拠又は取引をそのように（全体の一部として）捉えてはならないとする学説 (doctrine) は存在していない。また,そのように解することは,実態に対する法形式優先に反するものでもないし,法形式に対する実質優先になるものでもない。」。「いかなる取引であっても,それが税務に関係するもの (attach to a tax) 若しくは結果的に税に影響 (tax consequence) してくるものであれば,それらについて法的見解を明らかにする (ascertain the legal nature) ことは裁判所の役割 (task) であり,裁判所の事実認定により一連の取引又はいくつかの取引であることが明らかになった場合においては,そのように解した上で判断すべきである。」

② 「本件取引においては,納税者の目的は,キャピタルゲインに係る課税を回避するため,（それに見合うキャピタルロスを生じさせる手段としてレディ・メードの租税回避商品を購入した上で）本来であれば何の変化も生じないものについて,あえて一方の資産（ローン②）の価値を増加させるとともに,それに見合う他方の資産価値を減少させ（ローン②について金利を11％から22％にするとともに,ローン①については,金利11％から0％に),価値の増加した資産の売却に伴うキャピタルゲインについて非課税規定の適用を受けるため,（A社に債務ローン①を弁済させることによって,A社の価値を減少させた上で）その株式を譲渡することによりキャピタルロスを生じさせることにあった。」

③ 「本件計画は,（租税回避商品の例に従い）タイムテーブルに則って一連の取引が進行し…（それらの取引が）完了した時点における納税者の財務状況は,（納税者がこの計画のプロモーターに支払った料金と特定の支出

を除けば）取引開始の時点とほぼ同じであった。」(2)

④ 「（Westminster判決で示された原則においても，）一連の取引として実行されることが予定された複合取引においては，個々の取引プロセスについて，それらを別個のものと考える必要はない。」

「例えば，当初の計画が一連のプロセスを経て初めて実現されるような場合（その他これに類するような場合）には，（不服申立て段階において）事実を認定し，それらの取引が全体として一連の取引なのかそれとも個々の独立した取引なのかについて決定されるべきである。」

「本件一連の取引は，相互に密接に関連した一連の行為とみるべきである。」

《図表3》争点2に対する裁決，判決等の推移

	納税者側の主張 本件貸付金（ローン②）は証券ではない…したがって，本件貸付金債権の譲渡は「証券による債務の譲渡」には該当せず，キャピタルゲインは非課税となる。1965年財政法附則第11条第1項本書き該当	課税庁側の主張 本件貸付金（ローン②）は証券である…したがって，本件貸付金債権の譲渡益は1965年財政法第11条に規定する非課税要件を充足せず課税となる。
不服申立段階での裁決		○
高等法院（地裁）	○	
控訴院（高裁）		○
貴族院（最高裁）		○

(2)

計画スタート前　　　　　計画完了後

　Ramsay社　　　　　　Ramsay社

第三者　　　　　　　別の第三者
　↓　　　　　　　　　　　↓
　A社　　　　　　　　　　A社

この間，①Ramsay社によるA社株式の取得，②A社への2本のローン実施，③うち1本の金利引上げと他方の金利引下げ，④高金利ローンの売却，⑤低金利ローンの返済，⑥Ramsay社によるA社株式の売却等のステップがあるが，それらはいずれも短期間に行われた一連の取引である（ただし，プロモーターへの代金支払及びそれに付随するコストの支出あり。）。

第Ⅱ部　租税回避行為とその否認

⑤ 「本件貸付金債権の譲渡は,『証券化された債務』の譲渡であり,非課税にはならない。」

■ **解　説**

　本件において,Wilberforce判事は,租税回避行為ありとして否認されないためには,税務目的以外に「事業目的（business purpose）」が必要だとする米国のGregory判決で示された考え方を全面的には採用しなかったものの,事業目的が全くない場合には,一連の取引の中における個別の取引を否認できるとするいわゆる「事業目的テスト（business purpose test）」については,Gregory判決で示された考え方を受け入れている。この点についていえば,英国もそれまでの租税回避放任主義でなく,米国流の租税回避防止に大きく舵を切ったといってもよいであろう。

　ちなみに,Wilberforce判事は,租税回避スキームの特色として,次の3点を挙げている。

① スキーム自体に自己に不都合な状態が生じたときは,いつでも契約をキャンセルできる旨の条項（いわゆるself-cancellation条項）が付されていること

② 事業性又は商業目的等が存在しないこと（noncommerciality）

③ 契約自体に特段の規定が設けられていない場合であっても（当初の取引がスタートした場合には）,それに続くすべての取引がほぼ自動的に進行するものとなっていること

　この考え方は,細部についての差はあるものの,米国の判例等でしばしば述べられている「ステップ取引法理（step transaction doctrine）」に近いものである。

参考2 ステップ取引法理（step transaction doctrine）

　この法理は，個々の取引を分解してみた場合には特段の問題はなくても，全体が相互に関連しており，全体としてみた場合には租税回避行為である場合に，それを税務上否認するというものである（Rector J.『A Review of Economic substance Doctrine』Stanford Journal of Law Business and finance Autumn 2004, P145）。

ステップ取引法理による否認事例

・Commissioner v. Court of Holding Co.（324 U.S. 331, 334（1945））

　　同書では，Gregory事案の控訴審判決（69 F.2d 809（2nd Cir. 1934））をこれに含めている。また，ステップ取引法理による否認事例として次のような判決例もある。

・Minnesota Tea Co. v. Helvering（302 U.S. 609（1938））

　　また，ステップ取引法理を適用するに当たっては一般的に次の3点が考慮されるとしている。

　　a　最終結果テスト（end result test）…結果がどうなっているか。

　　b　相互関連テスト（matter dependence-test）…契約はどの程度相互依存の関係にあるか。

　　c　コミットメント拘束テスト（binding commitment-test）…契約に何らかのコミットメントが求められているか。

第7章　米国以外における租税回避行為とその否認

⑭ Ramsay事案の限界（事前に仕組まれたものは認められない）が問題となった事例（英国）
―Dawson v. Commissioner of Income Taxes(1984) S.T.C. 153―

■概　説

本件事案は，Ramsay事案で打ち出された租税回避かそうでないかを区分する原則，すなわち，①スキーム自体にself-cancellation条項が盛り込まれているか否か，②税負担軽減以外に事業目的又は商業目的が存在しているか否か，③契約が一連のセットとなっており，当初の取引がスタートした場合には自動的に次のステップに移行するようになっていること，特に，②と③が類似案件に対し，どの程度まで適用可能かについて直接問題とされたものである。

■事案の概要

Dawson氏は，衣類製造業を営む2つの会社（A社，B社）を有していた。そのうちの1社（B社）を売却することで，買手であるWood Bastow社（以下「W社」という。）との間で合意したが，同氏から直接W社にB社株式を売却した場合，同氏にキャピタルゲイン課税が生じてしまう。

そこで，これを回避するため，Dawson氏はW社と相談の上，次のような取引を行った[1]。

① マン島への会社設立（英国とアイルランドの間にはさまれている同島は，タックスヘイブン国としても知られている。）…Dawson氏はGreen Jacket社（以下「G社」という。）を設立した。

② その上で，Dawson氏は自己の有するB社株式とG社株式を交換した（税制適格株式交換のため非課税）…当該株式交換の対価として，G社は，B社株と等価となる15.2万ポンド相当の株式を発行した。

---

(1) なお，これらの取引はすべて1回の間に行われた。

③ Dawson氏は，G社を通してB社株式を15.2万ポンドでW社に売却した…しかし，当該売却に係るB社株式の簿価は，G社によるB社株式取得の対価として発行された新株の発行価額が15.2万ポンドとなっていたので，G社には株式譲渡益は生じなかった。また，Dawson氏はG社株式を引き続き所有していたため，結果的に同氏にキャピタルゲインは発生しなかった。

> **参考1** 税制適格株式交換の要件（1965年財政法附則第7章第6条―要旨）
> ① 会社がある者に対して他社の株式等との交換により自社の株式等を発行していること
> ② 当該交換により，他社の株式等の4分の1以上を所有し，若しくは所有することとなる場合であること

　これら一連の取引を行うことにより，Dawson氏は，自己の所有する含み益のあるB社株式の売却に伴うキャピタルゲイン課税を免れつつ，売却代金を手にしたのである。これら一連の取引を図に表すと次頁のようになる（図表を参照）。

　それに対し，課税庁（Inspector of Taxes）が，これら一連の取引は，実質的には，Dawson氏からW社へのB社株式の取引であるとして同氏にキャピタルゲイン課税を行ったことから係争となったものである。不服申立て段階では，同氏とG社との間で行われた株式の交換及G社によるB社株式のW社への売却は，いずれも真正な取引であり，かつ，G社は，B社株式の（たとえ一時的にせよ）法律的にも経済的にも完全な所有権者だったことは明らかであるとして，納税者の主張を認める裁決をした。

　これを不服とする課税庁側が提訴[2]したものの，地裁（高等法院），高裁（控訴院）いずれのレベルにおいても敗訴となったため，最高裁に上告。

---

(2) わが国では，裁決は国側を拘束し，取消部分について国側は提訴できないこととされている（国税通則法102条）が，英国では，課税庁側による裁決取消しの訴えの提起も認められている。

《図表》Dawson事案のイメージ図

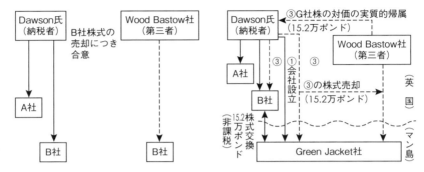

〔事案の概要〕

① ステップ1
　Dawson氏（納税者）はマン島にGreen Jacket社（G社）を設立。

② ステップ2
　Dawson氏、B社とG社の株式を交換（税制適格のため課税なし）。交換の対価として、G社は新株式（15.2万ポンド）を発行。

③ ステップ3
　G社は、株式交換で得たB社株式を15.2万ポンドでWood Bastow社（W社）に売却、ただし、G社の売却益はゼロ（G社株式譲渡対価15.2万ポンド、G社によるB社株式の取得対価15.2万ポンド）。

これら一連の取引が行われた後のイメージ図は次のようなものになる。

スキーム実行後のイメージ
※Dawson氏はマン島所在のG社の株式を譲渡した時点で英国でキャピタルゲイン課税を受ける。

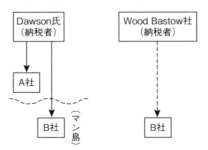

〔争　点〕
　本件一連の取引は租税回避目的で事前に仕組まれたものであり税務上否認されるべきものか否か。

〔裁判所（英国最高裁判所）の判断〕…納税者敗訴
　本件一連の取引は，租税回避スキームというよりは単なる課税先送りスキームであるが，一連の取引が事前に仕組まれたものであることは明らかなので，税務上否認されるべきものである。

■主な争点と当事者の主張

1　争　点

　本件事案の主な争点は，これに先行するRamsay事案で示された租税回避行為否認に関する法理（doctrine）が本件にも適用されるか否かという点である。

2　当事者の主張

(1)　納税者の主張
　この点に関する納税者の主張は，次のようなものであった[3]。
① 　Dawson氏によるB社株式とG社株式との「株式の交換」，及びG社による「B社株式の売却」のいずれについても，真正に行われた取引である。
② 　交換から売却までの間におけるG社によるB社株式の保有は，法的にも経済的にも全く問題ないものであった。
③ 　B社株式の売却によって得られた資金は，売手であるDawson氏の手元に戻らずG社に残留している。
④ 　単なる課税の繰延べにすぎない。したがって，Ramsay事案で示された法理は，本件に適用されるべきではない。

(2)　課税庁の主張
　それに対し，課税庁は，本件取引は，Dawson氏が自己のキャピタルゲイン課税を免れるため仕組んだ一連の取引であり，そのことは，取引全体がわずか

---

(3)　制度が異なるので単純な比較はできないが，わが国の組織でいえば国税不服審判所（Special Commissioner），わが国の地裁に相当する高等法院（High Court），同じく高裁に相当する控訴裁判所（Court of Appeals）の判断もこれと同じ。

に1回で終了していることからも明らかであると反論する。その上で、たとえ、それぞれの取引が真正かつ適法なものであり、かつ資金が納税者に還流することなくG社に残っていたにしても、実質的には同氏に帰属するものであり、取引全体としてみれば租税回避に該当することは明らかであるとしている。

■裁判所（英国最高裁判所）の判断……納税者敗訴

わが国の最高裁判所に相当する英国貴族院（House of Lords）は、本件取引が取引自体それほど複雑なものでなく、しかも、納税者の手元に投下資金が還流しているわけでもないことから、「租税回避というよりは、どちらかといえば単なる課税の繰延べスキームであり、行き過ぎた（extravagant）租税回避とまでいえるような代物ではない。」とした前審段階の事実認定についてはほぼこれを受け入れ[4]つつも、地裁や高裁の裁判官の判断は、「Westminster原則は神聖であり、これに反するRamsay事件で示された租税回避否認に係る判断基準に関する原則の適用を、（取引の中途で何か別の要因が発生したら一連の取引が自動的に解消されるという、いわゆる）自動解消取引に限定すべくあらかじめ決めていたといわざるを得ない。」と批判した上で、次のように判示して、課税庁側の主張を認める判決（全員一致）を下している。

(イ) 「あらかじめ計画された節税スキームのうち、次の2つについては、実際上差がないので、課税目的上はそれらを区分すべきでない。
① 拘束力のある契約ではないものの実際には<u>実行が予定</u>されている<u>一連の取引</u>
② 各取引段階を順次行うよう当事者が契約により<u>拘束</u>されている<u>一連の取引</u>
……（このような考え方に立てば）本件事案に対し『拘束力のある契約がない』という理由で納税者が課税されないということにならない。」（下線部分筆者強調）

(ロ) 「本件一連の取引によって（Ramsay事案と異なる形ではあるが）納税者は、当初の目的を達成しており……たとえ一連の取引の中に事業上目的のない取引が一部追加的に含まれていたとしても、それらの追加的に加え

---

(4) (1984) S.T.C. 153 at 159-160.

られた取引（inserted step transaction）は，課税目的上無視される。」
(ハ)　「裁判所は，最終的な結果（end result）がどうだったかに着目すべきであり，それに対しどのような課税が行われるべきかは，当該一連の取引と適用されるべき制定法の文言による。」
(ニ)　「本件取引においては，一連の取引は事前に準備した上でなされた複合取引であり，（一連の取引の中に）課税上のアドバンテージを得る以外に事業目的のない取引プロセス（G社との取引）が追加的に付け加えられており，Ramsay事件で示された要件はすべて満たされているので，（本件取引を租税回避行為に当たるとして課税した）課税庁の処分は相当である。」

■解　説

　本件に関する英国貴族院の判決は，基本的にはRamsay判決で示された法理（以下「Ramsay法理」という。）を受け継いだものである。しかし，法形式上も経済上も真実に成立している取引について，それらの取引を税務上再構成（recharacterize）して課税した課税庁の判断を是認したことにより，結果的に課税庁による恣意的な判断による課税を認める結果になったのではないかとする批判もある。

　この点については，本件事案を担当し，中心的な役割を果たしたBrightman判事（Lord Brightman）も，「この取引は租税回避スキームではなく，単なる課税繰延べスキームである。」と述べていることからも明らかである。しかも，租税回避スキームに特有ないわゆる「行き過ぎた（extravagant）法の濫用」のようなものも存在していない。

　それにもかかわらず，本件取引がRamsay法理に照らして許されないのは，本件一連の取引にRamsay事案にみられたような「法的拘束力ある契約」はみられないものの，「事前に仕組まれたもの」であることが明白だったからである。

　Brightman判事の言葉を借りれば，たとえ契約書上「これは法的拘束力のあるものではない。」旨の文言が含まれていたとしても，「前もって準備された一連の取引が存在し，」かつ，それらの取引の中に「租税回避目的以外何ら目的のない取引が一部追加されている。」ような場合という2つの要件が充足されているのであれば，裁判所は最終結果に着目して判断するのである。そして，本件取引においては，それら2つの要件が充足されていたと判断されたのである。

すなわち，実質と法形式が異なる複合取引の場合，それらの取引が租税回避を目的として行われたものであるか否かは，Westminster事案のように法形式のみで判断するのではなく，Ramsay事案と同じく実質によって判断すべきであるとされたのである。

このように，英国最高裁判所は，本件は，Ramsay法理の適用対象内にあるという判断をしたが，この法理を他の類似事案に拡大適用することについては，どちらかといえば否定的である。

それは，英国においては，租税の分野では，「コモンロー」よりも「法律なければ課税なし。」という租税法律主義の原則が強く根付いているためである(5)。

そこで，執行面においては租税回避行為を早期に発見し，早期に法的対抗措置を講じていこうとする姿勢が強まってきている(6)。

参考2　Dawson事案におけるマン島法人の介在

Dawson事案において，一連の取引にマン島法人との取引を「介在（inserted step)」させた行為は，「課税の繰延べ以外に何らの事業目的もない（no business purpose apart from the deferment of tax)」ものであった。

中間にこのような事業目的のない取引を介在させた行為を否認する法理は，英国では「ステップ取引（step transaction)」理論又は「複合取引（composite transactions)」という名で知られている取引である(7)。

---

(5)　そのため，ドイツのような包括的な租税回避否認規定の創設は困難であり，個別規定による対応が不可欠とされている。

(6)　ちなみに，米国では，特定の取引が経済実質法理に基づき課税できるか否かについては，次の3つのステップを経ることにするなどして執行面の充実強化に努めている。

①　調査官（Revenue Agent）が自己の調査中の事案についてこの法理を適用できるか否かについて検討する。

②　IRSの法務官が租税裁判所の先例等をチェックしてその可否を検討する。

③　連邦地裁（District Court)，連邦請求裁判所（U.S. Court of Federal Claims)，IRSの法務官が司法省の担当官と協議した過去の訴訟事例等からその可否を検討する。

この法理は，単に納税者が税務上のベネフィットを享受しており，濫用に当たるというような一般的な事例に普遍的に適用しているということではない。

(7)　これと同じ法理によった判決として，既述のRamsay事案判決（Ramsay Ltd. v. Inland Revenue Commissioner（1982）A.C. 300)（事案(63)）のほか，Burmah Oil事案判決（Inland Revenue Commissioner v. Burmah of Oil Co.（1982）S.T.C. 30（H.L.)），White事案判決（Crave v. White（1989）A.C. 398（H.L.)）などがある。

第7章　米国以外における租税回避行為とその否認

⑥ 租税回避行為規制策としてのRamsay法理の限界が明らかになった事例
――HMRC v. Mayes,〔2011〕EWCA Civ. 407――

■概　説

　Ramsay判決（1981年）で示された「実質優先（substance over form）」という考え方は，租税回避行為に対処する課税庁（HMRC）にとって強力な助け舟となった。

　この判決があったことにより，HMRCは租税回避行為に対する強力な武器を得ることとなった。その結果，HMRCでは，取引のなかに介在させたいくつかの取引を税務目的（租税回避目的）のためであるとして，それらの取引を無視したうえで課税する方向に転換した。

　しかし，MacNiven事案（MacNiven (Inspector of Taxes) v. Westmorland Investments Ltd. 2001 UKHLG）の最高裁（House of Lords）判決でも明らかにされているように，Ramsay法理は目的論的解釈のひとつにすぎず，経済的実質があればそれが重視されることは当然である。もっとも，MacNiven事案で示された見解についても異論があり，例えば，Mawson事案（Barclays Mercantile Business Finance Ltd. v. Mawson (Inspector of Taxes) 2004 UKHL51）の判決では，Ramsay判決以降25年間の裁判所の考え方を総括したうえで，「同法理は法令の規定を目的論的に解釈し（purposively），問題となった取引を実状に即して観察すべし（riewed realistically）というものであったにすぎない」としている。

　このような考え方をより明確にし，一般否認規定導入論議に火をつけることになったのが，ここで紹介するMayes事案である。

■事案の概要

　本件事案では，Mayes氏が事前に仕組んだ7段階の取引により2003年～2004

年に18万ポンド（約3億円）の損失が生じたとして，他の所得と通算し，還付請求を行っていた行為が問題となった。

この種の取引はShip 2とも称されている典型的な租税回避スキームである。これら一連のスキームにおいてMayes氏が登場するのは，最後の段階（ステップ6とステップ7）のみである。しかも，それは先立つ各ステップの取引（特にステップ3とステップ4）は，事業目的がない自己キャンセル型のものだった（self-cancelling without any commercial purpose）。

ちなみに各ステップの取引は次のような内容のものとなっていた。

ステップ1　ジャージー島の居住者Lovell氏（Mayes氏と無関係，本件取引には単なる名義人として参加），AIG社より2種類の債券（Bonds（生命保険契約））を1万ポンドで購入。

ステップ2　Lovell氏，同契約をルクセンブルク法人JSI社に売却。

ステップ3　JSI社，同契約に42.5万ポンドを投資。

ステップ4　JSI社，同契約を振込部分を全て解約（with drew the saw）。

ステップ5　JSI社，同契約の残り分を本件タックス・スキームのプロモーターの1人（PES社）に売却。

ステップ6　プロモーター（PES社），これを対価13.3万ポンドでMayes氏に売却。

ステップ7　Mayes氏，これらの契約を全て解約（surrender），解約損（corresponding deficiency relief）として187.6万ポンドを計上。Mayes氏，本件解約に伴い，187.6万ポンドの損失が生じたとして所得税控除（還付）を請求。ただし，解約時にLovell氏は依然として生存中であった。

HMRCは，Mayes氏による本件スキームの目的は，当該契約の解約により生じた対応的欠損（corresponding deficiency）について，他の所得の通算することにある。

> **参考1**
> 1988年の所得税法，法人税法（ICTA）では，被保険者が死亡するか契約全てが解約されたときは，当該解約時点で払込金と解約返戻金の差額相当分について損益を認識することとしている（同法第546条）。

> 他方，部分解約の場合には，各年の損益として計上することができるのは，差損益の20分の1相当分のみとされている（同法第546条）。

それは，ステップ1～5がそれ自体事業上の目的がないものであったことからしても明らかであるとしてMayes氏の控除申請を拒否したことから，その処分の取消しを求めて同氏が提訴した。

■主な争点と当事者の主張

1　争　点

本件事案の主な争点は，次の3点である。
① 本件一連のスキームは経済主体のあるものか（本件スキーム解約に伴いMayes氏に生じたとされる対応欠損救済（corresponding deficiency relief）は真に生じた損失か）（争点1）。
② 前記取引ステップ6及びステップ7によるMayes氏が支払った13.1万ポンドの購入代金は当該商品の購入費として認められるか（争点2）。
③ Mayes氏による対応的欠損調整の他の所得からの控除が認められるか（争点3）。

※ただし，紙数の都合及びRamsay法理が主たる争点となっていることから，本稿では争点1を中心にみていくこととする。

2　当事者の主張

争点1
(1)　納税者（Mayes氏）の主張
納税者は，本件損失は1988年所得税法の規定に従った結果生じたものであると主張する。
(2)　課税庁（HMRC）の主張
本件一連のスキームは事前に仕組まれたものであり，各ステップのうち特にステップ3とステップ4は自己解消型（self-cancelling）となっており，ペーパー上の損失を作り出す以外に事業目的もないので否認されるべきであると主張する。

争点2

(1) 納税者の主張

自分（Mayes氏）は，購入代金として13.1万ポンドを支払っていることから，その分は取得費になるはずであると主張する。

(2) 課税庁の主張

本件取引において取得費として控除が認められるのは，解約料として支払いを受けた約1,800ポンドのみであり，残りは本件スキーム（Ship 2）に参加するための参加料であると主張する。また，対応的欠損調整も認められないと主張する。

争点3

(1) 納税者の主張

本件控除申請は，1988年改正の所得税法に従ったものであり，当然認められて然るべきものであると主張する。

(2) 課税庁の主張

1988年改正の所得税法における対応的欠損調整は，本件のような形での控除を認めるものではないと主張する。

《図表》Mayes事案のイメージ図

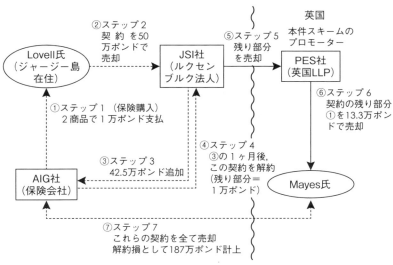

〔事業の概要〕
　Mayes氏，プロモーターの助言によりジャージー島在住のLovell氏名義で生命保険中古品を購入。
　それを一連のステップを経たうえで解約。解約損として187万ポンドを計上し，他の所得と通算。

〔争　点〕
① 本件一連のスキームは，実体のあるものか。
② 本件スキーム解約に伴う取得費はいくらか。
③ 対応的契約調整金187万ポンドを他の所得と通算できるか。

〔裁判所の判断〕
① 本件スキームは事前に仕組まれたものではあるが，実体のある正当な（genuine）取引である。
② 本件スキーム解約に伴う控除可能取得費は，1,800ポンドのみ。
③ 通算できない。

■裁判所の判断

1　国税不服審判所：直接税関係（STC（S.C.D））の判断
争点1について…納税者の主張排斥
争点2，3について…納税者の主張認容

2　地方裁判所（High Court）の判断
争点1について…納税者勝訴
争点2，3について…納税者敗訴
Mayes氏の支払い分3.1万ポンドのうち1,800ポンド以外は同氏が本件スキームに参加するための費用であった。

3　控訴院（Court of Appeals）の判断
High Courtの判断を支持
争点2，3については確定

4　最高裁判所の判断
争点1についてのみHMRCが上告…納税者勝訴（上告不受理）

■解　説

本件はShip 2という商品名で知られている典型的な租税回避スキームである。

納税者（Mayes氏）は，解約返戻金が1,800ポンドにすぎない既発の生命保険商品（second hand like insurance policy）を13.3万ポンドで購入した。

　それは，それらの生命保険契約を解約することにより，対応的欠損調整（corresponding deficiency）として約187万ポンドにのぼる多額の損取りが可能になるためである。

　このような行為に対し，HMRCは，本件取引においてこれらの保険契約を否認し，取得費として計上できるのは1,800ポンドのみであり，（13.3万ポンドからその分を控除した）残額は手数料だったと認定して更正処分を行った。

　また，対応的欠損調整金額187万ポンド余については，他の所得からの控除は認めなかった。

　国税不服審判所も，本件取引はRamsay法理の適用対象となる取引だとして，原処分を維持した。しかし，地裁及び控訴審判決では，Ramsay法理の限界に言及しつつ，本件取引はRamsay法理の規制対象にはならないとしている。ちなみに控訴審の判決文を書いたMummery判事は，「Ramsay法理は租税回避目的の取引を規制するための法理ではなく，そこに矛盾する取引，租税回避のみを目的とした取引，商業上の目的等を介在させるなど，それらの取引が人為的な複合取引（artificial composite transaction）と認められる場合には，それらの取引を無視して（disregard）課税できるという理論である。」としたうえで次のように結論付けている。

　「ステップ3の追加払込み及びステップ4の部分解約の取引は，それぞれ税法（ICTA）の規定に従った真に法的効果（real legal effect）を伴ったものである。裁判所は，自己矛盾する事項が含まれている（租税回避目的の取引がそれらの取引の中に介在させている（inserted））という点をとらえて，税法（ICTA）上，それらの取引をなかったものとすることはできない。」

　しかし，裁判所がこれらの判決を喜んで出したものでないことは事実のようである。

　それは，Toulson判事の次のような補足意見（short judgement）からもうかがえる。

　「この判決は，他の善良な納税者及び社会にとって魅力的なものではないかも知れないが，Mummery判事も述べているように，裁判所は法的に正しいものを無視することはできない（the court cannot lawfully hold）。もしステップ

3及び4の取引がそれと全く関係なく専ら対応的欠損金の利用のみを目的として行われたものだったのであれば，それらの取引はなかったものとして扱われたかもしれない。」

すなわち，控訴審判決で述べられているのは，「Ramsay法理は，全ての法律に適用される目的論的な解釈方法ではあるが，取引に人為的な内容のものが含まれているからといって税法上それらの取引の否認を認める特別の理論的根拠を与えるものではない。」というものであった。

本件判決は最高裁判所に上告されたが，2011年11月1日最高裁判所は本件を上告不受理としている（Walken判事，Clarke判事，Dyson判事）。

本件の争点1について控訴審で課税庁敗訴，最高裁判所で不受理となったことにより，一般否認規定（GAAR）について議論していたアーロンソン委員会（Aaronson Committee）は，租税回避要件を裁判所の判断に委ねることをやめ，一般否認規定の導入が必要だと判断する契機になったともいわれている。

なお，争点2及び争点3については，控訴審段階で結審しているが，課税庁勝訴となっている。

参考2　取引の概要

本件では，次の7つの取引が連続して順を追ってなされている。

これら一連の取引により，Mayes氏は13.3万ポンドの譲渡損を187.6万ポンド超の対応的損失調整（corresponding deficiency adjustment…控訴）が生じたとして申告していた。

ステップ1（2002年4月1日）…ジャージー島の居住者Lovell氏，一括払いでAIG社よりS1，S2という2組の生命保険（各組とも20個の契約に分割）をそれぞれ5,000ポンド，合計1万ポンドで購入。

ステップ2（2003年3月6日）…Lovell氏，この保険契約を各256,085ポンドでルクセンブルクのJSI社に譲渡。
　　　　　　　　　　　　↓
　　　　　　　　（ジャージー島の税制でLovell氏に課税なし）

ステップ3…JSI社，S1の20個の契約に対し，1個当たり37.5万ポンド，S2の20個の契約に対し，1個当たり5万ポンドの追加払い込み。

ステップ4（2003年3月31日）…JSI社，ステップ3で払い込んだ金額相当部分を全て解約（いわゆる部分解約）。

↓
英国法の下では，かかる部分解約の場合，解約返戻金の受領者は払込分の20分の1しか取得費として控除できないので，多額のゲインが生じ，課税されることとなるのであるが，本件では解約返戻金の受領者JSI社は英国居住者でも英国法人でもないので英国での課税は受けない。

ステップ5（2003年11月6日）…JSI社，残りの保険契約を英国法人で本件スキームのプロモーターでもあるPES社に時価で譲渡。

ステップ6（2003年12月18日）…PES社，これらの保険契約を前者（S1）については125,949ポンド，後者については7,155ポンドでMayes氏に譲渡。

ステップ7（2004年1月13日）…Mayes氏，これら2本の生命保険契約をいずれも全て解約し，1,780.94ポンドを入手。
↓
ただし，ステップ4でJSI社に生じた多額のゲインとの調整措置（correlative deficiency adjustment）として，全体の解約者及び解約返戻金の受領者であるMayes氏1,876.134ポンドの控除が可能になったとして税務申告。

参考3　対応的損失調整

対応的損失調整（corresponding deficiency adjustment）とは，保険料一括払いで生命保険契約に加入した者が，部分解約をしてもその時点では課税にならないという旧来の制度を利用し，所得の先送りをしていた行為を防止するため，1988年の税制改正で導入された制度である。

具体的には，一括払いの生命保険契約の加入者が中途解約をした場合，その時点で課税できるようにするため，部分解約に伴う返戻金を収入とするとともに，払込保険料の20分の1のみをその取得費として計上させるというものである。

そして，その見返りとして，加入者が死亡したり，それらの保険契約を全て解約した場合には，それまでに所得としていた分を損失とみなして調整するという方式である。

ちなみに，対応的損失調整に関する計算は次のような形で行われる。

（前　提）
① 生命保険契約に一括払い（10万ポンド）で加入。
② １年後にそれが10.5万ポンドに増加。
③ その直後に２万ポンド相当分を部分解約。
↓
その場合における解約年分に係る所得計算は，次のような式となる。
（収入金額：20,000ポンド）－（取得費：5,000ポンド）＝（所得：15,000ポンド）

すなわち，この場合には保険解約により15,000ポンドの所得があったとして，その年に課税がなされるのである。
しかし，そのままでは課税が先行してしまう。
したがって，その後，加入者が死亡したり，全額が解約になった場合には，次のような算式により調整が行われる。

（加入者死亡又は全て解約）返戻金　　　85,000ポンド
過去の部分解約分　　20,000ポンド
　計　　105,000ポンド
当初支払額　　100,000ポンド
過去に所得に加算された金額　　15,000ポンド
　計　　115,000ポンド
差引欠損調整額※　　10,000ポンド
※この分が対応的損失調整額として解約時の欠損控除額となる。結果的に返戻金5,000ポンドのみ課税。

第7章　米国以外における租税回避行為とその否認

⑯　課税庁による法の濫用法理の主張が認められなかった事例（VAT）（英国）
——Halifax and others v. Customs & Excise, C-255/02 ECJ——

■概　説

　税務行政上最もやっかいな問題は，合法的な「節税（Tax Planning）」と税法上認められない「租税回避（Tax Avoidance）」とを，どのような基準又は理論で区分するかという点である。

　これは，所得税や法人税といった直接税の分野だけでなく，VATのような間接税の分野においても同様である。

　納税者にとっては，いくつかある法形式のうち，租税負担が最も少なくなる法形式を採用するのは当然である。

　そのため，「節税」と「租税回避」のギリギリのところを突いたスキームが採用されることとなる。

　他方，税務当局の立場からすれば，それらの行為は，租税回避目的であるかのように考えがちである。このようなことから，「節税」と「租税回避」の限界を巡って争いとなるケースが多発するようになってきている。そして，これは直接税の分野だけでなく，間接税の分野においても同様である。

　今回紹介するのは，VATという間接税の分野において，「租税負担軽減行為」と「納税者の権利」保護との境界線をどこに引くべきかが問題となった事案である。

■事案の概要

　Halifaxは，英国に本社を有する銀行であるが，サービス提供の大部分はVAT免税となっている。

　Halifaxは，不動産開発及び投資部門として，グループ内にLeeds Development and County社（以下「LDC社」という。）及びHalifaxプロパティ投資会社（以

下「Halifax社」という。）を設立した。

　Halifax社は，ビジネス拡大の一環として，北アイルランド，スコットランド，北東イングランドなど4ヶ所に，顧客からの問い合わせ等に応答するコールセンターの設立を予定していた。

　2000年2月29日から同年4月6日までの間に，Halifax社は，LDC社との間で，サイト建設に関する契約を締結し，その代金として12万ポンドを支払った。そのうち約2万ポンドはVAT相当額だった。

　契約締結に伴い，Halifax社は総額で4,481.5万ポンド（うちVAT 660万ポンド）を支払った。

　2000年4月6日，LDC社は，2000年2月期の事業年度のVAT申告として，570万ポンドの還付申請をした。ただし，これらの物件は，Halifaxがリースの形でHalifax社から借り入れていた。

　他の3件も基本的に同様のスキームであった。英国歳入庁（HMRC）は，これら一連の取引がVATの負担回避にあたり，EC法で規定する「権利の濫用（abuse of rights）」に該当するとして控除を否認した。

　Halifax社は，同処分の取消しを求めて英国のVAT国税不服審判所（VAT&Duties Tribunal）に提訴した。しかし，そこでは，Halifax社によるこの行為は「法の濫用」に当たるとしたHMRCの主張が認められたため，同社が処分の取消しを求めて欧州裁判所（ECJ）に提訴した。

■主な争点と当事者の主張

1　争　点

　本件事案の主な争点は，Halifax社によるVAT負担回避のためのかかる行為（アレンジメント）が，EC第6次指令でいう「法の濫用（abuse of law）」に該当するか否かという点である。

2　当事者の主張

(1)　納税者の主張

　納税者は，本件VAT取引がEC第6次指令でいう「法の濫用」に該当するというためには，本件行為の唯一の目的が税務上のアドバンテージを得ることに

あることが必要であるところ，本件の財貨又はサービス等に係る一連の取引は，経済的実体を伴っているので，「法の濫用」には当たらないと主張する。

(2) 課税庁（HMRC）の主張

それに対し，HMRCは，本件一連の取引は，各参加者が税務上のアドバンテージを享受することを第一義的な目的として行われたものであり，その取引独自では独立した経済的な目的を有していない。また，そこでは，経済活動に必要な財貨又はサービスの提供もなされていないので，法の濫用に該当すると主張する。

ちなみに，英国のVAT国税不服審判所（VAT Tribunal）が本件一連のアレンジメントが法の濫用に該当しVATの控除が認められないと判断したのは，次のような理由からである。

① Halifax社は，取引の背後にいて全てを実質的に指示していた（guiding mind）。
② 取引に要する全ての資金は，Halifax社が無利息で提供していた。
③ Halifax社は，全期間を通じてサイトを占有（occupation）していたことから，当該サイトの建設から生じる利益は，全て同社（Halifax社）が享受していた。
④ Halifax社は，保証（warranty）などの形で，第三者たる建設業者と直接契約していた。
⑤ 本件取引の相手方であるLDC社など子会社3社は，実質的に資産等の持分を有していなかった。

■裁判所（欧州裁判所（ECJ））の判断……納税者勝訴

欧州裁判所は，大略次のような理由で課税庁側（英国政府）の主張を斥け，納税者勝訴の判決を下している。

① EC指令で規定するVATの範囲について

「EC第6次指令（County Directive 77/388/ECC of 17 May 1977）第2条で規定しているVATの範囲は，極めて広範で，財貨の輸入取引のみでなくEC域内における財貨，サービスの提供とそれに伴う対価の受領等も含まれる。

したがって，本件で問題となっている『サービスの提供（supply of service）』については，たとえそれが同指令第5条で規定する財貨の供給に該

当しないとしても，同指令第6条(1)に規定する『全ての取引』に該当することは明らかである。」

また，「同指令第4条(1)によれば，経済活動を行う者は，いかなる種類のものであるかを問わず，かつ，その目的又は活動の結果の如何を問わず，課税事業者として扱われる（regarded as taxable person）。」

同指令第4条(2)では，『経済活動（economic activity）』とは，『製造（producer），取引（trader）及びサービス提供等といった全ての活動を含む。』としている。また，「過去の判例（case law）によれば，製造（production），配送（distribution），サービスの提供等の全ての段階を含むものとされている。」[1]

「この考え方は，1995年改正指令（95/7/EC of 10 April 1995）の下でも変わっていない。」

「それは，取引に経済実体がなく，唯一の目的が『税務上のアドバンテージ』を得る目的で行われたものであったとしても，前述したような条件が充足されている限り変わらない。」

「したがって，本件係争に係る取引は，EC第6次指令で示された範囲内の取引である。」

② VATの控除ができる場合

英国政府（より具体的にはHMRC）は，「『法の濫用』法理は，（EU域内に広く適用されている）コミュニティ法の一般原理であり，VATについていえば，EC第6次指令第17条でも，各国の当局は，納税者が控除について不自然な状況を作り出している（artificially creating conditions to justify the application for deduction）場合には，VATの控除ができないようにすべきであるとされている。」と主張する。

EC委員会でも，「納税者又は納税者のグループによる控除申請が，一連の取引における唯一の目的が，VATの控除を得るために意図的に仕組まれたもの（artificial situation）である場合には，その控除は否認されるべきである。」としている。

―――――――――――
(1) Case 235/85 Commission v. Netherlands〔1987〕ECR 1471, para 8；Case 268/83 Rompelman〔1985〕ECR 655, para 19；Case C-497/01 Zita Modes〔2003〕ECRI-14393, para 38.

《図表》Halifax事案のイメージ図

〔事案の概要〕

　Halifax社はVATの免税業者であるが，コールセンターを別会社（LDC社）とすることによりVATの還付を受けていた。

〔争　点〕

　LDC社によるVATの還付申請は認められるか。

〔英国VAT国税不服審判所の判断〕…納税者敗訴

　Halifax社及びLDC社の行為は「法の濫用」に該当するので，VATの還付は認められない。

〔裁判所（欧州裁判所）の判断〕…納税者勝訴

　「法の濫用」法理により否認が認められるのは，LDC社が「レターボックス」又は「名目会社」にすぎないような場合のみである。
　本件の場合，LDC社は実在しており，設備等も有しているので，VATの還付申請は合法であり，当局によるLDC社は名目にすぎないとする否認は認められない。

　したがって，「第6次指令の基本的考え方は，『取引の法形態が濫用を構成するようなもの（constitute an abusive practice）』である場合には，その納税者にはVATの控除規定は適用されないと解すべきである。」

　濫用にわたる行為が存在するのは，次の2つの要件が充足される場合である。

(a) その取引が，第6次指令及び国内法の趣旨に反している（contrary to the purpose of those provisions）結果をもたらしていること

(b) 他の諸要因等から判断して，その取引の第一義的な目的（essential aim）が，税務上のアドバンテージを得ることにあることが明らかであること

「本件の場合，Halifax社によるグループ会社を利用したコールセンターの設

立及びそれらの施設のリース・バック取引が，事前に仕組まれていた（preordained）ものであることは明らかである。」

「濫用の事実が存在していることが明らかとなった場合，それらの取引は濫用取引を構成しているとされ，税務上は，あたかもそれらの取引が存在しなかったかのようにして再構成（re-establish）したうえで課税がなされる。」

「しかし，濫用の禁止は，そこで行われている活動が税務上のアドバンテージを享受する目的だけでなく，その他の活動が若干行われているということと同義ではない。場合によっては，極めて人為的（purely artificial）な取引形態を採用したり，税負担を軽減するため，法律，経済又は個人的都合等から，そのような取引形態を採用することもあり得る。」（ECJ判決パラ70）

「英国のCFC税制は，CFCに所在場所（premises），設備等があるという前提ででき上がっている。その結果，CFC所在法人を介した取引に対し法の濫用による否認ができるのは，そこに「レター・ボックス」又は「名目（front）会社」のようなものしか存在しない場合に限られる。」（同前パラ58）

■解　説

本件事案で課税庁側が敗訴したことにより，英国政府（より具体的には，VATの所管官庁である英国歳入庁（HMRC））が，1982年のRamsay事案に対する英国最高裁判所の判決[2]以来長い間維持してきた伝統的な考え方，すな

---

(2) ちなみに，Ramsay事案（Ramsay Ltd. v. Inland Revenue Commissioner (1982) A.C. 300 at 326）では，多額の含み益を有するRamsay社が，キャピタルゲインを実現させるとともにキャピタルロスを発生させ，それらを相殺することにより課税所得を圧縮した行為と，租税回避行為に該当するとした当局の処分がそのまま認められている。

なお，同事案において，納税者は，Westminster事案（Inland Revenue Commissioner v. Duke of Westminster (1936) H.L. 19 T.C. 490）の判決を引用しつつ，本件取引でも法形式が重要視されるので，損益通算は当然認められるべきであると主張した。しかし，英国最高裁判所（当時は貴族院）は，「裁判所は，文理解釈（literal interpretation）のみでなく，一連の経緯（context）や法の趣旨，目的等についても考慮すべきである。」としたうえで，「本件一連のスキームは事前に仕組まれたものであり，かつ，納税者のおかれた状況はスキーム実行前と実行後で何ら変わっていないので，本件一連の取引は，相互に密接に関連した一連の取引であり，租税回避スキームの特色を全て満たしている。」として，これを否認したHMRCの処分を是認している。

なお，Ramsay事案の判決文を書いたWilberforce判事は，租税回避スキームの特色として次の3点をあげている。

わち,「経済実体（economic activity）と異なる租税回避行為があれば，課税庁はそれらを無視して取引を再構成したうえで課税できる。」というそれまでの考え方の放棄を迫られることとなった。

本件で問題となったのは，Halifax社によるグループ内の法人を利用したVATの還付申請という行為が，EC第6次指令でいう「法の濫用（abuse of law）」に該当するか否かである。

欧州裁判所（ECJ）は,「本件スキームが事前に仕組まれていた（preordained）ものであることは明らかである」としながらも，EC第6次指令を国内法の分野に適用して法の濫用があったとするためには，少なくとも次の2つの要件を充たす必要があると判示している。

① その取引が，規定の目的に反して税務上のアドバンテージを得るために作り出されたものであること（作出性）
② 客観的な諸要素からみて（reference），その取引が税務上のアドバンテージ享受にあると判断できるものであること

そして,「場合によっては極めて人為的な取引形態を採用したり，税負担を軽減するため，法律，経済又は個人的都合等から，そのような取引形態を採用することもあり得る。」としている（ECJ判決パラ70）。

そのうえで,「本件の場合，LDC社によるかかる行為が事前に仕組まれたものであったとしても，LDC社は実在しており，その所在地に設備等を有し，現にそこで活動を行っていることから，これをレターボックスのような存在とすることはできず，VATの還付を受けることのみが同社設立の目的だったので還付申請は認められないとしたHMRCの処分は取り消されるべきである。」と判示している。

このように，本件判決において，欧州裁判所から「法の濫用法理」の適用は

---

① スキーム自体に自己に不都合な状態が生じたときは，いつでも契約をキャンセルできる旨の条項（いわゆるself-cancellation条項）が付されていること
② 事業性又は商業目的等が存在しないこと（non-commerciality）
③ 契約自体に特段の規定は設けられていないが，当初の取引がスタートした場合には，それに続くすべての取引がほぼ自動的に進行する中味のものとなっていること

(3) なお，欧州裁判所は，VATのコンテクストから離れて，法の濫用の概念を英国の法人に適用できるか否かについての判断も行っているが，そこでは次のような考え方が示されている。

かなり制限されるというこのような考え方が明確に示されたことから，少なくとも英国においては，租税回避事例に「法の濫用」法理を適用して否認できるケースは大きく限定されることになったと受けとめられている[3]。

「英国のCFC税制は，CFCに事業を行う場所（premises），及びそれを行うために必要な設備等がないかという前提で出来上がっている。」したがって，「法の濫用による否認が出来るのは，そこに『レター・ボックス』又は『名目（front）会社』のようなものしか存在しない場合に限られる。」(同前パラ68)

第7章　米国以外における租税回避行為とその否認

�67　カナダで租税回避行為に対する一般否認規定導入の契機となった事例
——Stubart Investment Ltd. v. R（1984）C.T.C. 294——

■概　説

　カナダでは，所得税法第245条で，租税回避行為に対する包括的否認規定が設けられている。この規定は，1988年に導入（2004年に一部改正）されたものであるが，その契機になったとされるのが，ここで紹介するStubart事案である。
　この事件では，同一企業グループ内で，利益があがる部門を赤字会社に事業譲渡することにより実質的にグループ企業間で所得移転を行ったことが租税回避に当たるか否かが争われた。
　本件では，納税者の請求が認められたが，わが国でも，赤字会社の合併や休眠状態にある赤字会社が存続会社となり黒字会社を合併することで所得通算を行っていた事例等があり，それらのうちには訴訟で争われたものもある。
　本件は，わが国の事例との対比という意味でも興味のある事案であることから紹介することとしたものである。

■事案の概要

　①　Stubart Investment Ltd.（以下「Stubart社」という。）は，コンクリート製品の製造を営む会社であるが，係争年度当時，慢性的赤字状態にあった。そこで，Stubart社の親会社Finalson Enterprises Inc.（以下「Finalson社」という。）は，1966年，同じFinalson社の子会社で食品添加物の製造を営んでいるGrover Cast Stone Co., Ltd.（以下「Grover社」という。）から営業譲渡を受けることとした。その際，Grover社でそれまで食品添加物の製造に従事していた人員も受け入れた。
　その結果，Stubart社はそれまでの赤字状態をほぼ脱却することができた（なお，営業譲受け及びその後における事業活動はすべてStubart社が行っていた。）。

② これら一連の取引に対し、カナダの課税当局は、本件取引は「見せかけ（sham）」にすぎないとして、営業譲受け部分と既存事業部分との所得通算を否認したため争いとなった。

■主な争点と当事者の主張

1 争　点

本件事案の主な争点は、本件取引が「見せかけ（sham）」にすぎないのか否かという点である。

2 当事者の主張

(1) 納税者の主張

納税者（Stubart社）は、本件取引は「実際に行われた取引」であり、グループ内企業の間で行われた所得通算も、同社が自己の責任とリスクにおいて双方の事業を行っていたので当然の行為であり、「見せかけ」ではないと主張する。

(2) 課税庁の主張

それに対し、課税庁は、本件取引は「不完全な取引」であり、かかる取引をすることについて「合理的な事業目的」もないので、「見せかけ」に該当すると主張する。

■裁判所（カナダ最高裁判所）の判断……納税者勝訴

本件事案を審理したカナダ最高裁判所（SCC：Supreme Court of Canada）は、本件取引が見せかけだったか否か、及び本件取引に事業目的があったか否かにつき、大略次のように判示して課税庁に処分の取消しを命じている。

① 「事実関係（facts and circumstances）からみて、Stubart社の1966年のGrover社からの事業の移転と購入は法的には完全なものであった。
　（当該取引によって）Stubart社は、事業の所有者となっており、自己の名義と計算（リスク）で事業を行っていた。…（したがって）、本件取引は見せかけ（sham）ではない。」

② 「（Stubart社が）独立した、又は真実の事業目的（bona fide business purpose）を有することなく取引を行ったという理由のみで課税上その取

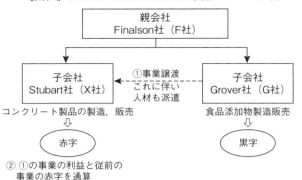

《図表》Stubart Investment Ltd.事案のイメージ図

〔事案の概要〕

S社とG社はともにF社の子会社である。
① S社は赤字，G社は黒字のため，S社はG社から事業譲渡を受けた（それに伴いG社の人材も派遣）。
② S社は，自己の赤字をG社から事業譲渡を受けた事業上生じた黒字と通算の上，所得申告。

〔争　点〕

かかる事業譲渡は「見せかけの取引（sham transcation）」か。
・納税者の主張…赤字解消のために行われた合理的な取引である。
・課税庁の主張…本件取引は「見せかけ」である。

〔裁判所（カナダ最高裁判所）の判断〕…納税者勝訴

・本件取引は見せかけの取引ではない。
・たとえ真実の事業目的がなかったとしても，それのみを理由に税務上その取引を否認することはできない。
・法令上の禁止規定がない限り，納税者は自己に有利な条項を利用することができる。

引を否認することはできない…。

　（本件のような取引について）真実の事業目的の存在を要求することは，納税者に対し，グループ全体の体質強化という目標を阻害することにもなりかねない。」
③ 「裁判所は，（法令解釈に当たり法令に規定している内容について）明白な意味を与えるべきであり，…（禁止条項がない限り）納税者は自己に有利な条項を利用することができる。」

■解 説

　本件判決で示された「明確な否認規定がない限り，たとえ租税回避行為があったとしても，課税当局はこれを否認できない。」とする見解は，英国流の厳格な租税法律主義の立場を踏襲したものである。

　しかし，米国で採用されている「見せかけの取引法理」や「事業目的法理」がカナダでは解釈上採用されないということが明らかになったため，カナダの課税当局としては抜本的な対応策を講じる必要があった。

　そこで，1988年に所得税法第245条の一般的租税回避防止規定（GAAR：General Anti-Avoidance Rule、以下「一般否認規定」ともいう。）が導入された。

参考1　カナダにおける一般的租税回避防止規定の概要

所得税法（Income Tax Act）第245条（1988年規定創設）

　この規定は，「一般的租税回避防止規定（GAAR：General Anti-Avoidance Rule）」と称されている規定で，1988年に導入された。その後，若干字句修正は受けているものの，基本的には，次のような内容のものとなっている。
① 納税者が取引又は一連の取引によって「税務上のベネフィット（tax benefit）」を享受していること[1][2]（同条1項）
② 取引又は一連の取引の「主たる目的（primary purpose）」が，税務上のベネフィットの享受にあること[3]
③ 税務上のベネフィットの享受が全体としてみた場合，結果的に所得税法の規定の誤用（misuse）又は濫用（abuse）になっていること[4][5][6]（同条2項）
　また，この規定を受けて詳細な規則も制定されている。さらに，カナダ歳入庁（Canada Revenue Agency）は，Q&A方式により特に租税回避とタックス・プランニング及びアグレッシブなタックス・プランニング等との差について説明したパンフレットを作成，公表している。

---

(1) ここでいう「税務上のベネフィット」とは，税負担を軽減（reduction），回避（avoidance）若しくは繰延べ（deferral）等をすること又は還付金額を増加する行為をいう。なお，これらの行為には国内法だけでなく，租税条約を利用したものも含まれる。
(2) ここでいう「取引又は一連の取引」が租税回避行為に該当するか否かは，それらの取引が合理的な状況下（reasonable in the circumstances）において，税務上否認されたとしても行われるものであるか否かによって判断される。
　また，ここでいう取引には，取引のアレンジメント（arrangement）又はイベント等も含まれる。

> **参考 2**　**一般否認規定（GAAR）導入前におけるカナダの裁判所の基本的スタンス**
>
> 　一般否認規定導入前に示された他の事案に係る裁判所の基本的スタンスは，次のようなものであった。
>
> 　たとえ租税回避事例があったとしても「真実の経済的実質（real economic substance）」に着目して，それらの行為を否認するというスタンスは採用していなかった。そして，わが国で比較的多用されている「実質課税の原則（substance over form又はformality）」についても，ここでいう「実質（substance）」とは，「経済的実質（economic substance）」ではなく，「法的実質（legal substance）」に限定されるとの考え方に立っていた[(7)]。

(3)　ただし，タックスベネフィットを得る目的以外で善意の（bona-fide）第三者間で行われた取引の場合においては，たとえ結果的に租税負担の軽減等になっていたとしても，原則として問題とされることはない。
(4)　ここでいう「誤用」には，法律だけでなく，政令（Regulations），法令解釈規則（Income Tax Application Rule），租税条約等の誤用も含まれる。
　　また，「濫用」には，直接又は間接を問わず上記の規定の濫用も含まれる。
(5)　税負担の軽減等になっているか否かの判断に当たっては，所得税計算上控除（deduction），免税（exemption），適用除外（exclusion）となるようなものも含めて考える。
(6)　ただし，その後の訴訟において，カナダ最高裁判所（SCC）で政令での規定により否認するのは行き過ぎであるとの判決がされたため，現在は政令規定による否認は行われていない。
(7)　例えば，Continental Bank of Canada v. R (1995) 1 C.T.C. 2135, 94 D.T.C., 1858 (T.C.C.)で，Bowman判事は，「契約が有効に成立し，法的にみても問題がない以上，所得税法における実質課税の原則が適用される余地はない。」としている。
　　このような考え方に立った場合，その適用範囲はかなり限られたものとなる。

参考3　カナダ所得税法における英国の影響

カナダの法制及び裁判所の制度は，基本的に英国のそれを移植したものである。そのため，同国の税制だけでなく，裁判所の考え方にも英国流のそれが色濃く反映されている。

例えば，英国のWestminster事案で示された英国最高裁判所（House of Lords）の考え方が1970年代に至るまでほぼ支配的な考え方とされていた。すなわち，税法の解釈に当たっては，厳格な「文言解釈（literal interpretations）」によるべきであるという原則である。

このような考え方は，1980年代以降徐々に改められ，米国流の考え方も取り入れられるようになってきている。しかし，裁判所の考え方の根底には，依然として（文理解釈優先と実質よりも法的形式を重視するという）英国流の伝統的考え方が根強く残っているようである。

その結果，1988年，所得税法第245条に「一般否認規定（GAAR：General Anti-Avoidance Rule）」が導入されたにもかかわらず，そこで示された基本的考え方である「目的論的解釈（purposive interpretation）」，及び「実質課税の原則（substance over form）」の考え方によっていたのは，同規定導入直前の1980年代及び導入直後の1990年代初頭までで，1990年代中期以降は従前の考え方に逆戻りしているのではないかとの見方もなされている[8]。

---

(8) 例えば，2008年トロント大学のBenjamin Alarie教授，David.G.Duff教授による「The Legacy of UK Tax Concepts in Canadian Income Tax Law」参照。

第 7 章　米国以外における租税回避行為とその否認

⑥⑧　一般否認規定創設後も租税回避か否かが問題となった事例（カナダ）
――Canada Trustco Mortgage Company v. Canada（2005）SCC 54――

■概　説

　カナダでは，英国の事例なども参考にしつつ，1998年の税法改正で包括的な租税回避否認規定が導入された[1]（所得税法245条）。しかし，この規定導入後においても租税回避事例はなくなっていない。Canada Trustco事案はその代表例である。

■事案の概要

本件事案は，事実関係としては極めて複雑であるが，概念的には，直接型（straight forward type）のレバレッジドリースであり，分かりやすい。

①　Canada Trustco Mortgage Company（以下「CT社」という。）は，カナダのオンタリオ州に本店を置くリース会社であるが，金融機関（Royal Bank of Canada：以下「RBC」という。）から責任限定型で，9,700万ドルの資金を借り入れた。

②　CT社は，それに自己資金2,300万ドルを加え，米国の会社TLI社から公正市価1億2,000万ドルでトレーラーを購入した[2]。

③　CT社は，そのトレーラーを直ちに英国の会社（RBCが同社をコントロ

---

[1]　一般否認規定（General Anti-Avoidance Rule：略称「GAAR」）は，1998年の法改正で導入された規定（所得税法245条）であるが，規定導入の目的は，「真に経済的実質のある取引（real economic substance）」への適用であり，租税回避に対してこの規定をむやみに適用（exploit）したり，誤用（misuse）したり，失敗させたりする目的のものではないとされている（法案提出時におけるカナダ財務省の趣旨説明（Explanatory Notes（1988））より）。

[2]　投資対象としてトレーラーが選ばれたのは，それが早期資本回収のための割増償却（high capital cost allowance）が認められ，しかも，税務上借手側に所有権が移転するリース資産に該当しないとされていたためである。

ール下に置き，かつ，TLI社の子会社でもあった）MAIL社にリースした。このリース契約には買手の購入オプション権が付されていた。
④　MAIL社は，そのトレーラーを直ちに親会社TLI社に③とほぼ同じ条件でサブリースに出した。換言すれば，ペーパー上ではトレーラーは，当初の持主であるTLI社からCT社に売却されたものの，実際には売却とほとんど同時にMAIL社を通じてTLI社にリースバックの形で戻っていたというわけである。
⑤　TLI社は，MAIL社にサブリース代金の全額（1億1,600万ドル）を支払った。その結果，TLI社はサブリース契約に伴う以後の支払は全くなかった。
⑥　翌日，MAIL社は，RBCにTLI社から受領したサブリース代金のうち9,700万ドルを預託した（この金額はCT社のRBCからの借入金額（9,700万ドル）に見合うものであった。）。
　これにより，RBCのCT社に対するローンは実質的に保証された (secured)。
⑦　また，MAIL社は，TLI社から受領した1億1,600万ドルから9,700万ドルを控除した残額の1,900万ドルをRBCのオフショア子会社であるRBCジャージーに送金した。
　送金の条件は，RBCジャージーがその資金を利用してオンタリオ州債を購入するというものであった。
⑧　RBCジャージーは，この指示に基づいてオンタリオ州債を購入し，その見返りとして，CT社は，RBCに対しMAIL社が（CT社からMAIL社にリースした際に）リース契約終了後に負うこととなっている購入オプション権の実行等について，CT社がすべて責任を負う旨を約束した。
　その結果，CT社は自己資金（2,300万ドル）による投資リスクを最小化することとなった。
⑨　CT社は，RBCをMAIL社からのリース代金支払の受領代理人に指名するとともに，MAIL社に対し，リース代金をRBCに支払うよう指示した。
　その結果，MAIL社は，残期間すべてにわたりリース代金をRBCに支払うこととなり，それに応じて，RBCは，CT社のローン残高を減少させた。そして，RBCは，ローン残高分については，オンタリオ州債によって担保されていた。

これら一連の取引は，要約すれば，CT社による1億2,000万ドルの投資（うち，400万ドルはTLI社に参加料として支払われている。）を，リスクを最小化させた上で，回収したということである。

　すなわち，カナダの税務上，CT社はトレーラーの購入に要するコストを資本コストとしつつ，割増償却によって早期に資金回収をして，実質上利益を上げつつ，借入金利子についても，損金計上することにより，税務上のロスを計上するというものであった。これらのロスは，CT社の他の所得と通算するシェルターとして利用された。これらの意図は，同社の内部等からみても明らかであった。

　課税庁側は，これらの行為に対し一般否認規定を適用して早期割増償却を否認した。この取引は，タックスシェルターの特色をすべて備えている。すなわち，

① アレンジャーによる仕組み全体のセットアップ
② 財務リスクの最小化
③ 投資金額（1億2,000万ドル）に比して，自己資金投資が少なく，損金（1996年…3,620万ドル，1997年…4,630万ドル）額が大きい
④ 取引のいずれの段階においても，投資家であるCT社の自己資金はトラスト又はRBC，RBCジャージーとのアレンジメントを通じて回収保証
⑤ 取引には，利害関係のない第三者（TLI社）も参加しているものの，その貢献は極めてわずか

　カナダ租税裁判所は，本件取引がいわゆるセール・アンド・リースバック取引であり，租税回避に当たることは明らかであるものの，一般否認規定にいう誤用又は濫用（misuse or abuse）に当たるか否かについては，①早期資本回収割増償却制度（CCA）の適用をリース資産に適用しない旨の規定がないこと，②CT社によるこの種の取引は他でも一般的に行われており濫用とはいえないこと，などから納税者の主張を受け入れ，課税処分の取消しを命じた[3]。

---

(3) この判断は，控訴審（Federal Court of Appeals）でも維持されたため，課税庁側（The Minister of National Revenue）が上告した。

《図表》Canada Trustco事案のイメージ図

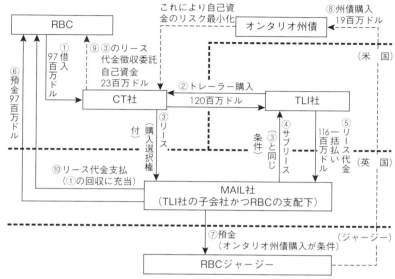

〔事案の概要〕

① CT社，RBCより9,700万ドルの借入。
② CT社，自己資金2,300万ドルと合わせ，1億2,000万ドルで米国のトレーラー会社TLI社よりトレーラー購入。
③ CT社，同トレーラーをTLI社の英国子会社でRBCがコントロールしているMAIL社にリース（借手の購入選択権付）。
④ MAIL社，これをTLI社にサブリース。
⑤ TLI社，サブリース代金総額1億1,600万ドルを一括払い。
⑥ MAIL社，この受領代金1億1,600万ドルのうち9,700万ドルをRBCに預金（これによりRBCは貸付リスクなし，CT社は借入リスクなし）。
⑦ MAIL社，残り1,900万ドルをRBCジャージーに預託（ただし，RBCジャージーがオンタリオ州債を同額購入することが条件）。
⑧ CT社，RBCをMAIL社からのリース代金徴収代理人に選定（RBCは，リース代金入金の都度，CT社に対する貸付金を減額）。

〔争　点〕

本件一連の取引は，一般否認規定の適用対象となるか。

〔裁判所（カナダ最高裁判所）の判断〕…納税者勝訴

本件取引は，類似した取引は他でも広く行われており，濫用には当たらない（一般否認規定の適用対象にはならない。）。

■主な争点と当事者の主張

1　争　点

本件事案の主な争点は，本件取引が所得税法第245条の包括的否認既定の適用対象になるか否かという点である。

2　当事者の主張

(1)　課税庁の主張

上告審において，課税庁側は次のように主張した。
① 早期資本回収割増償却制度（CCA）の規定の目的及び趣旨（object and spirit）は，所得稼得過程で消費される資産に限定されているものと解すべきである（同旨判例として，Water's Edge Village Estate（phaseⅡ）Ltd. v. Canada（2003）2 F.C. 25 2002, F.C.A. 291, para44を引用）。
② セール・アンド・リースバックについて規定した内国歳入庁の通達（Circular）の対象には，「真にリスクのないもの（no real risk）」も含まれるが，CT社がトレーラーの購入に使ったコストは実際には1億2,000万ドルではない。

したがって，CCAの適用対象を1億2,000万ドルとするのは事実に反し，CCA上は架空の数字にすぎない。

その上で，経済的実質理論的にみても，本件一連の取引がCCA濫用の目的で事前に仕組まれたものであり，CT社にとって1億2,000万ドルに相当するリスクは負っていない。

CT社が支払ったと主張する590万ドルの手数料なるものは，ファンディングに要した2,490万ドルとオンタリオ州債1,900万ドルとの差額相当分であるが，州債は満期時の2005年12月末に3,350万ドルになってCT社の手許に戻ってきているので，経済的実質も存在しないと主張する。

(2)　納税者の主張

それに対し，納税者側は，租税裁判所の結論を引用しつつ，「当該取引は利益追求目的の商業投資（commercial investment）であり，法律（所得税法245条）の目的及び趣旨に完全に沿ったものである。」と主張する。そして，その

上で，法律にいう「コスト」とは，資産を手に入れるために納税者が諦めた金銭対価（amount price）を意味するものであり，経済リスクの如何によって，減額されるものではない。

したがって，本件取引は，濫用には当たらないと主張する。

■裁判所（カナダ最高裁判所）の判断……納税者勝訴

カナダ最高裁判所は，早期資本回収割増償却制度（CCA）の目的上，セール・アンド・リースバック取引にこれを適用する以上，取得コストが償却のベースになるとした上で，次のように判示している。

① 「ここでいうCCAの目的とは，この規定を全体的に考察すれば必然的に生まれてくるものである。この規定上，『経済的リスク』については言及（refer）しておらず，言及しているのは『コスト』についてのみである。経済的意味でいう特定のリース資産にセール・アンド・リースバック資産が含まれることは法の当然予定しているところである。」（para74）

② 「租税裁判所の判断と同じく，本裁判所も，一般否認規定の中に（経済的リスクについても考慮しなければならないという）規定は存在していないし，CCA規定上『コスト』には『経済的にリスクにさらされている』という意味が含まれるとする何らの指針等も示されていない。」（para76）

③ 「課税庁が提出した『経済的実質（economic substance）法理』は，適用範囲がかなり『限定（narrow）』されたものであり，CCA規定の目的を全体として考察すれば，たとえそこにタックス・ベネフィットを受ける目的があったとして，それだけでCCAのメリットが受けられなくなるというものではないと解するのが相当である。」

■解　説

このように，本件判決では，一般否認規定（GAAR）が創設された後であったとしても，その適用には一定の限界があるとしている。その点で実務に与えるインパクトは大きなものがあった。

しかし，本件事案とほぼ同時期に出されたMathew事案（Mathew v. Canada (2005), sub-nom. Kaulius (2005) SCC 55）では，類似の事案であるにもかかわらず，一般否認規定の適用が認められている。

わが国でも，かつて国税通則法制定時にカナダと同じような内容の包括的否認規定の導入が議論されたことがあった。
　当時は，時期尚早ということで法制化が見送られ，代わりにいくつかの個別否認規定が各税法に設けられたという経緯がある。
　しかし，今日のように租税回避が大きな問題となってきている状況をみたとき，国税通則法に包括的否認規定を設けるべき時期が再度到来したといえるのかもしれない。
　ちなみに，米国でも内国歳入法に包括的否認規定として「経済的実質（economic substance）」の理論に基づく規定が設けられている（IRC第7701条(o)）。

> **参考** IRC第7701条

(a)〜(n) 略
定義
(o) 経済的実質法理の明確化
(1) 法理の適用
　経済的実質法理に係るいかなる取引においても，当該取引が経済実態を伴うものとみなされるのは，次の要件を満たす場合のみである。
　(A) 当該取引が（連邦所得税の効果とは別の）意義ある側面をもって納税者の経済状況（economic position）を変え，かつ，
　(B) 納税者が当該取引を実行する上で（連邦所得税の効果とは別の）実質的な目的（substance purpose）を有していること
(2) 納税者が依拠する潜在的利益（potential profit）に関する特別規定
　(A) 一般論
　　取引に伴う利益の潜在性とは，前項(1)の(A)及び(B)に定める要件が充足されるか否かの判断に際し，合理的に導かれる当該取引の税引前の利益の現在価値と，仮に取引が妥当と認められた場合のネットでの税効果の現在価値との関係が実態を伴っているかを考慮すべきだということである。
　(B) 報酬（fee）と外国税額の取り扱い
　　報酬と外国税額は上記(A)における税引前利益の判断において費用として考慮されるべきである。IRS長官は，税引前利益の判断において妥当な費用として考慮されるべき外国税額に関する規則等を交付しなければならない。
(3) 略
(4) 財務会計上の便益
　(1)項(B)の目的上，財務会計上の便益を得ることが単に連邦所得税を減額するためだけに取引を記録しているような趣旨の場合には考慮されるべきでない。
(5) 各種定義と特段の定め
　(A) 経済的実質法理
　　「経済的実質法理」とは，取引に係るSubtitle A（所得税）における租税上の便益が，当該取引が経済的実質を有しない，もしくは事業目的を欠いている場合，それらの行為が許されないという慣習法の法理を意味する。
　(B) 個人の個別取引に係る例外
　　個人の場合，(1)項はトレード，ビジネスもしくは収益を生み出すことが約束されている活動との関連の取引にのみ適用されるべきである。
　(C) 本法理の適用外となる取引の決定
　　経済的実質法理に関連する取引であるか否かは，本規定が法令上制定されなくとも，同様の形（same manner）で取り扱われるべきである。
　(D) 取引
　　取引には一連の取引も含まれる。

第Ⅲ部

国 際 課 税

第8章　非居住者課税制度

●イントロダクション

　わが国では，個人の納税義務者をその住所地又は居住地が国内にあるか否かによって居住者と非居住者に区分している（所得税法2条3号，5号）。その上で，居住者については全世界所得を課税対象に取り込んで課税し，非居住者に対しては国内源泉所得のみを課税対象としている（所得税法5条，7条）。

　それに対し，米国では，米国市民については，その居住地がどこであるかにかかわらず，原則としてその全世界所得に対し課税するという課税方式（いわゆる市民権課税方式）を採用している（IRC第911条）。

参考1　日本における納税義務者の区分と課税所得の範囲・課税方法の概要

納税義務者の区分		課税所得の範囲	課税方法
個人	居住者 非永住者以外の居住者（所法2①三）	国の内外で生じた全ての所得（所法5①，7①一）	申告納税又は源泉徴収
	非永住者（所法2①四）	国内源泉所得及びこれ以外の所得で国内において支払われ，又は国外から送金された所得（所法5①，7①二）	申告納税又は源泉徴収
	非居住者（所法2①五）	国内源泉所得（所法5②，7①三）	申告納税又は源泉徴収

| 参考2 | 米国における納税義務者の区分と課税所得の範囲 |

納税者の区分			課税所得の範囲
個人	米国市民 （IRC第7701条(a)(30)）		
	外国人（Alien）	居住外国人（Resident Alien） （IRC第7701条(1)(A)） ①グリーンカード保有者 　（同条(b)(6)） ②暦年滞在31日以上，かつ 　本年滞在日数×1 　＋前年滞在日数×1/3 　＋前々年滞在日数×1/6 　の合計が183日以上 　（同条(b)(3)） ③初年度選択 　（同条(b)(4)）	全世界所得課税 （IRC第61条(a)）
		非居住外国人 （IRC第7701条(b)(1)(B)）	①国内源泉所得 ②米国実質関連所得 　（IRC第872条(a)， 　同871条）

　しかし，海外に居住する米国市民が海外で得た所得の把握をすることは，自国の調査権の及ばない課税庁にとって，かなりの困難が伴う。他方，納税者にとっても，自分が住んでいない米国で申告納税をするということについては，かなりの事務負担となる。このようなことから，海外に居住する米国市民に係る係争案件には，わが国にみられないような特色あるものが多い。

　なお，米国外に居住する外国人・外国法人については，平成26年改正後のわが国の税制及びわが国が締結している租税条約と同じく，米国にある恒久的施設に帰属する部分のみが課税対象となっている。

　⑩のCook事案は，米国の課税管轄権がどこまで及ぶのかに関して争われた先例事案である。この事案において，裁判所は，米国市民はたとえ国外に居住していたとしても，米国の課税管轄権が及ぶと判示している。

　⑩のSochurek事案と⑪のJones事案では，⑲の事案で問題となった課税管轄権の下で，納税者の負担を軽減するため導入された「真正な居住」をめぐって争われた。ここで紹介する2つの事案のいずれについても，外国において「真正な居住」だったとされている。

⑫のP. N. Broadcasting Co.事案，⑬のStemkowski事案及び⑰のSDI事案は，所得の源泉地に関する争いである。前二者はいずれも人的役務の提供地がどこか，後者ではロイヤリティの支払地がどこかが問題となった。このうち前二者の事例においては，人的役務の提供地（放送）は米国外にあったとされた。それに対し，後者にあっては，支払地の一部は米国内であったとされている。

　⑭のBoulez事案と⑮のKarrer事案では，所得の種類と源泉地が問題となった事案である。

　このうち，⑭のBoulez事案については人的役務提供であり，米国源泉の所得であるとされている。

　他方，⑮のKarrer事案については同氏がスイスの居住者だったことから，人的役務提供ではあるものの所得の源泉地はスイスであるという納税者の主張が認められている。

　⑯のGoosen事案は，プロゴルファーのスポンサー収入が人的役務提供の対価なのか使用料なのかが問題とされたが，裁判所は納税者の主張を認め，試合出場が強制されているケースについては50％が米国内源泉の人的役務提供，それ以外はロイヤリティで米国内売上対応部分のみが米国源泉になるとした納税者の主張を認めている。

　また，⑰のSDI事案では，オランダ法人を通じバミューダ法人に支払われていたロイヤリティが米国源泉になるとしてなされた課税処分について，租税裁判所は本件所得の源泉地はオランダであるとしてIRSの課税処分を取り消している。

　⑱のLewenhaupt事案と⑲のInverworld, Inc.事案は，外国法人が米国内で代理人PEありとされた事例である。このうち，Lewenhaupt事案では家族信託を通じた米国での活動が，Inverworld事案にあっては外国法人による在米子会社のサービス利用が代理人PEに該当するか否かが争いとなったが，裁判所は子会社サービスの内容を検討した上で，これら２件のケースはいずれも代理人PEに当たると判断された。

　⑳のDonroy Ltd.事案と㉑のJohnston事案は，非居住者が米国で組成されたパートナーシップに出資した場合における米国での課税問題をめぐる係争案件である。いずれの事例においても，非居住者であるパートナーは米国内で事業活動に従事していたとみなされ，パートナーシップからの分配金について米

国で納税義務を負うこととされた。

⑧のVodafone事案は，海外持株会社の株式譲渡がインド国内での譲渡とみなされて課税された事案である。本件においては，結果的にインド国内源泉所得ではないとする納税者の主張が認められ，課税取消しとなった。しかし，同様の事例が中国等で発生した場合，同じ結論になるか否かは不明である。

第 8 章　非居住者課税制度

㊻　米国の課税管轄権が国外居住者である米国市民にも及ぶとされた事例（特に内国歳入法第911条との関係で）
——Cook v. Tait, 265 U.S. 47 (1924)——

■概　説

　米国では，米国外に居住している場合でも，「米国の市民権」を有していれば，全世界所得について課税するという方式，いわゆる国籍主義に基づく全世界所得課税方式が採用されている。そして，二重課税を救済するため，米国市民（U.S. citizen）が他の国の「真正な居住者（bona fide resident）」である場合には，年間8万ドルの所得控除[(1)]又は外国税額控除の適用を受けることができることとされている（IRC第911条）。

　この原則は，1921年内国歳入法において導入された。この原則の妥当性は，1924年に，以下に紹介するCook事案においてその有効性が検証されている。

■事案の概要

　Cook氏は米国市民であるが，1921年にはメキシコに居住していた。内国歳入庁（以下「IRS」という。）は，同氏がメキシコにおいて所有していた資産から発生した所得に対し，同年における米国所得税の課税所得に該当するとした更正処分を行った。同氏は，自分は米国外に居住しており，所得を得る原因となる資産も米国外に存在しているのであるから，「米国政府（具体的にはIRS）は，国外源泉所得について課税する権利は有していない。」として課税処分の取消しを求めて出訴した。

---

(1)　IRC第911条に基づく所得控除にはインフレ調整条項が付されており，2015年のそれは10万800ドル（個人事業者の場合にあっては個人退職年金込みで11万8,500ドル）となっている。

■主な争点と当事者の主張

1 争 点

本件事案の主な争点は，米国市民権（U.S. Citizenship）を有してはいるものの，米国外に居住しており，かつ，米国外でのみ所得を得ている者に対し，米国の課税権が及ぶのか否かという点である。

2 当事者の主張

(1) 納税者の主張

納税者は，たとえ米国市民権を有していたとしても，現に米国外に居住し，米国外でしか所得を得ていない者には，米国の課税権は及ばないはずであると主張する。

(2) 課税庁の主張

それに対し，課税庁（IRS）は，市民権に基づく課税が採用されている米国税制の下においては，たとえ米国市民が米国内に居住しておらず，かつ，米国外でしか所得を得ていないとしても，米国で納税義務を負うと主張する。

《図表》Cook事案のイメージ図

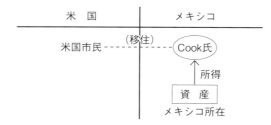

〔事案の概要〕
① Cook氏は米国市民であるがメキシコに居住。
② 所得はメキシコ所在の資産からのみ。

〔争 点〕
そのような場合であってもCook氏は米国で納税義務を負うのか。

〔裁判所（最高裁判所）の判断〕…納税者敗訴
米国で納税義務あり。

■裁判所（最高裁判所）の判断……納税者敗訴

最高裁判所（McKenna判事）は、「非居住者」である米国市民に対する連邦政府の課税権を、「たとえその者が米国外に居住している間も、米国市民及び永住権を有する者が米国外に有している資産について米国政府から保護と便益を受けるという概念に基づくものである。」と判示した。その上で同裁判所は、「州の課税権は他の州の課税権によって制限されるが、連邦レベルではそのような制限は設けられていないので、米国の課税主権は、米国市民の所在地（居住地）の如何にかかわらず、全世界に及ぶ。したがって、たとえ米国市民の居住地とその資産が米国外に存在している場合でも、米国政府は、米国市民がそこで得た所得について、課税権を有する。」(2)と判示したのである。

■解　説

1　内国歳入法第911条制定の経緯

このように、米国政府は、内国歳入法第911条により米国市民に対する広範な課税権を与えられている。しかし、実際問題として、居住地がどこであるかにかかわらずすべての米国市民に課税するというのは、行政上多大のコストを要するなどいくつかの問題点もある。例えば、適正な課税を実現するためには、米国政府はすべての米国市民の現在の所在地、資産の存在地等に関する記録を維持する必要があるが、これには現地の税制、言語及び通貨が異なるので、米国政府はそれに対する対応が必要になるという問題がある。また、国外に居住

---

(2) ちなみに、原文では次のようになっている。

「The taxing power of a state, it was decided, encountered at its borders the taxing power of other states and was limited by them. There was no such limitation, it was pointed out, upon the national power, and that the limitation upon the states affords, it was said, no ground for constructing a barrier around the United States, 'shutting that government off from the exertion of powers which inherently belong to it by virtue of its sovereignty.'

The consequence of the relations is that the native citizen who is taxed may have domicile, and the property from which his income is derived may have situs, in a foreign country and the tax be legal — the government having power to impose the tax.」

する米国市民にとっても，現地の納税者として現地の税法に従うだけでなく，米国の所得税申告も行わなければならないということになるので，過重な負担となる。

このような負担を軽減するため，連邦議会は，1926年に内国歳入法第116条（現行第911条）を制定し，国外居住者に対し一定額の所得控除を認めることとした。その後，濫用を防止するため長年の間に様々な改正が加えられたが，1981年経済再生法により，次のような内容（IRC第911条）に改められた。

2　内国歳入法第911条

内国歳入法第911条では，一定の要件を満たしている者は，①国外所得と②住居費の一定額を所得から控除することができることとされている（IRC第911条(a)(b)）。

それに加え，基準額（国外所得の16％）を超える住居費についても，一定の限度内で[3]所得から控除することが認められている（同条(b)(2)(D)）。

ただし，これらの控除を受けるためには，「真正な居住テスト（bona fide residence test）」又は「実際（physical）居住テスト」のいずれかを満たさなければならない。「真正な居住テスト」においては，課税年間（entire tax year）を通じて外国の「真正な居住者（bona fide resident）」でなければならない。また「実際居住テスト」においては，連続12か月の期間中330日以上外国に実際に居住していなければならない（同条(d)(5)）。

3　内国歳入法第911条の適用

内国歳入法第911条の適用を受けるためには，納税者は，まず外国の「真正な居住者（bona fide resident）」であることを示さなければならない。このテストの要件が満たされていれば，国外所得控除（foreign earned income exclusion）若しくは住居費控除（housing exclusion），又は双方の控除の適用を選択することができる。例えば，所得が12万ドルで，そのうち4万ドルが住居費に充てられている場合，所得控除で8万2,400ドル，国外住居費控除で2万6,816ドルを控除することが認められている。したがって，残余の1万784ド

---

(3)　例えば，東京であれば年間8.57万ドルとなっている（IRS Notice 2006-87）。

ル（12万ドル − 8万2,400ドル − 2万6,816ドル = 1万784ドル）のみが，米国内源泉の他の所得と合算され，米国での課税所得となる[(4)]。

> **参考　米国における市民権課税主義**
>
> 　自国民に対しては，世界中どこに住んでいても基本的に自国で課税するという米国のいわゆる「市民権課税主義（Citizenship Based Taxation）」は，南北戦争時代に導入されたアイデアである。
> 　1861年に導入された当初の所得税法では，非居住者に対しては米国内源泉所得に対してのみ課税することとされていた。
> 　しかし，1864年の改正で，「米国居住者又は外国に居住する米国市民（every person residing in the US or of any citizen of the U.S.A. residing abroad）は，米国源泉のみならず，いかなる地域で生じた所得に対しても米国で課税する（regardless of whether the income arose in the United States or elsewhere）。」というように改められた。
> 　この税は，南北戦争が終わった1872年にいったん廃止されたが，1894年に再復活し，最終的に1913年の税制改正で恒久化された。
> 　当時このような表現がなされたのは単なるジェスチャーであり，実効性あるものとは考えられていなかったようである[(注)]。
>
> 　（注）R.S. Avi-Yonah　The Case against Taxing Citizens : University of Michigan Law school, Law & Economic Working Papers 3-31-2010. P3.

■わが国の参考判例，裁決例等

　わが国の個人所得税制においては，市民権に着目した課税制度は採用されていない。そのためこの種の類似判決はない。ただし，わが国の課税管轄権がど

---

(4) 　内国歳入法第911条の適用は，外国での居住期間に応じて行われる。外国に年間を通じて居住していない場合，控除対象額は比例按分されなければならない。
　　また，国外所得控除を選択した場合，当該所得控除に対応する税額も外国税額控除の対象外（foreign tax credit must be excluded）となる。例えば，国外所得が10万ドルでこれについて4万ドルを納税している場合において，8万2,400ドルの所得控除を受けたときには，それに見合った税額（proportionate amount），すなわち3万2,960ドル（40,000 × $\frac{82,400}{100,000}$ = 32,960ドル）が税額控除の対象外となる。そこで，残余の7,040ドルのみが外国税額控除の対象となる。
　　なお，国外所得控除の適用を受けた結果，米国での課税所得がゼロになった場合でも，これによって米国での税務申告義務がなくなるわけではない。当該控除を受けるためには，米国で税務申告を行わなければならない。ただし，所得が8万2,400ドルに満たない限り，米国で納税する義務はないということなのである。

こまで及ぶかに関し次のような判例がある。
① 東京高裁昭和59年3月14日判決（昭和57年（行コ）第43号）・行裁例集35巻3号231頁，税務訴訟資料135号287頁
　「日本の大陸棚に対しては，…日本の属地的管轄権が及び，その結果として日本の法律の効力が当然に及ぶのである。…
　したがって，…大陸棚における鉱物資源の探索・開発及びこれに関連する経済活動から生じた所得について納税義務が発生し，これに対し課税を行うことが可能というべきである。」

また，贈与税の納税義務に関し居住者か否かが争いとなった事例として，次のような判決がある。
② 東京高裁平成20年1月23日判決（平成19年（行コ）第215号）…武富士事件
　この事例では，上場会社のオーナーの息子が贈与税負担を回避するため海外に移り，年間200日程度海外にいたことが，贈与税でいう非居住者になるか否かが争われた（旧相法1の4）。
　第一審（東京地裁平成19年5月23日判決（平成17年（行ウ）第396号））では納税者の主張が認められたが，控訴審では，かかる出国は租税回避が主目的であり，本人の職業活動，資産の所在などからみても居住地は日本にあったとして第一審と逆の判断（納税者敗訴）が示されている（上告中）。
③ 東京高裁平成20年2月28日判決（平成19年（行コ）第342号）・判例タイムズ1278号163頁…ユニマット事件
　この事案では，納税者がシンガポールへ出国後，自己の有している日本法人の株式を香港で譲渡した行為が，居住者としてなされたものであるか否かが争いとなった。より具体的には，出国が一時的なものであったか否かという点である。②と類似の事例ではあるが，本件では地裁，高裁いずれのレベルにおいても納税者勝訴となっている（確定）。
　ちなみに，東京高裁は，次のように判示している。
　「そもそも，被控訴人が…シンガポールに出国したのは，その後，相当期間にわたって同国を生活の本拠とするためにしたものと認められるのであって，その後の被控訴人の状況に照らして，同日以降の同国への滞在をもって一時的な出国であることが明らかであるということはできない。」

第8章　非居住者課税制度

⑦ 国外居住米国市民が国外における「真正な居住者」に該当するとされた事例(1)
——Sochurek v. Commissioner, 300 F.2d 34 (7th Cir. 1962)——

■概　説

　内国歳入法第911条は，米国市民が外国の「真正（bona fide）な居住者」である場合には，米国における課税所得の計算上，国外源泉所得を一定水準まで控除することを認めている。そのため，国外に居住する者がその国の「真正な居住者」であるか否かが問題となってくる。ここで紹介するSochurek事案及び次項で紹介するJones事案では，いずれの事案においても，外国の真正な居住者であるという納税者の主張が認められている。

■事案の概要

　Howard Sochurek氏は，1953年にライフ誌の海外特派員として東南アジアに派遣された。同氏は，シンガポールを拠点とし同僚の特派員から居住スペースを借り受けた。そして，若干の生活用品を現地で購入し，カメラ機材を使用しない間は当該居住スペースにそれらの機材を保管していた。

　Sochurek氏は出張が多く，問題となった1954年にはシンガポールでの滞在期間は30日に満たなかったが，自らをシンガポールの居住者であるとして申告していた。その間，シンガポールでの水泳クラブ，海外特派員クラブ及び現地のカトリック教会のメンバーとなっていた。また，現地で所得税も納税し，シンガポールでの生活費はすべて自分で支払っていた。

　Sochurek氏は，1954年にライフ誌から得た給与は，米国所得税の課税の対象外となる旨の申立てを行った。内国歳入庁（以下「IRS」という。）は，同氏がシンガポールの「真正な居住者」ではないので，その給与は，内国歳入法第911条でいう米国において課税の対象外となる所得には該当しないと判断し，米国で課税した。

> **参考** 内国歳入法第911条
>
> 内国歳入法第911条は,「課税年度を通じて継続的に外国の真正な居住者であったこと…を立証できる米国市民については,米国外の源泉から得た所得(received from sources without the U.S.)は…総所得に含めず(shall not be included),課税の対象外となる。」と定めている。

主な争点と当事者の主張

1 争 点

本件事案の主な争点は,Sochurek氏がシンガポールの「真正な居住者」だったか否かという点である。

2 当事者の主張

(1) 納税者の主張

納税者(Sochurek氏)は,ライフ誌の海外特派員としてシンガポールに赴任したものであり,同地で所得税も納税しているので,たとえ同地での滞在期間が30日であったとしても同地の「真正な居住者」であったと主張する。

(2) 課税庁の主張

それに対し課税庁(IRS)は,Sochurek氏のシンガポールの滞在状況などからみれば,同氏がシンガポールで受けていた給与も米国の課税所得に含めるべきであると主張する。

裁判所(第7巡回控訴裁判所)の判断……納税者勝訴

本件事案の審理を担当した第7巡回控訴裁判所は,関連する事案を検討(Ditman v. Hofferbert, 136 F.Supp. 542, 544(D.C.D.Md. 1955)を引用)した上で,本件事案では「一時的な滞在者及び逗留者(transients and sojourners)」と「居住者」とは区別して判断が下されて然るべきであるとした。また,同裁判所は,「真正な居住テスト」の要件が満たされているかどうかを判断する際には,次の要素が重要であるとした。

① 納税者の意図

《図表》Sochurek事案のイメージ図

米　国	シンガポール
IRS	Sochurek氏
Sochurek氏はシンガポールの真正な居住者ではないとして米国で課税	1953年にライフ誌の特派員として東南アジアに派遣 1954年のシンガポール滞在は30日未満 ただし、同地特派員クラブ、現地カトリック教会のメンバー 現地で所得税納税 同年ライフ誌から得た給与を米国の課税対象外と申告

〔事案の概要〕
- 1953年、海外特派員として東南アジアに駐在（米国市民）。
- 1954年、シンガポール居住は30日未満ながら現地でクラブ等に加入、現地の所得税も申告納付。

〔争　点〕
　Sochurek氏はシンガポールの真正な居住者になるか。

〔裁判所（第7巡回控訴裁判所）の判断〕…納税者勝訴
　事実認定のうえ「真正な居住者」と判断。

② 納税者の海外での仮住まいの場所として設定した住居での居住期間が限定されていないこと
③ 納税者が滞在することを選択した地域社会での活動に社会的、文化的レベルで参加しており、現地の人々の日常生活にとけ込むなど当該国の環境全般に順応していること
④ 雇用状況に即して当該国に実際に居住（physical presence）していること
⑤ 海外での仮住まいを一時的に留守にする場合のその性格（nature）、程度（extent）及び理由
⑥ 経済的負担を引き受け、当該国で納税していること
⑦ 一時的滞在又は逗留ではなく居住していること（status of residence）
⑧ 雇用主が納税者の所得税をどのように取り扱っているか
⑨ 納税者の婚姻状況及び家族の居住状況

⑩　納税者の雇用の性格及び期間（納税者の海外派遣が一定期間内又は特定期間内に速やかに完了するかどうか）
⑪　海外への移動が善意（good faith）のものであるかどうか（租税回避目的等があったか否か）

その上で，同裁判所は，本件事案においては，他の場所に居住する扶養者がいないこと，海外特派員としての派遣の性格，シンガポールでの不在は仕事関連のものであったこと，租税回避の証拠がないこと等の事実を根拠として，Sochurek氏は，シンガポールの「適格居住者（qualified resident）」に該当すると判断したのである。

■解　説

米国の市民権を有している者は，たとえ国外に居住していたとしても全世界所得について米国の納税義務を負うというのが米国の基本原則である。ただし，「外国の真正な居住者（一般的にはbona fide residentと称されているが，法令上はqualified individual）」の場合にあっては，納税者の選択により国外源泉所得を非課税とすることが認められている（IRC第911条(a)）。どのような条件を充足すれば「真正な居住者」になることができるかについて，法令上明確な規定はないが，本判決によりその要件が明らかにされた。

■わが国の参考判例，裁決例等

住所地課税主義が採用されているわが国においては，本件のような外国の真正な居住者か否かが問題となることはない。

しかし，例えば内国法人の代表取締役が海外勤務をしていた場合に得る所得は，たとえその者が非居住者であったとしても国内源泉所得として扱われる（所法161八イかっこ書き）。

この点が問題になったものとして，次の裁決例がある。

○　国税不服審判所平成6年5月25日裁決・裁決事例集47号353頁

「請求人は，請求人の代表者が海外のプラント工事に従事した期間は，同人は非居住者に該当し，かつ，同人は，元請会社の現地支店の支配人下に入り使用人として常時勤務しているから，同人に支払った報酬は国内源泉所得に該当しないと主張するが，①請求人の代表者が，使用人と同様の

勤務をしていたとしても，それ自体は，代表者としての業務執行に従事しているものというべきであり，これを使用人としての労働とみることはできず，また，②代表取締役の地位にあっては，国外勤務の期間中もその勤務は，所得税法施行令第285条第1項第1号かっこ書に規定する使用人として常務する役員としての勤務には該当しないから，請求人の代表者に支給した報酬は，国内源泉所得に該当する。」

第8章　非居住者課税制度

⑦　国外居住米国市民が国外における「真正な居住者」に該当するとされた事例(2)
――JALのパイロットとして日本のホテルに単身で滞在していた者が，米国税法上日本の真正な居住者に当たるとされた事例――
――Jones v. Commissioner, 927 F.2d 849 (5th Cir. 1991)――

■概　説

船員やパイロットなどのように国際運輸業に従事する者については，原則として居住地に着目した課税がなされている。本件では，国際運輸業に従事しているパイロットの単身赴任時における住所地が問題となった。

■事案の概要

George Jones氏は，1970年から日本の東京で，JALのパイロットとしての勤務を開始した。同氏と家族は，この勤務期間中賃貸住宅で生活し，1972年の勤務終了後テキサス州に戻った。同氏は，1973年に再び東京での勤務を命じられたが，そのときは，夫人と子供は学校教育を理由にテキサス州に残った。息子の卒業後に夫人と娘は東京に戻ることを予定していたが，1974年に同氏の勤務地がアラスカに変更されたため，夫妻はアラスカに移り，夫人は同地で仕事に就いた。

Jones氏は，1980年に再び東京に異動したが，夫人は同氏の退職予定時（1988年）まで仕事を継続する都合等もあってアラスカに残った。その間，同氏は日本のホテルに単身で住むこととなり，東京にいる間は常にホテルに滞在し，その所持品も東京に保管していた。同氏は，日本の居住者として日本の所得税を納め，日本滞在中の生活費を支払い，日本を離れたのは，勤務の際と家族との休暇のときのみであった。このような状況は，同氏が1988年にJALを退職するまで継続した。

IRSは，Jones氏は日本の真正な居住者ではないと判断し，1981年から1983

年の所得につき米国で課税した。

■主な争点と当事者の主張

1 争点

本件事案も，主な争点は，JALのパイロットだった納税者（Jones氏）が日本の真正な居住者だったかどうかという点である。

2 当事者の主張

(1) 納税者の主張

納税者（Jones氏）は，夫人と子供が米国で居住していたものの，自らはJALのパイロットという仕事の都合上日本での居住が不可欠であり，たとえ滞在場所がホテルであったとしてもその状況は変わらないと主張する。

(2) 課税庁の主張

それに対し課税庁（IRS）は，納税者が居住していたのはホテルであり，夫人はアラスカに住んでいたこと，パイロットという納税者の仕事の性質上米国と密接なつながりがあることなどから，日本の真正な居住者にはならないと主張する。

■裁判所の判断

1 租税裁判所……納税者敗訴

租税裁判所は，Jones氏がホテルに居住していたこと，夫人がアラスカに居住していたこと，及び同氏が米国とつながりを有していたことなど形式的な点に着目し，同氏が日本の真正な居住者には該当しないとした課税庁の判断を支持した。

2 第5巡回控訴裁判所……納税者勝訴（原判決取消し）

しかしながら，第5巡回控訴裁判所は，内国歳入法第911条及び913条のいずれにおいても真正な居住者（bona fide resident）という用語を用いていないこと，Sochurek事案での判断要素及びこの制度を導入した議会の考え方等を

《図表》Jones事案のイメージ図

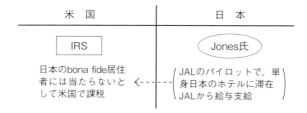

〔事案の概要〕
　米国市民であるJones氏はJALのパイロットとして日本のホテルに単身滞在，家族は米国居住。

〔争　点〕
　Jones氏は米国税法でいう日本の善良な居住者に該当するか。

〔裁判所の判断〕
　・租税裁判所…納税者敗訴
　　　　　　　形式面に着目。
　・第5巡回控訴裁判所…納税者勝訴
　　　　　　　制度創設時における議会の意図及びSochurek事案を考慮し，実質重視。

ふまえたうえで租税裁判所の判決を覆している。

　すなわち，第5巡回控訴裁判所は，Jones氏が日本のホテルを「固定した恒久的な生活の場所（fixed and permanent home）とすることを意図していた」点を重視し，勤務や休暇で離れているとき以外は日本にいたことに着目した。「同氏のホテル滞在は，出張が頻繁であるという経済的実態があり，現に日本で所得税の申告を行い，日本で所得税も納めていた。」その上で，同裁判所は，同氏の居住地の判断に際しては，「夫人のアラスカ居住を反論材料にするべきではない。」ということも強調した。その上で，「夫人が仕事を継続することにしたことによって同氏の居住状況が左右されてはならない。」とした[1]。

　また，第5巡回控訴裁判所は，「Jones氏は日本語を話さず日本文化にも特に

---

(1) なお，本制度を導入した議会の意図を尊重すべしという点について，同裁判所は次のように述べている。
　「This court must deter mine residence in light of congressional intent, which was to encourage foreign trade by encouraging…and to place in an equal position…going abroad who are not taxed by their own country.」

順応していなかった」点を認めつつも，問題の期間中，同氏は「日本を生活の場所と考えていた」点を重視した。その結果，同氏は「日本の単なる「一時的な滞在者又は逗留者」ではなかった。」と判断したのである。

■解　説

「真正又は善意（bona fide）」という文言の定義は，内国歳入法等にはない。しかし，裁判所は，この文言を納税者が外国で生活することを真に意図しているかどうかに関する重要な判断基準としているのである。

■わが国の参考判例，裁決例等

わが国では，居住者になるか否かは本人の「意思」ではなく，基本的に「客観主義」によるとされている。ちなみに，納税者による真正又は善意の主張が排除された次のような判例がある。

○　神戸地裁平成14年10月7日判決（平成13年（行ウ）第9号）・税務訴訟資料252号順号9208

本件は，日本国籍を有する非居住者の得る給与所得から，同人が日本国内に有する不動産所得の損失を控除できるかが争いとなった事案であるが，裁判所は次のような理由で納税者の主張を斥けている。

(a)　「（認定事実を総合的に判断すれば，）原告の日本における原告所有家屋での滞在は里帰り目的等の一時的なものにすぎず，客観的には，原告の生活の本拠は米国であったと認められる。」

(b)　「原告の夫が日本国内に半年以上滞在していたとしても，それは判断の補完にしかすぎず，原告が住所であると主張する場所での滞在期間が客観的に明らかである以上，前記認定がくつがえるものではない。」

(c)　「個人の給与所得的分離課税となるので，不動産所得との通算は認められない。」

第8章　非居住者課税制度

⑫　人的役務提供の対価及びロイヤリティの源泉地
―Commissioner v. Piedras Negras Broadcasting Co., 127 F.2d 260 (5th Cir. 1942)―

■概　説

　米国の内国歳入法第861条，862条及び863条は，所得が米国源泉所得なのか，あるいは国外源泉所得すなわち米国外で稼得された所得なのかを決定するルールについて規定している。米国源泉所得とみなされる支払は，当然のことながら米国の課税管轄権に服する。源泉規定が適用される2種類の所得は，人的役務提供の対価とロイヤリティである。

　人的役務提供の対価の支払に係る源泉地は，原則として当該役務が遂行された場所によることとされている（IRC第863条(3)）。ただし，その者の米国滞在が90日を超えず，かつ，その者の得た対価が年間3,000ドル以下等の場合には免税とされている（同条(3)(A)～(C)）。

■事案の概要

　納税者は，テキサス州との国境近くにあるメキシコ合衆国ペトラス・ネグラスで設立，運営されていたラジオ放送局（P. N. Broadcasting社：以下単に「ラジオ放送局」ともいう。）で，顧客に「ラジオ・タイム」という広告スペースを販売して収益を得ていた。納税者は，その所得の95％を米国の広告主から得ていたが，契約はすべてメキシコで締結され，サービスはすべてメキシコで遂行され，放送もすべてメキシコからなされていた。

　IRSが本件所得は米国源泉所得によるとして課税したことから，その処分を不服とする納税者が処分取消しを求めて出訴した。

　国税不服審判所（The Board of Tax Appeals，当時。現在の租税裁判所の前身）が，納税者の主張を受け入れ処分取消しを命じたことから，IRS側が控訴した。

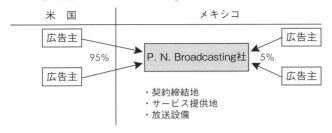

〔事案の概要〕

① 広告料収入の95%は米国のスポンサーから。
② 契約締結地はメキシコ。
③ サービス提供地もメキシコ。
④ 放送設備もメキシコに所在。

〔争　点〕

このような場合，本件ラジオ放送について米国内で人的役務の提供があったといえるか。

〔裁判所（第5巡回控訴裁判所）の判断〕…納税者勝訴

本件ラジオ放送に伴う広告料収入の大部分が米国からのものだったとしても，サービスの提供はメキシコ国内で行われていることから，米国内での人的役務の提供はない。

■主な争点と当事者の主張

1　争　点

本件事案の主な争点は，本件ラジオ放送に係る人的役務の提供地がメキシコなのかそれとも米国なのかという点である。

2　当事者の主張

(1)　納税者の主張

納税者は，契約締結，サービスの提供がいずれもメキシコ国内で行われており，放送設備も米国外に所在しているので，役務提供地（所得の源泉地）はメキシコであると主張する。

(2)　課税庁の主張

それに対し，課税庁は，広告料の収入状況（95％が米国）と聴取者からみて，

人的役務の提供地は米国内にある（したがって所得の源泉地も米国である。）と主張する。

■ 裁判所（第5巡回控訴裁判所）の判断……納税者勝訴

　本件事案において第5巡回控訴裁判所（HoLmes判事）は，納税者が得ていた所得は，米国外源泉所得として取り扱うべきであるとして次のように判示して，IRSに対し，処分の取消しを命じている。

① 「所得を生み出すもととなる契約はすべてメキシコでなされており，契約に基づいてなされるすべてのサービスもメキシコで提供されてる[1]。（メキシコのラジオ放送局が）米国のテキサスにメーリング・アドレスを置き，ホテルの一室でそれらのメールを受け取ったり資金（fund）を受領したりしていることは事実である。

　　しかし，広告契約はすべて米国内の独立の広告エージェントを通じてなされたものである。広告料収入，聴取者の殆んど（約95％）が米国であり，銀行口座も米国内に有してはいるが，記帳等の事務はすべてメキシコで行われていた。

　　内国歳入法第231条(d)では，外国法人が課税になるのは米国内源泉所得であるとしている。したがって，米国源泉以外の所得を得ている外国法人は米国では納税義務を負わない。」

② 「当裁判所は，制定法の文言から，議会は所得の源泉を当該所得を生じさせたサービスの所在地とすることを意図していたことが明らかであると考える。米国内及び米国外という文言が繰り返し使用されていることから，何らかの物理的な存在，有形の目に見える活動の概念が示されている。…（筆者注：納税者の）すべての放送設備は米国外に所在しており，その事業に関連して提供されるサービスもすべてメキシコで遂行されていた。したがって，米国内の源泉から生じた所得はなかったと解するのが相当である。」

---

(1) ちなみに，原文では次のようになっている。
　「All of its income-producing contracts were executed in Mexico, and all services required of the taxpayer under the contracts were rendered in Mexico.」

■解　説

　人的役務の提供においては，役務提供地がどこかが重要な要因となってくる。

　わが国の消費税では，役務提供地が国外であれば消費税は不課税としているが，本件事例のようにサービスの供与を受ける者及び広告主がほとんど国内であるような場合においては，本件と同様の争いが生じる可能性がある。使用料については，最終消費地が源泉地となる。

（McCord判事の反対意見）

　なお，本判決については，McCord判事の次のような反対意見がある。

　「同放送局は専ら又は主として米国のリスナーを対象に設立され，その収入の殆んども米国から得ている。

　これらの事実関係から，同社の所得の源泉地は米国にあると考える。

　したがって，私としては，審判所の判断はくつがえされるべきであると考える。

　よって，多数意見には反対である。」

■わが国の参考判例，裁決例等

　人的役務提供ではないが，使用料の源泉地は製造地ではなく，最終消費地になるとした次のような判例もある。

　○　最高裁（一小）平成16年6月24日判決（平成11年（行ヒ）第44号）・判例時報1872号46頁，判例タイムズ1163号136頁…シルバー精工事件

　　このケースでは，日本法人から米国法人に支払われた使用料の源泉地が製造地である日本にあるのか，それとも販売地である米国にあるのかが争いとなった（使用料の源泉地が使用地にあるという点については日米双方の国内法でも日米租税条約でも同じ…そのため本件訴訟では，その使用地が製造地なのか販売地なのかが争いとなった。）。

　　課税庁側は，通達での取扱い等を根拠に，本件使用料の源泉地は日本にあるので日本法人から支払われた使用料に係る支払対価は日本で源泉徴収の対象になると主張した。

　　しかし，裁判所（地裁，高裁，最高裁のいずれも）は，使用料の源泉地は製造地ではなく販売地（本件では米国）にあるという納税者の主張を受

け入れ，課税処分の取消しを命じている。

　ちなみに，米国では，使用料の源泉地は製造地ではなく販売地にあるとする本件判決で示された考え方が一般的である。

第8章 非居住者課税制度

�73 米国内,米国外の双方で人的役務の提供があったとされた事例
——Stemkowski v. Commissioner, 690 F.2d 40(2nd Cir. 1982)——

■概 説

人的役務が米国内・米国外の双方で提供された場合,米国源泉の所得をどのように算定すべきかが問題となってくる。この点について米国では,「時間ベース」で決定することとしている。米国源泉の所得は,合計労働日数に対する米国で遂行された労働日数の比率を合計報酬に乗じて決定される。

■事案の概要

本件事案(Stemkowski事案)では,米国のナショナル・ホッケー・リーグ(以下「NHL」という。)と契約し,主として米国でプレーしていたカナダ人のホッケー選手であるStemkowski氏の米国源泉所得をどのように計算するかが問題となった。同氏のNHLとの契約では,同氏の年間スケジュールは,①トレーニングキャンプ,②レギュラーシーズン,③プレーオフ,及び④シーズンオフの4つに区分されていた。同氏は,契約は年間スケジュール全体を対象としていると主張した。それは,同氏の米国での所得は合計契約日数に対する米国での滞在日数の比率に基づくものであったため,契約期間が長いほど米国源泉の課税所得は低くなるためである。それに対し,内国歳入庁は,「当該契約はレギュラーシーズンのみを対象としている。」としてこれに反論した。

租税裁判所で,Stemkowski氏の得ていたすべての所得が米国源泉所得になるとされたため,同判決の取消しを求めて同氏が控訴した。

争点は多岐にわたるが,ここでは,この点についてのみ紹介する。

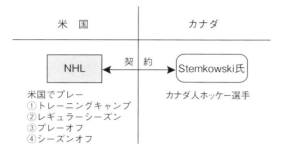

《図表》Stemkowski事案のイメージ図

〔前提となる事実〕
(1) 契約内容は4本に区分。
(2) 米国でプレーが義務。

〔争　点〕
上記契約内容のうち米国内での人的役務提供はどの部分か。

〔裁判所（第2巡回控訴裁判所）の判断〕…納税者勝訴
①〜③のみが米国内における人的役務提供に該当。

主な争点と当事者の主張

1　争　点

本件事案の場合，納税者（Stemkowski氏）はシーズン中は米国で役務を提供しているものの，シーズンオフはカナダで生活していた。しかし契約金は年間を通じてのものであったため，どの部分が米国における人的役務提供になるのかが争点となった。

2　当事者の主張

(1)　納税者の主張

納税者は，NHLとの契約が年間スケジュール全体を対象としていたことから，カナダで生活していたシーズンオフの期間を除く部分のみが米国での人的役務提供部分になると主張する。

(2)　課税庁の主張

それに対し課税庁（IRS）は，当該契約はレギュラーシーズンのみを対象と

したものであり，すべてが米国源泉になると主張する。

■裁判所（第2巡回控訴裁判所）の判断……納税者勝訴

本件事案において，第2巡回控訴裁判所は，次のように判示して納税者の主張を認めている。「米国の非居住者であるStemkowski氏の得ていた所得のうち，米国源泉所得として米国で課税できる部分は米国内における人的役務提供時間（time basis）により計算することとされている（IRC第871条(b)，864条(b)及び財務省規則§1.861-4(b)）。」そのうえで，同裁判所は，「当該契約のうち米国内で人的役務を提供していた（すなわち，米国源泉所得となる）のは，①トレーニングキャンプ，②レギュラーシーズン，及び③プレーオフのみであり，シーズンオフは対象に含まれない。」と判示している[(1)]。

■解　説

世界的に著名なスポーツ選手や芸能人などのように，各国を転々としながら人的役務を提供している者の場合，役務提供地国がどこかという点とどこの国の居住者になるかの2点が問題となってくる。

このうち，本件では前者が問題となった。特に，スポーツ選手にあっては，シーズンオフの扱いが問題となる。それに対し，芸能人にあっては，リハーサルが別の国で行われた場合などにおいて問題となる。

本件判決は，たとえ契約自体が年間契約であったとしても，シーズンオフの期間は米国外にいるので，その間の分は米国源泉所得にならないとしている。わが国のプロスポーツ選手の中にも，かつてシーズン中のみ日本に滞在し，それ以外は外国に居住するという形でわが国での居住者課税を免れている者がいた。その意味でいえば，本件判決は，わが国への応用の可能性が高い参考事案であるということもできよう。

---

(1) ちなみに，租税裁判所では，契約書の第2条でプレーオフやオフシーズンを含めプレーヤーの参加が要請されていた点に着目し，すべての対価が米国源泉所得になるとしていた。
　それに対し，控訴審では，オフシーズンにはプレーヤーに対し何らの義務も課していないので，少なくともこの分は米国源泉所得にはならないとしたのである。

■わが国の参考判例,裁決例等

本件事案のように人的役務提供に関するものではないが,次のような裁決例がある。

○ 国税不服審判所平成13年3月30日裁決・裁決事例集61号293頁

本件では,請求人が海外の取引先に支払った金員が,人的役務提供の対価であり,当該役務の提供はすべて海外なので,国外源泉所得であり,源泉徴収は不要とする請求人の主張に対し,審判所はその内容がデザイン画等の提供の対価であり,使用料と認められるとして源泉徴収告知処分を行った課税庁の処分を認め,請求人の請求を斥けている。

第8章　非居住者課税制度

⑭ 人的役務提供の対価かロイヤリティかが争われた事例(1)
―役務提供地が源泉地である人的役務提供の対価であるとされた事例―
―Boulez v. Commissioner, 83 T.C. 584(1984)―

■概　説

　所得の源泉地を決定する場合においては，対象となっている所得がどのような種類のものであるかをまず決定することが必要となる。Boulez事案では，人的役務提供の対価なのかそれともロイヤリティ所得なのかという点が問題となった。

■事案の概要

　フランス人のオーケストラ指揮者であるBoulez氏は，CBSレコードとの間で，公演と指揮をレコード録音する契約を交わしていた。この契約に従い，同氏は米国公演で何回か指揮をし，将来の売上げに基づいて算定された「ロイヤリティ」と称される一定の支払を受けていた。しかしながら，すべてのレコーディングされた権利はCBSレコードの所有に帰することとなっていた。

　Boulez氏は，IRSへの税務申告に当たり，当該支払については財産権が米国の非居住者である自分にあるので，米国外源泉となるロイヤリティに該当するとして申告した。それに対し，IRSは，当該支払を米国で遂行された人的役務提供から得た所得であるとして取り扱ったことから争いとなった。

■主な争点と当事者の主張

1　争　点

　本件事案の主な争点は，Boulez氏による米国内での公演及びそれと同時になされたレコード録音の対価が，人的役務提供の対価になるのかそれともロイヤリティなのかという点である。

《図表》Boulez事案のイメージ図

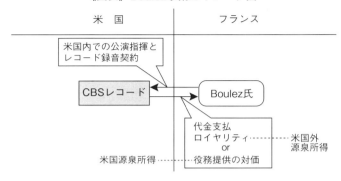

〔事案の概要〕
① フランス人Boulez氏は、CBSレコードとの間で米国内で公演指揮をし、それをレコード録音する契約に基づき、米国内で公演指揮をし、CBSレコードはそれをレコーディングした。
② レコーディングの権利はCBSレコードが所有。
③ Boulez氏は受領対価（報酬）をロイヤリティとして申告。

〔争　点〕
Boulez氏が受領した報酬は人的役務提供の対価かロイヤリティか。

〔裁判所（租税裁判所）の判断〕…納税者敗訴
Boulez氏が受領した本件金員は、人的役務提供の対価となる。
したがって、その所得の源泉地は役務提供地である米国である。

2　当事者の主張

(1) 納税者の主張

納税者は、レコード録音の対象となる公演自体の権利等が米国の非居住者である自分にあることから、たとえレコード録音の権利がCBSレコード側にあったとしても本件対価はロイヤリティであり、米国外源泉であると主張する。

(2) 課税庁の主張

それに対しIRSは、本件係争に係る対価はすべて人的役務提供の対価でありレコードの権利もCBSレコード側にあるので、人的役務の提供対価に当たり、すべての所得が米国源泉になると主張する。

■裁判所（租税裁判所）の判断……納税者敗訴

租税裁判所は、当該支払は人的役務提供に係る所得であると判示した。契約

では，当該支払は「ロイヤリティ」であり，料率は将来の売上げに基づいている旨が明記されていたが，同裁判所は，両者間で締結された当該契約は明確ではない（by no means clear）としたうえで，契約ではBoulez氏はCBSのレコードの売上高に応じて「ロイヤリティ」を受け取ることができるとなっているものの，その対価は売上げの○○％相当とする旨の表示等もないことから，その対価の額はライセンス契約によるものではなく（does not prove that a licensing），むしろ，同氏によって遂行される役務に主眼を置いて算定されたものであると判断したのである。また，両者間で締結された契約書の第5条では，「いったんレコーディングがなされた場合，『全ての資産はCBSに移転し，CBSはいかなるクレームからも自由である』旨規定されている。」ことから，同氏は，「レコーディングの所有権を有していないため，ロイヤリティ所得を生む資産を所有していなかった。」

「これらの点を総合して考慮した場合（considered as a whole），契約書の文言上明確ではないものの，我々としては，本件契約はライセンス契約というよりは，人的役務提供契約とみるべきであると考える。」

「したがって，それらを人的役務提供契約とみなして全てを米国源泉所得になるとしたIRSの処分は相当である。」

■解　説

　本件においては，Boulez氏による米国内での公演が人的役務提供活動に当たるか否かは，契約内容ではなく事実認定の問題であるとされた。

　同様の考え方は，わが国の実務においても採用されていると思われる。その点からいえば，本件判決で示された考え方はわが国の考え方とも親和性がある。問題となるのは，レコーディングの権利の対価部分である。また，契約では，公演とレコーディングが同一のパフォーマンスを対象としていることから，全体が人的役務提供活動に当たるとした租税裁判所の判断は，比較的オーソドックスな考え方であろう。

　なお，人的役務の提供なのかロイヤリティなのかをめぐっては，その限界が明らかでない場合が多い。

　そこで，わが国では，次の通達により区分基準を明らかにしている。

> **参考** 図面，人的役務等の提供の対価として支払を受けるものが使用料に該当するかどうかの判定
>
> 161-24　技術等を提供し又は伝授するために図面，型紙，見本等の物又は人的役務を提供し，かつ，当該技術等の提供又は伝授の対価の全てを当該提供した物又は人的役務の対価として支払を受ける場合には，当該対価として支払を受けるもののうち，次のいずれかに該当するものは法第161条第7号イに掲げる使用料に該当するものとし，その他のものは当該物又は人的役務の提供の対価に該当するものとする（平23課個2-33，課法9-9，課審4-46改正）。
> (1)　当該対価として支払を受ける金額が，当該提供し又は伝授した技術等を使用した回数，期間，生産高又はその使用による利益の額に応じて算定されるもの
> (2)　(1)に掲げるもののほか，当該対価として支払を受ける金額が，当該図面その他の物の作成又は当該人的役務の提供のために要した経費の額に通常の利潤の額（個人が自己の作成した図面その他の物を提供し，又は自己の人的役務を提供した場合には，その者がその物の作成又は人的役務の提供につき通常受けるべき報酬の額を含む。）を加算した金額に相当する金額を超えるもの
> (注)　上記により物又は人的役務の提供の対価に該当するとされるものは，通常その図面等が作成された地又は人的役務の提供が行われた地に源泉がある所得となる。
> 　　なお，これらの所得のうち，国内源泉所得とされるものは，同条第1号，第2号又は第8号に掲げる所得に該当する。

■わが国の参考判例，裁決例等

　ある所得が国内源泉所得に該当するとしたとしても，それらの所得がどの所得に区分されるかによって源泉徴収税率や総合課税の対象になるか否かなどをめぐって争いとなることがある。現に，筆者が現職当時担当した事案でも，人的役務提供か使用料かが問題となった事案があった（対フランス）。ちなみに，その事案では，半分を人的役務提供の対価，残り半分を使用料とし，源泉徴収の対象にすることで合意をみている。

　なお，以下の裁判例は国際関係に係るものではないが，所得の種類が問題となった判例である。

①　最高裁（二小）昭和56年4月24日判決（昭和52年（行ツ）第12号）・民集35巻3号672頁，税務訴訟資料117号296頁

　　この事案は，居住者の所得に関するものであるが，弁護士が顧問先から

得ている顧問報酬が，事業所得に当たるのか，給与所得に当たるのかが争いとなった。最高裁は，「具体的内容に応じて判断すべし。」とした上で，本件対価は給与所得ではなく，事業所得に当たると判示している。

② 最高裁（三小）昭和53年8月29日判決（昭和48年（行ツ）第3号）・訟務月報24巻11号2430頁

この事案も居住者の得ていた所得の種類が問題となった。具体的には，楽団所属のバイオリニストの得ている報酬が事業所得なのか給与所得なのかという点である。最高裁は，その契約内容及び役務提供状況等に着目し，本件対価は給与所得になると判示している。

第8章　非居住者課税制度

⑦ 人的役務提供の対価かロイヤリティかが争われた事例(2)
―ノウハウの提供地がスイスであることから米国が所得の源泉地ではないとされた事例―

―Karrer v. United States, 152 F.Supp. 66 (Ct.Cl. 1957) ―

■事案の概要

スイスの居住者であるKarrer氏は，スイス企業との契約に基づきスイスでサービスを遂行していた。当該スイス企業は，同氏が開発した資産の所有者となった。その後，当該スイス企業は，当該資産に係るライセンスを米国法人のNutley社に供与した。同氏とNutley社との間には契約は交わされていなかったが，Nutley社は，同氏とスイス企業との契約に基づき，同氏に支払われるべき報酬の一定割合を同氏に支払っていた。IRSは，Nutley社から同氏への支払をロイヤリティとみなして課税したことから争いとなった。

■主な争点と当事者の主張

1　争　点

本件事案の主な争点は，知的所有権の供与をしていた者に対し，米国の納税者から支払われていた対価がいかなる種類の所得（人的役務の提供の対価なのかロイヤリティなのか）に当たるのかという点である。

この対価の支払が人的役務提供の対価であれば，Karrer氏は米国内では何らの役務提供もしていないので非課税となる。それに対し，本件支払がロイヤリティなのであれば米国源泉所得となり，米国で源泉徴収の対象となる。

2　当事者の主張

(1)　納税者の主張

納税者は，自己の有するノウハウの提供は，スイス企業に対するものなので，所得の源泉地は当該役務の提供地であるスイスであり，米国源泉の所得はない

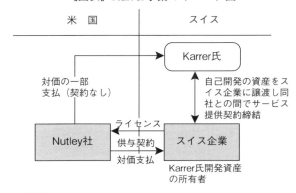

《図表》Karrer事案のイメージ図

〔事案の概要〕
① スイス人Karrer氏は，自己開発の資産をスイス企業に譲渡し，同社との間でスイス国内での人的役務提供サービス契約を締結（実行者はKarrer氏）。
② スイス企業が米国法人Nutley社に①の資産をライセンス供与。
③ 対価の一部はスイスのKarrer氏が受け取り，残りをスイス企業が受領。

〔争　点〕
Karrer氏が米国法人Nutley社から受領していた対価はロイヤリティか人的役務提供か（人的役務提供ならすべて米国外源泉となる。）。

〔裁判所（請求裁判所）の判断〕…納税者勝訴
人的役務提供の対価となる。

ので米国では課税にならないと主張する。

また，当該対価について，たとえ米国企業から直接支払を受けていたとしても，その分はロイヤリティではなく人的役務提供なので，米国では課税にならないと主張する。

(2) 課税庁の主張

それに対し，課税庁（IRS）は，本件の金銭支払は，ノウハウを有しているKarrer氏に対し米国企業からなされた支払なので，ロイヤリティであり，当該対価の支払の債務者の所在地である米国に課税権があると主張する。

■裁判所（請求裁判所）の判断……納税者勝訴

本件事案を担当した請求裁判所（Court of Claims）は，Karrer氏が得た所得は，人的役務に係る所得であったと判示した。それは，スイスの居住者であ

る同氏は，米国企業であるNutley社から支払を受けていたものの，原資産はスイス企業が所有していたためである。そして，同氏の活動は，スイス企業との契約に基づいてスイスで遂行したサービスに限定されていた。その結果，当該サービスはすべて米国外で提供され，これによって米国源泉所得が生じることはなかったとされたのである。

■解　説

本件事案は，スイスの居住者Karrer氏が有するノウハウをスイス法人にライセンスし，それをスイス法人が米国企業（Nutley社）にサブライセンスしていたという事案である。それだけならば比較的簡単な事案だったのであるが，米国企業が，ノウハウの原所有者である同氏にも対価の一部を支払っていたことから問題がややこしくなった。

Karrer氏とNutley社の間には，何らの契約も存在していなかった。したがって，本件における裁判所の判断は妥当であると思われる。なお，IRSの課税の方法としては，Nutley社の同氏への支払分につきNutley社での損金算入を認めないというやり方もあったと思われるが，そのような課税はなされていなかったようである。

■わが国の参考判例，裁決例等

使用料の源泉地について，わが国では，使用地が源泉地となるとしたうえで，その使用地は製造地であるという考え方が採用されてきた。

しかし，シルバー精工事件判決（東京高裁平成10年12月15日判決・訟務月報45巻8号1553頁）で，使用地は販売地になるとされたことから，現在はこの考え方に沿った実務となっている。

第8章　非居住者課税制度

⑯ 人的役務提供の対価かロイヤリティかが争われた事例(3)
――プロゴルファーの得るスポンサー収入のうちツアーへの参加義務を伴うものについては50％が（米国源泉の）人的役務提供の対価，そうでないものは米国売上対応部分が使用料であるとされた事例――

――Goosen v. Commissioner, 136 T.C. 27(2011)――

■概　説

　プロゴルファーやプロテニスプレーヤー，有名歌手など世界をまたにかけて活躍するスポーツ選手や芸能人には，有名スポンサーが付き，広告，宣伝のため多額の金員が支払われるのが通例となっている。しかし，通常の賞金と異なり，それらのスポンサー収入のなかには，役務提供はしているものの，それがどこにおける役務提供なのかが不明である場合が少なくない。

　しかも，実際に役務提供がなされた期間もそれほど長くはない。

　そのため，いわゆるスポンサー収入については，役務提供の対価としてではなく，自己の映像等を利用させる対価としての（使用料の）一種と考えることも可能である。

　それが争いとなったのが，今回紹介する南アフリカ出身の著名プロゴルファーGoosen氏の事例である。

　もし，これが人的役務の提供の対価なのであれば，その源泉地は当該役務が遂行された場所となる（IRC第863条(e)）。

　そして，それが米国内及び米国外の双方でなされた場合には，合計日数のうち，米国内での役務遂行分のみが米国源泉所得となる。

　それに対し，それらの対価が使用料に該当するのであれば，米国内で利用又は使用されている分のみが米国内源泉所得となる（IRC第861条(a)(4)，862条(a)(4)）。

■事案の概要

南アフリカ生まれで，英国に居住しているプロゴルファーRetief Goosen氏は，USオープン等を始め，世界の著名な大会に常に参加している著名なプロ

《図表》Goosen事案のイメージ図

```
        米 国                    │         英 国
                                 │
  ┌──────────┐  ①              │
  │ Titleist等 │ ──────(スポンサー契約)──────┐
  └──────────┘                   │          プロゴルファー
  (on-course契約)                 │           ╭─────╮
  ツアー参加義務あり              │           │Goosen氏│
  ＋                  ──(製品使用)──→      ╰─────╯
  広告への名義貸し                │
  使用許諾                        │
                                 │
  ┌──────────┐                   │
  │  Rolex等  │ ② ←──────────────┘
  └──────────┘                   │
  (off-course契約)                │
  ツアー参加義務なし              │
  広告への名義                    │
  使用許諾のみ                    │
```

〔事案の概要〕

英国居住者のプロゴルファーGoosen氏は，著名企業とスポンサーの契約を締結（①②）。それらの契約のいずれについても，収入のうち50％相当を人的役務提供の対価，残り50％をロイヤリティ収入として申告。IRSは，①②の全てが人的役務提供所得に当たるとして更正。

①の契約（Titleist等）
・ツアーへの参加義務あり，参加時にはそれらのメーカーの商品を使用。
・同時にそれらの会社の広告宣伝にも登場。

②の契約（Rolex等）
・ツアーへの参加義務なし。
・広告への名義使用許諾。

〔争　点〕

①②の契約は全て人的役務提供契約か否か。
・課税庁の主張…契約では全てツアーへの出場が求められているので，全てが人的役務提供になる。
・納税者の主張…ツアーへの出場部分は人的役務提供，それ以外はロイヤリティ収入である。

〔裁判所（租税裁判所）の判断〕…納税者勝訴

①については50％が人的役務提供（全て米国内源泉），50％がロイヤリティ（米国売上比対応部分が米国内源泉）。

②については全てロイヤリティ（米国売上対応部分のみが米国内源泉）。

ゴルファーであるが，スポーツ用品メーカーのAdidus, Taylormade, Acushnet, Titleistなどとの間で，それらの会社の製品を使用する契約（endorsed）を行い，多額の収入を得ていた。また，時計メーカーのRolex，ビデオ・ゲーム・メーカーのElectronic Arts及びカードメーカーのUpper Deckとの間では，ゴルフ以外の分野でのスポンサー契約（off-course endorsement）[1]を結んでいた。

Goosen氏は，それらの収入（米国内源泉分）のうち，50％を人的役務提供報酬，残りの50％を使用料であるとして，2002年分及び2003年分の所得をIRSに申告していた。

契約内容によれば，Goosen氏は，少なくとも20回のPGAツアー（米国）と11回のヨーロッパツアーへの参加が必要とされていた[2]。

これらの契約に基づく収入に対し，IRSは，その全てが人的役務提供による所得であるとして更正した。それに対しGoosen氏がその処分の取消しを求めて租税裁判所に訴えを提起したのが本件である。

■主な争点と当事者の主張

1 争　点

本件事案の主な争点は，Goosen氏の得ていたスポンサー収入が，人的役務提供の対価になるのか，それとも使用料になるのかという点である。

2 当事者の主張

(1) 納税者（Goosen氏）の主張

スポンサー収入のうち，少なくとも主要なゴルフ大会への参加が義務付けられている分（On-Course endorsement income）については，収入の半分は使用量（ロイヤリティ）であり，残り半分は人的役務提供サービス（personal service）の対価であると主張する。

---

(1) ちなみに，Taylormadeとの間の契約では，スポンサーの基本料金が年間40万ドル（約4,000万円），さらに，トーナメントで優勝した場合及び国際ランクで上位にランクされた場合には，別途ボーナスが支払われる契約になっていた。
(2) ちなみに，契約期間内の2002年及び2003年に，同氏はいずれの年においてもUSオープンで優勝していた。

例えば、Acushnet社との間の契約では、Goosen氏は同社が販売するゴルフボール及び手袋に彼の名前を入れることを許諾するとともに、トーナメント出場時はそれらの製品を使用し、それ以外の時においても、同社のPRに協力する義務を負っていた。

そのうち、試合出場を求められている部分は、人的役務の提供の対価だとしても、名称使用許諾料に相当する分はロイヤリティである。

それ以外の会社との契約も、基本的にはこれと同様の内容となっているので、課税上も同様の扱い、すなわち、ツアーへの出場が必要な部分は人的役務提供、その他の部分はロイヤリティとして取り扱われるべきであると主張する。

(2) 課税庁の主張

本件スポンサー契約のうち、少なくとも主要なゴルフ大会への参加が義務付けられている契約（on-course endorsement）については、Goosen氏に対しPGAツアー等への参加を義務付けているので、第一義的には人的役務提供に対する対価であり、その全額が人的役務提供サービスの対価とすべきであると主張する。

また、大会参加が義務付けられていない契約（off-course契約）でも、その実質は人的役務提供サービスなので、他の契約と同じくその全額を人的役務提供サービスの対価とすべきであると主張する。

■裁判所（租税裁判所）の判断……納税者勝訴

租税裁判所は、スポンサー契約の内容を詳細に検討したうえで、「少なくともPGAなど主要な大会への参加を義務付けた（on-course）スポンサー契約をしたスポンサー側の主たる目的は、Goosen氏の名前を自己の会社の製品に付す権利を取得することにあり、同氏のイメージを利用することが主たる目的であった。したがって、それらの対価の全てが人的役務の提供による対価だったとするIRSの更正処分は取り消されるべきである。」としている。

また、所得の源泉地については、Goosen氏側もスポンサー側も、そのうちのどれだけが米国源泉のものになるのか明らかにしていなかった。したがって、「合理的な理由がない限り、原則的には、その全額が米国内源泉所得になる。」としている。

そして、「人的役務提供部分については、その全額が米国内源泉所得になる。

また，使用料部分については，租税裁判所からの照会に対しGoosen氏が名義使用料のうち米国内販売分を明らかにすることができたので，米国の事業に実質的に関連している部分（effectively connected with US. Trade of business）（使用料のうちの50％相当額）が米国内源泉分となる。」としている。

なお，ツアーへの参加義務のないいわゆるoff-courseのスポンサー契約については，「Goosen氏自身の人的役務提供すなわちゴルフ大会への参加が義務付けられていないので，全額が使用料（Royalty income）になる。」としたうえで，「スポンサー料収入のうち米国内での販売高に応じた分が米国内源泉所得になる。」としている。

ちなみに，スポンサー別による米国内源泉所得の配分割合は次のようになっていた[3]。

EA Sports Sales …70％
Upper Deck………92％
Rolex………………50％

■解　説

米国内で人的役務提供事業などの事業活動等を営む非居住者が米国で課税を受けるのは，その所得が米国と実質的に関連を有する（effectively connected US. trade on business）場合に限られている（IRC第864条）。

しかし，個人の名前を商品名に付すことの対価として得られるいわゆるロイヤリティ収入（使用料）については，そのような制限は付されていない。

その結果，それらのロイヤリティ収入のうちどれだけを米国源泉所得とすべきかが問題となる。

この点について，例えば，Cepeda v. Swift & Co., 415 F.2d 1205（8th Cir. 1969）では，全世界売上げに占める米国での販売割合が米国源泉所得になるとしている。

本件でも，この先例に従った判示がなされている。しかし，本件判決は，スポンサー収入のうち，ツアー等への参加が義務付けられているものであって

---

[3]　ただし，これらについては人的役務提供の場合のような米国事業との実質関連（effectively connected with US. trade on business）という概念に用いられていない。

も，人的役務提供部分だけでなく使用料部分があるとしたことで，本件判決はプロゴルファーやプロテニスプレーヤー，著名歌手などに大きなインパクトを及ぼす重要な先例となった。

現に，これと並行して進んでいたスペイン出身の著名なプロゴルファーSergio Garcia氏（スイス居住者）のケース（Garcia v. Commissioner）でも，本件判決が引用され，on-courseのスポンサー契約収入のうち35％が人的役務提供，65％がロイヤリティとされた[4]。

しかも，Garcia氏は，課税時点でスイス居住者となっていたため，本来であれば米国で30％の課税を受けるロイヤリティ収入部分について，米国とスイスの租税条約により，米国での課税は受けていない。

これと類似した事例は，わが国でも発生する可能性が高い。その場合，わが国の裁判所がどのような判断を下すのか注目される。

なお，2010年7月，Usain Bolt氏は，英国で開催されたグランプリ陸上競技選手権をボイコットしたが，その原因となったのは，非居住者が英国内で競技を行い賞金を得た場合，英国でその全額について課税するという英国税制であるといわれている。

このような英国の考え方は，A. Agassi事案（Agassi v. Robinson（Inspector of taxes）〔2006〕，UKHL. 23）以来採用されている考え方である。

ちなみに，Agassi氏は米国の居住者であるが，著名なテニスプレーヤーであったことから，個人会社を通じ，Nike社及びHead Sports社との間でスポンサー契約（1998年，1999年分）を締結していた。両社とも，その間英国に税務上の拠点を有していなかったが，英国の税務当局は，両社の製品の広告が英国内でなされていたことから，Agassi氏が英国内で人的役務提供事業を営んでいたとして，所得税法第55条及び556条を適用し，そのうちの一部（2.75万ポンド（約430万円））について課税を行った。

英国最高裁判所（House of Lords）も，基本的にこの考え方を支持した。

その結果，非居住者が英国で広告宣伝活動を行う場合には，英国内での販売高に見合う分について，人的役務提供に伴う所得であるとして英国で課税する

---

(4) Goosen事案に比して人的役務提供部分の割合が少なく（50％→35％），ロイヤリティ収入部分が多かった（50％→65％）のは，Garcia氏の方がGoosen氏よりも有名で，名義使用料が高かったというのが租税裁判所の判断であった。

という慣行が確立することとなった。

■わが国の参考判例，裁決例等

この種の問題はわが国ではまだ生じていない。

しかし，近年国際的に活躍するプロスポーツ選手等が増加していることから，今後同種の問題が発生する可能性がある。その意味で本件判決は参考になる。

なお，ソフトウェアに係る著作権を侵害したとして外国法人に支払われた和解金が著作権の使用料に当たるとされた次の裁決例がある。

○　国税不服審判所平成15年11月19日裁決・裁決事例集66号200頁

第8章　非居住者課税制度

⑦ 米国法人からオランダ法人に支払われたロイヤリティが米国源泉ではないので米国で源泉徴収の対象にならないとされた事例

―SDI Netherlands B.V. v. Commissioner, 107 T.C. 161 (1996)―

■概　説

　知的財産を中心とした無形資産のウエイトの高まりにより，どの国でも無形資産の含まれた取引に関する分野が注目されるようになってきている。

　無形資産についてはその適正額の算定が困難であることから，移転価格税制の分野では，その適正料率を巡って争いとなることが多い。それ以外にも，例えばその源泉地がどこかなどを巡って問題となることも少なくない。

　それは多くの場合，ロイヤリティ支払いについて，租税条約上減免措置が講じられていることが多いためである。特に，オランダが介在する取引で，租税条約上の特典が利用されることが多い（いわゆる「ダッチ・サンドウィッチ」）。

　本件では，米国法人がオランダ領アンティール諸島に設立された法人に支払ったロイヤリティに対し米国で源泉徴収の対象にできるのか否かが問題となった。また，支払先が米国との間で租税条約を締結しているオランダなのかそれとも第三国であるバミューダなのかについても問題となった。

　わが国においてもこれと同様の事例が生じる可能性がある。

　そこで，今回はこのような分野において先例的地位を占める著名なSDI事案について紹介する。

■事案の概要

　SDI Netherlands B.V.（以下「オランダ法人」という。）は，バミューダ法に基づき設立された法人SDI Ltd.（以下「バミューダ法人」という。）の100％子会社として，1974年にオランダ領アンティール諸島に設立された法人である。同社は，1986年11月に，親会社であるバミューダ法人からIBM向けコンピュータ用ソフトウェアのライセンスを付与され，それをカリフォルニア州で設

立された米国法人SDI U.S.A（以下「米国法人」という。）にサブライセンスし，ライセンス付与契約に基づきロイヤリティを受領していた。

ライセンス料は中途で変更されたが，次のようになっていた（千ドル未満切捨て）。

	当初契約	1987年改訂後
1987年分	358.3万ドル	266.3万ドル
1988年分	510.4万ドル	293.6万ドル
1989年分	514.6万ドル	309.2万ドル
1990年分	476.8万ドル	213.9万ドル

IRSは，本件ロイヤリティはその使用地（販売地）が米国なので米国で課税対象になるとして課税するとともに，本件ロイヤリティの支払先であるオランダ法人は，米国法人から受領した金員の殆んど全てをバミューダ法人に支払っているので，米国で租税条約上の軽減税率の適用を受けることができず，米国内法に基づき源泉徴収（30％）の対象になるとして課税したことから争いとなった。

■主な争点と当事者の主張

1　争　点

本件事案の主な争点は，米国法人からオランダ法人に対して支払われたロイヤリティが，その使用地である米国源泉なのか否かという点（争点1）と，（それがback-to-back契約になっているので）米国において源泉徴収（30％）の対象になるか否かという点（争点2）である。

2　当事者の主張

(1) 課税庁の主張

① 争点1について

このようなロイヤリティの支払いについては，その使用地が米国なので米国源泉となると主張する。

② 争点2について

また，内国歳入法第861条(a)(4)及びRev. Rul. 80-362により，IRSは，米国か

《図表》SDI事案のイメージ図

```
                          グループ全体
                          全体の親会社
                        ┌──────────────┐
                        │  SDI Ltd.    │  IBMメインフレーム用に
                        │ （バミューダ）│  使われるソフトウェア
                        └──────────────┘
                    ライセンス料 ↑ ↓ ライセンス付与
                                    （1986年11月28日）
   ┌─────────┐  サブライセンス  ┌──────────────────────┐
   │ SDI USA │ ←──────────── │  SDI Netherlands B.V. │
   │ （米国）│    ロイヤリティ   │（オランダ領アンティール諸島）│
   │         │ ─────────────→ │     1974年設立        │
   └─────────┘      支払       └──────────────────────┘
```

〔事案の概要〕

① 米国法人SDI USAは，バミューダ法人SDI Ltd.の子会社でオランダ領アンティール諸島に設立されたSDI Netherlands B.V.に対し，同社がバミューダ法人からライセンス付与されているIBMコンピュータ向けソフトウェアのサブライセンス権付与契約（1972年）に伴う対価として，次の金額を支払っていた。

	1987年2月改訂前（1,000ドル以下切捨て）	改訂後
1987年分	358.3万ドル	266.3万ドル
1988年分	510.4万ドル	293.6万ドル
1989年分	514.6万ドル	309.2万ドル
1990年分	476.8万ドル	213.9万ドル

ただし，ライセンス契約改訂前及び改訂後のいずれにおいても米国側ではロイヤリティに対する源泉徴収（30％）は行っていなかった。

② それに対し，IRSは源泉徴収もれがあるとしてオランダ法人SDI Netherlands B.V.に対し次のような課税を行った。

	本税分（1000ドル以下切捨て）※1	加算税※2
1987年分	67.8万ドル	16.9万ドル
1988年分	88.1万ドル	22.0万ドル
1989年分	82.5万ドル	20.6万ドル
1990年分	64.1万ドル	16.0万ドル

※1 IRC第1441条(a)及び1442条(a)に基づくもの
※2 IRC第6651条(a)(1)に基づくもの

〔争　点〕

① 本件ロイヤリティは米国源泉か。
② 米国法人（SDI USA）からオランダ法人（SDI Netherlands B.V.）に支払われたロイヤリティに対し米国で源泉税を賦課できるか。

〔裁判所（租税裁判所）の判断〕…納税者勝訴

① 米国源泉ではあるが適用条文に誤りあり。
② できない。

らの支払いのみでなく，それらがその後どこに支払われているのかについてもチェックするよう求められている。本件ロイヤリティについては，back-to-backの契約により形式上は米国法人からオランダ法人に支払われた形になっているものの，実際にはback-to-back契約によりその殆んど全てがオランダ法人からバミューダ法人に直ちに支払われている[(1)]ので，SDI USA社は，内国歳入法第1441条により米国で源泉税納付の義務があると主張する。

(2) 納税者の主張

それに対し，納税者は，本件ロイヤリティは，米国法人とオランダ法人との間で締結された適法な契約に基づいて支払われたものであるので，米国とオランダの租税条約が適用され，たとえその所得が米国源泉だったとしても米国で源泉税を納付する必要はないと主張する。

■裁判所（租税裁判所）の判断……納税者勝訴

1 争点1について

租税裁判所は，本件ロイヤリティの源泉地が米国か否かという点については，内国歳入法第861条(a)(4)及び第862条(a)(4)により，その使用地が米国であるという点については認めつつも，IRSが課税の根拠としている Rev. Rul. 80-362は，本件については根拠とはならないとして，IRSの主張を排除している。

その理由として，租税裁判所は，①IRSがオランダ法人を「導管（conduit）」だとも主張していないし，②バミューダ法人が本件ロイヤリティの受益者だという主張もしていないという点をあげている。

2 争点2について

また，租税裁判所は，Aiken事案（Aiken Industries, Inc. v. Commissioner, 56 T.C. 925（1971））並びにNorthern Indiana Public Service Co. v. Commissioner事案（105 T.C. 341（1995）及びそれを是認した115 F.3d 506（3rd Cir. 1996））と対比したうえで，本件にはAiken事案で認められたような「導

---

(1) 本件に係るライセンス料の93％〜98％はオランダ法人からバミューダ法人に支払われていた。

管性」もなく，後者のようにユーロダラー市場での資金調達目的でなされた直接のback-to-back関係にもないので，受益者をバミューダ法人とみることもできないとしている。

その結果，本件支払について米国法人は源泉徴収の義務を負わない。

■解　説

本件でも，Aiken事案と同様に，租税条約を利用した源泉徴収減免行為が条約あさりに該当するか否かが問題となった。

しかし，Aiken事案では，納税者が敗訴したのに対し，本件では，納税者の主張が認められている。同じようにback-to-backの取引でありながら，どうして異なる結論になったのであろうか。

その一因として考えられるのが，前者（Aiken事案）にあっては対象とされた取引が利子であり，中味が見えやすかったのではないかという点があげられる。

また，本件ではIRSがオランダ法人を導管だという主張をしていなかったし，本件ロイヤリティの受益者がバミューダ法人と主張していなかった点もあげられる。

また，Aiken事案においては，米国法人からホンジュラス法人に支払われた利息がそのままバハマ法人に支払われていたのに対し，本件ではオランダ法人が受領したロイヤリティの全額ではなく，若干なりともオランダ法人の方に残されていたという点も考慮し，IRSが，オランダ法人を「導管（conduit）」と認定できなかった可能性がある。

さらに，Aiken事案にあっては，対ホンジュラスとの間の租税条約がその後間もなく終了しているのに対し，対オランダとの条約においては，アンティール諸島を利用した租税回避が問題とされてはいたものの，条約自体はその後も継続していた点なども考慮された可能性がある。

ところで，本件事例に典型的にみられるように，オランダ法人を取引の間に仲介させることによる国際的な租税回避の手口は，一般に「ダッチ・サンドウィッチ（Datch Sandwich）」と称され，広く普及しているやり方である。この問題を巡っては，かつてわが国でも訴訟になったことがあった。いわゆる日本ガイダント事件（東京高裁平成19年6月28日判決・判例時報1985号23頁）では，匿名組合契約に基づくオランダ法人への利益配分に対しその所得が国内源泉

所得に当たるとしてなされた課税処分に対し，東京高裁は，その所得は日蘭条約で規定する「その他所得」に該当するのでわが国には課税権はないとして課税処分の取消しを命じている（この件につき国側は最高裁上告するも不受理，H20.6.5）。

また，最近でも，米国や英国OECDなどで問題として取り上げられるようになっている（例えば，IT企業や製薬業などによるアイルランドとオランダの双方を利用した租税回避事例など）。

ちなみに，BEPSプログラムでは，行動6租税条約の濫用防止において次のような報告がなされている。

> **参考** 行動6：租税条約の濫用防止
>
> 行動6の報告書は，条約漁り等を通じた濫用防止に係るミニマム・スタンダード及び，条約濫用を防止する制限措置を提供しつつ，その実施のために一定の柔軟性も備える新たなルールを含んでいる。本報告書に盛り込まれた新たな条約の濫用防止ルールは，第一に，ある国の居住者ではない者が，当該国が締結した租税条約の特典を得ようと目論む条約漁りに対処するものである。その他の条約濫用のケースに対処するために，より的を絞ったルールが策定された。条約が意図せずして濫用防止に係る国内法の適用を妨げることがないよう，OECDモデル租税条約のその他の変更が合意された。租税条約は二重非課税を生み出すために使われることを意図したものではないことが，モデル租税条約のタイトル及び前文の見直しを通じて明確にされている。最後に，本報告書は，低課税又は無課税地域と租税条約を締結する際に考慮すべき政策的検討事項を盛り込んでいる。

■わが国の参考判例，裁決例等

所得の源泉地が国内か国外かが争われた事例としては，次のようなものがある。

① 東京高裁平成10年12月15日判決（平成4年（行コ）第133号）・訟務月報45巻8号1553頁…シルバー精工事件（納税者勝訴）

本件では，米国特許権に係る所得の源泉地（使用地）が，製造地である日本なのか，それとも販売地である米国なのかが争いとなった[2]。

東京高裁は次のように判示してこれを米国源泉所得になるとしている。

「本件契約を客観的，合理的に解釈した場合に，本件金員は直接的，具体的，明示的には米国における販売（権利の使用）の対価と認められ，換言すると，本件金員の主要な部分が米国における販売の面の対価と認められる以上，我が国に源泉を有する所得であるとは認めがたく，また，我が国を販売・権利の使用地であると認めることも困難である。したがって，結局において我が国が課税することの根拠は薄弱であるといわなければならない。」

　なお，この判決は最高裁でも維持されている。

② 東京地裁昭和60年5月13日判決（昭和57年（ワ）第3128号）・税務訴訟資料145号315頁…納税者敗訴

　「特許権の実施は，特許にかかる発明された製法を使用して製品を『製造し，使用し，販売する』こととされているが，特許として保護される権利の内容は，本来的には自然法則を利用した技術的思想の創設で高度のものであるから…最も根源的なもので，かつ重要視されるものはその技術方法を使用して新たな付加価値を創出する生産（製造）である…。」

(2)　そこで問題となっていたのは，ロイヤリティではなく和解金であったが，最高裁はその源泉地は製品の製造地である日本ではなく，製品の販売地である米国だとしている。

第8章　非居住者課税制度（代理人PE）

㊆　非居住者が米国で代理人を通じて事業を行っているとみなされた事例
――Lewenhaupt v. Commissioner, 20 T.C. 151(1953)――

■ 概　説

　非居住者や外国法人の米国源泉所得は，米国で所得税の課税対象となる。この点については疑問の余地がない。分かりにくいのは，それらの者による米国内での間接的な事業活動によって生じた米国源泉の事業所得のうち，どの程度までが米国で所得税課税の対象となるかという点である。
　いわゆる代理人PEに関する問題である。
　この点に関しては，次の3件の代表的な事案とされている。そのうちの1件は，事業遂行に第三者の役務を利用する外国法人によって生じた所得の米国での課税の範囲について争われた本件事案であり，2件目が外国法人による在米子会社の利用が代理人PEに該当するか否かが争われたInverworld, Inc.事案（事案㊇），3件目が米国で事業を行うパートナーシップの持分を保有する外国法人の事業関連性が争われたDonroy Ltd.事案（事案㊈）である。

■ 事案の概要

　スウェーデン国籍のJan Casimir Lewenhaupt氏は，家族信託を通じ，米国の不動産を数区画所有していた。同氏が家族信託を通じて所有していた不動産の一部には建物があり，この建物は米国企業が賃借していた。同氏は米国に居住しておらず，米国に旅行することもほとんどなかった。そこで，米国の居住者であり，同氏の家族信託の管理人であるClinton LaMontagne氏を代理人とし，米国の不動産（及び米国の動産）の管理を委任していた。LaMontagne氏には代理人としての広範な包括的権限が付与されていた。LaMontagne氏は，Lewenhaupt氏の家族信託の米国での資産管理と雑事処理に約50％の時間を充てていた。

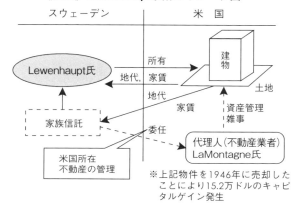

《図表》Lewenhaupt事案のイメージ図

〔事案の概要〕
① Lewenhaupt氏は米国居住，旅行等なし。スウェーデン国内で家族信託を設定。
② 当該家族信託代理人LaMontagne氏に米国所在不動産の管理委任（包括権限授与）。
③ 代理人LaMontagne氏は，Lewenhaupt氏及びその家族信託の米国資産管理と雑事務処理に約50％の時間を投入。

〔争　点〕
　代理人LaMontagne氏の活動は，当該家族信託等のために相当程度，継続的かつ常習的であったか（代理人PEになるか）。

〔裁判所（租税裁判所）の判断〕…納税者敗訴
　代理人の米国内での活動が継続的かつ常習的であることから，代理人PEになる。

　本件事案では，代理人としてのLaMontagne氏の活動によって，Lewenhaupt氏及び同氏の家族信託が受託者であるLaMontagne氏を通じ米国での営業又は事業に従事していたことになるのかどうかということが問題になった（図表を参照）。

　ちなみに，Lewenhaupt氏は，その不動産を1946年に売却し，15.2万ドルのキャピタルゲインを得ていた。

■主な争点と当事者の主張

1 争 点

本件事案の主な争点は,海外に居住する納税者(Lewenhaupt氏)[1]の家族信託の受託者であり,かつ,Lewenhaupt氏から同氏が米国内に所有していた物件の管理を任されていたLaMontagne氏が,Lewenhaupt氏の米国における代理人PEに該当するか否かという点である。

2 当事者の主張

(1) 納税者の主張

スウェーデン居住者であるLewenhaupt氏は,同氏の家族信託の受託者である米国居住のLaMontagne氏が単なる不動産管理及び家賃の受取人であり(no important action),代理人ではないと主張する。

また,Lewenhaupt氏は米国内で事業活動を営んでいないので(not engaged in trade or business),米国では課税にならないはずだと主張する。

(2) 課税庁の主張

それに対し,課税庁は,米国の不動産業者であるLaMontagne氏の活動は「単なる不動産の所有又は不動産所得の受領」の範囲を超えていることから,Lewenhaupt氏の代理人PEになると主張する。

■裁判所(租税裁判所)の判断……納税者敗訴

本件事案の審理を担当した租税裁判所は,事実関係を詳細に分析したうえで,内国歳入法第864条及び財務省規則§1.864-2(e)を引用しつつ,米国非居住者であるLewenhaupt氏及びその家族信託は,代理人であるLaMontagne氏を通じて米国での営業又は事業に従事していたと判断した。裁判所の判断は,LaMontagne氏の活動は「単なる不動産の所有又は不動産所得の受領」の範囲を超えるものであったという事実に基づいていた。同裁判所は,LaMontagne

---

[1] 同氏は,当時ロシアとフィンランドとの間の戦争でボランティアとしてフィンランド軍に参加していたため,欧州と離れることができなかった。

氏の活動は「相当程度，継続的かつ常習的（considerable, continuous and regular）」であり，Lewenhaupt氏及びその家族信託は，代理人を通じ米国で営業又は事業に従事していたと判断したのである[(2)]。

> **参考** **参考法令**
>
> 非居住者又は外国法人が米国で営業又は事業に従事しているかどうかということは「各事案の事実と状況に照らして判断」される（財務省規則§1.864-2(e)）。
> 内国歳入法第864条(b)(1)は，「『米国内での営業又は事業』という文言には，課税年度中のいずれかの時点における米国での人的役務の遂行が含まれる」と定めている。
> こうした役務が米国内又は米国外のいずれに所在する者に関して行われるかは問われず（財務省規則§1.864-4(c)(5)(i)），当該役務には代理人帰属分が含まれる。

■解　説

本件は，いわゆる代理人PEに関する問題である。

この種の問題は，租税条約で取り上げられることが多いが，本件は租税条約ではなく米国の国内法上の取扱いをめぐって争われたものである。

Lewenhaupt事案は，代理人を利用して米国で事業を行う外国人にとっても重要である。なぜならば，租税裁判所は，外国の納税者は，専らその代理人の活動を通じて米国での営業又は事業を行っていたと判示したからである。すな

---

(2) ちなみに，原文では次のようになっている。
「LaMontagne's activities, during the taxable year, in the management and operation of petitioner's real properties included the following: executing leases and renting the properties, collecting the rents, keeping books of account, supervising any necessary repairs to the properties, paying taxes and mortgage interest, insuring the properties, executing an option to purchase the El Camino Real property, and executing the sale of the Modesto property. In addition, the agent conducted a regular correspondence with the petitioner's father in England who held a power of attorney from petitioner identical with that given to LaMontagne; he submitted monthly reports to the petitioner's father; and he advised him of prospective and advantageous sales or purchases of property.
The aforementioned activities, carried on in the petitioner's behalf by his agent, are beyond the scope of mere ownership of real property, or the receipt of income from real property. The activities were considerable, continuous, and regular and, in our opinion, constituted engaging in a business within the meaning of section 211 (b) of the Code. See *Pinchot* v. *Commissioner*, 113 F.2d 718.」

わち，米国の不動産業者LaMontagne氏は，スウェーデン在住のLewenhaupt氏及びその家族信託の代理人であると判断され，その結果，LaMontagne氏の事業活動が代理人PEに該当するとされ，その所得が最終的にLewenhaupt氏に帰属させられたのである。

第8章　非居住者課税制度（代理人PE）

�79　在米子会社のサービスを利用する外国法人と代理人PE
―Inverworld, Inc. v. Commissioner, T.C.Memo. 1996-301 (1996)―

■概　説

　米国の税制では，「米国での営業又は事業に従事する（engaged in trade or business in the US）」外国法人は，米国の恒久的施設と「実質的関連（effectively connected）」を有する法人所得について，基本税率で米国の租税を課せられることとなっている（IRC第864条，882条）。

　しかし，どのような事実があれば「米国での営業又は事業に従事する」に該当するかについて，税法では，事実分析に基づいて判断すべきであること及び代理人に帰属する分も本人の所得に含まれること以外にほとんど何の指針も示していない。そのため，当然ながら，代理人PEの所得帰属の問題が提起されると，判断は極めて困難になる。この点については，Inverworld, Inc.事案における租税裁判所の判示が参考になる。

■事案の概要

　1980年代初め，メキシコの経済不安発生に伴い民間銀行が国有化された。その結果，同地に進出していた外資の引揚げがあり，メキシコペソが不安定になった。しかし，メキシコの内国法人である投資会社は，ペソ建て投資の販売しか認められていなかった。そのため，メキシコの富裕層の多くは，米ドル建て投資（又はペソ以外の他の通貨建て投資）を購入できる外国の投資会社に資産を移動し始めた。

　メキシコの名門証券会社Inver Mexicoは，このような資産移動に伴う事業損失を恐れて，1982年，ケイマン諸島に関連会社Inverworld, Ltd.（以下「ケイマン子会社」ともいう。）を設立し，ペソ以外の他の通貨建て投資を顧客に販売することにした。ケイマン子会社は，投資関連のサービスと機能を顧客に提

供するため,全額出資の米国子会社(メキシコ法人からみると孫会社)Inverworld, Inc.(以下「米国孫会社」ともいう。)を設立した。ケイマン子会社と米国孫会社は,役務提供契約を締結して,ケイマン子会社が米国で最小限の直接的活動を行えるようにした。当該契約により,米国孫会社は,次のような業務を行うこととなった。

① 投資に関する調査と分析を行うこと
② 様々な投資についてケイマン子会社に助言を提供すること
③ ケイマン子会社の要請に応じてケイマン子会社の顧客の資産を投資又は貸与すること
④ 為替レートや銀行口座開設に関する銀行との連絡等の特定の業務を遂行すること

さらに,当該契約では,米国孫会社は「独立した受託業者」として取り扱わ

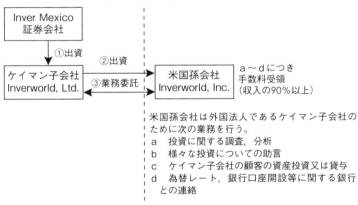

《図表》Inverworld, Inc.事案のイメージ図

〔事案の概要〕
　メキシコの証券会社はペソ下落に伴う顧客流出に備えるため,ケイマン子会社を設立し,そこを通じて米国孫会社でドル資産による運用をしていた。

〔争　点〕
　① ケイマン子会社は米国での営業又は事業に従事していたか。
　② 米国源泉の所得はあるか。

〔裁判所(租税裁判所)の判断〕…納税者敗訴
　米国孫会社はケイマン子会社の代理人として「米国で営業又は事業に従事」していたので,ケイマン子会社の代理人PEになる。

れること，及び米国孫会社はケイマン子会社を拘束する権限を有さないことも定めていた。この契約に基づき，ケイマン子会社は米国孫会社に対し，その役務の対価として当該契約に定める月次報酬を支払っていた。

米国孫会社がケイマン子会社のために行った活動によって，税務上次のような問題が生じた。①ケイマン子会社は米国で営業又は事業に従事していたかどうか，及び②ケイマン子会社に米国での営業又は事業と実質的関連を有する所得があったかどうか。

> **参考** 外国法人に対する米国の税制
>
> 米国で事業を行っている外国法人は次の2つの方法のいずれかによって課税される。当該法人がその営業又は事業と実質的関連を有する所得を稼得している場合，かかる所得は米国の法人税率で課税される（IRC第864条，882条）。当該所得がかかる外国法人の米国での事業と実質的関連を有さない場合，当該所得は，米国を源泉とするものについては一律30％で課税される（IRC第881条）。
>
> そして，内国歳入法第864条(b)(1)は，「『米国内での営業又は事業』という文言には，課税年度中のいずれかの時点における米国での人的役務の遂行が含まれる。」と定めている。

■主な争点と当事者の主張

1　争　点

本件事案の主な争点は，メキシコの証券会社のケイマン子会社が米国孫会社を通じ「米国で営業又は事業に従事（engaged in trade or business in the US）」していたかどうかという点である。

2　当事者の主張

(1)　納税者の主張

納税者（Inverworld, Ltd.）は，米国で事務活動を行っていたのは自己の子会社（メキシコ法人からすれば孫会社）である米国法人Inverworld, Inc.であり，自らは事業活動に従事していなかったので，米国での納税義務は負っていないし，米国源泉所得もないと主張する。

(2) 課税庁の主張

それに対し課税庁は，米国孫会社の行っていた業務は，ケイマン子会社のために行っていたものであり，米国孫会社はケイマン子会社の代理人PEに該当するので，ケイマン子会社が米国内で納税義務を負うと主張する。

■裁判所（租税裁判所）の判断……納税者敗訴

1　米国内での事業活動

Inverworld, Inc.事案を審理した租税裁判所は，財務省規則§1.864-4(c)(5)に着目した。

> **参考　財務省規則§1.864-4(c)(5)の規定**
>
> 　課税年度中のいずれかの時点で納税者が米国で事業に従事しており，かつ，かかる事業活動が米国でその全部又は一部が遂行される次の一又は複数の活動に該当する場合に，当該外国法人は，銀行・金融その他これらに類する事業を米国で能動的に行っているとみなされる。
> 　(a)　一般から資金の預託を受けること
> 　(b)　一般向けに，個人融資，住宅融資，企業融資その他の融資を行うこと
> 　(c)　債券，手形，小切手，為替手形，引受承諾書その他の債務証書の買取，販売，割引又は交渉を一般向けに常時行うこと
> 　(d)　一般向けに信用状の発行を行い，当該信用状に基づいて振り出された手形の交渉を行うこと
> 　(e)　一般向けに信託サービスを提供すること
> 　(f)　一般向けに外国為替取引の資金を提供すること
> 　そして，こうした取引が米国内又は米国外のいずれに所在する者に関して行われるかは問わないとしている（財務省規則§1.864-4(c)(5)(i)）。
> 　また，営業又は事業が，代理人から委託者に帰属させられることもあり得る。通常，営業又は事業が委託者に帰属させられるかどうかは，委託者が代理人に対してどの程度の支配力を有するかによる。すなわち，従属的代理人の活動は委託者に帰属させられる。それに対し，独立した代理人の活動は米国内での事業活動に帰属させられない。

　租税裁判所は，ケイマン子会社は米国での営業又は事業に従事していたと判断した。それは，裁判所が米国孫会社はケイマン子会社の従属的代理人として

の役割を果たしていたと判断したためである。租税裁判所は次の要素を考慮の上このの結論に至った。
- ① 米国孫会社の年間総収益の90％超がケイマン子会社から得たものであったこと
- ② 米国孫会社は他の顧客に対するマーケティングを行っていなかったこと
- ③ 具体的な投資については米国孫会社が独自に決定していたものの、米国孫会社の全体的な方向性に関する指示はケイマン子会社が行っていたこと

米国孫会社はケイマン子会社の従属的代理人であると判断されたため、米国孫会社の活動はケイマン子会社に帰属させられた。ケイマン子会社に帰属させられた米国孫会社の遂行業務を含め、米国でのケイマン子会社の活動を検討した結果、租税裁判所は、ケイマン子会社は財務省規則§1.864-4に基づき米国で金融又はこれに類する事業に従事していたと判断した。さらに、租税裁判所は、ケイマン子会社は米国で営業又は事業に従事していたと判示した。

2 米国内での事業活動等と実質的関連を有する所得 (effectively connected income)

外国法人が米国で営業又は事業に従事していると判断された場合、次の段階では、当該外国法人の所得が「米国内での営業又は事業の実施と実質的関連を有する（effectively connected）」かどうかが判断される（IRC第882条(a)(1)参照）。しかしながら、所得が実質的関連を有するかどうかについては、まず所得の各科目の性格（日本流にいう所得の種類）とその源泉地を決定した上で、区分しなければならない。所得の源泉地は、米国、外国又は一部米国、一部外国のケースがある（IRC第861条、862条及び863条(b)）。

Inverworld, Inc.事案の場合、争点となった所得の中には、投資運用サービスに係る人的役務提供による所得が含まれていた。租税裁判所は、当該人的役務提供が米国で遂行されているため、その結果生じた所得の源泉は米国であると判断されたのである。

一般的にいえば、米国源泉の所得はすべて米国の事業活動と実質的関連を有する（effectively connected）ものとして取り扱われている（IRC第864条(c)(3)）。

そして,「事業活動テスト（business activities test）」又は「資産使用テスト（asset-use test）」に照らして,米国での営業又は事業活動が所得稼得の重要な要素であった場合に,役務遂行に係る所得は米国内の事業活動と実質的関連を有するものとされる（財務省規則§1.864-4(c)(1)(i)）。また,通常は「受動的なタイプ」のものではあるものの,納税者の米国での営業又は事業の能動的実施から直接生じる所得,損益について判断する際には,一般的に事業活動テストが適用される。例えば,役務提供事業の能動的実施において役務提供料が生じる場合,事業活動テストが最重要視される（財務省規則§1.864-4(c)(3)(i)）。

租税裁判所は,Inverworld, Inc.事案において争点となっている所得に「事業活動テスト」を適用して,ケイマン子会社の活動は米国源泉の所得の実現に際して重要な要素であったと判断した。その結果,ケイマン子会社の所得は米国での営業又は事業と実質的関連を有すると判示したのである。

■解　説

Inverworld, Inc.事案は,子会社を利用して米国での事業を行う外国法人にとってとりわけ重要である。なぜならば,租税裁判所は,米国法人にとって外国の親会社であるケイマン子会社（Inverworld, Ltd.）は,専らその子会社である米国孫会社（Inverworld, Inc.）の活動を通じて米国での営業又は事業を行っていたと判示したからである。つまるところ,米国孫会社はケイマン子会社の従属的代理人であると判断され,その結果米国孫会社の活動がケイマン子会社に帰属させられることになったのである。

この点で,代理人に該当するものの,独立代理人であるとされた大成火災海上事案（事案⑱）と異なる。

■わが国の参考判例,裁決例等

インターネットの普及に伴い,支店等を設けなくても各国でビジネス展開をすることが可能となっている。

例えば,次の事例では,アパートないし倉庫が恒久的施設になるとされている。

○　東京地裁平成27年5月28日判決（平成24年（行ウ）第152号）・裁判所ウェブサイト

「所得税法上の非居住者である甲が，Aという屋号で営む企業のホームページ等に上記企業の所在地及び連絡先として本邦内にあるアパートの住所及び電話番号を掲載して販売活動を行っていること，上記企業に係る販売事業が全てインターネットを通じて行われ，上記アパート及び本邦内にある倉庫に保管された在庫商品を販売するという事業形態であることなどの事情によれば，上記アパート等は上記販売事業における唯一の販売拠点（事業所）としての役割・機能を担っていたというべきであり，上記企業の従業員が，上記アパート等において，通信販売である上記販売事業にとって重要な業務（商品の保管，梱包，配送，返品の受取り等）を行っていたことに鑑みても，上記アパート等が上記販売事業にとって準備的又は補助的な性格の活動を行っていた場所であるということはできないから，上記アパート等は，所得に対する租税に関する二重課税の回避及び脱税の防止のための日本国政府とアメリカ合衆国政府との間の条約5条4項各号のいずれにも該当せず，同条1項の規定する恒久的施設に該当する。」

第8章　非居住者課税制度（代理人PE）

⑧⓪　米国で事業活動を営むパートナーシップが非居住パートナーの代理人PEに当たるとされた事例
―Donroy Ltd. v. United States, 301 F.2d 200 (9th Cir. 1962)―

■概　説

　米国内国歳入法サブチャプターKでは，パートナーシップをその構成員たるパートナーと別個の異なる事業体として取り扱うことを原則としつつも，実際の運用面においては，パートナーシップを透明な（look through）事業体であるとみなしてこれに課税せず，出資者であるパートナーに直接課税している。このように，パートナーシップを構成員の集合体（aggregate）として取り扱っている事例として，米国で営業又は事業に従事しているパートナーシップの外国のパートナーに対する課税問題が挙げられる。

■事案の概要

　本件事案では，カリフォルニア州で組成されたリミテッド・パートナーシップに出資しているカナダ法人Donroy社ほか3社（以下単に「Donroy社」という。）に対し，米国で課税できるか否かが問題となった。
　Donroy社が，カリフォルニア州のリミテッド・パートナーシップの持分を購入したが，Donroy社と米国との接点は，当該パートナーシップ持分のみであった。
　ちなみに，パートナーシップの定款では「事業内容は飲料の取扱い，…不動産の取扱い，運送業への従事，…並びに販売促進・会計サービスの提供」と定めていた。ジェネラル・パートナーは，パートナーシップの事業取引について責任を負っていた。Donroy社はパートナーシップの受動的な出資者であった。
　本件では，パートナーシップの米国での事業活動によって，パートナーシップの構成員である外国法人パートナーが，米国での営業又は事業に従事していたことになるのかどうかということが問題になった（図表を参照）。

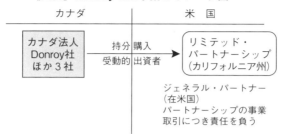

《図表》Donroy Ltd.事案のイメージ図

〔事案の概要〕
① カナダ法人Donroy社は米国で設立されたリミテッド・パートナーシップの持分を購入した。
② ただし，その持分は責任が限定されているため，投資家であるDonroy社は受動的出資者としての立場にとどまっている。
③ パートナーシップの事業取引の責任は，在米国のジェネラル・パートナーが負う。

〔争　点〕
カナダの受動出資パートナーは，米国で代理人PEを有するか。

〔裁判所（第9巡回控訴裁判所）の判断〕…納税者敗訴
代理人PEを有することになる（理由：ジェネラル・パートナーの活動を通じて米国で営業又は事業に従事していた。）。

主な争点と当事者の主張

1　争　点

本件事案の主な争点は，米国（カリフォルニア州）で組成されたリミテッド・パートナーシップが，米国内で事業活動を営み物理的な設備を有していた場合，それが直ちにそれらのパートナーシップの持分を有していた外国のパートナーの米国内における恒久的施設になるか否かという点である。

2　当事者の主張

(1)　納税者の主張

納税者（Donroy社）は，当該リミテッド・パートナーシップと受動的出資者の立場にすぎないその構成員であるパートナー（Donroy社）は基本的に別のものであり，この点については内国歳入法上も認められているはずであると

主張する。

そして、本件の場合、米加租税条約により、カナダ法人は米国内に恒久的施設がなければ課税されないこととされているので、米国での納税義務はないと主張する。

(2) 課税庁の主張

これに対して課税庁側は、納税者の主張するパートナーシップとその構成員たるパートナーが別のものというサブチャプターKの規定は一般原則であり、内国歳入法第875条(1)によれば、パートナーであるDonroy社自体が米国内で事業活動に従事していることは明らかなので、Donroy社は米国内に租税条約上の恒久的施設を有していることになり、課税は適法であると主張する。

■裁判所（第9巡回控訴裁判所）の判断……納税者敗訴

本件事案において、第9巡回控訴裁判所は、米加租税条約上、カリフォルニア州のリミテッド・パートナーシップの米国内における恒久的施設はカナダのリミテッド・パートナーであるDonroy社に帰属するため、当該租税条約は米国がDonroy社に対し当該パートナーシップの所得の分配分について課税することを認めていると判示した（同条約11条）。

本件事案において、第9巡回控訴裁判所は、カリフォルニア州のリミテッド・パートナーシップのリミテッド・パートナーであるDonroy社は、ブローカー又は代理人を通じて米国で直接事業を行っているとみなすことはできないと判示したものの、個々のパートナーは、ジェネラルであるかリミテッドであるかにかかわらず、当該パートナーシップが事業を行っている物理的な設備を含むパートナーシップの資産及び利益に対し、パートナーとしての持分を有するため、当該パートナーシップの事務所は、法律上、個々のパートナーの事務所に該当するとの判断を示したのである。

> **参考** パートナーシップの外国法人パートナーに対する米国の法人課税
>
> 内国歳入法第875条は、パートナーシップが米国で営業又は事業に従事している場合、当該パートナーシップのパートナーは米国で営業又は事業に従事しているとみなされると定めている。
>
> したがって、パートナーシップの外国法人パートナーの納税義務を判断する上で基準となるのは、当該パートナーシップが米国での営業又は事業に従事しているか

どうかという点であった。

■解　説

　Donroy Ltd.事案は，米国で事業活動を行うパートナーシップの持分を保有する外国法人にとってとりわけ重要である。なぜならば，第9巡回裁判所は，外国（法人）パートナーは，パートナーシップの活動を通じて結果的に米国で営業又は事業を行っていたことになるとの考え方を示したからである。その結果，パートナーシップの米国での事業取引に関与していたジェネラル・パートナーは，当該パートナーシップの米国における代理人であり，したがって他のパートナー（外国法人）の代理人でもあると判断されたのである。

　わが国でも，わが国で組成された任意組合に出資した外国の組合員については，わが国に恒久的施設ありとされている。これは，パートナーシップやリミテッド・パートナーシップについても基本的に同様である。

　ただ，課税の実効性が保たれないことから，それらの者の取得する利益（パートナーシップの利益の分配金）に対し20％の税率による源泉徴収を行うこととしている（所法212，213）。

　ただし，リミテッド・パートナーに相当するわが国のファンドに出資した者については，わが国の居住者又は内国法人であるジェネラル・パートナーが独立代理人の地位を有している限り，それらへの出資者である外国居住者，外国法人等については原則として恒久的施設はないものとして取り扱うこととしている。

■わが国の参考判例，裁決例等

　わが国でも，外国人又は外国法人がわが国の任意組合に出資し，その組合がわが国で事業活動を営む場合には，それらの者が直接自分で事業活動を行っているとみなして課税することとしている。

　しかし，年の中途で組合契約が解除され，組合員に利益分配等がなされた場合，その時点で課税することは実務上殆んど不可能である。そこで，平成17年度の税制改正において，非居住組合員に対する利益の分配等を源泉徴収（20％）の対象に含めることとされた。

第8章　非居住者課税制度

㉛　米国で事業活動を営むパートナーシップの非居住パートナーに対する課税が認められた事例
——Johnston v. Commissioner, 24 T.C. 920 (1955)——

■概　説

　Donroy Ltd.事案（事案㉚）でもみられたように，米国で事業活動を営むパートナーシップに出資する外国パートナー（非居住パートナー）は，原則として米国内で生じたパートナーシップの利益のうち自己の出資持分相当額につき米国で納税義務を負うとされている。本件でもそれが問題となった。

■事案の概要

　本件事案の場合，カナダ市民でありカナダの居住者のJohnston氏が，米国において畜産業を営んでいるパートナーシップの構成員となっていた。当該パートナーシップの本拠地は米国であった。

■主な争点と当事者の主張

1　争　点

　本件事案の主な争点は，カナダ市民でカナダ居住者でもあるJohnston氏が，米国のパートナーシップに出資し，当該パートナーシップが米国で事業活動を営んでいた場合，出資者たるカナダ市民（米国非居住者）は，米国で納税義務を負うことになるのか否かという点である。

2　当事者の主張

(1)　納税者の主張

　納税者は，自分は単なる出資者にすぎないので，米国では納税義務を負わないと主張する。

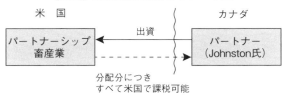

《図表》Johnston事案のイメージ図

〔事案の概要〕
　カナダ居住者であるJohnston氏は，米国で畜産業を営むパートナーシップに出資し，所得の分配（allocate）を受けていた。

〔争　点〕
　Johnston氏の得ていた所得は米国で課税対象になるか。

〔裁判所（租税裁判所）の判断〕…納税者敗訴
　パートナーシップの事業場所が米国なので米国源泉所得を得ており，米国で課税対象となる。

(2) 課税庁の主張

それに対し，課税庁（IRS）は，内国歳入法サブチャプターKによれば，米国で事業活動を営むパートナーシップの非居住組合員は，自らが米国で事業活動に従事していることになるので，Johnston氏は当然米国で納税義務を負うことになると主張する。

■裁判所（租税裁判所）の判断……納税者敗訴

租税裁判所は，米国で事業に従事しているパートナーシップのパートナーである非居住外国人は，当該外国人自体が米国において営業又は事業に従事している場合と同様に取り扱うという内国歳入法第875条(1)の規定に基づき，当該カナダの居住者のパートナーシップ所得配賦分はすべて米国で課税対象となると判示した。

■解　説

このように，外国のパートナーは，米国の判例法においても内国歳入法の規定においても，米国で営業又は事業に従事しているパートナーシップのパートナーであるというだけで，米国に恒久的施設を有しこれを通じて米国で営業又は事業に従事しているとみなされる。そして，これは米国との間で租税条約が

締結されている場合にあっても同様である。

したがって，米国にパートナーシップ形態で投資をする場合には，これらの点についての配慮が不可欠となるので注意が必要である。

> **参考　根拠規定等**
>
> 　サブチャプターKによれば，「米国内で営業又は事業に従事している」納税者は，その純所得のうち，米国内における当該納税者の営業又は事業活動に「実質的に関連する」部分に対し，米国で所得税が課税（累進課税）される。これ以外の場合，当該納税者は，30％の米国の源泉所得税を課せられるが，その対象となるのは米国源泉の不労所得（配当，利子等）のみである。
>
> 　「事業従事テスト」がパートナーの段階で適用されるのであれば，他に米国で事業に従事していない外国の個人又は事業体は，パートナーシップのすべての活動が米国内で行われていたとしても，パートナーシップ所得の分配分について米国での課税を免れることになる。しかし，外国のパートナーに対する課税を確保するため，内国歳入法第875条(1)は，「非居住者である外国の個人又は外国法人は，かかる個人又は法人が構成員となっているパートナーシップが米国内で営業又は事業に従事している場合には，構成員であるパートナー自身がこのような事業に従事しているとみなされる。」と明示的に定めている。
>
> 　しかし，当該外国のパートナーが，米国が締約国となっている租税条約の便益を受ける権利を有する場合，租税条約では，一般的に，締約相手国の居住者の「産業上又は商業上の利得」については，かかる利得が米国内に所在する「恒久的施設」に帰せられない限り，米国がこれに課税することを禁じている。したがって，租税条約がある場合には，米国に所在するパートナーシップの恒久的施設が，その外国のパートナーに帰属するか否かという問題が生じることになる。

第8章　非居住者課税制度

�82　インドで海外持株会社の株式譲渡が国内での株式譲渡とみなされた事例
――インド最高裁によるVodafone判決から――
――Vodafone International Holdings B.V. v. Union of India & Anr.――
[S.L.P.（C）No. 26529 of 2010, dated 20 January 2012]

■概　説

　内国法人の株式を有している非居住者又は外国法人がそれらの内国法人の株式を譲渡した場合，わが国では，それらの非居住者又は外国法人が恒久的施設を有している場合又は有していない場合であっても，事業譲渡類似の株式の譲渡や不動産化体株式の譲渡等であればわが国で課税することとしている（所法161一，164，所令291①，法法138一，141，法令187①）。

　他方，例えば内国法人の株式を保有している外国法人自体の株式の譲渡については，外国法人の所在地が外国であり，その株式の譲渡も国外で行れており，内国法人のオーナー自体は変化していないことから，わが国での課税問題は生じてこない。

　しかし，国によっては，そのような取引であっても，その経済ベース（いわゆるnexus）が国内にあるときは，国内源泉所得とみなして課税することとしていることがある。

　例えば中国などである。今回紹介するインドのVodafone事案もそのような事例である。

■事案の概要

　Vodafoneグループのオランダ持株会社（Vodafone International Holdings B.V.：以下「VIH」という。）は，成長著しいインド市場に参入する目的でインド国内で第4位（当時）の地位にあったHutchison Essar Ltd.（以下「HEL」という。）の株式を取得することに代えて，同社の持株会社であるケイマン法人CGP Investments Ltd.（以下「CGP」という。）の株式を同社の親会社であ

るケイマン法人Hutchison Telecommunications International Ltd.（以下「HTIL」という。）から約111億ドルで購入した。

その結果，VIHはHELの株式の約67％を実質的に所有することとなった。

この取引に対し，インドの税務当局が，本件取引は実質的にインド法人の株式の譲渡であるとみなすことができる（territorial nexus in India）として買手であるVIHに対し，約26億ドルの源泉徴収税を賦課した。

それに対し，VIH側が本件取引は法人の株式の譲渡ではなく，その持株会社であるケイマン法人（CGP）の株式の譲渡であり，インドとは直接的関係のないオフショアでの取引なので，インドでの源泉徴収の対象にはならないとして訴えを提起した。

訴えを受けたムンバイ高等裁判所は，本件取引の最終的な目的は，ケイマン法人（CGP）の株式の売買ではなく，インドで事業活動を展開しているHELに対する支配権（及びそれに関連する権利等）の取得にあり，その対価もインド法人の企業価値を反映したものとなっているとして，買手であるVIHに源泉税の納付を命じた（2010年10月8日判決）ため，その判決を不可とした同社が本件上告に及んだものである。

■主な争点と当事者の主張

1 争　点

本件事案の主な争点は，ケイマン法人（HTIL）による同社のケイマン子会社（CGP）の株式のオランダ法人（VIH）への売却行為は，インド国内源泉所得になるか否かという点である。

2 当事者の主張

(1) 納税者（VIH）の主張

納税者は，本件はインド国外での取引であることから，インドの国内源泉所得にはならないと主張する。

(2) 課税庁の主張

課税庁は，本件取引はインド国外で行われた取引ではあるが，取引対象資産がインドと密接な関連を有しているので，買手であるオランダ法人がインドで

《図表》Vodafone事案のイメージ図

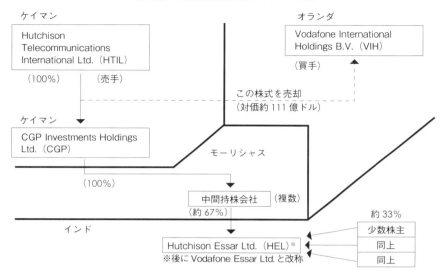

〔事案の概要〕
① オランダ法人（VIH）がケイマン法人（HTIL）から同社の有するケイマン法人CGPの株式を約111億ドルで購入。
② その結果，VIHはインド法人Hutchison Essarの株式の約67％相当額を実質的に取得。
③ インドの税務当局が本件売買をインド国内源泉所得として買手であるVIHに源泉課税したことから係争に。

〔争　点〕
ケイマン法人（HTIL）とオランダ法人（VIH）との間で行われたケイマン法人子会社株式（CGP：インド法人HELの持株会社）の売却はインド国内源泉所得になるか（インド国内源泉所得なら買手に源泉徴収義務あり）。

〔裁判所の判断〕
・高等裁判所（Bombay High Count）…納税者敗訴（課税庁勝訴）
・最高裁判所（Supreme Court）…納税者勝訴

　税法条文の適用に当たっては，取引を個々にみるのではなく，全体を把握（look at）したうえで行うべきである。
　本件取引はオフショアで行われた真実の取引であり（筆者注：租税回避のみを目的とした仮装取引や事業目的のない取引ではないので），インドの税務当局は本件取引に関する課税管轄権（territorial tax jurisdiction to tax）を有していない。
　したがって，この取引について国内取引であるとして，源泉税を課した税務当局の処分及びそれを是認してボンベイ高裁の判決は取り消されるべきである。

源泉税納付の義務を負うと主張する。

■裁判所の判断

1 ムンバイ高等裁判所の判断……課税庁勝訴

(Vodafone International Holdings B.V. v. Union of India & Anr (WP No.1325 of 2010))

「本件取引は，インド国外で行われていたとしても，その目的とするところは単なるケイマン法人株式（CGP株式）の売買ではなく，本件取引によってインド法人（HEL）の支配権及びインドにおける事業に関する様々な取引と権利を移転させることであり，かつ，その対価の額もインド法人の企業価値をベースに算定されているので，インドとの関連が密接（sufficient nexus）であり，インド所得税法第9条及び第195条の規定に基づき，買手であるオランダ法人（VIH）が源泉税の納税義務を負う。

① 本件取引がインド国外で行われた取引であるので，株式譲渡取引自体についてインドで課税することはできないとしても，譲渡対象資産はインドと密接な関連（sufficient territorial nexus）があるので，買手であるオランダ法人（VIH）は，インド所得税法第9条及び第195条によりインドで源泉税の納税義務を負う。

② 「インド国内源泉所得となる所得は，直接的であると間接的であるとを問わず，インド国内で発生若しくは生じ（accrue or arising in India）又は，インド国内にあるすべての資産又は所得源泉を通じ又はインド国内にある資本資産から生じる全ての所得である（インド所得税法9⑴）。」

2 最高裁判所の判断……納税者勝訴

税法条文を具体的事例に適用するに当たっては，取引を個々にみるのではなく，全体を把握（look at）した上で行うべきである。本件取引については，その点が重要である。

① 「非居住者に係る，所得の発生場所がインド国内にないのであれば，インドでの納税義務を負うことはない。…たとえ外国の親会社が（インド国内の）子会社を支配していたとしても，両社は別個の存在である。」

② 「課税当局（インド歳入庁）は，インド法人HEL社の所有権売却に当たり，同社の株式をケイマン法人CGP社など中間持株会社等を通じて所有しているHTIL社が（インド法人HEL社の株式売却に代えて）あえてケイマンの持株会社（CGP）の株式売却という形態を採用した行為が租税回避に該当するとしているが，それらを裏付ける明らかな証拠はない。…そして，それはモーリシャス法人の介在についてもいえることである。」

③ 「（インド所得税法）第195条は，支払者に対し，非居住者になされた支払いについて，源泉段階において控除する義務を課す（obligation on the payer to deduct at source（TAS）というものであるが…（筆者注：本件取引は）インド国外で設立された法人（ケイマン法人CGP）の株式（shareholding in companies incorporated outside india）のインド国外で行われた譲渡であり，当該株式譲渡について，譲渡者であるケイマン法人HTIL社にインドでの納税義務は生じていない。」

④ 「高等裁判所は，CGP株式の譲渡行為がインド国外で行われた取引であることを認めているのであるから，本件取引がインドで課税対象とはならない。」

そのうえで，次のように結論付けている。

「よって，当裁判所は，ムンバイ高等裁判所（Mumbai High Count）の判決を破棄する。」

■解　説

海外に子会社等を設立する場合，わが国では，それらの会社の株式を本邦所在の親会社が直接所有するという形態が一般的である。

しかし，国によっては，会社を解散するに当たり，従業員に対し数年分の給与支払等を義務付け，そうしない限り法人自体の解散を認めないとしていることがある。そのため，それらの国においては，解散に当たって追加資金の投入が必要になったり，応じない場合に解散ができなかったりするという事態が生じてくる。

このような事態を避けるため，欧米系の会社においては，現地進出に際し，現地の子会社に直接出資することに代えて中間持株会社を設立し，そこを通じて現地子会社に出資するという形式を採用している例が多い。

特に，インドへの進出に当たっては，同国が締結している租税条約においていくつかの特典を付与しているモーリシャスなどに中間持株会社を設立し，そこを通じてインドの現地会社を間接的に所有するという形を取るのが一般的である。同じような方式は，対中国投資においても，香港等に中間の持株子会社を設立し，そこを経由した孫会社の所有という形で採用されている。

　それにより，現地子会社からの受取配当等について，租税条約の特典を享受することが可能になる。また，万一，現地から撤退せざるを得ないことになった場合には，本邦所在の親会社が現地子会社の株式を直接売却することに代えて中間持株会社の株式を譲渡するという形を取ることにより，現地での課税を受けないという税メリットを享受することが可能である。

　本件取引も，そのような点（株式の間接譲渡であるという点）に着眼して行われた取引である。

　ちなみに，わが国の場合においては，このような取引は，そもそも国外取引に該当する（売手も買手もわが国に恒久的施設を有していない外国法人）ことから，わが国では原則として課税対象にならない[1]。

　それに対し，インドの税務当局は，本件取引はインド所得税法第9条の適用対象取引であるとして課税したが，同国の最高裁では，本件取引は国外取引であり，インド国内取引ではないとして納税者勝訴となった。

　日本の場合であれば，これで一件落着となり，たとえ法令が改正されたとしても，その後に行われた取引から適用ということになる。

　しかし，インドでは，法令改正により，この種の取引が行われた場合，これを規制するだけでなく，改正後の法令を1961年にさかのぼって改正後の法令を適用できるとしている。その結果，過去に行われた類似の取引についても原則として全て課税対象となってしまう。

　現在までのところ，過去に行われた同種の取引に対し，改正後の法令を遡及適用して課税したという事例はみられないようであるが，もしそのような課税がなされた場合，最高裁がどのような判断を下すのか注目されるところである。

---

(1)　ただし，それらの外国法人によって所有される内国法人の株式が不動産化体株式の場合には，たとえ株式の間接譲渡であっても，わが国で課税となる（例えば，日米租税条約13条②ほか）。

第 9 章　外国税額控除

◯イントロダクション

　2009年（平成21年）の税制改正で導入された外国子会社等からの受取配当に係る益金不算入制度は，子会社方式で進出した場合の二重課税排除策の一方法であるが，支店形式で進出した場合においては，依然として外国税額控除（直接外国税額控除）方式が採用されている[(1)]。また，米国などにおいては依然として間接外国税額控除方式が存続している。そこで，ここでは外国税額控除に関する主要判例について紹介する。

　⑧のLiggett Group, Inc.事案では，外国から商品を輸入し国内で販売していた取引に係る所得が国外源泉所得なのか国内源泉所得なのかが争われた。わが国の場合と同様に，米国でも外国税額控除については全世界所得に占める国外源泉所得部分を限度としている。そのため，国外源泉所得の割合が高くなればその分だけ控除額が拡大することになる。裁判所は，本件取引の一部は所有権が国外（英国）顧客に移転しているとして，それらは国外源泉所得になるとした納税者の主張を認めている。

　⑧のChevron Corp.事案は，米カリフォルニア州で課される営業税（ユニタリータックス）が全世界合算所得をベースに計算されているところから，そのうちの一部を国内所得から控除できるのか否かが争いとなった（国内所得から控除した場合結果的に国外源泉所得の割合が高くなる。）。裁判所は，これをすべて国内所得から控除して申告していた納税者の主張を認めず，比例配分すべきとしたIRSの処分を是認している。

　⑧のGuardian Industries Corp.事案では，連結納税制度によっている納税者の外国税額控除をする場合，外国子会社で支払った法人税のみが控除対象になるのか孫会社まで含めたすべての法人税が対象になるのかが争いとなった。裁判所は，すべてがその対象になるとした納税者の主張を認め課税処分の取消しを命じている。

---

(1) また，受取配当益金不算入方式導入後においても，過去において間接外国税額控除制度の適用を受けていた部分について更正減等のあった場合には，所要の経過措置が講じられている。

⑧のAnson事案では，米国LLCに生じた所得が出資者である英国居住者に直接帰属し，当該LLCに対して米国で課された構成員への課税が英国で外国税額控除の対象になるとされた事案である。

わが国と同じく米国LLCを法人として扱ってきた英国税務当局（HMRC）の考え方と大きく異なることから，注目を集めたが，HMRCでは本件はあくまで個別事案に対する判断であるとしている。

参考1　主要国における外国税額控除制度の概要

	日本	アメリカ	イギリス	ドイツ	フランス
課税方式	全世界所得課税	全世界所得課税	全世界所得課税	全世界所得課税※ただし、条約により大宗が国外所得免除とされる	国内源泉所得課税※受取利子等の投資所得については、国外源泉所得に対しても課税
二重課税の排除方式	外国税額控除方式	外国税額控除方式	外国税額控除方式	外国税額控除方式・国外所得免除方式の併用	外国税額控除方式・国外所得免除方式の併用
控除限度額の計算	一括限度額方式	所得項目別限度額方式（2種類）※平成18年までは9種類	所得項目別限度額方式（9種類）	国別限度額方式	国別限度額方式
非課税国外所得の取扱い	控除限度額の計算上、非課税国外所得の全額を除外	—	控除限度額の計算上、非課税国外所得の全額を除外	控除限度額の計算上、非課税国外所得の全額を除外	—
控除余裕額・限度超過額の取扱い	余裕額の繰越し　3年　超過額の繰越し　3年	超過額の繰戻し　1年　超過額の繰越し　10年	繰越しを認めず※ただし、国外支店等の事業所得に課された外税については超過額の繰戻し　3年　超過額の繰越し　無期限	繰越しを認めず	繰越しを認めず
間接税額控除	なし※受取配当は95％益金不算入（持株割合25％以上）	曾孫会社まで（持株割合10％以上）※ただし、CFC子会社は6世代まで	なし※受取配当は100％益金不算入	なし※受取配当は95％益金不算入	なし※持株割合5％以上の法人から受ける配当は95％益金不算入

資料出所：税制調査会，財務省提出資料をもとに一部修正

参考2 外国税額控除制度と主な改正

昭和28年（1953年）	・制度の創設（直接外国税額控除のみ，国別限度額方式を採用）
昭和37年（1962年）	・間接外国税額控除制度の導入等
昭和38年（1963年）	・国別限度額方式→一括限度額方式への変更
	・控除余裕額，控除限度超過額の5年間の繰越制度の創設
昭和58年（1983年）	・内外所得計算の適正化
昭和63年（1988年）（抜本改正）	・非課税所得の2分の1を国外所得から除外等
	・控除対象となる外国税額から，高率外国税額の高率部分（50％超部分）を除外
	・控除余裕額，控除限度超過額の繰越期間の短縮（5年→3年）
	・控除限度額の引下げ（100％→90％）
平成4年（1992年）	・間接外国税額控除範囲の外国孫会社への拡大
	・非課税所得の国外所得からの除外割合の拡大（1／2→2／3）
平成13年（2001年）	・外国所得税及び外国法人税の定義の明確化
	・通常行われると認められない取引に係る外国税額を除外
平成21年（2009年）	・外国子会社配当益金不算入制度の導入
	・間接税額控除制度の廃止
平成23年（2011年）	・高率負担部分の引下げ（50％超→35％超）
	・非課税所得の全額を国外所得から除外（経過措置あり）
	・国外所得割合の制限（90％）を廃止→（100％）
平成26年（2014年）	・帰属主義への移行に伴い，内国法人の国外支店の得る所得を国外源泉所得と認識したうえで，外国税額控除の対象に

第Ⅲ部　国際課税

イントロダクション

第9章　外国税額控除

㊸　外国税額控除における所得の源泉地が問題となった事例
—Liggett Group, Inc. v. Commissioner, T.C.Memo. 1990-18—

■概　説

　米国の内国歳入法における所得の源泉地に関する規定は，それらの所得が米国の国内源泉所得になるのかそれとも国外源泉所得に該当することになるのかを直接決定するだけでなく，外国税額控除を通じ，米国での納税額にも間接的に影響を及ぼす。例えば，納税者の国外源泉所得が多いほど外国税額控除も増え，米国での納税額がその分だけ減少することになる。

■事案の概要

　Liggett Group, Inc.事案における取引の概要は，大略次のようなものであった（取引の詳細については，図表を参照）。

① Liggett Group, Inc.の子会社であるPaddington社は，J&B Rare Scotch Whiskey（以下「J&B Rare」という。）を米国で販売する独占販売代理店であった。

② Paddington社は，J&B Rareを卸売又は輸入直販のいずれかによって販売していた。

③ 卸売の場合，Paddington社がJ&B Rareを仕入れて在庫保管し，これを顧客に再販売していた。

④ 輸入直販の場合，顧客は米国での引渡し時に製品に対する権限を取得し，輸送，運送，租税及び保管の費用を負担していた。通常，大口注文の顧客は，納税の時期を調整するため，輸入直販で製品を購入していた。

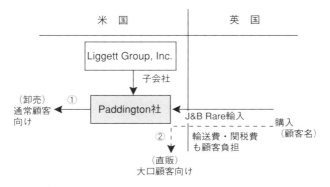

《図表》Liggett Group, Inc.事案のイメージ図

〔事案の概要〕

　Liggett Group, Inc.の子会社Paddington社はJ&B Rareを輸入販売していた（卸売と直販）。
① 「卸売」については通常の輸入，販売，在庫も保有。
② 大口顧客向け「直販」分については，英国内で顧客名で購入の上，自己の負担で輸送，関税等も支払う。

〔争　点〕

　直販分に係る所得は米国内の源泉所得か国外源泉所得か。

〔裁判所（租税裁判所）の判断〕…納税者勝訴

　国外源泉所得になる→Paddington社の外国税額控除可能額増大。

■主な争点と当事者の主張

1　争　点

　本件事案の主な争点は，英国産ウィスキーの米国における独占販売代理権を有するPaddington社が大口顧客向けに顧客名で輸入直販した分から生じた所得が，米国の国内源泉所得に当たるのか否かという点であった。

2　当事者の主張

(1) 課税庁の主張

　米国内国歳入庁（以下「IRS」という。）は，Paddington社が輸入直販から得た所得は米国源泉所得に当たるとして，Paddington社が輸入直販に係る所得を国外源泉所得とみなした上で算定した外国税額控除を否認した。

(2) 納税者の主張

それに対し，納税者は，本件大口顧客による輸入直販は，英国において顧客に権限及び所有権が移転しているので，内国歳入法上国外源泉所得になると主張した。

> **参考** 内国歳入法上の規定
>
> 内国歳入法第901条によれば，内国法人は，連邦所得税の納税額について，外国で支払った外国所得税分の税額控除を申し立てることができることとされている。ただし，当該税額控除は米国外の源泉に帰属する課税額に限定される（IRC第904条）。
>
> また，内国歳入法第862条では，米国外での販売で得た所得は国外源泉所得であると定めている。これを受けて財務省規則（Treas. Reg.）§1.861-7(c)は，所得発生の源泉地について，動産の販売は，「売主が当該動産について有する権利，権限及び権益が買主に移転した時点で移転した場所」において発生すると明確に定めている。
>
> 売主が法的権限（legal title）のみを留保する場合，販売は実質的所有権（beneficial ownership）と危険負担（リスク）が買主に移転した時点で移転した場所において発生したものとみなされる。当事者間の契約が権限（title）が移転する場所について明記していない場合，当事者の意図は「当事者の行為，当事者が取り扱っている物品に係る一般的な取引慣行，及び当該取引に関する状況」によって判断することができる（Treas. Reg.§1.867-3。Williston on Sales, sec.23-5, p.341（1974）引用）。

■裁判所（租税裁判所）の判断……納税者勝訴

租税裁判所は，Paddington社とその顧客の行為に照らして，同社が権限を顧客に移転したのは米国ではなく英国であると判断した。

具体的には次のような判旨である。

「本件取引においては，財務省規則§1.881-7(c)[1]に基づき，権限（title）のみならず実質的所有権と危険負担もブリテン諸島でPaddington社から顧客に移転していた。そして，本件取引では，物品が船積みされた後は，Paddington社ではなく顧客が自分で積荷に付保し，その後の運送料を支払い，

---

(1) なお，原文では，当該規則を「§1.881-7(c)」と誤って引用しているが，正しくは「§1.861-7(c)」である。

物品の英国への輸入を通関業者に委託していた。その後の手続等においても，Paddington社ではなく顧客自身がウィスキーの自社倉庫への搬入費用を支払い，当該物品を保管し，当該物品を保税倉庫から出す際に最終的に当該物品に係る消費税と関税の支払を行っていた。こうした事実に鑑み，実質的所有権と危険負担はブリテン諸島で顧客に移転していたと解すべきである。」（同）

■解　説

本件判決で注目されるのは，租税裁判所が，権限（title）のみでなく実質所有権とリスク負担に着目して所有権の移転が米国外（英国）であったとしている点である。

その結果，納税者の外国税額控除枠がその分だけ拡大されることとなった。

わが国の外国税額控除制度においても，米国の場合と同様に，控除限度額を計算する場合，国外源泉所得割合が多いほど限度額が大きくなる仕組みになっている（法令142①）。

具体的には次の算式で計算される。

$$\text{外国税額の控除限度額} = \text{当期の全世界所得金額に対する法人税額} \times \frac{\text{当期の国外所得金額}}{\text{当期の全世界所得金額}}$$

そのため，わが国においても，これと同様の問題が発生する可能性がある。ちなみに，わが国では，法人税法施行令第142条第3項，法人税基本通達16-3-9，16-3-10において国外所得金額の計算方法について具体的に規定している。

例えば，国外所得金額は，国外源泉所得のうち次の①と②の合計額とされている。

① 外国法人税が課される国外源泉所得（課税国外源泉所得）→その全額
② 外国法人税が課されない国外源泉所得（非課税国外源泉所得を除く）（法令142③，⑤）→その1/3相当額（2/3相当額は除外）

■わが国の参考判例，裁決例等

本件判決と直接の関連性はないが，英国領ケイマン諸島に本店を有し，国内源泉所得を有する外国法人がCFC税制の対象となり，わが国で課税を受ける

ことになるとされた次のような判例があるが，その場合において，現地で同じ所得について課税されていればその分はわが国で外国税額控除の対象となる。

① 東京高裁平成27年2月25日判決（平成26年（行コ）第278号）・裁判所ウェブサイト

また，控除税額の算出過程において誤りがあり，結果的に控除対象外国法人税額が過少になっていることにより納付すべき法人税額が過大になっている場合には，更正の請求ができるとした次のような裁決例がある。

② 国税不服審判所平成21年5月20日裁決・裁決事例集77号320頁

第9章　外国税額控除

⑧ 州税たる営業税の国外利益相当分については国外源泉所得から控除すべきとされた事例
——Chevron Corp. v. Commissioner, 104 T.C. 719 (1995)——

■概　説

　外国税額控除といっても，外国で課された租税について無制限に控除が認められるわけではなく，外国で課された所得に対する税などに限定されている。もう1つの限定は，国外所得割合による制限である。本件で問題となったのは，後者による制限である。

■事案の概要

　Chevron Corporation（以下「Chevron社」という。）は，連結法人グループの親会社であった。Chevron社は，連邦法人税申告の際に，カリフォルニア州の営業税の税額控除によってグループの米国内の源泉所得を減少させることを目的として当該税額控除を行い，これを国内源泉所得と国外源泉所得に配分していた。IRSが当該配分について納税者のやり方と異なる見解により調整を行った結果，カリフォルニア州税の国外源泉所得への配分・割当額が大幅に増加した。これによって，Chevron社の国外源泉所得は大幅に減少し，その結果Chevron社の外国税額控除額も減少した。Chevron社は，当該調整とその根拠となった規則の妥当性について異議を申し立てた。

《図表》Chevron Corp.事案のイメージ図

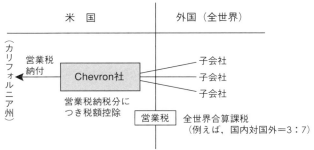

〔事案の概要〕

① Chevron社はカリフォルニア州の営業税をユニタリーベースで算定し納税。（国内割合＝3）
② 連邦所得税の計算上，州税とは別の計算により国外源泉所得割合を計算。（国内割合＝2，国外割合＝8）
③ その結果，外国税額控除枠が7割から8割に上昇。

〔争　点〕

連邦所得税の外国税額控除の計算上，国外源泉所得の割合は，州税ベースによるべきか会社の独自計算によるべきか。

〔裁判所（租税裁判所）の判断〕…納税者敗訴

州税ベースにより計算すべきである。
本件では，Chevron社の国外源泉所得割合が低下し，同社の外国税額控除が減少する。

■主な争点と当事者の主張

1　争　点

内国歳入法第901条は，同法第904条に定める制限に服することを前提として，支払った外国税額につき控除を受けることを納税者に認めている。国外源泉所得の額を決定する際には，国外源泉所得に割り当てられ，配分された税額控除額を考慮に入れなければならない（IRC第862条(b)）。これを受けて，財務

省規則は、国外源泉所得が納税者が行った活動に帰せられるものであり、州の所得税の対象となる場合には、内国歳入法第904条の目的上、対応する州税額の控除も当該国外源泉所得に配分されなければならないと定めている（財務省規則§1.861-8(e)(6)(i)）。当該規則は、さらに、州税額の控除は連邦所得税法ではなく州法に基づき決定された課税所得について配分され、割り当てられなければならないと定めている（財務省規則§1.861-8(g)の事例集(25)から(32)に、州の所得税をどのように配分すべきかが説明されている。）。

本件は、この規定の解釈をめぐって争われた事案である。

2　当事者の主張

(1)　納税者の主張

Chevron社は国外所得金額の計算は州税の場合と同一であると主張する。

ちなみに、係争の対象となっている年度中、カリフォルニア州は「全世界合算報告（いわゆる「ユニタリー・ベース」）」に基づき州の営業税を課していた。カリフォルニア州は、カリフォルニア州で事業を行っている多国籍企業については、全世界法人所得を出発点としていた。カリフォルニア州は、給与、資産及び売上の3つの要素を用いて、全世界所得の一部をカリフォルニア州で行われていた事業に帰属させていた。この帰属方式では、グループ内の関連法人が稼得した国外源泉所得も、カリフォルニア州で稼得された所得として取り扱われていた。カリフォルニア州の営業税はこの帰属額について課せられていた。

(2)　課税庁の主張

それに対し、課税庁は、州税と連邦税とでは税体系が異なるので、州税で規定する国外源泉所得を連邦税法上用いることはできず、別途連邦税法及び同規則に規定するところによって国外源泉所得の割合を計算すべきであると主張する。

■裁判所（租税裁判所）の判断……納税者敗訴

Chevron社は、連邦税の外国税額控除のベースになる国内源泉所得と国外源泉所得の算定に当たり、カリフォルニア州の課税所得をベースとせず連邦所得税の目的上算定された所得を用いていた。その結果、Chevron社は、カリフォルニア州の営業税額の控除枠を、米国の国内源泉所得部分により多く配分する

ことが可能になった。これによって国外源泉所得が増え，外国税額控除も増加した。租税裁判所は，納税者の方式を認めず，IRSが主張する財務省規則によって計算すべしという考え方を支持した。

■解　説

　納税者が有する国外源泉所得の額は，当該納税者の米国での納税額全体に影響を及ぼす。Liggett Group, Inc.事案の場合，租税裁判所は，Paddington社の在庫取引によって国外源泉所得が生じたと判断した。その結果，Paddington社が受けることのできる外国税額控除枠が増加し，同社の米国での所得税の納税額が減少した。それに対し，Chevron Corp.事案の場合，租税裁判所は，州の所得税額の控除は，州法に基づき決定された課税所得に配分されなければならないと判示した。そしてその方式に基づいて営業税の税額控除を配分した結果，Chevron社の国外源泉所得は大幅に減少し，それに応じて同社の外国税額控除枠も減少した。

　その結果，Chevron社が米国で支払う税額が増加した[1]。

　なお，わが国の地方税は基本的に国税の課税ベースをそのまま用いている。そのため，本件と同様の事例が発生する可能性は殆んどない。

■わが国の参考判例，裁決例等

　この点に関し，特定外国子会社が納付するわが国の事業税は，税額控除の対象にならないとした次の裁決例がある。

　①　国税不服審判所平成4年2月12日裁決・裁決事例集43号528頁

　なお，本件判決と若干視点は異なるが，外国税額控除の余裕枠を有する本邦金融機関が外国で源泉税を負担し，それをわが国の外国税額控除として申請していたことが問題とされた事例として次の判決がある。

　②　最高裁（二小）平成17年12月19日判決・民集59巻10号2964頁，判例時報

---

[1] ちなみに，米国の外国税額控除制度はわが国のような一括限度額方式ではなく，所得項目別限度方式となっているが，控除限度枠の計算はわが国と同じく次の算式により計算される。

$$控除限度額 = 当期の税額 \times \frac{国外源泉所得}{全世界所得}$$

ただし，超過額については1年の繰戻しと10年間の繰越しが認められている。

1918号3頁（同旨・最高裁（一小）平成18年2月23日判決（平成16年（行ヒ）第326号）・判例時報1926号57頁）

ちなみに，そこでは次のような判示がなされている。

「本件各取引は，これを全体としてみると，本来は内国法人の負担すべきでない外国法人税について……—自らの外国税額控除の余裕枠を利用して我が国において納付されるべき法人税額を減らすことによって回収することを内容とするものである。これは我が国の外国税額控除の制度をその本来の趣旨及び目的から著しく逸脱する態様で利用することによって納税を負の……

本件各取引は，外国税額控除の制度を濫用するものであり，これに基づいて生じた所得に対する外国法人税を外国税額控除の対象とすることはできないというべきである。」

第9章　外国税額控除

⑧⑤　現地で連結納税制度を採用している場合における外国税額控除の対象範囲
―所在地国の法令を参考にすべしとされた事例―
―Guardian Industries Corp. & Subs. v. United States, 65 Fed. Cl. 50 (2005)―

■概　説

　外国税額控除の対象範囲について，個別申告と連結納税の場合とでどのような差が生じてくるのであろうか。

　連結納税制度の導入に伴い，わが国でも外国税額控除関係について手直しが行われたが，外国で連結納税を選択している場合においてそれを国内法上どのように扱うべきかという点については，特段の手当はなされていない。しかし，今後は，国内だけでなく外国でも連結納税を選択したり，外国にある多様な事業体などについて国内法上どのように扱うべきかなど，複雑な事例が生じてくることも予想される。

　Guardian Industries Corp.事案は，外国税額控除を連結法人グループ間で分割すべきかどうかという点が争われたケースである(1)。

■事案の概要

　本件事案の申立人である納税者Guardian Industries Corp.は，米国におけるGuardian連結納税グループを率いる企業（以下，グループ会社を総称して「Guardian社」という。）である。同社は家庭用及び商業用のガラス製品を製造している。Interguard Holding Corp.（以下「IHC社」という。）は，米国内におけるGuardian社の全額出資子会社である。Guardian社はヨーロッパにおいてルクセンブルク大公国（以下「ルクセンブルク」という。）に3つの製造

---

(1)　なお，平成21年度税制改正で外国子会社配当益金不算入制度が導入されたことから本件判決の重要性は薄れたが，パススルー・エンティティの扱いなど参考になる点もあるので紹介することとした。

工場を持っている。Guardian社のルクセンブルクにおける事業は，IHC社が全額出資したGuardian Industries Europe, S.a.r.l.（以下「GIE社」という。）の下で統合されている。

　GIE社は，2001年に，Guardianルクセンブルク・グループが納税義務を負っていた300万ユーロを超える法人税を支払った。GIE社は，2001年に，IHC社とは別個のパススルー事業体としての取扱いを選択することをIRSに申請した。Guardian社は，2001年度の修正所得税申告の際に，GIE社がGuardianルクセンブルク・グループを代表して単独で納税義務を負うものとした。Guardian社は，これに沿ってルクセンブルクの租税はすべてGIE社に帰属するよう取り扱った。そこで，GIE社は，IHC社の支店とみなされたため（GIE社がパススルー事業体としての取扱いを選択したことによる。），GIE社が支払った租税はIHC社に発生し，IHC社が支払ったものとして取り扱った。

　その上で，Guardian社は，内国歳入法第901条(b)(1)に基づき，GIE社がGuardianルクセンブルク・グループを代表して支払った租税につき，直接外国税額控除を申請した。

　すなわち，納税者は，ルクセンブルクの連結納税グループを率いる企業について，パススルー事業体としての取扱いを選択することにより，当該事業体によるルクセンブルクでの納税額をすべて専ら自己に帰属するものとして，つまり，パススルー事業体を通じて，パススルー事業体の米国の所有者に直接帰属するものとして取り扱ったのである。

　内国歳入庁（以下「IRS」という。）は，この取扱いを問題視し，当該租税は，個々のルクセンブルクの事業体それぞれに帰属するものとして取り扱うべきであると主張した。

■主な争点と当事者の主張

1　争　点

　本件事案の主な争点は，ルクセンブルクで連結納税を選択している法人の納付した外国法人税について，米国において外国税額控除の対象とすることができるのは，どの範囲までか（より具体的にはルクセンブルクの親会社単独か連結グループが納付したルクセンブルクの法人税全体か）という点である。

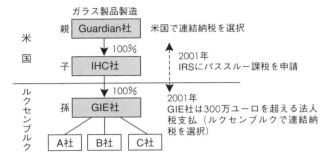

《図表》Guardian Industries Corp.事案のイメージ図

〔事案の概要〕
① Guardian社は米国で連結納税を選択している。IHC社はGuardian社の子会社で、同社はルクセンブルクに子会社（Guardian社の孫会社）GIE社を有している。
② ルクセンブルクのGIE社は同国内に複数の子会社を有し、同国で連結納税を選択している。
③ GIE社は、IRSに対しパススルー事業体扱いを申請。

〔争　点〕
GIE社が支払ったルクセンブルクの法人税のうち、Guardian社において直接税額控除の対象となるのは、GIE社単独分か同国内で支払ったすべてか。

〔裁判所（租税裁判所）の判断〕…納税者勝訴
GIE社が支払ったすべての法人税が直接外国税額控除の対象となる。

2　当事者の主張

(1)　納税者の主張

この点について、納税者は、ルクセンブルクの法律に基づきGIE社が単独で納税義務を負うと主張した。その場合、Guardian社は、IHC社のパススルー事業体であるGIE社が支払った租税について、直接税額控除を受けることができる。

(2)　課税庁の主張

これに対し、IRSは、Guardianルクセンブルク・グループの各構成員は、納税について連帯責任を負っているためルクセンブルクの租税は各構成員に割り当てられなければならないと主張した。

■裁判所(租税裁判所)の判断……納税者勝訴

　租税裁判所は，ルクセンブルクの法律に関する様々な専門家の助言を受け，GIE社はGuardianルクセンブルク・グループから発生した租税について単独責任を負うとの判断を下すことができた。ちなみに，ルクセンブルクの法人税法（Loi de l'impot sur le revenue：以下「LIR」という。）第164bis条第5項は次のように定めている（英訳の日本語訳）。

> **参考　LIR第164bis条第5項**
>
> （1）　連結納税制度がグループ企業に適用される場合，親会社と，当該親会社の恒久的施設に類する子会社とはそれぞれの事業年度の期首と期末が同じでなければならない。グループの各事業体は，グループの一員でない場合と同様に，それぞれ年次納税義務額を決定して税務申告を行わなければならない。親会社はさらに，グループの構成員の財務結果につき追加又は補正を行い，当該構成員に発生した特別控除費用の額をこの額から控除して算定したグループの課税所得を含めた納税申告を行わなければならない。連結納税制度によって，二重課税又は二重控除が発生する場合，その影響は，グループの全世界での財務結果に適切な調整を加えて相殺しなければならない。
>
> 　…中略…
>
> （4）　親会社は，上述のルールに従って算定された，グループの課税所得に応じた法人税の納税義務を負う。所得税法第135条に従い，親会社は，上述の課税所得に応じた法人税の前納を行う責任も負う。

　租税裁判所は，ルクセンブルク税務局（Luxembourg Administration des Contributions Directes）の副長官Carlo Mackをはじめとする専門家証人の証言に基づき，法人税の納税については親会社が単独責任を負うとの判断を示した。

　「ルクセンブルク税務当局によるLIR第164bis条に基づく税制の執行形態も，親会社が連結グループの法人税について単独で納税義務を負う方式に則している。グループの構成員は個々に税務申告を行うものの，当該構成員の損益は，連結申告を行ってLIRに基づく租税の更正処分を受ける親会社に帰属し，構成員はそれぞれ課税所得をゼロとする更正処分の通知を受けることになる。」

　このような結論に基づき，租税裁判所は，LIRに基づく納税については，GIE社が単独責任を負うと判示した。その結果，Guardian社は，内国歳入法第901条(b)(1)に基づき直接控除を受ける権利を有していたと判断された。

■解　説

　租税裁判所は，米国の外国税額控除の目的上，外国税額は現地の法律に則した取扱いをしなければならないと判示した。ルクセンブルクの法律に基づき，連結納税グループを率いる企業は，当該グループを代表して支払われた税額につき単独責任を負うものとされる。したがって，同裁判所は，IHC社がGIE社の所有者であることによって外国税額及び関連する控除は専らIHC社に帰属することになると判断したのである。

　わが国の場合，たとえ外国でパススルー課税を選択していたとしても，わが国では法人格の有無に着目して課税すべきとの判決がなされているが，外国税額控除については日本の納税者の名義で納税がなされているところから直接税額控除を認めるべきではないかと考える。

■わが国の参考判例，裁決例等

　わが国の場合は，本件とは逆で，いずれも現地法令ではなく，わが国の法令で規定するところによるとしている。

　したがって，例えば本件のように現地で連結納税を選択していたとしても，それらの利益を配当の形でわが国に還流させてこない限り，わが国での課税関係は原則として発生しない。

　また，配当してきたとしても，一定の要件を充足していれば95％相当額は益金不算入となる。

　なお,本件とは若干異なるが,外国税額控除との関連で次のような判例がある。

①　さいたま地裁平成19年5月16日判決・訟務月報54巻10号2537頁（同旨・東京高裁平成19年10月10日判決・訟務月報54巻10号2516頁）

　　米国LLCはわが国の法人税法上でいう法人であり，そこから分配された金員は配当所得に該当する。

②　国税不服審判所平成18年8月14日裁決・裁決事例集72号463頁

　　「0％から30％まで自由に税率を選択することができる国において26％の税率を選択して納税した法人税は外国法人税には当たらないので，たとえ同地で法人税を納付していたとしても，わが国においてその分について外国税額控除の適用を受けることはできない。」

第9章　外国税額控除

⑯　米国LLCに生じた所得が，出資者である英国居住者に直接帰属する所得であるとされた事例（外国税額控除申請事案）
――Anson v. HMRC（2015）UKSC 44（July 1, 2015）――

◼概　説

　米国のLLCは，法人格を有しているものの，パススルー課税を受けることができることとされている。
　そのため，米国のみならず外国の投資家にとっても使い勝手の良いものとなっている。
　しかし，この種の事業体は，米国ではパススルー扱いとなっているものの，法制度の異なる米国以外の国でこの事業体がどのように扱われるかによって，それぞれの出資者の居住する国ごとに扱いが異なることとなる。
　周知のように，わが国では，米国LLCは，出資者である個人とは別個の存在として認識されている（東京高裁平成19年10月10日判決・訟務月報54巻10号2516頁，ジュリスト1361号196頁）。
　しかし，国によっては，これを本国法上もパススルー扱いにしている場合もある。
　今回紹介する英国のAnson事案では，米国LLCに生じた所得は，出資者持分に応じ出資者に直接帰属するとされた。
　この事案は，米国LLCを「法人」として扱ってきた英国のそれまでの考え方を否認した判決であったことから注目された。

◼事案の概要

　Anson氏は英国の居住者（resident）ではあるが，永住者ではなかった（not domiciled in the U.K.）。そのため，同氏が国外で得た所得については，英国に送金された分（remitted to the U.K.）についてのみ英国で所得税が課されるポジションにあった。

Anson氏は，米国の税務上パートナーシップとして区分される（いわゆるパススルー課税を受けられる）米国デラウェア州で設立されたLLCのメンバーであった。そのため，同氏のLLC持分相当額に対し，米国で連邦税及び州税が課税されていた。

　Anson氏は，米国で課税された後の金額を英国に送金したことから，当該送金分に対し英国でも課税されることとなった。そこで，同氏は同じ所得について米国と英国の双方で課税され二重課税が生じているとして，英米課税条約第24条(4)(a)に基づき，二重課税の救済申立てをした。

　それに対し英国歳入庁（HMRC）は，Anson氏が米国で得たとしている所得は同氏の所得ではなく同氏とは別人格のLLCの所得なので，たとえ米国で課税後の分そのまま英国に送金されたとしても二重課税という事態は生じておらず，外国税額控除の申請も認められないとした。

　この処分を不服とするAnson氏が不服申立てを行った第一次審判所（First-tier Tribunal：FTT）ではデラウェア州のLLC法及びメンバーとLLCとの間で交わされた契約，すなわち，LLCに生じた所得は全てメンバーの所得になるとの契約の統合効果（combined effect）を考慮した。その結果，同審判所は，Anson氏は同一の所得について英国と米国の双方で課税されているので，二重課税の救済を受ける権利があるとの裁決を下した。

　この裁決を不服とするHMRCがその取消しを求めて上級審判所（Upper Tribunal）に提訴した。同審判所は，FTTの判断は，LLCに生じた所得が構成員たるメンバーの財産に自動的になるわけではないので法的に誤っており，それらの利益が構成員に属するという契約上の表現は，財産ではなく構成員の利益分配参加権について記述したものにすぎないと結論付けた。

　さらに，本件は高等裁判所（Court of Appeals）でも争われたが，そこでは本件事案において第一義的に問題とされるべきは米国の税法であり，然る後に必要があれば，それぞれの利益又は所得の性格に応じ，その内容を決定すべきであるとした。

　そのうえで，高等裁判所は，本件では英国の税法上国外源泉所得で英国に送金された分は，英国で課税対象になることとされていること，当該送金については，すでに米国でも課税されているので，Anson氏は二重課税の救済を受ける権利があると結論付けた。

そこでHMRCが上告した。

■主な争点と当事者の主張

1　争　点

本件事案の主な争点は、米国でパススルー扱いとなっているLLCに生じた所得のうち、出資者持分に対応する部分が、構成員たる出資者の所得になるのか、それともLLC自体に帰属する所得なのかという点である。

2　当事者の主張

(1)　納税者の主張

米国LLCで生じた所得については、すでに米国で課税されている。したがって、英国でこの所得に課税するのであれば、英米租税条約第24条に基づき外国税額控除を認めるべきであると主張する。

(2)　課税庁（HMRC）の主張

米国でパススルー扱いとされているLLCは、英国法上は法人扱いとされており、別人格である。したがって、たとえLLCで生じた所得について米国で課税されていたとしても、それは、LLCからの配当に対する税というよりはLLCに生じた利益の持分に対して課された税とみるべき（US tax was charged on a share of profit rather than on a distribution of it）なので、本件利得分について英国では外国税額控除の対象にはならないと主張する。

■裁判所（英国最高裁判所）の判断……納税者勝訴

英国最高裁判所（Supreme Court）は、次のように判示して納税者の主張を認めている。

「LLCに生じた所得について、Anson氏はそこから現実に送金等の事実がなくても、構成員たる同氏の持分に応じ配賦を受ける権利がある（entitled to the share of the profits allocated to him）。

換言すれば、同氏の米国で生じた所得は、LLCの出資持分相当額であるが、その分については、英国と米国の双方でそれぞれの国の税法に基づき課税されることとなったので、同氏には、二重課税の救済を求める権利がある（qualified

《図表》Anson事案のイメージ図

〔事案の概要〕
① Anson氏は英国居住者 (resident) ではあるが税務上は非永住者 (non-domicile) に該当…英国の税制では国外源泉所得は英国送金分に対してのみ英国で課税。
② Anson氏は米国のLLC (米国でパススルー扱い) に参加。米国で課税後の金額を英国に送金し、英国で米国課税分につき外国税額控除申請。
③ HMRC、米国LLCは英国税法上米国法人に該当するのでLLCで生じた所得はLLCに帰属し、Anson氏の所得には該当しないとして外税控除を否認。
④ Anson氏、HMRCの処分は英米租税条約に規定する二重課税排除規定に違反するとして訴訟提起。また、英国での課税対象は同氏のLLC持分相当額で米国で課税された分に限られるとも主張。

〔争 点〕
米国でパススルー扱いとなっているLLCに生じた所得は出資者たる英国居住者の所得となるか。
また、その場合における居住者の所得は出資持分相当額で米国課税分か。

〔裁判所 (英国最高裁判所) の判断〕…納税者勝訴
Anson氏がメンバーとなっている米国LLCに生じた所得のうち同氏の持分相当額として米国で課税された分は、同氏に帰属する所得となる。したがって、英米租税条約に基づき米国で課税された分につき二重課税排除の救済を受けることができる。

for double tax relief) と解すべきである。」

■解 説

　有限責任会社 (LLC) やリミテッド・パートナーシップなどのいわゆるハイブリッド・エンティティを国内法上どのように扱うかは、各国の税務当局にとって頭の痛い問題となっている。

　ちなみに、英国ではわが国と同様に、LPやLLPについては構成員課税とするとともに、米国LLCについては、法人格を有するものとしてとらえる考え方が採用されてきた。

　しかし、本件判決でこれと別の考え方が示されたことから、LLCの扱いについて、課税庁側及び納税者の双方で混乱が生じることとなった。

そこで，英国歳入庁(HMRC)では，2015年9月25日付のpolicy paper (Revenue and Customs Brief 15 (2015)) を発出し，HMRCとしての立場を明らかにしている。
　それによれば，今回の最高裁判決はあくまで特別な事案に対する最高裁の個別裁判であり (the decision is specific to the fact found in the case)，米国LLCが英国税務上法人として扱われることに変わりはない (will continue to treat the US LLCs as companies)。
　したがって，HMRCとしては，今後とも米国LLCを従来と同じく法人として扱っていくことになるとしている。
　そのため，今後Anson事案と同様の事案が生じ，二重課税の救済申請がなされたとしても，HMRCとしては自動的にそれを認めることはせず，個別事案ごとに審査していくとしている(1)。
　ちなみに，わが国では，デラウェア州法に従って設立されたLLCについては，法人格を有していること等から法人に該当するとし，そこで生じた損益を構成員の所得に取り込むことは認められていない（前述東京高裁判決）。
　また，デラウェア州で設立されたリミテッド・パートナーシップについても，法人格は有していないものの，当該パートナーシップが契約当事者になっていること等を根拠に出資者とは別人格の法人であるとしている。
　他方，ケイマンのパートナーシップについては，法人性が否認されている。
　今回紹介した事案において示された英国最高裁判所の判断は，わが国の裁判所の考え方と見解を異にするものであるが，同様の見解は他の国でも示される可能性がある(2)。
　他方，英国の上級審判所で示された考え方は，いくつかの点でわが国のそれ

---

(1)　ちなみに，原文では次のようになっている。
　「HMRC has after careful consideration concluded that the decision is specific to the facts found in the case. This means that where US LLCs have been treated as companies within a group structure HMRC will continue to treat the US LLCs as companies, and where a US LLC has itself been treated as carrying on a trade or business, HMRC will continue to treat the US LLC as carrying on a trade or business.
　HMRC also proposes to continue its existing approach to determining whether a US LLC should be regarded as issuing share capital. Individuals claiming double tax relief and relying on the Anson v HMRC decision will be considered on a case by case basis.」
(2)　ちなみに，ドイツでは，米国のLLCを租税条約上法人として扱う旨を明記している。

と同じ考え方に立つものであり、これと同じ見解に立脚した判断が示される可能性もある[3]。

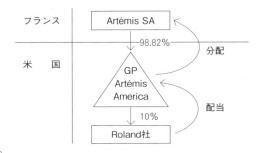

参考 Artémis事案（仏最高裁：Conseil d'État）24 Nov. 2014

Artémis事案のイメージ

〔事案の概要〕
　フランス法人Artémis SAは、自己が98.82％を出資し、米国内にジェネラル・パートナーシップGP Artémis Americaを設立した。同パートナーシップは、Roland社の株式の10％超を保有し、配当を受けた。

〔争　点〕
　米国所在のジェネラル・パートナーシップ（GP）から配当を受けたフランス法人Artémis SAは、フランスで資本参加免税を受けられるか。

〔裁判所（仏最高裁判所）の判断〕
　受けられる（理由は次のとおり）。

　—本国のジェネラル・パートナーシップ（GP）は、法人格はあるが無限責任という点でフランスのSNC（Société en Non Collectif）と対比される存在である。
　—フランスのSNCはパートナーレベルで課税されるものの、法人格はあり、税務上も出資者とは別個の人格（tax personality）として扱われている。
　—したがって、Artémis社が米国のGPを通じ受領したRoland社からの配当は、フランスでは資本参加免税（配当免税）資格の適用対象になる。

---

(3) ちなみに、カナダの考え方はわが国のそれと同じで、LLCはカナダの税務上構成員たる個人とは別個の納税主体として扱われるので、LLCの構成員たる個人はLLC段階で米国で課された税についてカナダで外国税額控除の対象にならないというものである。
　したがって、租税条約第24条で規定されている二重課税排除規定についても、そこで規定されているのは、カナダの個人所得税と同様の状況（circumstances）において課されたものに限定されているとして、カナダにおいても外国税額控除の対象にすることに消極的である旨の報告をしている。

このように，各国の法制度や税務上の取扱いが異なっていることは，納税者の予測可能性を失わせるだけでなく，国による取扱いの差を利用した租税回避（いわゆるtax-arbitrage）を促進することにもなりかねない[4]。

■わが国の参考判例，裁決例等

　わが国の場合，LLCなどのように法人格を有する事業体から分配を受けた場合には，配当として扱われる。

　しかし，外国税額控除については，LLCで生じた所得のうち自己の持分に相当する金額を外国税額控除の対象として取り扱う実務が定着してきており，実質的には英国やフランスのそれと同じ扱いとなっている。

---

(4) ちなみに，BEPS行動計画2では，ハイブリッドを利用した国際的二重非課税に関する議論がなされ，それに応じた提言もなされている。しかし，IBM事件にもみられるように，近年ハイブリッド事業体を利用した租税回避事例が増加してきている。そこで，ハイブリッド事業体の扱いについても何らかの形で統一した見解を早期に打ち出すべきであると考えるがいかがなものであろうか。

第10章　移転価格税制

●イントロダクション

　世界的規模で事業活動を営むグループは，租税負担割合の低い国に所得を移転するだけでなく，同水準の租税負担の国の間でも所得移転を行うことにより，企業グループ全体の租税負担を軽減することが可能である。すなわち，企業グループ内で欠損を生じている国に所得を移転すれば，企業グループ全体としては租税負担の軽減になる。このような所得移転のやり方として最も一般的に用いられているのが，関連企業間での取引価格の操作を通じた所得移転である。

　主要国の中で取引価格を通じた関連企業間の国際的な所得移転問題に最も早く着目したのは米国である。それは，米国が，国内における関連企業間の所得移転問題に対応するための規定を有していたという歴史的経緯によるものである（1918年に規定導入，1921年にIRS長官に処分権付与）。現在の規定（IRC第482条）は1954年に導入されているが，このような経緯もあって，当初は国内企業のみがその対象となっていた。

　しかし，1960年代に入り，プエルトリコなど米国属領の経済発展を目的に，それらの地域を対象とした租税優遇措置が設けられたことから，それらの特典享受を目的にした企業進出と所得移転事例が多発した。ちなみに，米国属領は，米国の支配地ではあるが，法的にいえばあくまで外国である。そこで，これら米国属領への不当な所得移転に対し内国歳入法第482条を適用した。

　その後，この種の所得移転が，米国属領だけでなく他の国々との間の取引においても頻繁にみられたことから，国際取引一般に適用されるようになった。

　このように，米国が国境を越えた関連企業間取引に対しこの制度の運用を強化したため，米国企業のみならず日欧等の企業の間でも，米国に所得を移転することにより，本税制の適用を免れようとする動きがみられた。しかし，このような動きをそのまま放置した場合，日欧等の政府にとっては，自国の課税権が侵害されることになる。そこで，それらの国々でも対抗上同様の制度を導入することとなった。その結果，最近では先進国のみならず，多くの途上国においても同様の税制が導入されている。

以下に紹介する事案のうち，⑧のU.S. Steel Corp.事案は，比較対象取引をめぐって争われたものである。納税者は，取引相手である国外関連者が非関連の第三者とも取引（輸送）を行っていることから，それが比較対象になると主張し，課税庁は数量があまりにも少ないことから比較対象にはなり得ないとして更正した。裁判所は，非関連者との間で行われた本件取引は，規模，数量等に差はあるものの比較対象取引であるとした。

⑧のSundstrand Corp.事案では，シンガポール所在の製造子会社がリスク限定の下請なのかフルリスクを負っている会社なのかが争いとなった。租税裁判所は，同子会社が下請業者ではないという点については納税者の主張を認めたものの，ロイヤリティ料率２％は低すぎるとして10％とすべしとしている。

また，⑧のGAP事案は，インドで移転価格が問題とされた事案であるが，そこでもインド子会社が下請になるか否かが争いとなり，そうではないとして納税者の主張が認められている。

⑩のCiba-Geigy Corp.事案では，米国子会社がスイス親会社に支払っているロイヤリティがそもそも支払う必要があるものなのか，もし必要だったとしたらそれが適正料率なのか否かをめぐって争いとなった。裁判所は，ロイヤリティの支払については合理的根拠があり，料率についても適正なものであるとして納税者の主張を全面的に受け入れている。

⑨のProcter & Gamble Co.事案では，現地国の法令でロイヤリティの支払が禁じられている場合においても米国で内国歳入法第482条が適用になるのか否かが問題となった。裁判所は，納税者の主張を認め，かかる場合には内国歳入法第482条は適用されるべきではないと判示している。

⑨のHospital Corp.事案においては，内国歳入法第482条に基づく課税をする場合，他の租税回避事例のように，取引自体を税務上再構成して課税することができるのか否かが争いとなった。本件において裁判所は，所得配分に歪みがあったことからその是正は認めたものの，取引自体を再構成して課税するという点については否定的見解を示している。

⑨のDHL Corp.事案では，世界的規模で成長している企業の無形資産が，どこで形成されたのかが問題となった。裁判所は，DHLの商標権が形成されたのは米国ではなく主として香港であったとの納税者の主張を認め，課税処分の取消しを命じている。

㉔のEli Lilly & Co.事案では，米国法人からプエルトリコ法人への無形資産の譲渡対価が適正なものであったか否かが争われた。裁判所は，他の部分（組織再編へのIRC第482条の適用）については課税庁の主張を排斥しているものの，この点については独立企業間価格で行われていなかったとして課税庁の処分を一部是認している。

㉕のBausch & Lomb事案では，有形資産取引に加えロイヤリティ料率も問題となった。裁判所は，納税者がアイルランド政府に提出した利益計画書（親50：子50）をベースに適正ロイヤリティ料率（5％）を算出している。

なお，事案㉖〜㉘は，コスト・シェアリング契約の妥当性をめぐって争いとなった事例である。

このうち㉖のSeagate事案では，有形資産取引，ロイヤリティ，コスト・シェアリング契約の全てが問題とされた。このうち，コスト・シェアリング契約については，費用負担割合は生産量比によるべしとした課税庁側の主張は斥けられたものの，納税者，課税庁側のいずれからも根拠となるデータの提出がなかったとして，裁判所が独自の判断により負担割合を決定している。

また，㉗のVeritas事案では，コスト・シェアリング契約のうちのいわゆるバイ・イン契約においてCUT法を採用すべしとした納税者の主張が認められている。

㉘のXilinx Inc.事案は，コスト・シェアリング契約において従業員に付されたストックオプションをどのように扱うべきかが争いとなった。裁判所は，かかる費用の配賦も独立企業原則に従っている限り認められるとして納税者の主張を認め，IRSに対し課税処分の取消しを命じている。

㉙のToyota Motor Corp.事案では，海外親会社が所有している資料が，サモンズ（行政召喚状）の対象となるか否かが争われた。裁判所は，IRSの要求は広範すぎるし，基本的に親会社に存在しない資料の提出を求めることはできないと判示して納税者の主張を大幅に認めている。

⑩のGlaxo Smith Kline事案は，移転価格課税をめぐって訴訟提起後に和解が成立した案件である。わが国では，法令上和解は取り得ないとの説も一部にあるようであるが，現状はそのようなことを許すような状況にないという意味で本件を紹介する。

参考 **主要国の移転価格税制の概要**

		日　本	アメリカ	イギリス
基本規定		○国外関連者との取引は、独立企業間価格で行われたものとして所得計算。	○租税回避防止又は所得の適正計算のため、当局は、特殊関係企業間に所得を配分。	○特殊関係者間の資産の譲渡による所得は、独立企業の原則に従って計算。
根拠法及び適用対象		〔租税特別措置法第66条の4〕国外取引のみ	〔内国歳入法第482条〕国内取引も対象	〔2010年租税法(国際課税等)第4編〕国内取引も対象
特殊関係者	適用対象者	法人のみ	個人＆法人	個人＆法人
	支配要件	○直接・間接50％以上の出資関係にある外国法人(姉妹関係を含む。)。 ○実質的に支配・被支配の関係にある外国法人。	○同一の利害関係者により直接・間接に所有、支配されている組織又は事業。 ○所得の恣意的な移転があれば、支配関係があるものと推定。	○支配・被支配の関係にある法人。 ○同一の者により支配されている法人。
独立企業間	価格の算定	OECDガイドラインに同じ。	同　左	同　左
執行上の担保措置	資料提出請求権	○当局は国外関連者の有する書類も要求できる(努力義務のみ)。	○当局は外国にある書類も要求できる。	○当局は、国外関連会社の有する書類も要求できる。
	推計課税	○独立企業間価格の算定に必要な書類の提示がないときは、当局は同種の事業を営む類似の法人の売上総利益率等により推定課税できる。 ○類似法人に対する調査権あり。	○正式資料要求(IDR)及びサモンズに応じなかった場合、課税当局は手許資料で課税。また、要求に従わなかった場合その書類は訴訟段階で証拠として提出不可。	○当局は、一般的な権限として推計課税を行える。
	確定申告時の資料添付	○国外関連者との取引等に関する明細の申告添付義務あり。	○国外関連会社との取引に関する明細の申告添付義務あり。	
更正時効		6年	原則＝3年 (但し、納税者同意により延長可)	6年

ドイツ	フランス	カナダ
○特殊関係者間における国際取引については，独立企業原則により所得を増額。	○移転価格操作により，外国の特殊関係企業へ移転された所得は，仏企業の所得に加算。	○独立企業間取引を行わない者との取引により所得が減少する場合は，公正なる市場価値で取引したものとして計算。
〔国際取引課税法第1条〕 国外取引のみ	〔租税一般法第57条〕 国外取引のみ	〔所得税法第69条〕 国内取引も対象
個人＆法人	個人＆法人	個人＆法人
○直接・間接25％以上の出資関係にある者。 ○実質的に支配・被支配の関係にある者（同一の者により支配されている者を含む。）。	○支配・被支配の関係にある企業。	○独立企業間取引を行わない者との取引は全て本条の対象とされる。
同　左	同　左	同　左
○当局は国外にある書類も要求できる。	○当局は，一般的な調査権限に基づき，必要と認めるすべての書類を要求できる。	○当局は，通常の調査権限に基づき，必要と認めるすべての書類を要求できる。
○これに従わなかった場合には，通常の状況の下において見込まれる売上利益率等を用いて推計課税を行える。	○正確な資料がない場合，当局は正常な状態で事業を営む類似の企業との比較により，課税所得を計算できる。	○十分な情報が得られない場合は，一般的な権限として推計課税を行える。
		○国外関連者との取引につき明細の申告義務あり。
原則＝4年 （但し，この期間内に賦課すれば延期可）	3年	6年

資料出所：税制調査会提出資料及び財務省資料を一部修正のうえ抜すい

第10章　移転価格税制

㊇ 比較対象取引―取引数量の少ない第三者との取引が比較対象取引として適切なものであるとされた事例
―U.S. Steel Corp. v. Commissioner, 617 F.2d 942（2nd Cir. 1980）―

■概　説

　米国内国歳入庁（IRS）は，内国歳入法第482条に基づき，所得を関連者間で再配分する広い裁量権を与えられている。しかしながら，関連者間で請求される価額が，類似する状況下において非関連者に請求される価格と同様又は類似している場合には，この裁量権は制限される。その先例となったのがU.S. Steel Corp.事案である。この事案では，独立企業原則（arm's length principle）が役務提供取引にどのように適用されるかに関する基準が示された。

■事案の概要

　米国法人のUnited States Steel Corporation（以下「U.S. Steel社」という。）は，1940年代にベネズエラで鉄鉱石鉱山の発掘を開始した。U.S. Steel社は，この鉱山発掘のために1949年にベネズエラにOrinoco Mining Company（以下「Orinoco社」という。）という子会社を設立した。Orinoco社には50%のベネズエラの租税（法人税）が課されていた。

　ベネズエラで採掘された鉄鉱石は，ベネズエラから米国に船舶で直接輸送されていた。U.S. Steel社は，当初非関連の用船会社2社のサービスを利用していた。しかし，U.S. Steel社は，1953年にリベリアに別の子会社Navios, Inc.（以下「Navios社」という。）を設立した。Navios社は，バハマ諸島に拠点を有する第三者から用船していた。

　U.S. Steel社は，Orinoco社が発掘した鉄鉱石を米国に輸送するに当たりNavios社のサービスを利用していた。Navios社は非関連の第三者にも同様のサービスを提供していた。U.S. Steel社はNavios社の最大の顧客であったものの，Navios社は，同様の輸送業務を第三者にも同じ料金で提供していた。Navios社

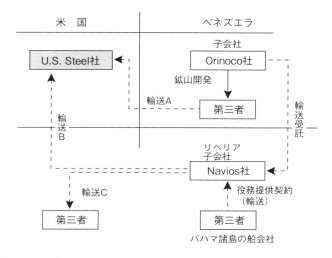

《図表》U.S. Steel Corp.事案のイメージ図

〔事案の概要〕

　問題となった商品A, B, Cはほぼ同一価格（うちA, Cは非関連者間取引, Bは関連者間取引）。

〔争　点〕

　U.S. Steel社はこの取引（B）によりリベリア子会社であるNavios社に所得を移転していたか。

〔裁判所（第２巡回控訴裁判所）の判断〕…納税者勝訴

　所得移転の事実なし。

はベネズエラで2.5％の消費税を課されていた。

　IRSは，Navios社のU.S. Steel社向けの輸送価格が高すぎたため，U.S. Steel社は過大な額の所得をNavios社に移転していたことになると判断し，U.S. Steel社に対し内国歳入法第482条を適用して課税した。

　租税裁判所は，内国歳入法第482条に基づく調整が必要であることを認めたが，異なる価格配分方式を用いた。

　そこで，これを不服とする納税者が控訴した。

■主な争点と当事者の主張

1 争 点

本件事案の主な争点は，U.S. Steel社がベネズエラの子会社Orinoco社から引き取る鉄鉱石について，リベリア子会社Navios社に支払われた運送料が独立企業間価格で行われていたか否かという点である。

2 当事者の主張

(1) 納税者の主張

納税者（U.S. Steel社）は，Navios社が第三者に対しても同一料金で運送していたことから，本件運送に係る取引は独立企業間価格で行われており，所得移転はなかったと主張する。

(2) 課税庁の主張

それに対し，課税庁（IRS）は，Navios社のU.S. Steel社向け運賃は高すぎ，結果的にNavios社に所得が移転されていると主張する。

また，Navios社と第三者との間の取引は，規模及び量に差がありすぎるので比較対象にはならないと主張する。

■裁判所（第2巡回控訴裁判所）の判断……納税者勝訴

第2巡回控訴裁判所は，独立企業基準の要件に着目して，租税裁判所の判決を破棄した。

第2巡回控訴裁判所は，U.S. Steel社からNavios社に所得が移転された可能性はあるものの，U.S. Steel社とNavios社の取引は独立企業基準に則していたとの納税者の主張を受け入れた。

判旨は次のように述べている。

「本事案の場合のように，納税者側が，非関連の買手との取引において同様の役務の対価として実際に同じ額が請求されている証拠を提示した場合には，当該非関連の買手に対する販売の状況が，『すべての関連する事実を考慮に入れて』，類似した状況における支配会社への販売と十分な『類似性』を有するかどうかを評価することで問題は自ずと解決する。」

「『すべての関連する事実』を考慮に入れる際に，Navios社はベネズエラで唯一の用船会社ではなかった。したがって，Navios社のサービスを利用していた第三者は他の会社を利用することが可能であった。また，第三者との取引額は，Navios社の条件が商業的に納得のいくものでなければ，当該第三者は別の用船会社を利用したであろうと考えられる程度に多額に上るものであった。」

その上で，第2巡回控訴裁判所は，長期用船契約であればU.S. Steel社はより低い料金設定を受けていたであろうとするIRSの主張に対し，Navios社とU.S. Steel社は長期用船契約を締結しておらず，Navios社はU.S. Steel社に輸送業務を提供していたと結論付けている。

また，第2巡回控訴裁判所は，U.S. Steel社の取引と第三者との間の取引とでは規模と量に違いがあるものの，Navios社と独立の第三者との取引は，U.S. Steel社とNavios社との取引が独立企業基準に則していたことを示すに十分な程度の類似性を有していたと判示した。

なお，第2巡回控訴裁判所は，関連者間取引が独立企業基準に則して行われていたことを示すために必要な取引件数についてはコメントを差し控えた。

■解　説

「独立企業原則（arm's length principle）」は，非関連者同士である第三者の行動に基づく客観的な基準である。納税者が，第三者との取引に係る価格が関連者との類似する取引における価格と同様又は類似していることを示すことができる場合，これは，納税者の取引が独立企業基準に則していることを示すに十分である。本判決で明らかになったのは，比較対象となる類似取引との比較において国外関連取引が独立企業基準に則している限り，たとえ取引数量等に差があったとしてもIRSは内国歳入法第482条に基づく調整を行うことができないという点である。

■わが国の参考判例，裁決例等

取引数量が増加した場合，第三者間取引であったとしても，一般的には数量値引（いわゆる「Volume discount」）があるのが通例である。

しかし，わが国の次の判例でもVolume discountがあるはずだとの納税者の主張が斥けられている。

① 高松高裁平成18年10月13日判決（平成16年（行コ）第17号）・訟務月報54巻4号875頁

また，若干視点は異なるが，次のような判決もある。

② 東京地裁平成19年12月7日判決（平成17年（行ウ）第213号）・訟務月報54巻8号1652頁…アドビ事件

本件判決では，「（役務提供取引において）課税庁が合理的な調査を尽くしたにもかかわらず，基本三法と同等の方法を用いることができないことについて主張立証をした場合には，基本三法と同等の方法を用いることができないことが事実上推定され，納税者側において，基本三法と同等の方法を用いることができることについて，具体的に主張立証する必要があるものと解するのが相当である。」としたうえで，

「本件比較対象取引には比較可能性があり，適正な差異の調整が行われていることが認められる。」としている。

ただし，この判決は，控訴審の東京高裁平成20年10月30日判決（税務訴訟資料258号順号11061）により覆されている[1]。

---

[1] ちなみに，そこでは次のような判示がなされている。
「原審のような事実上の推定を行うことは，本来国が負うべき『基本三法が適用できない』という要件の主張立証責任を，事実上納税者に転換するのと同様の効果があるうえ，論理則及び経験則に著しく反するものであり認められない。」
「比較対象取引は，その果たす機能及びリスクが同一又は類似するということは困難であり，他にこれを認めるに足りる証拠もない。本件算定方法は，それぞれの取引に応じ，本件国外関連取引の内容に適合し，かつ，基本三法の考え方からかい離しない合理的な方法とは言えない。」

第10章　移転価格税制

⑧　シンガポール所在の製造子会社がリスク限定の下請業者に当たらないとされた事例
―Sundstrand Corp. and Sub. v. Commissioner, 96 T.C. 226(1991)―

■概　説

　最近におけるBEPSの議論にもみられるように，移転価格税制において最もむずかしいのは，無形資産が含まれた取引における独立企業間価格の算定である（BEPS行動計画8）[(1)]。

　これは，途上国に進出している本邦企業にとって最も重要な問題となってきている。それは，製造部門を途上国に移転する場合，一般的には，それに伴って技術やノウハウなどといった無形資産も移転するためである。例えば，工場のレイアウト，組立工程等の調整，製品歩留り率の向上策，流通システム等は，現地企業が独立第三者であれば入手困難である。

　工場立上げの段階では，進出先国で赤字ということが多いため，それらの対価を取りにくいことは事実である。そのため，多くの場合，ロイヤリティや技術指導料等は徴収していない。しかし，現地の工場が第三者であればこのような支援はしないはずである。

　他方，進出先国サイドからみれば，赤字企業がロイヤリティを支払うことに違和感がある。そのため，極端な場合には，送金自体を認めないこともある。

　本件で問題となったのは先進国サイドにおいてであるが，途上国でも逆の視点から問題となる可能性がある。

■事案の概要

　米国内に本社を有するSundstrand社（以下「米国親会社」又は「S社」という。）

---

(1)　ちなみに，2015年10月に公表された最終報告では，親子会社間等で特許等の無形資産を移転することで生じる「税源浸食と利益移転（Base Erosion and Profit Shifting）」を防止するため，OECD移転価格ガイドラインを改訂すべきとしている。

は、航空機用の制御装置を始め高度な機械装置等を製造する会社であるが、特にジェット・エンジンの回転スピードを一定に制御する装置（Constant Speed Drives：以下「CSD」という。）の分野で、世界的名声を得ていた。

業績の更なる発展を図るため、米国親会社は、人件費の安いシンガポールに子会社（Sundstrand Pacific社：以下「シンガポール子会社」又は「SP社」という。）を設立し、CSDの製造を同子会社で行うこととし、1976年から製造を開始した。

米国親会社は、シンガポール子会社との間で交わした契約（シンガポール子会社からの製品引取りに際し、外部顧客向けに作成していた「スペア部品の希望販売価格リストにある価格（以下「カタログ価格」という。）」の15％引で製品を引き取るという契約に基づき、カタログ価格の15％引の価格で購入していた。

また、CSD製造に係る工程特許の使用料として、米国親会社は、シンガポール子会社のネット売上高の2％相当額のロイヤリティを徴収することとしていた。当初この料率の徴収は、8年間を予定していたが、1979年に至り、その料率を1977年7月1日まで遡及して、シンガポール国外向け（オフショア）については1.1％、同国内向け（オンショア）については1.9％に改める（引き下げる）とともに、親会社の工程特許開発費及びそれをシンガポール子会社に移管するために要したコストを回収するまでの期間と改めた。

それに対し、課税庁（IRS）は、シンガポール子会社は、リスクの限定されている「下請業者（subcontractor）」にすぎないとしたうえで、同子会社との間の取引価格について、納税者の採用している「再販売価格基準法（RPマイナス）」ではなく、「原価基準法」によるべきであるとして同法を用いて更正した。また、比較対象となる下請業者の平均マークアップ率（グロス・マージン）が22％～38％なのに比し、同子会社のそれが280％と異常に高いとして、比較対象企業の最も高いマークアップ率を採用し、その分を同子会社の所得とするとともに、残りの利益は全て米国親会社に帰属するとして課税した。

そして、米国親会社が収益に計上していたロイヤリティ相当分については、なかったものとして、その分を収益から減額するとともに、ロイヤリティに課されていたシンガポールの源泉税について、米国親会社での外国税額控除を否認した。

これらの処分を不服とした納税者が本件訴訟を提起した。

■主な争点と当事者の主張

1 争　点

本件事案の主な争点は，米国親会社とシンガポール子会社間の製品の取引価格が妥当なものであったのか否かという点（争点1）と，ロイヤリティの支払いについて，製品取引と別途に認識する必要があったか否かという点（争点2）である。

2 当事者の主張

争点1

(1) 納税者の主張

① シンガポール子会社は，米国親会社のみでなく第三者へも販売していたので，リスクが限定された下請業者ではなく，全てのリスクを負っている独立の業者である。

② 本件契約締結当時参考にした非関連者間の同種商品の取引価格は，カタログ価格マイナス5％〜20％となっていたので，カタログ価格マイナス15％という価格設定は適正なものである。

③ シンガポール子会社の高いマージン率の主たる要因のひとつは，米国との給与格差（いわゆるロケーション・セービング）があるが，課税庁はそれを無視している。

(2) 課税庁の主張

① シンガポール子会社はリスクが限定されており，米国親会社の下請業者にすぎない。

② リスク限定の下請業者との間の取引に係る独立企業間価格の算定方法としては，原価基準法が妥当する。

　IRSが選定した比較対象（下請業者）企業のコストマークアップ率は22％〜38％なので，最高でも38％が相当である。したがって残りの利益は全て米国親会社のものである。

③ シンガポール子会社はリスクの限定された下請業者であることから，ロ

《図表》Sundstrand Corp.事案のイメージ図

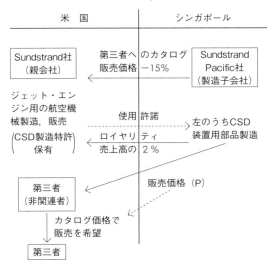

〔事案の概要〕

① 納税者の処理
- 米国親会社（S社）はシンガポール子会社（SP社）に定速ドライブ装置（CSD）の製造特許の使用を許諾し、ロイヤリティとしてSP社の売上高の2％を徴収していた。
- また、S社は、SP社で製造した製品を第三者消費者へのカタログ価格の15％マイナスの価格で購入していた。

② IRSの更正
- SP社は下請業者にすぎないので、CUP法ではなくcp法を採用すべきである。
- SP社と比較可能な下請業者のグロスマージン率は22％～38％なので、最高レベルの38％を採用して課税（ロケーション・セービングを認めず）。
- 残りの分は全て親会社に帰属。
  ロイヤリティを認めず…シンガポールで支払った源泉税も外税控除の対象とせず。

〔争 点〕

① S社とSP社との間の取引に係る取引価格が妥当なものか。
② ロイヤリティ料率はいくらであるべきか。

〔裁判所の判断〕…納税者一部勝訴

- SP社がS社の下請業者にすぎないとするIRSの主張を排除。
- 製品取引とロイヤリティ取引は別個の独立した取引としてそれぞれ独立企業間価格を算定すべき。
- 独立企業間価格は次によるべき。
  製品…カタログ販売価格－20％
  ロイヤリティ…SP社の売上高（ネット）の10％
  （財務省規則§1.482-2(d)(2)(iii)の規定をベースに算定）

ケーション・セービング等は問題にならない。

争点2
(1) 納税者の主張
① 本件契約締結当時,この分野において非関連者間で締結されていたロイヤリティ料率は2％～3％であり,2％という料率は標準的なものである。
② 同じ時期において,米国親会社におけるCSDに係る非関連の第三者との間のロイヤリティの基準料率は6.5％だった。
　本件は,それよりもライセンスの許諾範囲がせまいので,その分低い2％という水準で設定したものであり,ロイヤリティ料率は正当である。

(2) 課税庁の主張
① シンガポール子会社は下請機能しか果たしていないので,所要コストに一定のマークアップを加えたもの以外は全て米国親会社に帰属する。
② したがって,ロイヤリティ等についてはそもそも問題にならないので,ロイヤリティについて別途の議論は不要である。

■裁判所（租税裁判所）の判断
　……納税者勝訴（ただし,ロイヤリティ料率を除く。）

1 争点1について

(イ) シンガポール子会社は,製品を第三者に販売するなど,自己の製造する商品に関し販売数量と販売価格のリスクを全て負っているので,課税庁が主張するようなリスクの限定された「下請業者」ではなく,独立の自営業者とみるべきである（Bausch & Lomb事案を引用）。現に,親子間の契約書をみても,子会社が製造した全量を親会社が引き取る旨の条項は存在していない。また,取引価格のベースとされている米国親会社が外部顧客向けに作成している「カタログ価格」も,市場価格の変動に応じて変化させている。
　したがって,シンガポール子会社がリスクの限定された下請業者に該当するという前提でなされた課税庁による「原価基準法を用いた独立企業間価格の算定方法」は,不適切であり採用できない。
(ロ) 航空機用部品業界では,カタログ価格を設定し,そこから一定の割引率を控除した額を取引価格とするという慣行は広く普及しており,その取引率は

10％～50％となっている。そのうち本件取引において設定された20％という割引率は標準的なものである。現に非関連者間でもその割引率が用いられている。

すなわち，本件における独立企業間価格についても，カタログ価格から20％相当額を割り引いた価格とした再販売価格基準法に基づいて算定された取引価格は妥当なものである。

2 争点2について

(イ) 本件取引におけるシンガポール子会社の役割が単なる下請業者にすぎないので，ロイヤリティ取引が存在しないという課税庁側の主張は認められない。

(ロ) シンガポール子会社が米国親会社とは独立した企業であるという前提に立てば，製品取引のほかロイヤリティ取引があったことは否定できない。ただし，原告の主張する2％というロイヤリティ料率は，比較対象として適当でないものを選定しているので採用できない。

(ハ) 財務省規則§1.482－2(d)(2)(ⅲ)に規定する「同一の産業又は類似性がある製品に係る一般慣行として使われている料率」に米国親会社のマーケティング等に係る正当な報酬を考慮すると，本件取引における適正料率は，ネットの売上高の2％ではなく10％とすべきである。

■**解　説**

Bausch & Lomb事案と同じく，本件でも問題になったのは，海外製造子会社の果たしている機能が，リスクの限定された単なる下請業者的なものにすぎないのか，それともフルリスクを負っている独立業者なのかという点である。

現地製造子会社等を立ち上げる場合，それらの子会社等は，独自の販売先等を有していないのが通例である。そのため，少なくとも子会社スタート後数年程度は，親会社が全量を引き取ったうえで親会社の顧客に販売していくというリスク限定型のいわゆる下請業者という形になるのが一般的である。

その点でいえば，課税庁の主張にもそれなりの理由があったと考えられる。

しかし，本件においては，当初は子会社が製造した製品について親会社が全量引取りを予定していたものの，課税庁が問題とした当時においては，現地子会社が製品の一部を第三者にも販売するようになっていた。そのため，租税裁判所は，課税庁の主張をほぼ全面的に斥けることになったものと思われる。

しかし，第三者への販売が親会社の顧客であったのか，それとも子会社が独自に開発した顧客だったのかは不明である。

　本邦企業のなかにも，これと同じような戦略により海外進出を行うところが多いと思われる。しかし，そのような場合，本件のように親会社の所在地国からではなく，子会社の所在地国である相手国の課税当局から本件で認められなかった人件費等の格差による利益（いわゆるロケーション・セービング）の殆んどが現地企業に帰属するとして課税を受ける可能性が高い。

　特に，インドや中国などを中心とする途上国では，進出企業には，現地に進出したことにより，ロケーション・セービングなどの存在があるはずであるという理由で課税される事例が多発している（例えば，経済産業省編「新興国における課税問題の事例と対策」平成25年9月刊）。

　また，現地進出企業が赤字の場合には，ロイヤリティについても，その費用性が否認されるばかりでなく，極端な場合には，そもそも送金自体が認められないとされた事例もあるので，細心の注意が必要である。

　さらに，現地子会社がそれらの製品を外部に販売するようになった場合，その顧客が親会社の既存の顧客なのであれば，本件判決と異なり現地子会社のリスクは増加しないとも考えられる。その場合，当然のことながら結論も本件判決と異なってくる可能性がある。

■わが国の参考判例，裁決例等

　アドビ事件判決の控訴審判決では，コミッショネアの機能及びリスクは限定されいること，課税庁が基本三法以外の算定方法を用いるには基本三法によることができない旨を立証する必要があるとして，当局の課税処分を認めた原審判決を取り消している。

○　東京高裁平成20年10月30日判決（平成20年（行コ）第20号）・裁判所ウェブサイト

　「処分行政庁が用いた算定方法は再販売取引を比較対象とするものであって，前記国内企業が取引において果たす機能及び負担するリスクと比較対象法人が比較対象取引において果たす機能及び負担するリスクとが同一又は類似しているということは困難であるから，処分行政庁が用いた算定方法は基本三法に準ずる方法と同等の方法に当たらない。」

第10章　移転価格税制

⑧⑨　インドでの移転価格課税でインド子会社の機能は限定されているので，コスト・プラス方式による所得計算が妥当との納税者の主張が認められた事例
―GAP事案（ITA 2012年9月18日判決，No.5147 of 2011及び228 of 2012）―

■概　説

近年，新興国においても移転価格課税が行われるようになってきている。

なかでも，中国やインドのような大国では進出企業が多数にのぼることなどもあってこの種の事案が多発している。

しかし，それらのうち相互協議で解決されるケースは少なく，ほとんどが国内法に規定する救済手続に従って解決されている。

中国の場合，公表されている事例はあまりないが，インドでは係争となった事案の多くは原則公開となっている。

そこで，今回は，それらのうち最も汎用性があると思われるGAP事案について紹介する。

■事案の概要

今回係争となったのは，米国親会社（GAP USA）が，その株式の100％を有するインド子会社（GAP India）との間の取引に係る移転価格調査をめぐってである。

インド子会社は，インド国内で米国親会社のための調達活動（サービス活動）に従事し，コストプラス15％でそれらを米国親会社に提供していた。

それに対し，インド政府の移転価格担当調査官が，インド国内の全ての調達がインド子会社から国外関連者である米国親会社への販売活動に当たるとして再構成し，その帰属等の有無に拘らず，総取引料の5％相当額がインド子会社に帰属するものとみなして課税した（総額50億ルピー…約92百万USドル）。

この処分を不服とした納税者が，デリー国税不服審判所（Delhi Income Tax Appeals Tribunal）に原処分の取消しを求め訴えを提起した。

■主な争点と当事者の主張

1　争　点

本件事案の主な争点は、インド子会社が単なるサービス・プロバイダーなのか、それとも取引に介在する独立の仲介人であったのかという点である（前者であればコスト・プラス方式が該当、後者であれば独立の正当な手数料を受領すべし、ということになる。）。

2　当事者の主張

(1)　納税者の主張

納税者は、インド子会社は米国親会社の指示の下、インド国内で極めて限られた業務（サービス業務）しか行っていないので、インドに帰属すべき所得はコスト・プラス方式により計算すべきであると主張する。

(2)　課税庁の主張

課税庁は、インド子会社はインド国内で独立した業務を営んでおり、GAPグループ全体の取引に深く関与しているので、コスト・プラス方式ではなく、全体の取引について適正仲介料を収受すべきであると主張する。

■審判所（デリー国税不服審判所）の判断……納税者勝訴

申立てを受けたデリー国税不服審判所（Delhi Income Tax Appeals Tribunal：以下「ITAP」という。）は、原処分は「法外であり、事実上あり得ない（phenomenally exorbitant）」、としてその取消しを命じている。

ちなみに、ITAPの試算によれば、原処分庁の処分案によってインド子会社の所得を計算したとすると、同子会社の2006～2007課税年度の附加価値額に対する営業利益の割合が831％になるとのことである。

そのうえで、ITAPは、インド子会社の機能は、インド国内で調達した衣料用原材料の調達という通常のサービス提供機能（Service Provider）にすぎないので、子会社のコストの32％相当額が相当であると結論付けている。

なお、インドの制度では、本件裁決後120日以内に課税庁側が高裁（high court）に提訴しない限り、本件裁決が確定することとなる。しかし、今回の

《図表》GAP事案のイメージ図

```
        インド                              米 国
                        (指示)
   ┌──────────┐  ←──────────  ┌──────────┐
   │   GAP    │               │   GAP    │
   │インド子会社│   A,Bの選定    │  親会社   │
   │(GAP India)│    品質       │(GAP USA) │
   └──────────┘   供給時期等    └──────────┘
        │  ↑
 USの指示を │  │調達
 受け伝達  ↓  │
   ┌──────┐ ┌──────┐
   │製造業社│ │原材料 │       米国及び第三国
   │(第三者)│ │供給業者│  ──────────────
   └──────┘ │(第三者)│
      A     └──────┘              ┌──────┐
              B                   │  GAP  │ → (第三者)
      └────────────→              │ グループ│   販売
              購入                  └──────┘
                                       │販売
                                       ↓
                                    (第三者)
```

〔事案の概要〕

　米国法人GAPのインド子会社は米国親会社の限定したサービスを提供しているとして申告。

　それに対し，インド当局が当該子会社は独立した業務を営んでいるとして更正したことから争いに。

〔争　点〕

　インド子会社は単なるサービスP/Eか否か。
　・課税庁の主張…インド子会社は独立した業務を営んでいるのでそれに応じた所得を得るべきである。
　・納税者の主張…インド子会社は単なるサービスP/Eにすぎないのでコスト・プラス方式により所得を計算すべきである。

〔審判所（デリー国税不服審判所）の判断〕…納税者勝訴

　契約書の内容，実態からみてインド子会社は単なるサービスP/Eにすぎないのでコスト・プラス法を採用すべきである。

　事案の場合，事実認定に係る部分が多く，それについては審判所の判断が最終とされていることなどから，控訴はかなり困難とみられている。

■解　説

　途上国において当局から課税処分を受けた場合，不服申立てや訴訟の段階で救済を受けることは極めて困難である。

その点でいえば，本件は例外的な事例ともいえるものである。
ちなみに，本件で問題となったのは，移転価格税制におけるインド子会社の機能についてである。

子会社の機能

本件裁決において，審判所は，子会社の果たしている機能及び資産，リスク負担等に着目し，コスト・プラス方式が妥当との判断を下した。

それは，インド子会社がインド国内の衣料品製造業者とGAPグループの間に立って両者間の取引を容易にするという役割（facilitator）を果たしていたという納税者の主張を基本的に受け入れたためである。

本件の場合，インド子会社が果たしていたサービス機能は極めて限定されていた。そのため，審判所は，原処分庁の主張する同子会社がサプライ・チェーンとして重要な役割を果たし，重要なリスクも負っているとした課税庁の主張を斥けたのである。

ちなみに，課税庁は，インド子会社と米国親会社との間で帰結されていた契約書の内容についてほとんど考慮が払われていなかった。それに対し，審判所はこの契約書を詳細に分析したうえで契約ではインド子会社の果たすべき活動が相互間で低附加価値分野（low-value-adding activities）に限定されていたと結論付けている。具体的には，重要な意思決定権や製造業者の選択権を与えられておらず，製造物責任，製品のデザイン，品質管理，信用供与，取引価格決定権，外為取引等の権限も有していなかった。

なお，審判所が認定したインド子会社の機能は次のようなものに限定されていた。

① インド国内における新たな第三者たる衣料品製造業者の発掘
② 同製造業者に対するインド国内の原綿供給業者の発見支援
③ それらの業者に係る品質管理業務
④ 米国親会社の製品供給計画に従った製品製造，デリバリーの調整
⑤ 米国親会社とインド国内製造業者との間の連絡（liaison）

親会社の機能

それに対し，米国親会社は，サプライ・チェーン戦略の決定権を有しているだけでなく，重要な無形資産を所有し，一連の取引において重要な役割を果たしていた。

例えば，インド子会社に対し，次のようなことを行っていた。
① 衣料品の特定及びデザインの指示
② 製品サンプルの供与
③ 新規契約の可能性のある製造業者名とその製造キャパシティ，品質，価格等に関する情報
④ ブランド，ボタン，スナップ，ファスナー等の仕入れ
⑤ 研修用の原料，機材等の供与
⑥ 製造ノウハウ等の供与

■わが国の参考判例，裁決例等

わが国でこれと同様の事例が発生する可能性は低い。

しかし，本邦企業の進出が急増している途上国では，インド，中国をはじめ移転価格分野の執行体制を充実させてきている。

そのため，今後これと類似した事例が発生する可能性が高い。

ところで，本邦企業によるインド進出において，最もむずかしい問題のひとつとされているのがサービスP/E問題である。

このような事態を未然に防止するため，安全策としてコスト・プラス方式で申告しているところが少なくない。

しかし，それだけで安心していると本件のような課税を受けることがある。

その点でも，本件におけるように契約内容の吟味と質問に対し有効な回答ができるような文書，証ひょう類の整備が必要となってくる。

その点でも本件裁決は参考になる点が多い貴重なケースである。

（ロケーション・セービング）

なお，途上国進出の際必ずといって良いくらい現地の税務当局から提示されるのが，人件費格差による利益，いわゆる「ロケーション・セービング」の問題である。

本件でも，課税庁側からこの問題が出されたが，審判所は，その問題はGAPグループ全体の競争力強化として最終的には消費者のメリットになっているとして，その主張を斥けている。

しかし，移転価格問題に関する国連マニュアル10章3（Chapter 10.3 UN Transfer Pricing Practical Manual）にもあるように，途上国の多くはこの問

題に極めて高い関心を有している。

その点からすると，今回の審判事例は，むしろ例外と考えた方が良いのかもしれない。

（相互協議）

本件でみてきた国内救済手続きと並んで重要な救済手段は相互協議である。

しかし，現在までのところ，残念ながらインド政府はインド発の課税事案において他国との間で相互協議を行うこと自体について消極的である。

その最大の理由は，それが結果的に国家歳入の減少をもたらすのではないかという点である。もうひとつは，税務の現場職員の評価が増差税額によっていることから，現場サイドで相互協議に対する拒否反応があるという点である。

幸い，インドや中国も参加してまとめられたBEPS行動計画14の紛争解決メカニズムの確定で相互協議の意義等についての認識が高まったことから，今後何らかの形で進展が図られるのではないかと期待される。

なお，インドと並んで本邦企業が多数進出している中国における移転価格税制の執行及び相互協議への取組姿勢は次のようになっている。

> **参考** **中国のTP税制執行では，ロケーション・セービングを重視**
>
> 世界経済に占める途上国のシェアが上昇しているなか，世界の工場としてその重要性を増してきている中国で移転価格課税問題が多発している。
>
> OECD加盟国の場合と異なり，いったん中国サイドで課税を受けると，相互協議で合意に至るケースは殆んどないといわれている。
>
> そのため，中国の権限ある当局がいかなるスタンスで相互協議に臨んでいるのかを知ることが極めて重要となってきている。
>
> 中国の場合，移転価格税制の適用対象は，株式等の持分比率（直接，間接を含む。）25％以上となっており，我が国のそれ（50％以上）に比して，広くなっている[1]。
>
> また，更正等に係る時効（除斥期間ではない。）は10年間となっており，わが国のそれ（6年）よりもかなり長くなっている。
>
> さらに，一定の金額以上の取引がある場合（棚卸資産取引で2億元，ロイヤリティ等取引で4,000万元）には，文書化義務が課されている（3月11日にパリで開催されたBloomberg BNAにおける中国当局者のスピーチ）など，納税者にとってかなりの負担となっている。

---

(1) それに加え，実質支配関係も対象とされている。

相互協議における中国当局の基本的スタンス

ちなみに、パリで開催されたBloomberg BNAにおけるスピーチにおいて、中国の担当官・国家税務総局としては、移転価格の調査対象事案の検討及び相互協議に当たり、中国の地域特性（いわゆる「ロケーション・セービング」）を重視するとしている。

そして、中国では国内に適切な比較対象取引があまり存在していないので、先進国で採用されているようなやり方（市場規模、政府が産業に与えるインセンティブ、市場のアクセスなどを重視するいわゆるマーケット・プレミアムのような考え方）よりも、中国に進出してきたことで、「結果的にどれだけのコスト削減効果が生じ、それらの利益が関連者間でどのように配分されているかに着目した方が適正な結果が導き出されることが多い。」としている。

そのうえで、具体的な事例として、例えば、本国（先進国）でのコストが150、それに対する平均的なフルマークアップ率が8％だったとした場合における中国でのコストが100だったというケースをあげ、その事例では、中国でのコスト・セービングが50となるので、中国での適正マージンは12.0（100×8/100＋コスト・セービング部分50×8/100）になるはずだとしている。

わが国との間の相互協議

わが国の企業が中国側で移転価格課税を受け、相互協議で合意に至ったのは、平成19年（2007年）に同時に合意した2件のケースが最初である。

ちなみに、それらはいずれも中国所在の製造会社で、そのうちの1件は蘇州所在の日本の100％子会社（いわゆる独資企業）、もう1件は山東省の日中合弁企業であった。

なお、日中両国政府の発表によれば、移転価格に係る課税事案で外国と合意したのはこれらが最初のケースだったとのことである。

しかし、それ以後に合意に達したというマスコミ報道等はほとんどなされていない。

もし、中国の権限ある当局がこのようなスタンス（いわゆるロケーション・セービング）をガイドラインとしているとすると、進出企業としては、それに対応した対処等が求められることになる。

なお、中国の税務執行についてであるが、税務執行は、①国家税務総局、②省、特別市レベル（日本でいう局レベル）、③市、県レベル、④郡レベル、及び⑤部門レベルの5段階で行われている。

そのうち、移転価格の調査を担当しているのは、③の市、県レベルである。ただし、そのレベルで最終的な決定をするということはほとんどなく、基本的に②のレベルでの審査が必要とされている。

そして、ほとんどの事案について、最終的に国家税務総局のレビューを受けることとなっている。

ちなみに、それほど頻繁ではないが、国家税務総局レベルで課税の見直しを指示することもあるとのことである。

第10章　移転価格税制

⑨　ロイヤリティの適正料率が問題とされた事例
―第三者からの申込みに係るロイヤリティ料率と同じだったことから適正料率であるとされた事例―
―Ciba-Geigy Corp. v. Commissioner, 85 T.C. 172(1985)―

■概　説

　周知のように，米国では，内国歳入法第482条に基づき，内国歳入庁（IRS）長官は，所得を明確に反映させるために関連者間の取引を再構成する権限を付与されている。ここで紹介するCiba-Geigy Corp.事案は，IRSがスイスの親会社と米国の子会社との間で行われていたロイヤリティ取引に，内国歳入法第482条を適用して課税した事案である。

■事案の概要

　1758年に設立されたCiba-Geigy, Ltd.（以下「Geigy-Basle社」という。）は，産業用化学品，医薬品及び殺虫剤の研究開発を専門とするスイス法人である。Ciba-Geigy Corp.（以下「Ciba-Geigy社」という。）は，Geigy-Basle社の全額出資子会社として1909年に米国に設立された。Ciba-Geigy社は，農業製品，化学製品及び医薬品の製造・販売を行っていた。

　Geigy-Basle社は，1951年に新たな除草剤を開発する研究プロジェクトを開始した。この研究はトリアジン化合物の試験を主眼とするものであった。当該研究は，Geigy-Basle社が中心になって行ったが，米国での治験のサポートはCiba-Geigy社が行った。Geigy-Basle社は，32か国あまりでトリアジン系除草剤の特許登録を行った。

　Geigy-Basle社は，1950年代後半から1960年代初めにかけて，トリアジン化合物のシマジン，アトラトン及びプロメトンに関するライセンス契約をCiba-Geigy社と締結した。当該契約の該当部分には，Ciba-Geigy社はトリアジン化合物を米国で製造・販売できる旨が定められていた。Geigy-Basle社は，その対価として純売上高の10%のロイヤリティを受領することになっていた。

《図表》Ciba-Geigy Corp.事案のイメージ図

〔事案の概要〕
　スイス親会社は米国子会社に対しライセンスを供与し，売上の10％相当額のライセンス料を得ていた。
　IRSは次のような理由で更正した。
①　スイス親会社と特許権取得に係る研究開発活動は米国子会社との間のジョイントベンチャーによる共同研究開発契約（いわゆるコスト・シェアリング契約）である。
②　ロイヤリティ料率は6％が正当である。

〔争　点〕
①　親子会社間の契約は共同開発契約だったのか。
②　ロイヤリティ料率は何％が相当か。

〔裁判所（租税裁判所）の判断〕…納税者勝訴
①について…IRSが私的契約を税務上別の契約であるとして再構成（recharacterize）することは認められない。
②について…第三者から10％の料率による使用申込みがあったことから10％の料率は正当である。

　IRSは，1965年から1969年について更正通知を発出した。IRSは，Ciba-Geigy社がGeigy-Basle社に対して支払ったロイヤリティ料率を10％から6％に引き下げる等の調整を行った。IRSは，その後，Ciba-Geigy社とGeigy-Basle社との間のロイヤリティは一切否認されるべきであると主張する修正意見書を提出した。

■主な争点と当事者の主張

1　争　点

　本件事案の主な争点は，米国子会社とスイス親会社との間の契約は共同研究開発契約だったのか否か（米国側からスイス親会社に対しロイヤリティを支払

う義務があるのか否か）という点（争点1）と，仮に本件契約がロイヤリティの使用許諾契約だったとした場合，ロイヤリティの適正料率はいくらになるのかという点（争点2）である。

2 当事者の主張

(1) 納税者の主張

この点について，納税者は，本件契約は共同研究開発ではなくロイヤリティの使用許諾契約であり，米国からスイス親会社に支払われている10％のロイヤリティは正当なものであったと主張する。

(2) 課税庁の主張

それに対するIRSの主張の骨子は2つであった。第1点は，当該2社間の関係は合弁事業と性格付けるべきである（争点1），第2点は，Ciba-Geigy社が仮に独立の立場で交渉していたならば，その支払ロイヤリティは10％に満たなかったはずである（争点2）というものであった。

IRSの主張の概要は次のとおりである。

① 争点1（合弁事業としての取引の再構成）について

Geigy-Basle社とCiba-Geigy社は1951年に「共同で研究開発業務を開始した。」したがって，当該2社が研究結果を地域別に分割することに合意し，Ciba-Geigy社が米国地域の権利の所有者となることも可能であった。また，米国での研究開発の「所有者」であるCiba-Geigy社は，Geigy-Basle社にロイヤリティを支払うことは要求されないはずである。

関連者と非関連者を平等に取り扱うために，内国歳入法第482条は，IRSが「総所得，損金，控除又は引当金の〔関連〕組織間での配分，割当又は配賦については…かかる配分，割当又は配賦が租税回避を防止し又は…所得を明確に反映させるために必要であると判断した場合にこれを行うこと」を認めている。

② 争点2（正当なロイヤリティの対価はいくらか（10％未満のロイヤリティとすることの正当性））について

非関連者であれば，10％を下回るロイヤリティ料率の交渉をしたはずである。財務省規則§1.482-2(d)には，無形資産の売却又は譲渡に係る独立企業間価格を決定する際の方式の段階が示されている。第一に，非関連者間の類似する取引を検討しなければならない（同規則§1.482-2(d)(2)(ii)）。第二に，当該規則に

は、そのような取引事例が入手できない場合に検討すべき、業界における料率、競合する譲受人の申し出、資産の独自性、見込まれる設備投資等の要素のリストが掲げられている（同規則§1.482-2(d)(2)(iii)）。

■裁判所（租税裁判所）の判断……納税者勝訴

1 争点1について

租税裁判所は、Geigy-Basle社が当該プロジェクトを着想し、プロジェクトの成功に必要な資源を拠出していたことから、同社が、トリアジン化合物の開発責任を負っていたことが明確に裏付けられると判断した上で、次のように判示してIRSの主張を斥けている。

「IRSは、Ciba-Geigy社とGeigy-Basle社が除草剤・枯れ葉剤プロジェクトのコストと潜在的な便益を分割することに明示的に合意していたとは主張しておらず、また、記録にもかかる合意の証拠は含まれていない。…しかしながら、Ciba-Geigy社とGeigy-Basle社が新たな除草剤と枯れ葉剤を開発するコストと便益を分割することを黙示的に意図していたことを示すより説得力のある証拠が存在しないのであるから、合弁事業契約の作成があったとみることはできない。」

2 争点2について

1950年代後半に、DuPont社はGeigy-Basle社と交渉を行い、「トリアジン系除草剤を米国で生産、製造、販売する非独占的権利」の対価として純売上高の10％から12.5％のロイヤリティを提示していた。

租税裁判所は、非関連者が当該無形資産について提示すると考えられるロイヤリティを示すものとして、この取引事例を比較対象取引として採用した。その上で、同裁判所は、トリアジン系除草剤の潜在的な高収益性、1960年代初めにおける当該除草剤の販売量と収益性、及びCiba-Geigy社の見込み設備投資と資本利益率も10％のロイヤリティ料率の正当性を支持すると判断した。

それらを踏まえ、租税裁判所は、本件取引における10％のロイヤリティは独立企業間価格に相当すると判示した。

■解　説

　Ciba-Geigy Corp.事案は，IRSは，内国歳入法第482条に基づき，所得と損金を配分する裁量権を有するものの，取引がどのように行われたかを想定してこれを恣意的に再構成する権限を有するものではないことを示している。すなわち，課税庁は，当事者が行った実際の取引を出発点としなければならず，当該取引が独立の当事者が行うと考えられる取引に即さない場合にのみ，実際の取引を除外することができるのである。

■わが国の参考判例，裁決例等

　BEPS行動計画8～10にも述べられているように，無形資産取引，なかでもロイヤリティの適正料率をどのように算定すべきかは，国際的にも未解決の事項が多い分野とされている。

　ちなみに，わが国でロイヤリティ料率の算定方法をめぐって争われた事例として次の裁決例がある。

　①　国税不服審判所平成22年6月28日裁決・裁決事例集79号434頁

　また，日本からシンガポールへのノウハウの移転の有無が争われ，納税者の主張が認められた次の判例がある。

　②　名古屋地裁平成17年9月29日判決（平成16年（行ウ）第38号）・税務訴訟資料255号順号10144

　　「グループ会社の中で建築技術や住宅設備機器等の研究開発及び住宅展示場を用いた経営方法の開発指導等に業務を特化した会社の設立目的等からすれば，グループの有する研究開発のすべてを原告に集中し，効率的な研究開発を築こうとするのが自然であるから，ノウハウもそこに移転されたと解するのが相当である。」

　　「原告の従業員による発明，考案等による特許権は対外的にはI工務店の名義を前面に出すのが有利と考えたと推測できるから，本件特許権等がI工務店に帰属するとの扱いを受けていたとしても，本件ノウハウも同様であるとはいえない（特許権等は公開されて外部の者の目に触れるのに対し，ノウハウは公開されない点に価値がある）。」

　　「研究機関の拠点を海外において，建築資材や建築設備等の情報を円滑

に取得し，かつ，その情報の保護を図るために（海外に）H社を設立し，同社にそれまでに集積された本件ノウハウ等を譲渡することには，十分な経済的合理性・必要性があると認められるから，本件譲渡契約には経済的合理性がないとの被告の主張は採用できない。」
③　東京地裁平成17年7月21日判決（平成15年（行ウ）第553号）・税務訴訟資料255号順号10086，控訴審東京高裁平成18年3月15日判決（平成17年（行コ）第218号）・税務訴訟資料256号順号10344

第10章　移転価格税制

⑨1 現地国の法律で送金等が禁止されている場合，内国歳入法第482条は適用されないとされた事例
——Procter & Gamble Co. v. Commissioner, 961 F.2d 1255(6th Cir. 1992)——

■概　説

　多国籍企業にとって，進出先の国の法令に従うことは不可欠の要件である。しかし，必ずしもそうとも言い切れない場合が生じてくる。例えば，わが国の「移転価格事務運営指針」(2-21)でも述べられているように，外国税務当局によって算定された国外関連取引の対価の額は，わが国においては必ずしも独立企業間価格とはならない。

　それでは，外国法が企業が一定の行為を行うこと，例えば，米国の関連会社にロイヤリティを支払うことを禁じている場合はどうなるのであろうか。Procter & Gamble Co.事案では，それが問題となった。

■事案の概要

　The Procter & Gamble Company（以下「P&G社」という。）は米国法人であるが，係争年度（1978年～1979年）を通じスイスのマーケティング会社であるProcter & Gamble A.G.（以下「AG社」という。）の単独所有者であった。P&G社は，1967年に，スペインにP&G Espana S.A.（以下「Espana社」という。）という名称の子会社を設立するための申請をスペイン政府に対して行った。Espana社についてはAG社が全額出資していた。

　P&G社は，上記申請の際に，Espana社にP&G社に対するロイヤリティと技術支援料の支払を行わせることを意図している旨を表明していた。当時，外国投資を規制するスペインの法律では，この種の対外支払に極めて厳しい制限を課しており，外国の当事者に対する支払は，スペイン政府の承認を得た場合にのみ行うことができると定めていた。スペイン政府は，Espana社設立に関するP&G社の申請は承認したものの，承認書ではEspana社が外国の関連会社に

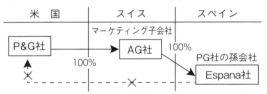

《図表》Procter & Gamble Co.事案のイメージ図

・ロイヤリティ及び技術支援料の支払禁止（～1987.6）
・その後2％支払

〔事案の概要〕
① P&G社は米国親会社であり，AG社はスイス所在のマーケティング子会社である。
② P&G社は，スペインにAG社の子会社（P&G社の孫会社）Espana社を設立し，その際Espana社からP&G社へのロイヤリティ及び技術支援料の支払を受けることを申請したが，スペイン政府は法令によりこの種の支払を禁じていた（その後，1987年6月に解禁…2％支払）。
③ IRSは，P&G社に対し，内国歳入法第482条を適用し課税した。

〔争　点〕
現地法令で送金を禁じられている場合であってもIRSは，内国歳入法第482条に基づく課税処分ができるか。

〔裁判所（第6巡回控訴裁判所）の判断〕…納税者勝訴

課税処分取消し。
① 納税者は，現地法令に違反してまで通常の取引形態に代えて租税を最大化するような取引を組成することを強制されない。
② この考え方は，米国内の取引のみならず，国外取引にも適用される。
③ 内国歳入法第482条により所得配分が認められるのは，それらの制限が「一時的（temporary）」なものである場合に限られる。

ロイヤリティを支払うことを禁じていた。

　Espana社は，その後10年間にわたり定期的にスペイン政府に対して増資の申請を行った。スペイン政府は，増資は認めたが，Espana社が外国の関連会社にロイヤリティや技術支援料を支払うことを明確に禁じていた。

　スペイン政府は，1973年と1976年に，法令2343／1973と3099／1976をそれぞれ発出した。法令2343では，外国の当事者のスペイン法人に対する株式保有割合が50％未満でない限り，ロイヤリティを当該外国の当事者に支払うことはできないと定めていた。そして，法令3099では，外国の事業体は，スペインの事業体の50％超を保有することができると定めていた。しかし，そのようなスペイン法人は，技術に係るロイヤリティの支払を，かかる外国の当事者に対して

行うことは認められなかった。

　Espana社は、スペイン政府の承認書と上記の法令を遵守し、AG社にもP&G社にもロイヤリティ又は技術支援料を支払っていなかった。その後、1985年にスペイン政府は外国投資法を改正し、ロイヤリティの支払を認めるようになった。そこで、Espana社は、1987年6月からAG社に対するロイヤリティの支払を開始した。

　IRSは、対象年度である1978年と1979年におけるP&G社とEspana社間の取引について内国歳入法第482条を適用し、2％のロイヤリティがEspana社からAG社に支払われたとみなし、課税処分を行ったために紛争となった。

　租税裁判所は、ロイヤリティの支払が行われなかったのは、P&G社の指示によるものではなく、スペインの法律がこれを禁じていたためであるから、内国歳入法第482条は適用されないとし、IRSによるロイヤリティの課税処分を無効と判示した。そこで、IRSは当該事案を第6巡回控訴裁判所に控訴した。

■主な争点と当事者の主張

1　争　点

　本件事案の主な争点は、現地法で送金が禁じられている場合であっても、P&G社は内国歳入法第482条の規定に従い、ロイヤリティを受領したとし自己の所得の金額に加算しなければならないのか否かという点であった。

2　当事者の主張

(1)　納税者の主張

　納税者であるP&G社は、本件取引に内国歳入法第482条が適用されるためには、支配する納税者の行為によって「所得の歪み」が生じていなければならないと主張した。本件事案の場合、歪みを生じさせたのはP&G社又はAG社ではなく、スペインの法律であったため、P&G社は、本件取引に内国歳入法第482条は適用されるべきではないと主張した。

(2)　課税庁の主張

　それに対し課税庁は、内国歳入法第482条は国外関連者との取引の結果、両当事者間で所得の歪みがある場合に発動されるものであり、相手国における法

規制があるか否かは関係なく発動されるものであると主張する。

■裁判所（第6巡回控訴裁判所）の判断……納税者勝訴

　本件事案の審理に当たった第6巡回控訴裁判所は，前段階としてCommissioner v. First Security Bank, 405 U.S. 394（1972）における最高裁判所の判決を詳細に分析した。当該事案においては，2つの関連銀行が顧客に生命保険商品を提供していた。法律上，銀行は保険代理店として行為し，実際に保険商品を販売することができなかったため，当該関連銀行は，顧客に対する最終的な保険の販売を非関連者に行わせていた。IRSは，調査の際に，銀行が行った業務を反映させるため，保険会社の所得の一部を銀行に配分すべしとした課税処分を行った。しかし，当該事案において最高裁判所は，内国歳入法第482条は「子会社に法律違反を強いる権限」をIRSに付与していないとして，IRSの決定を斥けた。

　この判決を踏まえ，第6巡回控訴裁判所は，P&G社は，スペインの法律に違反することなく，Espana社にロイヤリティの支払を強いることはできなかったと判示した。

　IRSは，First Security Bank事案は，連邦法違反に限定されているとして，これに反論したが，第6巡回控訴裁判所はこれに同意しなかった。連邦法であるか外国法であるかにかかわらず，争点は，支配会社が支配下にある事業体の所得に歪みを生じさせるのに十分な程度に，内国歳入法第482条に定義する支配力を有するかどうかという点にあった。同裁判所は，法律が行動方針について命令し又は禁じている場合，関連者は支配力を行使していない（できない）ため，内国歳入法第482条は適用されるべきではないと判示した。

　IRSは，たとえEspana社がロイヤリティの支払を禁じられていたとしても，ロイヤリティの代わりに配当を支払うことができたはずであると主張したが，第6巡回控訴裁判所は，それに対しても，そのような見解は成り立たず，法律違反になるようなリスクを冒してまで，租税を最大化するように取引を再構成しなければならないと納税者に要求することはできないとの判断を示した。

　また，IRSは，財務省規則§1.482-1(b)(6)に定める「阻止された所得（blocked

income)」⁽¹⁾規定が適用されるべきであるとも主張した。

しかし，これに対しても第6巡回控訴裁判所は，かかる「阻止された所得」規定は，外国法が「一時的な制限（temporary restriction）」を課している場合にのみ適用されるとして，同規定をP&G社に適用することを拒否した。本件事案の場合，外国の関連会社に対するロイヤリティの支払は，スペインの法律により完全に禁じられていた。しかも，その法律は，後に廃止されたものの，少なくとも本件係争に係る対象年度中には有効な法律として施行されており，しかもそれは恒久的なものであった。

■解　説

内国歳入法第482条は，米国法人と支配・被支配の関係にある納税者間において，所得と控除に歪みがある場合，IRSに対し，それらを再配分することを認めている。しかしながら，同規定発動に関する要件は，関連者が所得の歪みを生じさせていることを必要とする。本件のように，外国法が所得の歪みを強制的に生じさせている場合には，IRSは，内国歳入法第482条を適用して関連者間に所得を再配分することはできないというのが裁判所の判断だったのである。

ただし，本判決においても明らかにされているように，外国法による規制が一時的なものである場合には，別の結論が出される可能性もないわけではない。

■わが国の参考判例，裁決例等

送金規制ではないが，現地における農産物の買取価格及び輸出価格が規制されている状況下における取引に対し，輸入業者との間の適正価格を寄与度利益分割法により算定すべしとした課税庁の処分が認められた次の判例がある。

○　東京地裁平成24年4月27日判決（平成21年（行ウ）第581号）・訟務月報59巻7号1937頁

---

(1) ちなみに，当該規則は次のように定めている。
　「外国の法律に基づき課される通貨その他の規制により，被支配会社グループのメンバー間における，資産の販売，交換若しくは使用，役務の提供に係る支払若しくは払戻し，若しくはその他の対価の支払が取引時に阻止された場合，又は阻止されると考えられる場合，内国歳入法第482条に基づきかかる取引について行われるはずの配賦，割当又は配分は繰延可能な所得として取り扱うことができる。」

第10章　移転価格税制

⑨2 取引自体の再構成による課税は認められなかったものの,貢献度からみて収入の75％相当額が米国法人に帰属するとされた事例
——Hospital Corp. of America v. Commissioner, 81 T.C. 520（1983）——

■概　説

　内国歳入法第482条に基づき，IRSは，関連者間取引における所得又は損金の配分に，非関連者のそれに比して歪みが生じている場合，所得と損金を再配分する権限を与えられている。それでは，取引自体を再構成することも認められているのであろうか。Hospital Corp.事案では，その点が争いとなった。

■事案の概要

　米国法人Hospital Corp. of America（以下「HCA社」という。）は，全米に病院を所有し，運営していた。HCA社は，事業運営を非一元的に行う手法をとっており，個別に子会社を設立して各病院の運営を行っていた。

　HCA社は，1973年に，サウジアラビアに建設中のKing Faisal Specialist Hospital（当時のサウジ王にちなんだ病院，以下「ファイサル王記念特別病院」という。）に運営サービスを提供する件につきアプローチを受けた。HCA社は，海外での他の病院を運営する機会を模索していた。

　HCA社はケイマン諸島に2つの子会社を設立した。子会社の1つは最終的にHospital Development Company（以下「HCI社」という。）という名称になったが，将来の海外子会社をすべて管理する親会社として設立された。もう一方の子会社は，最終的にHospital Corp. of America Ltd.（以下「LTD社」という。）という名称になったが，ファイサル王記念特別病院に実際の運営サービスを提供する目的で設立された。

　IRSは，①ケイマン法人LTD社は見せかけの法人である，②米国法人HCA社は，内国歳入法第367条に基づく事前承認を得ずに株式との交換を条件にファイサル王記念特別病院を運営する契約をLTD社に実質的に譲渡している，③

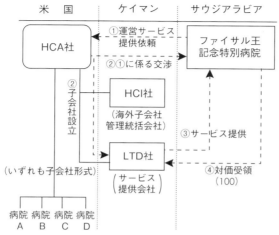

《図表》Hospital Corp.事案のイメージ図

〔事案の概要〕

（米国法人HCA社は米国内で子会社形式により病院運営をしていた。）
① 米国法人HCA社は，サウジアラビアから新病院（ファイサル王記念特別病院）設立に伴い運営サービスの提供依頼を受け，自ら交渉を行った。
② 米国法人HCA社はこれを受諾し，ケイマンにサービス提供のための子会社LTD社を設立し，同社にその権利を譲渡した。そして，その対価として同社株式を取得した。ただし，その際この件についてIRSの事前承認（advance ruling）は受けていなかった。
③ ケイマン法人LTD社がサウジアラビアにサービスを提供し，対価（100）を受領した。

（IRSの処分）
① ケイマン法人LTD社は見せかけにすぎず，サウジアラビア側との交渉等はすべて親会社である米国法人HCA社が行っていた。
② ケイマン法人LTD社の受領した対価はすべて米国法人HCA社に帰属する。

〔争　点〕
① ケイマン法人LTD社は見せかけにすぎないか否か。
② ケイマン法人LTD社の受領したサービス提供対価の適正額はいくらか。

〔裁判所（租税裁判所）の判断〕
① ケイマン法人LTD社は見せかけではなく実体がある。
② ただし，米国法人HCA社の貢献度等からみて，ケイマン法人LTD社の受領した対価のうち75％はHCA社に帰属させるべきである。

HCA社は当該運営契約に関する交渉を行うことを条件にLTD社の株式を受領している，④内国歳入法第482条に基づき，当該運営契約に基づき稼得された所得はすべてHCA社に帰属する，等の数多くの議論を展開した。IRSは，上述

の各想定に基づき，運営契約の全価額についてHCA社が課税対象となるべきであるとして，更正処分（原処分）を行った。

それに対し，納税者は，その取消しを求めて本件訴えに及んだ。

■主な争点と当事者の主張

1 争　点

本件事案の主な争点は，次の4点である。
① ケイマン法人LTD社は見せかけの法人か（争点1）。
② 米国法人HCA社は内国歳入法第367条に規定する事前承認を受けていたか（争点2）。
③ 米国法人HCA社は運営サービスの対価としてケイマン法人LTD社の株式の取得をしたのか（争点3）。
④ 内国歳入法第482条に基づく所得配分はどこまで可能か（取引自体を再構成することまで許されるのか）（争点4）。

2 当事者の主張

(1) 納税者の主張

納税者は，各争点につき次のとおり課税庁の主張に全面的に反対する。
① ケイマン法人LTD社は見せかけではない。
② そもそも内国歳入法第367条の対象にならない。
③ IRSの主張はケイマン法人の存在を無視したものである。
④ 取引自体を再構成することは許されず，内国歳入法第482条の対象でもない。

(2) 課税庁の主張

課税庁の主張は，上記の原処分理由どおりである。

■裁判所（租税裁判所）の判断……納税者一部勝訴

争点となった4点について，租税裁判所は次のように判示した。

1　争点1：ケイマン法人LTD社は見せかけの法人（sham corporation）か……否（納税者勝訴）

1973年にケイマン法人LTD社はファイサル王記念特別病院運営契約の履行準備に当たり，様々な活動を行っており，第三者からも米国法人HCA社とは別個の法人として認識されていた。LTD社は見せかけの法人ではなかった。

2　争点2：米国法人HCA社は内国歳入法第367条の適用対象か……否（納税者勝訴）

この点について，租税裁判所は，米国法人HCA社はケイマン法人LTD社が当該運営契約に関する交渉を行うことができるようにするためにLTD社を設立したと判断した。また，HCA社が当該運営契約に関する交渉を行うためにLTD社を設立したことは，資産の譲渡に相当しないと判断した。そして，資産の譲渡が行われなかった以上，内国歳入法第367条が適用される余地はないと判示した。

3　争点3：ケイマン法人の存在を無視するIRSの主張は認められるか……否（納税者勝訴）

内国歳入法第367条に関する議論の場合と同様に，IRSは，米国法人HCA社はケイマン法人LTD社のためにサービスを提供し，提供したサービスの価額に相当する同法人（LTD社）の株式をその対価として受領したと主張した。この点についても，租税裁判所は，IRSの主張は「これもまた別個の法人としてのケイマン法人LTD社の存在を無視する試み」であると指摘した。その上で，同裁判所は，この問題は内国歳入法第482条に基づいて対処するべきであると判断した。

4　争点4：内国歳入法第482条に基づく所得配分はどこまで可能か……一部是認（納税者一部勝訴）

最後に，IRSは，本件取引は内国歳入法第482条に基づき，ケイマン法人LTD社の所得はすべて米国法人HCA社に配分されるべきであると主張した。内国歳入法第482条は，IRSが「総所得，損金，控除又は引当金の〔関連組織

間での〕配分，割当又は配賦については……租税回避を防止し又は……所得を明確に反映させるために必要であると判断した場合にこれを行うこと」を認めている。

租税裁判所は，内国歳入法第482条の目的は，1つには，納税者が外国法人を利用して課税所得を海外に移転することを防止することにあると述べた。しかしながら，LTD社の所得をその親会社であるHCA社に100％移転させることについては否定した。IRSはHCA社が行うことが可能であった事項（すなわち，HCA社はファイサル王記念特別病院運営契約の交渉と運用を自ら行うことが可能であった。）を引き続き重視したが，同裁判所は，HCA社がこうした業務を行うためにLTD社を設立することを選択したと認定した。

そして，租税裁判所は，LTD社は適法な法人であり，交渉及び運営業務を別途行っていたのであり，このことは尊重されなければならないと判示した。

他方，租税裁判所は，HCA社はその国外関連者であるLTD社のためにサービスを提供していたが，その提供したサービスに対しLTD社から独立企業間対価は支払われていなかったと判断した。すなわち，HCA社は，契約の交渉に現実に参加し，HCA社の膨大な経験と専門知識を含むHCA社の無形資産をLTD社に利用させていたのである。そこで，同裁判所は，LTD社の所得の75％はHCA社に帰属するべきであると判断した。

■解　説

Hospital Corp.事案で明らかになったことは，関連者間取引が独立の立場で行われていない場合，IRSは当該取引に係る所得を再構成（recharacterize）する権限は与えられているものの，（この権限を拡大適用して）取引自体を再構成（recharacterizing the transaction themselves）することはできないということである。換言すれば，取引が正当な事業判断（valid business decisions）に基づいて行われた場合，課税庁は取引自体を無視（disregard）することはできないということなのである。

ちなみに，本件事例を移転価格課税における独立企業間価格の算定方法という観点からみれば，利益分割法のなかの寄与度利益分割法として位置付けることができよう。

■わが国の参考判例，裁決例等

　国際取引において納税者の行っていた取引を再構成して課税しようとした事案として前述した名古屋地裁平成17年9月29日判決がある（詳細については，事案⑨のわが国の参考判例，裁決例等を参照）。

　この事例では，当初処分においてシンガポール法人へのノウハウ等の譲渡対価20億円を31億円余とする更正がなされ，納税者もその処分を受け入れていた。しかし，その後課税庁がその処分を取り消し，本件譲渡契約は仮装のものであり，本件資産移動を無償による資産譲受けと再構成して課税したことの可否が争われた。名古屋地裁は当局の取引再構成による課税は認められないとして原処分の取消しを命じた。

　本件は控訴審でも争われたが，そこでも納税者勝訴となっている（名古屋高裁平成18年2月23日判決・税務訴訟資料256号順号10329（確定））。

第10章　移転価格税制

⑬　全世界的規模で成立している無形資産の成立場所が米国でなく香港とされた事例
――DHL Corp. and Subsidiaries v. Commissioner, 285 F.3d 1210 (9th Cir. 2002)――

■概　説

　移転価格の分野において最も難しい問題は，無形資産を含む取引があった場合，当該無形資産の価値をどの程度に評価すべきかということである。DHL Corp.事案では，米国の税務目的上，マーケティングに関する無形資産の所有権が米国と国外関連者のいずれにあるかが問題となった。本件事案において，裁判所は，全世界的規模で成立している無形資産（global marketing intangible）について詳細な分析を行った上で，本件では新興市場（emerging market）において無形資産たる商標権が成立していたと認定している[1]。

■事案の概要

　米国の小包配送業者であるDHL社は，その創業者により1969年にカリフォルニア州において設立された。同社は，当初カリフォルニア州とハワイ州の間で小包の配送を行っていたが，ほどなく全米にそれを拡大し，さらに全世界的規模にまでその事業を拡大した。

　本件係争案件では，米国と香港との取引が問題となった。DHL社は1972年に，急成長する国際業務に対応するため，香港にDHLI社を設立した。そして，国際小包配送業務については，通常各国の独立した現地代理店が行い，DHLI社にネットワーク手数料を支払っていた。また，遅くとも1979年までには，オランダ領アンティル諸島法人のMNV社が設立され，DHLI国際ネットワークの海外現地法人の株式の大部分を保有することになった。

---

(1)　ちなみに，本件では，大手国際クーリエ・サービスであるDHL社が，商標に帰属する価値について2,000万ドルと評価したのに対し，課税当局（IRS）は6億ドル，租税裁判所は1億ドルと評価するなど，その評価に大きな開きがあった。

①　1972年から1992年にかけて，DHL社とDHLI社及びMNV社は国際ネットワークを構成しDHL社は米国業務に専従，DHLI社及びMNV社は海外業務を取り扱っていた。DHL社はDHLI社の米国向け貨物を配送し，DHLI社はDHL社の海外向け貨物を配送していた。1987年まで，現地代理店各社は現地の顧客からの支払額を全額自社に留保しており，手数料の相互支払は行っていなかった。各社は，それぞれの市場での自社の広告宣伝費も負担していた。DHL社はUPSやフェデラル・エクスプレスと激しく競合していたため米国市場で苦戦していたが，DHLI社は急成長を遂げ，世界有数の大規模な国際クーリエ・ネットワークとなった。両社ともDHL商標の下で業務を行っていた。

②　1974年に，DHL社はDHL商標を5年間使用するライセンスをDHLI社に供与した。当該ライセンスの条件では，使用料の支払は行われなかった。当該ライセンスは，合意により1990年まで延長が繰り返された。

DHL社は米国で商標を登録し，DHLI社は世界各国で商標登録を開始した。DHL社がDHL商標に関連する法律・登録費用など米国での広告宣伝，マーケティングその他の販売促進費を負担する一方で，DHLI社は米国外でかかる一連のコストを負担した。1982年から1992年の期間，米国関連の費用は1億5,000万ドルにのぼった。当該期間に国際市場においてDHLI社に発生した費用は3億4,000万ドルであった。商標開発費に関する1974年以降の期間の記録は入手不能であった。

③　1989年に，日本航空，日商岩井及びルフトハンザは，4億5,000万ドルの会社査定額で，45％の追加買取オプション権付きでDHLI社及びMNV社の株式12.5％を買い取った。さらに買手側が株式の45％を追加取得することを条件としてDHL商標を2,000万ドルで購入するオプション権を得る旨の合意をした。商標のオプション購入価格は，最終的には当初の提示額より5,000万ドル少ない額で合意された。

④　DHL社，DHLI社及びMNV社の3社は，米国の移転価格税制上，関連者である。IRSは，DHLI社によるDHL商標の従前の使用料の未払分を（内国歳入法第482条に基づき）DHL社の帰属所得とした上で商標価値を6億ドルと査定し，DHL社に対し1億9,450万ドルの追徴税と加算税として7,480万ドルの更正処分を行った。DHL社はこの処分を不服とし，その取消しを求めて米国租税裁判所に提訴した。

《図表》DHL Corp.事案のイメージ図

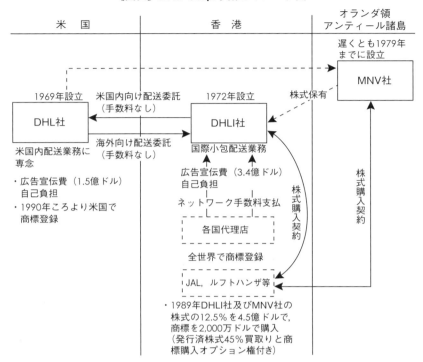

〔事案の概要〕

全世界的規模で事業活動を行うDHL社の香港子会社DHLI社が米国親会社に商標権の使用料を支払っていなかったとしてなされたIRSからの更正処分をめぐって争われた。

〔争　点〕

米国法人DHL社の子会社たる香港法人DHLI社は，DHL社に対し商標権（6億ドル）の使用料（1.9億ドル）を支払う義務があるか。
・納税者の主張…DHLマークの登録も商標権の開発費用負担もDHLI社がしており，使用料を支払う義務がない。
・課税庁の主張…移転価格に関する財務省規則（§1.482-2(d)(1)(ii)(c)）に規定する「開発者－補助者ルール」によれば，商標の開発者はDHL社であり，DHLI社は使用料の支払義務を負う。

〔裁判所（第9巡回控訴裁判所）の判断〕…納税者勝訴（原判決取消し）

DHLI社は商標権の開発コストを負担し，かつ，開発リスクも負っていたので商標権は自己のものである。したがって，使用料の支払義務もない。

■主な争点と当事者の主張

1 争　点

本件事案の主な争点は，米国法人DHL社の子会社たる香港法人DHLI社は，DHL社に対し商標権（6億ドル）の使用料（1.9億ドル）を支払う義務があるか否かという点である。

2 当事者の主張

(1) 納税者の主張

納税者は，DHLマークの登録も商標権の開発費用負担もDHLI社がしており，使用料を支払う義務がないと主張する。

(2) 課税庁の主張

課税庁は，移転価格に関する財務省規則（§1.482－2(d)(1)(ii)(c)）に規定する「開発者―補助者ルール」によれば，商標の開発者はDHL社であり，DHLI社は使用料の支払義務を負うと主張する。

■裁判所の判断

1　租税裁判所……納税者敗訴

租税裁判所は，集中審理の末，DHLI社（香港）によるDHL商標使用に関する未払使用料分をDHL社（米国）の所得としたIRSの処分を支持する旨の判決を下した。その理由として，同裁判所は，内国歳入法第482条の「開発者―補助者ルール」に照らして，DHL社が商標の法的所有者であったと判断した点を挙げている。その上で，国際市場向けの商標の開発者はDHLI社であったとするDHL社の主張を斥けた[2]。しかしながら，同裁判所は，DHL社は海外市場の商標の所有者であったものの，DHL社とDHLI社の間のライセンス取決めの特殊性及びDHLI社が多くの海外市場で自社名義で商標を登録しているという事実ゆえに商標の明確な所有権が誰のものかは曖昧であると判示した。

また，租税裁判所は，このような曖昧さがDHL社所有の商標価値に悪影響を及ぼしているとして，その価値を1億ドルと査定し，そのうち5,000万ドル

が海外の商標権に帰属すると判断した。

2　第9巡回控訴裁判所……納税者勝訴

DHL社は本件判決を不服として第9巡回控訴裁判所に控訴した。

第9巡回控訴裁判所は，「開発者―補助者ルール」に照らし，DHLI社が国際市場向けのDHL商標の開発者であったかどうかという法的問題に焦点を絞った上で，財務省規則§1.482-2(d)(1)(ii)(c)を引用して，「関連企業グループのどのメンバーが開発者で，どのメンバーがその開発業務に伴う補助を開発者に提供しているかに関する判断は，個々の事案のすべての事実関係に左右される。」と判示した。また，同裁判所は，関連する事実及び状況のうち，「グループの様々なメンバーが負担した開発に伴うすべての間接費及び直接費とそれぞれの開発リスクに最大の焦点を置くべきである。」としている。

さらに，第9巡回控訴裁判所は，「租税裁判所が『開発者―補助者ルール』に基づく誤った法的テストを適用し香港法人であるDHLI社がDHLの国際商標の開発者ではなかった。」とする租税裁判所の判決を破棄した。第9巡回控訴裁判所は，租税裁判所が当該事案を決定づける要素としている「DHL社が商標の『法的』所有者であるという租税裁判所の判断は，経済的支出に基づく持分所有権に重点を置く1968年の『開発者―補助者ルール』の法案段階での文言に照らして誤りであり，同ルールは，『グループの様々なメンバーが負担した開発に伴うすべての間接費及び直接費とそれぞれの開発リスクに最大の重点を置くことを要求している。』」と解釈したのである。次に，同裁判所は，「香港法人たるDHLI社が多数の外国においてDHL商標の登録を行ったのみならず，関連する費用を基本的にすべて負担し，DHL商標の海外でのマーケティング・キャンペーン費用をすべて支払っており，その総額が3億4,000万ドルを超えていた点が重要な事実であり，開発業務の場所が，DHL社ではなくDHLI社が

---

(2)　「開発者―補助者ルール」の該当部分には，「グループ又は関連会社の一員が無形資産の開発を開発者として行う場合……本項の規則が適用される譲渡取引において，開発された資産が……売却，ローン，その他の方法で開発者から関連会社に提供されるまで，かかる開発業務に係る配分は行われない」と定められている。DHL社は，DHLI社がDHL社の海外商標の開発者であったならば，開発者から関係会社への移転ではなく，関係会社（DHL社）から開発者（DHLI社）への移転が行われているのであり，これは移転価格の配分対象とならないと主張した。

業務を提供していた海外市場であった。」とも指摘している。

　これらの事実認定を踏まえ，第9巡回控訴裁判所は，「国際市場でのDHL商標の開発者は香港法人たるDHLI社であり，海外商標の権利に係る価値をDHL社に配分することは適切ではない。」として，租税裁判所の判決を破棄した。また，第9巡回控訴裁判所は，DHL社がDHL商標の価値を2,000万ドルと計上したことは，同社が著名な財務コンサルタント会社から同様の価額査定の報告を受けていることから誠実な行為であるとの判断を示し，DHL社に対する更正処分を支持した租税裁判所の判断を破棄した。

■解　説

　多国籍企業グループにおいては，グループ企業のイメージアップやブランド力強化等の見地から，同じ商標（ブランド）が用いられていることが多い。

　その場合，ノウハウやブランド等の開発，コスト負担が親会社のみで行われていれば，たとえその登録等が海外の子会社，孫会社等で行われていたとしても，法的には開発コストを負担し，かつ，開発リスクも負っていた親会社に所有権が残っていることは間違いない。

　それに対し，本件のように子会社が広告宣伝費等の相当部分を負担していた場合，子会社にも無形資産が生じることになる。いわゆるローカル・インタンジブル（地域限定型無形資産）の問題である。

　本件事案において，第9巡回控訴裁判所は「DHLの商標価値形成に当たり，香港法人が当該無形資産の開発に要するコストを負担しており，かつ，商標登録もしていた。」として納税者の主張を受け入れ，課税庁の主張を排斥している。

　しかし，興味深いことに，DHL Corp.事案が租税裁判所で審理されていた当時，内国歳入法第482条に基づく「開発者―補助者ルール」の1968年版（当該ルールは当該事案の特定の課税年度に適用されていた。）は1994年に改正され，商標の所有権の判断に当たっては，租税裁判所の判示にあるように，法的所有権が最大の要素とされるようになった。ちなみに，当該規則の改正は，1968年版が法的所有権を否認していた点を識者から批判されたことが主因であった。

　さらに，2015年10月に公表されたBEPS行動計画8では，法的所有権よりも経済的貢献度が強調されている。

参考1 BEPS行動8　無形資産取引に係る移転価格ルール

背景及び行動計画の概要

・特許等の無形資産の譲渡は，比較可能な独立企業間取引が存在しないことが多く，適正な移転価格の算定が困難であることから，無形資産を用いたBEPSの機会に適切に対応する

報告書の概要

○　次の3点に関するBEPSの防止について規定

① 広範かつ明確な無形資産の定義の採用

　無形資産について，「有形資産または金融資産でないもので，商業活動における使用目的で所有または管理することができ，比較可能な独立当事者間の取引ではその使用または移転に際して対価が支払われるような資産」と定義

② 無形資産の移転及び使用に関する利益の価値創造に沿った配分

・法的所有権のみでは必ずしも無形資産の使用からの収益の配分を受ける資格を有しない。無形資産の開発等（開発，改善維持，保護，使用）に関する重要な機能を果たしている関連企業は，適切な対価の受領を期待することができる

・無形資産の開発等に関するリスクを引き受ける関連企業は，リスク・コントロール機能及びリスクを引き受ける財務能力を有することが必要

・資金を提供する関連企業が無形資産の利用に何の機能も果たしていない場合，資金提供者はリスク・フリー・リターンより多くを受領することができない（提供する資金に関する財務リスクのコントロールを行っていれば，その分は調整）

・評価手法（特にディスカウント・キャッシュ・フロー法（DCF法））が適切に利用できる場合のガイダンスの拡充

③ 評価困難な無形資産（Hard-To-Value Intangibles）に関する移転価格ルール（いわゆる所得相応性基準）の策定

　取引時点で評価が困難な一定の無形資産については，予測便益（ex-ante）と実際の利益（ex-post）とが一定以上かい離した場合に，実現値に基づいて独立企業間価格を評価することが可能

○　費用分担取極め（Cost Contribution Arrangements）

　同取極めに関するガイダンスのアップデート，同取極めを利用した無形資産の移転によるBEPSを防止

今後の対応

・BEPS報告書における改訂案にしたがって，OECD移転価格ガイドラインを改訂
・税制改正の要否，執行面での対応等について検討

資料出所：財務省

参考2 評価困難な無形資産に係る移転価格ルールの策定

背景及び行動計画の概要
- 特許等の無形資産のうち、比較可能な独立企業間取引が存在せず、将来生み出される収益について信頼できる予測がないような評価困難な無形資産（Hard-to-value intangibles）については、納税者と税務当局との間の情報の非対称性が課題
- 取引時点で評価が困難な一定の無形資産に関するBEPSについて、特別の措置を検討する

報告書の概要
- ○ 評価困難な無形資産については、予測便益（ex-ante）と実際の利益（ex-post）とが一定以上かい離した場合に、税務当局が実現値に基づいて独立企業間価格を評価することを可能とすること（いわゆる所得相応性基準の導入）で対応
- ○ 納税者と税務当局との間に当該無形資産に関する情報の非対称性が深刻であり、実際の利益が明らかにならないと税務当局が移転価格評価を実行できないような場合、税務当局は、実際の利益に基づいて、納税者の予測に基づいた価格取極めを評価し、価格調整を行うことができる
- ○ 適用が免除される場合
  - (i) 納税者から、以下の(ア)及び(イ)が提供される場合
    - (ア) 価格取極め・合理的に予測可能な出来事・その他のリスクの考慮を判断するために、無形資産の移転時に用いられた事前の予測、及び、その実現可能性についての詳細
    - (イ) 財務上の予測と実際の結果の重大なかい離（significant difference）が、a).取引時点では関連者が予測することは不可能であった、価格決定後に生じた予見できない進展や出来事によるものであること、または、b).原因となった出来事が起きる確率についての、取引の時点での見込みが適切であったことについて、信頼に足る証拠
  - (ii) 無形資産の移転が、事前確認（APA）の対象である場合
  - (iii) (i)(イ)における財務上の予測と実際の結果について、いかなるかい離も取引時点の価格の20％以下である場合
  - (iv) 当該無形資産が非関連者収益を初めて生み出してから、(iii)の要件を満たしたまま、5年間が経過した場合（それ以降の年度について適用免除）

【参考】 米・独における所得相応性基準の導入例
所得相応性基準は、米国（1986年）、ドイツ（2007年）にそれぞれ導入されている。なお、今回の報告書の内容は米国の制度がベースとなっている部分が多い

今後の対応
- 評価困難な無形資産に係る措置のガイダンスを2016年に策定

資料出所：同前

第10章　移転価格税制

⑭　無形資産の譲渡をめぐって争われた事例
— Eli Lilly & Co. v. Commissioner, 856 F.2d 855 (7th Cir. 1988) —

■概　説

　移転価格課税の分野では，無形資産取引は，最もやっかいな分野の1つとなっている。かつて，米国では，投資に係る税制上の優遇措置を利用するため，米国企業が高い価値を有する無形資産を様々な米属領[1]に所在する子会社に譲渡していた事例がみられた。なかでも，最もよく知られているものの1つがEli Lilly事案である。

■事案の概要

　米国法人Eli Lilly and Company（以下「Lilly社」という。）は，1955年にプロポキシフェン・ハイドロクロライドという化合物の特許を取得した。この化合物は，同社が1957年に販売を開始した商品名Darvonという医薬品の主要成分となった。同社は，その後関連する化合物であるプロポキシフェン・ナプレートの特許も取得し，この化合物は商品名Darvon-Nの主要成分となった。DarvonとDarvon-N（以下「Darvon製品」という。）は，中毒症状を引き起こすことなく，中枢神経系の痛みを抑制する初の医薬品であった。両医薬品とも同社に膨大な利益をもたらした。

　Lilly社は，1965年にDarvon製品を製造するためプエルトリコに子会社Eli Lilly and Company, Inc.（以下「Lilly PR社」という。）を設立した。Lilly社は，内国歳入法第351条に基づく特定現物出資に係る課税繰延制度を利用することにより，所得を認識することなく，Darvon製品に関する特許と製造ノウハウ

---

(1) 米属領とは，米国の州には含まれていないが，米国の支配権が及んでいる地域，例えばプエルトリコ，グアム等をいう。

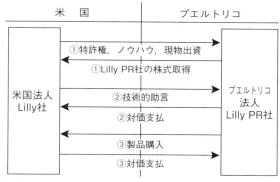

《図表》Eli Lilly & Co.事案のイメージ図

〔事案の概要〕
① 米国法人 Lilly社は，自己の有する特許権及びノウハウでプエルトリコ法人Lilly PR社に現物出資し，対価として同社の株式を取得した（内国歳入法第351条に基づき現物出資時の課税なし。）。
② 米国法人 Lilly社は，プエルトリコ法人Lilly PR社に技術助言をし，その対価を受領していた。
③ 米国法人 Lilly社は，プエルトリコ法人Lilly PR社から製品を購入し，対価を支払っていた。
④ 購入価格は，米国法人とプエルトリコ法人の通常の利益を控除した残余の利益を60対40の比になるように設定していた（特許権終了後は70対30）。

〔争 点〕
① 特定現物出資による課税繰延べの可否。
② 取引価格の妥当性。

〔裁判所（第7巡回控訴裁判所）の判断〕…納税者一部勝訴（①部分）

①について…課税繰延べは内国歳入法第351条の要件を充足している。
②について…取引対価は独立企業間価格ではない。

をLilly PR社に出資し，その見返りとしてLilly PR社の株式を取得した。Lilly社は，この取引によって，プエルトリコでも課税されず，かつ米国でも内国歳入法第351条に基づく税制上の優遇措置を利用することができた。

プエルトリコ法人Lilly PR社は，米国法人Lilly社から特許と製造ノウハウの譲渡後，Darvon製品を製造してそれを親会社である米国法人Lilly社に販売していた。Lilly社は製造に関する技術的助言を一定の対価で提供していた。Lilly社は，米国においてDarvon製品のマーケティングと販売を行っていた。

米国法人Lilly社は，プエルトリコ法人Lilly PR社との購入価格の設定に当た

り、一種の利益分割法[2]を用いていた。Lilly社は、マーケティング業務の対価として通常の利益を得ていた。Lilly PR社は、製造業務の対価として通常の利益を得ていた。残余の利益は、Lilly社が所有するマーケティング関連無形資産とLilly PR社が所有する製造関連無形資産に帰属していた。1971年と1972年に、Lilly社は、残余利益の60％をLilly PR社に、40％をLilly社に配分していた。Darvon製品の特許が終了した1973年には、Lilly PR社は残余利益の30％、Lilly社は70％を受領していた。

■主な争点と当事者の主張

1　争　点

本件事案の主な争点は、組織再編への内国歳入法第482条の適用可能性について（争点1）と、内国歳入法第482条が適用される場合に、関連者間で所得の再配分を行うことの妥当性（争点2）である。

2　当事者の主張

(1)　納税者の主張

納税者は、本件組織再編に伴うプエルトリコ法人への無形資産の譲渡は、内国歳入法第351条に基づく正当な組織再編であり、内国歳入法第482条の適用対象にはならないと主張する。

(2)　課税庁の主張

それに対し、IRSは、本件取引は内国歳入法第482条に基づく独立企業間取引ではなかったとして、本件取引に伴う課税繰延べ（簿価移転）を否認した。

---

[2] 利益分割法（Profit Split法）とは、関連者間取引において発生した取引当事者の合算利益を、独立企業内であれば合意したであろう利益の分割に近似させて分割する方法である。

■裁判所（第7巡回控訴裁判所）の判断……納税者一部勝訴

1 争点1：組織再編行為への内国歳入法第482条の適用可能性……納税者勝訴

　第7巡回控訴裁判所は，IRSの主張を斥け，米国法人であるLilly社が議会が設定した優遇措置を利用したことは，租税回避には当たらないと判断した。また，同裁判所は，租税裁判所が，Lilly社のLilly PR社に対する無形資産の譲渡を尊重すべきであるとした判断については支持したものの，Lilly社の継続的な研究開発の費用に充当するため行われたとする所得配分については，譲渡は尊重すべしとしながらも，譲渡の対価は独立企業原則に則していないとする租税裁判所の論旨は論理的な一貫性に欠け，（米国法人が無形資産と引き換えにプエルトリコ法人（Lilly PR社）の株式を受領しているのであるから，）無形資産の対価とLilly PR社の株式が独立企業間対価であることは自明であると判示している。

　さらに，「Lilly社がDarvon製品の販売により研究開発に向けるに十分なキャッシュフローを有していたため，同社の研究開発費に関する調整が必要であるという租税裁判所の判断を支持することはできない。」としながら，Lilly社の価格が独立企業間価格ではなかったとの同裁判所の判断については支持している。

2 争点2：内国歳入法第482条に基づく租税裁判所の所得再配分の妥当性……納税者敗訴

　Darvon製品は，この種の製品としては初めてのものであり，毎年大きな売上があった。そのため，第7巡回控訴裁判所は，「租税裁判所がLilly社から提出された他のDarvon製品ほど成功していない製品についての情報を，独立企業間の価格設定を示す証拠として取り上げず斥けたことは妥当であった。」と判示した。その上で，第7巡回控訴裁判所は，租税裁判所がLilly社の基本方式を用いて同社のDarvon製品に係る利益の配分比率をLilly PR社よりも高くした所得の配分を支持した。

■解　説

　組織再編及び投資に係る一定の優遇措置を受けるためにプエルトリコに製造業務を移転した医薬品会社は，Lilly社のほかにも多数あった。第7巡回控訴裁判所は，プエルトリコ法人に対する当初の無形資産の譲渡は認容されるべきであるものの，プエルトリコ子会社と米国親会社の間の継続的な価格設定は，内国歳入法第482条に基づき独立企業基準に則していなければならないと判示した。

　この判決は，無形資産取引における移転価格課税を認めた先例事案として重要な意味を有している。

■わが国の参考判例，裁決例等

① 名古屋地裁平成17年9月29日判決（平成16年（行ウ）第38号）・税務訴訟資料255号順号10144

　この事件は，I工務店がシンガポール法人に譲渡したノウハウ等の適正価格がいくらであるべきかが争いとなった。

　納税者は，本件譲渡は真実のものであり適正対価は31億円になるとして申告した。

　それに対し，課税庁側が本件ノウハウは依然として納税者に帰属するので，対価として受領した金員は受領益になるとして当該取引を否認したことから争いとなった。

　名古屋地裁は，本件譲渡は実際になされており，対価の額も適正であったとして，納税者の主張を全面的に認めている。

　なお，本件の関連訴訟として次の判例がある。

② 東京高裁平成18年3月15日判決（平成17年（行コ）第218号）・税務訴訟資料256号順号10344

　「本件取引は，シンガポール法人へのロイヤリティ支払は，実体を伴わない仮装のものでもロイヤリティが対価性のないものとも認めることができない。」

第10章　移転価格税制

⑨⑤　移転価格課税で無形資産取引が問題とされた事例
―Bausch & Lomb v. Commissioner, 92 T.C. 525 (1989)―
―aff'd 993 F.2d 1084 (2d Cir. 1991)―

■概　説

今回紹介する事案は，移転価格課税に係る先例事案としてこれまで多くの係争事案で引用されてきた事案である。

近年，中国やインドなどに進出した本邦企業の現地子会社と日本の親会社等との間の取引について有形資産取引のみならず無形資産取引についても問題とされる事例が多発するようになってきている。

本件は，米国の移転価格税制スタート時に米国の親会社で問題となった事案であることから，最近問題となっている途上国課税の事案とは異なる。しかし，有形資産取引だけでなく無形資産の使用料の適正料率についてどのように考えるべきかを考えるうえで参考になると思われるため，若干古いケースではあるが，改めてここで紹介することとした次第である。

■事案の概要

Bausch & Lomb社（以下「B&L社」という。）は，米国のコンタクトレンズ・メーカーであるが，1981年，アイルランド子会社（B&L Ireland社：以下「アイルランド子会社」という。）にソフトコンタクトレンズ製造に係る新しい製法特許の実施権を付与し，その対価として同子会社の売上高（ネット）の5％相当額を徴収していた。

また，アイルランド子会社で製造した製品を，1個当たり7.5ドル（F.O.Bベース）で購入していた。この価格は，1979年以来同一水準となっていたが，その後市場価格の低下に伴い6.5ドルに引き下げられた[1]。

それに対し，IRSは，アイルランド子会社は，受託製造業者（contract manufacturer）に過ぎないとして，販売価格とロイヤリティの区分をするこ

となく，売上の20％相当額のみが子会社のものであり，残りは全て親会社に帰属するものであるとする更正（1981年分につき280万ドル，1982年分1980万ドル）を行った[2]。この処分を不服とする納税者が本件訴訟を提起した。

■主な争点と当事者の主張

1 争　点

本件事案の主な争点は，子会社の機能及び製品取引とロイヤリティ取引が一体となった取引なのか独立取引なのか，もし別の取引なのであれば，適正価格及び料率はいくらかという点である。

2 当事者の主張

(1) 納税者の主張

① アイルランド子会社は，製品を第三者にも販売しており，リスクも負担しているので，受託製造者ではない。また製品取引とロイヤリティ取引は別個に評価すべきである。

② 製品の販売価格が適正であることは，比較対象企業（3社）がそれよりも高い価格で取引をしていることからみて明らかである。

③ 製法特許に係るロイヤリティ料率（5％）は，業界において標準的なものである。

(2) 課税庁の主張

① アイルランド子会社のリスクは限定されており，製品についてもその殆んど全てを親会社のB&L社が購入しているので，同子会社は実質的にはB&L社の受託製造者にすぎない。したがって，製品取引とロイヤリティ取引を区分する意味はない。

② 子会社の製造コストは，1枚当たり1.5ドル程度であることからみて，適正販売価格はせいぜい2.25ドル〜3ドルであり，7.5ドルというのはいか

---

(1) ちなみに，B&L社がアイルランドに子会社を設立したのは，同国が進出企業に対し，輸出所得を免税とする特典等を付与していたためであった。
(2) この更正に伴い，IRSはB&L社が収益として計上していたロイヤリティ相当分を減額する処理（1981年分は41.7万ドル，1982年分は136.8万ドル）を行っている。

にも高すぎる。
③　製品取引とロイヤリティ取引とは一体であり，区分して認識する必要はない。

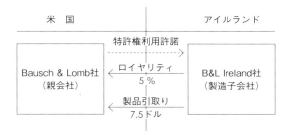
《図表》Bausch & Lomb事案のイメージ図

〔事案の概要〕
① 納税者の申告
　納税者である米国親会社（B&L社）は，アイルランド子会社（B&L Ireland社）に特許権の利用許諾をし，対価としてF.O.B.売上高（ネット）の5％相当額を受領していた。
　また，製品については，1個当たり7.5ドルで引き取っていた。
② IRSの更正
　それに対し，IRSは，アイルランド子会社は受託製造をしているのみなのでリスクが限定されているとして，製品取引とロイヤリティ取引を区分せず，同子会社に売上高の20％相当額の所得を配賦し，残りは全て親会社の所得とした。

〔争　点〕
ロイヤリティ取引と製品取引は一体取引か別個の取引か。

〔裁判所（租税裁判所）の判断〕…納税者勝訴
① アイルランド子会社が受託製造機能のみしか有していないとするIRSの主張を排除。
② 製品取引とロイヤリティ取引は別途の取引と認定したうえで，
・製品取引についてはCUP法により，1個当たり7.5ドルが相当という納税者の主張を是認（ただし，中途で6.5ドルに引下げ）。
・ロイヤリティについては，アイルランド当局に提出した利益計画等をもとに売上高（ネット）の20％相当額が妥当と判断。

■裁判所（租税裁判所）の判断……納税者勝訴

① アイルランド子会社が受託製造業者に該当するか否かについて
　IRSは，アイルランド子会社を受託製造会社であるとしているが，そのような契約は存在していない。また，米国への輸出量も全世界の需要動向に左右さ

れるなど，製造した分全てが親会社によって買取り保証されているわけでもない。

したがって，アイルランド子会社がB&L社の受託製造業者にすぎないとするIRSの判断は，裁量権の濫用であり，取り消されるべきである。

② 製品取引とロイヤリティ取引を区分すべきか否かについて

本件事案の場合，製品売買契約とロイヤリティ支払の基本となるライセンス契約とが別個に存在し，ともに独立した関係にあることから，これら2つの取引については，別途に区分したうえでその適正性を検討すべきである。

③ 製品取引及びロイヤリティ取引の適正価格について

イ 製品取引について

比較可能な第三者間取引がある場合には，他の方法に優先して独立価格比準法を採用すべきである[3]。

本件事案の場合，ソフトコンタクトレンズは日常的に使用されるものであり，代替可能な商品なので，納税者が主張するように，第三者との間で成立している取引を比較可能取引として用いるCUP法によるべきである。

なお，IRSは，それらの取引のボリュームが少なすぎるので比較対象として不適切だというが，たとえ少量の取引であったとしても，第三者間取引が存在するのであれば，それを比較対象取引として採用することが可能なことは，過去の判例（U.S. Steel Corp.事案（U.S. Steel Corp. v. Commissioner, 617. F.2d at 951 (1980)））で示されているところである。

ロ ロイヤリティ料率について

適正なロイヤリティ料率がいくらであるべきかについては，財務省規則§1.482-2(d)(2)(ⅲ)（注）に基づき計算すべきである。本件の場合，アイルランドの子会社設立時点に，アイルランドの当局に1980年から1989年までの10年間の見込所得額及びキャッシュフローをベースに営業利益を算出しているので，それをベースにしたうえで，その利益をアイルランド子会社と親会社との間で50対50で分割するのが相当である。

それにより計算すると，適正なロイヤリティ料率は売上高（ネット）の20％

---

[3] 当時の米国の移転価格税制では，基本三法優先，そのなかでもCUP法が最優先の算定方法とされていた。

相当額とするのが相当である。

■解　説

　アイルランドは，進出企業に対し各種の法人税減免措置を与えるところとして知られている。

　本件子会社も，同国のこのような特典に着目して設立されたものである。

　本邦企業のなかにも，進出先国のこのような特典を享受する目的で進出したり又は進出を検討しているところがあると思われる。それに対する税務職員又は税務当局の反応は，本件に示されたIRSのそれに近いのではないかと思われる。

　ただ，最近では，進出先国において，相手の税務当局からこれ（IRS）と同様の主張がなされる例も増加している。特に進出先で相当期間赤字が続いているような場合にそうなりがちであるといわれている。

　進出先のなかには，投資促進のため種々の減免措置を講じているところも少なくないが，それらの多くは期限付きのものである。

　然るに，進出後しばらくの間は赤字状態というところが多いため，せっかくこのような減免規定があってもその特典をついに活用できていないというのが現状である。そして，それらの特典を享受できないころになって利益があがり始めるため，急激に税負担が増加することになるが，そのころになって税務調査が入ることになるため大きな問題となってくる，というのが典型的パターンである。

　本件では，親会社の所在地国から問題提起がなされたが，アジアの途上国に進出している本邦企業にとっては，現地サイドで本件と同じような事例が生じる可能性が高い。

　それに備えるためにも，文書化を始めとする現地の規制動向に十分な注意を払っていく必要がある。

　また，ロイヤリティについては，過大とみなされた場合，みなし配当課税を受けたり，極端な場合にはその後の送金が認められなくなったりすることもあるので細心の注意が必要である。

　なお，本件を始めとして，その後も何件か無形資産取引をめぐって問題となった。そして，IRSの敗訴が続いたため，米国議会でも問題視され，1986年の

法改正で無形資産取引について，取引開始後における両当事者間の利益発生状況等に応じて当初のロイヤリティ料率を「定期的に見直す（periodical adjustment）」こととするいわゆる「所得相応性基準（commensurate with income standard）」というアイデアが導入されることとなったのは周知のとおりである[4]。

BEPSにおける所得相応性基準に関する議論については，DHL Corp.事案（事案93）の参考を参照。

■わが国の参考判例，裁決例等

内容的にはやや異なるが，移転価格に関するわが国での裁判例として次のようなものがある。

① 東京高裁平成25年3月14日判決（平成24年（行コ）第19号）・訟務月報60巻1号149頁

本件では，パチスロ台用モーターの製造及び販売を行っている国内企業が国外関連者との間で行っていた仕入取引に関し，必要と認められる書類等を提示しなかったとして，当局が類似法人から得た情報をもとに行った移転価格課税が適用されたとされている。

② 東京高裁平成27年5月13日判決（平成26年（行コ）第347号）・裁判所ウェブサイト

この事例では，自動車の製造及び販売を主たる事業とする内国法人である原告が，その間接子会社（ブラジル連邦共和国アマゾナス州に設置されたマナウス自由貿易地域（マナウスフリーゾーン）で自動二輪車の製造及び販売事業を行っている）である国外関連者との間で，自動二輪車の部品等の販売及び技術支援の役務提供を内容とする国外関連取引を行ったことにより支払を受けた対価の額につき，残余利益分割法を適用してした独立企業間価格の算定が違法であるとされている。

---

[4] ただし，このような強引な課税方法については，取引の安全性が損なわれるという批判もあった。そこで，1994年に公表された移転価格に関する財務省規則（いわゆる最終規則）では，当該無形資産を利用することにより稼得された利益又は削減されたコストの合計額が当該無形資産の利用又は譲渡契約後5年間で当初見込額の80％～120％の範囲内におさまっているときは，定期的な見直しは行わないこととされた（財務省規則§1.482-4(f)(2)(i)及び(ii)）。

第10章　移転価格税制

⑯ 有形資産取引に加え，ロイヤリティ取引と，コスト・シェアリング契約も問題とされた事例
―Seagate Technology, Inc. v. Commissioner, 102 T.C. 149(1994)―

■概　説

　移転価格税制において問題となる分野は，大別すると，（有形）資産取引，サービス取引，無形資産取引（ロイヤリティ）及びコスト・シェアリングの4つに分けられる。
　本件は，その殆んど全ての取引が問題となった珍しいケースである。
　しかも，訴えを受理した租税裁判所は，納税者及び税務当局のいずれの主張をも採用せず，独自の見解により独立企業間価格を算定している。その点で本件事案はユニークであるが，無形資産の含まれた取引について，独立企業間価格の算定がいかに難しいものであるかを物語る一例として紹介することとした。

■事案の概要

　米国カリフォルニア州に本拠を置くSeagate Scotts Valley社（以下「米国親会社」と称する。）は，グループ全体を統轄する親会社で，ニューヨーク証券取引所に上場している。
　米国親会社は持株会社で，実際には，米国，日本，タイ，ドイツ，スコットランドなどにある別会社を通じ，Seagate Technologyの名称でコンピュータ用のハードディスクドライブの製造を行っており，1981年～1987年（うち係争年分は1983年～1987年）まで，連結納税による申告を行っていた。
　米国親会社は，1982年，シンガポールにSeagate Singapore社（以下「シンガポール子会社」という。）を設立し，同国政府により設けられた投資奨励措置を利用して部品及び完成品の製造をしていた。
　① 有形資産取引について
　・米国親会社は，シンガポール子会社との間で行われる有形資産取引につい

て，当初，シンガポールからの製品完成品の買取価格を，米国親会社の標準原価と同一水準にしていた。しかし，その後，取引価格を修正し，シンガポール子会社の標準原価に25％のマークアップをした価格によることとした。そして，シンガポール子会社の標準原価の見直しに伴い，同子社からの購入価格を適宜調整（変更）していた。

当時，ディスクドライブの価格競争は激しく，米国親会社が第三者に販売する価格は毎年のように低下していたが，シンガポールとの間の関連者間取引価格にそれらの動向が反映されることはなかった。

・IRSは，シンガポール子会社のリスクが限定されているので，同子会社の利益水準が著しく多くなるこのような取引価格は独立企業間価格ではなく，米国親会社と第三者との取引価格の下落に相応した価格引下げ（具体的には，米国親会社の販売価格マイナス20％）が必要であるとした。

・また，シンガポール子会社からの部品（component）の引取価格については，同子会社のリスクが限定されているので，コスト・プラス法によるべきであり，そのマージン率は12.1％とすべきであるとして更正した。

② 無形資産の使用料（ロイヤリティ料率）について

・ロイヤリティ料率については，米国親会社が所有しているディスクドライブに係る特許権の使用料として，シンガポール子会社は売上高の１％相当額を米国親会社に支払っていた。しかし，この分についても，IRSは，それが低すぎるとして，エコノミストの意見等も参考に６％が妥当であるとして更正した。

・また，シンガポール子会社の製品には，全て米国親会社の商標（であるSeagateの名称）が付されていることから，商標の使用料として，ロイヤリティとは別途に，同子会社の売上高の２％相当額を徴収すべきであるとする更正処分もあわせて行った。

③ コスト・シェアリング契約について

・米国親会社とシンガポールの子会社は，共同で新しい技術開発をするとして，その費用を50：50の割合で負担していた。

・それに対し，IRSは，米国親会社とシンガポール子会社との間の製造数量に大きな差があるのに，この契約にはそれが反映されておらず，この契約は内国歳入規則1.482-2(d)(4)に規定する条件によりなされた真正のもの

（bona-fide）ではなく，租税回避目的でなされたものであり，容認できないとして更正した。

④ 立証責任について

なお，課税庁側では，更正処分の正しさについて自ら立証をする必要はないとしている。

これらの処分を不服とした納税者が租税裁判所に訴えを提起した。

■主な争点と当事者の主張

1　争　点

本件事案の主な争点は，いずれも独立企業間価格がいくらかという典型的な移転価格をめぐるものである。もっとも，各取引により，両当事者の主張は異なっている。そのため，以下では各取引ごとに分解してみていく。

2　当事者の主張

(1)　課税庁の主張

① 有形資産たるディスクドライブの完成品及び部品について
　シンガポール子会社は下請的機能しか果たしていない。
・米国親会社が第三者に再販売している製品の価格は毎年下落しているのに，シンガポール子会社は高い利益水準（コスト・プラス25％）のままであるのはおかしい。
・独立企業間価格は再販売価格基準法（再販売価格マイナス20％）により計算すべきである。

② ロイヤリティ料率について
・エコノミストの分析結果等からみて，本件取引に係る無形資産の適正使用料率は1％ではなく6％である。
・商標（トレード・マーク）の使用料として，別途売上高の2％相当額を徴収すべきである。

③ コスト・シェアリング契約について
　費用負担割合は製品製造量に比例すべきものである。

④ その他（立証責任）

更正通知はIRC第482条に基づくもので総額表示なので、更正処分の正しさについて課税庁側は原則として立証責任は負わない。

(2) 納税者の主張

① 有形資産たるディスクドライブの完成品及び部品について

シンガポール子会社は全てのリスクを負担している。

・シンガポール子会社の標準原価は毎年のように見直しがなされており、本件取引対価は正当なものである。

・ただし、裁判では、シンガポール子会社が第三者に販売した価格の平均値とすべきであると主張。

② ロイヤリティ料率について

競争が激しく価格低下傾向にあるディスクドライブという製品特性から、適正料率は1％、多くても3％以内である（専門家の証言も提出）。

③ コスト・シェアリング契約について

成果が不透明な研究開発に係る費用分担割合は、50：50が適切である。

④ その他（立証責任）

本件更正は、納税者が正しいと信じた取引価格や契約を無視してなされたものであり、当局が課税の適正性に関する立証責任を負うべきである。

■裁判所（租税裁判所）の判断……納税者一部勝訴（部分取消し）

租税裁判所は、納税者側及び課税庁側の主張のいずれについても斥け、独自の判断を下している。

① 有形資産（ディスクドライブ）の取引価格…納税者ほぼ勝訴

IRSは、シンガポール子会社を単なる下請（Contract Manufacturer）にすぎず、同子会社のリスクは限定的であるとしているが、同子会社が、部品（半製品）を第三者にも販売しているので同子会社は、リスクが限定された単なる下請業者であるとはいえない。

イ　部品の適正取引価格

部品については、責任が限定されている他の下請業者（同業他社）でも、製造原価に対し10％〜20％のマークアップ率を得ている。これらのデータからみて、よりリスクの高い仕事をしているシンガポール子会社のマークアップ率は、少なくともそれらの下請業者の最高レベルにあったはずである。具体的に

は，製造原価に20％のマークアップ（納税者は25％のマークアップで処理）した金額を独立企業間取引価格とみるべきである。

ロ　完成品の適正取引価格…双方の主張を排除

完成品については，納税者の主張する独立価格比準法及び課税庁の主張する再販売基準法のいずれも独立企業間価格の算定方法として採用できない。

《図表》Seagate事案のイメージ図

〔事案の概要〕

親子間の取引について納税者の処理は次のようになっていた。
① 製品，部品　　子会社標準原価＋25％
② ロイヤリティ　子会社の売上高の1％
③ コスト・シェアリング　50（親会社）：50（子会社）

〔課税庁の更正〕

・製品＝親会社の販売価格－20％
・部品＝子会社のコスト＋12.1％
・子会社の売上高の6％
・さらにブランド使用料として売上高の2％
・同左の契約は，租税回避目的のためだけであり無視されるべき（少なくとも数量比按分方式によるべき）

〔裁判所（租税裁判所）の判断〕

① 製品，部品
　　（いずれの主張も排除）
　　・製品＝関連者間取引と第三者への平均売却価格の平均のいずれか低い価格
② ロイヤリティ
　　（いずれの主張も排除）
　　・最良の判断により3％
③ コスト・シェアリング
　　・関連製品の売上高比　25（親会社）：75（子会社）

ディスクドライブ市場は，顧客（特にIBM）の力が大きく，各メーカーが価格引下圧力にさらされていることから，本件係争に係る関連者間取引価格と，シンガポール子会社が非関連の第三者との間の取引において非関連者から支払われた最低平均価格のうちのいずれか低い価格をもって独立企業間価格とすべきである。

② ロイヤリティ料率…双方の主張を排除し，裁判所が料率を独自に算定

課税庁側の主張する6％という料率は高すぎる（unreasonably high）。他方，納税者側の主張する1％という料率は低すぎる。

専門家の意見では，ディスクドライブやコンピュータ付属部品用の技術に係るロイヤリティ料率は，1％～5％が一般的であるが，本件の場合，それに販売用無形資産を上乗せするのが相当である。その結果，本件取引に係る独立企業間のロイヤリティ料率は，「裁判所の最良の判断（using our best judgement）」により，3％が相当である。

③ コスト・シェアリング契約…考え方自体については納税者の方式を採用

コスト・シェアリング契約における費用負担割合が生産量の割合によるべきとの課税庁の説は採用できない。この点についての納税者の主張には一理ある。しかし，納税者の主張する50：50という負担割合は，売上高に見合っていないので採用することができない。。

本件の場合，当裁判所の事実認定によれば，ディスクドライブの生産拠点をシンガポールに移転して以降，納税者に当該研究開発から生じるベネフィットの殆ど全てがシンガポールに帰属することになると認められる。

また，本件の比較対象となるコスト・シェアリング契約に関し，納税者，課税庁のいずれの側からも根拠となるデータの提出がなかったので，裁判所としては「最良の判断」により，本件の費用負担割合を親会社25，子会社75とするのが相当であると考える。

④ 立証責任

一般的にいえば，本件のような係争事案において立証責任を負うのは原告側である（IRC第142条(a)及びWelch v. Helvering, 290 U.S. 111（1933））。

ただし，被告側（IRS）が当初の処分を維持するため，当初の処分時と異なった理由等を持ち出す場合には，その限度で被告側が立証責任を負う（Achiro v. Commissioner, 77 T.C. 881, 889-891（1981）及びYamaha Motors Corp. US.

v. Commissioner, T.C.Memo. 1992-110, Stewart v. Commissioner, T.C. Memo. 1982-209 aff'd 714 F.2d 977（9th Cir. 1983））。

　本件の場合，被告は訴訟段階で新たな主張を行っておらず，当初の更正処分を後日さらに増額した更正処分もしていないので，被告側は，新たな立証責任は負わないと解するのが相当である。

■解　説

　本件は，移転価格課税で問題となるほとんど全ての分野（役務提供取引を除く。）をカバーする形で争われる形となった初めての事案である。

<u>はじめに</u>

　まず問題となったのが，シンガポール子会社の負っているリスクについてである。

　近年，本邦企業が中国やインドなどに設立した製造子会社をめぐって，現地の税務当局からこの種の問題が提起されることが多くなってきている。特に，それらの子会社が長期にわたって赤字を計上している場合，現地の税務当局は，これらの会社の負っているリスクが限定されているとみなしたうえで，これらの企業はリスクが限定された下請企業（Contract manufacturer）にすぎないので一定水準の利益が現地に生まれているはずだとして課税するというものである。

　本件の場合，それとは逆で，現地サイドの利益が高すぎるということで，親会社の所在地国である米国で問題とされた。

　そのような点からすれば，本邦企業による中国やインドへの進出企業に生じる問題と若干視点は異なる。しかし，製造子会社の移転価格課税問題を考える場合，常にリスク負担の問題がついてまわってくる。その点で本件事例は参考になる。

<u>①　有形資産に係る独立企業間取引価格</u>

　本件で問題とされた有形資産の取引も，本邦企業にとって大いに参考となるものである。というのも，わが国の企業の海外進出の場合，その殆んどがわが国と進出先国との人件費等の差に着目した製造部門の海外移転だからである。

　本邦企業による製造部門の海外子会社への移転の場合，現地子会社の設立後しばらくの間は，現地で製造した製品や部品の殆んどを本邦の親会社が引き取

り，それを第三者に販売するという取引形態が採用されるのが通例である。そして，その後，現地子会社での製造レベルが一定の水準に達したところで，現地子会社から第三者に対する直接取引がスタートするという形がとられる。しかし，主たる取引先は依然として親会社である。本件は，そのような段階で問題となった。同じような状況は本邦企業による中国やインドへの進出でもひんぱんに生じる。

本件では，有形資産（ディスクドライブ）の取引価格の算定方法は，納税者の採用している原価基準法ではなく再販売価格基準法によるべきであるとする税務当局の主張が斥けられている。しかし，類似のケースにおいて途上国で問題とされ，このような形で課税を受けた場合，納税者が進出先国の国内法で救済を受けられる可能性は殆んどない。また，相互協議による救済も，極めて困難である。他方，本件と同じように親会社所在地国である日本側で課税された場合，困難性は若干減少するが，たとえ相互協議で救済が成立したとしても，相手国側で対応的調整を受けられる可能性は殆んどないであろう。

本件事案では，部分的にしろ救済が受けられたが，それは課税が先進国サイドで行われたものであり，かつ現地企業が軽課税国であるシンガポールとの間の取引だったため可能になったものと考えられる。それに対し本邦の現地子会社が中国やインドなどで課税された場合，このような形での救済は受けられないと考えておいた方がよさそうである。

② ロイヤリティ料率

親子会社間における無形資産の使用に伴う適正対価をいくらにすべきかという問題は，途上国に進出している本邦企業にとっても極めて難しい問題である。

本件事例でも，納税者と課税当局の間には，大きな差があった。本件では，租税裁判所が比較対象企業等のデータに基づき独自の判断で適正料率を算定しているが，途上国で本件と同じようなトラブルが発生した場合，納税者が課税に問題ありと思ったとしても，反証のためのデータ入手は殆んど不可能である。したがって，相手国の国内法による救済は殆んど期待できない。

③ コスト・シェアリング契約

途上国に進出している本邦企業でコスト・シェアリング契約を締結しているところは，現在のところはそれほど多くない。しかし，現地への技術移転があ

る程度進んだ段階では，この種の契約を締結し始めている。

本件事例では，親子間の負担割合を決める際，租税裁判所独自のアイデアを「最良の判断」であるとして25：75の比率が適正であるとしている。

しかし，どのような理由でそうなったのかについての説明はなされていない。

その結果，これと類似したような事例が本邦企業と現地子会社との間に生じた場合，現地の税務当局からの課税に対する反論は極めて困難である。しかも，国内救済手続きにも相互協議にも救済が期待できないため，納税者としてはその課税を甘受せざるを得なくなる。

本件事例を含め，従来，この分野については，主として先進国の側での関心事項とされてきた。しかし，今後は途上国サイドで問題とされる可能性が急激に高まってきている。しかも，途上国サイドでは，研究開発の成果は本件のように，製造数量等に応じたものでなく，研究を実質的に主導している親会社が負担すべきであるといってくる可能性が高い。

④ 立証責任

移転価格課税をする場合，わが国では課税庁側が立証責任を負うこととされている（例えばアドビ事件）。

それに対し，進出先国の中には米国などと同様に納税者側にあるとされていることも多い。

その点で，進出企業にとって注意を要すべき問題である。

第10章　移転価格税制

⑨⑦ コスト・シェアリング契約（バイ・イン）でCUT法が認められた事例
―Veritas Software Corp. v. Commissioner, 133 T.C. No.14（Dec 10, 2009）―

■概　説

　移転価格税制の分野で最もトラブルの生じ易いのが無形資産を含む取引である。

　それは，無形資産自体がユニークなものが多いことから，比較対象取引をみつけることがむずかしいためである。

　なかでも，コスト・シェアリング契約（CSA又はCCA）に基づく中途加入（いわゆる「バイ・イン契約」）又は中途脱退（いわゆる「バイ・アウト契約」）をめぐっては，対象となる資産そのものをどのように，また，いくらに評価するかをめぐって，種々難しい問題が生じてくる。

　そのため，例えば，OECDの移転価格ガイドライン（2010年改訂版）では，第8章（費用分担契約：Cost Contribution Arrangement）で，「CCA活動の便益の全部又は一部が現在ではなく将来に実現することが期待される場合には，貢献の配分は，参加者の便益のシェアに関する見通しを考慮したものとなろう。」としている（パラ8.20）。そして，「その貢献のシェアが予測便益全体に占める参加者のシェアと等しい場合には独立企業原則に従っているが，報酬等がそれに見合っていない場合には調整的支払が必要になる。」としている（パラ8.26）。

　また，既に活動しているCCAに新たに参加する企業には，当該CCAを通じて開発された無形資産，開発途上の作業及び過去のCCA活動により得られた知識といった知識等の一部が新しい参加者に移転するので，新規参加者はその分について既存メンバーに補償しなければならないこととされている。

　いわゆる「バイ・イン支払」がそれである。

　今回問題となったのも，この「バイ・イン支払」が妥当な価額だったのか否

かという点である。

■事案の概要

①　原告（Veritas社）は，米国に本拠を置き，ソフトウェア製品の製造，販売及び先進データ保存等を業とする者である。2000年以前には，グループの事業活動は殆んど米国内に限られていた。しかし，同社幹部は，売上増大のためには海外マーケットの開発が不可欠であるとの認識の下，労賃コスト，雇用法，労働者の質の問題，税問題等を考慮のうえ，海外業務展開の拠点をアイルランドに置くことを決定した。

1999年11月3日，Veritas社は，アイルランドの子会社で，税務上はバミューダの居住法人として扱われる持株会社（VSHL社）を100出資の子会社として設立するとともに，VHSL社が100％の株式を有するアイルランドの研究開発子会社（VSIL社）との間で，研究開発契約（Research and Development Agreement：RDA）及び技術ライセンス供与契約（Technology License Agreement：TLA）を締結した（図表を参照）。

そのうち，技術ライセンス供与契約（TLA）では，VSIL社がVeritas社に対しロイヤリティの頭金を支払う契約となっていた。

同契約に基づき，VSIL社は，1999年親会社であるVeritas社に630万ドルを支払った。2000年に至り，VSIL社は，バイ・イン契約に基づき，Veritas社に1.66億ドルを一括で支払った。

2002年，Veritas社とVSIL社は，その支払金額を1.18億ドルとすることで合意した。Veritas社は，この改訂後合意契約に基づき，2000年分の申告につき更正の請求をした。

この金額を計算するに当たり，両当事者は，内国歳入規則§1.482-4(c)に規定する独立取引基準法（Comparable Uncontrolled Transaction Method-CUT Method）を採用していた。

②　この契約締結後，VSIL社は急拡大し，2004年には30ヶ国以上に1,500人を超える従業員を有するまでに至り，同社の収入も，1999年当時に見込んでいた金額の5倍に達した。

さらに，1999年から2006年の間に，VSIL社は販売管理費として13.74億ドルを投入したが，それらのうち，Veritas社に対しコスト・シェアリングの対価

として6.76億ドル，顧客サービス費として4.56億ドル，一般管理者として1.46億ドルを支払っていた。

③　2006年3月29日，IRSは，Veritas社に対し，内国歳入法第482条に基づき250億ドル（約2,500億円）の更正処分を行った。

うち，7.04億ドルは2000年分，5,400万ドルは2001年分としてのものであった。

ちなみに，更正処分の通知内容は，エコノミスト（Brian Becker）の採用した利益法，マーケット資本化法に基づくものであった。

④　同年6月26日，Veritas社は租税裁判所に対し，本件については納税者が採用したCUT法が最適であり，IRSの処分なあまりにも恣意的で不合理なものなので取り消されるべきであるとの訴えを提起した。

■主な争点と当事者の主張

1　争　点

本件事案の主な争点は，本件バイ・イン契約に伴って支払われる適正対価はいくらであるべきかという点である。

2　当事者の主張

(1)　納税者の主張

原告（Veritus社）は，本件取引には，比較対象として同社が第三者との間の同種の取引（OEM取引）が存在しており，それらをベースに計算すれば，適正対価は，納税者が採用した1.18億ドルになるのが正しい。

その裏付けとして，原告側では，この分野の専門家であるW. Bauwol氏を証言者として招き，本件コスト・シェアリング契約は，Veritas社がOEM先の非関連者「Sun社，HP社，デル社」等との間のソフトウェア使用に係る一括支払契約をパラメータとして用いるのが担当であると主張する。

ちなみに，W. Bauwol氏の証言では，無形資産の有効期間は有限で，ディスカウント・キャッシュ・フロー法が採用されていることなどから，本件取引に係る独立企業間のバイ・イン契約は，OEM先の非関連者との取引価格をベースにCUT法により計算すると，9,900万ドルから3.15億ドルになる。

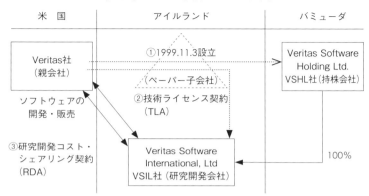

《図表》Veritas事案のイメージ図

※△印の法人は，設立地はアイルランドであるものの，税務上はバミューダ法人として扱われる。

〔事案の概要〕

① 1999年
11月3日…Veritas社（米国親会社），アイルランド子会社で税務上はバミューダ持株会社（とされる子会社，VSHL社）及び，アイルランドに研究開発会社（VSIL社）を設立。
② 同年　　…VSIL社，Veritas社との間のコスト・シェアリング契約締結に伴う既存の無形資産及びバイ・イン契約の対価として2000年に630万ドルを支払う旨を約束。
③ 2000年　…VSIL社，コスト・シェアリング契約締結に伴うバイ・インの一括払いとして1.66億ドルを支払う。
④ 2002年　…バイ・イン契約の見直しとして②にさかのぼり②の契約を1.18億ドルに訂正。
⑤ 2006年　…IRS，上記対価の支払いにつき，見込収益法（無形資産の価値は永久持続，市場規模：年15％程度拡大，割引現価率（13.7％））を前提に，本件バイ・イン契約に係る適正価格は25億ドルであるとして更正（後に約15億ドルに減額）。
⑥ 2006年
6月20日…Veritas社，米国租税裁判所に更正処分の取消しを求め訴訟提起。

〔争　点〕

コスト・シェアリング契約への中途参加（バイ・イン）に伴う適正対価はいくらであるべきか。
・納税者の主張…支払対価1.18億ドルは資産価額等をベースに，CUT法により適正に計算されたものであり，IRSによる是正はおかしい。
・課税庁の主張…更正処分（当初25億ドル，後に15億ドルに減額）はエコノミストの計算をベースに見込収益法により計算されたものであり相当である。

〔裁判所（租税裁判所）の判断〕…納税者勝訴

① 本件事例には，納税者の主張するCUT法を適用すべきである。
② IRSの主張する見込収益法は，使用可能期間，割引率，成長率等において誤っており採用できない。
③ 無形資産の使用可能期間は4年（IRSは永久と主張），割引率は20.47％（IRS主張は13.7％）が相当である。

(2) 課税庁の主張

それに対し，IRSは，裁判開始後，それまでの主張を一部差し控え，次のように主張した。

① 2007年10月11日，IRSは，租税裁判所に対し，バイ・イン支払の適正対価算定法として，従前の主張であった利益算定法及びそれをベースにしたマーケット資本化法に代えて，実質所得計算法（actual income figure）の採用を考えている旨を通知した。

② さらに，2008年3月7日，IRSは，John Hatch氏によって準備されたペーパーに基づき，バイ・イン契約に基づく一括支払の適正額を16.75億ドルとするレポートを租税裁判所あてに提出した。ちなみに，そこでは，無形資産の存続期間について，納税者の主張していた4年間ではなく，永久に持続するものである。また，割引率についても，納税者の主張する年率20.47％ではなく，13.7％になると主張する。

また，このアプローチを採用するに当たり，Hatch氏は，本件契約は事業の地域的なスピン・オフ（分割）に当たるので，Veritas社からVSIL社にどのような資産が移転したのかについて言及することなく，総額で判断することが重要だとの意見を表明している。

③ 2008年3月21日，IRSは，バイ・イン支払には親会社であるVeritas社のマーケティング・チームやR&Dチームへのアクセス，ヴェリタス商標使用権，顧客情報ベース，顧客リスト，配送チャネル等の使用料等も含まれる旨を追加主張した[1]。

---

(1) 訴訟段階で示されたIRSのこのようなポジションは，1995年に制定され，2005年の規則案にも盛り込まれた「バイ・イン支払いに対する調査員への指針（Coordinatad Issue Paper：略称CIP）」に沿ったものである。
　　ちなみに，そこではコスト・シェアリング契約の下における無形資産の評価に当たっては，一般的には所得法（income method）と取得価格法（acquisition price method）が最適であると結論付けている。
　　ただし，そこでは特別な状況等があれば，財務省規則§1.482-6で規定するCUT法や残余利益分割法の適用も認められるとしている。

■裁判所（租税裁判所）の判断……納税者勝訴

租税裁判所は，バイ・イン契約に関し，事務処理要領（CIP）という形で担当官に示されているIRSの基本スタンスにふれることなく，本件に対するIRSの更正通知は「恣意的（arbitrary）で，納税者にとって予測不可能（capricious）であり，不合理である。」として，IRSの主張を全面的に斥けている。

また，原告（Veritas社）の採用している「CUT法」については，「若干の調整は要するものの，バイ・イン支払対価の算定方法として，必要かつ最も適切なものである（with some adjustments［was］the best method to requisite buy-in payment）。」と結論付けている。

そのうえで，Veritas社がVSIL社に提供した無形資産の耐用年数についても，IRSの主張するような永久のものではなく，最長でも4年間であり，割引率も，13.7％ではなく20.47％が相当であるとしている。

■解　説

本件は，コスト・シェアリング契約（CCA）において，納税者の主張が一部認められた「Xilinx事案（Xilinx. Inc. v. Commissioner, 125 T.C. No.4（2005）…納税者勝訴，9th Cir. May 27, 2009…納税者敗訴）」に次ぐ重要な事案である。

ちなみに，「Xilinx事案」においては，コスト・シェアリング契約において，従業員に付与されているストック・オプション権をコスト・シェアリング契約の対象となる費用にみるか否かが争われた。

具体的には，親会社から子会社に出向していた社員に付与されたストック・オプション権に関する費用を，コスト・シェアリング契約において親会社の負担とすべきか否かという点である。

納税者は，これをコストに含めていなかった。そのため，利益のうち子会社の取り分が結果的に多くなっていた。

それに対し，IRSがこの種の費用は親会社が負担すべきものなので，親会社が得る将来便益はその分だけ多くなるとして否認したことから争いとなった。

Xilinx事案では，租税裁判所段階では納税者の主張が認められたものの，控訴審（9th Cir.）では逆転判決でIRSの更正処分が是認されている。

これを受けて，財務省規則§1.482 - 7が改正され，ストック・オプションに

係る費用については，コスト・シェアリング契約上，親会社の負担となる旨が明記された。

　Xilinx事案の判決等からすると，本件（Veritas事案）判決も，租税裁判所での判断であり，IRSが控訴していることから，最終的にはXilinx事案と同様に，逆転判決が出される可能性もある。

　しかし，本件判決は，IRSの実務のみならず，わが国の同様の事案にも大きなインパクトを与える可能性が高い。そこで，コスト・シェアリング契約についていまだ明確な方向性がみえない状況下ではあるが，あえて紹介することとした次第である。

第10章　移転価格税制

�98　国外関連者とのコスト・シェアリング契約における従業員ストックオプションの扱いが争われた事例
—Xilinx Inc. and Subsidiaries v. Commissioner, 125 T.C. No.4 (2005)—

■概　説

　わが国の移転価格事務運営要領では費用分担契約においては「将来見込まれる便益（expected benefits）」がどの程度になるのかと並んで，負担すべき費用の算定をどのように行うべきかが重要なポイントとされている。しかし，従業員に対するストックオプションの扱いによって，各当事者の負担割合が大きく変わってくる。そこでここでは，それの取扱いが問題となった。

■事案の概要

　Xilinx Inc.（以下「Xilinx社」という。）は，フィールド・プログラム・ロジテック・デバイス等のソフトウェア・システムを開発，製造しており，同社の子会社Xilinx Ireland.（以下「XI社」という。）は，ヨーロッパでロジック・デバイスを製造，販売している。

　Xilinx社とXI社は，1995年4月に，当事者によって共有される「新規テクノロジー」開発のためテクノロジーコスト・リスク分担契約（以下「費用分担契約」という。）を締結した。費用分担契約は，財務省規則§1.482-7に定める適格費用分担契約の要件を満たす内容になっていた。各当事者の研究開発費の分担割合は，新規テクノロジーから見込まれる便益（expected benefits）に基づいていた。両当事者は費用分担契約を毎年見直して，費用分担比率の調整が必要かどうかを決定することについてあらかじめ合意していた（同契約4）。分担対象コストには，直接費，間接費及取得された知的財産に関する費用が含まれていた。後述するとおり，Xilinx社はESOに帰属する額を研究開発費に含めていなかった（同契約4，5）。

　Xilinx社とXI社は，1996年3月31日に，ストックオプション関係会社間契約

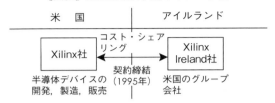

《図表》Xilinx Inc.事案のイメージ図

〔事案の概要〕
1　コスト・シェアリング契約の内容
・新デバイスの共同研究開発と成果の共有
・当該研究開発で生じた直接的費用及び間接的費用を両社の見込成果と割合に基づき分担する。
2　Xilinx社の処理
・研究開発要員にストックオプション権を付与（1996年〜1999年）
・同上に要するコストにつき税務上損金に算入していたが，財務諸表上は費用に計上していなかった。

〔争　点〕
研究開発要員に付与されたストックオプション権に伴う費用（約105.5万ドル）をコスト・シェアリングの分担対象コストに含めるべきか否か。
・納税者の主張…含めるべきでない。
・課税庁の主張…含めるべきである。

〔裁判所（租税裁判所）の判断〕…課税庁敗訴

含めなくても差し支えない。
⇩

〔課税庁の対応〕
コスト・シェアリング契約にはストックオプション費用も含めるべしと財務省規則を改正（2003年8月26日。同規則§1.482-7）。
※2005年8月公表の新規則案で新提案。

と従業員株式購入プラン払戻契約（以下「ESO契約」という。）を締結した。この契約に基づき，Xilinx社はXI社の従業員に対し自社（Xilinx社）のストックオプション権を提供した。XI社は，当該ストックオプションに関するコストの支払に同意していた。当該コストは，行使日（XI社の従業員がオプションを行使した日）現在の株式の公正市場価額の，行使価格（従業員に対する株式の付与価格）超過分とされていた。当該ストックオプションの行使価格は，当該株式が従業員に付与された日現在の当該株式の公正市場価額相当に設定されていた。

Xilinx社は，一般に公正妥当と認められる会計原則に従ってストックオプシ

ョンの費用を計上していた。米国ではESOの価値評価は困難であるため，（米国で）財務報告基準を設定している財務会計基準審議会では，納税者が本源的価値法（Intrinsic Value Method：以下「IVM」という。）又は公正価値法（Fair Market Value Method：以下「FVM」という。）のいずれかを使用することを認めている。IVMでは，ESOの価値は株式の市場価格と従業員に対する付与日現在の行使価格との差額として推定される。FVMでは，納税者はオプション価格設定モデルを使用して公正価額を推定することを要求される（同基準13）。Xilinx社はIVMを使用したが，XI社の従業員に発行された株式の市場価格は行使価格と同一であったためESOのコストを計上しなかった。

IRSは，異なる評価方式を用いて，Xilinx社とXI社の間で分担すべきスプレッド（株式の市場価格と行使価格の差額）があったと判断した。その判断結果に基づき，IRSはXilinx社の所得に調整を加えた（租税裁判所判決要旨15-16）。

■主な争点と当事者の主張

1 争　点

本件事案の主な争点は，関連者間の費用分担契約（cost sharing agreement）上，従業員に付与された従業員ストックオプションの費用をどのように扱うべきかという点である。

2 当事者の主張

(1) 課税庁の主張

課税庁（IRS）は，当該費用を関連者間で配賦されるべき研究開発費として取り扱った。すなわち，IRSは，ESOはその役務が無形資産の開発に貢献した従業員に対する報奨として付与されたものであるため，研究開発費として取り扱うべきであると主張した。

(2) 納税者の主張

それに対し，納税者（Xilinx社）は，現金の支払が行われていないため，ESOが付与された時点では費用は発生していないと反論した。Xilinx社はさらに，費用があるとすれば，それはESOの行使によって同社における持分が希薄化される株主に発生すると主張した。同社はまた，ESOの費用はプログラマブ

ル・ロジック・デバイスに関する研究に関連するものではないと主張した（同要旨25）。

IRSは，Xilinx社に発生した実際のESOコストについて，ESO契約の条件に従ってXilinx社とXI社にこれを配賦したため，更正処分は自動的に独立企業間価格になっているという立場をとった。その上で，IRSは，比較可能な取引を参照する必要はないと主張した（同要旨27-28）。

> **参考　内国歳入法第482条の規定**
>
> 「総所得，損金，控除又は引当金の〔関連者〕…間での配分，割当又は配当については，かかる配分，割当又は配賦が租税回避を防止し又は…〔かかる関連者の〕所得を明確に反映させるために必要である…と判断した場合にこれを行うことができる。」
>
> 「第482条は，関連納税者の真の課税所得を決定することによって，関連納税者と非関連納税者を税務上同等に扱っている。」（財務省規則§1.482-1(a)(1)）。
>
> また，財務省規則は次のように定めている。
>
> 「関連納税者の真の課税所得を決定するに当たり，すべてのケースにおいて適用されるべき基準は，非関連納税者と独立の立場で取引を行っている納税者の基準である。関連者取引は，その結果が，非関連納税者が同様の状況で同様の取引を行った場合に実現したであろう結果（独立企業間取引契約）と一致する場合には，独立企業基準を満たしている。しかしながら，同様の取引を特定できることはまれであるため，ある取引が独立企業間価格で行われた契約取引と同じ結果をもたらしているか否かは，通常，比較可能な状況で行われた比較可能な取引の結果に照らして判断される。」（同規則§1.482-1(b)(1)）。

■裁判所（租税裁判所）の判断……納税者勝訴[1]

(イ)　租税裁判所は，費用分担契約に適用される財務省規則§1.482-7に定める費用分担契約におけるコストの配賦は，独立企業基準に則していなければならないと判示した（同規則§1.482-1(a)(1)及び§1.482-7。並びに同要旨27-28）。その上で，当事者の証言を検討の上，たとえ非関連者であったとしても，IRSが主張したようなコストの分担は行わないであろうと判示した（同要旨33）。

---

(1)　その後控訴審（第9巡回控訴裁判所）で逆転敗訴（9th Cir. May 27, 2009）。

(ロ) 租税裁判所がこのような結論を出すに至ったのは，納税者サイドから次のような証拠提示と追加主張があったためである．
① 行使価格と行使日現在の株式価格とのスプレッドは大幅に変動することがある。株式価格は多様な市場要因の影響を受けるため予測不能である。行使価格は設定されているものの，スプレッドの大きさは従業員がオプションを行使する時期にも左右され，会社はこの行為をコントロールすることはできない．したがって，スプレッドを決定するのは契約当事者ではなく，市場と従業員の行為である．Xilinx社側の専門家は，非関連者はそのような状況で進んでコストを分担することはないであろうことを示す説得力のある証拠を提示した（同要旨35-37）．
② さらに，Xilinx社側の専門家は，スプレッドが分担されたならば，それは当事者同士を対立させる効果をもたらしたであろうことについて説明した。費用を分担するパートナーは，スプレッドを小さくするために，相手方の会社とその株式の価値を減少させることを望むはずである．独立の立場で事業を行う当事者は，そのような行動を促す契約を締結しないと考えられる（同要旨37-38）．

■解　説

本件事案において，Xilinx社とXI社は，無形資産を公開するため費用分担契約を締結し，各当事者はそれぞれに見込まれる便益に基づいて開発費を分担することとしていた．Xilinx社は費用分担契約に伴う開発費としてESO費用を含めていなかったが，租税裁判所は，非関連者間でもこうした費用を分担しないと考えられるため，同社の取扱いは正しかったと結論付けたのである．

ただし，本件は控訴審において逆転判決となり，納税者が敗訴している（9th Cir. May 27, 2009）．

しかし，その後本件で問題となった財務省規則§1.482-7が改正され，現在ではESOに係る費用も費用分担契約の対象となる旨が明示された（同規則§1.482-7(d)(1)(iii)）[2]．

---

[2] また，同改正規則では，「すべてのコスト」要件は独立企業基準に則している旨もあわせて明示された（同規則§1.482-7(a)(3)）．

第10章　移転価格税制

�99　外国親会社に対して発出された行政召喚状の効力（人的管轄権はあるが，執行力は有しない）
—United States v. Toyota Motor Corp., 51 AFTR 2d 83-1146(1983)—

■概　説

「行政召喚状（administrative summons）」は，国内取引に係る調査困難事案だけでなく，国外関連の取引が内国歳入法第482条に定める独立企業原則に従って行われていたかどうかについて判断するためにも発出される。

それでは，その対象が外国親会社であった場合はどうなるのであろうか。それが直接問題となったのが，米国内国歳入庁（IRS）が米国トヨタ自動車販売（以下「米国トヨタ」という。）及びトヨタ自動車（以下「日本トヨタ」という。）に対して発出した行政召喚状をめぐる争いである。

■事案の概要

内国歳入法第482条の規定に基づき，IRSは，米国トヨタに対し移転価格に係る税務調査を実施した。その際，米国トヨタが日本トヨタに所得を移転していたかどうかを判断するため，IRSは，行政召喚状により米国トヨタに対し，日本トヨタが保有しているとされる，1975年から1978年の日米両国におけるトヨタ車両の販売に関する書類及び記録の提出（計15件）を求めた。本件係争に係る召喚状は，当該年度の米国トヨタの税務申告に関するIRSの税務調査の過程で発出された。

これに対し，納税者サイドでは，以下のような理由から，米国裁判所は日本トヨタに対して人的管轄権を有さないと主張して，IRSの召喚状執行に対し，いくつかの手続上及び法令上の根拠に基づく異議申立てを行った。

① 日本トヨタは，日本の法律を設立準拠法としていること
② 本店及び主たる営業所を日本に置いていること
③ トヨタ車両の販売はすべて日本渡しであること

④ 米国への出荷及び米国内での頒布はすべて米国トヨタが行っていること
⑤ 米国におけるトヨタ製品のマーケティング及び広告宣伝はすべて専ら米国トヨタが行っていること

■主な争点と当事者の主張

1 争点

本件事案の主な争点は、外国法人たる日本トヨタに対し、米国の裁判所が人的管轄権を有するか否かという点（争点1）と、国外所在文書に対し、米国の裁判所が執行力を有するか否かという点（争点2）である。

2 納税者の主張[1]

日本トヨタは、そのいずれについても、米国の裁判所にはその権限がないと主張した。

■裁判所（連邦地方裁判所）の判断
……争点1については納税者敗訴、争点2については納税者勝訴

1 争点1：日本トヨタに対する人的管轄権

連邦地方裁判所（カリフォルニア州中部地区管轄）は、内国歳入法第7604条(a)に基づき、同裁判所は日本トヨタに対する人的管轄権を有すると判示した。当該条項は、内国歳入庁は「召喚を受けた者が居住し又は見いだされた場所の地方裁判所」において召喚を執行する申立てを行うことができると定めている。

本件訴訟において、日本トヨタが日本の法律に基づき設立され、日本に主たる営業所を置いているため、日本に「居住している」ことについては争いがない。したがって、裁判での争点は、管轄権の目的上日本トヨタをカリフォルニア州中部地区に「見いだす」ことができるかどうかが中心となった。連邦地方

---

[1] 本件事案は通常の課税処分取消訴訟のように課税庁が一方の当事者になるという事案ではない。したがって、他方の主張はなく、裁判所が直接自己の考え方を示すという形で判断がなされている。

裁判所は,「見いだす (found)」という文言を広く解釈し, 裁判所の管轄権が, 少なくとも議会からIRSに付与された召喚権限をカバーすることを確保することにあったとの判断を示した。連邦召喚規定 (IRC第7602条[(2)]) に基づくIRSの召喚権限は, IRSが米国税法を執行する責務を効率的に遂行することができる程度に広く, 米国子会社の課税に関する情報を海外の親会社に要求する権限が含まれているため, 同裁判所はかかる召喚権限に関する裁判所自身の管轄権も当該海外の親会社に及ぶはずであるとの判断を示した。

　その上で, 連邦地方裁判所は, 日本トヨタに対し管轄権を行使した場合, 米国憲法に定める手続の正当性要件に反するかどうかという問題を取り上げた。この点について, 同裁判所は, 米国の「手続正当性条項 (due process)」は, 日本トヨタがカリフォルニア州中部地区において業務を行う権利を意図的に利用したことのみをもって満たされるとの判断を示した。また, 同裁判所は, 日本トヨタの製品が親会社から直接ではなく, その全額出資子会社を介して米国市場に到達していたという事実は, 手続の正当性を判断する上で重要ではないと判示した。すなわち, 日本トヨタが, その車両が米国で販売されることを承知し, かつ意図しており, かかる販売の促進を積極的に行っていた限りにおいて, 日本トヨタに対する召喚状発出のための手続の正当性要件は充足されていたとの判断であった。

　さらに, 連邦地方裁判所は, 行政召喚状の発出は日本トヨタの米国関連業務, すなわち米国での物品販売に直接関連しているため, 日本トヨタに対する裁判所の人的管轄権は「手続の正当性条項」に抵触しないとの判断を示した。

---

(2)　内国歳入法第7602条の該当規定は次のように定めている。
　　「税務申告の妥当性を確認し,〔あるいは〕内国歳入税の納税義務を判断する目的上,〔財務〕長官又はその代理人〔内国歳入庁等〕は以下の権限を有する。
　(1)　かかる調査に関連し又は重要な帳簿, 書類, 記録その他のデータを検討すること。
　(2)　納税義務を有する者若しくはかかる行為履行を要求される者, 又はかかる者の役員若しくは従業員, 又は納税義務を有する者若しくはかかる行為履行を要求される者の事業に関する記入が行われている会計帳簿を占有し, 保管し若しくは管理している者その他長官若しくはその代理人が適切であると判断した者に対し, 召喚状に記載された時間と場所に出頭し, かかる調査に関連し若しくは重要な, かかる帳簿, 書類, 記録その他のデータを提出し, 宣誓の上かかる証言を行うことを求めること。
　(3)　かかる調査に関連し又は重要なかかる者の証言を宣誓の上録取すること。」

2　争点2：国外所在文書の提出

　IRSは，連邦地方裁判所に対し，行政召喚状において要求されている文書提出を日本トヨタに強制するよう求めた。これに対し，日本トヨタは，行政召喚状において要求されていた書類の一部を提出したが，他の書類については既に存在しないか，あるいは要求範囲が広すぎるため提出命令に従うことはできないと主張した。

　日本トヨタが既に存在しないとした特定の文書は，当該課税年度（1975年から1978年）に関するモデル別の原価記録と，日本トヨタから米国トヨタに請求された移転価格の算定に使用された要素について説明した文書であった。連邦地方裁判所は，連邦政府（具体的にはIRS）が，かかる文書が既に存在しないとする日本トヨタの主張に反論する資料を何ら提出していないため，日本トヨタに対して存在しない文書の提出を強制する命令を下すことはできないとの判断を示した。

　また，連邦地方裁判所は「日本トヨタから米国トヨタに対して出されたすべての命令（order），指示（directive），指図（instruction），要求（command）及び諸規則（regulations）をすべて提出する」ことを日本トヨタに求めたIRSの召喚状は，日本トヨタに対して執行力を持たない（unforceable）と判示した。同裁判所は，IRSに召喚状の発出権限を付与している連邦法（内国歳入法）は，文書の提出を合理的な明確性（reasonable certainty）をもって行うことを要求している点を指摘した。その上で，本件の場合IRSの文書提出要求は範囲が広すぎ，提出すべき記録に関する説明が十分な具体性に欠けるため，日本トヨタに対しどの文書の提出を求めているのか判断できないとした。同裁判所はさらに，当該行政召喚状により提出を要求された文書の多くは，IRSの税務調査との関連性がないとも指摘した。

■解　説

　保管していない記録の提出を日本トヨタに強制することはできないとする争点2に関する判決等を受けて，米国議会は，米国で事業を行う外国法人と外国法人によって支配されている米国法人による情報申告を要求する主要な連邦法（IRC第6038A条）を改正した。当該法改正では，国外関連者間の課税上

の取扱いを決定するために適切な記録は申告法人（すなわち米国納税法人）又は申告法人の依頼を受けた別の法人が保管することを義務づけるという要件（いわゆる文書提出義務規定）が追加された。

また議会は，記録保管又は記録提出に関する新たな要件を遵守しなかった場合に，IRSが米国の納税法人に対して要求できるペナルティについても大幅に引き上げた。

■わが国の参考判例，裁決例等

視点は若干異なるが，わが国の課税権がどこまで及ぶのかについて，次のような判例がある。

① 東京地裁昭和36年11月9日判決（昭和34年（行）第139号）・行裁例集12巻11号2252頁

「竹島にあるりん鉱採掘権についての鉱区税の賦課徴収権は，その所在地域に対する統治権が失われたものではなく，その行使が事実上不可能となったのに過ぎないから，消滅したものとはいえない。」

② 東京地裁昭和57年4月22日判決（昭和53年（行ウ）第116号）・行裁例集33巻4号838頁

「大陸棚に対する鉱物資源の探索，開発のための沿岸国の主導的権利は課税権を当然含むものであり，沿岸国は大陸棚の探索，開発またはこれらに関連する活動から生じた所得に対して課税できる。」

③ 東京高裁平成10年12月15日判決（平成4年（行コ）第133号）・訟務月報45巻8号1553頁

「外国法人に支払われた特許権の使用料につき，わが国における製造の対価と米国における販売の対価とが明確に区分できない場合は，裁量的な按分課税は原則として予定していないと考えられ，……わが国が当該外国法人に対し課税することはできない。」

第10章　移転価格税制

⑩　移転価格課税と和解
――Glaxo Smith Kline Holdings（Americas）Inc. v. Commissioner, T.C. 005750-04, 006959-05――

■概　説

　米国では，更正処分等に係る不服申立てや税務訴訟においても「和解（settlement）」が認められている。

　2006年9月11日，内国歳入庁（IRS）は，米国法人Glaxo Smith Kline Holdings（Americas）Inc.と同社の英国親会社（以下「Glaxo英国」という。）との移転価格課税紛争[1]について和解（settlement）が成立した旨を発表した。和解条件は，IRSが米国法人から和解金約34億ドルを受領するという内容である。これは，IRSが租税紛争の和解に際して1回に受領する額としては「過去最大の金額」である（Tax Analysts IR-2006-142）。

■事案の概要

　本件紛争の発端となったのは，英国で開発された新薬（ザンタック）をめぐる取引である。ザンタックは，胃酸逆流症を抑制する医薬品であるが，タガメットという同種の製品も存在している。ザンタックはGlaxo Wellcome社（以下「GW社」という。），タガメットはSmith Kline Beecham社（以下「SKB社」という。）によって，それぞれ開発・所有されていた。このうち，米国におけるタガメットの販売については，SKB社が1993年にIRSと交渉し事前確認（以下「APA」という。）を受けていた。他方，GW社は1994年に同社が開発したザンタックについてAPAを申請したが，IRSから承認を得ることができなかった。

---

[1]　Glaxo Smith Kline Holdings（Americas）Inc. v. Commissioner（租税裁判所事件番号005750-04），及びGlaxo Smith Kline Holdings（Americas）Inc. v. Commissioner（租税裁判所事件番号006959-05）。

《図表1》Glaxo Smith Klime事案のイメージ図

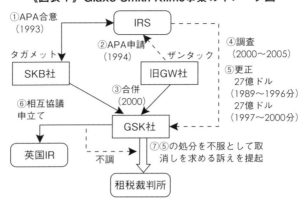

〔事案の概要〕
① 1993年，SKB社はタガメット（制酸剤）につきIRSとAPA合意。
② 1994年，旧GW社はザンタックにつきAPA申請を行うが，認められず。
③ 2000年，SKB社と旧GW社が合併。
④ このころIRSはGSK社に対しT／P調査開始。
⑤ IRSは，2004年に旧GW社の1989年～1996年度分につき27億ドル更正，2005年に1997年～2000年度分につき19億ドル更正。
⑥ 2004年，GSK社が，米英両国の権限のある当局に相互協議申立てをするも協議不調で合意に至らず。
⑦ 2005年，GSK社は，租税裁判所に対しIRSの更正処分取消しを求めて訴訟提起。

《図表2》IRSの更正内容

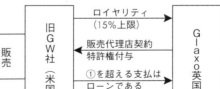

〔争　点〕

本件取引に係るIRSの更正処分は相当か。

〔和　解〕

米国法人が34億ドル相当をIRSに支払うことで和解。

GW社とSKB社は，2000年に合併し，Glaxo Smith Kline社（以下「GSK社」という。）となった。このころにIRSはGSK社に対する調査を開始した。IRSは，2004年1月に27億ドルの更正処分通知を発出したが，これは旧GW社の1989年から1996年の課税年度を対象とするものであった。2回目の更正処分通知は，2005年に，1997年から2000年を対象として19億ドルの更正をする内容となっていた。その結果，すべての年度の合計更正処分額はおよそ46億ドルであった。

　GSK社は，IRSの更正処分後に，米国と英国の権限ある当局に救済（相互協議）を求めたが，紛争の解決には至らなかった。2004年に，GSK社は租税裁判所に申立てを行った（Audrey Nutt「Glaxo社と米国IRS，34億米ドルで移転価格紛争につき和解」Tax Analysts2006年9月12日付）。

■主な争点と当事者の主張

1　争　点

　本件事案の主な争点は，米国法人旧GW社が，Glaxo英国が開発した無形資産及びGlaxo英国が所有していた商標を使用する対価として，Glaxo英国に様々な支払を行っていたことの可否及び金額の妥当性をめぐってである。

2　当事者の主張

(1)　納税者の主張

　納税者は，IRSによる2004年の27億ドルの更正処分（対象年度1989年～1996年度）と2005年の19億ドルの更正処分（対象年度1997年～2000年度）合計46億ドルの更正処分はいずれも理由がなく，取り消されるべきであり，更正処分に従って納付された18億ドル相当分は還付されるべきであると主張する。

　あわせて，米国法人旧GW社と同社と合併する前の会社（SKB社）はいずれも同時期にAPAを申請していたにもかかわらず，IRSがSKB社との間ではAPAが成立し，旧GW社との間では合意に至らない状態で調査をすることは問題であるとも主張する。

(2)　課税庁の主張

　それに対し，課税庁（IRS）は，米国法人旧GW社が米国において使用していた商標及び無形資産は，同社独自のものであり，Glaxo英国への支払は不要

だったと主張する。

また，米国内でのマーケティング活動に関し，Glaxo英国から米国法人旧GW社に支払われた対価の額は過少であったと主張した[2]。

(3) 納税者の反論

IRSの処分に対し，納税者（GSK社）は，IRSによる調整は不平等な取扱いの一例であると主張し，SKB社がタガメットについて得たAPAを差別的取扱いの証拠として挙げていた。

■裁判所（租税裁判所）の判断……和解成立

本件事案を担当することとなった租税裁判所は，更正金額を34億ドルにするという内容の和解案を提示し，納税者及び課税庁の双方がこの案を受け入れたため，本件事案はこれで終了となった（前掲Tax Analysts「Glaxo社と米国IRS，34億米ドルで移転価格紛争につき和解」）。

本件で両当事者が合意に達した34億ドルでの和解は，IRSからみると当初の課税額から約60％の譲歩に当たる。なお，今回の和解は，租税裁判所で争われた年度のみならず，2005年までの未解決の年度をも対象としたものである（前掲Tax Analysts「Glaxo社と米国IRS，34億米ドルで移転価格紛争につき和解」）。

---

(2) ちなみに，IRSが行った調整は次のようなものであった（Patricia Verbeek「ニュース分析：Glaxo Smith KlineとIRS—80億米ドルが渡されるのか？」Tax Analysts 2005年10月26日付）。
  ① Glaxo英国へのロイヤリティは15％が上限とされたが，これは，旧GW社とGlaxo英国の間の契約に定めるロイヤリティ料率を無視するものであった（ちなみに，旧GW社とGlaxo英国との契約上，旧GW社の製造コストは，Glaxoグループ全体の製造コストの約30％に設定されていた。）。
  ② Glaxo英国と旧GW社との間の1987年の販売代理店ライセンス契約は，米国で販売される対象商品に係る一切の特許権を旧GW社に付与するものであったとみなされた。
  ③ 旧GW社は，同社の由緒ある製品に付随する商標その他のマーケティング関連無形資産を所有しているとみなされ，これらの無形資産は，当該製品が米国で最初に販売された際にGlaxo英国から旧GW社に譲渡されたとみなされた。商標の事実上の所有者である旧GW社は，当該商標の使用に係るロイヤリティを支払う必要はないとされた。
  ④ 旧GW社が行っていた研究開発活動は，Glaxoグループのために行われた研究開発であり，したがって，内国歳入法第483条が適用されるとみなされた。
  ⑤ 旧GW社からGlaxo英国への支払は，旧GW社からGlaxo英国への推定上のローンとして振り替えられた。
  ⑥ 所得の調整額は，旧GW社からGlaxo英国への配当支払として振り替えられた。

■解　説

　Glaxo Smith Kline事案については和解が成立したものの，国内のマーケティング関連無形資産，APA及び調査基準（examination standard）については，次のような問題点が残されたままとなっている。

1　問題点その1：マーケティング関連無形資産の適正使用料

　更正処分通知（notice of deficiency）の一環として，IRSは，旧GW社が，米国内のマーケティング関連無形資産を事実上所有しているにもかかわらず，十分な対価の支払を受けていなかったと主張していた。しかしながら，当事者が和解してしまったため，和解がどのようなベースで行われたのか（すなわち，旧GW社の有するマーケティング関連無形資産の適正使用料をいくらと評価したのか）が明確になっていないままである。

2　問題点その2：旧会社に係るAPAとの関連

　APAの利用については，それまで競合していた者同士が一連の合併を行った結果，旧GW社は競合相手（SKB社）が取得していたAPAにアクセスできるようになった。GSK社は，旧GW社がAPAを取得できなかったのに対し，競合相手は取得できたことを示すことが可能であった。このことによって，あるAPAと別のAPAの条件，あるいは，ある納税者がAPAを確保できたのに対し別の納税者はできなかったといった点において，IRSのAPAは差別的であるという主張に門戸が開かれるのであろうかという点についても，うやむやのままになってしまっている。

3　問題点その3：APAと通常の調査との関連

　当該事案は，APAと通常の調査の基準の違いについても問題を提起している。すなわち，旧GW社は，APAを取得した場合に満たすことを要求されるであろう基準よりも高い基準を調査で課せられたのであろうかという点である。Glaxo Smith Kline事案の詳細が明らかになるのに伴って，こうした問題に関する議論も継続して提起されていくことになるものと思われる。

第11章　CFC税制（タックスヘイブン対策税制）

◯イントロダクション

　わが国の外国子会社合算課税制度（いわゆる「タックスヘイブン対策税制」）は，米国などにおけるCFC（Controlled Foreign Corporation）税制を参考に，昭和53年（1978年）に導入された（ちなみに，CFC税制が最初に導入されたのは米国で，1962年のことである。）。

　CFC税制は，軽課税国の子会社等に留保された所得を内国法人である親会社の所得に合算して課税しようというものであるが，例えば適用除外規定などいくつかの例外規定も設けられている。

　その結果，これらの例外規定を利用して租税負担の回避を図ろうとする動きもみられる。さらに，最近ではEUなどにおいてCFC税制がEU域内の子会社に留保された所得にも適用されるのかなども問題となっている。

　なお，米国の制度はわが国のような事業体自体に着目したアプローチ（エンティティ・アプローチ）ではなく，受動的所得に着目したアプローチ（インカム・アプローチ）となっており，アプローチの仕方が若干異なるが，わが国でも適用除外とならない業種を指定することにより米国のスタイルに近づきつつあるといえる。

　⑩のThe Limited, Inc.事案は，CFC税制においても税法解釈の基本ルールが適用されるか否かが争われたケースである。裁判所は内国法人でいう「銀行業」を法令の文言どおり解釈すべきとの判断をしている。

　⑫のMarks & Spencer事案と⑬のCadbury Schweppes事案は，いずれも欧州司法裁判所（European Court of Justice：略称「ECJ」）で争われた事案である。

　このうち⑫のMarks & Spencer事案は，特定外国子会社で生じた損失が親会社の所得から控除できるか否かという問題である。わが国でも同様の事案が発生したが，わが国では子会社の損失を親会社の所得から控除することは認められないとされた（最高裁平成19年9月28日判決）。しかし，本件では英国の高等裁判所から付託を受けて欧州司法裁判所が下した判断は，子会社で生じた損

失についても，「非居住者である子会社が居住地国で利用可能なすべての手段を検討し直した場合には，親会社の所得からの控除が認められる。」というものであった。

　また，⑩のCadbury Schweppes事案では，英国の課税当局が，納税者のアイルランド子会社にCFC税制を適用したことから争いとなった。本件事案を審理した欧州司法裁判所は，欧州域内軽課税国において設立された子会社の所得は，当該子会社の設立目的が「租税回避のみを目的とした全く不自然な取決め」でない限り合算課税の対象とはならない，と判示している。

　⑩のDover Co.事案では，パススルー課税を選択していた英国子会社による孫会社株式のみなし売却によって生じた譲渡益が，CFC税制により米国親会社の所得に合算されるべきか否かが問題となった。裁判所は，パススルー課税を選択していた場合，孫会社の事業は英国子会社の支店となるため，孫会社の資産は子会社の事業用資産に該当するので，そこで生じた売却益は米国親会社の所得に合算すべき所得にはならないと判示している。

　⑩のFramatome事案は，外国税額控除で有利な扱いを受けるため，日本の子会社をCFC税制の対象としていたことの是非が争われた。ちなみに，同事案は，日本の子会社がからんだ事案である。納税者は従来日本子会社をCFCとして扱ってこなかったにもかかわらず，ある事業年度に急にこれをCFCの対象としたことから，IRSがこれを問題視したため争いとなった。裁判所は，従来CFCの対象としてこなかった高税率国所在の外国子会社を，ある日突然CFCの対象とすることには合理的な理由がなかったとして，納税者の主張を斥けている。

参考　主要国のタックス・ヘイブン対策税制の概要

	日　　　本	米　　　国	英　　　国
タ　イ　ト　ル	特定外国子会社等に係る所得の課税の特例 1978年3月31日租税特別措置法	外国同族持株会社条項（1937／48） 内国歳入法典第551条以下	被支配外国法人（CFC）サブパートF条項（1962／84） 内国歳入法典第951条以下
最 低 保 有 割 合	居住者及び内国法人が50％超を所有している軽課税国所在外国関係会社の保有割合が10％以上の場合は原則として課税される。	発行済株式の50％超が5人以下の米国人又は米国居住者により，直接・間接に保有されている。	議決権のある発行済株式総数の50％超が直接・間接に10％以上の持分を有する米国株主に保有されている。
制 度 適 用 の 基 準	子会社ごとにその税負担により判定	所得項目ごとに税率格差等により判定	
基　準　税　率	所得に対する税負担率が20％未満の国又は地域	会社の設立された国の税率に関係なく適用される。しかし，適用除外規定及び特例規定の適用がある。	合算対象所得につき，合算対象子会社の税負担が，米国最高税率（35％の90％以下）＝31.5％
課 税 対 象 所 得	所得による区分なし。ただし，事業活動に関して，以下のことについての証拠を示すことのできない場合の，すべての所得。 ―事業の管理，支配及び運営を自ら行っている。 ―卸売業，銀行業，信託業，証券業，保険業，水運業又は航空運送業の場合，その事業を主として非関連者との間で行っている。その他の事業の場合，その事業を主として外国子会社の所在する国で行っている。 ―外国子会社の主たる事業が次のものでないこと。 　a）株式又は債権の保有 　b）工業所有権，特別の技術による生産方式，著作権等の提供 　c）船舶又は航空機の貸付	―配当，利子，年金ロイヤルティ ―株式及び有価証券の譲渡からの所得 ―商品取引からの所得 ―人的役務提供契約からの所得 ―法人資産の使用からの所得 ―賃貸料	―信託からの所得 ―外国同族持株会社所得 ―販売所得 ―役務提供所得 ―海運所得 ―石油関連所得 ―保険所得 ―国際的ボイコット所得 ―政府高官等に対するわいろ，キックバック，その他の支払 ―米国資産に投資された利益の増加額
二 重 課 税 の 排 除	当該子会社等で支払った外国法人税額につき外国税額控除	配当の支払が行われた場合，外国法人は，未処分利益の計算の際，その金額を控除できる。	所得項目ごとに税率 株主の総所得から除外される。つまり，課税対象とならない。
適 用 除 外 基 準	実体があれば適用除外ただし，一定の関連者間取引を有する場合，適用除外とならない。	特定の所得について一定の関連者間取引を有する場合，適用除外とならない。	

ドイツ	カナダ	フランス	英　国
外国仲介会社課税 国際取引課税法（1972）第7条～第14条（AStG）	外国増加資産所得規定FAPI及び相互オフショア規定	1980年1月18日の予算法により導入された租税一般法第209B条，ベース・カンパニーに関する特別規定	被支配外国法人の課税所得のインピューテーション及び税額控除（CFCs）1984年財政法第6章
株式又は議決権の50%超が居住納税者（又は国際取引課税法第2条に規定する移民）により保有されている。	外国法人の支配についてはFAPIの課税が生じる。10%から50%の間の支配の場合課税される。外国法人を10%以上支配している場合，受取配当にカナダ外国関連会社規定が適用される。相互オフショア規定には最低基準はない。	軽課税国に所在する法人の25%超を直接又は間接に所有するフランス法人	英国居住者（法人又は個人）の支配する外国法人で，その被支配外国法人の課税利益の10%以上の分配を受けた法人及びその関連者
軽課税国にある外国子会社		軽課税国にある外国子会社	軽課税国にある外国子会社
税負担25%未満の国	法人設立国の税率に関係なく適用される。	フランスの実効法人税率の2分の1が基準となる。16.7%	合算対象子会社の税負担が英国の税負担（30%）の4分の3未満 22.5%
法令上は，課税対象とならない能動所得のリストが掲げられている。受動所得は次のようなものをいう。 ―配当，利子，ライセンス料のうち，純粋な外国活動と特別な関連を有しないもの ―活動的でない販売所得（活動の証明が必要） ―活動的でない役務提供からの所得（同上） ―その他資産の所得及び管理からの所得	対象となるすべての所得についてリストアップされている。特に ―資産から生じる所得 ―非能動的事業所得 ―非能動的事業資産の売却から生ずるキャピタル・ゲインの2分の1 ―相互オフショアについては，投資コストの計算に特別利子率が適用され，その結果得られる額が所得に算入される。	軽課税国に所在する法人の活動が，主として利益の移転を目的としたものでないことを証明できない限り，すべてのケースに適用される。 外国法人が実質的に，商業活動又は事業活動に従事しており，その活動が主として地場の市場において又は第三者と行っていることを証明する必要がある。	規定は，非支配法人の主たる事業に関してのみ適用され，特殊な受取所得には適用されない。もし居住地国に実体を有し，主たる事業が次のいずれにも該当しない場合課税されない。 a）有価証券，パテント又は著作権の所有 b）有価証券取引 c）資産又は権利のリース d）非支配外国法人の投資が名義上のものである場合の投資 e）英国人又は関連者を含む商品の取引 f）小売商ではなく卸商としての商品の取引 g）海運又は空輸 h）銀行又は類似業種 i）信託の管理 j）商品又は証券の先物取引 k）保険業
過去4年間に配当に関して支払われた税金は還付される。	配当は株主の課税所得から控除できる。源泉地国での課税額（法人税）は，発生主義に基づく課税所得から控除される。源泉地国でも課税額（源泉所得税）は配当の支払われた年の課税所得から控除される。相互オフショア：カナダの資産に関して受け取る配当は控除できる。	配当は，法人税課税所得の範囲内でフランス法人所得から控除できる。	被支配外国法人の利益に対する税は，本来の税に加算される。従って配当に対する税は控除される。
実体があれば適用除外 ただし，一定の関連者間取引を有する場合，適用除外とならない。	同左	同左	同左

資料出所：税制調査会提出資料一部修正

第11章　CFC税制（タックスヘイブン対策税制）

⑩1　CFC税制と税法解釈の基本ルール（平易な意味ルール）
—The Limited, Inc. v. Commissioner, 286 F.3d 324(6th Cir. 2002), 113 T.C. 169(1999)—

■概　説

　税法では，あらゆる経済事象を限られた条文の中で表現することが求められる。そのため，そこで用いられる文言や用語は，どうしても抽象的，かつ，多岐にわたる解釈が可能なものとならざるを得ない。その結果，そこで用いられている文言や用語の解釈如何によって，課税になることもあるし，ならないこともある。

　米国の法令解釈原則（statutory interpretation principle）によれば，税法の法的解釈は，一般的には法律の平易な文言上の表現そのものに始まり，基本的にはこれに尽きるといってよい。これはいわゆる平易な意味（plain meaning）ルールの核心をなすものである。実際には，このことは，言うは易く適用が難しいこともある。

　最近の判例の中では，米国租税裁判所の判決を覆したThe Limited, Inc.事案における第6巡回控訴裁判所の判決で，「銀行業に従事する者」という文言を含む内国歳入法の規定（IRC第956条(c)(2)(A)）に関する法令解釈上の争いにおいて，平易な意味ルールの適用の可否が問題となった。この事案は，租税事案における平易な意味ルールの使用及び誤用に関する格好のケーススタディとされており，とりわけ米国の税法の解釈に関して得るところが大きい。

> **参考**
>
> **(1) 平易な意味ルール**
> 　平易な意味ルールによれば，法令で一般的に使用される用語（words）は，平易かつ通常用いられているのと同じ意味を持たせるべきである。これらの用語の中には内国歳入法の中で定義されていない用語も含まれる。当該ルールでは，法令上用

いられている用語は起草者と読み手の双方に同一の意味を持つことを前提としている。避けがたい不明確性や極端な不合理性がない限り，法令の解釈は，立法上の経緯や規制あるいは他の法令等において行われている解釈によることなく，その法令の文言のみに基づいて解釈すべきである。税法の文言の平易な意味を見極める上で，特に議会がその業界内で周知の業界用語（terms）を使用している場合には，その用語の解釈に当たっても，「業界内で一般的に了解されている商業上の意味」が重要な手がかりとなってくる。

(2) CFCルールの背景

　米国税法の主要な特徴は，法人にその出資者と別個の法的アイデンティティを持たせるという点である。法人が出資者と別個のアイデンティティを持つということは，例えば，米国の税法上，内国法人の所得については，法人段階と株主段階で二度にわたり課税されるということである。このことは，逆に言えば，この同じ別個のアイデンティティ法理により，外国法人の所得に対しては，米国の株主に分配されるまで米国で課税されないことになる。

　この別個のアイデンティティ法理の下においては，軽課税国で事業活動を営む外国法人は，稼得した国外所得すべてについて米国での租税の繰延べを享受することが可能である。米国法人の納税者が「海外子会社」を使用してこのような課税繰延べを利用している事態を憂慮した米国議会は，IRCサブパートF（筆者注：いわゆるタックスヘイブン対策税制）を制定した。サブパートFには，被支配外国子会社（CFC）が得ている一定の種類の利益については，株主に配当として分配される前に課税することを意図した一連の機械的かつ数理的なルールが定められている。これは，実際に配当の支払が行われた場合と同様に，CFCで生じた利益をみなし配当としてCFCの米国株主の総所得に含めることを要求することで実現されている。

　サブパートFでの規定によれば，米国株主に対して（CFCの未分配収益への）課税が行われる状況がいくつかある。The Limited, Inc.事案では，本件がそのような状況（課税適状）にあるのか否かが争点となった。すなわち，CFCの「米国に所在する資産に係る投資収益の増加」に関するサブパートF規定（IRC第956条(a)）の適用の可否，具体的には，そのうちの「銀行業に従事する者」への預託に関する，当該ルールの例外規定（IRC第956条(c)(2)(A)）の解釈をめぐって問題となった事件である。

　米国では，多国籍企業の外国子会社が「米国の資産」に投資し所得を得た場合には，米国で株主に直接課税することとしている。したがって，通常，CFCの各米国株主は，CFC保有の米国資産の年次増加分の比例按分持分を総所得に含めなければならないこととされている。

　当該規定の目的上，「米国の資産」とは，①米国に所在する有形資産，②内国法人の株式，③米国の者の債務，又は④CFCが米国での使用向けに取得若しくは開発した知的財産，をいうと定義されている。しかし，内国歳入法第956条(c)(2)(A)は，

> サブパートFの目的上「米国の資産」の定義から「米国債、金銭又は銀行業に従事する者への預託」を除外している。その結果、この除外規定により、CFCによる米国のこの種の資産への投資から生じる所得については、サブパートF課税から除外する効果を持つこととなる。その結果、CFCの米国株主は、みなし配当課税の取扱いを免れることができることとなっている。

■事案の概要

　The Limited, Inc.（以下「Limited社」という。）によって支配されていた第4層子会社であるオランダ領アンティル諸島法人MFE,N.V.（以下「MFE社」という。）がLimited社の子会社であるWorld Financial Network National Bank（以下「WFNNB社」という。）から譲渡性預金（CD）を購入していた。WFNNB社は、Limited社の顧客にプライベートラベルのクレジットカードを発行するLimited社の内国子会社であった。WFNNB社は、全米銀行協会会員として米国通貨管理局から銀行業に従事することを許可する免許を取得していた。また、WFNNB社は適宜顧客に譲渡性預金を販売していた。

　1993年に、MFE社はWFNNB社から総額約1億7,500万ドルで8つのCDを購入した。MFE社は、Limited社の第4層子会社（fourth-tier subsidiary）であったため、（内国歳入法第957条(a)の意味するところの）CFCとして取り扱われ、Limited社は（同法第951条(b)上）その「米国株主」として取り扱われた。

■主な争点と当事者の主張

1　争　点

　本件事案の主な争点は、原告たる納税者（Limited社）の第4層子会社WFNNB社が銀行業に従事しているか否かという点である。

2　当事者の主張

(1)　納税者の主張

　納税者であるLimited社は、CDが（内国歳入法第956条(c)(2)(A)に定める）銀行業に従事する者への預託であるため（同法第956条の目的上）米国の資産ではないと主張した。また、WFNNB社は、銀行として設立されて免許を取得し

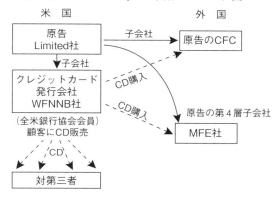

《図表》The Limited, Inc.事案のイメージ図

〔事案の概要〕

　米国法人Limited社の第4層子会社で軽課税国(オランダ領アンティル諸島)に所在するMFE社が，Limited社の子会社WFNNB社の発行するCDを購入した。
　それに対し，IRSがCFC税制に基づき合算課税を行った。

〔争　点〕

　Limited社の子会社であるWFNNB社は，銀行業に該当するのか(該当すれば第4層子会社は合算課税の対象外)。

〔裁判所の判断〕

	原　告	租税裁判所	第6巡回控訴裁判所
WFNNB社は銀行業か	○	×	○
理由	米国で銀行免許を取得しているので「銀行業」に該当する。	WFNNB社の業務は「銀行業」に該当しない(預金口座・貸付のいずれもないため)。	「銀行業に従事する者」にクレジットカード銀行も含まれるとするのが自然である。

銀行として規制を受けているため，「銀行業に従事している」と主張した。

(2) 課税庁の主張

　これに対し，米国の税務当局は，銀行業に従事しているとみなされるためには，まず「銀行」でなければならないと主張した。内国歳入庁(IRS)は，「銀行」の定義には内国歳入法の別の規定が適用されるが，WFNNB社の業務はそれよりもはるかに範囲が狭いため，かかる定義には該当しないと主張した。

■裁判所の判断

1　租税裁判所の判断……納税者敗訴

　租税裁判所は双方の主張を斥けた。まず，租税裁判所は，「議会は『銀行』への預託に例外を設けているのではなく，『銀行業に従事する者』への預託に例外を設けている」のであるから，WFNNB社が「銀行」であるかどうかは無関係であると判示した。

　その上で，「銀行業に従事する者」という文言は不明確であると判示した。そこで，限定的なクレジットカード取引を主力業務とし，Limited社の全額出資子会社であるWFNNB社への預託が内国歳入法第956条に定める預託に該当するかどうかを決定するに当たり，サブパートF制定の背景にある立法的経緯を検討することが妥当かつ適切であるとの判断を示した。

　租税裁判所は，「銀行業」という文言の内容から，議会はCFCの国内業務を補佐するために実施されている一連の業務を意図したと推定した。さらに，同裁判所はクレジットカード銀行の限定的な性格，とりわけかかる銀行は従来の当座預金口座や貯蓄預金口座を維持しておらず，また通常の貸付も行っていないことを考慮すると，WFNNB社は「『銀行業』に従事していない」と判断した。

2　第6巡回控訴裁判所の判断……納税者勝訴

　訴えを受けた第6巡回控訴裁判所は，租税裁判所の判決を覆し，租税裁判所の判決とは逆に，「銀行業に従事する者」という文言は不明確ではなく，その文言を素直に解釈すれば，むしろ通常の自然な意味を有すると判断した。第6巡回控訴裁判所は，内国歳入法第956条(c)(2)(A)が制定された際，「銀行業」には「小切手若しくは為替による金銭又は預金の受入れ，（債券及び手形の割引による）貸付及び与信の提供，手形の振出しその他金銭若しくは与信の関連形態又は全般的な取扱い」が含まれていたとしている。その上で，同裁判所は，WFNNB社はクレジットカードの発行を行う公認銀行であり，公認銀行として与信を行い，貸付に対する支払を受領しているとの判断を示した。さらに，同裁判所は，WFNNB社が一定の預託も受け入れていること，米国通貨管理局や連邦準備局の規制を受けており，連邦預金保険公社による付保の対象ともされ

ていると判断した。

その上で，第6巡回控訴裁判所は，「内国歳入法第956条(c)(2)(A)を通常かつ自然に解釈したならば，WFNNB社は『銀行業』に従事しているとみざるを得ない」と結論づけた。これらを総合した上で，同裁判所は，租税裁判所は「『銀行業』について通常の解釈を限定してWFNNB社を含めていなかった」点で誤っていたとの判断を示した。

すなわち，第6巡回控訴裁判所は「銀行業に従事する者」という文言を解釈するに当たっては，クレジットカード発行銀行を含め，銀行業務に従事するすべての組織を含む平易かつ通常の意味を持つと判示したのである。その上で，同裁判所は，この文言は平易な意味を持つものであり，租税裁判所が立法的経緯や政策上の考慮に依拠したのは適切ではなかったと判断したのである。

■解　説

税法解釈の基本ルールである「平易な意味ルール」は，わが国では文言解釈又は文理解釈に近い概念である。一般的にはこのルールは，わが国でも妥当する基本ルールである。しかし，法令の文言には，このような解釈のみでは不十分な結論しか得られない場合もある。

そのような場合には立法的経緯や政策上の目的等についても勘案することが必要となってこよう。

■わが国の参考判例，裁決例等

(イ)　わが国において租税法の解釈の基本ルールについて直接言及したものとして次のような判例がある。

① 大阪地裁昭和37年2月16日判決（昭和32年（行）第80号）・行裁例集13巻2号160頁

「法の解釈は，法規範的意味を有するものであるから，法律文言の文法的解釈に終始すべきものではなく，論理的解釈，目的論的解釈などあらゆる方法を集約すべきである。」

② 最高裁（大法廷）昭和43年11月13日判決（昭和36年（オ）第944号）・民集22巻12号2449頁

「(法人税法上いかなるものを益金とし損金とすべきかは，) 単に益金,

損金の性質を理論的に解明するだけでなく，租税法の解釈上の諸原則や各個別的規定に現れた法の政策的，技術的配慮を併せて参酌すべきである。」

③　京都地裁昭和49年1月30日判決（昭和41年（行ウ）第4号）・税務訴訟資料74号199頁

「租税法規の立法経過は，その規定の解釈の参考資料とはなっても，直ちに解釈の決め手になるものではない。」

④　最高裁（一小）平成10年6月25日判決（平成9年（行ツ）第130号）・税務訴訟資料232号821頁

「租税法規についてその規定の文言を離れてみだりに拡張解釈することは認められない。」

㈡　租税法の解釈（拡張解釈の可否）について拡張解釈が認められた事例として，レーシング・カーが物品税の対象になるか否かが争われた次の判例がある。

①　最高裁（三小）平成9年11月11日判決（平成6年（行ツ）第151号）・訟務月報45巻2号421頁

「本件各自動車は，その性状，機能，使用目的等を総合すれば，乗用以外の用途に供するものではないというべきであり，普通乗用自動車に該当する。」

この事案では，拡張解釈によりレーシング・カーを物品税の対象である普通乗用自動車に該当するとしている。ただし，この見解に対しては，普通乗用自動車には該当しないという少数意見がある。

第11章　CFC税制（タックスヘイブン対策税制）

⑩2　特定外国子会社で生じた損失と親会社所得との通算（欧州裁判所の判断と国内法との関係）
——Marks & Spencer plc v. Halsey, ECJ C-446/03, at para.41-55（SPC00352）——

■概　説

　特定外国子会社で生じた損失を親会社の所得から控除できるか否かについては，わが国でも問題となり，先般の最高裁平成19年9月28日判決により控除できないとされた（後述のわが国の参考判例，裁決例等を参照）。欧州裁判所（European Court of Justice：以下「ECJ」という。）でも，英国で連結納税を選択している納税者が海外子会社で生じた損失を親会社の所得から控除していた事案（Marks & Spencer事案）について問題となった。しかし，そこではEU域内という制限付きではあるものの，子会社で生じた損失を親会社の損失として取り込めるというわが国とは全く反対の判決が出されている[1]。

■事案の概要

　Marks & Spencer社（以下「M&S社」という。）は，英国で設立された英国の百貨店である。同社は，1970年代にオランダの持株会社の傘下にドイツ，ベルギー，フランス子会社（M&S社からすれば孫会社）を設立した。これらの子会社はそれぞれ現地で運営・経営が行われていた。ヨーロッパでの事業はどれも不成功に終わり，M&S社は各子会社を売却又は清算した（「News Analysis: Responding to Marks & Spencer, or Not」Tax Analysts, 2004 WTD 194-7（2004年10月6日）（以下「2004 WTD 194-7」という。））。

　英国の親会社であるM&S社は，ヨーロッパでの事業を廃業した後にも多額

---

[1]　英国の国内法では，英国の親会社の所得申告の際に，欧州の子会社等で生じた損失を損金に算入することを認めないとしている。そこで，英国国内法により海外子会社で生じた損失について親会社で一律に控除を認めない英国のグループ企業減税ルール（日本の連結納税制度に類似した制度：group relief rules）が，EU条約違反であるか否かが争われた。

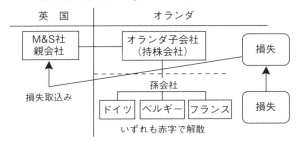

《図表》Marks & Spencer事案のイメージ図

〔事案の概要〕
① 英国親会社M&S社はオランダに持株会社を設立し，同社を通じてドイツ，ベルギー，フランスに孫会社を有していた。
② しかし，それらがいずれも赤字で将来の見込みも立たないため解散した。
③ それによって生じた損失を将来的にも取り戻せないとして英国のグループ企業減税ルールに基づき英国親会社の所得から控除した。

〔争　点〕
子会社等で生じた損失を親会社の所得から控除できるのか。

〔裁判所の判断〕
・英国国税不服審判所…できない。
・英国地方裁判所…欧州司法裁判所に付託。
・欧州司法裁判所…できる。

の損失が発生していたが，これを利用できるヨーロッパ子会社を有していなかった。そこで，同社は，英国においてグループ企業減税ルール（group relief rules）の適用を求めた。英国のグループ企業減税ルールによれば，英国企業は，選択により，英国で課税されるグループ企業の損失と相殺することができることとされている。そして，ここでいうグループ企業には，英国の内国法人と英国法人の海外支店が含まれる（2004 WTD 194-7）。

英国の税務当局は，グループ企業減税ルールの適用を受けられるというM&S社の主張を否定した。そこで同社は，税務当局によるかかる否定は，EU条約43条に反すると主張して，処分の取消しを求める申立てを英国の「国税不服審判所（Special Commissioners）」あてに行った。その中で，同社は，英国のグループ企業減税ルールは，EUの他の国における法人の設立形態を，支店ではなく子会社にすることを思いとどまらせるものであり，EU条約違反であると主張した（2004 WTD 194-7）。

英国国税不服審判所は，本件事案には，EU条約は適用されないとの判断を示した（Marks & Spencer Plc. v. Halsey（SPC00352）（2002年12月17日））。

　英国国税不服審判所は，EU条約では，子会社と支店について課税上異なる取扱いが認められていることを重視したのである。すなわち，EU条約は海外支店と海外子会社で異なる取扱いをすることを認めている。そこで同審判所は，海外で生じた損失について，海外支店では損金算入が認められ，海外子会社では認められないことはEU条約違反とはならないと判断したのである（2004 WTD 194-7）。

　M&S社はこの判断を不服として，英国地方裁判所に同処分の取消しを求める訴えを提起した。イングランド・ウェールズ地方裁判所（High Court）は，当該事案を欧州司法裁判所（ECJ）に付託した（「ECJ Judgment in Marks & Spencer: An Uneasy Compromise?」Tax Analysts, 2005 WTD 241-9（2005年12月13日）（以下「2005 WTD 241-9」という。））。

■主な争点と当事者の主張

1　争　点

　本件事案の主な争点は，解散により消滅した海外子会社に生じていた損失を英国内の親会社の所得から控除できるか否かという点である。

2　当事者の主張

(1)　納税者の主張

　納税者は，海外支店で生じた損失については本店の所得との通算が認められているにもかかわらず，EU域内の海外子会社で生じた損失について親会社の所得から控除できないのはEU条約違反であると主張する。

(2)　課税庁の主張

　それに対し，課税庁は，英国の場合と同様に，EU条約でも，子会社と支店について課税上異なる取扱いが認められているとして，子会社に生じた損失について親会社の所得からの控除を認めなかった処理は妥当であると主張する。

第Ⅲ部　国際課税

■裁判所（欧州司法裁判所）の判断……納税者勝訴

　欧州司法裁判所（ECJ）は，2005年12月13日にイングランド・ウェールズ地方裁判所に対し，ECJとしての見解を交付した。英国は，グループ企業減税ルールは地域的なものではあるが，各国とも同様の（symmetrical）システムが採用されているはずだという見解をとっていた。英国は英国法人とその海外支店に課税しているが，国外源泉所得に対しては外国税額控除を付与し，法人の所得を計算する場合，海外で生じた損失について損金算入を認めていた。他方，海外子会社の利益には課税せず，海外子会社の損失を英国の親会社の所得と相殺することも認めていなかった。英国は，このような取扱いは，子会社の設立国と英国の双方で損失が計上される可能性がある二重控除を防止するため，正当であると主張した（2005 WTD 241-9）。

　ECJは，英国の税制が「条約と整合性のある正当な目的を有していた」ものであることは認めた（Marks & Spencer Plc v. Halsey（C-446/03, at para. 51）（2005年12月13日））。しかしながら，ECJは，英国のグループ企業減税ルールは，次の事項にもかかわらず，EU域内子会社等に生じた損失の利用を禁じているため，「関連する目的を達成するために必要な限度を超えている」と判断したのである（C-446/03, at para. 53）。

① 非住居者である子会社は，当該損失を第三者に移転させる試みや過年度の利益の繰戻し等により加盟国において損失を利用するための手段をすべて検討し尽くしたものの，損失を利用することができなかったこと。

② 子会社のその後の事業状況等（commercial position）を考えると，子会社が今後当該損失を利用する可能性はないこと（C-446/03, at para. 52）。

　ECJは，英国はグループ企業減税ルールを改正して，「非居住者である子会社が居住国で利用可能な手段をすべて検討し尽くした」場合には，損失の損金算入を認めるようにすべきであると判示した（C-446/03, at para. 55）。

■解　説

　多くの専門家は，ECJは英国のグループ企業減税ルールを条約違反であると判断するものとみていた（2005 WTD 241-9）。そのため，本件判決は比較的妥当なものであったと受け止められている。しかし，主要な問題点は，その実

施面にある。

　Marks & Spenser事案の場合，子会社はもはや存在しないため，親会社であるM&S社は「損失利用の手段をすべて検討し尽くした。」ことは明白である。しかしながら，すべての手段を検討し尽くしたことを示すために必要な行為は何であろうか。赤字会社の売却等，親会社の任意の行為はどのように判断されるのであろうか。また，本件判決はEU域外でも適用されるのであろうか。EU加盟国と条約を締結している非加盟国の子会社は，同様の状況で損失の認識を強制されるのであろうか（2005 WTD 241-9）。これらの点について，ECJ判決では何の判断も示されていない。したがって，本件判決があったとしても，実務上の問題解決にはあまり役立たないとみられている。

　また，自国の立場のみを優先させるいわゆる自国優先課税制度（territorial taxation system）に批判的な者にとって，Marks & Spencer事案におけるECJ判決は落胆を禁じ得ないものであった。ECJが英国のグループ企業減税ルールの適用を明確に否定していれば，EU加盟国の政府は，納税者の所得移転を防止するため，自国の税制を条約に適合させざるを得なかったと考えられる。然るに，各加盟国の所得移転防止ルールはEU条約と整合性のとれたものであると認めたにもかかわらず，英国国内法による規制は認められないとする今回の判決結果は不可解であるという見方が大勢である。

　このようなことから，今回のECJ判決は物足りないと受け止められている（「News Analysis: Dowdy Retailer Prevails, European Corporate Tax Lives Another Day」Tax Analysts, 2005 WTD 248-2（2005年12月28日））。

■わが国の参考判例，裁決例等

　ちなみに，わが国では，類似の事案について，子会社等で生じた欠損を親会社所得から控除することを認めないとした次の判決がある。
　○　最高裁（二小）平成19年9月28日判決・民集61巻6号2486頁（同旨・控訴審高松高裁平成16年12月7日判決（平成16年（行コ）第7号））
　　「内国法人の所得の計算に当たり，当該内国法人に係る特定外国子会社等に欠損が生じた場合，それらの欠損金額を（当該内国法人の所得の金額の計算上）損金の額に算入することができると解することはできない。」

第11章　CFC税制（タックスヘイブン対策税制）

⑩ 欧州連合域内におけるCFCルール適用の可否（英国親会社はアイルランド子会社の所得を合算しなくてもよい）
―Cadbury Schweppes plc and Cadbury Schweppes Overseas Ltd. v. Commissioners of Inland Revenue, ECJ C-196/04―

■概　説

　外国子会社合算税制（いわゆる「CFC税制」）については，わが国でも近年訴訟案件がいくつか発生しているが，EUにおいて，域内でもこの税制が適用されるか否かが問題となる。

　英国歳入庁は，Cadbury Schweppes事案においてアイルランド子会社の所得は，英国の被支配外国法人（以下「CFC」という。）税制（以下「CFC税制」という。）の課税対象となるとして課税処分を行った。この処分に対し，英国親会社は，当該課税は欧州共同体（当時は「EC」，現在は「EU」）の法律に反するとして異議を申し立てた。欧州裁判所（以下「ECJ」という。）は，納税者に有利な判決を下した（C-196/04）。

■事案の概要

　Cadbury社は，世界最大の製菓会社であり[1]，親会社であるCadbury Schweppes plcは英国に所在している。同社（親会社）は，やはり英国の会社であるCadbury Schweppes Overseas Limited（本件事案の原告）を所有していたが，同社はCadbury Schweppes Treasury Services及びCadbury Schweppes Treasury Internationalというアイルランド子会社（親会社からいえば孫会社）2社を設立していた。アイルランド子会社はダブリンに所在しており，10％の法人税率が適用されていた[2]。アイルランド子会社はCadburyグループの内部金融機関の役割を果たしていた[3]。

---

(1)　http://www.cadburyschweppes.com/EN/AboutUs/Company/Overview/参照。
(2)　KPMG, Tax News Flash-Europe, No.2006-39, September 12, 2006（以下「Tax News Flash」という。）。
(3)　UK Tax Update.

英国歳入庁は，英国親会社にCFC税制を適用し，アイルランド子会社はCFCであり，免除規定はいずれも該当しないと判断した。英国歳入庁は，Cadbury Schweppes Overseas Limitedに対し，1996年に860万ポンドの課税を行った[4]。これに対し，Cadbury社は，英国のCFC税制がEC条約第43条の「設立の自由」条項に反するとして，ECJに提訴した[5]。

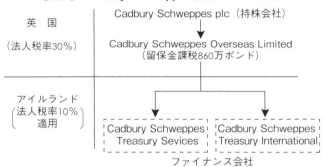

《図表》Cadbury Schweppes事案のイメージ図

〔事案の概要〕
① 英国歳入庁，英国親会社に対し，アイルランド子会社の所得につき，CFC税制に基づき860万ポンド（約18億円）課税。
② Cadbury社，同処分の取消しを求めて欧州裁判所に提訴。

〔争　点〕
英国CFC税制をEC域内の子会社に適用することはEC条約第43条に違反するか。

〔裁判所（欧州裁判所）の判断〕…納税者勝訴
　英国の親会社が域内の低税率国に子会社を設立した場合，そこに生じた所得を親会社で合算するためには，その設立が「租税回避のみを目的とする全くの不自然な取決め」であったことが必要。

参考　英国の法律

　1980年代と1990年代に，税制上の優遇措置を受けることや，低い法人税率を利用することを目指して，多くの英国企業が他の国で事業を立ち上げるようになった。英国は，このような歳入の流出に対処するため，わが国の特定外国子会社合算税制

---

(4) Tax News Flash.
(5) UK Tax Update.

(いわゆる「タックスヘイブン対策税制」)に相当するCFC税制を制定した[6]。

英国のCFC税制では，子会社が英国居住者又は法人によって支配されている外国子会社とみなされた場合，当該子会社の利益は税務上英国の親会社に帰属するとされ，英国で課税されていた。当該税制では，税率が英国の税率の75％を下回る場合，その会社はCFCとみなされている。実際の適用では，(英国の法人税率が30％となっているため)税率が22.5％に満たない国に所在する子会社がCFCに該当することとなる[7]。

なお，①子会社で生じた利益の90％以上が英国の親会社に配分されている場合，②CFCが「免除対象となる活動」に従事している場合，③株式が上場されている場合，及び④課税利益が一定の基準を下回る場合等，CFC指定を免除される。また，⑤「動機テスト」もある。ただし，当該テストの要件を満たすためには，英国の親会社が，取引又は子会社設立の主な目的は英国の租税を引き下げるためではないことを示す必要があった[8]。

■主な争点と当事者の主張

1 争 点

本件事案の主な争点は，英国税務当局によるアイルランド子会社の所得に対するCFC課税が，EC条約に違反して無効になるのか否かという点である。

2 当事者の主張

(1) 納税者の主張

納税者は，EC域内の法人は，EC条約第43条によりEC域内における子会社等の「設立の自由」を与えられており，本件課税は同規定に違反しているので無効であり，取り消されるべきであると主張する。

(2) 課税庁の主張

それに対し，英国税務当局（英国歳入庁）は，英国のCFC税制では法人税負担割合が英国の75％未満となっている外国子会社については適用除外要件

---

[6] "U.K. Tax Update: European Straws Come to the Rescue", Trevor Johnson, 2006 WTD 202-9, Tax Analysts, October 19, 2006（以下「European Straws」という。）.
[7] UK Tax Update.
[8] UK Tax Update.

を充足していない限り，それらの子会社の所得を英国親会社の所得に合算して課税することを認めており，本件課税は何ら問題ないと主張する。

■裁判所（欧州裁判所）の判断……納税者勝訴

欧州裁判所（ECJ）は，2006年9月12日に，Cadbury社に有利な判決を下した。ECJは，低い税率を利用するためにアイルランドに子会社を設立することは，濫用でないと判示した。英国親会社は，別個の会社の所得について英国で課税されていたため，CFC税制は英国外での会社の自由を制限していたと判断したのである。ECJが，英国のCFC税制を会社の自由を制限していると判断したのは，CFCとみなされない英国内の子会社又は第三国の子会社の利益については，課税していないからである[9]。

ECJは，「濫用的慣行」とりわけ自国での課税を回避するための「経済的実体を反映しない全くの不自然な取決めの設定」を防止するための制限である場合にのみ，かかる設立の自由を制限することが妥当であるとの判断を示した（C-196/04, at para. 55）。Cadbury社が低い税率を利用するためにアイルランドに子会社を設立したことは事実であるものの，ECJは，Cadbury社によるアイルランド子会社の設立は，「租税回避のみを目的とする全くの不自然な取決め（wholly artificial arrangement）」ではなかったと判断したのである[10]。

判断の鍵となったのは，子会社の経済的実体であった。本件判決の結果明らかになったことは，子会社に若干でも経済的実体（実際の従業員，オフィス等）があれば，それらの取決めは，全くの不自然な取決めとはみなされない[11]。

■解　説

本件判決により，英国のCFC税制は，もはやEC域内の低税率の国に英国の子会社を設立することを防止するために適用することはできなくなったとみ

---

(9) "ECJ Indicates Circumstances Where U.K. CFC Legislation May Be Contrary to EC Law", Anno Rainer, Jan Roels, Otmar Thoemmes, Eric Tomsett, Hans van den Hurk, and Gerben Weenig, 2006 WTC 177-1, Tax Analysts, September 13, 2006（以下「ECJ Circumstances」という。）．
(10) ECJ Circumstances.
(11) ECJ Circumstances.

られるようになっている[12]。

　本件判決によって，英国歳入庁は，何億ポンドもの損失を被ることが見込まれた。しかしながら，そうなるためには子会社に実体がなければならず，ペーパーカンパニーの設立だけでは不十分である[13]。また，ECJの判決は，EU加盟国内の子会社に限定される[14]。したがって，EU域外で設立された子会社に対しては英国のCFC税制が依然として適用される[15]。

　本件判決に対応し，英国は，2006年12月に新たな税制を導入した[16]。当該税制は，物理的なオフィスや従業員等の客観的な要素に主眼を置き，納税者に対し，これら一連の取引が「租税回避を目的とする全くの不自然な取決め」ではないことを示すことを求めている。

　なお，CFC税制の適用対象となった英国親会社は，軽課税国の子会社等が物理的に存在し，実際に従業員を有することを示すことができる場合には，CFCの課税所得の親会社帰属分について減額を認められる可能性があるので注意が必要である[17]。

■わが国の参考判例，裁決例等

　本件とやや視点が異なるが，内国法人のシンガポール子会社である外国法人が特定外国子会社に該当するか否かが争われた事例として次の判決がある。
　○　東京地裁平成19年3月29日判決（平成16年（行ウ）第170号）・民集63巻8号1954頁
　　「（外国子会社合算税制は）海外子会社が置かれた地位や実際の活動状況その他の事情に照らし，海外子会社から内国法人に対し利益移転がなされ

---

[12] Tax News Flash.
[13] "European Court of Justice issues landmark decision in Cadbury Schweppes'case", Agri Press World, September 13, 2006.
[14] "European ruling in Cadbury case sparks tax relief fears", Nicholas Neveling, Accountancy Age, 14, September 13, 2006.
[15] "News Analysis : Bad Jokes, Bad Cases, and Bad Law from the ECJ", Robert Goulder, 2006 WTD 205-6, Tax Analysts, October 24, 2006.
[16] "U.K. Prebudget Report Proposes to Amend CFC Rules", 2006 WTD 243-18, Tax Analysts, December 7, 2006.
[17] "United Kingdom Makes Minimal Changes to CFC Rules", Peter Nias and James Ross, 2006 WTD 246-2, Tax Analysts, December 22, 2006.

てしかるべきであるにもかかわらず，そのような利益移転が行われていない場合に，あるべき利益移転相当額に対して課税をしているのにとどまるから，このような課税をしても，日星条約に違反しない。」

なお，本件事案では，租税回避の意図の有無は問わないとしている。

第11章　CFC税制（タックスヘイブン対策税制）

⑭　パススルー課税の選択とCFC税制（英国子会社による孫会社資産の譲渡と米国親会社との関係）
—Dover Corporation v. Commissioner, 122. T.C. No.19（2004）—

■概　説

　米国の所得税制には，複雑な取扱規則が含まれている。例えば，米国の納税者が支配する外国子会社が稼得した未配分の国外源泉所得のうち，特定区分のものについては，原則として米国の納税者の段階で課税されることとなっている。ただし，外国子会社が実際に行っている営業又は事業において使用されている資産の売却益をはじめとする数多くの例外規定が設けられている。

　また，外国企業の米国株主が，税務目的上，当該外国企業をパススルー組織として取り扱うことを選択することを認めるという規則もある。既存の法人についてこうした選択（法人段階課税→パススルー課税）がなされた場合，当該法人は清算されたのと同様の取扱いを受け，全資産が当該選択時点において公正市場価額で売却されたものとみなされる。この場合，当該資産について未実現利益が存在する場合であっても，当該法人によってそれが実現されたものとみなされる。

　問題は，パススルー組織としての取扱いを受けることを選択した後の資産売却益を，サブパートF所得として取り扱うべきかどうかという点にある。

　この点が問題となったのが，ここで紹介するDover Co.事案である。

■事案の概要

　Dover関連会社グループは，工業・事業向けの製品及び製造機器の工業メーカーであった。グループの1社はエレベーターを製造していた。1997年，英国法人Hammond & Champness Limited（以下「H&C社」という。）は英国においてエレベーターの設置と修理を行っていた。H&C社は，米国法人Dover Corporation（以下「Dover Co. US社」という。）を最終的な親会社に持つDover

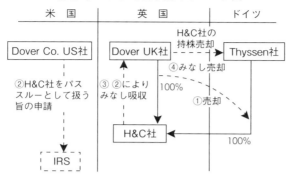

《図表》Dover Co.事案のイメージ図

〔事案の概要〕

　米国法人（Dover Co. US社）と英国法人（Dover UK社）は，英国法人の有するH&C社をドイツ法人（Thyssen社）に売却する際，米国での課税を避けることを企画し，H&C社の資産を英国法人の事業に係る資産としたうえでドイツ法人に売却した。

〔争　点〕

　Dover UK社によるH&C社資産売却に係るH&C社の資産はDover UK社の事業に係る資産か（事業に係る資産でなければ，売却益はDover Co. US社の所得に要加算）。

〔裁判所（租税裁判所）の判断〕…納税者勝訴

　資産に係る所有期間制限がない以上，サブパートFの所得ではなく事業に係る資産とみるべき。

UK Holdings Limited（以下「Dover UK社」という。）の全額出資子会社であった。

　Dover Co. US社とDover UK社は，Dover UK社の所有するH&C社株式をドイツ法人Thyssen Industrie Holdings U.K. plc（以下「Thyssen社」という。）に売却する契約を締結した。当事者は，1997年6月30日付で株式を売却することに合意し，株式の権原は1997年7月11日にThyssen社に移転した[1]。

　1998年12月，Dover Co. US社は，米国内国歳入庁（以下「IRS」という。）に対し，手続・事務規則§301.7701-3に定める「パススルー組織」としての取扱いの選択を遡及的に行うための期限延長をH&C社に認めるよう（H&C社に代わり）申し立てた。当該選択は，Dover UK社によるH&C社株式売却の直前に効力を生じることになっていた。IRSは，期限延長の申立てを認める書面

---

[1] 売却日が1997年6月30日又は1997年7月11日のいずれであるかは，当該事案の結末に影響を及ぼさない。

を交付したが，以下の条件を付した。

「本書面は，H＆C社を所有者とは別個の組織として，パススルー組織としての取扱いを選択した直後の〔H＆C社〕資産の売却益により，内国歳入法第954条(c)(1)(B)に定義する外国同族持株会社所得以外の収益が生じるものと推定することを認めるものではない。」

H＆C社は，1997年6月30日付で所有者とは別個の組織としてパススルーの取扱いを受けることを選択した。当該選択の結果，連邦所得税の目的上，Dover UK 社による子会社H＆C社株式のThyssen社に対する売却は，H＆C社について内国歳入法第332条に定めるみなし清算が行われてDover UK社に吸収され，直後にDover UK社からThyssen社に対しH＆C社資産のみなし売却が行われたものとして取り扱われた。

■主な争点と当事者の主張

1　争　点

本件事案で争点となったのは，内国歳入法第7701条に基づく「チェック・ザ・ボックス（任意選択）」ルールとサブパートFに関する規定（IRC第951条〜964条）との相互作用であった。

2　当事者の主張

(1)　納税者の主張

納税者であるDover Co. US社は，Dover UK社によるH＆C社資産のみなし売却は，Dover UK社の営業又は事業に使用された資産の売却としての要件を満たしていると主張した。また，Dover Co. US社は，チェック・ザ・ボックスの選択の結果，H＆C社の事業はDover UK社の支店として継続するとみなされるため，H＆C社の資産はDover UK社の事業に使用された償却可能な有形資産であると主張した。

(2)　課税庁の主張

それに対し，IRSは，Dover UK社がH＆C社の資産を保有していたとみなされるのは「売却前のほんの一瞬の間」にすぎないと反論した。さらに，IRSは，資産の所有は営業又は事業への従事に当たらないと主張した。

■裁判所（租税裁判所）の判断……納税者勝訴

租税裁判所は，内国歳入法第381条の属性持ち越し規則が重要な要素であると判断し，次のように判示した。

「事業子会社について，内国歳入法第332条に定める清算が行われた結果，存続する親会社は清算された子会社の清算前の営業又は事業に従事していたとみなされ，受領時に当該営業又は事業の資産は存続する親会社の営業又は事業に使用されていた資産とみなされることになる。被申立人が準備書面において述べたとおり，『チェック・ザ・ボックスの清算と実際の清算には何の違いもない』…したがって…当裁判所は，H＆C社についてチェック・ザ・ボックスの清算が行われた直後のDover UK社によるH＆C社資産のみなし売却は，財務省規則§1.954-2(e)(3)(iii)から(iv)に定めるDover UK社の事業に使用された資産の売却に該当することを被申立人が認めたものと判断する。」

その上で，租税裁判所は，手続・事務に関する財務省規則§301.7701-2(a)には，内国歳入法第332条に基づく子会社の清算に伴い，子会社の事業の経緯及び活動が親会社に持ち越されることが反映されていると判示した[(2)]。

すなわち，租税裁判所は，当該規則の文言を根拠として，「（みなし）清算された子会社の事業に使用されていた資産は，親会社の（みなし）支店又は部門によって同じ事業に使用されていた資産としての地位を保持する」との判断を示したのである。

また，租税裁判所は，IRSは所有者が当該資産に関し営業又は事業に従事していたものとして取り扱われるためにパススルー組織が資産処分前に事業に従事すべき最低限の期間を定めるべく当該規則を改正することができたはずであるが，IRSがこうした改正を行わなかったことから，直面している状況は「〔IRSが〕自ら招いた問題」であるとの判断を示した。

■解　説

租税裁判所の判断によれば，Dover UK社によるH＆C社資産のみなし売却

---

(2) 当該規則は，「ある組織がパススルー組織として認定された場合，その活動は所有者の単一所有会社，支店又は部門と同様に取り扱われると定めている…」。

は，Dover UK社の営業又は事業に使用された資産の売却として取り扱われるべきであり，したがって，売却益はDover Co. US社の外国同族持株会社所得に該当しないということになる。

当該結果は「〔IRSが〕自ら招いた問題」なのである。

> **参考** チェック・ザ・ボックス・ルールとサブパートFとの関係
>
> チェック・ザ・ボックス・ルールは，単一の親会社を持つ組織を含む納税者に対し，国内，国外双方の事業組織をパートナーシップ又はアソシエーション（通常，法人として課税される。）のいずれとして取り扱うかの選択肢を与えるものである。
>
> サブパートF規定は，国外に資産を所有することによって米国の所得税を免れることを防止するために制定された。サブパートF規定は，米国の納税者に対し，当該納税者が支配する外国法人に保有されている所得について現時点で課税するものである。Dover UK社とH＆C社はともに（選択前は）Dover Co. US社の被支配外国法人（以下「CFC」という。）であった（IRC第957条(a)）。内国歳入法第951条は，CFCの米国株主（親会社）であるDover Co. US社は，Dover UK社及びH＆C社のサブパートF所得のうち，自己に帰属する分を比例按分にて該当する課税年度の総所得に含めなければならないと定めている。
>
> サブパートF所得には「外国に本拠を置く会社の所得」が含まれるが，これは外国同族持株会社所得が含まれると定義されている。さらに，その所得には「いかなる所得も生じさせない，資産の売却又は交換に係る損益の黒字分…」も含まれると定義されている（IRC第954条(c)）。他方，所得を生じさせない資産には「先渡し，先物及びオプション等，資産（資本資産であるかどうかを問わない。）のすべての権利及び権益」が含まれる（財務省規則§1.954-20(e)(3)）が，CFCの営業又は事業に使用される又は使用されるために保有されている償却可能な有形資産（不動産は除く。）は含まれない。すなわち，当該規則は，資産の用途を判断するに当たり，当該資産の処分前の期間の過半におけるCFCによる当該資産の用途に着目している（財務省規則§1.954-2(a)(3)）。

■ わが国の参考判例，裁決例等

わが国では，特定外国子会社が含み益のある孫会社を譲渡した場合，原則として課税対象になってしまう。

他方，特定外国子会社が多額の損失をかかえた外国会社を購入した場合，そこで生じていた損失を通算することができない。

そのため，国際的な組織再編がやりにくくなっているとする指摘がある。

第11章　CFC税制（タックスヘイブン対策税制）

⑮　米国法人の日本子会社とCFC税制との関係
——Framatome Connectors USA Inc. v. Commissioner, 118 T.C. 32（2002）——

■概　説

　CFC（Contorolled Foreign Corporation）税制に基づく合算課税を避けるため，米国の納税者の多くは，その外国子会社の所有及び運営構造を意図的にCFC適格とならないように（かつサブパートF所得が発生しないように）組み立てている。しかし，場合によっては，外国の子会社がCFCに区分される方が有利なこともある。それは，子会社が高税率の国で事業を行っている場合である。このような場合，CFCの米国株主は，米国の税法上，外国税額控除の際に有利な「ルックスルー」規定の適用を受けることができる（IRC第904条(d)(3)）。ルックスルー規定が適用されない場合，非CFC会社の米国株主は，非CFC会社からの配当所得と外国税額を別個の外国税額控除枠に入れなければならないこととされている。そして，そのような場合は二重課税の救済措置を全面的に受けることが難しいことが多い。しかしながら，ルックスルー規定では，CFCの米国株主は，外国税額控除の算定の際に実質的にCFCからの配当所得と外国税額を１つの枠（「総合制限枠」と称されている。）に取りまとめた上で控除枠を算定することが認められている。このいわゆる「総合（mixing）」が認められることになれば，より多くの外国税額控除枠を得ることができるなど，米国の納税者に有利なことが多い。

■事案の概要

　Framatome Connectors USA Inc.は，日本子会社をCFC扱いとすることで，日本子会社が支払った外国税額を総合制限枠に移し，外国税額控除を140万円増やすことができるはずであった。内国歳入法第957条(a)は外国子会社の議決権又は株式価額の50％超保有を明示的に要求しているものの，米国法人である

Framatome Connectors USA Inc.（以下「Framatome社」という。）は，日本法人であるBurndy-Japan Ltd.（以下「Burndy Japan社」という。）の株式を50％保有していた。

■主な争点と当事者の主張

1 争 点

本件事案の主な争点は，従来CFCとして扱ってこなかった日本子会社を，米国法人の外国税額控除利用枠を利用するためのみの目的で，CFCとすることができるか否かという点である。

2 当事者の主張

(1) 納税者の主張

納税者であるFramatome社は，米国親会社が日本法人の株式を50％保有していることから，日本法人をCFCとする要件は十分満たされていると主張した。Framatome社は，その論拠として，日本法人株式の50％保有は「他の事項とあいまって」日本法人のCFC適格の有無の決定要因になると主張した。Framatome社は，Burndy Japan社がCFCであるかどうかを決定するに当たっては，日本法人に対する所有権の形式ではなく，「所有権の実質」を重視するべきであると主張した。納税者は，その論拠として，次のような要因により「実質的に」Burndy Japan社における議決権比率を50％超に引き上げていると主張した。

① Burndy Japan社の取締役会及び社長を選任することができ，取締役会の決選投票を左右することができること
② Burndy Japan社を解散することができること
③ Burndy Japan社の経営権を有していること

またFramatome社は，Burndy Japan社株式について経営権プレミアムを支払っているため，同社の「持分価額」の50％超を保有していることになると主張した。

(2) 課税庁の主張

それに対し，課税庁は，納税者が従前日本法人をCFCとして扱ってこなかったことから，本件対象年度についてのみ，日本法人をCFCとして扱うことは認められないと主張した。

■裁判所（租税裁判所）の判断……納税者敗訴

① 租税裁判所は，納税者のすべての主張を覆す証拠を見出し，当該日本法人は対象年度にはCFCではなかったと判示した。

判決理由の中で，租税裁判所は，Framatome社が「実質優先法理」に依拠して，実際の保有比率である50％を上回る比率に議決権をかさあげしたことは容認できないとの判断を示した。その上で，当該法理は，納税者自身が選択した取引形態を税務当局が否認することができるようにするためのものであり，納税者が自身の取引形態を否認する手段として用いるためのものではないとしている。同裁判所がFramatome社による実質優先法理の適用を否認する上で重要な要素としたのは，Burndy Japan社はCFCであるとしたFramatome社の見解が，前課税年度で同社がとっていた見解と矛盾していたということである。

すなわち，Framatome社は，Burndy Japan社株式の保有比率が同じであったにもかかわらず，1987年以前は同社をCFCとして取り扱っていなかった。このような経緯を踏まえ租税裁判所は，Framatome社がBurndy Japan社のCFC区分に関する見解を翻したのは税務上の動機によるものであり，当該法理に訴えることは認められないとした。

② また，裁判段階において会社側が主張した3点についても，租税裁判所は次のような理由からその主張を斥けている。

- Burndy Japan社の取締役会をコントロールし，社長を選任し，更迭することができることをもって実質的支配権を有していたとするFramatome社の主張についても，租税裁判所はこれを否認した。すなわち，Burndy Japan社の日本人株主2社も同社の株式を保有しており，Framatome社による取締役会のメンバー選任を阻止することができ，また，同社がBurndy Japan社の社長を一方的に任命している事実もない。
- 各株主は拒否権を保有しており，80％という圧倒的多数の票決が必要とされることから，日本人株主は当該子会社の多くの重要決定を実質的に阻止

することができる。

③　また，Framatome社は，Burndy Japan社が同社のCFC（すなわち，Framatome社によって日本子会社B社の株式の50％超を保有）であるとする論拠として，1973年に同社の50％持分を取得した際に経営権プレミアムを支払っているとも主張した。しかし，この点についても租税裁判所は，提示されたすべての証拠を比較考量した上で，Framatome社は少数株主である当該2社が得られる便益をはるかに上回る経済的便益を個人的に得る権限を有しておらず，Framatome社のBurndy Japan社保有持分を評価する上で経営権プレミアムは評価対象には該当しないとして，Framatome社の主張を斥けた。

■解　説

納税者は，通常，自らが選択した取引形態を否認する権利を有していないと解されている。本件事案の場合，「実質優先法理」を主張してBurndy Japan社の議決権の50％超を保有していることを認めさせようとしたFramatome社のもくろみは，過年度にBurndy Japan社のCFC区分について矛盾した見解をとっていたことによって，より一層の苦戦を強いられた。租税裁判所が判示したとおり，「納税者は，その主たる動機が租税回避でない場合には，実質優先法理に依拠することができる。」のである。同裁判所は，Framatome社がBurndy Japan社のCFC扱いについて態度を翻した動機は，外国税額控除枠の増額にあったと判断した上で，Framatome社はその主張の正当性を示すために当該法理を用いることはできないと判示した。

日本においても，本件と同様に，自己に有利な場合，「実質課税の原則」を納税者が自ら主張するという事例がみられる（例えば，軽課税国所在の外国子会社に生じた損失を実質課税の原則を適用して親会社の所得と通算していた事例など）。しかし，本件事案と同様に多くの場合，それらの主張は租税回避目的等で行われていることが多いとしてかかる主張は排除されている。

■わが国の参考判例，裁決例等

本件では，日本法人が問題となったが，ケイマン諸島に本店を有する外国法人が日本支店で所得を得ており，それに対して日本の法人税が課されていたとしてもCFC税制の対象になるとしたものとして次の判例がある。

○　東京地裁平成26年6月27日判決（平成23年（行ウ）第370号）・裁判所ウェブサイト

　ちなみに，そこでは次のような判示がなされている。

「英国領ケイマン諸島に本店を有する外国法人で国内源泉所得を有するものについて，当該国内源泉所得に対して本邦において法人税等が課され，それについて租税特別措置法（平成20年法律第23号による改正前のもの）66条の7の外国法人税に該当するとした上での同条の規定等による課税関係の調整がされる余地がないとしても，判示の事情の下では，当該外国法人は同法66条の6第1項の特定外国子会社等に該当するといえ，当該国内源泉所得は当該外国法人の「未処分所得の金額」に含まれるものとして課税関係の計算がされるというべきである。」

第12章　租税条約

◯イントロダクション

　租税条約は，相互主義の立場に立ち，両締約国が二重課税の排除をベースとしつつ，自国の課税権の確保と国際的租税回避，脱税を防止する目的で締結される。

　その際，実務上で最も問題となることが多いのが，移転価格課税がなされた場合における相互協議と恒久的施設をめぐる問題である。それらは，いずれも自国の課税権と国際的二重課税の回避に密接な関係を有する分野である。

　そのうち，移転価格課税に関する事案については第10章で紹介済みである。そこで，ここでは恒久的施設（Permanent Establishment：PE）等をめぐる争いを中心に紹介する。

　⑯の**Xerox Corp.事案**は，租税条約において用いられている用語（具体的には外国税額控除）の解釈をめぐって争われた。IRSは，財務省規則等で示された解釈指針をベースに，本件には外国税額控除の適用はないとしたが，裁判所は，「平易な意味」の解釈からすれば控除が認められるとして課税庁の主張を排除している。

　⑰の**National Westminster Bank事案**では，英国の銀行の在米支店における活動に対し，IRSが国内法に基づいて課税したことから争いとなった。納税者は，かかる課税は米英租税条約に反し許されないとして争い，裁判でもその主張が認められた。

　⑱の**Taisei Fire & Marine Ins.（大成火災海上ほか）事案**では，米国で日本企業の代理人を務めていた米国の企業が，日米租税条約で規定する代理人PEになるのか否かが争われたが，本件では米国の国内法の規定からしても独立代理人になり，PEにはならないという結論となった。

　⑲の**Amodio事案**でもPEの有無が問題となった。裁判所は，本人が米国内で自ら事業に従事していたことについては認めたものの，PEを有するまでは至っていなかったとしている。

　⑳の**Philip Morris事案**は，イタリア最高裁判所で争われたものであるが，条

約自体は独伊租税条約である。本件において同裁判所は，ドイツ法人がイタリアにPEありと判示した。この事件は，国際租税専門家の間では予想外の結論であるとしてショッキングな話題となった。

⑪のDecca Survey Overseas事案では，インドの当局による英国企業に対する高率課税が英印租税条約で規定する「無差別条項」に違反するか否かが争われた。インドの裁判所は，かかる課税は英印租税条約に反するとしてその取消しを命じている。

⑫のNorth West Life Assurance Co.事案では，カナダに本社のある生命保険会社の米国支店（シアトル）に対する米国内法に準拠した課税の是否が争いとなった。租税裁判所は，かかる課税は米加租税条約に反するとして課税処分の取消しを命じている。

⑬のAiken事案は，米国法人によるホンジュラス法人の利用が条約あさりに該当するとして否認された事例である。本件では，ホンジュラス法人が導管にすぎないとした課税庁の処分が是認されている。

⑭のAloe Vera事案では，日米租税条約に基づき日本からの要請に応じて提供された情報が，結果的にマスコミに漏出してしまった場合，当局はその責任を問われるとの判示がされている。

⑮の要請に基づく情報交換事案は，オランダとスイスとの間の租税条約に基づきオランダ政府からなされた銀行口座に関する情報交換要請が，いわゆる「情報あさり」に該当するとしたスイス行政裁判所の事案である。同様のことは，わが国の当局がスイスに対し情報交換要請を行った場合にも生じ得る。

⑯のJiri Sabou事案では，情報交換により相手国政府から入手した情報について，本人に通知する義務があるのか否かについて争われた事案である。事案を担当した欧州裁判所は，通知は不要だとしている。

⑰のHarrison事案は，租税条約というよりは，外国政府等に勤務する者に対する相互免税の範囲をめぐって争われためずらしいケースである。本件では，Harrison女史はドイツ人ではあるものの米国居住者であり，しかも相互主義による免税対象者ではないとして納税者の主張を斥けている。

第12章　租税条約

⑯　租税条約規定の解釈における平易な文言の使用
―Xerox Corp. v. United States, 41 F.3d 647(Fed. Cir. 1994)―

■概　説

米国の法律上「租税条約」は平易な文言を用いるとともに，そこで用いられた用語についてはそのまま解釈しなければならず，平易な意味に反する解釈は排除される。このような考え方はXerox Corp.事案において明確に示されている。

■事案の概要

米国法人であるXerox Corporation（以下「Xerox社」という。）は，英国法人RXL社の過半数の株式を有する支配株主であった。RXL社は，1974年にXerox社に配当を支払い，当該配当についてACT（前払法人税）を支払っていた。RXL社はACTの一部を本来の法人税と相殺していた。RXL社は，1980年に残余のACT額を英国の子会社に移転していた。米国の内国歳入庁(以下「IRS」という。) は，Xerox社の外国税額控除のうち，RXL社の子会社に移転されたACTに相応する部分の相殺を否認した。

> **参考　前提となる法令等**
>
> すべての英国法人は，1972年英国租税法（U.K. Finance Act：以下「1972年法」という。）に基づき，株主に対する一定の支払について，「前払法人税（Advance Corporation Tax：以下「ACT」という。）」を支払うことを義務付けられていた。ACTは，株主に配当が行われた際に納税義務が生じ，還付されないものであった。そこで，英国の居住者は，二重課税を回避するため，配当受領時に税額控除を受けていた（以下「第86条に基づく控除」という。）。英国法人は，ACT納税額を本来の法人税と相殺（offset）するか（以下「第85条に基づく相殺」という。），又は第85条に基づく相殺を子会社に移転して同様の相殺を利用させることができることとされていた。

> 米英租税条約は，1972年法の施行後に再交渉され，改正条約第10条第2項(a)では，米国親法人が英国子法人から受領した配当に関して支払った租税につき，50％の控除を受ける権利を有する旨を定めていた。また，同改正条約第23条は，ACTを米国法上控除可能な所得税とみなしていた。

本件事案は，連邦請求裁判所（Court of Federal Claims）に控訴されたが，そこでIRSに有利な判決が下されたため，Xerox社が当該判決を不服とし，連邦巡回控訴裁判所（Court of Appeals for Federal Circuit）に控訴した[1]。

■主な争点と当事者の主張

1 争　点

本件事案の主な争点は，英国法に基づいて英国子会社で支払われた「前払法人税（ACT）」の全額が米国親会社の外国税額控除の対象になるか否かという点である。

2 当事者の主張

(1) 納税者の主張

納税者（Xerox社）は，ACTの一部が外国税額控除の対象にならないというのであれば，その旨を条約に明記すべきであり（would have so stated），条約を素直に解釈する限り，そのような解釈にはならないと主張する。

(2) 課税庁の主張

それに対し，課税庁（IRS）は，ACTの全額控除が認められるのは，英国法人がACTを本来の法人税と全額相殺している場合のみであると主張する。その上で，IRSは，英国法人であるRXL社が未使用のACTの控除の一部のみを子会社に移転しているため，Xerox社はACTの控除を受ける権利を有さないという見解をとった。

■裁判所（連邦巡回控訴裁判所）の判断……納税者勝訴

連邦巡回控訴裁判所は，配当から何年も後の英国法人の行為を条件とする

---

[1] 連邦請求裁判所の判決に係る控訴事案は，連邦巡回控訴裁判所で処理される。

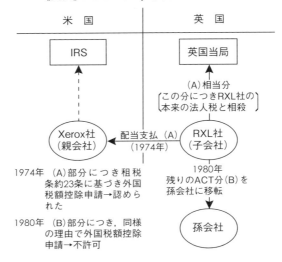

《図表》Xerox Corp.事案のイメージ図

〔争　点〕

　租税条約第23条に基づきなされた米国親会社による（英国子会社の前払法人税（ACT）の一部の孫会社への移転に伴う）外国税額控除申請は，同条約で規定する外国税額控除の対象になるか。

・課税庁の主張…外国税額控除の対象とはならない。
　① 1980年のRXL社の措置は，ACTを本来の法人税と相殺したものではないので，租税条約第23条の規定は適用できない（外国税額控除は受けられない。）。
　② 租税条約上ACTと相殺が認められる（すなわち，米国法人が外国税額控除の対象とすることができる）のは，ACT全額が移転した場合に限られている。本件は一部のみの移転であり，その要件を充足していない。
　③ 内国歳入法第902条及び内国歳入手続80-18でも同様の扱いとなっている。
　④ 租税条約の規定を国内法に基づいて解釈することは許される。
・納税者の主張…外国税控除の対象となる。
　① ACTを本来の法人税と相殺することが控除の条件であるというのであれば，租税条約にその旨の規定が置かれているはずである。
　② IRSの見解は，租税条約の解釈における基本原理である「平易な文言の使用」に反する。

〔裁判所（連邦巡回控訴裁判所）の判断〕…納税者勝訴

　IRSの見解は，米英租税条約第23条の意味と運用を変えることになり採用することができない。
　① 租税条約の平易な意味（plain meaning）によれば，Xerox社はRXL社から配当を受領した時点で控除を受ける権利を有していた。
　② RXL社は，配当支払時点での納税を全額行っていたと解すべきである。

IRSの解釈は米英租税条約第23条の平易な文言に反する（odds with the plain language）と判断した。

米英租税条約第23条のありのまま（on its face）の規定は，「米国は，英国における適切な納税額について控除を認めるものとする（the U.S. shall allow a credit for appropriate amount of tax paid to the U.K.）。」と定めていた。IRSは，前払法人税（ACT）の控除は配当法人がACTを本来の法人税と相殺しない限り，かつ，相殺するまで適用されないという条件（condition）を同条約第23条の規定から読み取っていた。それに対し，連邦巡回控訴裁判所は，このようなIRSの解釈によって，英国と米国の納税者の取扱いに整合性を欠く結果となったと判示した。英国の株主は，配当法人がACTを本来の法人税と相殺するか否かにかかわらず，1972年法第86条に基づく控除を受けていたからである。

連邦巡回控訴裁判所は，租税条約交渉のステートメント，上院の報告書及び上院の議事録をその解釈の基礎とした。交渉のステートメントは，ACTは間接的な外国税額控除として直ちに控除可能となるはずのものであることを示唆していた。また，上院の報告書は，租税条約の規定がなければ，IRSはACTを控除不能な外国税額とみなすかもしれないと説明していた。その場合，米国の納税者は，ACTが英国の本来の法人税と相殺されるまで控除を受ける権利を有さないことになるが，相殺は数年後まで行われない可能性もある。租税条約の文言は，ACTが控除可能とみなされることを担保するために追加された。租税条約の交渉に関与した財務省の担当官は，ACTを「暫定的」又は「一時的な」控除とみなすことは意図されていなかったことを認めた。

IRSは，内国歳入手続（Revenue Procedure）80-18（1980-1 C.B. 623）がその見解の裏付けとなると主張した。内国歳入手続80-18では，配当法人が1972年法第85条に基づく相殺を子会社に移転した場合，米国法人はACTの控除の当該部分についてはもはや受ける権利を有さないとしていた。連邦巡回控訴裁判所は，内国歳入手続80-18のこのような解釈に異議を唱えた。なぜならば，当該規定によれば，英国法人の英国における爾後の行為が，米国法人が控除を受ける権利を左右するからである。同裁判所は，英国の国内法が米国の税額控除ルールの運用を左右することがあってはならないと述べた。内国歳入手続で述べられている解釈は，米英租税条約第23条の意味と運用を変えることに

なる。内国歳入手続の目的は，既存の法律を変更することなく，その適用について説明することにある。このようなことから，同裁判所は内国歳入手続80-18の当該部分を無効としたのである。

IRSはまた，内国歳入法第902条に定める間接的な税額控除の取扱いは，内国歳入手続80-18の見解の正しさを裏付けるものであると主張した。その上で，IRSは，内国歳入法第902条によれば，子会社に支払われる配当に係る控除は，配当が子会社に実際に支払われるまで得ることができないと主張した。しかし，連邦巡回控訴裁判所はIRSのこの主張も受け入れなかった。同裁判所は，問題となっている租税はRXL社が1974年に支払ったACTであるという見解をとったが，RXL社はACTの還付又は払戻しを受けることができなかったのである。爾後に1972年法第85条に基づく相殺を行うか否かにかかわらず，当該子会社の傘下にある孫会社は，当初のACTについては一切支払も負担もしていなかった。すなわち，RXL社のACT納税義務は，RXL社がXerox社に配当を支払った1974年に確定し完了していた。

そこで，連邦巡回控訴裁判所は，租税条約の平易な意味に基づき，Xerox社はRXL社から配当を受領した時点で控除を受ける権利を有していた（なぜならば，当該時点において英国での納税が全額行われていたからである。）と判示したのである。この解釈は，米国の納税者による控除の申立年度と，外国税額の納税年度とを結びつけるメリットがあった。また，この解釈は，米国の外国税額控除ルールに則しており，二重課税を回避するものであった。

■わが国の参考判例，裁決例等

本件判決と若干異なる点もあるが，次のような判例がある。

① 浦和地裁昭和56年2月18日判決（昭和52年（行ウ）第2号）・行裁例集32巻2号223頁

「税法において使用される用語は，特に法律自体においてその意義を定め，または，通常の用語例と異なる意義に使用されていることが明らかな場合を除き，原則として，通常の用語例に従って使用されているとみるべきである。」

② 京都地裁昭和57年12月17日判決（昭和53年（行ウ）第23号）・行裁例集33巻12号2474頁

「租税特別措置法65条の7第2項（昭和49年改正前）にいう『資産の取得』の意義は，その資産が土地である場合には，これを私法上の概念である『土地の所有権の取得』と同意義に解すべきである。」

③　福岡高裁平成2年7月18日判決（昭和59年（行コ）第3号，第8号）・税務訴訟資料180号97頁

「各税法でいう『人格なき社団』という概念は，もともと『権利能力なき社団』として認知された民事実体法上の概念を借用したものであるから……税法上その判断においては民事実体法と一義的に解釈されるべきである。」

④　東京高裁平成14年2月28日判決（平成13年（行コ）第136号）・訟務月報48巻12号3016頁

「税法中に用いられた用語が法文上明確に定義されておらず，他の特定の法令からの借用概念であるともいえない場合には，その用語は，特段の事情がない限り，言葉の通常の用法に従って解釈されるべきである。」

第12章　租税条約

⑩ 米英租税条約と国内法との関係―租税条約の規定が優先するとされた事例
――National Westminster Bank v. United States, Fed Cl. No.2007-5028――

■概　説

租税条約と国内法との関係について，わが国をはじめ多くの国では租税条約が優先するとされている。

しかし，米国では，事後に成立した国内法の規定に租税条約と矛盾する内容のものが含まれている場合には，後日成立した国内法の規定が条約に優先するとの考え方が採用されている。本件においてもこの点が争いとなった。

■事案の概要

National Westminster Bank（以下「Nat West銀行」という。）は，英国に本拠を置く大銀行であり，米国内に6か所の支店を有し事業活動を行っていた。

問題となったのは，1981年から1987年（いずれも課税年度）におけるNat West銀行米国支店の所得の計算についてである。同行は米英租税条約第7条に基づき，米国内にある支店に帰属すべき所得の計算に際し，独立企業原則（arm's length principle）を適用し，本店からの借入に係る支払利子を損金に計上した上で支店の課税所得を計算していた。それに対し，IRSは，米国支店の所得計算上，本支店間の融資等に係る支払利子は損金に算入できないとし，財務省規則（Treas. Reg. §1.882-5）を適用し，本店からの借入に係る支払利子について損金算入を認めなかった。そこで，この処分を不服とする納税者が提訴した。

一審段階で納税者の主張が全面的に認められたことから，IRS側が控訴したものである。

本件事案については，IRSによる課税後，Nat West銀行より米英租税条約第24条で規定する相互協議の申立てもなされていた。しかし，同行は英国政府か

《図表》National Westminster Bank事案のイメージ図

〔事案の概要〕
① Nat West銀行（National Westminster Bank）の米国支店は本店から金銭を借り入れ，それに対し利子を支払っていた。
② 米国国内法（財務省規則§1.882-5）では，本支店間の金銭貸借に係る支払利子については，国内源泉所得（ECI）の計算上損金としない扱いをしている。
③ 米英租税条約では支店に帰属すべき所得は独立企業原則により計算されることになっている（同条約7条2項，3項）。

〔争　点〕
本件係争に係るNat West銀行の米国支店所得の計算は，米国国内法によるべきか租税条約によるべきか。

〔裁判所（連邦巡回控訴裁判所）の判断〕
租税条約の規定を適用すべし。
※米国では後法優先を原則としているためこのような問題が生じる。

ら提案された和解案を「二重課税回避が十分でない（not sufficiently address double taxation）」との理由で拒否したため，相互協議はその段階で打切りとなった。そこで，同行が，1995年に本件更正処分に係る税額を納付した上で訴訟（連邦請求裁判所：U.S. Court of Federal Claims）に及んだといういわく付きの案件である（2008年2月4日付けTax Notes International紙による。）。

■主な争点と当事者の主張

1　争　点

本件事案の主な争点は，国内法（政省令を含む。）と租税条約で異なった規定が設けられている場合，どちらの規定が優先するかという基本的問題である[1]。

---

[1] わが国をはじめ多くの国では租税条約上の規定が優先すると考えられている。それに対し，米国では国内法，租税条約を問わず後法優先の立場がとられている。

2 当事者の主張

(1) 納税者の主張

納税者（Nat West銀行）は，長年にわたる英国の主張に従い，米国の国内法（より具体的には財務省規則）で規定している外国銀行の米国支店に対する支払利息損金算入規制は米英租税条約に違反すると主張するとともに，損金算入の対象となる支払利息には，本店又は他の支店からの借入に伴って支払われる利息も含まれると主張する。

(2) 課税庁の主張

それに対し，課税庁は，外国銀行の在米支店の所得金額の算定上支払利息として損金の額に算入することが認められるのは，財務省規則によって規定されている部分に限られるので，たとえ在米支店の帳簿に損金として計上されていたとしても，そのすべてが損金になるものではないと主張する。また，かかる取扱いは米英租税条約に反するものではないとも主張する。

参考　関係法令等

(1) 財務省規則（Treas. Reg. §1.882-5）の規定

内国歳入法第882条は，米国内で事業活動を営む外国法人の所得に対する課税について規定した条項である。

ちなみに，同条(c)では，それらの事業活動に係る所得の計算上控除が認められるのは，当該所得を得るために関連している部分に限定するとともに，控除すべき費用の配分方法等については財務省規則で規定することとしている。

これを受けて，財務省規則§1.882-5では，本支店間取引が基本的に内部取引であることから，納税者による本支店間の利益の付替えなどの濫用等を防止するため，本店と支店との間の金銭の貸借等について一定の負債／資産比率を定め，これらの一定比率を超える部分に係る支払利子については，支店に帰属する所得金額を計算する際に損金算入を認めないこととしている。

(2) 米英租税条約上の規定

それに対し，米英租税条約第7条第2項，第3項及びそのベースとなったOECDモデル租税条約第7条第2項，第3項では，次のように規定し，独立企業原則による旨が明記されている。

「第7条（事業所得）

2　（3の規定に従うことを条件として）一方の締約国の企業（筆者注：本件でいえば英国Nat West銀行）が他方の締約国内（筆者注：本件でいえば米国）

において事業を行う場合には，当該恒久的施設が，同一又は類似の活動を行う個別のかつ分離した企業（distinct and separate enterprise）であって，当該恒久的施設を有する企業と全く独立（wholly independent）の立場で取引を行うものとしたならば当該恒久的施設が取得したとみられる利得が各締約国において当該恒久的施設に帰せられるものとする。

3　恒久的施設の利得を決定するに当たっては，経営費及び一般管理費を含む費用であって当該恒久的施設のために生じたものは，当該恒久的施設が存在する締約国内において生じたものであるか他の場所において生じたものであるかを問わず，控除することが認められる。」

(3) 米国財務省規則と米英租税条約との差

このように，米国財務省規則においては，たとえ米国内の支店で生じた費用であっても，負債／資産比率が一定比率を超えている場合には支店所得の計算上控除が認められない。

それに対し，米英租税条約では，独立企業原則に従っている限り，米国内で生じた費用はもちろん，米国外で生じた費用（例えば，共通費用のようなもの）であったとしても，それらの費用が当該恒久的施設である米国支店のために生じたものであれば，米国の支店に帰属する所得の金額の計算上控除が認められている。

したがって，本件事案に対し，どちらの規定を適用するかによって，結論は全く違ったものとなってくる。

■裁判所の判断

1　連邦請求裁判所（Federal Court of Claim）……納税者勝訴

連邦請求裁判所の判断は，大略次のようなものであった。

① 本件事案において，IRSが米英租税条約の規定（第7条第2項，第3項）を無視し，国内法に基づき支店に帰属する所得を計算したのは誤りである。

② 米英租税条約第7条第2項，第3項の規定はOECDモデル租税条約と同一内容であり，OECDモデル租税条約のコメンタリーをみても，恒久的施設である在米支店に帰属すべき所得を独立企業原則により計算していた納税者の処理は正当である。

2　連邦巡回控訴裁判所……納税者勝訴

連邦巡回控訴裁判所の具体的な判示内容は次のようなものであった。

(1) **争点その1：本件課税に当たり，IRSが財務省規則§1.882-5を適用したことは，米英租税条約第7条に違反しているか，違反しているとしたらその計算は無視してよいか**

Nat West銀行の米国支店の所得は，米英租税条約第1条に規定する独立企業原則に従って計算されており，何ら違法な点はない（ただし，当該利子が第三者間の適正負債／資産比率に従ったものであるか否かについては判断せず。）。

(2) **争点その2：米国支店に帰属すべき適正資産（又は負債）はどの程度か**

IRSが証明すべき問題である。

米英租税条約上，支店の適正資産は支店で帳簿上資産として記載されていたものが一応適正なものであるという仮定（hypothetical）がなされている。

(3) **争点その3：Nat West銀行の米国支店が支払った利子は独立企業間価格か**

Nat West銀行の在米6支店はいずれも米英租税条約第7条に規定する独立企業原則を満たしており，そこで支払ったとされる本店への支払利子も独立企業原則に従った利子率となっている。

■解　説

本件判決を受け，米国財務省及びIRSでは，内国歳入法第882条及び財務省規則§1.882-5の見直し作業に着手した。

その結果，1996年当時の財務省規則では，米国内の恒久的施設に帰属する所得金額の計算上，他の規定の如何にかかわりなくすべて本規則を適用するとしていたのに対し，米英租税条約（2001年7月署名）及び日米租税条約（2003年11月署名）の発効後，本規則と異なる内容の条約が締結された場合には，OECDモデル租税条約及びOECD移転価格ガイドラインの考え方に沿った運用をしていく旨を明らかにしている（2005年7月14日付けNotice 2005, 32-53ほか）[2]。

---

(2) なお，本件に関しては，次にみるようにいくつかのコメントがある。
　① H.Adrion, "U.S. Court Holds That Separate Entity Approach under the U.K.-U.S.Treaty Overrides IRS Regulation", *Tax Notes International*, July 19, 1999.
　② J.Townsend, "Nat West May Be the Law, But Is It Right?", *Tax Notes*

■**わが国の参考判例，裁決例等**

　租税条約と国内法との関係については，外国人研修生等が在留資格基準に適合する活動を行っていないとして，日中条約第21条の免税規定の適用を認めなかった次の裁決例がある。
　○　国税不服審判所平成21年3月24日裁決・裁決事例集77号232頁

International, July 26, 1999; L.Sheppard, "Hybrids and Branches Disadvantage the Host Country", *Tax Notes International*, July 26, 1999.
③　J.Katz,"Regs. Section 1.822-5 and Article 7: Moving in a Nat Westerly Direction", *Tax Notes International*, Tax Management International Journal, October 8, 1999.

第12章　租税条約

⑩ 日本企業の米国代理人と代理人PE
―Taisei Fire & Marine Ins. Co.,Ltd. et al.（大成火災海上ほか）v. Commissioner, 104 T.C. 535 (1995)―

■概　説

　非居住者又は外国法人が代理人を通じて事業活動を営んでいる場合，原則的には恒久的施設ありとして課税される。しかし，それが独立代理人であるときは課税にならない。

　大成火災海上ほか事案においては，同社が日米租税条約に定める代理人による恒久的施設（いわゆる「代理人PE」）を有しているとみなされるかどうかという点が問題とされた。

　この事案は，米国の代理人による恒久的施設の問題を取り扱った40年ぶりの事案であり，今日では代理人による恒久的施設に関する重要な米国税務事案とみなされている。

> **参考　本件係争当時の旧日米租税条約上の規定（平成16年改正前）**
>
> 　当時の日米租税条約第7条(1)では，米国で事業活動に従事する日本の居住者企業の商業上の利得については，米国に所在する恒久的施設に帰せられない限り，米国連邦所得税を免除されることとなっていた。
>
> 　他方，日米租税条約第9条(4)によれば，日本の居住者は，通常，米国に所在する代理人（第9条(5)に定めるとおり「独立の地位を有する代理人を除く。」）が，当該居住者に代わって「契約を締結する権限」を有し，かつ，「これを常習的に行使する」場合には，当該代理人の活動により米国に恒久的施設を有するものとみなされるとしていた。
>
> 　しかし，日米租税条約第9条(5)は，日本の居住者企業は，独立した代理人を通じて米国で事業活動を行っているという理由のみでは，米国に恒久的施設を有するものとされることはないと定めていた。代理人は「仲立人，問屋その他独立の地位を有する代理人でこれらの者としての業務を通常の方法で行うもの」と区分される場合に，独立しているとみなされる。

> このようなことから大成火災海上ほか事案においては，「独立した代理人」の定義が重要な論点となった。

■事案の概要

　本件では，ノースカロライナ州に所在する再保険管理会社（以下「管理会社」という。）の業務が問題とされた。大成火災海上をはじめとする日本の大手火災保険会社4社[1]はそれぞれ，損害保険，再保険リスクを引き受け，契約会社に代わって再保険リスクを出再する権限を付与する管理契約を同管理会社と締結した。いずれの火災保険会社，又は管理会社若しくは火災保険会社と共通の支配下にある者も管理会社の株式を保有していなかった。管理会社は，個人株主である従業員が所有する非上場会社であり，当該事案の課税年度以前に大成火災海上等との代理人契約のほかに10社の火災保険会社の代理人も務めていた。

　管理会社は，日本の火災保険会社と締結した管理契約の条項に基づき，日本の火災保険会社各社に代わって損害保険の引受又は再保険の出再を行う代理人として行為する法的権限を付与されていたことが明白であった。管理会社は，火災保険会社に対する保険金支払請求をすべて取り扱い，処理する責任も負っており，火災保険会社のために信託保管している保険料の投資を管理していた。管理会社は，実務では，火災保険会社各社に代わって契約を締結する権限を常習的に行使していた。管理会社は，管理契約に基づき，代理人として日本の火災保険会社に代わって遂行したサービスの対価として相当額の収益（2,700万ドル）も稼得していた。

　日本の火災保険会社各社は米国に事務所を置いていたが，その業務は，米国の保険・再保険市場に関する情報収集及び米国で事業を行っている保険顧客の補佐に限定されていた。また，火災保険会社の従業員は，保険又は再保険の引受を行う権限を一切有していなかった上，実際に引受を行っていなかった。火災保険会社各社は，管理会社以外にも再保険管理の代理人を持っており，これらとも類似した取決めを交わしていた。火災保険会社は，自社が米国内で営ん

---

(1)　大成火災海上のほかに，日産火災海上，富士火災海上，千代田火災海上が関与していた。

でいる事業活動については米国で税務申告を行っていたが，管理会社が火災保険会社に代わって締結した契約については米国での納税義務はないという立場をとっていた。

米国の税務当局（IRS）は，当該4社は企業連合として行為し，共同で管理会社の再保険事業の重要な側面をすべて支配していたという論理に基づき，管理会社は火災保険会社各社の米国における代理人としての恒久的施設を構成すると主張し，米国における事業利益に基づく更正処分を行った。納税者は当該更正処分に対し，本件管理会社は代理人PEには当たらないとして異議を申し立てた。

■主な争点と当事者の主張

1 争　点

本件事案の主な争点は，大成火災海上をはじめ日本の大手火災保険会社4社との間で管理契約等を締結していた米国の管理会社が，日本の火災保険会社の恒久的施設（代理人PE）となる従属代理人に該当するのか，それともそうはならない独立代理人なのかという点である。

2 当事者の主張

(1) 納税者の主張

日米租税条約に定める恒久的施設の定義は，OECDモデル租税条約（1977年）第5条(6)に定めるものと基本的に同じである。

そのため，火災保険会社は，代理人が恒久的施設とみなされるためには，OECDモデル租税条約本文にあるように，法律的及び経済的双方において依存していることを要求していると主張する。

(2) 課税庁の主張

それに対し，課税庁は，代理人を独立していないと区分するためには法律的，経済的依存のいずれか一方のみで十分であると主張する。

■裁判所（租税裁判所）の判断……納税者勝訴

租税裁判所は，「独立の地位を有する代理人」という文言の意味の解釈に当

たり，OECDモデル租税条約コメンタリー案（現コメンタリー）を参照し，IRSの租税条約解釈に同意した。したがって，管理会社が法律的又は経済的に納税者に依存していると判断されれば，管理会社は日本に所在する火災保険会社の代理人としての恒久的施設となるとした。

しかし，租税裁判所は，適用すべき法的テストを行った上で，管理会社は法律的又は経済的に火災保険会社に依存していないと判断し，火災保険会社に有利な判決を下した。その根拠とされたのが，火災保険会社は管理会社を所有しておらず，引受・再保険事業に不可欠なリスク管理に要するもの以上の支配権を管理会社に対して得ていないという点である。

そのため，租税裁判所は，管理会社が火災保険会社に法的に依存しているとのIRSの主張を斥けた。また，同裁判所は，火災保険会社の従業員が，いずれも管理会社の取締役，役員又は従業員として勤務していない点も重視した。その上で，管理会社が日本の火災保険会社を誘致できたのは，管理会社が収益性の高い再保険契約にアクセスすることができ，業界における実績と能力を持っていたからであるとして，管理会社は日本の火災保険会社に経済的に依存していないと判示した。

なお，租税裁判所は，管理会社の収益性が相当程度高いことも管理会社の独立性を示すものであると指摘している。

■解　説

本件で問題となった大成火災海上ほか3社の事案は，租税条約で規定する代理人PEに関する判断が示された事案であり，代理人PEと租税条約の解釈について実務的な指針を示すものである。租税裁判所が，独立代理人に関する法的テストの判断を下す上で，OECDモデル租税条約のコメンタリーに依拠していた点は意義深い。

本件判決は，代理人PE分析における特定の事実の決定的な重要性を強調している点でも重要である。すなわち，租税裁判所は，管理会社の所有権と支配権，管理会社の事業能力と収益性に関する事実に基づき，管理会社は経済的にも法律的にも火災保険会社から独立していると判示したのである。

■わが国の参考判例，裁決例等

ここでも，非居住者がインターネットで利用していたアパート，倉庫等が恒久的施設になるとした次の判例をあげることができよう。
○　東京地裁平成27年5月28日判決（平成24年（行ウ）第152号）・裁判所ウェブサイト

第12章　租税条約

⑩ 米国とスイスの条約（非居住外国人の恒久的施設の存否）が問題とされた事例
——Amodio v. Commissioner, 34 T.C. 894(1960)——

■概　説

　非居住者が米国で稼得した事業所得について米国で課税対象とされるためには、①当該非居住者は米国で営業又は事業に従事していなければならないほか、②当該納税者の営業又は事業が恒久的施設に帰属する（attributable to）ものでなければならない。非居住外国人は、営業又は事業を自ら直接遂行するかあるいは代理人を通じて遂行されるかにかかわらず、その活動の範囲が「相当程度、継続的かつ常習的」である場合に、米国で営業又は事業に従事しているとみなされる。そして、相当程度、継続的かつ常習的に活動を行うこのような場所が一般に恒久的施設（Permanent Establishment：PE）といわれているものである。恒久的施設とは、通常、納税者の事業が行われる一定の場所をいう。こうした解釈原則の先例となったのが、Amodio事案において示された見解である。

■事案の概要

　本件事案の当事者であるJohn Amodio氏は、1951年から1954年までの対象期間中スイスに居住していた。同氏は1949年にテキサス州ダラスにおいて賃貸物件を内覧し、代理人に物件の購入を委託した。購入は、同氏がヨーロッパに帰国した後、1950年3月に代理人によって実行された。その後5年間、現地の不動産会社が同氏に代わって月極めの賃貸料受領事務を取り扱っていた。

　Amodio氏は、1951年にテキサス州に戻り、別の投資物件を検討した。その際も、それまでどおり、購入を手配する権限を現地の代理人に委任していた。同氏は、テキサス州の物件購入に必要な資金を調達するため、債券売却を米国の投資銀行に委任する指図をスイスから行った。当該購入は1951年末に実行さ

れた。同氏はその後，現地ダラスの不動産会社に当該物件の管理を行わせるよう手配した。

IRSは，代理人を通じたAmodio氏の一連の活動が，米国内で自ら事業活動を行っていることになるとして課税処分を行った。それに対し，Amodio氏が，代理人の行為は，恒久的施設を構成するまでに至っていないとして課税処分の取消しを求めて訴えに及んだものである。

■主な争点と当事者の主張

1　争　点

本件事案の主な争点は，Amodio氏が米国で営業又は事業に従事していたかどうかという点（争点1）と，Amodio氏が営業又は事業に従事していた場合，当該事業を米国とスイスとの租税条約第2条に規定する恒久的施設を通じて行っていたかどうかという点（争点2）である。

2　当事者の主張

(1)　納税者の主張

納税者（Amodio氏）は，係争に係る期間内において米国に居住していたことはないし，資産の管理等も専ら現地の不動産会社に任せていたので，米国内で事業活動を行ってはおらず，かつ，代理人の行為も恒久的施設を構成するまでには至っていなかったと主張する。

(2)　課税庁の主張

それに対し，課税庁は，Amodio氏による代理人を通じた一連の行為は，Amodio氏が自ら米国内で事業活動を営んでいるとみるべきであり，米国内に恒久的施設を有していたとみるべきであると主張する。

■裁判所（租税裁判所）の判断
　　……争点1については納税者敗訴，争点2については納税者勝訴

租税裁判所は，過去の判例等も踏まえた上で，争点1については，Amodio氏が米国内で自ら営業又は事業に従事しているとしたものの，争点2については，恒久的施設を有するまでには至っていなかったと判示している。

1　争点1について：営業又は事業に従事している場合

　本件課税処分が行われた時点で効力を有していた米国とスイスの間の租税条約に基づき，米国に所在する不動産から生じた所得は，内国歳入法第871条に従い，米国においてのみ課税されることとなっていた。同条(c)では，非居住外国人が米国で営業又は事業に従事して所得を得た場合には所得税の課税対象になると規定されていた。

(1)　先行事例における判決

　租税裁判所は，これより前にLewenhaupt v. Commissioner, 20 T.C. 151 (1953), aff'd, 221 F.2d 227 (9th Cir. 1955)（事案⑱）において，米国での不動産投資において米国の代理人を通じて管理している納税者は，米国で営業又は事業に従事していることになると判示していた。

　ちなみに，Lewenhaupt事案の場合，納税者は自己（納税者）の名において不動産の売買，賃貸，担保設定を行う権限を現地の代理人に付与していた。代理人は物件のほかに納税者の米国での他の財務業務も管理していた。そして，代理人は，その責務遂行の際に，賃貸借契約の締結，物件の賃貸，賃貸料の回収，租税と保険料の支払を行っていた。Lewenhaupt事案を審理した租税裁判所は，代理人の活動に照らして，納税者の活動は「単なる不動産の所有あるいは不動産所得の受領の範囲を超える」ものであったと判断した。同裁判所は，「活動は，相当程度，継続的かつ常習的なものであり，事業の従事に該当すると考えられる」と判示していた。

(2)　納税者の主張

　そこで，Amodio氏は，自らの状況はNeill v. Commissioner, 46 B.T.A. 197 (1942) 及びHerbert v. Commissioner, 30 T.C. 26 (1958) に類するものであると主張した。

　ちなみに，Neill事案の場合，非居住者たる納税者は，長期契約の賃借人に賃貸されていた物件を相続していた。賃貸借契約の条件に基づき，当該賃借人は納税者から指図を受けることなく租税と保険料を支払い，物件の管理を行っていた。裁判所は，納税者は米国において営業又は事業に従事しておらず，また事業を行う場所も維持していないと判断した。

　また，Herbert事案の場合，賃貸物件には一の賃借人に賃貸されていた建物

が含まれていた。この事例では，非居住者である納税者は，幼い頃に父親から当該物件を贈与されていた。納税者（Herbert氏）は，租税と保険料の支払，賃貸借契約の更新及び最小限の保守を行っていた。納税者の活動の程度は「単なる所有」を超えるものであるということができるが，裁判所は納税者の行動は「『継続的』というよりもむしろ『散発的』，『常習的』というよりもむしろ『非常習的』，『相当程度』というよりもむしろ『最小限』であった」との判断を示した。これらの検討結果に基づき，租税裁判所は，納税者は関連する租税条約の意味するところの米国での営業又は事業には従事していなかったと判示した。

(3) Amodio事案に対する租税裁判所の判断

争点1について租税裁判所は，Amodio氏の主張を斥けた。同氏は2つの賃貸物件を1950年と1951年に購入したが，物件の調査及び選定と取得した物件の管理は代理人に委託していた。代理人は，賃貸借契約の交渉と更新，賃貸料の回収，租税と保険料の支払，物件の一般管理を行っていた。そこで，同裁判所は，Amodio氏に帰属するこうした代理人の行為は，相当程度，継続的かつ常習的なものであったと判断した。その結果，同裁判所はAmodio氏は米国で営業又は事業に従事していたとの判断を示した。

2 争点2について：恒久的施設の存否

争点2は，恒久的施設の存否に関してである。Amodio事案当時効力を有していた米国とスイスの間の租税条約によれば，恒久的施設には，「事務所，工場，作業場その他の事業を行う一定の場所」で，これらを通じて実際に営業又は事業が遂行されているものが含まれていた。

Consolidated Premium Iron Ores Ltd. v. Commissioner, 28 T.C. 127（1957）において，租税裁判所は，恒久的施設とは「人員が配備され日常業務を行う機能を備えた事務所，又は日常的な事業活動を遂行する機能を備えた工場若しくは設備が存在すること」と定義した。IRSは，Amodio氏の賃貸物件によって，米国に恒久的施設が創設されたと主張した。

しかし，租税裁判所は，Amodio氏は恒久的施設を有していなかったと判断した。米国とスイスの間の租税条約第2条(1)(c)では，「仲立人その他独立の地位を有する代理人でこれらの者としての業務を通常の方法で行うものを通じ

て事業取引を行っていることは恒久的施設とはならない」と規定していた。この規定を根拠に、同裁判所は、Amodio氏の活動はこれに該当するため、恒久的施設とはならないと結論付けた。その結果、同氏が米国内に所有する不動産賃貸業務から得た所得に対する課税は、米国内の税率ではなく租税条約に定める軽減税率で行われた。

　すなわち、スイスの居住者であるAmodio氏は、米国に所在する代理人を通じて不動産投資活動に従事しており、活動の程度は、継続的、常習的かつ相当程度であり、米国での営業又は事業に該当すると判断された。しかし、同氏は、代理人を通じた活動以外に活動を行っていなかった。その結果、代理人を通じた同氏の活動は、米国における恒久的施設の水準に達していなかったと判断されたのである。

■解　説

　このように、租税裁判所の判決は、不動産会社がAmodio氏の代理人に該当し、Amodio氏自身が米国で事業活動に従事していたとみるべきであるとしたものの、代理人PEの水準にまでは達していなかったとしている。

■わが国の参考判例、裁決例等

　代理人PEをめぐる争いで訴訟等にまで至った事例はない。

　しかし、本件と同様の事例は、外国の投資家がわが国で不動産投資を行う場合にも生じてくると思われる。その点で、本件及びこれに関連するいくつかの案件は参考になるものである。

　ちなみに、国内法（所法164①三及び法法141①三）では、「（日本）国内に自己のために契約を締結する権限のある者その他これに準ずる者」を代理人PEとしている。

　また、租税条約でも、相手国内の代理人等のうち、当該企業の名において契約を締結する権限を有し、かつ、この権限を反復継続しているような場合にあっては、その機能が実質上当該企業から自ら支店等を置いて活動していることと同じと考えられることから、これを「恒久的施設」に該当するとしている。

　ただし、「在庫保有代理人」及び「注文取得代理人」について、OECDモデル租税条約では「恒久的施設」とはみなさないこととしている。しかし、わが

国が締結した条約においては、例えば「在庫保有代理人」については、対インド、インドネシア、オランダ、ブラジルなどとの間で締結された条約において、また、「注文取得代理人」については、対インド、タイ、中国、フィリピンなどとの間で締結された条約において、これを「恒久的施設」とみなすこととしている。

なお、恒久的施設の認定を免れる行為はBEPSでも強く認識されている。そこで、行動７では次のような提言がなされている。

現行規定	改正提案
外国の企業のために国内で行動する者は、以下の要件を満たす場合に代理人PEとされる。 １）企業に代わって（企業の名において）締結される契約	外国の企業のために国内で行動する者は、以下の要件を満たす場合に代理人PEとされる。 １）次のいずれかの契約 　①　企業の名において締結される契約 　②　企業の物品の所有権の移転等に関する契約 　③　企業による役務提供に関する契約
２）代理人が契約を締結する権限を有し、これを反復して行使	２）次のいずれかの行為 　①　代理人が契約を締結する権限を有し、これを反復して行使 　②　企業による重要な修正なく日常的に締結される契約の締結に繋がる主要な役割を反復して果たす
３）ただし、代理人業を通常業務として行う者（独立代理人）はPEとならない	３）ただし、独立代理人はPEとされない。ただし、専属的又はほとんど専属的に関連企業（※）のために行動する者は独立代理人とはみなされない。 ※議決権ベース又は株式価値ベースで50％超の保有関係、又は、事実上の支配関係がある場合

第12章　租税条約

⑩　独伊租税条約における恒久的施設に対するイタリアの考え方
―Ministeria de Finanze(Tassa) v. Philip Morris(GmbH), Corte Suprema di Cassazione, No.7682/02 (May 25, 2002)―

◾概　説

「恒久的施設」の有無をめぐっては，実務上，納税者と課税庁との間で争いが生じやすい。ちなみに，わが国で争いとなったオランダ法人との間の匿名組合契約では，オランダ法人がわが国に恒久的施設を有しないとされた[1]。それに対し，ここで紹介する事例では，全く反対の結論になっている。

イタリア財務省（Ministeria de Finanze（Tassa））v. Philip Morris（GmbH）事案（Corte Suprema di Cassazione, No.7682/02（May 25, 2002））において，イタリアの最高裁判所（Corte Suprema）は，イタリア国内の提携会社の活動を理由として，Philip Morris社のドイツ子会社がイタリアに恒久的施設（Permanent Establishment：以下「PE」という。）を有すると判示した。この事案は，イタリアの最高裁判所の示すPEの定義がOECDのモデル租税条約第5条の定義とどのように異なっているかを理解する上で重要である。

◾事案の概要

Philip Morris社グループは，ヨーロッパでたばこの製造・販売業務を幅広く行っている。Philip Morris社のドイツ子会社PMGmbH（以下「PMドイツ社」という。）は，ドイツで製造業務を行っていたが，イタリアにはほかにPhilip Morris社の関連会社はなかった。そこで，PMドイツ社を含むPhilip Morris社のヨーロッパ関連会社数社は，イタリアのたばこ独占企業であるイタリアたばこ会社AAMS（以下「A社」という。）と商標使用ライセンス契約を締結して

---

(1) 日本ガイダント事案（控訴審：東京高裁平成19年6月28日判決（平成17年（行コ）第278号）・税務訴訟資料257号順号10741…控訴棄却，第一審：東京地裁平成17年9月30日判決（平成15年（行ウ）第529号）・税務訴訟資料255号順号10151…請求認容）。

いた。

　Intertaba Spa（以下「I社」という。）は，Philip Morris社と緩やかな提携関係にあるイタリア法人であった。I社は，たばこフィルターの製造のほかに，Philip Morris社グループ企業のためにモニタリングサービスも提供していた。I社のモニタリング業務は，A社の販売プロセス全体を対象としていた。こうした業務は，Philip Morris社の事業にとって極めて重要なものであった。また，I社は，販売促進業務を提供するほか，A社とPhilip Morris社の契約交渉にも参加していた。具体的には，次のようなイメージである。

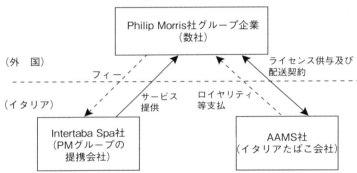

《図表》Philip Morris事案のイメージ図

　Philip Morris社は，イタリア支店も子会社も有していなかったため，イタリア法人A社は非居住者であるPhilip Morris社及びその系列企業に直接ライセンスに係るロイヤリティを支払っていた。この仕組みにより，イタリアの子会社に支払われるロイヤリティに係るイタリアの所得税が回避された。

　独伊租税条約によれば，PMドイツ社と他のPhilip Morris社グループ企業は，イタリアにPEを有する場合にのみイタリアで課税される。イタリアの税務当局は，I社がPMドイツ社のイタリア国内でのPEに該当するので，PMドイツ社のPEはイタリア法人であるA社に対するたばこの販売総収益についてイタリアで課税されると判断した。2つの下級裁判所はPMドイツ社に有利な判決を下したため[2]，イタリアの税務当局が原判決の取消しを求めて上訴した。

---

(2) "Proposed Changes to OECD Model Tax Treaty Could Nullity Philip Morris Decision", Steve Towers, 2004 WTD 106-13, June 2, 2004（以下「2004年改正案」という。）.

■主な争点と当事者の主張

1　争　点

本件事案の主な争点は、イタリア国外のPhilip Morris社グループ企業にサービスを提供するイタリア法人I社がPhilip Morris社グループの代理人になるか否かという点である。

2　当事者の主張

(1)　納税者の主張

納税者は、I社はPhilip Morris社グループと緩やかな提携関係にあり、Philip Morris社グループの契約交渉時に同席はしているものの、独立した立場であると主張する。

(2)　課税庁の主張

それに対し、課税庁は、I社はPhilip Morris社グループの代理人であり、Philip Morris社はイタリア国内に恒久的施設を有すると主張する。

■裁判所（イタリア最高裁判所）の判断……納税者敗訴

イタリアの最高裁判所は、下級審の判決を破棄し、次のような5つの主要原則に照らしてさらに検討を行うことを要求した[3]。

① イタリア国内における複数のPE所在原則

　イタリアの会社は、外国企業グループがグローバル戦略に従って業務を行っている場合には、当該外国企業グループの複数のPEとなり得る。

② 監督・支配原則

　準備的、補助的な活動はPEを構成しない。契約管理業務は、その重要性に鑑み、原則として準備的又は補助的な性格の活動とみなすことはできない。

③ 帰属原則

　外国企業がイタリア企業に管理業務を委託している場合、たとえ特定の

---

[3] 2004年改正案参照。

事業分野に限定されていても，これは当該外国企業のPEを構成する。
④ 単なる参加原則
　イタリア企業が契約交渉に直接参加している場合，これは外国企業の名において契約を締結する権限という概念に該当する。
⑤ 実質優先の原則
　PEが存在するかどうかは取引の形態ではなく，実質に照らして決定しなければならない。

■解　説

1　各国の反応等

イタリア最高裁判所によるPhilip Morris事案判決に対して，OECDをはじめとする専門家等は即座に反応を示した。しかし，その反応は，総じて好意的なものではなかった。この判決を踏まえ，OECDモデル租税条約第5条に関するコメンタリーは，次の点を明確にするために書き直された[4]。

① 複数のPE原則
　OECDモデル租税条約は複数のPEアプローチを否定している。すなわち，PE認定企業ごとになされなければならない（1企業につき1か所）。
② 帰属原則
　現地企業が外国企業のために提供する管理サービスは，外国企業のPEとなる「管理の場所」を構成しない。
③ 単なる参加原則
　契約交渉への単なる参加はPEを構成しない。すなわち，現地企業がPEを構成するためには，それらの企業が契約締結権限を有していなければならない。
④ 管理サービス
　外国企業の自由活動を行うことができる，事業を行う一定の場所が現地に存在し，かつ外国企業の従業員がこの事業を行う一定の場所において外国企業の事業を行っていない限り，管理サービスは外国企業のPEを構成

---

(4) OECDモデル租税条約第5条関係改正コメンタリー参照。

しない。

2　イタリア最高裁判所の態度

イタリア最高裁判所は，その後も自らの判示に忠実であった。すなわち，同裁判所は，2006年7月にも，パナマ法人のイタリア関連会社が，イタリアにおける同法人のPEに該当すると判断した。しかも，2006年7月28日付けのこの判決（17206 - 06号）は，OECDモデル租税条約第5条に関する自らの解釈を裏付けるものとして，2002年のPhilip Morris事案の判決を明示的に引用している[5]。

今後，PEが租税条約上どのように取り扱われるかは，明確ではないが，OECDの定義は，いわゆるブライトライン・テスト（bright-line test）[6]を適用して，PEに該当するか否かが明確になるように書かれている。しかしながら，ビジネスがつぎはぎの基本モデル（bricks-and-mortar model）から遠ざかるのに伴い，従来のPEの定義の重要性はますます薄れていっている。

■わが国の参考判例，裁決例等

わが国では，これに類似した判例，裁決例等は存在していない。

しかし，インターネットを利用した取引の拡大により今後これに類似した事例が発生してくる可能性もある。

---

[5] "Italy's Supreme Court Recharacterizes Company as Permanent Establishment", Marco Rossi, 2006 WTD 231-2, November 3, 2006.
[6] OECDモデル租税条約では，恒久的施設の定義について第5条第1項～第3項でその範囲を明示した上で，第4項でたとえそれらに該当する場合であっても，その機能が準備的，補助的機能にとどまる場合には，恒久的施設には該当しない旨を明らかにしている。
　　また，同条第5項及び第6項では，代理人が恒久的施設に該当するか否かについての区分基準を明らかにしている。
　　さらに，OECDでは，本件判決後も恒久的施設の利益帰属問題に関するディスカッションが行われ，その成果が公表されている。

第12章　租税条約

⑾　租税条約上の無差別取扱条項と国内法との関連（インドの場合）
―Decca Survey Overseas v. Indian Revenue Service―

■概　説

租税の大原則は公平性の確保である。

しかし，発展途上国においては，内国法人優遇の見地から，外国法人の稼得する所得に対し，通常の税率よりも高い税率で課税を行うことがある。租税条約において無差別取扱条項が設けられている場合には，かかる国内法上の規定と租税条約との競合が問題となってくる。ここで紹介するDecca Survey Overseas事案も，このような案件である。

■事案の概要

英国法人であるDecca Survey Overseas社は，インドの所得税法（ITA）第90条第2項の規定に基づきインドの内国法人よりも高い税率で課税を受けた。そのため，同社は，外国法人に適用される高い税率は，英印租税条約の無差別取扱条項に違反するとして提訴した。

■主な争点と当事者の主張

1　争　点

本件事案の主な争点は，租税条約上無差別取扱条項が設けられているにもかかわらず，国内法上の規定を優先して外国法人に対し高い税負担を求めることが許されるか否かという点である。

2　当事者の主張

(1)　納税者の主張

納税者である英国法人（Decca Survey Overseas社）は，かかる課税は租税条約違反であり許されないので，取り消されるべきであると主張する。

(2)　課税庁の主張

それに対し，課税庁は，かかる課税は国内法上許されているばかりでなく慣行としても行われてきており，租税条約違反にも当たらないと主張する。

■裁判所（インド所得税不服審判所）の判断……納税者勝訴

インド所得税不服審判所（The Income-Tax Appellate Tribunal：以下「審判所」という。）は，外国法人に適用される高い税率は英印租税条約で規定された無差別取扱条項に違反すると判示した。審判所は，国内法においては租税条約が国内法に優先すると定めているため，租税条約の無差別取扱条項は，国内法上認められている高い税率の効力を失わせるとの判断を示した。審判所は，「議会も執行当局も，インドに所在する外国法人による配当の宣言及び支払に関する取決めについて定めていない」ので，外国法人に対する高い税率を正当化するITA第90条第2項の規定は適用されないと説明した（「無差別取扱いに関するインド租税裁判所の判決：形式が実態に優先することを支持」Himanshu. S. Sinha, 2004 WTD 126-17（2004年6月30日））。その後で，現行法の下においては「所定の取決め」の定義がなされていないことから，当該定義を利用して外国法人に高い税率を課すことはできないと結論付けている。

■解　説

Decca Survey Overseas事案の判示に対する反応は様々である。異なる税率は本質的に差別的取扱いであるとする識者もいる。かかる識者は，この前提に立って，2001年の改正は租税条約優先規定に反するとみなしている。異なる税率が対インド直接外国投資を遅らせていると示唆する者さえいる[1]。

---

(1)　例えば，The Economic Times 2004年7月15日付け「外国法人に高い税率で課税することはできない」，及びThe Hindu Business Line 2004年5月1日付けT.C.A. Ramanujam著「抗弁不能な税率の差異」を参照されたい。

これに対し，国内法による異なる税率が差別的取扱いであるということに同意しない識者もいる。本件判決前において，インド企業は事業利益について35％の納税を要求されていた。また，インドの子会社は親会社に対する配当について12.5％の配当税を課されていた。一方，外国法人の在インド支店は，外国法人とみなされ，40％の税率を課されていた。しかしながら，これらの外国法人の在インド支店には配当税は課されていなかった。その結果，インドでの全体的な税負担からいうと，外国法人の方が名目的な法人税が高いにもかかわらず，最終的な負担でみてみると，インド企業の税率の方が外国法人よりも高くなっていた。しかるに，今回の判決の結果，外国法人は，配当税を負担することなく，内国法人と同じ税率の適用を受けることが可能になった。

　なお，事案の判決結果とそれによって生じる国内法の矛盾を克服するため，次のような内容の国内法の改正が行われた。

　「…外国法人が，インドにおける所得から支払われる配当…のインド国内での宣言及び支払に関する所定の取決めを交わしていない場合には」という文言をITA第90条の説明部分から遡及的に削除する。

■わが国の参考判例，裁決例等

　租税条約では，無差別取扱い（non-discrimination）は，一方の居住者が相手国においてその国の居住者よりも重い負担を課されることはないとしている（OECDモデル租税条約第24条第1項）。

　また，条約で規定されている税目だけでなく全ての税目に及ぶとされている（同条第6項）。

　わが国の場合，国内法でそれと反するような扱いがなされている事例はないと思われるが，相手国でこのような取扱いを受けた場合には，直ちに反論するとともに，わが国の権限ある当局にもその旨早期に通知することが望まれる。

第12章　租税条約

⑫　米加租税条約の規定が米国の国内法に優先するとされた事例
―North West Life Assurance Co. v. Commissioner, 107 T.C. 19（1996）―

■概　説

　租税条約と国内法の規定が競合又は矛盾する場合，一般的には租税条約上の規定が優先するとされている。

　しかし，米国では，条約締結後に国内法の改正により租税条約の規定と異なる規定が設けられた場合は，改正後の国内法が租税条約に優先するという立場が採られている。

　いわゆる後法優先主義という考え方である。

　それでは，租税条約と国内法の規定があいまいではっきりしていない場合はどうなるのであろうか。

　今回は，これが問題となったNorth West保険会社（カナダ）の米国支店に係る課税問題について紹介する。

■事案の概要

　カナダのヴァンクーバーに本社を置く生命保険会社North West Life Assurance Co.（以下「NW社」という。）は，1971年から米国内（ワシントン州シアトル）の恒久的施設（PE）を通じて米国で営業活動をしていた。同社は，当該PEに帰属する所得について，米加租税条約第7条に基づき，カナダの本店とは別個独立の存在として計算し申告・納付していた。

　具体的には，1987年に手許にあった資金700〜800百万ドルをシアトルの銀行に移管し，同支店で有価証券を購入のうえ，1988年にその株式を売却して得た利益を，支店の利益としたうえで申告した。

　ワシントン州の州法では，外国の保険会社は，一般債務の総額の少なくとも200万ドルを上廻る額の資金を，トラスト勘定として，州内の銀行に預託する

よう義務付けていた(いわゆる「最低投資金額」)。

ちなみに,NW社の米国支店の1988年から1990年における資産超過額は,それぞれ1,542.2万ドル,1,901.6万ドル,1,936.3万ドルとなっていた。

その間,同支店は,米加租税条約及び内国歳入法第842条(a)の規定に従った申告はしていたが,同条(b)に規定する「最低投資金額」をベースとした申告はしていなかった。

それに対し,IRSが,PEに帰属する所得の計算は,①米加租税条約第7条7項[1]に関する財務省の説明書(テクニカル・エクスプラネーション)で,「(同項は)カナダ又は米国が自国内のPEに帰属する所得の計算に際し,国内法を適用することを妨げない。」としていること,及び,②「内国歳入法上の課税所得で,PEに帰属する所得は,(米加租税条約)第7条に規定する事業所得条項に従って課税される。」としていることを根拠に,内国歳入法第842条(b)[2]により,米国の投資と実質的に関連(effectively connected)している分につき課税できるとして課税したことから,NW社がそのような課税が,米加租税条約第7条に反するとして課税処分の取消しを求めて出訴した。

ちなみに,租税条約(IRC第842条(a)もこれと同じ。)とIRC第842条(b)では,算出所得額に次のような差があった。

---

(1) 米加租税条約第7条第9項では次のように規定されている。
　「この条約の目的のため,PEに帰属する事業上の利益は,当該PEの資産又は活動から得られる利益のみを含むものとする(For the purpose of the convention, the business profit attributable to a permanent establishment shall include only those profit derived from the assets or activities of the permanent establishment)。」
　また,テクニカル・エクスプラネーションでは,ここでいう「帰属(attributable to)」の解釈に当たっては,両国の国内法にいう「帰属」を排除するものではない(does not preclude)としている。
(2) IRC第842条(b)では,保険事業に係る投資所得に実質的に関連する最低限のもの(minimum effectively connected not income)として,次のものをあげている。
　① 米国内所在の資産及び当該年度においてその会社に適用される国内投資収益(同条(2)A)
　　・保険債務総額(同条(2)B)
　　・米国内の資産／負債比率(同前C)
　② 米国内の投資利廻り(同条(3))

	米加租税条約及び IRC第842条(a)による算出所得	IRC第842条(b) による算出所得	差額
1988年	1,850.1万ドル	2,128.2万ドル	278.9万ドル
1990年	2,042.6万ドル	2,074.9万ドル	32.2万ドル

※1989年分については差額なし

なお，IRSがIRC第842条(b)を適用するに際し算定に用いた資産収益率等は次のようになっていた。

	資産／負債比率	米国内の平均投資利廻り率
1988年	120.5%	10.0%
1989年	117.2%	8.7%
1990年	116.5%	8.8%

■主な争点と当事者の主張

1　争　点

本件事案の主な争点は，NW社の在米支店に帰属すべき所得の計算を，租税条約をベースに計算すればよいのか，それとも米国の国内法である内国歳入法第842条(b)に規定するやり方で行わなければならないかどうかという点である。

2　当事者の主張

(1)　納税者の主張

納税者は，在米支店の所得計算は米加租税条約に規定するところ（及びそれと違背していない内国歳入法第842条(a)）に従って計算すべきであると主張する。

IRSのやり方，すなわち，内国歳入法第842条(b)に規定する資産収益率で支店所得を計算するというやり方は，米加租税条約に違反しており，取り消されるべきであると主張する。

(2)　課税庁の主張

課税庁は，米加租税条約第7条第7項及びそれをふまえた米国財務省のテクニカル・エクスプラネーションでも，在米支店の所得計算は，米国の国内法により計算することができるとされていると主張する。

《図表》North West Life Assurance Co.事案のイメージ図

〔事案の概要〕
1．カナダの保険会社North West社は，米国に支店を設け活動。
2．在米支店の所得を米加租税条約に基づき計算。
3．IRS，在米支店の所得計算は米国内法に基づき計算すべしとして更正。

〔争　点〕
支店帰属所得の計算は米国内法IRC第842条(b)によるべきか米加租税条約によるべきか。
・納税者の主張…米加租税条約によるべき。
・課税庁の主張…米国内法（IRC第842条(b)）による投資収益率で計算すべき（最低水準以上）。
米国内法の規定は米加租税条約と矛盾しない。

〔裁判所（租税裁判所）の判断〕…納税者勝訴
IRSの課税は，米加租税条約の規定に反しており，取り消されるべきである。

したがって，課税処分は有効である。

■裁判所（租税裁判所）の判断……納税者勝訴

租税裁判所は，大略次のように判示して，IRSの主張を排除し，納税者勝訴の判決を下している。

① 「租税条約解釈に当たってのゴールは，条約の中に規定する特定の用語について両締約国が真に含めようとしたのはどのようなことだったのか（genuine shared expectations）を明らかにすることである。」

② 「租税条約を締結するに当たって用いる用語は，当事者が特にそれを規制する特別のものがない限り（unless a more restricted sense）通常用いられる意味で用いられる（ordinary meaning in the context）。」

③ 「以上の点からみて，裁判所としては，コモンローの原則に従ったうえで条約解釈をすべしという姿勢は明確である。」

④ 「また，租税条約において，特定の条項の解釈につき疑問点が生じた場合には，OECDモデル租税条約のコメンタリーを参照し，それでも疑問点

が解明されない場合には，納税者にとって有利な方向で解釈されるべきである（if doubt exists as the construction of taxing statute, the doubt should be resolved in favor of the taxpayer）。」

■解　説

　租税条約と国内法の関係について，わが国では，所得の源泉地が租税条約と国内法で異なる場合には，租税条約の規定が優先する旨が明確にされている（所法162，法法139）。
　また，源泉徴収税率については，たとえ租税条約で国内法より高い税率が定められていたとしても，いずれか有利な方を選択できることとされている。
　他方，タックス・ヘイブン対策税制のような租税回避防止策と租税条約との関係については，規定上明確ではないものの，最高裁において，「タックス・ヘイブン対策税制が税負担の公平性を追求しつつ，特定外国子会社等の事業活動に経済合理性が認められる場合を適用除外とし，かつ，それが適用される場合であっても所定の方法による外国法人税額の控除と認めるなど，全体として合理性のない制度であることから，（同税制について規定した）租税特別措置法66条の6第1項の規定が（日星）租税条約第7条第1項の規定に違反していると解することはできない。」との判断が示されている（最高裁（一小）平成21年10月29日判決・民集63巻8号1881頁）。
　前提条件等が異なるので，わが国の考え方と本件判決を直ちに比較することはできないかも知れない。
　しかし，後法優先としている米国でさえこのような考え方（租税条約優先）が採用されていることからみて，憲法上租税条約優先をうたっている（憲法98条）わが国が，租税回避防止対策とはいえ，実質的に国内法優先の立場を採用したという点は注目に値する。
　また，移転価格税制の分野においても，寄付金課税がなされたという理由で，相互協議の道が実質的に大幅に制限されるケースがいくつか生じている。しかし，このようなわが国の考え方は，相手国政府からみれば，本来租税条約で救済すべしとしている国際的二重課税の救済を，国内法での規定をタテに拒否又は合意成立を実質的に拒否するものであり，国際的に批難される可能性がある。
　なお，BEPS行動計画6では，租税条約濫用への対策として，条約特典を得

ることにより租税回避を行うような行為に対しては，条約自体に特典享受制限条項（LOB条項またはPPT条項）を設けることに加え，国内法による防止策も必要であるとしている。

■わが国の参考判例，裁決例等

○ 東京高裁平成19年11月1日判決（平成19年（行コ）第148号）・民集63巻8号1979頁

本件では，内国法人のシンガポール子会社に対するCFC税制に基づく合算課税が日星租税条約に反するものであるか否かが争いとなったが，東京高裁は次のように判示して本件課税は日星租税条約違反にはならないとしている。

「(特定外国子会社が適用除外要件を満たしていない場合には，)海外子会社の未処分所得のうちの課税対象留保金額は，本来，内国親会社に対して配当その他の方法によって利益移転されるべきものであって，利益移転がされた場合には，わが国において親会社の収益そのものとして課税されることになるのであるから，その利益移転がされていない場合には，租税回避の防止の観点から，本来あるべき利益移転が実際にあったものとみなして，わが国が親会社に対して課税することは，所得に対する租税に関する二重課税の回避及び脱税の防止のための日本国政府とシンガポール共和国政府との間の協定（いわゆる日星租税条約）第7条第1項の趣旨を潜脱することにはならない。」

第12章　租税条約

⑬ 米国法人によるホンジュラス法人の利用が条約あさりに当たるとされた事例
―Aiken Industries, Inc. v. Commissioner, 56 T.C. 925(1971)―

■概　説

「租税条約」は、国際的な二重課税を防止することにより、国際間の交流を促進することを目的として締結されるものである（OECDモデル租税条約コメンタリー序論パラ1～3）。

特に、利子、配当、使用料等といったいわゆる投資所得については、国際間の投資促進という見地から、源泉地国での課税を減免することが多い。

しかし、このような租税条約の特典を利用することにより、本来であればこれらの特典を享受できない者が租税回避を図るという事例も生じる。いわゆる条約あさり（treaty shopping）である。

この問題は、OECD及びG20でも大きな問題として取り上げられ、「税源侵食と利益移転」行動計画6でもそれらへの対応の必要性について言及がなされている。

今回紹介する事案は、その先がけとなった代表的な事案である。

■事案の概要

米国法人MPI社は、本件訴訟の当事者となった米国法人Aiken Industries Inc.（以下「Aiken社」という。）の100％子会社である。Aiken社は、バハマ法人ECL社によってその株式の99.997％を保有されている。

ECL社は、エクアドルにも100％の子会社CCN社を有していた。

1963年4月、MPI社は、祖父会社あるECL社から225万ドルを年金利4％で借り入れ、その証拠としてECL社に対し約束手形（promissory note）を発行した。

1964年3月、バハマ法人ECL社は、エクアドル法人CCN社の100％子会社と

してホンジュラスにIndustrias社を設立したうえで，Industrias社に対し自己の有するMPI社発行の約束手形を譲渡した。Industrias社は，その対価として，額面金額25万ドル，金利4％の約束手形9枚をECL社あてに発行した（図表を参照）。

MPI社は，借入金の金利としてIndustrias社に利子を支払ったが，米国とホンジュラスとの間に租税条約が締結されていたことから，同条約第9条に基づき，支払利子に対する源泉徴収は行われていなかった[1]。

ホンジュラス法人であるIndustrias社は，MPI社から受領した利子の全てを，ECL社との間の契約に従い，そこに送金した。

その結果，ECL社は本来であれば米国で課されるべき利子に対する源泉徴収を免れることができた[2]。

それに対し，IRSが，本件利子の受取人とされているホンジュラス法人Industrias社は，本件取引に形式的に介在したにすぎず，実質的な受取人はバハマ法人ECL社なので，MPI社から支払われた利子に対しては米国で30％の源泉税が課されるとして課税したことから，この処分を不服とした納税者が本件訴訟を提起したものである。

■主な争点と当事者の主張

1 争点

本件事案の主な争点は，本件取引にホンジュラス法人Industrias社を介在させた行為が，租税条約の濫用（いわゆる「条約あさり（Treaty Shopping）」）に該当するか否かという点である。

---

[1] なお，この条約は，1966年12月31日をもって終了したが，本件利子支払当時（1964年〜1966年）は機能していた。
[2] ちなみに，米国とバハマとの間には租税条約が締結されていなかった。そのため，バハマ法人がこの利子を直接受け取ることとなった場合には，米国の国内法により30％の源泉徴収が行われることとなっていた（IRC第1442条(a)）。

《図表》Aiken事案のイメージ図

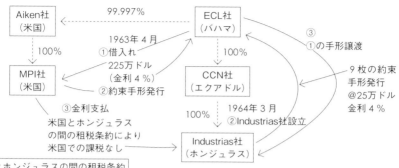

〔事案の概要〕

① 米国法人Aiken社の100％子会社であるMPI社は、1963年4月に祖父会社であるバハマ法人ECL社から225万ドルを金利4％で借入れを行い、約束手形（Promissory note）を発行した。
② ECL社の100％子会社であるエクアドル法人CCN社は1964年3月、ホンジュラスに100％の子会社（ECL社の孫会社）Industrias社を設立し、ECL社はMPI社発行の約束手形をIndustrias社に譲渡し、代わりに同社からそれと同一条件で@25万ドルの約束手形9枚の発行を受けた。
③ MPI社はIndustrias社に金利を支払ったが、米国とホンジュラスの間の租税条約により、支払金利に源泉課税はされず、Industrias社はそれをECL社にそのまま送金した。
その結果、ECL社は米国での課税なしにMPI社からの金利を得ていた。
（バハマと米国との間では租税条約なし）
④ IRSはこの行為を条約あさりに当たるとして、支払利息に対し源泉課税とした。

ちなみに、これを時系列でみていくと次のようになる。

〔争 点〕

Aiken社及びMPI社による租税条約の特典の利用によるかかるスキームは、条約あさりに該当するか。

〔裁判所（租税裁判所）の判断〕…納税者敗訴

Industrias社は、MPI社から受領した利子と全く同じ金額を直ちにECL社に送金しており、両者は区分不可能（inseparable）であることからIndustrias社は単なる導管（conduit）にすぎないので、本件取引は「条約あさり」に該当する。

⑬ Aiken事案

2 当事者の主張

(1) 納税者の主張

納税者は，米国とホンジュラスの間で締結された租税条約第9条で，「一方の締約国で生じ，他方の締約国の法人若しくはその他の事業体で一方の締約国内に恒久的施設を有している者が得る利子については，…当該一方の締約国の税を免除する。」と規定しており，ホンジュラス法人Industrias社は，同条約第2条(1)(g)に規定する「ホンジュラス法に基づき，同国で設立され又は組成された法人又は事業体」なので，同条約第9条の適用対象となり，同社が受領した本件利子については，米国での課税は受けないはずであると主張する。

さらに，連邦憲法が第6条第2項で「米国が締結した条約は，米国内において最高法規として尊重され，全ての判事は，それが憲法に反するものでない限り，それらの条約に拘束される。」と規定されていること及びその考え方が内国歳入法第894条(a)でも明確に示されていることを根拠に，本件利子は米国では課税されないと主張する[3]。

(2) 課税庁の主張

それに対し，IRSは，本件取引においては，ホンジュラス法に基づいて設立されたIndustrias社及びその法人としての存在自体が疑問なので，税務上その存在は無視されるべきであるとしたうえで，本件取引に係る利子の真の受領者はバハマ法人ECL社なので，米国とホンジュラス間の租税条約の減免規定は適用されない。したがって，MPI社は支払利子について源泉徴収義務を負うと主張する。

■裁判所（租税裁判所）の判断……納税者敗訴

租税裁判所は，ホンジュラス法人（Industrias社）が，米国とホンジュラス間で締結されている租税条約第9条に規定する「法人（corporation）」に該当するものであることは認めつつも，それのみでは同条に規定する租税条約上の特典を享受するには十分でなく，「かかる行為が租税負担をミニマイズするた

---

[3] ちなみに，内国歳入法第894条(a)では次のように規定されている。
「所得の種類の如何を問わず，米国が租税条約上の義務を負っているものについては，総所得（gross income）には含まれず，かつこの節で規定する課税を免除される。」

めのみの目的で行われた場合には特典享受を否認できる。」と判示（ここでGregory事案（Gregory v. Helvering, 293 U.S. 465, 469（1935））判決を引用）。

そのうえで，「Industrias社はホンジュラス法人ではあるものの，MPI社から支払われた利子の『徴収代理人（collection agent）』に過ぎないものであり，実際にはMPI社とECL社の間の『導管（conduit）』にすぎないので，米国とホンジュラスの間の租税条約第9条に規定する利子を「受領した（received）」者は，ホンジュラス法人たるIndustrias社ではなくバハマ法人であるECL社であると解すべきである。」と結論付けている。

その根拠として，租税裁判所は，本件取引にIndustrias社を介在させることには，経済的実体も事業上の目的もなく，その存在は単に租税条約上の特典を利用し米国の課税を免れるための存在にすぎなかった（no economic or business purpose but exist only to avoid US taxation through the treaty benefits）という点をあげている。

解　説

租税条約を濫用して租税負担の軽減を図る行為について，わが国で注目されるようになったのは比較的最近になってからである。

しかし，本件事案でもみられるように，米国ではかなり早い段階からこの問題が認識されていた。

そのため，米国では，本件事例を参考にしたうえで，各国と新たに租税条約を締結又は従前の条約を改訂する場合には，租税回避行為を防止するための規定を設けることとしている（US Model, 2006 Art4, 22）[4]。

ちなみに，2004年（平成16年）6月に発効した新日米租税条約でも，この種の規定が設けられている[5]。

また，2015年10月に公表されたOECDの「税源浸食と利益移転（Base

---

[4] USモデル第4条では，条約上の特典を享受できる者を"qualified person"という形で限定している。
　また，第22条では，特典を享受できる者を制限する条項（Limitation of Benefit：いわゆる「LOB条項」）を設けている。
[5] 日米租税条約第10条11，11条11及び12条5では導管取引への条約特典を不適用にするとともに，同条約第22条では，次のいずれかに該当しない限り条約の特典享受を認めないこととしている。

Erosion and Profit Shifting：いわゆる「BEPS」)」行動計画最終報告で出された15項目の行動指針のなかでも，「6．租税条約の濫用防止」として「今回紹介したような条約締約国でない第三国の個人・法人等が不当に租税条約の特典を享受する濫用を防止するためのモデル条約の規定及び国内法に関する規定を設けるべきである。」との提言がなされている。

なお，国内法の分野では，租税条約の濫用防止の一環として，居住者が国外源泉所得等に課税しないこととしている国に住所地を移すことで国際的二重非課税となる事態を防止するため，平成27年度の税制改正で，「国外転出をする場合の譲渡所得等の特例等（いわゆる「出国税」）」が創設された。

参考1　日米租税条約で規定する特典享受制限条項

第22条（特典の制限）

1　一方の締約国の居住者で他方の締約国において所得を取得するものは，この条約の特典を受けるために別に定める要件を満たし，かつ，次の(a)から(f)までに掲げる者のいずれかに該当する場合に限り，各課税年度において，この条約の特典（この条約の他の条の規定により締約国の居住者に対して認められる特典に限る。以下この条において同じ。）を受ける権利を有する。ただし，この条約の特典を受けることに関し，この条に別段の定めがある場合は，この限りではない。

(a)　個人

(b)　当該一方の締約国，当該一方の締約国の地方政府若しくは地方公共団体，日本銀行又は連邦準備銀行

(c)　法人のうち，次の(i)又は(ii)に該当するもの

　(i)　その主たる種類の株式及び不均一分配株式が，5(b)(i)又は(ii)に規定する公認の有価証券市場に上場又は登録され，かつ，1又は2以上の公認の有価証券市場において通常取引される法人

　(ii)　その各種類の株式の50パーセント以上が，5以下の当該一方の締約国の居住者である(i)に規定する法人により直接又は間接に所有されている法人（その株式が間接に所有されている場合には，各中間所有者がこの1に規定する者のみである法人に限る。）

(d)　第4条1(c)に規定する者

(e)　年金基金（当該課税年度の直前の課税年度の終了の日においてその受益者，構成員又は参加者の50パーセントを超えるものがいずれかの締約国の居住者である個人である年金基金に限る。）

(f)　個人以外の者で次の(i)及び(ii)の要件を満たすもの

(i) その者の各種類の株式その他の受益に関する持分の50パーセント以上が，(a)，(b)，(c)(i)，(d)又は(e)に掲げる当該一方の締約国の居住者により直接又は間接に所有されていること。
(ii) 当該課税年度におけるその者の総所得のうちに，その者が居住者とされる締約国におけるその者の課税所得の計算上控除することができる支出により，いずれの締約国の居住者にも該当しない者に対し，直接又は間接に支払われた，又は支払われるべきものの額の占める割合が，50パーセント未満であること。ただし，当該支出には，事業の通常の方法において行われる役務又は有体財産に係る支払（独立の企業の間に設けられる価格による支払に限る。）及び商業銀行に対する金融上の債務に係る支払（当該銀行がいずれの締約国の居住者でもない場合には，当該支払に係る債権がいずれかの締約国内にある当該銀行の恒久的施設に帰せられるときに限る。）は含まない。

参考2 BEPSプロジェクト　行動6　租税条約の濫用防止

背景及び行動計画の概要

　条約漁り（第三国の居住者が不当に条約の特典を得ようとする行為）をはじめとした租税条約の濫用は，BEPSの最も重要な原因一つとの認識に基づき，これを防止するための「OECDモデル条約」の改定及び国内法の設計について検討。

報告書の概要

・租税条約の濫用防止のために最低限必要な措置（ミニマムスタンダード：MS）として，以下の1.及び2.の措置を採用することを勧告。
　1．租税条約のタイトル・前文に，租税条約は，租税回避・脱税（条約漁りを含む。）を通じた二重非課税又は税負担軽減の機会を創出することを意図したものでないことを明記。
　2．租税条約に，一般的濫用防止規定として次のいずれかを規定。
　　①主要目的テスト（Principal Purpose Test：PPT）のみ
　　②PPT及び簡素版LOB（特典制限規定（Limitation on Benefit））との両方
　　③厳格版LOB及び導管取引防止規定（限定的PPT）
　　※LOBとは，租税条約の適用を受けることができる者を一定の適格者に制限する規定。
　　　PPTとは，租税条約の濫用を主たる目的とする取引から生ずる所得に対する租税条約の特典を否認する規定。
・租税条約に，租税条約上の特定の要件の適用回避を防止するための個別的濫用防止規定（双方居住者の振分けルールを実質管理地基準から個別判定方式の変更，配当に対する軽減税率適用のための持株保有期間要件の追加等）を設けることを勧告。
・自国の居住者に対する国内法上の租税回避防止措置（外国子会社合算税制，出国時課税特例等）は租税条約の規定と整合的であることを確認。

今後の対応等

OECD：租税条約に関連するBEPS対抗措置を二国間租税条約に取り込むための多数国間協定の締結（行動15）。
　　　　各国のミニマムスタンダードの実施状況に関するモニタリングの実施。
日　本：いずれの措置も国内法又は租税条約において対応済み。
　　　　多数国間協定交渉への参加を含め，BEPS対抗措置を含む租税条約を拡充。

「特典資格条項」の構成

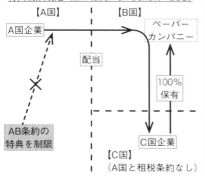

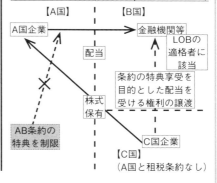

〈特典制限規定〉

▷ 租税条約の特典付与を「適格者」に限定する。
▷ 「適格者」とは，第三国居住者に支配されていないと考えられる者（例えば上場企業，年金基金等）を類型化し，客観的要件によって定義したもの。
▷ 「適格者」に該当しない者については，個別に租税条約の特典付与が妥当かどうか当局が認定。

〈目的テスト規定〉

▷ 「適格者」による取引であっても，租税条約の特典を享受することを取引の主たる目的の一つとする場合には，得点を与えない。

資料出所：財務省

第12章　租税条約

⑭　**日米租税条約に基づき米国から日本に提供された情報が結果的に表に出てしまった場合，提供国の当局が損害賠償義務を負うとされた事例**
——Aloe Vera of America Inc. v. United States 2:99-cv-01794(Feb 11, 2015)——

■概　説

　経済取引のグローバル化に伴い，各国の税務当局にとって情報交換の必要性が高まってきている。

　しかし，この種の情報交換のうち，特に要請に基づく情報交換については，要請国として提供する情報が，相手国において自国と同程度の守秘義務が守られていない場合においても提供する義務があるのか否か等について問題となる。特に，その結果，相手国で提供された情報がメディア等によって公表された場合の扱い等が問題となってくる。

　また，提供された情報が誤った内容のものであるにもかかわらず，それらの提供された情報に基づいて相手国で課税された場合，納税者にどのような救済措置が講じられているのかも問題となってくる。

　本件は，日米租税条約に基づき米国（IRS）から日本（国税庁）に提供された情報が誤っており，それに基づいて日本で課税され，その結果がマスコミ報道されて結果的に米国の納税者が損害を被ったとして，米国の納税者が米国政府を相手に訴訟を提起したという事案である。

■事案の概要

1-1　Aloe Vera of America社（以下「AVA社」という。）は米国の納税者Rex Maughan氏によって全株を保有されている米国のS法人であり，関連法人から原料となるアロエ（Aloe gel）を購入し，それを関連法人に販売している。

1-2　係争年間（1991年から1992年）において，AVA社はMaughan氏とYamagata氏の共同出資により日本に設立したForever Living Products Japan社（以下「FLPJ社」という。）に対し原料となるアロエ液を販売し，FLPJ社

でそれらを加工、ビン詰めしたうえで日本のディストリビューターに販売していた。

1-3 FLPJ社はAVA社からの原材料費代金に加え、特定の製法及びビン詰めのノウハウ提供の対価として、AVA社に対し、売上高の3.5％相当額のロイヤリティを支払っていた。さらに、FLPJ社はコミッション／ロイヤリティ名目でAVA社に対し、それらとは別枠で支払っていたが、それらの分は、AVA社を通じ直接又は間接にMaughan氏及びYamagata氏に支払われていた。

この種の支払いが取られていた理由は、両氏の米国での所得税支払いを先送りするためであったが、それらの取引が明らかになって以来、両氏は1991年分及び1992年分の所得として申告している。

2-1 1995年5月、IRSは、AVA社が他の年度分についても同様の手法を用いて米国の租税負担を免れていたのではないかとして調査を開始し、担当官を日本（国税庁）に派遣したうえで、日米合同調査（Joint Audit）を開始した。その結果、米国サイドの担当官は、この間に、米国で3211.6万ドルの申告漏れがあると推計したが、それらを裏付ける証拠は得られていなかった。

なお、本件取引に関し、FLPJ社にも申告漏れの疑いがあることが明らかとなり、同時調査でロイヤリティとコミッションの支払いを否認するとともに、コミッション及び配当に係る源泉徴収漏れがあったとして否認された。

2-2 日本の国税庁は、FLPJ社に対し再度調査を行い、1997年1月、同社の1991年～1996年度分について77億円の更正を行った。それらの更正内容は、FLPJ社からAVA社に支払われたコミッション／ロイヤリティが損金計上不可の役員賞与に当たるというものであった。

2-3 1997年10月、日本のメディアは、FLPJ社が、原料となるアロエ液等の価格を水増しすることにより、77億円以上の所得匿しをしていたと報じた。

それらの報道により、FLPJ社の売上げは激減した。

専門家の証言によれば、それらの情報（申告漏れ）の出所は、日本の国税庁からであったとのことであった。

2-4 FLPJ社は、更正分に係る税額を納付した後、独自に行った移転価格スタディに基づき、当該処分の取消しを求めて異議申立てを行った。

2-5 国税庁とIRSは、その後移転価格調査結果に基づき、FLPJ社とAVA社との間の取引は、独立企業間価格でなされていたとの結論に達し、国税庁は、更

正に係る本税額及び加算税額をFLPJ社に還付した。

2-6 米国の納税者（AVA社）は，米国政府が，かかる情報（未確認情報）を国税庁に提供したのは，内国歳入法第6103条(a)の規定に違反しているとして訴訟を提起した。あわせて，本件情報提供により，同社及びオーナー2人は5,200万ドルの損害を被ったとして損害賠償を請求した。

■主な争点と当事者の主張

1 争 点

本件事案の主な争点は，租税条約に基づく情報交換によって提供された情報が，相手国で公表されることを知ってなされたものであるか否かという点（争点1）と，提供された情報が正しいものでなかった（false）場合，それを知りながらなされた情報提供は無効なのか否かという点（争点2）である。

2 当事者の主張

争点1

(1) 納税者の主張

納税者は，日本のメディアで公表された情報の出所が国税庁（NTA）であることは明らかであり，しかも，当該情報（3,200万ドルの申告漏れ）は，同時調査時にIRSの担当官から日本側に提供されたものであることも明らかである。IRSの担当官は，その際，日本の慣行ではそれらの情報がマスコミにリークされることが十分予知できたはずだと主張する。

(2) 課税庁の主張

それに対し，IRS側は，情報交換によって相手国に提供された情報がマスコミにリークされることはないと主張する。

争点2

(1) 納税者の主張

この点について，納税者は，IRSの担当官が当該情報を提供した際，その情報が正確でなかったことと知りながら行ったので無効であり，かかる提供の結果日本でマスコミ報道がなされ，多額の損失を被ることになったと主張する。

《図表》Aloe Vera事案のイメージ図

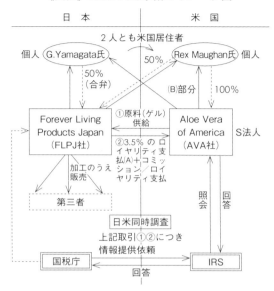

〔事案の概要〕

① 米国法人Aloe Vera of America社（AVA社）は，Rex Maughan氏の100％出資により設立された米国法人であり，同氏とYamagata氏の共同出資で設立した日本法人Forever Living Products Japan社（FLPJ社）に原料を供給（1991年，1992年対象）。
② FLPJ社は同原料をもとに加工，精製，ビン詰めのうえ第三者に販売。
③ FLPJ社は原料費の購入代金に加え，特定の製法，ビン詰め方法許諾の対価としてAVA社に3.5％のロイヤリティ支払。
④ それらに加え，コミッション／ロイヤリティを別途支払っているが，当該部分についてはAVA社を通じFLPJ社のオーナー2人に直接又は間接に支払われていた（米国所得の計上繰延目的）。
⑤ 1995年 日米合同調査開始。1997年1月 国税庁，IRSからの情報提供をもとにFLPJ社に対し77億円の更正（重加算税込み）。
⑥ 1997年10月 日本のメディア，FLPJ社は77億円の所得秘匿と報道。
⑦ AVA社，IRSに対し，納税者の秘密情報を日本の国税庁にもらした（disclose）ことは内国歳入法第6103条(a)に違反しているとして，5,200万ドルの損害賠償請求訴訟を提起。

〔争 点〕

日本のメディア報道の起因となったのは，IRSから日本の国税庁になされた秘密情報の提供か，提供された情報に誤りがあったのか否か。
米国と同程度の守秘義務の履行が期待できない国に対してなされた情報提供は，内国歳入法第6103条(a)に違反し，損害賠償請求の対象になるか。

〔裁判所（アリゾナ連邦地方裁判所）の判断〕…納税者勝訴

申告書に関する情報が誤った内容であることを知りながら日本の税務当局に情報提供を行うことは対日租税条約上認められていない（unauthorized by the tax treaty with Japan）。
したがって，米国政府は，原告（AVA社，Maughan氏，Yamagata氏）に対し，係争年各年当たり1,000ドル，総額3,000ドルを支払う（なお，5,200万ドルの損害賠償請求については，開示による実損とは認められないと否認）。

(2) 課税庁の主張

それに対しIRS側は，当該情報提供はそれらの情報が単に申告漏れとなっている可能性があるとの見込みの下善意でなされたもの（simply good-faith estimates of possible unreported income）であったと主張する。

■裁判所（アリゾナ連邦地方裁判所）の判断……納税者勝訴

本件事案を審査したアリゾナ連邦地方裁判所は，「IRS担当官によって日本の国税庁になされたAVA社（及びそのオーナーであるMaughan氏）の申告に3,200万ドルの申告漏れがあるとの情報提供は，内国歳入法第6103条に規定する守秘義務規定を骨抜きにする（eviscerate）ものであり，許されない。IRSは，本件提供情報は，AVA社の帳簿記録等から推計されたものであるとしているが，そのようなあてずっぽうな推計（blind guess）は，善意の推計（good-faith estimates）ということはできない。」としている。

そのうえで，アリゾナ連邦地方裁判所は，「本件情報提供は，誤りであることを知っていながらなされたものであり，日米租税条約に規定する正規の情報交換としては認められない。したがって，米国政府の行動は内国歳入法第6103条(a)に規定する適用除外要件を充足していない。」として米国政府に対し，オーソライズされていない情報開示をしたとして，原告3人に対し，各1,000ドル（合計3,000ドル）の支払いを命じている。

■解　説

1　BEPSで示された考え方

OECDとG20による「税源侵食と利益移転（BEPS）」プロジェクトにもみられるように，多国籍企業による国際的な租税回避や利益移転行為が問題となっている。しかし，各国の執行当局にとっては，主権の制限等もあって海外からの情報入手手段は限定されている。

このようなことから，近年，租税条約に規定する情報交換の重要性が急速に高まってきている。

そこで，BEPS行動計画6では，租税条約の濫用に対し国内法での手続と並んで租税条約で規定する情報交換も活発に行うよう提案がなされている。

また，情報交換の活発化についても別途報告及び提案がなされている。

2　情報交換の種類

周知のように，情報交換には，①要請に基づく情報交換，②自発的情報交換，③自動的情報交換の3つに区分される。

このうちBEPSで取り上げられているのは主として③の自動的情報交換であるが，本件で問題となった情報交換は，合同調査における情報交換である。

3　納税者の主張

納税者は，当初，米国サイドに対し，日本では情報交換で入手した情報について米国のように厳しい守秘義務が課されていないことなどを理由に情報提供が違法であるとしていた。その理由として，日本の調査担当官が日本法人の調査に赴いた際，①課税に必要な情報を米国サイドから入手済みである旨言明していたこと及び②申告漏れの事実を認めなければマスコミ等にリークする旨発言していた，という点をあげていた。その後，実際にこの申告漏れの事実がマスコミ報道されたことから，日本では米国ほど厳しい守秘義務が守られていないとして，納税者は司法省及びIRSに対し，かかる情報提供が内国歳入法第6103条(a)に違反するとして訴訟を提起したものである。

4　裁判所の考え方と実務へのインパクト

判決では，納税者の主張をほぼ全面的に認め，IRSに対し，原告である納税者3人に各1,000ドル（合計3,000ドル）を支払うよう命じた。

本件事案は，当局のみならず実務家にとっても注目されてきたものであるが，今回このように，当局にとって極めて厳しい判決が下されたことから，今後における情報交換の運用に多大のインパクトを及ぼすものである。特に，わが国の当局にとっては，日本内に対する情報交換に係る判決ということもあり，外国の当局から入手した情報について，より一層厳重な管理が求められることとなろう。

ちなみに，税務当局間の情報交換は次の3種類に区分されている。

参考 税務当局間の情報交換

○ 税務当局間の情報交換とは，納税者の取引などの税に関する情報を二国間の税務当局間で互いに提供する仕組み。
○ 租税条約に基づく税務当局間の情報交換には，①要請に基づく情報交換，②自動的情報交換，③自発的情報交換の3形態がある。

【税務当局間の情報交換のイメージ】

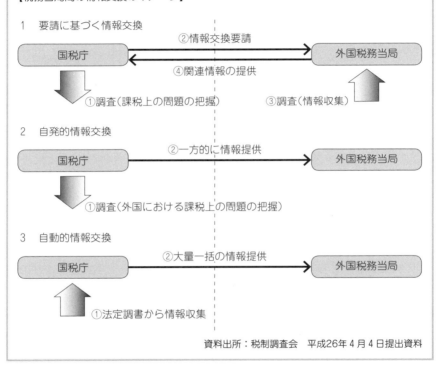

資料出所：税制調査会　平成26年4月4日提出資料

第12章　租税条約

⑮　スイス政府に対する租税条約に基づく情報交換要請が，いわゆる「情報あさり」に該当するとして拒否された事例
―スイス行政裁判所2014年10月7日判決（AT1606／2014）―

■概　説

　BEPSと並行して，情報交換の活発化，特に預金者等の情報について，自動的情報交換の対象にするとともに，情報交換のため共通の報告様式（Common Reporting Standard：いわゆる「CRS」）が制定されている。

　従来，スイスは，このような動きに対し，批判的立場をとってきた。

　現に，わが国との間の条約でも，改正前においては情報交換規定は設けられていなかったし，OECDモデル租税条約でも情報交換については留保を付していた。

　それは，同国の最も重要な産業である金融業を守るためでもある。

　しかし，スイスのこのようなスタンスについては，米国のみならず欧州諸国からも批判の声があがった。そのため，しぶしぶではあったとしても，徐々に従来の方針を変更してきつつある。

　現に，わが国との間でも，平成24年（2012年）の条約改正で新たに情報交換規定が設けられている。

　今回紹介する事件は，2010年当時に問題になったものであり，スイス当局及びスイスの裁判所が現在もこの方針どおりに動いているか否かは不明であるが，当時のスイスのスタンスを知るうえで参考になると思われるので，2015年8月にスイスのバーゼルで開催されたIFA総会で行われたセミナーの資料等をもとに紹介する。

■事案の概要

　本件は，オランダの税務当局が，同国の居住者A及び同人が支配するオランダ法人（B社）がスイス法人（C社）及び（D社）がオランダの居住者又はオ

ランダ法人と関係があるのではないかとして，スイスの税務当局に対し，次の事項に回答するよう求めたものである。

① スイス法人C社及びD社の株主は誰か（オランダ居住者A又は同人がオーナーであるオランダ法人B社ではないのか）。
② オランダ居住者A又はオランダ法人B社は，スイス法人C社及びD社の直接又は間接のオーナーなのか否か又は何らかの形でこれら2つのスイス法人と関連しているのではないか。
③ オランダ居住者A及び／又はオランダ法人B社を通じスイス法人D社に現金での支払いがなかったか。
④ スイスの銀行3行（X，Y，Z）の預金口座の所有者，受益者（beneficial owner）又は代理権等により当該預金の処分権を有する者にA，B社，C社，D社の名があるか。

《図表》要請に基づく情報交換事案のイメージ図

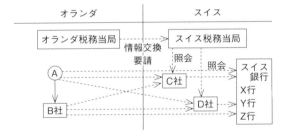

〔事案の概要〕
1 Aはオランダの居住者，AはB社のオーナーである。C社及びD社はスイスの法人である。
2 オランダ税務当局は，A及び／又はB社がスイス法人C社及び／又はD社の直接又は間接のオーナーではないかとして，スイス税務当局に照会。
3 あわせて，スイス銀行X行，Y行，Z行にA，B社，C社又はD社目名義の預金，又はそれらの者が受益者，サイン権保有者となっているか否か等についても照会。

〔裁判所（スイス行政裁判所）の判断〕…オランダ政府からの照会拒否
1 C社，D社の株主及びX行，Y行，Z行等に口座等を有しているか否かの照会は，情報あさり行為に該当し認められない。
2 株主，銀行の口座等に関する照会のうち情報提供者が回答できるのは直接的所有者のみ。

■裁判所(スイス行政裁判所)の判断……納税者勝訴

スイス税務当局からの照会に対し,スイス行政裁判所は,次のような理由から,オランダ税務当局からなされたスイス法人C社及びオランダ法人B社に関する情報交換要請には応じるべきではないとしている。

① 「予測可能な現実的関連性(foreseeable relevance)」基準では,「情報あさり行為(fishing expeditions)」は,情報交換の対象から除外している。
② そこでいう「予測可能な現実的関連性」においては,次の2つが満たされていなければならないとされている。
  a 要請国がこの基準を満たしていなければならないこと
  b 被要請国は,予測可能な現実的関連性のない情報提供要請があった場合には,それらを情報交換の対象から除外すべきであること
③ 要請国は,要請に当たっては,明らかな間違い又は矛盾,抜け穴等がない限り,「誠実に(good faith)」行わなければならない。
④ 情報提供者は,当該口座に直接関連ある者に関する情報のみ(例えば,契約者が存在している場合であればそれのみ)を提供すべきである。

■解　説

本件では,スイスの行政裁判所が,オランダ税務当局からなされた広範な情報交換要請に対し,それらの行為が情報あさり(fishing expeditions)になるとして,これに応じる必要がないという判断を下した。

この判断は,オランダの税務当局からの照会に対するものであるが,日本サイドから類似の要請を行った場合にも,同様の判断が下される可能性が高い。

なお,これと同様の判断が,フランスからの要請に対してもなされている(2014年12月8日(A-3294/2014))。

ちなみに,フランスの税務当局は,同国の居住者に係るスイス税務当局への照会は,「予測可能な現実的関連性(foreseeable relevance)」があるとしていた。

しかし,フランス税務当局からなされたスイス銀行口座の照会について,スイスの行政裁判所は,フランス税務当局が現実的関連性の立証をしていないので,情報交換は拒否されるべきであるとしている。

その意味でいえば,要請に基づく情報交換の有効性はかなり限定されたもの

にならざるを得ない。

ところで，本件との関係で問題となってくるのが，非居住者に係る情報交換である。

米国の外国口座コンプライアンス法（FATCA）施行を受け，各国の当局は，非居住者に係る金融機関口座の情報を相互に提供しあう自動的情報交換に向けて国内法制を整備してきている（参考1を参照）。

このような動きをふまえ，わが国でも平成27年の税制改正で，所要の手当てがなされた（参考2を参照）。

参考1 非居住者に係る自動的情報交換を巡る国際的取組みの経緯

H26.9租研

○ 2008年のスイスUBS事件[1]等を受けて，米国内で批判が高まり，2010年3月，米国市民による外国金融機関の口座を利用した脱税を防止する「外国口座税務コンプライアンス法（FATCA）」が米国で成立（2014年7月施行）。

○ 2012年，各国がFATCAへの対応について米国と合意したことを契機に，OECDは，税務当局間で非居住者の口座情報を提供し合う自動的情報交換に関する国際基準の策定に着手。

○ 2013年9月，G20首脳会議は，OECDによる国際基準の策定を支持するとともに，2014年央までに自動的情報交換の技術的様式を完成させることにコミットし，2015年末までにG20諸国間で自動的情報交換が開始されることを期待。

○ 2014年1月，OECD租税委員会が「共通報告基準（CRS：Common Reporting Standard）」を承認。同年2月にOECDが公表し，G20財務大臣・中央銀行総裁会議がこれを支持。同年7月には，共通報告基準の実施細目（コメンタリー）等を公表。※今後，各国が共通報告基準を実施するための国内法制を整備する段階に移行。

資料出所：財務省

(1) UBS事件：2008年5月，米でスイス金融大手のUBSの元行員が脱税幇助で起訴されたことを端緒とし，米当局がUBSに対し，関係口座情報の提出を要求。UBSは脱税幇助を認め，2010年，スイス政府は米政府に数千人分の顧客情報を提供。

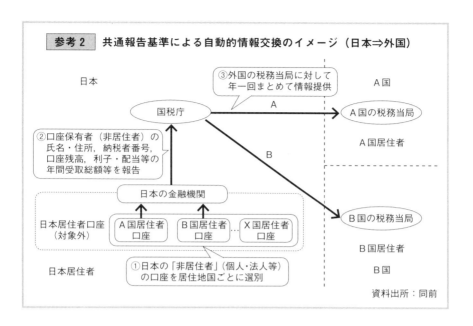

第12章　租税条約

⑯　情報交換により入手した情報について本人への開示が不要とされた事例
―Jiri Sabou v. Financni（C-276/12）―

■概　説

「租税条約上の情報交換規定に基づいて税務当局が入手した情報について，各国の当局は，これを自己の収集した情報と同じく秘密として扱う」。これは，情報交換に関する基本原則である。

しかし，他方，納税者の立場からすれば，自国の税務当局が相手国からどのような情報を入手しているのかについて知りたいと思うのも当然である。

この問題について，先般スイスのバーゼルで開催された第69回国際租税学会（International Fiscal Association）で，スペイン，フランス，英国等で活躍しているサッカー選手で，チェコの居住者が，チェコの税務当局から調査を受け，フランスや英国等でどの程度の収入を得ていたかにつき，情報交換のあり方をめぐって係争となった事案について紹介があった。

本件は，欧州裁判所の判断ではあるが，情報交換により税務当局が入手した情報について，納税者に通知する必要があるのか否かについて争われためずらしい事例なので簡単に紹介する。

■事案の概要

Jiri Sabou氏は，チェコ出身の著名なサッカー選手で，東欧諸国をはじめ，スペイン，フランス，英国等で幅広く活躍していた。

2004年の税務申告に際し，Sabou氏はチーム移籍伴うコストとして多額の経費控除の申請を行った。

それに対し，チェコの税務当局は，Sabou氏から出された税務申告書の内容をチェックした。その際，ハンガリーからの請求書（インボイス）が含まれていることを発見し，その旨を同氏及び同氏の代理人に通知した。

同様のインボイスは，スペイン，フランス，英国等からもチェコ当局に提供されている可能性があった。

そこで，Sabou氏及び同氏の代理人は，チェコの税務当局に対し，それらの国からチェコ政府に対し同様の情報が来ているのであれば，同氏らにその内容を開示すべきであるとして開示請求を行った。

しかし，チェコの税務当局は，情報交換規定に基づき入手した情報については本人に開示する必要がないとして開示を拒否したため，Sabou氏がEU法（具体的にはEU指令）及びそれをふまえた国内法により開示を求める権利があるとして欧州裁判所に訴えを提起した。

■主な争点と当事者の主張

1　争　点

本件事案の主な争点は，情報交換に関するEU指令（EU Council Directive 2014/107/EU of 9 December 2014 amending Directive 2011/16/EU as regards mandatory automatic exchange of information in the field of Taxation）が，各国の税務当局等に対し，租税条約上の情報交換規定によって入手した情報について，「（各国の税務当局が，）交換の対象となっている納税者等又はその関係者等に対し，情報交換規定に基づいて入手された内容等を通知（inform）する義務があるか否か。」という点（争点1）についてである。

また，もうひとつの争点は，被要請国（Requested State）から提供された情報等に関し，その内容について納税者から疑問が呈された場合若しくは納税者等からそれらの情報が誤りであると指摘された場合，被要請国はそれらの情報の入手経路等について必要最低限の情報を開示する義務を負うのか否かという点（争点2）である。

2　当事者の主張

争点1：税務当局は情報交換によって入手した情報の内容等を納税者に通知する義務はあるか

(1)　納税者の主張

税務当局はEU指令により情報交換で入手した資料の内容について納税者に

開示する義務があると主張する。

(2) 課税庁の主張

情報交換等により入手した情報はあくまで税務当局間の話であり，それらの情報の内容について納税者に開示する義務はないと主張する。

争点２：情報交換された情報の内容等について納税者からその内容が誤りであるとの指摘等がなされた場合，被要請国の税務当局は納税者に対しその内容等について開示する義務を負うか

(1) 納税者の主張

提供した内容等に誤りがある場合，たとえ被要請国といえども開示に応じる義務があると主張する。

(2) 課税庁の主張

情報交換に関するEU指令では被要請国にそれらの義務を課していない。

したがって，被要請国の税務当局はそれらの要請に応じる必要はないと主張

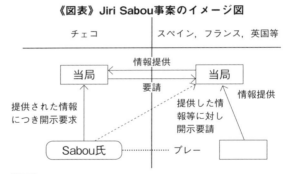

《図表》Jiri Sabou事案のイメージ図

〔事案の概要〕

　チェコ居住者であるSabou氏は，スペイン，フランス，英国等でサッカー選手として活躍。
　チェコで申告はしているものの，多額の経費控除。

〔争　点〕

　税務当局は，情報交換により入手した情報について，EU指令により納税者本人に通知する義務があるか。

〔裁判所（欧州裁判所）の判断〕…開示義務なし

　EU指令は，各メンバー国にかかる義務を課していない。
　↓
　納税者は，交換された情報等について開示請求権を有していない。

する。

■裁判所（欧州裁判所（ECJ））の判断……納税者敗訴（当局勝訴）

1 争点1について

　情報交換に関するEU指令は，情報交換を可能にする（facilitates）ためのものであり，EU加盟国に対し何らかの義務付けをしているものではない。また，調査段階において発生する問題について納税者を守る権利を付与するものでもない（not did right of defence）。
　EU法の下では，当局から交換された情報について通知を受けたり質問をする権利は与えられていない。

2 争点2について

　EU指令では，交換された情報について納税者のチャレンジ権について規定していない（does not govern the taxpayers challenge to information）し，税務当局に対し交換された情報について最小限の情報提供等をすべしとする義務も課していない。

■解　説

　「税源浸食と利益移転（BEPS）」でも議論されているように，国際的な租税回避，なかでも納税者による租税条約の濫用を防止するためには，各国の税務当局間の情報交換が不可欠である。そして，情報交換の重要性は今後ますます高まってくるものと思われる。
　他方，それとの関係で問題となってくるのが，納税者の権利保護である。
　これまで，当局内で交換された情報については，各国の当局が秘密として扱うという旨の規定は設けられていたものの，納税者との関係について言及した規定はなかった。
　しかし，最近の動きをみてみると，例えばドイツでは，対中国との租税条約の議定書において，情報交換規定に基づく情報提供の結果，本人が死刑になるようなケースについては，情報提供の対象にしない旨が明記されている。また，不法に入手された情報（盗んだ情報）等についても，交換の対象にしないとし

ている。

　さらに，スイスでは，相手国に提供した情報については，対象者にその旨（相手国に情報提供をした旨及びその概要等）を通知するとしている。それらに加え，相手国の当局に対しても，情報交換によって得た情報については，差し支えない範囲でできる限り本人に通知してほしいとしている。

　この分野において，納税者の権利をどの程度まで認めるべきかについて，各国の見解はまだ一致していない。しかし，BEPSにおいて当局の権限が強化されていることとのバランスを保つという点からして，今後スイスのような動きに同調する国も出てくるかも知れない。

第12章　租税条約

⑰　課税権の配分が問題とされた事例
──在米ドイツ政府出先機関に勤務していた米国永住権所有者に対する米国所得税の課税が認められた事例──
──R. E. Harrison v. Commissioner, 138 T.C. No.17
（Docket No.15074-10）2012.5.1判決──

■概　説

　在外公館に勤務する公務員が受ける給与は，当該勤務地国では原則として課税しないというのが国際的な慣行となっている（ウイーン条約，領事条約）。しかし，現地で採用されたその国の居住者である職員（いわゆるローカル・スタッフ）にもその特典が及ぶのかという点が問題となってくる。

　本件ではこの点について問題となった（いわゆるHarrison事件）。結論はわが国と同じく，居住地国で課税できるというものであったが，実務上，参考になる点も多いと思われるので紹介する。

■事案の概要

　原告（R. E. Harrison女史）はドイツ生まれであるが，1970年代に米国に入国以来，本件係争年度（2006年～2008年）の間，米国のグリーンカード（永住権）を保持していた。1977年より原告はヴァージニア州レストン（Reston）にあったドイツ防衛省レストン調達事務所に勤務し，給与を得ていた（2006年＝8.3万ドル，2007年＝8.5万ドル，2008年＝12.6万ドル）。

　同事務所は米国の国務省からNATOに属する「その他の政府機関」として区分されていた。

■主な争点と当事者の主張

1　争　点

　本件事案の主な争点は，米国で永住権を取得しているドイツ人でドイツの米

国出先機関に勤務する者の所得が,米国で主権免税の対象になるのか否かという点（争点1）と,課税対象になるとしても,NATO条約にいう軍事スタッフとして免税対象になるのか否かという点（争点2）である。

2　当事者の主張

争点1
(1)　納税者の主張

原告（Harrison女史）は,自分はドイツ人であり,自己の得ている給与はNATOとの間で相互免税にするという内国歳入法第893条により米国では免税になるはずであると主張した。

(2)　課税庁の主張

それに対し,IRSは,ドイツの調達事務所は外国政府機関ではあるが,内国歳入法第893条で免税対象としているのは本国から派遣されてきた職員に対して支払われる給与のみであり,米国居住者である原告の給与はそれに該当しないとして課税処分を行ったことから,原告が課税処分の取消しを求めて租税裁判所に提訴した。

争点2
(1)　納税者の主張

また,原告は,たとえ自己の得ている給与が,相互主義により免税にならないとしても,原告の立場は,北大西洋条約に規定する軍事スタッフのステータス（NATO Status of their Forces）を満たしているので,免税になるはずだとも主張した。

(2)　課税庁の主張

IRSは,この点についても,原告の立場は特典享受条項を満たしておらず,米国で課税になると主張している。

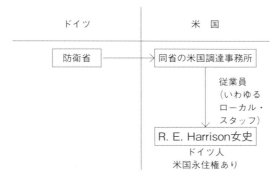

《図表》Harrison事案のイメージ図

〔事案の概要〕

　本件では，ドイツ生まれで米国のグリーンカード保有者が在米ドイツ政府機関に勤務し，給与を得ている所得が米国で課税対象になるか否かが争いとなった。

〔争　点〕

　ドイツ人ではあるものの，米国で永住権を所有している者がドイツ（又はNATO）の米国出先機関に勤務で得る給与は，米国で課税されるべきか。
　・納税者の主張…自分はドイツ人でありドイツの政府機関に勤務しているので，米国では課税されない。
　・課税庁の主張…納税者は米国の永住権所有者であり，かつ，ローカル・スタッフなので免税特典の対象にはならない。

〔裁判所（租税裁判所）の判断〕…納税者敗訴

　米国で課税される。

■裁判所（租税裁判所）の判断……納税者敗訴

　租税裁判所は，次のように判示して納税者の請求を斥けている（L. Paige Marvel判事の意見）。

1　争点1について

　「内国歳入法第893条（外国政府又は国際機関の従業員に係る報酬）(a)で米国所得税の免税対象としているのは，米国市民以外の者が受領する給与であって，かつ，もし米国市民である米国政府機関の従業員が相手国で同じような業務をしたら免税になるであろうようなたぐいのもので，相手国政府がその所得に対して課税していない場合に限られている。

本件の場合，ドイツ国内でHarrison女史と同様の活動に従事している者は，ドイツの居住者に該当することとなるが，かかる者に対し，ドイツ政府は免税特権を認めていない。

したがって，原告は相互主義の観点からみても，米国で免税特権を享受することはできない。」

2 争点2について

「北大西洋条約で民間人を免税対象としているのは，それらの者の相手国への滞在が臨時的（temporary presence in a state）な場合又はその国の軍隊に随行してきた場合に限られている。

本件事案の場合，Harrison女史はドイツ人ではあるものの，米国の居住者である。したがって，免税特典享受資格である臨時的滞在の要件を充足していない。

また，Harrison女史は米国にずっと住んでいることから，ドイツ軍とともに米国に来たというわけでもないので随行者免税の要件にも該当しない。」

■解　説

わが国でも，外国政府や国際機関に勤務する者で，日本国籍を有しないなど所定の要件を充足する場合には，相互主義を前提に原則として非課税としている（所法9①八，所令23，24，所規3）。ただし，その場合において，わが国の所得税が非課税となる者は，日本国籍を有しておらず，かつ，日本に永住する許可を受けていない者に限るとされている（所令24，所規3）。

その点でいえば，もしわが国がNATOと同様の特典付与条項を有する条約に加盟していた場合，原告は日本国籍所有者ではないものの，日本国に永住する許可を受けていた者と同一の立場（グリーンカード保有者）なので，結果的には同じ結論になったのではないかと思われる[1]。

なお，本件と若干異なるが，米国大使館に勤務していた日本国籍所有者で日

---

(1) ちなみに，わが国において給与が非課税とされる外国政府職員等（所法9①ハ）とは，外国政府又は外国の地方公共団体に勤務する者であって，その者が日本国籍を有しておらず，かつ，日本に永住する許可を得ている者でないことが要件とされている（所令24一，所規3）。

本の居住者でもある人達が日本で納税義務を負うのか否かが争われた事例においても本件と同様の判断が示されている。

参考 所得税法基本通達

（人的非課税）
9－11 国内に居住する外国の大使，公使及び外交官である大公使館員並びにこれらの配偶者に対しては，課税しないものとする。

（外国政府等に勤務する者の給与）
9－12 法第9条第1項第8号の規定の適用に当たっては，次のことに留意する。（昭50直所3－4，平5課法8－2，課所4－6改正）
(1) その勤務先は，外国政府若しくは外国の地方公共団体又は昭和47年12月8日付大蔵省告示第152号に定める国際機関（以下この項においてこれらを「外国政府等」という。）に限られるのであるから，外国政府等に該当しない法人から受ける給与は，たとえその法人が外国政府等の全額出資に係るものであっても，非課税とならないこと。
（注）上記の告示に定める国際機関以外の国際機関からその職員が受ける給与についても，条約（例えば，国際連合の特権及び免除に関する条約第5条第18項(b)《課税の免除》，専門機関の特権及び免除に関する条約第6条第19項(b)《課税の免除》，アジア開発銀行を設立する協定第56条第2項《課税の免除》等）により非課税とされる場合があることに留意する。
(2) 外国政府等に勤務する者で令第24条《給与が非課税とされる外国政府職員等の要件》に規定する要件に該当するものが，その勤務により受けるものであっても，退職手当，一次恩給その他の退職により一時に受ける給与及びこれらの性質を有する給与は，非課税とならないこと。
（注）これらの給与についても，租税条約により非課税とされる場合があることに留意する。
(3) その勤務が外国政府又は外国の地方公共団体のために行われるものであっても，例えば，その外国政府又は外国の地方公共団体が舞踊，サーカス，オペラ等の芸能の提供を行っている場合のその業務のように，我が国若しくは我が国の地方公共団体の行う業務以外の業務又は利益を目的とする業務に従事したことにより受ける給与は，非課税とならないこと。

参考資料

【参考1】 米国における納税者による不服申立て及び訴訟における選択肢

① 納税者は，内国歳入庁から更正通知等を受領後，租税裁判所に当該処分の取消しを求める申立て（petition）を行うことができる。
  ・納税者は，争われている租税を支払うことなくこれを行うことができる。
② あるいは，納税者は，次の裁判所に申立てを行うこともできる。
  ・連邦地方裁判所（Federal District Court）
  ・連邦請求裁判所（Federal Court of Claims）
  ・ただし，これらの裁判所においては，納税者はまず争われている租税を支払わなければならない。
  ・納税者は，その上で，訴訟を提起して，既に支払った争われている額の還付を請求する（「全額支払ルール」）。
  ・事案は陪審審理に付すこともできる（may be heard before a jury）。
③ 申立方法を選択する際の検討事項
  ・全額前払い（Full pre-payment）と支払の繰延べ（deferred payment）
  ・陪審審理（jury trial）と専門知識（technical knowledge）

【参考2】 米国における税務訴訟の流れ（イメージ図）：代表的事例

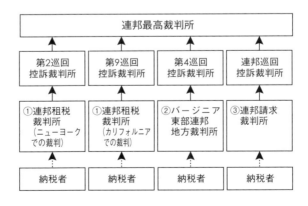

納税者は，自己の居住地がどこであるかにかかわらず，①〜③のいずれかの機関に提訴することができる。

なお，提訴場所がどこであるかにより控訴裁判所（高等裁判所）の管轄が異なる（上記イメージ図参照）。

事項索引

あ 行

アームズ・レングス取引………………… 286
愛国的義務心……………………………… 240
相手国に提供された情報………………… 732
アイデンティティ法理…………………… 655
赤字企業…………………………………… 569
当たり馬券………………………………… 55
アット・リスク・ルール………… 256, 317
あてずっぽうな推計……………………… 734
アメリカ合衆国憲法修正…………… 12, 13
行き過ぎた租税回避行為………………… 153
行き過ぎたタックスシェルター… 258, 317, 320
意見書……………………………………… 187
遺産管理人…………………………… 349, 351
遺産契約…………………………………… 10
遺産税……………………………………… 140
遺産税申告…………………………… 128, 349
イタリア財務省…………………………… 707
イタリアの税務当局……………………… 708
一か八かのアプローチ…………………… 212
一時所得………………………………… 50, 55
一時的な制限……………………………… 593
一部リコース………………………… 391, 392
一連の取引…………… 237, 257, 293, 405, 411
一貫性法理………………………………… 355
一定の算式………………………………… 168
一定の割切り……………………………… 168
一般債務の総額…………………………… 715
一般的な租税回避防止規定……………… 445
一般否認規定……………… 236, 397, 425, 450
移転価格課税………… 561, 576, 581, 598, 682
移転価格課税紛争………………………… 645
移転価格事務運営要領…………………… 635
移転価格スタディ………………………… 731
移転価格税制……………………………… 719
移転価格調査………………………… 188, 576
意図的な法律無視………………………… 221
意図的秘匿性……………………………… 223
意図の立証………………………………… 224
違法活動…………………………………… 82
違法業者…………………………………… 84
違法行為……………………………… 69, 81
違法所得…………………………… 3, 5, 78
違法な所得………………………………… 6, 82
違約金……………………………………… 15
遺留分の減殺請求………………………… 105
異例の状況………………………………… 161
インカム・アプローチ…………………… 650
インド歳入庁……………………………… 531
インド市場………………………………… 527
インド所得税不服審判所………………… 713
インドの所得税法………………………… 712
インドの税務当局………………………… 528
ウイーン条約……………………………… 747
売上税…………………………………… 4, 107
運営契約…………………………………… 595
運営の一元性……………………………… 347
英印租税条約………………………… 683, 712
英印租税条約の無差別取扱条項………… 712
営業税………………………………… 533, 541
営業税額の控除枠………………………… 543
英国IFS…………………………………… 236
英国親会社………………………………… 662
英国居住者………………………………… 534
英国歳入庁………………………… 435, 552, 666
英国財務省………………………………… 63
英国税務当局………………………… 534, 668
英国内国歳入庁…………………………… 400
英国に送金された分……………………… 551
英国のCFC税制……………………… 439, 667
英国法人……………………………… 684, 687, 712
永住権………………………………… 464, 747
永住者……………………………………… 551
英連邦系諸国……………………………… 3, 56
役務遂行に係る所得……………………… 518
役務提供…………………………………… 117
役務提供契約………………… 488, 495, 514, 565
役務提供地…………………………… 478, 484, 487

754　事項索引

役務提供取引……………………… 564,625
役務提供の対価
　………… 142,166,171,460,477,485,486
役務の提供者…………………………… 155
エコノミスト…………………………… 620,630
エスクロー…………………………… 363
エスクロー受領額……………………… 115
延滞税…………………………………88,193
エンティティ………………… 316,323,346
エンティティ・アプローチ…………… 650
エンドユーザー………………………… 328
欧州域内軽課税国……………………… 651
欧州共同体……………………………… 666
オープン・マーケット………………… 298
オフショア……………………………… 528
オプション権……………… 92,291,305
オプション権不行使…………………… 306
オランダ源泉所得税…………………… 389
オランダ税務当局………………… 737,739
オランダ法人………… 460,501,707,737
オランダ持株会社……………………… 527
オン・デマンド・サービス…………… 118

　　　　　か　行

ガーデナー……………………………… 400
海外商標………………………………… 605
海外特派員……………………………… 468
海外持株会社…………………………… 461
会計……………………………… 194,214,221
会計検査院……………………………… 214
会計システム…………………………… 116
会計士の証言…………………………… 194
会計処理方法の選択…………………… 119
外国企業の米国株主…………………… 672
外国居住者……………………………… 523
外国口座コンプライアンス法………… 740
外国子会社………………………… 533,544
外国子会社合算課税制度……………… 650
外国子会社合算税制…………………… 666
外国税額控除……… 533,536,570,651,664,677
外国税額控除枠の増額………………… 680
外国税額の納税年度…………………… 688
外国政府機関…………………………… 748
外国通貨………………………………… 228

外国投資法……………………………… 591
外国同族持株会社所得………………… 674
外国の銀行……………………………… 319
外国の真正な居住者…………………… 468
外国のパートナー………………… 520,525
外国法人………… 459,479,500,508,712,719
外国法人パートナー…………………… 520
開示する義務…………………………… 743
外資の引揚げ…………………………… 513
解釈通達…………………………… 181,229
会社法……………………………… 140,163
改訂運営契約…………………………… 391
買取り保証……………………………… 616
開発業務の場所………………………… 604
開発者―補助者ルール…………… 602,603
開発責任………………………………… 586
開発リスク……………………………… 602
買戻し……………………… 3,73,136,303
価格配分方式…………………………… 565
価額判定…………………………………… 21
架空のロス……………………………… 293
過去の判例……………………………… 437
加算税……………………………… 193,601
家事使用人……………………………… 399
貸倒引当金……………………………… 29
貸付金回収……………………………… 410
貸付金債権……………………………… 410
果実とそれが成る木…………………… 143
カジノ……………………………………… 23
過少申告加算税………………………… 88
課税管轄権………………………… 459,466
課税繰延べ……………………………… 609
課税権…………………………… 463,492,506
課税先送りスキーム…………………… 420
課税事業者……………………………… 437
課税上の取扱い…………………… 115,132
課税所得………… 3,5,12,17,24,31,52,
　　　　　　　　64,66,84,462,468,482
課税所得の適正な計算………………… 153
課税処分…… 5,13,40,58,79,107,151,186,191
課税処分の取消し………… 5,40,58,79,86,107
課税対象………… 13,29,30,57,68,78,106,
　　　　　　　　107,138,158,163,166,170
課税単位………………………………… 144
課税庁…………………… 459,463,469,474,478

事項索引　　755

課税適状	6,655	完全な支配権	69
課税年度	690,727	監督・支配原則	709
課税の繰延べ	249	還付請求事案	214
課税の繰延べスキーム	422	還付を請求する	752
課税の公平	120	元本返済	379
課税標準	2,44,95,114,121	管理会社	355
課税目的上	422	管理サービス	710
課税要件	2	管理支配	3,56
課税利得	73	管理支配地	3,56
家族信託	349,460,508	管理支配地主義	56
家族信託代理人	509	管理の場所	710
家族の居住状況	470	関連者間取引	565,594,620
家族への所得付け替え	138	関連者間取引価格	620
家族名義による株式売買	144	関連費用	377
過怠税	88	議会の裁量	84
肩代わり返済	46	議会の税法判定力	15
学校法人	171	期間所得	121
各国の税務当局	730,743	企業年金	10
割賦売却方式	385	議決権比率	678
割賦販売	331,336	危険負担額	391
稼得	138,141,155	危険負担ルール	390
カナダ市民	524	技術支援料	589
過年度の利益の繰戻し	664	技術助言	609
株式価格	639	技術的様式	740
株式取得	410,419,609	技術ライセンス供与契約	629
株式取得価格	134	基準額	465
株式譲渡	30,461,530	基準の明確	120
株式等の持分比率	581	偽装取引	292
株式の間接譲渡	532	貴族院	401,408
株式の現物分配等	240	帰属原則	709
株式の売買	528	帰属所得	601
株式売却	410,420	規則制定権	215
株式売却価格	134	帰属方式	543
株式売却の損益	100	基礎的法原則	157
株式配当	3,13,69	北大西洋条約	748
株式引受	96	キックバック	87
株式分割	15	基本三法	568,575
借入	233,245	客観主義	476
借入金	245,253	客観的テスト	248
借入金に係る支払利息	245,312	客観的な経済分析	319,379
カリフォルニア州の営業税	541	客観的な証拠	366
管轄権	640	キャッシュフロー	380,611,616
間接外国税額控除制度	535	キャピタルゲイン	90,233,237,254
間接的な外国税額控除	687	キャピタルゲインの優遇措置	91
間接的な事業活動	508	キャピタルロス	4,93,96,337

ギャンブラー	7, 50	繰延会計システム	118
ギャンブル・ロス	51	繰延資産	121
ギャンブルで生じた損失	3, 50	繰延支払	115
ギャンブルで生じた利益	3, 50, 52	繰延所得	116
吸収合併	123	繰戻し還付	50
給与所得	476, 490	グループ企業	662
業界用語	655	グループ企業減税ルール	662
供述内容	224	クレイン法理	255
行政サモンズ	198, 208	クレジット販売	111
強制執行	54, 180, 196, 200	クレジットライン	23, 24
行政召喚状	180, 208, 560, 640	グロス・インカム	10, 176
強制破産	44	クロス取引	134, 234, 291, 297
行政ペナルティ	79	クロス売買	301
共通の報告様式	737	軍事スタッフ	748
共通報告基準	740	経営権プレミアム	678
共同経営者	369	経営の一元化	343, 369
共同研究開発	584, 636	軽減税率	92
共同研究開発契約	584	経済活動	152, 436
共同受託者	128	経済合理性	242
共同所有	157	経済実質	234, 312
共同所有権者	32	経済実質法理テスト	235
共同申告	138, 143	経済実質優先法理	235
共同申告制度	145	経済実体	286
業法違反	85	経済上必要でない借入	260
共謀罪	221	経済的影響	248
共有財産	140, 178	経済的実質	2, 132, 135, 233, 245, 319, 339, 351, 378, 425, 452
共有財産制度	140	経済的実質の欠如	248
協力者の貢献度	138	経済的実質法理	271
巨額の債務	323	経済的実質要件	249
居住者	458, 462, 534, 551	経済的実質理論的	452
居住地	31, 57, 108, 458, 464, 473	経済的実態	136, 475, 669, 725
拒否権	679	経済的損失	129, 136
銀行業	650, 654	経済的負担	470
銀行口座	479, 514	経済的便益	680
銀行口座に関する情報交換要請	683	経済的目的	263, 295
禁固刑	108	経済的利益	17, 34, 69
禁止条項	444	経済的リスク	453
禁反言の法理	354	形式的な要件	248, 307
金利変更実施	410	形式的に介在	157
組合契約	35	刑事告発	87
組合出資持分の評価	352	刑事事件	50
組合の資金	5	計上時期	114, 121
グランプリ陸上競技選手権	499	係争債務ドクトリン	26
グリーンカード保有	750	継続期間	248
繰越欠損金	153		

継続性	343, 347, 369	現地の納税者	465
継続的かつ常習的	509	現地法	590, 600
継続的な価格設定	612	現物給与	3, 22, 173
経費控除	5, 38, 51, 82	現物出資	233, 238, 291, 608
ケイマン諸島	63, 513	現物で株主に配当	279
ケイマンのパートナーシップ	555	原綿供給業者	579
ケイマン法人	527	減免措置	617
契約頭金	115	原油偶発利益税	320
契約価格	116	権利証書	363
契約管理業務	709	権利の濫用	435
契約期間	482	行為計算	242, 251, 276, 284
契約形式等	236, 284	公演指揮	487
契約交渉	155	公演自体の権利	487
契約交渉への単なる参加	710	公開市場	72
契約終了時の清算金相当額	353	公開入札	314
契約証書	169	高額所得者	147, 155
契約書の内容	578	交換の対象	737, 743
契約内容	580	恒久的施設	459, 513, 521, 682, 693, 701
契約の価値	171	航空機用の制御装置	570
契約の現在貨幣価値	246	航空機用部品業界	573
契約の統合効果	552	合計契約	482
契約文書	400	合計契約時間	116
契約を締結する権限	705, 710	貢献の配分	628
経理処理	117	広告宣伝活動	499
結果テスト	235	広告への名義使用許諾	495
月次報酬	515	広告料収入	478
限界価値増加	212	交際費	39
見解の相違	125	口座開示不同意	222
原価基準法	188, 570, 626	口座凍結	222
見学研究費	171	行使価格	636
減価償却	233, 252	行使可能	304
研究開発契約	584, 629	控除の申立年度	688
研究開発費	611, 635	控除不能な繰延資産	125
現金支払額	115	構成員	520, 524
現金主義	115	公正価値法	637
現金等価物	26, 27	更正期限	204
現金配当	14	更正時効	198, 355
現金プラン契約	115	公正市場価額	32, 74, 356, 363, 672
現金ベース	117	更正処分	183, 187, 210, 596, 601, 620
原資産	493	更正処分案	210
原資産の価額	350	更正通知	584, 622, 633
研修受講	182, 215	更正通知書	187
源泉徴収	480, 485, 489, 491, 501	控訴院	413, 419, 429
現地代理店	600	工程特許開発費	570
現地の税法	465	口頭回答	204

行動計画	719, 721, 734
口頭契約	355
合同申告	144
合同調査における情報交換	735
高等法院	401, 413, 419
購入側信託	128
購入資金	243, 306
購入選択権	304
購入費	50
衡平法	357
合弁事業	585
合弁事業契約	586
後法優先	691, 715
合理的な経済目的	379
合理的な事業目的	329, 334, 340, 443
合理的な事業目的の存在	340
合理的な取引目的	233
コールオプション	92, 291, 304
コールオプション権	293
コールオプションの権利	306
ゴールデングラブ賞	147
コーンプロダクツ法理	91, 99
子会社の売上高	613, 620
子会社の機能	577, 614
子会社標準原価	623
顧客情報ベース	632
顧客リスト	632
国外関連者	559, 576, 591, 598, 600
国外居住米国市民	473
国外源泉所得	462, 468, 477, 533, 536
国外源泉所得の割合	533, 542
国外財産調書制度	180, 226
国外財産調書の不提出	230
国外財産報告制度	226
国外事業者	113
国外住居費控除	465
国外所得控除	465
国外送金等調書法	226
国外預金	220
国外預金口座報告制度	225
国外預金等報告制度	220
国際運輸業	473
国際間の電子商取引	112
国際機関	749
国際基準の策定	740
国際クーリエ・ネットワーク	601
国際租税学会	742
国際的租税回避スキーム	232
国際的脱税及び租税回避に関する4つの研究	232
国際的投資	340
国際的な租税回避	682, 734, 745
国際的二重課税の回避	682
国税通則法	35
国内源泉所得	458, 471, 479, 533, 536, 541
国内法上の規定を優先	712
国内法の趣旨	438
個人事業者	45
個人所得税	3, 5, 17, 44, 100, 138, 147, 159, 165, 237
個人所得税の課税対象所得	171
個人の恣意性	47
個人の収入	156, 174
コスト・シェアリング	560, 584, 619
コスト・シェアリング契約	560, 584, 620
コスト・プラス方式	578
コスト削減効果	582
コストの配賦	638
コスト負担	605
コストマークアップ率	571
国家税務総局	582
骨董品	228
固定価格	312
固定給	155
個別申告	546
個別対応の原則	119
個別通達	123
個別の否認規定	236
コミッション	10, 160, 164, 731
コミットメント拘束テスト	235
コメンタリー	693, 710, 718, 721, 740
コモンロー	32, 424
コモンローの原則	718
雇用契約	162
雇用者の便宜	17
雇用主	470
誤用又は濫用	450
婚姻後の財産	144
婚姻状況	470
コンサルタント料	123

コンピュータプログラム	210
コンベンション	139, 173

さ 行

サービス・フィー	111
サービスP/E	578
サービス活動	576
サービス機能	579
サービス提供	434, 577, 595
サービスの受け手	113
サービスの対価	10
在外公館に勤務する公務員	747
採掘可能量	322
債権者	394
債券の買戻し	73
債権放棄	29
再構成	153, 407, 423, 439, 559, 576, 583
再構成による否認	234
最高税率	90
再購入	303
財産拠出者	285
財産権	486
財産分与	30
財産法	33
最終結果テスト	235
最終消費者	108
最終消費地	480
最大限の課税権	68
最大積載量規制	81
再調査	200
最低投資金額	716
歳入局	107
再販売	536
再販売価格基準法	570, 621
在米支店に帰属すべき所得	693, 717
財務会計基準審議会	637
財務省	332, 336, 341, 345
財務省規則	42, 332, 336, 371, 376, 682, 690
財務省の説明書	716
財務長官	203, 216
債務の免除	29, 73
債務負債の限定性	347
債務不履行	394
債務返済のリスク	390

財務報告基準	637
債務免除	3, 10, 23, 44, 72
債務免除益	3, 10, 23, 72
裁量権	564, 587, 616
裁量権の濫用	185, 189, 196, 616
差額相当分	3, 73
詐欺罪	221
先払配当	245
先物購入契約	92
先物取引契約	4, 92, 100
差金決済取引	4
作出性	440
査察官	199, 226
査察調査	198
雑所得	50, 100
サブチャプターK	520, 525
サブパートF	655, 672
サブパートF規定	655
サプライ・チェーン	579
サブライセンス	328, 493, 502
サブリース	272
サモンズ・パワー	206
サモンズの強制執行	200
サモンズの執行	203
参加者の便益のシェアに関する見通し	628
散発的	704
残余利益	610
恣意的に再構成	587
仕入税額控除	113
ジェネラル・パートナーシップ	345, 349, 360
資格試験	180, 215
事業活動テスト	518
事業関連性	3, 40
事業形態	316, 331
事業経費	43, 47
事業者向け取引	113
事業状況等	664
事業上の決定	48
事業上の販売	91
事業上の目的	725
事業上の理由	340, 386
事業所得	156, 490, 508
事業遂行権	343
事業遂行上	41, 47, 52, 80, 94, 108
事業遂行上の経費	152

事業遂行上必要	151, 178	事前確認	645
事業遂行上必要な経費	47, 86	事前承認	594
事業戦略	48	慈善団体に寄附	309
事業体区分規則	345	事前に仕組まれたもの	420, 427, 440
事業と直接関連した支出	43	下請会社	187
事業取引	343	下請業者	559, 570
事業に使用された資産の売却	674	下請的機能	621
事業免許	107	実際居住テスト	465
事業目的	2, 36, 98, 234, 240, 318,	実際上生じないもの	242
	322, 329, 406, 413, 418	実際に居住	465, 470
事業目的テスト	416	実際に受領	119
事業目的の欠如	248, 276	実際に発生	234, 297
事業目的法理	235, 271	実際の支配権	131
事業用資産	92, 97	実質課税の原則	236
事業を行う一定の場所	704, 710	実質価値	292
資金注入	96	実質重視の法理	263
自己開発の資産	492	実質主義	403
自国の課税権	682	実質所得計算法	632
自国優先課税制度	665	実質的関連	513
自己資金分	252	実質的支配権	679
自己信託	289	実質的所有権	538
自己脱税	218	実質の所有者	283
自己の映像	494	実質不可分な取引	293
自己の損失	329, 333, 369	実質優先	235
自己負担分	182	実質優先主義	377
資産解放アプローチ	74	実質優先の原則	710
資産管理	508	実質優先法理	679
資産拠出者	284	実体ある課税対象	163
資産計上テスト	122	実体のない非公認税	8
資産計上の基準	125	実利的なアプローチ	32
資産購入トラスト	285	指定取引	335
資産使用テスト	518	自動解消取引	422
資産投資	514	自動的情報交換	735, 737
資産の購入価格	366	支配権	528
資産の譲渡	4, 29, 34, 71, 93, 105	支配的影響力	154
資産の消滅	71	支配力	592
資産の所有者	491	自発的	221
資産販売トラスト	285	自発的情報交換	735
事実認定	136	支払禁止	590
支出金の計上時期	114	支払形態	166
支出金の資産計上	125	支払据置型年金貯蓄債券	258
支出の事実	3, 40	支払地	460
市場価額	356, 363	支払賃金	82
市場規模	582, 631	支払の繰延べ	752
私書箱	194	支払家賃	82

支払利息	318,363,692	主観的な動機	20
支払利息損金算入規制	692	主観的分析	249
シビル・ローの原則	178	主観的要件	308
資本勘定	391	主権免税	748
資本資産	4,90,97	受贈財産	103
資本資産の譲渡	4	受託者	114,128,288,342
資本的支出	45	受託製造	613
市民権課税方式	458	受託製造業者	613
事務処理要領	633	受託製造者	614
事務負担	459	出国税	726
社員としての加入	343	出資契約	391
社団法人	341,345,346	出資持分相当額	350,370
州売上税	109	出資持分の評価	349
収益の額	29,32	受動出資パートナー	521
収益の計上	114	受動的な出資者	520
州外からの通信販売	111	受動的なタイプ	518
州外所在の納税者	111	取得価額	32,76,102
州外取引	111	取得価額引継方式	106
重加算税	88	取得原価	102
従業員	5,7,17,43,78,345	首尾一貫性の法理	357
従業員株式購入プラン払戻契約	636	守秘義務	730
従業員ストックオプション	637	守秘義務規定	734
従業員等	670	主要国における課税単位	145
従業員の勤労意欲向上	177	受領者	12,69
住居費	465	受領する権利	119
住居費控除	465	純所得	142
収集品	228	省，特別市レベル	582
州税	4,107	上院の議事録	687
修正意見書	584	上院の報告書	687
修正憲法	13,103,110	償還差益	72
修正所得税申告	547	召喚状	560,640
修正申告	356	召喚状執行	640
従属的代理人	516	小規模事業者	35
拾得金	15,69	上級審判所	552
拾得物	15,69	商業投資	452
収入資料	7	商業目的	416
収入すべき金額	29,71	証言請求権	205
収入すべき債権の確定	120	条件付契約	400
収入の分割	149	上告審	144,174
州法	32,44	上告不受理	176
重要決定	679	証拠書類	158
重要顧客	23	使用収益権限	243
受益者	114,131,245	上場・店頭売買株式	301
受益者課税	138	少数株主	680
主観的テスト	248	少数株主割引率	349

使用税	107	除斥期間	581
使用税の納税義務	108	除草剤	583
使用地	111	所得移転法理	160
譲渡所得	238	所得匿し	731
譲渡性預金	656	所得額を圧縮	317,335
譲渡損	114,134	所得金額の計算	114
譲渡損失	181	所得控除	462
譲渡対象資産	530	所得実現の先送り	316
譲渡不能	169	所得税	138
証取法違反	85	所得税調査委員会	400
承認書	589	所得相応性基準	618
消費財	107	所得の意義	3
消費者向け取引	113	所得の課税	155
消費税	107,565	所得の帰属	138,144,153,164,169
消費地課税	4	所得の金額	121
商標開発費	601	所得の原資	143
商標価値形成	605	所得の源泉地	460,478,486
商標権	559,600	所得の種類	178,460,489,517
商標使用権	632	所得の付替え	138,143,147
商標使用ライセンス契約	707	所得の認識時期	114,119
商標登録	601	所得の発生場所	530
商標の法的所有者	603	所得配賦	525
商標を使用する対価	647	所得分割契約	141
商法	140	所得分散の手段	155
情報あさり	683,739	処分可能	7
情報交換	232,683,730	処分権	6,7
情報交換規定	737,742	処分権限	243
情報交換に関するEU指令	743	所有権	533,538
情報交換の運用	735	所有権の形式	678
情報交換の有効性	739	所有権の実質	678
情報交換要請	683,739	所要コスト	573
情報提供	732,739,745	資料提出依頼	209
情報の出所	732	信義則	358
正味減税額	389	新興市場	600
証明	189,194,200	人口センサス	104
条約あさり	683,721	申告期限の延長	194
条約解釈	718	申告書作成代理	180,214
将来の経済的利益	322	申告書作成代理人	180,214,295
将来の支払	170	申告書の提出期限	194
将来の損金	121	申告納税	113
使用料	460,480,485,489	申告法人	644
使用料の源泉地	480,493	申告漏れ	731
諸規則	643	真実の事業目的	443,444
職務関連性	177	真実の取引	282
所在場所	439	真正な居住	459,462,468,469

事項索引　763

真正な居住者	462, 465, 468
真正な居住テスト	465, 469
真正な動機	267
真正売買	318, 364
真正又は善意	476
信託	114, 128, 284, 323, 341
信託財産	285, 342
信託受益権	342
信託と債券のオプション取引	233
人的役務	15
人的役務提供	460, 477, 483
人的役務提供会社	155, 160
人的役務提供契約	161
人的役務提供サービス	138, 156, 161, 492, 496
人的役務提供所得	495
人的役務提供の対価	460, 477, 485, 486
人的役務提供報酬	496
人的役務提供法人	158
人的役務の提供地	460, 478
人的管轄権	640
新日米租税条約	725
真の価額	21
真の稼得者	158
真の経済的実体のあるロス	288
真の資産売却	318, 365
真の目的を隠ぺい	240
新法の遡及適用	262
随行者免税	750
スイス口座	221
スイス税務当局	739
スイス当局	737
ステップ取引	234, 241, 278
ステップ取引法理	234, 278, 416
ストックオプション	560, 635
ストラクチャー	336, 383
スピン・オフ	632
スプレッド	637
スポーツ選手	138, 147, 155
スポンサー	176
スポンサー契約	496
スポンサー収入	460, 494
税額控除	316, 321, 327
生活費	21, 468, 473
正規の情報交換	734
請求価格	188
制裁金	67, 80
製作費用	265
清算所得課税	62
清算配当	279
清算分配	238
生産量比	560
税制改正	181, 229
税制上の優遇措置	304, 322, 328, 334, 608
税制調査会答申	236
税制適格	238
税制適格組織再編	238
製造業者	579, 613
製造地	480, 493, 506
製造ノウハウ	580, 608
制定法の文言	479
正当な事業目的	275
正当な手続	110
正当な目的	209
税の上に税	166
税引手取額	22
税引手取契約	167
製品供給計画	579
製品購入	609
製品製造量に比例	622
製品取引	571, 614
製品売買契約	616
税負担の軽減	320
税法解釈の基本ルール	2, 650, 659
税法上の所得	87
税務顧問	221
税務上の損失	332
税務上の動機	679
税務上のベネフィット	262, 272
税務申告	7, 79, 156, 355, 391, 486
税務申告書	79, 199, 220
税務申告書様式	224
税務損失	256, 291
税務当局間の情報交換	735, 745
税務簿価	336
税務メリット	274, 295
生命保険契約	10, 245
生命保険商品	592
税目的上	282
セーフハーバー・リース規則	327
セール・アンド・リースバック	313, 365, 450

セールスコミッション	116	遡及的な税法改正	246
世界的規模	558, 600	遡及適用	180, 181
石油資源	322	組織再編	238
是正効果	308	組織再編行為	611
世帯単位課税	145	組織再編税制	239
節税以外の事業目的	337	組織体の存在	347
節税商品	316	租税回避	153, 159, 160, 232, 237, 316,
節税目的	378, 387		320, 327, 397, 399, 408, 467,
設定者	284		471, 505, 531, 682, 719, 721
設備投資	45, 122	租税回避以外の目的	240
設立準拠地主義	56	租税回避行為	232, 237, 263
設立地	3, 56, 107	租税回避スキームの特色	416
設立登記	57	租税回避の意図	234, 304
設立の自由	667	租税回避の否認	243
善意の推計	734	租税回避防止	416, 445
善意の損失	114, 128	租税回避放任主義	416
全額支払ルール	752	租税回避目的	161, 240, 266, 274, 295
全額前払い	752	租税債務	193
先行事案	157	租税条約	459, 480, 499, 501, 682, 684
潜在的な債務	365	租税条約上の特典	724
宣誓供述書	200, 211	租税条約に規定する情報交換	734
全世界合算所得	533	租税条約の減免規定	724
全世界合算報告	543	租税条約の特典	721
全世界所得	458, 462, 471	租税条約の平易な意味	686
選択の自由	21	租税条約の濫用	722, 734, 745
全取引アプローチ	74	租税条約優先	713, 719
専門サービス提供パートナーシップ	345	租税負担	316, 322
専門知識	752	租税負担軽減	233, 249, 258, 264, 292
早期資本回収割増償却制度	450	租税負担軽減以外の事業目的	318, 323
早期割増償却	450	租税負担軽減効果	316
相互関連テスト	235	租税負担軽減目的	233, 264, 292
相互協議	576, 626, 627, 682, 690, 719	租税負担の軽減を図る行為	725
相互主義	682, 748	租税負担を回避する目的	243, 263, 269
相互免税	683, 748	租税不服審判所	18, 39
総所得	3, 6, 12, 26, 51, 68, 75, 139, 160, 164	租税法律主義	2, 186, 399, 424, 445
相続税額の取得費加算	105	租税優遇措置	558
総体対応	119	損益通算	3, 96, 181, 332, 340, 370, 375
相談料	292	損害賠償金	3, 66
相当程度	509, 701	損金計上	275, 306
総配当額	389	損金計上のタイミング	121
贈与，相続等による利得	176	損失隠し	162
贈与者	166	損失計上を否認	292
贈与税	4, 77, 102, 140, 166	損失の計上	114, 137, 267
ソースコード	210, 211	損失の取込み	316, 335, 352
遡及	180, 181	損出し	137

損出し取引	233, 291
損取り	316, 337
損取り取引	386
損取り否認	337

た　行

タールサンド	321
第一次審判所	552
代位弁済	3, 359
退役軍人協会	182
対価支払	609
対価の全体額	253
代金受領	161
滞在が臨時的	750
第三者の役務	508
第16次改正連邦修正憲法	104
大成火災海上	682
代替支払	166
代替納付	167
滞納金額の切捨て	196
代理人PE	460, 508, 682, 705
多額の減価償却費の計上	233
多数意見	6, 26, 110
タックス・プランニング	320
タックス・ベネフィット	453
タックス・ロス	271
タックスシェルター	246, 255, 258, 316, 320, 450
タックスヘイブン対策税制	650, 655, 668
脱税	200
脱税罪	78, 221
脱税事案	206
脱税犯に対する罰則	230
脱税ほう助	218
脱税容疑	201
棚卸資産	90, 99
棚卸資産取引	581
棚卸資産の譲渡	93
他の所得との通算	50, 98
談合金	78
探査段階	322
団体生命保険契約	245
団体生命保険プラン	245
単独責任	549

単なる参加原則	710
単なる下請	574, 622
単なる所有	704
担保設定	253
地域限定型無形資産	605
チェック・ザ・ボックス・ルール	316, 347, 368
知的財産	501
知的所有権の供与	491
中間持株会社	529
中国の地域特性	582
中途加入	628
中途脱退	628
注文書	108
懲役刑	7, 220
超過利息	8
長期の利益	121
長期前払費用	114
長期用船契約	567
調査基準	649
調査記録	212
調査権	459
徴収代理人	725
聴取者	478
調整総所得	51
調整の支払	628
調達活動	576
懲罰的損害賠償金	66
帳簿価額	331, 356, 393
帳簿記録等	734
帳簿等	203
帳簿類の保存	111
聴聞会	194, 204
直接外国税額控除	533, 547
著作権	265
貯蓄預金口座	658
追加契約	156
追加資本拠出	391
追加所得	139, 166
追加租税	167
追加の課税所得	167
追加ロス	298
追徴課税	18
追徴税	601
通常かつ必要	152, 175

通常かつ必要な経費	44, 52
通常性のテスト	46
通常の事案	206
通常の資産	90, 100
通常の信託	343
通常の損益	94
通常の利益	609
通信カタログ	108
通信販売	107
つぎはぎの基本モデル	711
低額譲渡	22, 71
定額年金	10
提供された情報	683, 730, 743
ディスカウント・キャッシュ・フロー	630
低附加価値分野	579
適正時価	298
適正ロイヤリティ料率	560
適切かつ有用	46
敵対的買収	123
適法な事業上の理由	162
適法な取引	5
適用除外	650, 668
適用除外要件	668
適用範囲	453
テクニカル・エクスプラネーション	716
テクノロジーコスト・リスク分担契約	635
手数料	262, 295, 303
手数料受領	514
テスト手当	171
鉄鉱石	564
手続正当性条項	642
手続の正当性	642
電子商取引	107
電子書籍・音楽の配信等	113
天然ガス田	321
同一基準	114
投函記録	194
導管的な存在	315
登記代行者	363
登記の場所	59
当座預金口座	658
投資家	316, 321, 328
投資銀行	336, 348
投資事業有限責任組合	323
当事者間のみの取引	153

投資所得	721
投資スキーム	316
投資税額控除	321, 327
投資促進	617
投資対象物件	62
投資目的	295, 307
投資用資産	92
当初の立証責任	211
同族会社	234, 250, 251, 276, 284
同族会社の行為計算否認規定	153, 251, 284
独伊租税条約	683, 708
独資企業	582
独占的権限	219
独占販売代理権	537
独占販売代理店	536
督促状	193
特定外国子会社で生じた損失	650, 661
特定の製法	731
特定の文書	643
特典享受	234, 322
特典享受条項	748
特典享受制限条項	720
特典享受を否認	725
特典付与条項	750
匿名組合	323, 340, 353
独立価格比準法	188, 616, 624
独立企業間価格	188, 560, 566, 569, 571, 694, 731
独立企業間対価	598, 611
独立企業間のロイヤリティ料率	624
独立企業原則	190, 564, 611, 690
独立した実質	249
独立した受託業者	514
独立代理人	518, 523, 682
独立取引基準法	629
独立の自営業者	573
独立の地位を有する代理人	704
特許権	584, 609, 620, 644
特許登録	583
トラスト勘定	715
トラスト財産の拠出者	288
トラストの資産拠出者	288
トラストの設定者	286
トラスト法	3, 66
トリアジン化合物	583

トリアジン系除草剤	583	年金受給者	169, 403
取扱規則	672	年金名目での金員	404
取締役会	123	納税管理人	113
取締役会のメンバー選任	679	納税義務	2, 16, 43, 70, 107, 458, 463, 471
取引介在	295	納税者に開示する義務	744
取引銀行名	111	納税者の権利	745
取引動機	276	納税者のチャレンジ権	745
取引の再構成	585	納税者の不利に働く通達の遡及適用	180
取引の実質	281, 404	納税者の目的	267, 307, 414
取引の特異性	282	納税証明	8
取引プロセス	415, 423	納税なき仕入税額控除	113
トレード・マーク	621	ノウハウの原所有者	493
		ノウハウの提供	491, 731

な 行

ノンリコース			233, 252, 273, 316, 363
名あて人なしのサモンズ	198	ノンリコース型の借用証書	271
内国歳入庁		ノンリコース契約	365
	13, 17, 30, 45, 67, 73, 341, 345, 360, 391	ノンリコース債券	363
内国歳入手続	686	ノンリコース担保付借入	252
内部累積積立金	249		
仲立人	704		

は 行

二次準備金	122	パートナーシップ	284, 291, 316, 320, 327,
二重課税	237		331, 336, 344, 345, 349, 354, 359, 363,
二重課税の排除	682		368, 374, 377, 383, 390, 460, 508, 520
二重課税排除策	533	バイ・アウト契約	628
二重控除	664	バイ・イン契約	560, 628
二重非課税	726	売却益	238, 252
日米合同調査	731	売却側信託	128
日米租税条約	682, 694, 725, 730	陪審審理	752
日中両国政府の発表	582	配送チャネル	632
日本の属地的管轄権	467	配当所得	237
日本の大陸棚	467	売買契約	243, 270, 279, 298
入学増収研究費	171	ハイブリッド・エンティティ	323
二要件テスト	386	買戻利益	73
任意組合	323, 340, 362, 395, 523	パイロット	473
任意選択	674	波及効果	362
任意調査	198, 213	破産法人	3, 46
盗んだ情報	745	パススルー	316, 330, 334
ねずみ講	330	パススルー課税	548, 551, 651, 672
ネット売上高	141, 570	パススルー事業体	547
年金	400	パススルー組織	672
年金掛金	139, 164, 169	外れ馬券	50
年金契約	139, 169	パッシブ・ロスの制限	256, 317
年金契約掛金	139, 169	発生主義	115
年金契約の価値査定	171	発生ベース	117

パブリック・ポリシー理論	85
バミューダ法人	63,460,501
払戻し	166
払戻金	55
犯則調査	198
反トラスト法	66,67
販売及び受注活動	108
販売者	395
販売促進費	601
販売代理人	139,173
販売地	480,493,502
販売トラスト	285
比較可能性	568
比較可能な取引	638
比較対象取引	559,568,575,582,586
非課税適格株式交換	123
非課税の財産分与	31
非関連者	559,564,571
非関連の第三者	559,564,573,624
非居住組合員	523
非居住者	458,464,471,701,708,740
非居住パートナー	524
非公開の意見	225
被雇用所得	51
非CFC会社	677
ビジネス・ミーティング	173
ビジネス遂行目的	347
ビジネス目的	405
被支配外国子会社	655
被支配外国法人	666
必要経費	2,7,29,35,44,50,78,144,148
必要経費算入	363
必要経費算入のための3要件	37
必要経費性	152
必要経費の控除	7,36
必要最低限の情報	743
非独占的権利	586
非認識適格	123
費用・収益対応原則	2,117,119
費用・収益の対応関係	114
評価額の引上げ	329
評価減	301
標準原価	620
被要請国	739,743
費用性のある支出	121
費用の計上	114
費用の前倒し計上	117
費用負担割合	560,622
費用分担契約	208,628,635
費用分担割合	622
夫婦間の契約	143
夫婦共有財産	178
夫婦単位	144
夫婦の共同申告	143
賦課課税制度	399
附加価値額	577
賦課決定処分	194
付加税	11,400
不完全な取引	443
複合取引	397,415,424,430
複雑な金融取引	153
複数のパートナーシップ	378
複数のPE	709
複数のPE所在原則	709
含み損	134
福利厚生	20
不自然な行為計算	242,276
不自然な取決め	651,667
普通株式	342
物件の管理	510,702
プット・オプション	291
物理的なオフィス	670
不動産所得	182
不動産の管理	509
不当な調査	203
不必要な調査	200
部品の適正取引価格	622
不服申立	180,187
不法所得	8
不法に入手された情報	745
不明確性	308
扶養費	30
ブライトライン・テスト	711
プラスチック・リサイクラー	327
フランスの税務当局	739
フランチャイジー	115
ブランド	580,605,623
ブランド力強化等	605
フリンジ・ベネフィット	10,174
フルリスク	559

事項索引

プレミアム価格	305
プレミアム終身年金契約	262
プロゴルファー	460, 494
プロスポーツ選手	138, 155
プロモーター	295, 317, 335
文書化	581, 617
文書化義務	581
分配シェア	10
文理解釈	2, 413
平易な意味ルール	654
平易な文言	684, 686
米英租税条約	682, 686, 690
米加租税条約	522, 683, 715
米国LLC	534, 550, 551
米国外源泉	479, 486, 492
米国株主	655, 672, 677
米国議会	19, 96, 100
米国企業	492, 508
米国源泉所得	460, 466, 477, 482, 487, 491, 494, 514
米国支店に帰属すべき適正資産	694
米国市民	220, 458, 462
米国所在	509
米国政府	730, 749
米国属領	558
米国通貨管理局	656
米国で営業又は事業に従事	511, 514, 520
米国で事業活動	523, 524
米国での納税額	536, 544
米国内売上対応部分	460
米国内での事業活動	516
米国納税法人	644
米国のLLC	551
米国の外国税額控除ルール	688
米国の課税権	463
米国のグリーンカード	747
米国の国内源泉所得	536, 543
米国の国内法	682, 692, 717
米国の事業に実質的に関連している部分	498
米国の市民権	462, 471
米国の所得課税制度	5
米国の納税者	687, 730
米国の判例法	525
米国の法令解釈原則	654
米国非居住者	510, 524
米国預託証券	388
米属領	608
ペーパー上の損金計上	390
ペーパー上の損失	128, 329
ペーパーロス	330
別個の異なる資産	125
別個の組織	136
ヘッジ取引	91, 99
ヘッジング	94, 99
ペナルティ	4, 35, 78, 180, 217, 220, 335
ペナルティの損金性	78
ペナルティ賦課	295
ペナルティ賦課の効果	80
返還義務	6
弁護士	138, 140, 160
返済義務	316, 361, 371, 390
返済者	394
変動利付私募債	337
包括権限授与	509
包括所得概念	5, 23, 81
包括所得概念説	23
法形式	235, 241, 257, 258, 354, 396
法形式重視主義	405
法形式上の取引	283
法形式優先	413
報酬	9, 12, 17, 400
報奨金	174
法人	316, 323, 683, 684
法人格	550, 551
法人が負担していた社長個人の所得税	139
法人が負担していた役員等の所得税	139
法人形態	163
法人税	3, 29, 44, 56, 64, 69, 76, 78, 138, 140
法人によって提供された便益	171
法人の従業員	157
法人の収入	156
法人の所在地	3, 56
宝石商	59
法定積載量	79
法定履行期限	134
法的アイデンティティ	655
法的所有権	605
法的定義	341
法の趣旨	397, 413, 438
法の濫用	204, 423, 435

法律事務所の相談料	124		見せかけの法人	594
法律上・経済上の実質	264		みなし清算	674
法律の客観的要件	308		みなし売却	651,673
法律の趣旨	235		みなし配当	655
法律の文言	405		みなし分配	361
法令解釈	180,181		民間銀行	513
法令解釈原則	2		民事上のペナルティ	4,78
法令解釈通達	22,181,229		民法	140
ポートフォリオ所得	257		無形資産	191,212,559,569,579,585
簿価上げ	4,102,233		無形資産取引	587,608,613
簿価移転	610		無形資産の譲渡	560,610
簿価の引き継ぎ	105		無形資産の譲渡対価	560
保険契約の現在貨幣価値	246		無形資産の適正使用料率	621
保険代理店	592		無形資産の有効期間	630
保険料	171,233,245		無差別条項	683
保護すべき資産持分	366		無差別取扱条項	712
ポジション	299		無償譲渡	71
補助金控除	182		無申告	221
補助的な活動	709		無申告加算税	88
ポリシー・マター	218		無税で移転	282
本源的価値法	637		名義使用料	498
ホンジュラス法	683,722		名称使用許諾料	497
本店所在地	3		明文の規定	243
本人に通知	683,746		免罪手段	8
本人に通知する義務	683		免税対象	683,748
本来の事業目的	264,272		免税対象者	683
			免税特典享受資格	750
ま　行			免税特権	750
			申立て	690,731,752
マークアップ	189,570,582,622		網羅的な文言	12,69
マークの登録	602		モーゲージ	377
マーケット資本化法	630		モーゲージ債務	311
マーケットメイク	303		モーゲージ利息	379
マーケティング関連無形資産	610,649		黙示的に意図	586
毎年の掛金相当額	170		目的論的解釈	425
前払法人税	684		目論見書	322,328
全くの不自然な取決め	667		持分譲渡の自由	343,347,369
マネーロンダリング	220		モニタリングサービス	708
マネジメントの集中性	347		文言解釈	2
未確認情報	732			
みかじめ料	89		**や　行**	
未実現利益	672			
未収金	28		唯一の目的	435
見せかけの取引	163,232,240,245		遺言書	40
見せかけの取引法理	232,241,245,258,383		遺言信託又は信託	10

結納金	22
優遇措置	322, 328, 334, 340
有形資産取引	107, 560, 613, 619
有限責任	323, 343, 347, 369
友好的な買収	121
有効な反証	187
有罪判決	84, 221
優先株式	342
郵便収受記録	194
郵便法違反	85
有利な課税	237
輸送価格	565
輸送受託	565
ユニタリータックス	533
ユニタリーベース	542
輸入直販	536
要請国	730, 739, 743
要請に基づく情報交換	683, 730, 739
用船会社	564, 567
預金保険公社	122
予測不可能	633
予測便益	628

ら 行

ライセンス供与	492
ライセンス契約	208, 488, 503, 583, 616
ライセンスの許諾範囲	573
濫用的慣行	669
リースバック	271, 318, 363
利益移転行為	734
利益獲得目的	36
利益算定法	632
利益水準	620
利益折半契約	39
利益追求動機等	275
利益追求目的	152
利益分割権	343
利益分割法	593, 598, 610, 618
利害関係者	219
履行の責任	193
リコース負債	391
リコースローン	394
離婚協議書	30
利子控除	256, 262, 273

利子の真の受領者	724
リスクが限定された下請業者	559, 571
リスク負担	579, 625
リゾートホテル	3, 17
利息制限法	8
立証責任	152, 180, 187, 621
リバースチャージ対象取引	113
リミテッド・ライアビリティ・カンパニー	390
領事条約	747
領収書	38, 108
臨時的滞在	750
類似性テスト	343, 372, 376
累進税制	147
ルクセンブルク大公国	546
ルックスルー規定	677
レコーディングの権利	487
レター・ボックス	439
レバリッジ効果	256
レバレッジド・リース	233
レバレッジ投資活動	393
連結納税	533, 546, 661
連結法人グループ	541, 546
連邦議会	87, 97, 104, 112
連邦憲法	724
連邦修正憲法	103
連邦召喚規定	642
連邦所得税	138, 140
連邦所得税法	14, 26, 140
連邦税	141, 178
連邦政府	80
連邦贈与税	166
連邦法	140
連邦法人税	541
連邦預金保険機構	28
連邦レベル	464
ロイヤリティ	10, 36, 115, 322, 328, 460, 477, 486, 559, 569, 708, 731
ローカル・インタンジブル	605
ローカル・スタッフ	747
ローン	28, 39, 74, 252, 273
ローン実施	410
ローン処分アプローチ	75
ロケーション・セービング	571, 580
ロスの通算	4

わ 行

ワイオミング州法 ………………………… 390
和解条件 …………………………… 180, 195
和解条項の遵守 ……………………… 193
和解の申出 ……………………………… 193
割増償却 ………………………………… 450
ワンマン・サービス提供会社 ………… 158

数字・アルファベット

1988年の財政法 ………………………… 63
30日ルール ……………………………… 300
abuse of rights ………………………… 435
abusive tax shelter …………………… 320
ACT ……………………………………… 684
ACT納税義務 …………………………… 688
ACTの還付又は払戻し ……………… 688
administrative summons …… 180, 208, 640
ADR ……………………………………… 388
affidavit …………………………… 200, 211
aggregate amount ……………………… 393
all-or-nothing approach ……………… 212
APA ……………………………………… 645
APA申請 ………………………………… 646
APAと通常の調査との関連 ………… 649
arm's length principle ……… 564, 567, 690
artificial deduction …………………… 393
asset-use test …………………………… 518
assignment of income doctrine ……… 160
at-risk limitation on losses …………… 256
at-risk rule ………………………… 390, 394
BEPS行動計画 …… 569, 581, 587, 605, 719, 734
binding commitment-test ……………… 235
black letter law ………………………… 157
Board of Tax Appeal ……… 18, 39, 141, 238
bona fide …………………………… 286, 468
bona fide business purpose …………… 443
bona fide residence test ……………… 465
bona fide resident ……… 462, 465, 471, 474
BOSS ……………………………… 233, 295
bricks-and-mortar model ……………… 711
bright-line test ………………………… 711
business activities test ………………… 518

business expense …………… 43, 150, 152, 176
business purpose ……… 235, 242, 262, 264, 271, 319, 383, 406, 416, 443
capital asset …………………………… 90, 99
capital outlay …………………………… 47
Carry over basis rule ………………… 105
case law ………………………………… 437
cash plan contracts …………………… 115
CCA ……………………………… 450, 628, 633
CCA活動 ………………………………… 628
CCAのメリット ………………………… 453
centralization of management ……… 347, 371
certification exam …………………… 215
CFC税制 ………………………… 650, 657, 666
CFCルールの背景 ……………………… 655
check-the-box rule …………………… 368
CIP ……………………………………… 633
COLI …………………………………… 245
COLI Ⅷプラン ………………………… 245
collection agent ……………………… 725
combined effect ……………………… 552
commercial investment ……………… 452
commercial position ………………… 664
Common Reporting Standard ……… 737, 740
community property ………………… 178
Comparable Uncontrolled Transaction
　Method-CUT Method ……………… 629
Constant Speed Drives ……………… 570
contested liability ……………………… 26
continuity of life ………………… 347, 369
contract manufacturer …………… 613, 622
Controlled Foreign Corporation …… 650
Cost Contribution Arrangement …… 628
Court of Appeals ………………… 401, 429, 552
Court of Claims ………………… 292, 294, 492
CP法 …………………………………… 188
crane doctrine ………………………… 255
criminal cases ………………………… 206
CRS ……………………………………… 737, 740
CSA ……………………………………… 628
CUP法 …………………………… 188, 572, 616
CUT法 …………………………………… 560, 630
deemed distribution ………………… 361
deferred payment ………………… 115, 752
Delhi Income Tax Appeals Tribunal …… 576

事項索引　773

Dept. of Revenue	107
discharge indebtedness	10, 26, 73
Distributive share	10
doctrine of the duty consistency	357
double dip	309
due process	110, 642
ECJ	435, 650, 661
economic activity	152, 437, 440
economic substance	135, 235, 245, 262, 319, 379, 383, 406, 453
economic substance doctrine	235, 271
economic substance requirement	249
economic substance test	235
effectively connected	716
effectively connected income	517
elaborate tax avoidance scheme	307
emerging market	600
end result	422
end result test	235
EOR	321
Equitable Estoppel	357
ESO契約	636, 638
essential aim	438
Estate or Trust	10
European Court of Justice	650, 661
EU域外	665, 670
EU域内	650, 661
EU加盟国	665, 670
EU条約	662
EU条約違反	662
EU指令	743
EU法	743
examination standard	649
expected benefits	635
extra income	166
F.O.Bベース	613
face amount	253
facts and circumstances	403, 443
Fair Market Value Method	637
FATCA	740
FBAR	220, 227, 229
FDIC	28
Federal Court of Claims	752
Federal District Court	752
fictional loss	293
fishing expeditions	739
fleeting and inconsequential	248
foreseeable relevance	739
formality over substance	405
fraudulently falsified	201
free transferability of interest	347, 371
freeing-of-assets approach	74
friendly takeover	121
fruits and tree	143
FTT	552
Full pre-payment	752
G20首脳会議	740
G20諸国間	740
GAAR	397, 431, 445, 453
GAO	214, 218
GAO2009年レポート	218
General Anti-Avoidance Rule	236, 445
genuine economic loss	288
genuine shared expectations	718
global marketing intangible	600
good-faith estimates	734
gross income	6, 10, 71, 164, 176
group relief rules	662
guiding mind	436
High Court	401, 413, 429, 663
HMRC	425, 534, 552
House of Lords	401, 413, 422, 425
household servant	400
Huntington銀行	359
IDR	209
IFA	737
inadvertent error	224
Income Tax Act	401
Income Taxes	11
incremental increase	212
independent substance	250
Information Document Request	209
Inland Revenue	400
International Fiscal Association	742
International Tax Evasion and Tax Avoidance-Four Related Studies	232
Intrinsic Value Method	637
investment motives	307
IRCサブパートF	655
IRS	5, 15, 17, 24, 32, 35, 50, 67, 79, 92, 97,

………… 102, 317, 335, 336, 533, 537, 541, 547	On-Course endorsement income ………… 496
IRS通報（Notice99-59）……………… 295	ordinary and necessary expense … 44, 52, 152
IRSの召喚権限 ……………………… 642	other credible evidence ……………………42
IRSの通達 …………………………… 184	out-of-pocket expense …………………… 182
IRSの文書提出要求 ………………… 643	paid or incurred …………………… 36, 53
IRSへの登録 ………………… 214, 335	passive activity loss ……………………… 256
IRSマニュアル ……………………… 296	payer of last resort ……………………… 394
IRSメモ ……………………………… 357	PE ……………………………… 682, 701, 707
Jade Trading …………………… 233, 291	periodical adjustment …………………… 618
JITSIC ………………………………… 232	Permanent Establishment ……… 682, 701, 707
Joint Audit …………………………… 731	PEに帰属する所得 ……………………… 715
Joint Return …………………… 138, 144	PEの定義 ……………………………… 707
Joint Tenants ………………………… 141	PGAツアー …………………………… 496
jointly owned ………………………… 157	physical presence ……………………… 470
jury trial ……………………………… 752	plain meaning ………………… 2, 654, 686
limited liability ……………………… 347	policy paper …………………………… 555
literal interpretation ………………… 2, 413	PPN …………………………… 332, 337
LLC ……………… 291, 319, 330, 372, 390	PPT条項 ……………………………… 720
LLC持分を売却 ……………………… 292	proper legal operation ………………… 404
loan proceeds approach …………………75	proposal letter ………………………… 187
LOB条項 ……………………………… 720	punitive action …………………………… 81
low-value-adding activities …………… 579	qualified individual …………………… 471
Luxembourg Administration des	qualified resident ……………………… 471
Contributions Directes …………… 549	RDA …………………………………… 629
matter dependence-test ……………… 235	reasonable certainty …………………… 643
meals and entertainment expenses ………43	recharacterizing the transaction themselves
meaningful sense ……………………… 157	……………………………………… 598
misuse or abuse ……………………… 450	Report of Foreign Bank and Financial
mixed civil and criminal ……………… 206	Accounts ……………………… 220
modest fair market value …………… 292	Requested State ……………………… 743
money of property ……………………… 5	Research and Development Agreement … 629
multi-layer transaction ……………… 329	residual value ………………………… 274
Mumbai High Count ………………… 531	Revenue Procedure …………………… 687
NATO Status of their Forces ……… 748	Royalty income ……………………… 498
NATO条約 …………………………… 748	RPマイナス …………………………… 570
Nutley社 ……………………………… 491	self-cancellation条項 ………………… 416
OECD ……………………… 693, 705, 707	Service Provider ……………………… 577
OECD租税委員会 …………………… 232	sham corporation ……………………… 597
OECDモデル租税条約 ……… 693, 705, 710,	sham transaction … 163, 232, 234, 240, 241, 242
………………… 714, 718, 721, 737	sham transaction doctorine …………… 291
OECDモデル租税条約コメンタリー	sham transaction doctrine … 232, 241, 245, 258
……………………… 693, 718, 721	SOCAL社 ……………………………… 13
OEM取引 ……………………………… 630	Son of Boss取引 ……………………… 234
off-course endorsement ……………… 496	SPC00352 ……………………………… 663
off-course契約 ………………………… 497	Special Commissioners ……………… 662

事項索引　775

spin-off型分割	238	temporary presence in a state	750
SSFFA	226	territorial taxation system	665
State Supreme Court	108	The Board of Tax Appeals	477
status of residence	470	the convenience of the employer doctrine	19
statutory interpretation principle	2, 654	The Income-Tax Appellate Tribunal	713
step transaction	234, 278, 304	the presence of associates	347
step transaction doctrine	234, 278, 416	TLA	629
stringent recordkeeping requirement	41	trade on business	150
subjective analysis	249	trade on business deduction	150
substance of the matter	403	trade on business expense	152
substance over form	235, 263, 425	treaty shopping	721
substance over formality principle	263	true sale	318, 364
sufficient nexus	530	U.S. Court of Federal Claims	32, 691
sufficient territorial nexus	530	un authorized Substance Tax	8
supply of service	436	unnecessary examination	203
Supreme Court	553	US Model, 2006 Art4, 22	725
tax avoidance	162, 434	Usain Bolt	499
tax consequence	414	use tax	107, 108, 110
Tax Court	141	valid business decisions	598
tax on tax	166	VAT	107
Tax Planning	434	VATの範囲	436
taxable deduction	298	VAT免税	434
taxable gain	31, 73	whole transaction approach	75
Taxable Income	11	wholly artificial arrangement	669
tax-arbitrage	557	willful negligence of law	221
technical knowledge	752	windfall profit tax	320
Technology License Agreement	629	without restriction their disposition	7

判例・裁決索引

■昭和21年～30年
27年10月21日　長野地裁　行裁例集3・10・1967
　……………………………………………………9

■昭和31年～40年
32年 2月27日　金沢地裁　行裁例集8・2・271
　…………………………………………………69
33年 3月28日　最高裁　民集12・4・624……186
33年 7月12日　大阪地裁　税資26・713……132
33年 7月31日　大阪地裁　税資26・773……29
36年 6月 3日　京都地裁　税資35・532……126
36年 9月 6日　最高裁　民集15・8・2047…146
36年11月 9日　東京地裁　行裁例集33・11・2252
　………………………………………………644
37年 2月16日　大阪地裁　行裁例集13・2・160
　………………………………………………659
37年 3月16日　最高裁　税資36・220………154
37年 3月30日　大阪地裁　税資36・379……127
37年 8月10日　最高裁　民集16・8・1749……22
38年 7月18日　大阪高裁　税資37・795……126
38年10月29日　最高裁　税資37・919………9,16
40年 9月 8日　最高裁　税資49・224…………71
40年12月15日　東京地裁　税資41・1188…276

■昭和41年～50年
41年 1月27日　名古屋高裁　行裁例集17・1・23
　…………………………………………………70
41年 4月12日　大阪高裁　税資44・280………69
43年 3月27日　広島高裁　税資52・592……242
43年 4月26日　大阪地裁　訟月14・7・826……22
43年 6月25日　最高裁　税資53・162………172
43年10月31日　最高裁　民集92・797…………71
43年11月13日　最高裁　民集22・12・2449…659
44年 5月24日　大阪地裁　行裁例集20・5＝6・
　675……………………………………………29
45年 1月19日　山口地裁　行裁例集21・1・28
　…………………………………………………76
46年 3月30日　東京地裁　行裁例集22・3・391
　………………………………………………242
46年11月 9日　最高裁　民集25・8・120………9

47年 2月21日　国税不服審判所　裁決事例集4・
　5……………………………………………276
47年 7月10日　広島高裁　税資66・8…………76
47年11月22日　最高裁　判時684・17………230
47年12月26日　最高裁　民集26・10・2083……94
48年 6月28日　高松地裁　行政例集24・6＝7・
　511……………………………………………9
48年 9月12日　東京高裁　高刑集26・3・339…71
49年 1月30日　京都地裁　税資74・199……660
49年10月14日　東京地裁　税資77・64……48,54
50年 4月24日　高松高裁　行裁例集26・4・594
　……………………………………………10,54
50年 5月27日　最高裁　税資81・648…………34
50年 7月17日　最高裁　訟月21・9・1966……48

■昭和51年～60年
51年 3月16日　最高裁　税資84・553………230
51年 3月29日　横浜地裁　税資84・713……230
52年 6月27日　東京高裁　税資94・817………71
52年 9月29日　大阪高裁　税資100・1257
　……………………………………………48,55
53年 1月26日　東京地裁　税資97・62………178
53年 2月16日　最高裁　税資97・229…………34
53年 3月17日　京都地裁　訟月24・8・1660…16
53年 4月11日　東京地裁　訟月24・8・1673…49
53年 5月11日　大阪地裁　行裁例集29・5・943
　…………………………………………………76
53年 8月29日　最高裁　訟月24・11・2430…490
54年 6月21日　最高裁　訟月25・11・2858……95
54年 7月17日　福岡高裁　税資106・14……100
54年12月20日　広島地裁　税資109・742…171
54年12月20日　最高裁　訟月26・3・534……171
55年 7月 7日　名古屋地裁　行裁例集31・8・
　1617…………………………………………71
56年 2月18日　浦和地裁　行裁例集32・2・223
　………………………………………………688
56年 4月24日　最高裁　民集35・3・672……489
57年 4月22日　東京地裁　行裁例集33・4・838
　………………………………………………644
57年12月17日　京都地裁　行裁例集33・12・2474

		………………………………………		688
58年	5月26日	最高裁　税資130・464	……	168
58年	12月13日	水戸地裁　税資134・387	……	10
59年	3月14日	東京高裁　行裁例集35・3・231		
		………………………………………		467
59年	6月28日	最高裁　税資136・927	……	100
59年	10月23日	最高裁　税資140・126	………	29
60年	5月13日	東京地裁　税資145・315	…	507
60年	7月3日	横浜地裁　行裁例集36・7=8・		
		1081………………………………		120

■昭和61年～63年

62年	5月6日	千葉地裁　税資158・503	…	132
63年	5月16日	東京地裁　判時1281・87	…	144
63年	7月19日	最高裁　集民154・443	……	105
63年	7月19日	最高裁　税資165・340	………	71
63年	12月20日	最高裁　訟務月報35・6・979		
		………………………………………		213

■平成元年～10年

元年	5月30日	東京地裁　税資170・490	……	89
元年	7月24日	東京地裁　税資173・292	……	29
2年	3月23日	最高裁　判時1354・59	……	101
2年	4月19日	国税不服審判所　裁決事例集		
		39・41……………………………		89
2年	4月19日	国税不服審判所　裁決事例集		
		39・106…………………………		301
2年	7月5日	新潟地裁　税資180・1	……	120
2年	7月18日	福岡高裁　訟月37・6・1092		
		………………………………………		330
2年	7月18日	福岡高裁　税資180・97	……	689
3年	6月6日	東京高裁　訟月38・5・878	…	153
4年	2月12日	国税不服審判所　裁決事例集		
		43・528…………………………		544
4年	4月6日	名古屋地裁　行裁例集43・4・589		
		……………………………22,168		
5年	2月19日	金沢地裁　税資194・483	……	42
5年	3月11日	最高裁　民集47・4・2863	……	42
5年	9月6日	東京地裁　行裁例集44・8=9・		
		747………………………………		144
5年	12月15日	国税不服審判所　裁決事例集46		
		集156……………………………		257
6年	5月25日	国税不服審判所　裁決事例集		
		47・353…………………………		471
6年	6月2日	最高裁　税資201・421	………	43

6年	6月23日	東京高裁　行裁例集45・5=6・		
		1399……………………………		144
6年	8月4日	静岡地裁　税資205・243	……	54
6年	9月16日	最高裁　刑集48・6・357	…	54,88
6年	9月28日	東京地裁　税資205・653	……	89
6年	9月29日	東京高裁　行裁例集45・8=9・		
		1819……………………………		22
8年	11月8日	最高裁　税資221・323	……	144
9年	2月28日	徳島地裁　税資222・701	……	144
9年	11月11日	最高裁　訟月45・2・421	……	660
10年	2月26日	高松高裁　税資230・844	……	144
10年	6月25日	最高裁　税資232・821	……	660
10年	9月7日	名古屋地裁　税資238・42	…	106
10年	12月15日	東京高裁　訟月45・8・1553		
		………………………		493,506,644

■平成11年～20年

11年	6月21日	東京高裁　訟月47・1・184		
		……………………………		309,407
12年	1月18日	大阪高裁　訟月47・12・3767		
		………………………………………		243
12年	10月16日	東京地裁　税資249・28	……	106
12年	10月26日	札幌地裁　税資249・227	……	22
12年	11月30日	東京地裁　訟月48・1・147	…	106
13年	3月2日	東京高裁　民集58・9・2666	…	29
13年	3月30日	国税不服審判所　裁決事例集		
		61・293…………………………		485
13年	11月9日	東京地裁　裁判所HP	……	406
14年	2月28日	東京高裁　訟月48・12・3016		
		………………………………………		689
14年	10月7日	神戸地裁　税資252・9208	…	476
15年	11月19日	国税不服審判所　裁決事例集		
		66・200…………………………		500
16年	3月30日	国税不服審判所　裁決事例集		
		67・165…………………………		395
16年	6月24日	最高裁　判タ1163・136	……	480
16年	11月2日	最高裁　集民215・517	……	145
16年	12月7日	高松高裁　民集61・6・2531		
		………………………………………		665
16年	12月24日	最高裁　民集58・9・2637	……	29
17年	2月8日	東京高裁　税資255・順号9927		
		………………………………………		263
17年	7月21日	東京地裁　税資255・順号10086		
		………………………………………		588
17年	9月29日	名古屋地裁　税資255・順号		

10144 …………………… 587, 599, 612		
17年 9月30日	東京地裁　税資255・順号10151	
	………………………………………… 707	
17年10月27日	名古屋高裁　税資255・順号	
	10180 ………………………… 257, 263	
18年 1月24日	最高裁　税資255・順号10180	
	…………………………………………… 243	
18年 2月23日	名古屋高裁　税資256・順号	
	10329 ……………………………… 599	
18年 3月15日	東京高裁　税資256・順号10344	
	………………………………… 588, 612	
18年 6月27日	最高裁　税資256・順号10435	
	…………………………………………… 145	
18年 8月14日	国税不服審判所　裁決事例集	
	72・463 ………………………… 550	
18年10月13日	高松高裁　訟月54・4・875 … 568	
19年 3月29日	東京地裁　民集63・8・1954	
	…………………………………………… 670	
19年 5月16日	さいたま地裁　訟月54・10・2537	
	…………………………………………… 550	
19年 5月23日	東京地裁　訟月55・2・267 … 467	
19年 6月28日	東京高裁　判時1985・23 … 505	
19年 6月28日	東京高裁　税資257・順号10741	
	………………………………………… 707	
19年 9月28日	最高裁　民集61・6・2486 … 665	
19年10月10日	東京高裁　訟月54・10・2516	
	……………………………… 330, 550, 551	
19年11月 1日	東京高裁　民集63・8・1979	
	…………………………………………… 720	
19年12月 7日	東京地裁　訟月54・8・1652	
	…………………………………………… 568	
20年 1月23日	東京高裁　訟月55・2・244 … 467	
20年 2月28日	東京高裁　判タ1278・163 … 467	

20年 6月26日	国税不服審判所　裁決事例集	
	75・594 ………………………… 353	
20年10月30日	東京高裁　税資258・順号11061	
	……………………………… 191, 568, 575	

■平成21年～28年

21年 3月24日	国税不服審判所　裁決事例集	
	77・232 ………………………… 695	
21年 5月20日	国税不服審判所　裁決事例集	
	77・320 ………………………… 540	
21年10月29日	最高裁　民集63・8・1881 … 719	
22年 4月13日	最高裁　民集64・3・791 …… 324	
22年 6月28日	国税不服審判所　裁決事例集	
	79・434 ………………………… 587	
22年 7月 6日	最高裁　民集64条5・1277 … 106	
23年 2月18日	最高裁　判タ1345・115 ……… 65	
23年 9月30日	最高裁　裁判所時報1540・5	
	…………………………………………… 181	
23年 9月30日	最高裁　判時1540・5 ……… 100	
23年10月 6日	東京高裁　訟月59・1・173 …… 8	
24年 4月27日	東京地裁　訟月59・7・1937	
	…………………………………………… 593	
25年 3月14日	東京高裁　訟月60・1・149 … 618	
26年 2月 5日	東京高裁　裁判所HP …… 325	
26年 6月27日	東京地裁　裁判所HP …… 681	
27年 2月25日	東京高裁　裁判所HP …… 540	
27年 3月10日	最高裁　刑事69・2・434 ……… 50	
27年 5月13日	東京高裁　裁判所HP …… 618	
27年 5月28日	東京地裁　裁判所HP	
	……………………………………… 508, 700	
27年 7月17日	最高裁　裁判所HP ……… 324	
28年 2月29日	最高裁　民集70・2・242 …… 243	
28年 2月29日	最高裁　民集70・2・470 …… 244	

《著者 紹介》

川　田　　剛（かわだ　ごう）

　昭和42年国税庁に入り，大阪国税局柏原税務署長，在サンフランシスコ日本国総領事館領事，国税庁国際調査管理官，国税庁長官官房国際業務室長，仙台国税局長等を経て明治大学大学院グローバル・ビジネス研究科教授を歴任。
　他に，明治大学商学部大学院講師，学習院大学法学部講師，日本公認会計士協会租税相談員（国際課税）等。

　主な著書として，『基礎から身につく国税通則法（平成28年度版）』，『租税法入門（十二訂版）』，『基礎から学ぶ法人税法（六訂版）』（以上，大蔵財務協会），『国際課税の基礎知識（九訂版）』，『節税と租税回避―判例にみる境界線』，『国際租税入門　Q&A租税条約』（以上，税務経理協会），『Q&Aタックス・ヘイブン対策税制のポイント』，『英和対照　税金ガイド 28年版』，『早見一覧 移転価格税制のポイント』（以上，財経詳報社）など。他に著作・論稿多数。

新版　ケースブック　海外重要租税判例

平成22年6月10日　初版発行
平成28年11月25日　新版発行

　　　著　者　川　田　　剛
　　　発行者　宮　本　弘　明

　　　発行所　株式会社　財経詳報社
　　　　　〒103-0013　東京都中央区日本橋人形町1-7-10
　　　　　電　話　03（3661）5266㈹
　　　　　ＦＡＸ　03（3661）5268
　　　　　http://www.zaik.jp
　　　　　振替口座　00170-8-26500

落丁・乱丁はお取り替えいたします。　　　　　　　印刷・製本　図書印刷
©2016　Printed in Japan
ISBN 978-4-88177-433-5